増補 三鏡

SAN
KAGAMI

出口王仁三郎聖言集

八幡書店

出口王仁三郎

聖師 出口王仁三郎

右上　神素盞嗚尊に扮する王仁三郎
左上　山越えみろくに扮する王仁三郎
右　　昭和 10 年頃の王仁三郎

理想社農園で野良仕事をする王仁三郎。昭和 6 年 6 月 10 日撮影。昭和 2 年 1 月、亀岡中矢田に大本理想社農園が開かれ、王仁三郎は理想農業の実践にもみずから範を示した。↓

昭和8年8月5日の聖師生誕祭において、昭和青年会を査察する王仁三郎。天皇の白馬を真似たとして、第二次事件の際に不敬の証拠とされた。

昭和 10 年 10 月 31 日、大本秋季大祭に行われた第 1 回の歌祭で献詠歌を朗詠する王仁三郎。↓

昭和5年、冠島・沓島開き三十周年記念のおり、冠島にて妻の出口澄と。

屏風に風水を描く王仁三郎。昭和 7 年頃。

昭和21年4月3日、かつての舞鶴軍港を横切り、国見山に向かう王仁三郎。

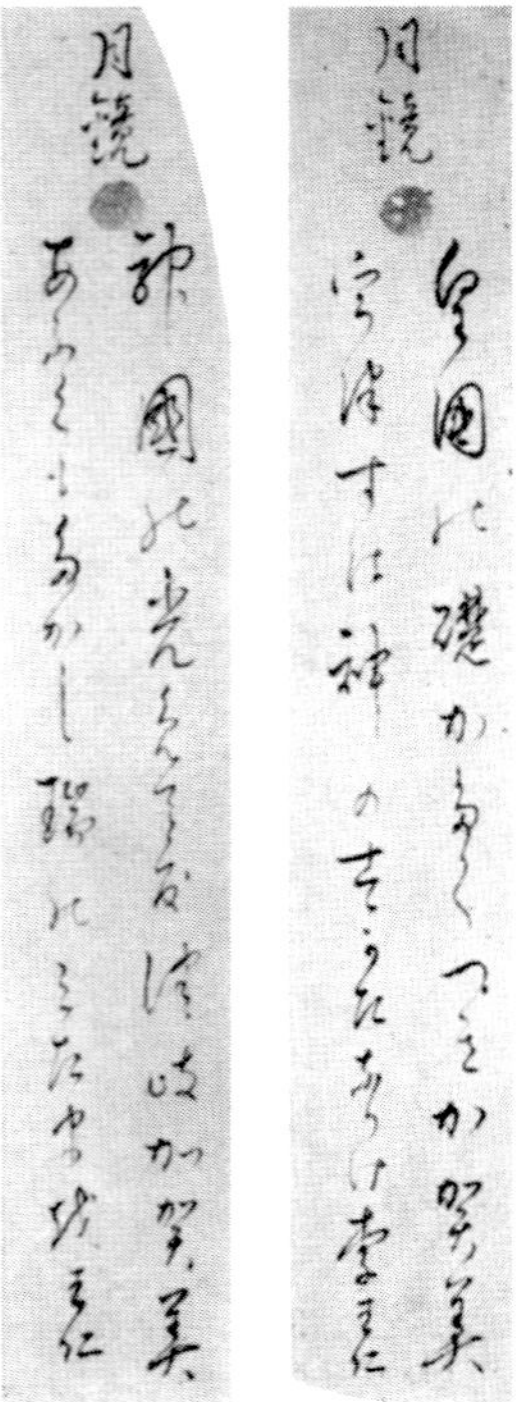

『月鏡』刊行にあたっての王仁三郎の染筆

『玉鏡』刊行にあたっての王仁三郎の染筆

増補 三鏡

出口王仁三郎聖言集

空高く澄みきる秋の明月は天の真奈井の水鏡見る　（水鏡）

明月の影もさやかに玉の井を汲みてそうつす水鏡かな　（水鏡）

神国の光めてたく津岐加賀美あふくもたかし瑞のみたまを　（月鏡）

皇国の礎かたくつき加賀美うつすは神のすかたなりけり　（月鏡）

言玉の鏡にうつる現し世の手ふり足振り面白きかな　（玉鏡）

目次

第一章　神々の由来と活動

神について

神様と温室 22　神様と花 22　神様のお仕事は二つ
玉 22　科学の力 22　神の経綸 23　犠牲 25　広大
無辺の御神徳 26　神という言葉 27　神様と味わい
27　元の生き神 27　神様と標準 28

艮の金神と坤の金神

艮の金神様 28　大神様方の御容姿 29　神功皇后様
と現われる 29　三千年に実る桃 29　艮坤二神の御
歌 30　三段の型 31

神素盞嗚大神

牛頭天王と午頭天王 32　素盞嗚尊と鼻 32　二大祖
神 32　鼻の世の中 33　八十平甕 33　琴の初め 33
素尊と稚姫岐美命 34　素尊の神業 35　アジア大陸
と素尊の御職掌 35　蓑笠の起原 36

ミロク神

六百六十六の獣 37　ミロク、ミロク 37
五十六億七千万年 38　ミロク三会 38　王ミロク様
40　阿弥陀の実現化、弥勒仏 41

瑞霊と厳霊

火の洗礼と水の洗礼 42　我はキリストの再来にあ
らず 42　厳と瑞 43　稚姫岐美命の御神体 45　神の
籍に入らざるもの 45　月欲しい 46　学と神力の力
競べ 46　北山の火竜 46　キリストの再来 47

三十六相と八十八種好 48　大乗と小乗 48　変性男子、変性女子 48　無間の鐘 49　初対面 50

諸　神

竜宮の乙姫様 51　竜神の御職務 51　大黒主と八岐大蛇 51　アテナの神 51　龍は耳が聞こえぬ 52　天狗 52　天津神と国津神 52　道の長千羽の神 53　五男三女神の働き 53　盤古について 54　廻り金神 54　八岐大蛇 54　武の神 55　男女の道 56　蛭子の神 56　稲羽の白兎 57　日本武尊 58　国生み神生みの神業 58　七福神 60

宇宙の神秘

地平説について 62　月は母体 62　太陽の黒点 63　大宇宙 64　神示の宇宙 65

言　霊

言霊と言語 66　若返りと言霊 66　年を若くすること 66　言霊奏上について 67　音頭と言霊 67　新年勅題について 70　宇宙の声音 71　声の順序 72　ヨハネ伝 72　隻手の声 73　宇宙の声 73　言霊学 73　仮名づかい 74　ア行とヤ行 74　天津祝詞と五大父音 74

立替え立直しとミロクの世

世の終末と立替え 75　ミロクの世 75　ミロクの世と物質文明 76　世は持ち切りにさせぬ 76　聖賢ではできぬ 76　修理固成の仕事 77　世の大峠と信仰 78　水も漏らさぬ経綸 79　小三災 81　出産率と救い 82　現われかけたミロク様 82　審判は近づいた 82　新つの世 83

第二章　霊界と霊魂の真実

霊界の諸相

天と地　86　天人の五官　86　霊界での話　87　人間は木から生まれた　87　模型を歩む　87　天帯　89　霊界の親　90　霊界の宣伝使　90　天人と悋気　90　一日の修行　90　宣伝使の階級　91　人間の創造　91　霊の姿　92　雑念の盛んなる人　92

霊　魂

裁、制、断、割　93　人間の霊魂　93　人間は種々の前世をもつ　93　守護神　93　精霊の生命　94　霊と精霊　94　身魂の三種　94　霊衣のこと　95　人間と動物　96　誕生の種々　96　輪廻転生　96　人魂　98　霊肉脱離　98　魂の入れ替え　99　心と魂　99　他神の守護　99　進化論　100　人魂　100　直美と操　100　再生　101　寝顔と性質　101

兇党界と悪霊

大江山と邪気線　102　高姫と妖幻坊　102　兇党界　103　悪魔の神業妨害　103　悪魔の世界　104　心霊現象と兇党界　106　筑波山の悪霊　106　三りんぼう　106　光る宝石と曲津　107　兇党界と人間　108

霊の作用

病気と脈搏　109　女と蛇と馬　109　霊と食物　109　墓場跡と飲食店　110　山上の家　110　家を建つる場所　111　人神　111　霊媒　111　爪をきる時　112　霊媒は短命　112　神がかり　112　日本と外国の神がかり　113　他家の鼠　113　ナヒモフ号の金塊　113

霊力と霊験

平安石と眼病　114　正夢と霊夢、霊眼　115　虻になって　116　天眼通について　117　霊眼　118

聖　地

天国、霊国と花壇　120　地上に移写するオリオン星座　120　本宮山は平重盛の居城　121　天恩郷の命名　121　月照観音と平安観音　121　亀岡と三五教　122　日本と何鹿郡、綾部町　122　開祖様の奥津城　122　月宮殿の宝座　123　大安石と小安石　126　高熊山に現われた霊石　127　島根県　130　信濃国皆神山　130　蟇目の法　132　素尊御陵　134　熊山にお供して　135　噴火口と蓮華台　140　ふたたび素尊御陵について　140　マリヤ観音　141　月宮殿の仁王様　141　神庭会議　142　天書　142　ふたたび七夕祭について　144　瑞穂神霊　144　黄金閣の瓢箪　145　憑依霊と聖地　145

第三章　瑞霊の教えと人生

愛について

恋愛と恋と愛　148　絶対善と絶対悪　149　恋愛と家庭　149　愛の独占　149　愛の力　150　怒りと毒素　150　愛の分霊　151　神への恋愛　151　惚れられる人　152　妻としては　153　猛獣と愛　153

信仰と人生

無抵抗主義と抵抗主義　154　神命と実行　155　三猿主義は徳川氏の消極政策　155　物忘れと無我の境地　156　悲劇と喜劇　156　三千年に一度実る桃の実　157　どんな仕事にも霊をこめる　157　万有と道　157　老人と若人　158　天は人に二物を与えず　158　神的順序と事務

的順序（人的順序）159　人生の諸問題 160　断食のこと 162　神の恵は公平無私である 163　世の中に最も不幸なるもの 165　苦集滅道 166　無我の境、無我の声 168　惟神の心性 168　生命 171　人生と信仰 173　死に直面しての安心立命 174　神と倶にある人 175　四苦 176　謝恩と犠牲心 176　偽善者 177　懺悔 177　信仰に苔が生えた 178　堪忍 178　人間と現世 179　意志想念のままなる天地 180　神と倶にある人 181　夏 184　惟神の心 184　至誠と徹底 184　人間という問題 186　命令をきく木石 188　有難き現界 189　三摩地 189　胆力養成家 190　大本格言 191　打算から 191　仏典について 191　日月模様の浴衣 192　因縁の土地 192　安心立命 194　明従せよ 194　信じきること 194　取違いの信仰 195　個性 195　無我の境 196　身魂磨き 196　大本は型の出る所 197　法三章 198　空気のぬけた頭 198　死獅子と生鼠 198　わが子の死 199　皇道と王道 200　全身の奉仕 200

知恵と教訓

心と形 201　玉について 201　人を使うこと 204　人は度胸 204　包容力 204　霊体不二 205　惟神 205　太陽を招び返した清盛 205　見直し聞き直しと嗅ぎ直し 206　宿命と運命 206　結婚と男女の年齢 207　魂は外へ出さねばならぬ 207　忍耐 207　変わったものに相手になるな 208　私憤と公憤 208　親切にしてやれ 208　運は人が作る 209　因果応報 209　断の一字 209　大事業 210　やり通せばよい 210　金持ちと金番 210　霊止と人間 211　三菩薩 211　魂の大いさ 211　安全な代物 211　過去の失敗 213　謝恩の生活 214　捨てることは正しくつかむこと 216　忘れるということ 216　日本人の抱擁性 217　上になりたい人 219　善言美詞は対者による 219　空相と実相 219　当相即道 220　つまずく石 220　心配事 221　棺も攜も 221　学問も必要 221　理智と感情 222　迷信 223　祟り 223　天職と職業 224　数字の頭 224　不断の用意 225　教育について 225　放任主

義の教育について 226　勇往邁進 226　強がる人 227
老人を友達に 227　遠大なる準備 228

筆　先

神様の一年 229　国栖を集めよ 229　梅で開いて松でおさめる 229　神諭の九分九厘 230　「いざゞく」と「いたゞく」 230　差添えの種 230　開祖様のお歌 231
梅で開いて 231　改神慢神 231　国家的思想 232

道　院

壇訓（扶乩）について 233　道院奉唱呪文略解 235
艮の金神様と支那 236

霊界物語

霊界物語は最後の審判書なり 237　霊界と神霊界 238
論語読みの論語知らず 238　スバール姫、スダルマン太子 239　泣く病人は死ぬ 239　舎身活躍 239　エルバンド式とモールバンド式 239　三日で読め 240　秘密 240　呉の海 240　淋しいということ 241　五百津御統丸の珠 242　聖壇 242　物語拝読について 244　探湯の釜 244　太平柿の歌 245　たまがえしの二、三種 247
「ム」大陸は黄泉島 248　ハルナ 248　出雲言葉 248

祭　祀

祈りは天帝にのみ 250　拍手の意義 250　三杓子は天国 250　御手代と国替え 251　追善供養 251　天津祝詞と神言 251　墓の台石 252　皇霊祭と祖霊大祭 252　死者の枕する方向 252　御神霊を鎮める時 252　惟神真道弥広大出口国直日主之命 253　大神様御奉斎について 253　半僧坊様 254　お給仕について 255　ミロクの礼拝 255　同殿同床の儀 256　フルベユラ 256　御玉串について 256　生松 257　祝詞奏上 257　守護神 257

拍手 258　神饌物 258　惟神霊幸倍坐世 258　祖先の命の守護 275　托鉢と巡礼 275　行 276　仏教は無神論 276
日と死 259　玉串 259　神饌について 260

宣教

道楽は一つの宗教である 260　仏と神 261　宣伝の標準 261　甲子章について 261　無二の真理教 262　現代の日本人 262　短い言語 263　最後の真理 263　准宣伝使 264　熱するということ 264　成功したる講演 264
宣伝使帽 265　師匠を杖につくな 265　宣信徒よ 265
愛善紙百万部 266

宗教

神、耶、仏、すべてを信ず 268　易の当否 268　真の宗教 268　信教の自由 270　宗教団とその教祖 270　大本という文字 271　黄教、紅教 272　易 272　大乗教と小乗教 272　あゝ既成宗教 273　宗教心 275　大本人

第四章　王仁三郎の美と芸術の世界

美と芸術の世界

和歌と調べ 278　風も浪も七五三 278　黒は色の王 279
冠句は大衆文芸 279　字と筆 279　芸術は宗教の親 280
聚楽の第 280　絵を描く時 280　名歌、名文章 282　書画をかく秘訣 282　神の作品 282　無作の詩 283　浄瑠璃 283　宗教より芸術へ 284　自然に描ける絵 284　絵について 285　宗教即芸術 287　大画揮毫について 287
宗教の母 288　和歌について 288　襟首 288　伊勢物語と和歌 288　明光 289　頭髪 289　絵と独創 289　器物の裏底 290　絵と墨 290　風を描く 291　睛を入れる画法 291　血液と絵 291　悠々自適 291　作歌の法 292　明る

いのが歌 292　礬水びきの絹本 293　書道 293　茶室 293　掛軸について 293　庭石の配置 294　歌 294　歌人 295　女は神の傑作 296　月 296

第五章　素顔の王仁三郎

故郷と回想の王仁三郎

小さい蒲公英 298　焼き捨てた紙幣 298　賭場の番人 299　西南戦争とわたし 300　真如聖師と応挙 301　思い出の一、二 302　辻説法 303　角帽の階級打破 304　何よりも楽しみ 305　人に化けた狸 305　大槻鹿造と王仁 307　上田家の姓 307　開祖様の御昇天 307　開祖様をおんぶする 308　海潮 308　敬老尊師 308　天恩郷が好きな理由 310　亀山城 310　玉の井 312　最初の信者 312　故郷人 313　霊的小説 314

王仁三郎、自身を語る

雑魚取りの名人 316　碁と将棋は嫌い 316　わたしと仕事 317　毒と薬 318　人に会いたくない 319　わが子の病気は癒りにくい 319　わたしは大人になった 319　祈りの声が聞こえる 320　面会のこと 320　生前に銅像を建ててはならぬ 322　線香は嫌い 322　三つの空手 323　四日月を三日月と見る二日酔 323　わたしは眼が悪い 323　子供になって寝る 324　霊的神業 324　身魂の因縁 325　碁盤を買うた 325　百年の生命 327　年をほかした 327　天地への義務で生きている 327　お友達がほしい 328　自己暴露 328　外国人の祈り声 329　面会者はつらい 329　巡笏とプログラム 330　面会 330　祝詞は一人で 331　写真も一人で 331　獅子を御する文殊 331

第六章　瑞言霊説

歴史・人物・逸話

千の利休は明智光秀 334　空の星と人間 336　関の地蔵さまと一休和尚 336　清姫のこと 336　奇魂の足らなかった南洲翁 337　歴史談片 337　釈迦と提婆 339　偉人 千家尊愛 342　義経と蒙古 342　隻履の達磨 343　宗祖とその死 344　弘法大師 344　皇円阿闍梨 344　生身天満宮 345　児島高徳 345　日本と孟子 346

故事・習俗・縁起

お釈迦さんの頭 346　芋名月 346　奴という言葉 347　月と三日月 347　ドテラの始まり 347　三都の人の心性 347　与謝の海 348　田植 348　狛犬のこと 348　みささぎ、かささぎ 348　昔は血族結婚 349　胞衣と岩田帯 349　春日の鹿の由来 350　河童 350　ひきとふく 350　久方の空 350　玉 351　系という文字 351　頭槌 石槌 351　不知火 352　鈿女物語 353　瓢型の墳墓 354　忍術 354　鎌鼬 355　油虫 355　火渡りの道 355　紋所 356　原始時代の貴重品 356　寺 357　比叡山 357　雄蟇と雌蟇 357　君子は豹変す 358　かみなが（髪長）358　そめがみ（染紙）358　舎利 358　鏡餅 359　門松 359　二本の門松 359　井戸の位置 360　笏 360　手の働き 360　鶏の宵鳴き 361　葛の葉の子別れ 361　湖水 362　武家人 362　「酒」と「剣」について 362　菓子と饅頭 363　仏足頂礼 363　比礼 364　弓と蟇目の法 364　左手右手 364

女性を語る

女の型 365　仏教の女性観 366　慧春尼 368　女性の功徳 370

礼儀・作法

土瓶や鉄瓶の置き方 371　神社参拝の心得 371　主人の居間 372　老年と身だしなみ 372　小さいこと 372　結び昆布（結婚婦） 374　姓名 374　水の御恩 374　干物のあぶり方 374　焼肴の箸のつけ方 375　襖の開け閉め 375　床の高さ 375　倉と便所 376　艮の方角 376　上棟式と幣 376　食膳について 376　扇、団扇 377

時局・世相

憂国の志士と愛国の志士 378　百年の計 378　自主的精神 378　日本人 目覚めよ 379　親作子作 380　地租委譲問題 381　不戦条約 381　細矛千足の国 381　軍備撤廃問題 382　軍縮問題 382　刑法改正問題 383　支那という国 383　エト読込みの歌 384　ガンジー 384　食糧問題 384　経済と会計 385　瓢と水の藻 385　波 386　泥金の日本人 386　武器を持たぬ神軍 386　愛善会の調査局について 387　飛行機 387　紙雛さまと兜 387　満州と宣統帝 388　天国と現代 388　正直者 日本人 389　金銀為本の政策 389　不退転 390　非常時の人物 390　細心豪胆 390

雑話

惟神の寝方 391　取越日記 391　日本人と悲劇 391　社会学の距離説 392　嘘談家協会 392　三子の命名 393　美しい人 393　無題（俚謡） 393　哺乳と変態性慾 394　日本人種 394　十か月暦 394　シオン運動とモーゼの裏十戒 396　三大民族 396　三種の神器 397　「君」の意味 398　皇道と王道の区別 398　公卿と熊襲 398

第七章　天然現象

天然現象と気候

満月と万有 400　地震と鉱物 400　日本には金は幾何でもある 400　金剛石 401　八月のいら蒸し 401　地震の前兆 401　一星霜 401　ラジオは気候を調節する 402　雪の予告 402　海岸線と山岳 403　不毛の地 403　樹木や石は天気を知る 404　再び日本刀について 404　日本は世界の胞胎 404　近年の暖かさ 406　気温と風の吹きかた 406　気温の調節 407　亀ノ瀬の地質 408　天産自給 408　春秋の気候について 408

人体について

頭髪と人間の使命 409　人相とその性質 409　出産日と男女 411　盲腸は人体の根の国 411　日本人の肉体 411　白血球と赤血球 412　細胞 413　人の面貌 413　四十八の夜中 413　人体と水 414　人の体は小宇宙 414　生命と歯 414　細胞と毛孔 414　歯 415　高い鼻 415　霊と血 415　血 416

植物と農事

樹木の心を汲め 416　草花より生ずる虫 417　霊木 418　男松と女松 418　気候による植物の植え方 419　背に腹はかえられぬ 419　梱 419　植物と精霊 419　植えかえた木のため 420　神木 銀杏 420　樹木のいろいろ 420　南天と蓮 421　雑草は彼岸に刈れ 421　花はみな太陽にしたがって廻る 421　松と雑木 422　紅葉に楓 422　樹木の育て方 422　梅花とその実 423　茄子 423　ふたたび花咲かぬ枝 423　竹と豌豆 424　竹と蕎麦 424　糸瓜と白水 424　筍と鰯 424　竹と筍 424　米の三度作 425　命ぜられて咲いた桜 426　香具の果実 426　松茸 426　朝顔 426　空中肥料 426　なずな七草 427　宅地と植樹 427　山椒の樹 427　樹木 428　槙の木について 428

梅と桜 428　竹藪と悪魔 428　温室をやめた理由 429　植木と主人 429　紅葉と歌 429

動物

尸解 430　動物の寿命 430　藪蚊 431　雀の領分地 431　水鳥の温度 431　虫の触角と鳴き声 432　家畜と人間の唾液 432　動物愛護について 433　時を告ぐる鶏 433　猫は家につく 433　猛犬シーゴー 434　烏 434　魚を釣る時 434　猫は魔の王 434

第八章　健康と民間療法

食べ物

耐寒力と飲酒、肉食 436　食用動物 436　米 436　玄米食 437　水と火を食う 437　米の意味 437　味のよい所 437　肉食の害 438　智、仁、勇の食物 438　キのつく動物 438　食物 438　酒の起源 439　食物 439　食物と性格 439

健康と病気

神示の若返り法 440　深呼吸の害 441　葱と呼吸器病 441　脚気の妙薬 442　癲癇 442　熱と病気 442　カタバミの葉 442　創をした時 443　感冒の妙薬 443　病気の手当二、三 443　瘤を取る法 443　寝る時の形 443　伝染病根治法 444　火傷の妙薬 444　柿は毒消し 444　大蛇と毒気 445　白髪の増えぬ法 445　痔疾の妙薬 445　呼吸について 446　泥は薬 446　病気と薬 446　松と土と水 448　臭気どめその他 448　蕁麻疹の薬 449　婦人病 449　万病の妙薬 449　たむしの薬 450　便所の臭気どめ 450　痔の治療法 450　血止めの法について 451　再び血止めの法について 451　ワキガの根治法 452　性慾の問題 452　心配は毒 453　中風、百日咳、喘息

453　ピアノ式按摩 454　精力と精液 454　睡眠と食事 455　咳の妙薬 456　病気の薬 456　食い合わせについて 456　眼瞼に入った塵 457　日本人の寿命 457　小判の効能 457　田虫の妙薬 457　脾肝の虫の薬 458　肺病について 458　石女 459　鰻について 459　七草の効用 460　魚の中毒 462　痣をなおす 462　人魚と若がえり法 462　寝ると水になる 463　糖尿病の薬 463　胆石病 464　早漏の療法 464　血の道 464　リウマチス 465　脱腸 465　妊娠 465　信仰と病気 465　多汗 467　百日咳 467　鯛の骨 467　色を白くする法 467　毒ガスと菜食 468　イボの薬 468　目の薬 468　香茸と胃腸病 469　ジフテリヤの全治法 469　動脈硬化と食物 469　服薬について 469　条虫駆除法 470　中耳炎の妙薬 470　妊娠と授乳 470　瘭疽の妙薬 470　お土 471　旅行と入湯、食事 471　柿の夢 471　産後のために 471　薬二、三種 472　肺炎の妙薬 472　按摩 472　生命は同年 473　流行性感冒 473　火傷の薬 474　喘息全治の法 474　血の道 474　梅干の効用 474

第九章　十和田湖の神秘

男装坊の再生 476　神歌 477　十和田湖の神秘 480

解　説　出口和明 511

底本の序文・凡例 521

凡　例 523

巻末付録　王仁三郎随筆撰

俳道 526　茶道 528　美人 529　海月と鮟鱇 532　徒然のままに 536　吾蠅 541

見出し索引／事項索引／出口王仁三郎略年譜

第一章　神々の由来と活動

神について

神様と温室

外は零下幾度に下《くだ》らんとしている時でも、温室内は春陽三月の如きあたたかさである。百花咲き満ちて、天国が偲《しの》ばれるではないか。

　神様は世界を温室としようとしておらるるのである。温《あたた》かく、清《きよ》らけく、そして美しく。

（昭和二年四月・水鏡）

神様と花

神様がわからないという人に、一本の花を見せてやれ。これでも神様がわからないのですかと……。

誰《たれ》がこの美しく、妙《たえ》なる色香《いろか》をもった花を造るのであるか。同じ土地に播《ま》いても種が違えば、千《せん》紫《し》万《ばん》紅《こう》色《いろ》さまざまに咲き出でて、得《え》もいわれぬ美しさを競《きそ》うではないか。いったい誰がそうするのか。花を作る人は、ただ世話をするにすぎないではないか。

　これでも神様がわからないというのなら、よほど頭の悪い人である。

（昭和二年六月・水鏡）

神様のお仕事は二つ玉

神様のお仕事は二《ふた》つ玉《だま》である。一つの仕事をせられると、同時に他《た》にも、それと異《こと》なる大きな仕事ができている。

（昭和三年三月・水鏡）

科学の力

現代は、科学万能の世界といわれている。

ラジオ、無線電信、空中飛行船、飛行機、潜水《せんすい》艇《てい》、そのほか種々《しゅじゅ》の文明の利器は非常に発達し、宇宙一切のことは科学でなければ解決できない、という誇《ほこ》っている学者も沢山《たくさん》あるようであるが、なにほど科学が進んだというても、宇宙の謎《なぞ》は解くことはできない。

白い米を喰《く》うて、赤い血を出し、黒い髪《かみ》を生やし、黄《き》色《な》糞《くそ》をたれる、この原理が明瞭にわかった医学博士もなければ科学者もない世の中だ。

それだから、虱《しらみ》一匹を研究して論文を出しても博士になれる世の中だから、学者といっても、真《しん》に頼りないものである。

いまの学者は天地を征服するとか、神を解剖するとか、ちょこざいな大法螺《おおぼら》をふいているが、無限絶対無始無終におわします神どころか、日々《にちにち》自分が食《く》っている飯《めし》のことさえ解決がつかないことで、なにほど鯱《しゃち》になっても、神の説明だとか、天地の征服などはだめである。

むかしの黄金時代の人間や天国の天人が、唯《ただ》一、二言で解決する事柄を、現代の学者は数千万語を費《つい》やさなくてはわからないという、厄介《やっかい》の代物《しろもの》である。

現代の鼻高《はなたか》学者に、宇宙の真相や神様の御本体を明瞭にわかるように説明しようと思えば、世界五大洋の海水《かいすい》をインクに使って、一滴もないようにしたところで、まだ書ききれないほど言わなくてはならない厄介至極《しごく》な現代人である。

それだから神様が、常闇《とこやみ》の訳《わけ》のわからぬ世の中だと仰有《おっしゃ》るのも無理ないと思う。

（昭和三年五月・水鏡）

神の経綸

神は全大宇宙を想像し、宇宙一切の花とし、実として人間を造った。人間は神の聖霊《せいれい》を宿し、神にかわって地上の世界はいうも更《さら》なり、宇宙一切霊界までも支配せしむることとしたのである。

しかるに人間は現界に生まるる刹那《せつな》の苦しみに

よって一切の使命を忘却し、ただ地上のみの経綸《けいりん》者《しゃ》として生まれてきたもののように思っているくらいは上等の部分である。

現代の科学に心酔している、いわゆるりっぱな人間どもは、人はいずこより来たり、いずこへ去るという点さえも明らかに分かっていない。

太極《たいきょく》といい、自然といい、大自然といい、上帝《じょうてい》または天帝《てんてい》といい、阿弥陀《あみだ》と称《とな》え、ゴッドというも、みな、無始無終、無限絶対の普遍の霊力体《れいりょくたい》を指したものである。ゆえに神とか、大自然とかいうものは、宗教家のいうごとく絶対的の、全智全能者でない。地上の花たる人間を疎外しては、神の全智全能もあったものではない。

けれども、神は全智全能なるがゆえに人間を地上に下《くだ》して、天地《てんち》経綸《けいりん》の用《よう》をなさしめている。

神と人と相俟《あいま》って、はじめて全智全能の威力が発揚《はつよう》されるのである。

数百万年の太古より因蘊化醇《いんうんかじゅん》されたる今日《こんにち》の宇宙も、人間というものを地上に下し、これに霊《れい》と力《ちから》を与えて各々《おのおの》その任《にん》を全《まっと》うせしめたから、今日のやや完全なる宇宙が構成されたのである。

神は山川草木《さんせんそうもく》をある力によりて造り出したが、しかしながら人間の活動が加わらなかったならば、依然として山河《さんが》草木《そうもく》は太初《はじめ》のままで、すこしも進歩発達はしていないのである。

自然に生《は》えた山野《さんや》の草木《くさき》、果実《かじつ》は極めて小さく、極めて味が悪い。瑞穂《みずほ》の国の稲穂《いなほ》といえども、太初《はじめ》地上に発生したものは、わずかに三粒《つぶ》か十粒の籾《もみ》を頂いていたのに過ぎない。

それを人間がいろいろと工夫して、今日のごときりっぱな稲穂を造り出すようになったのである。そのほか一切万事みな、人間の力の加わっていない物はない。

しかしながら、人間は独力では働きはできない。いずれも神の分霊分魂《ぶんれいぶんこん》が、体内に宿って、地上の世界を今日の現状まで開発させたのである。

人間は神とともに働いて、天国を造り、浄土も造り、文明の世も造るのである。

この原理を忘れて、ただ神仏さえ信仰すれば全智全能だから、信心《しんじん》さえ届けばどんなことでも神が聞いてくれるように思うのは迷信、妄信《もうしん》の甚《はなは》だしきものといわなければならぬ。

また神の造った宇宙には、一つの不思議なる意志がある。その意志によって人間は人間を統一し、魚族《ぎょぞく》は魚族を統一し、鳥類、虫けらにいたるまで、いちいち指導者がこしらえてある。

しかしながら釈迦《しゃか》のいったように、地上にミロクが出現するまでは、この天地《てんち》間は未完成時代であって、蜂《はち》に王があるが如く、蟻《あり》に親玉があるが如く、真《まこと》の人間界の統一者指導者がなかったのである。要するに、宇宙がまだそこまで進んでいなかったからである。

この無限絶対なる宇宙の完成は、今日まで五十六億七千万年を要している。ゆえにこれからの世の中は永遠無窮であって、いつまでつづくか、計算のできないほどのものである。

天文学者などが、何億年すれば太陽の熱がなくなるとか、月がどうとか、星がどうとかいっている論説などは、とるにたらざる迷論である。

いよいよ天地人三才《てんちじんさんさい》の完成する間際《まぎわ》であり、いまや新時代が生まれんとする生《せい》の苦悶《くもん》時代である。今日までいろいろの大宗教家や、聖人や学者などが現われて宗教を説いたり、宇宙の真理を説いているが、いずれも暗中模索的の議論であって、一つとしてその真相をつかんだものはない。

ゆえに今日まで、真《しん》の宗教もなく、真の哲学もなく、真の政治も行なわれていない。

いよいよ宇宙一切の完成の時期になったのであるから、その過渡時代に住する人間の目からは、地上一切のものが破壊され、滅亡するように見えるのである。

（昭和三年七月・水鏡）

犠牲

既成宗教は、犠牲《ぎせい》ということを推奨《すいしょう》して最高の道義的行為なりとしておるが、犠牲、すなわちイケニエなるものは、じつは正しいことではないのである。

身《み》を殺して仁《じん》を成《な》すなど、己《おのれ》を捨てて人を助くることは実際、できうるものではない。

教育勅語《ちよくご》に、恭倹己《きようけんおのれ》を持《じ》し、博愛衆《しゆう》に及《およ》ぼすと宣《の》らせられたもうているごとく、人は神の子、神の生宮《いきみや》で、言い換ゆれば、人は神であるから、神を敬《うやま》うごとく人を敬い、またおのれを敬うのが本当である。自分を全《まつと》うせずして人を助くることはできないではないか。

神であっても、犠牲を喜ぶような神は正しい神ではない。日本の神様は決して犠牲を喜ばれない。


（昭和四年二月・月鏡）

広大無辺の御神徳

太陽の照臨《しようりん》、陰陽の輝き、正邪清濁《せいじやせいだく》の別なき、雨水《うすい》の沛然《はいぜん》として臻《いた》り、普《あまね》く万物を潤《うるお》し、空気の宇宙に充満して新陳代謝《しんちんたいしや》を行ない、四季の風光妙《たえ》にして、吾人《ごじん》に爽快《そうかい》の気を起こさしめ、花卉《かき》の美、果実の豊かなる、吾人に絶大なる快感爽味《そうみ》を与え、豊富なる生《せい》動物の恩沢《おんたく》の大なる、維《これ》一に天地神明《しんめい》の恩頼《みたまのふゆ》にして、いずれも大本大神《おおもとおおかみ》の賚《たまもの》というべし。

一夜の風、一刻の雨、よく天下を風靡《ふうび》し、山海《さんかい》を覆《くつが》えし、忽《たちま》ちにして復旧さる。雷鳴の轟々《ごうごう》たる後、白雨《はくう》沛然《はいぜん》として臻《いた》り、大空晴々《たいくうせいせい》として天日《てんじつ》の暉《かがや》き渡る、敏電火《びんでんか》の過ぐるが如き急速の変転、これみな神明《しんめい》の力の一部分の表現なり。

自然界の目に見るもの、耳に聞くもの、身に触るるもの、五感悉《ことごと》く深趣遠大快活《しんしゆえんだいかいかつ》ならざるはなし。

神は天を造《つく》り、地を築《きず》き、人を生み、山川草木《さんせんそうもく》を生《しよう》じ、万有を配布して神代《かみよ》を永遠に建設すべく、その蘊蓄《うんちく》せる無限の技巧と資源とを傾け、吾人《ごじん》に不断の恩恵を給うのである。

神の大仁大慈にして天工《てんこう》の完備せる、到底《とうてい》人工的一小技《しようぎ》の活動より成《な》し得《え》ざるを見れば、人は神の子神の宮、天地経綸《てんちけいりん》の司宰《しさい》というの言《げん》、聊《いささ》か僭越至《せんえつし》極《ごく》の感に打たれる。

　到底天業神事《とうていてんぎょうしんじ》の補佐たらんとせば、この天恵美《てんけいび》の安沢《あんたく》に神恩を礼讃《らいさん》し、神の造られし万物を賞翫《しょうがん》すべきであるにもかかわらず、妄《みだ》りに天設《てんせつ》を毀損《きそん》し、些末《さまつ》なる人工美技に耽《ふけ》るべきではない。

（昭和四年五月・月鏡）

神という言葉

神《かみ》は隠身《かくれみ》、幽身《かくりみ》の意で、またかもす、むすびの意でもある。すべて万物は氤氳醇化《いんうんじゅんか》のはたらきによって出来るので、醞醸《うんじょう》さるることによって黴《かび》が生え、黴菌《ばいきん》が生ずるようなものである。

　神《かみ》という字は、元来、衣偏《ころもへん》に申を書くのが本当である。申は金《きん》を意味する、すなわち神という字は、金衣《きんい》を着ていられることである。

　佛《ほとけ》という字は「人《ひと》に非《あらず》」と書いてあって、凡人にすぐれた覚者の意である。また佛《ほとけ》の意味は解《と》ける、すなわち解脱《げだつ》したことをいうのである。

　今日の佛《ほとけ》は全く人偏《にんべん》に弗《どる》となってしまっている。

（昭和七年四月・玉鏡）

神様と味わい

書《しょ》は言《げん》を竭《つく》す能《あた》わず、言は意《い》を竭す能わず、意は真《しん》を竭す能わず、ということがある。

　意に竭す能わざるところに神の権威があり、また真理がある。神は説明することはできぬ。

　あたかもボタ餅《もち》がうまいといっても、どんなに甘《うま》いということは、味わわぬ人に説明することができないようなものである。（昭和七年五月・玉鏡）

元の生き神

神諭《しんゆ》に「いよいよとなると肉体そのままの元《もと》の生神《いきがみ》が現われてお手伝いをなさる」という意味のことが示されてある。

竜体《りゅうたい》その他《た》いろいろの姿をもって、元の昔から生き通しの神様が厳存され、活動されるのである。すなわち神諭に示されてあるごとく、このたびの大神業《だいしんぎょう》は、霊の神だけでは成就できない大望《たいもう》なのである。

　開祖様が、かつて神様に「元の昔から生き通しの神様のお姿を見せていただきたい」と願われたら、神様は「一目《ひとめ》見てもびっくりする」と申されたことがある。

（昭和七年五月・玉鏡）

神様と標準

　標準をもって神様を知ろうとする者がある、迂《う》愚《ぐ》の極《きわ》みだ。標準がつくものは神ではない、見ようによって、どんなにでも変わるのが神様である。

（昭和八年十月・玉鏡）

艮の金神と坤の金神

艮の金神様

　艮《うしとら》という字にはハジメ、カタマル、ナガシ、トドメ等の意味がある。世《よ》をハジメ、カタメ、トドメをさす神様である。

　金神《こんじん》の金《こん》は金剛力《こんごうりき》であり、また金《きん》はすべてのものを清浄にするものである。お守りの袋に金襴《きんらん》を用いたり、神様のことに錦《にしき》や金《きん》を使用するのは、この理《り》によるのである。すなわち、金神は至清至《しせいし》粋《すい》の金剛力を有《ゆう》する神の謂《い》いである。

　世を始め、世を固め、艮《とどめ》をさす至清至純《しせいしじゅん》の金剛力をもった神さまが艮《うしとら》の金神《こんじん》様である。

（大正十五年六月・水鏡）

大神様方の御容姿

艮《うしとら》の金神《こんじん》様は大学目薬《だいがくめぐすり》の広告にある人間の顔、ああいったような、眼のパッチリしたお髭《ひげ》の濃《こ》い威厳のある、しかも優《やさ》しみと豊かさがあるお顔。

坤《ひつじさる》の金神《こんじん》様は、十七、八歳くらいに見える美しい、なんとも形容のできぬくらい奇麗《きれい》な方である。


（昭和二年八月・水鏡）

神功皇后様と現われる

お筆先に、

「艮《うしとら》の金神大国常立尊《こんじんおおくにとこたちのみこと》が神功皇后《じんぐうこうごう》様と出て参《まい》る時《じ》節《せつ》が近よりたぞよ。この事が天晴《あっぱ》れ表《おもて》に現われると世界一度に動くぞよ、もう水も漏《も》らさぬ経綸《しぐみ》が致《いた》してあるぞよ」

とあることは、艮《うしとら》の金神国常立尊《こんじんくにとこたちのみこと》の世界的進出の経綸を申されたものである。すなわち神功皇后様が三韓征伐を遊ばされたごとくと言う意味、また神功皇后様として現われて来るぞという意である。

また、

「神功皇后《じんぐうこうごう》様は昔は大将《たいしょう》でありたが、今度はお供《とも》であるぞ」

という意味の筆先があるが、あれはことの大小を比較して示されたもので、かの神功皇后の三韓征伐にくらべては、事件の拡《ひろ》がりが、非常に大きいという意味である。


（昭和五年四月・月鏡）

三千年に実る桃

三千年に初めて実《みの》る桃《もも》というのは、艮の金神様のことである。

しかして、その教《おしえ》を聞いたものは天国に入《い》ることをうるのである。

桃の実の味、すなわち神の道である。

九千年に実る桃、六千年に実る桃とあるのは、第一天国、第二天国の比喩であって、三千年の桃は、すなわち第三天国に相応するのである。

（昭和五年十二月・玉鏡）

艮坤二神の御歌

北海《ほつかい》の旅路《たびじ》はろけし吾《われ》は今
　出羽《でわ》の大野《おおの》の雨ききてをり

これは先年、王仁《わたし》が出羽《でわ》の国を旅行中、鳥海山《ちようかいざん》の下をよぎりたるとき、突如、坤《ひつじさる》の金神《こんじん》様が神懸《かむがか》られて詠《えい》じたもうたお歌である。

坤《ひつじさる》の金神様は西海《せいかい》の果てなる喜界《きかい》ヶ島《しま》に御隠退遊ばされて、侘《わ》びしい月日を送っておいでになったが、夫神《おつとがみ》恋しさの情に堪えかねて、はるばると艮《うしとら》の金神様を尋ねて鳥海山《ちようかいざん》まで来られたのであるが、夫神《おつとがみ》のいます北海道の地は白雲漠々《はくうんばくばく》として何処《いずこ》の空とも見えわかぬ、またよしや首尾よく尋ねおおせても、あの厳格な夫神《おつとがみ》様のこと、おそらくは会うては下さるまい、とつおいつご思案のすえ、ここから引きかえそうと決心され、鳥海山にお登りなされて、遥《はる》かにはるかに芦別《あしわけ》の山を偲《しの》ばれたのである。

日本武尊《やまとたけるのみこと》が碓井峠《うすいとうげ》より妃弟橘姫《ひおとたちばなひめ》を追懐《ついかい》された故事にもまさりて、涙ぐましい御事《おんこと》であった。

ゆえに往昔《おうせき》、鳥海山はトオミ（遠見）の山と言っていたのであるが、後世、鳥海に転訛《てんか》したのである。

たまたま王仁《わたし》がその地を過ぎたので神懸《かむがか》らせたもうて、当時の御心情を詠ませられたのである。

芦別《あしわけ》の山は悲しも勇ましも
　神代《かみよ》ながらのよそほひにして

これは艮《うしとら》の金神様が、同じく王仁《わたし》に神懸らせたもうてのお歌である。

北海別院の歌碑にこの歌が記されるのである。

（昭和七年八月・玉鏡）

東北出現厳霊神

南西出現瑞霊神

三段の型

男嶋《おしま》女嶋《めしま》に艮《うしとら》の金神《こんじん》様が落ちておられたので、坤《ひつじさる》なる神島《かみしま》には坤《ひつじさる》の金神様が落ちておられたということになるが、北海道の別院のある芦別山《あしわけやま》にはまた艮《うしとら》の金神が落ちておられたといい、その坤《ひつじさる》なる喜界《きかい》ヶ嶋《しま》のほうには坤《ひつじさる》の金神が落ちておられたといい、なんだかわけが判《わか》らないというが、これはみな真実で、また型《かた》である。

綾部から言えば男嶋女嶋と神島、日本からいえば北海道と喜界ヶ嶋、世界からいえば日本が艮《うしとら》で西のエルサレムが坤《ひつじさる》である。

三段の型のあることを取り違いしてはならぬ。

（昭和八年一月・玉鏡）

神素盞嗚大神

牛頭天王と午頭天王

牛頭《ごず》天王《てんのう》は素盞嗚命《すさのおのみこと》の御事《おんこと》であり、牛頭《ごず》天王《てんのう》はマッソンのことである。

牛頭《ごず》とはソシモリということであり、ソシは朝鮮語の牛《うし》のことである。モリは頭《あたま》ということである。頭はまん丸くもり上がっているから、そういう意味でもりという。

牛頭（ソシモリ）、これは前いうとおり素盞嗚《すさのお》の大神《おおかみ》様のことであるが、マッソンは大神様の名を僭《せん》して、まぎらわしい牛頭《ごず》天王《てんのう》などというたのである。

牛《うし》と午《うま》との違いである。　（大正十五年五月・水鏡）

素盞嗚尊と鼻

素盞嗚尊《すさのおのみこと》は鼻《はな》になりませる神様である。鼻は言《げん》霊学《れいがく》上、はじめて成《な》るの意である。

物の端《はし》をハナという、初発《しょっぱつ》のことをハナという、植物に咲く花も木のハナに咲くからハナというのである。

わたしは鼻がよく利《き》く、くさい臭《にお》いのするものは好《す》かない。宣《の》り直《なお》し、見直《みなお》しはあっても嗅《か》ぎ直《なお》しということはない。　（大正十五年十一月・水鏡）

二大祖神

芸術、宗教、政治、恋愛、そういう方面は素盞《すさの》嗚大神《おのおおかみ》様よりはじまり、工業、農業のはじまりは、天照大神《あまてらすおおかみ》様よりはじまっている。

歌は「出雲八重垣《いずもやえがき》」にはじまり、陶器は皆神山《みなかみやま》の八甕《がめ》にはじまったのは、人《ひと》みなの知っている通りである。天照大神様は始終機《はた》を織《お》っておられたが、人文の祖神《そしん》と実業の祖神は、神代《かみよ》のむかしから、ちゃんと分《わか》っていたのである。

（昭和五年二月・月鏡）

鼻の世の中

いままでは口と筆の世の中であったが、もはや鼻《はな》の世の中になった。神素盞嗚《かむすさのお》の大神《おおかみ》様のご活動期に入ったのである。

尖端《せんたん》を行くという言葉が流行するが、尖端は、すなわち顔の中で一番高いハナの意味であって、素尊《すそん》は鼻《はな》に成《な》りませる神様である。お喋《しやべ》りをやめて、よく嗅《か》ぎわける世の中、先方の鼻息《はないき》を考える世の中、鼻高《はなたか》が鼻を低うする世の中、高い鼻がけずられて目がつく世の中になるのである。

むかしから目鼻がつくという諺《ことわざ》があるが、これから鼻がつく世の中になるのである。目がつくというのは人々の心の目があく世の中をいうので、目鼻《めはな》がついた世、すなわちミロクの世の中である。鼻はまた、進歩発展の意を表わす。

（昭和五年十二月・玉鏡）

八十平甕

俗に、カワラケ、またはオヒラという八十平甕《やそひらか》は、素盞嗚尊《すさのおのみこと》様が信州の皆神山《みなかみやま》の土によって創製《そうせい》されたものである。いまなお神様に素焼《すやき》を用うるのはこの流れをくむものである。

八十平甕《やそひらか》を素焼《すやき》というのは、素盞嗚尊《すさのおのみこと》様の素《す》ということであり、素《す》とはモトということである。

人間の素姓《すじょう》、素直《すなお》、素顔《すがお》、素《す》ッ破抜《ぱぬ》く、素町人《すちょうにん》、素裸《すっぱだか》のはじめに素《す》のつくのは、皆《みな》これにもとづくのである。

（昭和六年六月・玉鏡）

琴の初め

一絃琴《いちげんきん》、二絃琴《にげんきん》、十三絃琴《じゅうさんげんきん》の箏《そう》の琴《こと》と、だんだんいろんな琴ができあがったが、その初《はじ》まりというのは、やはり素盞鳴尊《すさのおのみこと》様であって、尊《みこと》様がご機《き》嫌《げん》の悪いとき、櫛名田姫《くしなだひめ》様が矢《や》じりをもって弓の弦《つる》をピンピンと鳴らしてお慰《なぐさ》め申し上げたので、これが一絃琴の初まりである。

（昭和六年六月・玉鏡）

素尊と稚姫岐美命

神世《かみよ》のむかし、素盞鳴尊《すさのおのみこと》様と稚姫岐美命《わかひめぎみのみこと》様とのあいだにエロ関係があった。大日孁尊《おおひるめのみこと》様がこれをさとられて、天津罪《あまつつみ》を犯したものとして生木《なまき》を割《さ》くようにして、はるばる高麗《こま》の国へ稚姫岐美命《わかひめぎみのみこと》様を追いやられた。

風の朝《あした》雨の夕べ、天教山《てんきょうざん》を遠くはなれた異郷にあって、尊《みこと》恋しさに泣きあかす姫命《ひめのみこと》は思いに堪《た》えかねて、烏《からす》の羽裏《はねうら》に恋文を認《したた》め、この切なる思いの願わくは途中妨《さまた》げらるることなく尊様《みことさま》の御手《みて》に入《い》れかし、と祈りをこめて烏《からす》を放った。烏《からす》の羽裏に文を書いたのは、黒に墨《すみ》、誰《たれ》が見てもちょっとわからぬように、と用意周到なるお考えからであった。

烏は玄海《げんかい》の荒浪《あらなみ》をこえ、中国の山また山をはるか下界に眺めつつ息をも休めず、飛びに飛んで伊勢の国までたどりついたのである。このとき烏はもう極度に疲れてしまって、あわれ稚姫岐美命《わかひめぎみのみこと》の燃ゆる恋情《おもい》を永久に秘めて、その地で死んでしまったのである。

いまのお烏《からす》神社のあるところがその地なのである。だからお烏神社の御神体は、この烏《からす》の羽根だという説がある。

こなた、今日か、明日かと尊様の御返事を待ちわびた姫命は、いつまでたっても烏《からす》が復命しないので、ついに意を決して自転倒島《おのころじま》へと渡りたもうたのである。

しかしながら、どこまでもこの恋は呪われて、ちょうど高天原《たかあまはら》においての素盞鳴尊《すさのおのみこと》様もおもいは同じ恋衣《こいごろも》、朝鮮半島からの便りがいっこうないので、痛く心をなやませたまい、姫命にあって積もる思いを晴らさんと、ついに自ら朝鮮半島に下《くだ》られたのである。あゝ、しかし尊《みこと》が壇山《だんざん》に到着されたときは姫命の影も姿も見えなかった。行き違いになったのである。

かくて稚姫岐美命《わかひめぎみのみこと》は、ついに紀州の和歌の浦で神去《かむさ》りましたのである。玉津島明神《たまつしまみょうじん》、これが稚姫岐美命様をお祀《まつ》り申しあげたものである。

（昭和六年七月・玉鏡）

素尊の神業

いったい素盞嗚尊《すさのおのみこと》は、大国主命《おおくにぬしのみこと》に日本をまかされて、ご自身は朝鮮（ソシモリ）の国に天降《あまくだ》り給い、あるいはコーカス山に降り給いて、アジアを平定され、治められていた。

もっとも大国主命《おおくにぬしのみこと》が治められた国は、いまの滋賀県より西であって、それより東は天照大神《あまてらすおおかみ》様の治めたまう地であった。ただし北海道は違う。大《おお》国主命《くにぬしのみこと》に対して国譲《くにゆず》りのことがあったのは、その滋賀以西を譲れとの勅命《ちょくめい》であったのである。ゆえに素盞嗚尊《すさのおのみこと》の神業《しんぎょう》は大アジアにあることを思わねばならぬ。

王仁《わたし》が先年、蒙古《もうこ》入《い》りを為《な》したのも、太古の因縁によるもので、いま問題になりつつあるアジア問題というものは、おのずから天運循環しきたる神業の現われであると言ってもよい。

（昭和八年一月・玉鏡）

アジア大陸と素尊の御職掌

神典《しんてん》にいう葦原《あしはら》の国とはスエズ運河以東のアジア大陸をいうのである。ゆえにその神典の意味からいい、また太古の歴史からいえば日本国である。

三韓《さんかん》のことを「根《ね》の堅洲国《かたすくに》」ともいう。新羅《しらぎ》、高麗《こま》、百済《くだら》、ミマナ等のことであるが、これにはいまの蒙古《もうこ》あたりは全部包含《ほうがん》されていたのである。また出雲《いずも》の国に出雲朝廷というものがあって、すべてを統治されておったのである。

　いったいこのアジア、すなわち葦原《あしはら》は、伊邪那《いざな》美尊《みのみこと》様が領有されていたのであって、黄泉国《よもつくに》というのは、インド、支那、トルキスタン、大平洋中の「ム」国《こく》等の全部を総称していた。それが伊邪那美尊様がかくれ給うたのち、素盞嗚尊《すさのおのみこと》様が継承されたのであったので、そののちはアジアは素盞嗚尊様の知ろし召《め》し給う国となったのである。

　素盞嗚《すさのお》という言霊《ことたま》は、世界という意味にもなる。また武勇の意味もあり、大海原《おおうなばら》という意義もあるごとく、その御神名がすでに御職掌を表わしている。それで素盞嗚尊《すさのおのみこと》様の御神業は、アジアの大陸にある。

　しかしながら、日《ひ》の本《もと》の国がりっぱに確立されなくてはいけない。

　自分が蒙古に入ったのも、また紅卍字会《こうまんじかい》と握手したのも、みな意義のあることで、大神業の今後にあることを思うべきである。

　『昭和』の雑誌に、つぎのような歌を出しておいた。充分考えて見るべきである。

　亜細亜《あじあ》とは葦原《あしはら》の意義あし原《はら》は
　　我が日《ひ》の本《もと》の国名なりけり

　時は今我が国民は建国の
　　皇謨《こうぼ》により活動すべき秋

　和光同塵《わこうどうじん》政策をとりし我が国は
　　旗幟《きし》を鮮明にすべき時なり

（昭和八年二月・玉鏡）

蓑笠の起原

　高天原《たかあまはら》を退《やら》われ給い、流浪《さすらい》の旅に上《のぼ》らせたもうた素盞嗚尊《すさのおのみこと》様は、風の朝《あした》雨の夕べ、昨日は東、今日は西、あてどもなく世界各地を足にまかしてお歩きになる、どこに行っても誰《たれ》一人として、宿《と》めてくれる人もなく、憩《やす》ましてくれる家もなかったので、雨露《うろ》を防ぐために、蓑笠《みのかさ》をみずから作らせたもうて、山に寝《い》ね、野に伏《ふ》し、果てしもしらぬ旅のお傷《いた》わしいお姿であった。

太古《むかし》は五風十雨《ごふうじゅうう》といって、十日目に雨が降り、五日目に風が吹き、少しも変わることなく、いと穏《おだ》やかに世は治まっていたのであるが、上記のごとく素尊《すそん》に迫害を加え奉《たてまつ》って以来、その天罰によって今日のごとく大風や大雨が時ならぬ時におこり、冬雷《かみなり》が鳴ったり、春の終わりに雪が降ったりするような乱調子を呈《てい》するに至ったのである。

（昭和八年五月・玉鏡）

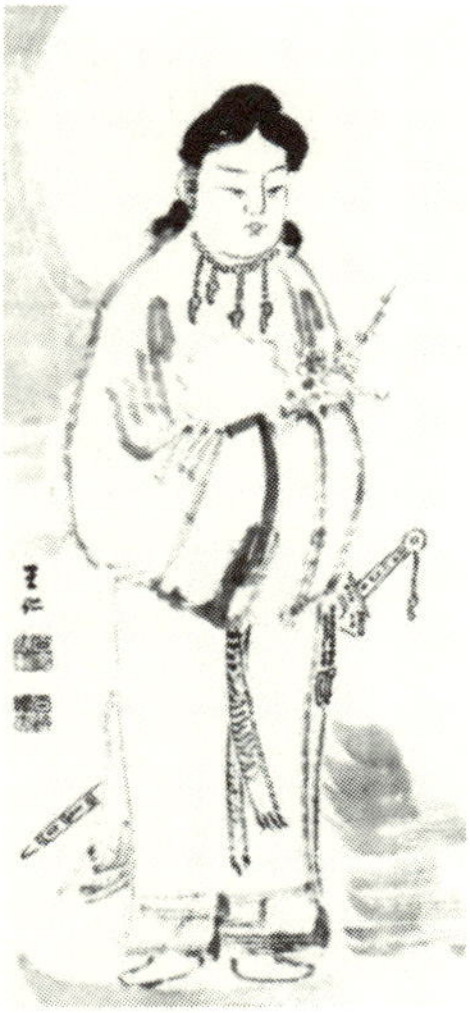

神素盞嗚大神

ミロク神

六百六十六の獣

バイブルに六百六十六《ろくぴゃくろくじゅうろく》の獣《けだもの》という言葉があるが、それは三六《みろく》様に抵抗するということである。〇〇〇〇の如きがそれである。もしその通りになったならば、宗教は滅《ほろ》びる。宗教が滅ぶれば、反乱が起こる。六という字は、神と人とが開く、という字なので、すなわちゝはカミ、一はヒト、八は開くということである。

（昭和二年四月・水鏡）

ミロク、ミロク

大本《おおもと》事件はじまって満《まん》三年にして蒙古《もうこ》に行き、

また満三年をへて無罪となる。

前後七十二か月、すなわち三十六か月と三十六か月、ミロク、ミロクである。

（昭和三年二月・水鏡）

五十六億七千万年

今年《こんねん》、すなわち昭和三年辰年《たつどし》は、この世《よ》始まってから、五十六億七千万年目に相当する年である。

（昭和三年二月・水鏡）

ミロク三会

天のミロク、地のミロク、人《ひと》のミロクと揃《そろ》うたときが、ミロク三会《さんえ》である。

天からは大元霊《だいげんれい》たる主神《すしん》が地に下《くだ》り、地からは国祖国常立尊《こくそくにとこたちのみこと》が地のミロクとして現われ、人間は高い系統をもって地上に肉体を現わし、至粋至純の霊魂を宿し、天のミロクと地のミロクの内流《ないりゅう》をうけて暗黒世界の光明《こうみょう》となり、現《げん》、幽《ゆう》、神《しん》の三界を根本的に救済する暁《あかつき》、すなわち日の出の御代《みよ》、岩戸開《いわとびら》きの聖代《せいだい》をさしてミロク三会《さんえ》の暁《あかつき》というのである。

要するに瑞霊《ずいれい》の活動を暗示したものほかならぬのである。天地人、また法身《ほうしん》、報身《ほうしん》、応身《おうしん》のミロク一度に現われるという意味である。

法身は天に配し、報身は地に配し、応身は人に配するのである。

むかしから法身《ほうしん》の阿弥陀《あみだ》に報身《ほうしん》の釈迦《しゃか》、キリストその他の聖者が現われたけれども、いまだ自由豁達《かったつ》進退無碍《むげ》の応身《おうしん》聖者が現われなかった。

ゆえに、すべての教理に欠陥があり、実行がともない得なかったなである。

ミロク三会の世は言心行《げんしんこう》一致の神の表わるる聖代をいうのである。

人間にとれば天は父であり、地は母であり、子は人である。

キリストは三位《さんみ》一体《いったい》と説いているが、その三位

聖三会仁愛神像

一体は父と子と聖霊《せいれい》をいうている。聖霊なるものは決して独立したものでなく、天にも地にも人にも聖霊が主要部を占《し》めている、否《いな》、聖霊そのものが天であり、地であり、父であり、母であり、子であり、人である。ゆえに三位一体といっても、その実《じつ》は、二位一体である。

キリスト教には、父と子はあっても母がない。マホメット教も、またその通りである。仏教は一切が無であって、父もなければ母もなく、ただ人間あるのみと説いている。なぜならば、唯心《ゆいしん》の阿《あ》弥陀《みだ》に己心《こしん》の浄土《じょうど》と言っているではないか。

今日《こんにち》までの既成《きせい》宗教はすべて父があっても母がなかったり、母があっても父がなかったり、変性《へんじょう》男子《なんし》があっても女子《によし》がなかったり、不完全きわまる教理であった。

天の時来たって真《しん》の三位一体、すなわちミロク三会を説く宇宙大本教《うちゆうおおもときょう》が出現したのである。

あゝ惟神《かむながら》霊魂幸倍坐世《たまちはえませ》。

（昭和三年六月・水鏡）

王ミロク様

天のミロクは瑞霊《ずいれい》であり、地のミロクは厳霊《げんれい》であり、人のミロクは伊都能売《いづのめ》の霊であり、この三体のミロクを称して王《おう》ミロクというのである。

そうしてすべて神は人体を天地経綸《てんちけいりん》の司宰者《しさいしゃ》として地に現わしたものであるから、天地の御内流《ごないりゅう》を享《う》けて御用《ごよう》に奉仕する現実の霊体が王ミロクの働きをするのである。

おほミロクは大《だい》の字を書くのではなく、王《おう》の字をあつるのである。

言霊学《げんれいがく》上からいえばオホミロクのオは神、または霊、または心、および治《おさ》むるの意義であり、ホは高く表わるる意味であり、ミは遍満具足《へんまんぐそく》して欠陥なき意味であり、水の動きであり、ロは修理《しゅうり》固成《こせい》の意味であり、クは組織経綸《そしきけいりん》の意味である。

天地人三才《てんちじんさんさい》を貫通したるが、王の字となるのである。

（昭和三年六月・水鏡）

阿弥陀の実現化、弥勒仏

朝夕の教会詣《もう》でも、寺参《まい》りも、祝詞《のりと》を奏上するのも、鐘《かね》をたたいて読経《どきょう》するのも悪いことではない。

それはただ信仰の行程《こうてい》であって、百万億土《ひゃくまんおくど》に極楽浄土があって、そこへいったら蓮華《れんげ》の台《うてな》にのせられて、百味の飲食《おんじき》が得られると無我《むが》に信ずることができて、木仏《きぶつ》、金仏《かなぶつ》、石仏《いしぼとけ》、絵仏《えぶつ》を絶対に仏の姿だと信ずることのできる者は幸福者だが、現代の人間はそういう絶対他力《たりき》の安心のでき難《がた》いものが多い。

いよいよこれで確実だと自分の腹底《はらぞこ》にきめこんでいるものも、かならず助けてもらえると絶対他力の帰依者《きえしゃ》も、いよいよ死という一段は、想いを致したときはぐらついて来るものが多い。

あれほど信心深《じんじんぶか》い同行でさえ、ということがある。

極楽浄土から便《たよ》りのあったものはいまに一人もない。ただ信ぜよ弥陀《みだ》を、キリストをと言っても、それはあまりに安すぎて受取りにくいものが多い。

こう思い考えてみると真個に信心のできたものが幾人あるだろうか。

それを思って自分は、阿弥陀《あみだ》を弥勒仏《みろくぶつ》として実現化せんとするために努力しているのである。

（昭和三年十月・水鏡）

大聖弥勒神心像

瑞霊と厳霊

火の洗礼と水の洗礼

火をもって、バプテスマを行なうということは、人間を霊的《れいてき》に救済するということである。これ大乗《だいじょう》の教《おしえ》であって、今までの誤《あやま》れるすべてのものを焼き尽くし、真《しん》の教《おしえ》を布《し》かれることである。

　水をもってバプテスマを行うということは、人間を体的《たいてき》に救済することである。

　火は霊《れい》であり、水は体《たい》である。

　瑞霊《みづのみたま》の教《おしえ》は永遠の生命のため欠くべからざるの教えであって、厳霊《いづのみたま》の教《おしえ》は人生に欠くべからざるの教えである。

　厳霊《いづのみたま》の教《おしえ》は、道義的であり、体的であり、現在的である。瑞霊《みづのみたま》の教《おしえ》は道義を超越して、愛のために愛し、真《しん》のために真《しん》をなす絶対境《ぜったいきょう》である。いわゆる三宝《さんぽう》に帰依《きえ》し奉《たてまつ》る心である。

　火の洗礼《せんれい》と、水の洗礼とは、それほどの差異があるのである。

　某地の大火災を目《もく》して、火の洗礼だと人はいうけれど、それは違う。水の洗礼である。如何《いかん》となれば、それは体的のものであるから。

（大正十四年八月・水鏡）

我はキリストの再来にあらず

人あり、我《われ》を目《もく》してキリストの再来《さいらい》なりという。我が弟子たち、また我《われ》を見てキリストの再来なりと信じ、そを我がために名誉なりとさえ考え、バイブルを引証《いんしょう》して力説するものあり、はなはだ有《あり》難迷惑《がためいわく》の次第である。

　彼キリストは、ヨハネによって「彼は火をもって洗礼《せんれい》を施《ほどこ》す」と予言されながら、ついに火の洗礼を施すにいたらずして帰幽《きゆう》せり。彼の事業は未完成のまま、悪魔の妨害によって中絶せしにあらずや。

我《われ》の来たれるは神業《しんぎょう》完成のためなり、火をもって洗礼を施《ほどこ》さんがためなり。世界くまなく神の福《ふく》音《いん》を宣《の》べ伝えんがためなり。

しかして我《われ》はすでにすでに、全世界にむかって火の洗礼を施《ほどこ》しつつあるは、我が信徒らの日夜《にちや》親しく目撃するところにあらずや。

わずかに小亜細亜《しょうあじあ》の一部分に水の洗礼を施《ほどこ》したるキリストをもって我に擬《ぎ》し栄誉を感じつつあるいとも小さき心の持主《もちぬし》らよ、今すこし偉大なる志《こころざし》をもって我に従え。

（大正十四年十月・水鏡）

厳と瑞

大本《おおもと》の経綸《けいりん》は、経《たて》と緯《よこ》、厳《いづ》と瑞《みづ》とによって御神《ごしん》業《ぎょう》が進展しつつあるが、とかく瑞《みづ》の霊《みたま》の御神業が役員や信者にわからないため、御神業進展のため、どのくらい支障を来たしておるかわからぬ。

いまでも同じことであるが、むかしに比《くら》べると、よほど仕事がしよくなってきた。

それは役員さんも信者さんも、だんだん向上進歩して、わたしの仕事について理解をもってくれるようになったからである。

むかしは、漢字で書いた本を読めばすぐ、外国の悪霊《あくれい》が憑《つ》いておるのであると、わたしを責《せ》めたくらいであるから、周囲におる人に漢字の読めた人は一人もない。

神様はお急《いそ》ぎなさるし、わたしはほんとうに困った。家《うち》の者に手伝いをしてくれるものは皆無《かいむ》だし、せめて角《かく》な字の読める人が欲しいと思い、苦しい手許《てもと》のなかから、月々二十円あまりも出して、ある人を学校にやって卒業させた。

やれ、これですこし読み書きのほうの助手ができたから仕事をはじめようと思うと、また皆で矢《や》釜《かま》しゅういうて傍《そば》に寄せつけないようにしてしまった。

その頃のわたしは目もよかったし、活字なんかも一人で拾うたが、せめて誰《たれ》か一人、助手が欲しいと痛切に思った。

けれど漢字を読むものがわたしの傍《そば》によると、すぐ悪魔あつかいをして退《しりぞ》けてしまうのだから仕方がない。

その頃のことを思えば、いまは何というても結構《けっこう》なものだ。

綾部《あやべ》の御神苑《ごしんえん》を建設するについても妨害ばかり受けたものである。

わたしは教祖様のお頼《たの》みで池を掘《ほ》ろうと思い、地所《じしょ》を買《こ》うておいた。そしてそれを清めるために二、三年、草を生《は》やして放《ほ》っておいた。

そうすると二代が怒って「勿体《もったい》ない、こんな荒《あれ》地《ち》にしておいては神様の御気勘《ごきかん》に叶《かな》わない」というて大根《だいこん》や、葱《ねぎ》を植《う》え、人糞《じんぷん》肥料をかけて汚《けが》してしまう。

わたしが抜いておくとまた植える、こんなことばかりして、ちっとも思うように行《ゆ》かなかった。

よくわけをおっしゃって、理解しておもらいになりましたら、二代様も、けっしてそんな事あそばさなかったではございますまいか、というのか……。

それをいえば、神様の御経綸《おしぐみ》に邪魔が入《い》るではないか。

悪魔のさやる世の中、饒舌家《おしゃべり》の多い世の中だ。

その地が神苑《しんえん》になるのだと分かれば、たちまち地所の価格も騰貴《とうき》するではないか。

まだまだ、次へ、次へ、と買収してゆかなければならないのだから、不如意の大本の経済としては、この点を十分考慮せねばならぬ。それだから、妻にも子にも誰《たれ》にも言えないのである。

また、いまの綾部小学校のまえの敷地には、小松の苗《なえ》を植えておいて、神苑のできあがった頃、移植する計画を立てておいたのだが、その頃は苗一本が三厘《りん》か、四厘《りん》しかせなかった。

いよいよ神苑ができ上がって、植木が必要となったころには、かなり大きくなっていて一本も買

わずにすんだのだが、わたしのこの胸中を知らぬ二代はまた、

「猫《ねこ》の額《ひたい》ほどの所へも食物を植えよ、と御神諭《ごしんゆ》にあるのに、こんな松苗《まつなえ》なんか植えといてはどもならぬ」

というて抜いて捨ててしまう。

わたしはまた植えてやる、また抜く、こうして二代と始終《しじゅう》、暗闘をつづけたものだ。

そういうお戦《たたか》いを、教祖様はどうお扱《あつか》いになりましたか、と聞くのか。

教祖様はいつも「先生のなさるままにしておけ」と仰有《おっしゃ》るのだけれど、二代が「それでも御神諭《ごしんゆ》にはこういうふうに出ています」と申しあげると、「なるほど、そうだな」と言われて、わたしにむかって怒られ、松苗をみな抜いてしまうようにと言われる。わたしは答えて、

「わたしは神様の仰《おお》せのとおりにしておるのです。あなたは知られないでも、あなたの神様はよく知っておられます。聞いてきなはれ」

というと、教祖様は御神前に額《ぬか》ずいて伺《うかが》いをたてられ「神様は先生の思う通りにさしておけと仰有る」と言われ、それでおしまいになる。

こんなことは、たびたびあった。

（大正十五年十月・水鏡）

稚姫岐美命の御神体

稚姫岐美命《わかひめぎみのみこと》の御神体は大本神苑《おおもとしんえん》教祖室の傍《そば》に植えてあった雌松《めまつ》と雄松《おまつ》の心《しん》を切りとり、それを一つに合わせて、衣装をつけてお祭りしてあるのである。

心《しん》を切ったあとの松は、いま天王平《てんのうだいら》の教祖様のお墓のうえに植えてある。

（昭和二年一月・水鏡）

神の籍に入らざるもの

自分はよく知っている人であるのに口から声がでて、「あんた、誰《たれ》かなア」ということがある。

その人はまだ神の籍《せき》に記されていない人である。

（昭和三年二月・水鏡）

月欲しい

斑鳩《いかるが》という鳥がある。月星日《つきほしひ》と鳴《な》く。綾部《あやべ》の町は何鹿郡《いかるが》にある。斑鳩《いかるが》がたくさんすんでいたので、それが郡の名となったので、何鹿《いかるが》は当字《あてじ》である。斑鳩《いかるが》は、月欲《つきほ》しい月欲しい、と鳴いていたので、これは瑞 霊《みづのみたま》を迎《むか》えるという神様の謎《なぞ》であったのだ。

（昭和四年九月・月鏡）

学と神力の力競べ

一時間に、絵短冊《えたんざく》の千枚も私が描《か》くのを人は信じまいが、お前たち明光社《めいこうしゃ》の人々、毎日のように実地《じっち》を見聞《けんぶん》しているものには疑いはないだろう。

四百頁《ページ》（四六判）ちかい霊界物語《れいかいものがたり》を二日、ないし三日に口述するのも、習ったことのない絵が書けるのも、楽焼《らくやき》ができるのも、みな神様が私を使うて、学力《がくりき》と神力《しんりき》との力競《ちからくら》べをしておられるのである。

大本神諭《おおもとしんゆ》に、

「神が表《おもて》に現われて、神力《しんりき》と学《がく》との力競《ちからくら》べをいたすぞよ、学《がく》の世はもう済《す》みたぞよ、神には勝てんぞよ」

とあるを、証《あかし》せんがためである。

（昭和四年十月・月鏡）

北山の火竜

日《ひ》の出《で》の神《かみ》の肉体は○○○であるということを、問うのか、あの神諭《しんゆ》、

「変性男子《へんしょうなんし》の上天迄《しょうてんまで》に発表したいと思うたなれど……（中略）……モウ大門《おおもん》も経綸《けいりん》の形だけできたから、変性女子《へんしょうにょし》の手で知らすぞよ、八木《やぎ》の北《きた》山《やま》に火竜《かりゅう》となって実地《じっち》の姿《すがた》が見せて在《あ》るぞよ」

というのは、開祖様が○○後、はじめて八木に来

られたときに、霊眼で火竜《かりゅう》の姿を見られたことがある。

そのことを神様がおっしゃられたので、こういう人が用意せられてあるということを火竜《かりゅう》と現わして実地《じっち》に見せてあったろうが、という意である。

わたしの綾部《あやべ》に行かない前のことである。

（昭和五年八月・月鏡）

キリストの再来

猶太国《ゆだやのくに》のナザレに生まれた大工《だいく》の子キリストが降誕《こうたん》してから、すでに一千九百三十年を経過した。その教理はほとんど全世界に遍満《へんまん》した。

しかるに、キリストによって世界の平和と人類の幸福を来たしたということはまだ聞かない。

かえって、十字軍を起こさしめて血の歴史を遺《のこ》し、または政治の先棒《さきぼう》に利用されただけである。諺《ことわざ》にも、宣教師の後ろに大砲《たいほう》あり、とまでいっているではないか。

またある学者は、宗教は阿片《あへん》なり、と喝破《かっぱ》しているが、じつに至言《しげん》である。

不徹底《ふてってい》な脅嚇《きょうかく》的教理に眩惑《げんわく》されて無気力者となり、自由楽天的世界を悪土《あくど》と思わしめ、かえって人類をして不安の域《いき》に導いたのみである。先年、欧洲《おうしゅう》に起こった世界戦争に対しても、これを防止するの権威《けんい》も信用もなく、袖手傍観《しゅうしゅぼうかん》を余儀なくされてしまったじゃないか。

自分のいうキリストとは、そんなつまらぬ貧弱《ひんじゃく》なものではない。霊肉《れいにく》ともに安心立命《あんしんりつめい》させ、人類の生活にむかって、もすこし活動力のあるものである。大本人のなかには自分をナザレのイエス・キリストに擬《ぎ》するものがままあるようだが、じつに迷惑千万《めいわくせんばん》である。

自分がかつて霊界物語に説いたキリストとナザレのイエスとは、全然別人《べつじん》であることをここに言明《げんめい》しておく。

（昭和五年九月・月鏡）

三十六相と八十八種好

お釈迦《しやか》さんは三十二相《そう》そろっておられた。王仁《わたし》は三十六相《そう》そろうている。お釈迦さんは八十種好《しゆこう》であったが、王仁《わたし》は八十八種好《しゆこう》である。

王仁《わたし》の身体《からだ》は、まったく他《た》の人の身体とは違う。髯《ひげ》が少なくて髪《かみ》が多いのも、女の性《せい》であることの一つである。こんなに肥《こ》えていても肩が張ってはいない。皮膚の色、胸板《むないた》、臍《へそ》、腹、みな他《ほか》の人間と違《ちご》うている。背の高さもチャンと定《き》まっているのである。

王仁《わたし》には他《ほか》の人と脈《みやく》の打ちかたも違い、灸《きゆう》や薬も他《ほか》の人と同じわけにはゆかぬ。

王仁《わたし》の前額《ぜんがく》の髪毛《かみ》だけが白いのも、他の人と違った相の一であるといった相者《そうじや》がある。

（昭和五年十二月・玉鏡）

大乗と小乗

大本《おおもと》の教《おしえ》は大乗の教《おしえ》であるが、大乗教ばかりでは人を救うことはできない。

たとえば、風呂《ふろ》をわかして入《い》れてやるとみなが非常に愉快《ゆかい》な気持ちになるが、しかし風呂をわかすには、それに先だって薪炭《しんたん》をととのえねば入浴の愉快が永続《ながつづ》きしない。

この薪炭《しんたん》を調《ととの》える小乗教の働きをもせなければならないから、王仁《わたし》はこれから小乗に下《くだ》って働く。

（昭和六年三月・玉鏡）

変性男子、変性女子

仏教では女人《によにん》の身をもっては成仏はできぬというので、変性男子《へんしようなんし》として魂《みたま》を男にして極楽に救ってやると言っている。また変性女子《へんしようによし》というのは、男を女の魂《みたま》にするので、仏教でいえば、たいそう悪いことになる。

大本では、変性男子と言うのは女体男霊《じょたいだんれい》のことであり、変性女子と言うのは男体女霊《だんたいじょれい》のことである。かかる人は、一般にもある。そのうち特に代表して、開祖を変性男子《へんじようなんし》、厳《いづ》の御魂《みたま》といい、王仁《わたし》を変性女子《へんじようによし》、瑞《みづ》の御魂《みたま》といってある。

王仁《わたし》は男で性が女であるが、髪の毛が濃く長くて多く、髭《ひげ》が少なく、身体《からだ》が柔らかで乳房が大きいところなど、肉体までが女に似ている。

変性男子は心のうちは優しいが、外面はこわいのであり、変性女子はこれに反して、表面は優しいが内心は厳格である。

人を懐《なつ》かしめ、また大きい仕事をするのには、男体女霊でなくてはできない。

変性男子を厳《いづ》の御魂《みたま》といい、変性女子を瑞《みづ》の御《み》魂《たま》というが、瑞《みづ》の御魂というのは、三五《みいつ》の魂《みたま》ということである。つまり、伊都能売《いづのめ》の魂《みたま》というのと同じい。能売《のめ》というのは、ノは水《みず》、メは女《め》の意である。

（昭和七年五月・玉鏡）

無間の鐘

無間《むげん》の鐘《かね》を叩くということは、間断なく鐘《かね》を叩きつづけることで、早鐘《はやがね》を叩くよりも数十倍の速さで叩かなくては、無間の鐘を叩くということにならぬ。

また、この意味には霊的の意義がある。

王仁《わたし》が綾部《あやべ》へ初めて行ったときに、お筆先《ふでさき》に「無間《むげん》の鐘《かね》を掘《ほ》りだして云々《うんぬん》」とあるので、どこに左様な鐘があるかと聞いたら、教祖は即座に「無間の鐘はあんたのことじゃ」と言われた。

二代はこれを聞いて「道理で先生はいつもやかましゅう呶鳴《どな》りつづけられるのじゃ」と言って笑っていたが、今日の王仁《わたし》の仕事を見、またわたしの使命を悟ったらわかるように、霊的にも体的にも、間断なく鳴りなり渡るという有り様じゃ。まことに文字どおりに無間《むげん》の鐘《かね》である。

（昭和七年十二月・玉鏡）

初対面

王仁《わたし》と開祖《かいそ》様と初対面の有様《ありさま》を問うのか。歌集に出ているであろう。

なに、神秘方面のことを聞かせと言うのか、別に変わったことはないが、開祖様は初対面の時、わたしをじっとご覧なされて「わかっているでしょう」と申された。わたしは「わかっています」と答えた。

ただ、それだけである。

その後《あと》のことは、歌集に出ているとおりだ。

（昭和八年九月・玉鏡）

開祖面会の手がかりを得た八木の茶屋（明治三十一年）

諸神

竜宮の乙姫様

竜宮《りゅうぐう》の乙姫《おとひめ》というのは、竜宮館《りゅうぐうやかた》の一番の末娘《すえむすめ》、すなわち二《に》代《だい》澄子《すみこ》のことである。

（昭和三年二月・水鏡）

竜神の御職務

太古、国祖大神《こくそおおかみ》の大地の修理固成《しゅうりこせい》の場合には、竜神がさかんに活動されたものであるが、いまはもう、その必要がなくなったので、静まって天然現象を司《つかさ》どることになっている。

すなわち、雨を降らせ、風を吹かす等の働きをしているのである。

（昭和二年二月・水鏡）

大黒主と八岐大蛇

大黒主《おおくろぬし》は月の国の都ハルナを三五教《あなないきょう》の宣伝使《せんでんし》のために追われ、再び日本に逃げきたり、夜見《よみ》が浜《はま》なる境港《さかいこう》より上陸し、大山《だいせん》にひそんだのである。

素盞嗚命《すさのおのみこと》は、これを追跡して安来港《やすきこう》に上陸したまい、いわゆる大蛇退治《おろちたいじ》を遊ばされたのであるが、大黒主は大山《だいせん》において八岐大蛇《やまたのおろち》の正体を顕《あら》わしたのである。

後世、大蛇《おろち》のことを池の主《ぬし》とか、山の主《ぬし》とか呼んで主《ぬし》の字をつけるのは、大黒主《ぬし》の主《ぬし》より来たるものである。

（昭和四年二月・月鏡）

アテナの神

ギリシア神話中に現われたるアテナの神というのは天照大神《あまてらすおおかみ》様のことで、アは天《あま》、テは照《てらす》、ナは十字《じゅうじ》、すなわち神である。

アポロの神というのは、天津日《あまつひ》の神ということで、アは天《あま》、ホは日《ほ》、ロは御子《みこ》の意である。

(昭和四年十二月・月鏡)

龍は耳が聞こえぬ

龍《りゅう》の耳とかいて聾と読むが、龍は耳が聞こえぬものである。龍は神界に属しているから人間の言葉は通ぜぬ、神様の言葉でなくては聞こえぬのである。だから、ふつうの人に風雨を叱咤《しった》する力はない。神界に通ずる言霊《ことたま》の持主《もちぬし》のみが龍に命令し、天然現象を自由にし得る権能《けんのう》をもっておるのである。

(昭和五年二月・月鏡)

天狗

天狗《てんぐ》にも種々《しゅじゅ》の階級があるが、人間界において責任を果たさず、行《ぎょう》が成功しなかったものが霊界に入って行《ぎょう》をしているので、竜神《りゅうじん》と同じく三寒三《さんかんさん》熱《ねつ》の苦しみを受けているのである。

地獄界のなかに住《じゅう》するのではなく、肉体的精霊《せいれい》界《かい》に住《じゅう》するものである。

行《ぎょう》終わってのち、ふたたび人間界に生まれてくるもので、それから人間界の行《ぎょう》を完全に仕遂《しと》げたならば、天国へ入って天人《てんにん》の列に加わることを得《う》るのである。

(月鏡)

天津神と国津神

天津《あまつ》神《かみ》と申すのは、現世《うつしよ》でたとえて言えば、官につかえたるもの、宰相、大臣、地方官、貴族院議員といったようなもので、天照大御神《あまてらすおおみかみ》様にしたがって、天から降《くだ》られた神様のことである。

だから祝詞《のりと》にも「天津神《あまつかみ》は天《あま》の磐戸《いわと》を推披《おしひら》きて、天《あめ》の八重雲《やへくも》を伊頭《いづ》の千別《ちわ》きに千別《ちわ》きて所聞召《きこしめ》さむ」とある。

また国津《くにつ》神《かみ》というのは、自治団体の代表、国民の代表、衆議院議員などに匹敵するもので、国におった神、すなわち土着の神様である。

祝詞に「国津神《くにつかみ》は高山《たかやま》の末《すゑ》短山《ひきやま》の末《すゑ》に上《のぼ》り坐《ま》して、高山《たかやま》の伊保理《いほり》、短山《ひきやま》の伊保理《いほり》を掻分《かきわ》けて所聞《きこし》召《め》さむ云々《うんぬん》」の詞《ことば》が証明している。

八王八頭《やつおうやつがしら》はみな、山に居《きよ》を占《し》めておられたのである。

（昭和六年四月・玉鏡）

道の長千羽の神

丑《うし》の刻参《こくまい》りは、頭に三徳《さんとく》をかぶり、その脚《あし》に三本の蝋燭《ろうそく》を立てて、これに火をつけ照らし、鏡を胸部にかけ、うしろには一丈《じよう》二尺《しやく》の長い白布《はくふ》を曳《ひ》いている。この白布《はくふ》は悪魔よけのためであって、絎《く》け帯《おび》や長い白布を曳《ひ》きずっていると悪魔はよう寄りつかない。

ゆえに狼《おおかみ》などに襲われた時、帯を解いて垂《た》れておればその禍《わざわ》いから逃《のが》れることができる。ただし、絎《く》け帯《おび》にかぎるので三尺帯ではだめである。これが古事記にある道《みち》の長千羽《ながちは》の神である。

また襦袢《じゆばん》は和豆良比能宇斯之神《わずらいのうしのかみ》といって、白木《しろも》綿《めん》のものを着ているがよいのである。これを着ないと、いくら厚着をしても風邪を引く。

また褌《ふんどし》は道俣神《ちまたのかみ》といって大切なもので、悪魔は肛門から入って来るのであるから、これをしっかり締めておると悪魔や悪病におかされない。これも白木綿の六尺がよいのである。

（昭和六年五月・玉鏡）

五男三女神の働き

古事記は十二段の解《と》き方《かた》があると示したことがあるが、今日はまだ真の解説をなすべき時節《じせつ》ではない。

五男三女《ごなんさんじよ》の神というが、その神の働きは今日でもなおあるのであって、天菩比《あめのほひ》の命《みこと》は血染焼尽《ちぞめしようじん》の神である。

今日の満州、上海《シャンハイ》の事件などは、この神の御活動である。

正勝吾勝勝速日天《まさかあかつかちはやひあめ》の忍穂耳《おしほみみ》の命《みこと》は戦争《いくさ》の神様で、今日でも、やはり働いておられるということはハッキリわかる。

つぎに熊野久須毘《くまのくすび》の命《みこと》というのは飛行機の神で、これも今日、現われていられることは明らかである。

また三女神《さんじょしん》の働きというのは、愛善《あいぜん》運動の如きを言うのである。

（昭和七年五月・玉鏡）

盤古について

盤古《ばんこ》は支那の祖先《そせん》神で、支那においては日本の国常立尊《くにとこたちのみこと》に相当する神様である。

この神様は元来、良い神様なのだが、贋《にせ》盤古が出て悪《あく》を働いたので、盤古まで悪神《あくがみ》のように思われるようになったのである。

むかし、四方春蔵に憑《うつ》っていたのなどは、贋盤古のほうである。

（昭和七年十一月・玉鏡）

廻り金神

廻《まわ》り金神《こんじん》とかヒメ金神とかいうのは、易者のこしらえた神である。世間で八百八光の金神というのは、八百八狐の金神と書くのである。

大本《おおもと》でいう艮《うしとら》の金神《こんじん》とか坤《ひつじさる》の金神《こんじん》とかいうのは、こういう金神の意味とはまったく違う。

（昭和七年十一月・玉鏡）

八岐大蛇

八岐《やまた》の大蛇《おろち》ということは、その当時における大豪族の意味であって、八人の大将株がいたから八《や》岐《また》というのじゃ。

また大蛇《おろち》という意味は、言霊《ことたま》上、おそろしいの意が転訛《てんか》したので、おとろしいとか、おろちいというのも同じことである。そして尾とは、八人の大将株に引率されている多数の部下の意味で、よくたくさんの人が隊伍をつくって行くときは、長蛇《ちょうだ》のごとしとか、長蛇の陣をつくるとかいう。それが人数が多ければ多いだけ長い。ゆえに大蛇《おろち》のごとくに見える。また悪い者を鬼か蛇《じゃ》かということがあるように、蛇《じゃ》の文字が使用されている。素盞嗚尊《すさのおのみこと》はインドのボンベイよりその八岐大蛇《やまたのおろち》、すなわち大豪族の大部隊を追っかけられて、長年月を経られ、各地において小をろちを退治られつつ、伯耆《ほうき》の大山《だいせん》に逃げこんで割拠していた大豪族をついに退治られた。すなわち征討されたのじゃ。

また日野《ひの》川というのは血の川とも言って、退治した大蛇《おろち》の、あまりに大部隊であったため、川水が血の色に染まったというので、この名称がおきた。

尾八尾《おやお》、谿八《たにや》谷《たに》というのは、その大山《だいせん》地帯に、広範囲に群居したことをいうので、山の尾にも、谷々にも、一パイになっていたという意味で、その部下の数の多きを表現したものである。

（昭和七年十二月・玉鏡）

武の神

信州諏訪《すわ》神社の祭神は、たけみなかた神といって、大国主命《おおくにぬしのみこと》の長男で、ずいぶん剛勇の神であった。

たまたま大国主命《おおくにぬしのみこと》の国譲《くにゆず》りののちに、信州諏訪《すわ》に鎮《しず》め祀《まつ》られて、武《ぶ》の神としてあがめられているのであるが、戦争が起こる頃になると、かならず出動される。

みなも知っているように、諏訪大神《すわだいじん》には非常に大きい四本の柱に依ってしめがされてある。ところが日清戦争、日露戦争前には、この四本のしめの柱のうち、二本が倒れてしまった。それは神界より武神《ぶしん》の出動を示されたものである。

昨年（昭和六年）の正月、ちょうど王仁《わたし》が北陸地方を旅行していたら、今度は四本とも倒れてしまった。それから秋の満州事変が起きた。まだこの事変は、いろいろと変形して問題が複雑になっているので、四本も柱が倒れていることから察しても、今後の想像がつくと思う。

この武神は、八百八光《はつぴやくやこう》の眷属《けんぞく》を従えられて活動されるのである。

（昭和七年十二月・玉鏡）

男女の道

伊邪那岐《いざなぎ》、伊邪那美命《いざなみのみこと》が御子《みこ》生《う》みの神業《かむわざ》において、まず伊邪那美命《いざなみのみこと》より「あなにやしえー男」と言葉をかけ給うた。そして生まれた神が蛭子《ひるこ》の神で、神のなかに入れられず、流し捨てられた。

これは女は受動的、男は能動的の意味を教訓されたもので、女より先に男に声をかけるものではない。男に従うべきものである。

今ごろの女には、女より男に恋愛を申し込んだり、手紙を出したりするが、それは間違っていて、天則違反《てんそくいはん》である。

ゆえに天というは男、地というは女とされて、天地《てんち》と文字までその意味に使用され、地天《ちてん》とは言わぬ。日月《じつげつ》もそのとおりである。

ただ陰陽《いんよう》の場合に、なぜ陽陰《よういん》といわぬかと思うかも知れぬが、これは現界においては月の神の支配権内につつまれて、多分にその守護を受けるので、その意味で尊んだ言葉として、陰陽というのである。

（昭和七年十二月・玉鏡）

蛭子の神

エベス、大黒《だいこく》といって福の神とあがめているが、そのエベスというのは蛭子《ひるこ》の神のことである。

伊邪那岐《いざなぎ》、伊邪那美《いざなみ》二神が、御子《みこ》生《う》みの神業《かむわざ》のときに、伊邪那美命《いざなみのみこと》がまず言葉をかけ給うた。

その時に生まれたのが蛭子《ひるこ》の神で、これは天地転倒の神業《かむわざ》であったため、蛭《ひる》のように骨なしで、グニャグニャであった。

ゆえに御子《みこ》の列に入れられず、葦舟《あしぶね》にのせ流し捨てられた。

それが今の兵庫県西の宮に流れ着いたので、

漁夫《ぎよふ》たちがこれを拾い祀《まつ》った。それで西の宮の蛭子《えべす》という言葉が出た。

しかしグニャグニャの神で蛭《ひる》のようであったので、現在、出雲《いずも》の美保《みほ》の関《せき》に祀《まつ》ってある言代主命《ことしろぬしのみこと》をも合わせ祀ったのである。それが後《のち》にいたってエベスは言代主命と思われるようになった。

（昭和七年十二月・玉鏡）

稲羽の白兎

大国主命《おおくにぬしのみこと》が、兄八十神《やそがみ》の供となりて稲羽《いなば》（因幡）の国に向かうときに、気多之前《けたのさき》において裸の兎《うさぎ》がおった。

八十神はその兎にむかい、海に浴して風の吹く高山の尾の上《へ》に伏せというたので、正直にも兎は言わるるままにしたところが、塩の乾くにつれて皮がことごとく風に吹きさかれて痛みに堪えず泣いていた。

そこへ大国主命《おおくにぬしのみこと》が通りかかってその由《よし》を聞き、おおいに哀れと思召《おぼしめ》して種々《しゆじゆ》と教えられたということは、古事記にもあり、日本の伝説としてもよく人々の語り草となっているし、また鳥取県下には白兎《しろうさぎ》神社といって白兎を祀《まつ》った宮まであるが、この兎というのはその人の名前であって、馬とか鹿とかいう名前があるように、白兎《しろうさぎ》という名前をもった人であったのである。

すなわちその一族は淤岐《おき》の島から渡ってきた小民族の一団であって、中の首長が白兎という名前をもっていたのである。

それが海の鰐《わに》を欺《あざむ》き、ために怒りにふれて毛をみなむしり取られたというのは、鰐《わに》とは当時の海上を根拠としていた民族のようなもので、極端に言えば海賊の一団と言ってもよい。

それを欺いたので、いっさいの掠奪にあったので、患《わずら》い泣き悲しんでいたのである。

（昭和八年一月・玉鏡）

日本武尊

日本武尊《やまとたけるのみこと》は、その御霊性《ごれいせい》は瑞《みづ》の御霊《みたま》の分霊であった。そして英邁勇武《えいまいゆうぶ》にましましたため、その御《おん》徳《とく》にまつろう者が多かった。それで時の帝《みかど》は、尊《みこと》の武勇をめでさせられて、鼠賊《そぞく》征討のために全国に使いせしめられた。尊《みこと》は文字通り、まことに席のあたたまる時なく、あるいは東に、あるいは西国へと、つぎつぎに勅命《ちょくめい》が発せられたので、まったく征討の犠牲という一生を終始されたのである。

すなわち、瑞《みづ》の御霊《みたま》の御霊性そのままの天賦的《てんぷてき》使命に終わられたのである。（昭和八年二月・玉鏡）

国生み神生みの神業

良い植物の種《たね》からはよい植物ができ、雑草からは雑草しかできない。

しかして雑草は、なんら肥料を与えなくとも、どんどん繁茂《はんも》しゆくものであるが、もしも良い草《そう》木《もく》が少なく、雑草雑木《ぞうき》ばかりが多かったならば、土地は荒廃してゆくばかりである。

人間もその通り、体質の悪い性質のよくない人間ばかりが世の中にはびこっては、世の中は悪化するより外ないのである。

徳川氏は自己の勢力を日本全国に植えつけんとして、たくさんの妻妾《さいしょう》を蓄《たくわ》え、子孫を諸侯に配置して、万代不易《ばんだいふえき》の基礎をかためようとした。これは自己中心、自己愛の政策から来ているのであって、良いこととは言えないが、ユーゼニックスの法則そのままに、神代《かみよ》のむかしにおいては、主《す》の大神《おおかみ》様の御命令により、いわゆる国生《くにう》みなる国土経営の神業《しんぎょう》とともに神生《かみう》みなる神業があって、経営せられたる国土に主人を配置せられたのである。

霊肉ともに優秀なる選ばれたる男神《おがみ》様が諸国を廻り、諸所の選まれたる細女《くわしめ》、賢女《さかしめ》に見逢《みあ》いて御《み》子《こ》を生まれたもので、祝詞《のりと》に「国魂《くにたま》の神を生み、産土《うぶすな》の神を任《ま》けたまふ」とあるのがそれである。

かくて、よい神様のよい胤《たね》が世界中に間配《まくば》らるれば世界の国土はよくなって行くのであるし、悪魔の胤《たね》が拡がれば、神に抗《そむ》かう人が多くなって、世界には争闘が絶えないようになる道理である。

神代のある時代、この御子生みの神柱《かむばしら》として選まれた神様は素盞嗚《すさのお》の神様と大国主《おおくにぬし》の神様だけであった。この神々様は国魂神《くにたまがみ》を生むべく、諸国を経廻《へめぐ》られた。八人乙女《やたりおとめ》というのも、この神業によって誕生せられた神である。

大国主《おおくにぬし》の神様がこの神業のため出で立たすおり、妻神《つまがみ》須勢理姫《すせりひめ》が嫉妬せられて離縁騒ぎが持ち上がり、おしまいには須勢理姫がこの神業を理解せられて心持ちよく夫神と和合したもう件が古事記に現われている。

八千矛《やちほこ》の　神の命《みこと》や
吾《あ》が大国主《おおくにぬし》　汝《な》こそは　男《お》にいませば
打ち見る　島のさきざき
かき見る　磯《いそ》の岬《さき》落《お》ちず
わか草の　妻持たせらめ
吾《あ》はもよ　女《め》にしあれば
汝《な》を置て　男《お》はなし
汝《な》を置て　夫《つま》はなし　（下略）

すなわち歌の意味は、背《せ》の君《きみ》は男にましませば到る処でたくさんの美しい妻をお持ちになりましょう、わたしは女ですから、あなたのほかに夫があろうはずはありませぬ云々というので、この須勢理姫の譲歩によって、大国主の神のご機嫌も直り、御仲睦《おんなかむつ》まじくならせ給うたのである。

大国主《おおくにぬし》の神は、宗像《むなかた》の奥津宮《おくつみや》の多紀理媛《たぎりひめ》にお娶《あ》いになって阿遅鉏高日子根《あじしきたかひこね》の神と高姫《たかひめ》の命《みこと》をお生みになり、神屋楯姫《かむやたてひめ》の命《みこと》にお娶《あ》いになって事代主《ことしろぬし》の神を生み、また八島牟遅能神《やしまむじのかみ》の女《むすめ》、鳥耳《とりみみ》の神に娶《あ》って鳥鳴海《とりなるみ》の神を生みたもうたとある。

一夫多妻であるが、これは前いうとおり、大国《おおくに》主《ぬし》の神の御系統が拡がらねばならなかったからである。

もし人あやまって、天の使命でないのに、自己の情慾にかられて妻のほかに他《ほか》の女に娶《あ》うならば、それこそは罪悪である。

考えても見るがよい。自分が本当に優秀なる体格の持主であり、同時に明晰な頭脳の持主であるとの自信がないのに、どんどん子孫を殖《ふ》やしてゆくことが、なんら社会を益せないということは火をみるよりも明らかではないか。

神命《しんめい》を受けられた神様の御子孫が国魂神《くにたまがみ》として、よさしの国を支配せらるることになれば、神様の御裔《みすえ》であるから、国民は国魂《くにたま》の神様に文句なしに従うのである。いわゆる天下一家の春である。これでこそ世は平和に幸福に治まってゆくのである。

（昭和八年十二月・玉鏡）

七福神

七福神《しちふくじん》は、神のあらゆる美徳をあつめたものである。

これまでの大黒《だいこく》は、仏《ほとけ》の大黒天《だいこくてん》のことで、大黒《おおくろ》主《ぬし》のことである。本当は、素尊《すそん》の御子《みこ》、大国主命《おおくにぬしのみこと》のことである。大国《だいこく》が槌《つち》をもっているのは、土地開発の意味である。

恵比須《えびす》が鯛《たい》をかかえているのは、国体保護の意味である。

寿老人《じゅろうじん》は、長寿を表わしたものである。

福禄寿《ふくろくじゅ》は、長者を表わし、人を支配するのである。頭の長いのは頭《かしら》の象徴である。

布袋《ほてい》は太っ腹で杖《つえ》をもっているのは、人を指揮することを意味している。

弁天《べんてん》は、芸術の神である。それで琵琶《びわ》をもっている。

毘沙門《びしゃもん》は、武力を表わしたものである。

（昭和九年一月・玉鏡）

七福神楽遊図

宇宙の神秘

地平説について

霊界物語第四巻「神示《しんじ》の宇宙」に述べてある地平説について、合点《がってん》がゆかぬ、と首をひねる人が多いとか、もっともな話である。

いまの学者の頭では、わからぬのは無理もない。あれは、後日の学者のために書いておいたのである。科学がウンと進歩し、よほど明晰な頭の持主でなくては、わからぬのである。

豚《ぶた》に与うる真珠《しんじゅ》とまでにはあらねど、いまの学者には、なかなかわからぬ。強《し》いて説明するにも及ばぬ。

（昭和六年一月・玉鏡）

月は母体

いまの学者たちは何も知っていないが、そのなかでも天文学者が一番ものを知らぬ。

あの月の面《おも》に見ゆる凹凸面《おうとつめん》について、学者は噴火口《ふんかこう》の跡《あと》だなどと種々《しゅじゅ》の説を主張しておるが、何もわかっていない。

あの黒く見えておるのは、星を生みだした穴《あな》の跡である。星も、人間と同じく生まれたときは小さくっても、だんだんと成長するのである。月より大きな星があっても何も不思議はない。親よりも大きな子がいくらでもあるじゃないか、それと同じ道理である。

星のうちでは、オリオンの三つ星《みつぼし》が一番に生まれたので、これは月の総領《そうりょう》である。

星の母が月であって、父が太陽である。水火《いき》を合わせて、つぎつぎに星を生んでいったので、それで星《ほし》すなわち火水《ほし》と呼ばるるのである。

太陽系に属する星は、みな月から生まれたのである。ゆえにお月さまを母神《ははがみ》といい、またミロク様ともいうのである。

月は西から出て東に廻《まわ》り、右から左へと廻る。太陽は左より右に廻るのである。

廻るというても、太陽と地球は傾斜運動をするだけで、お月様だけが運行しているのである。月のみに軌道があるわけである。月は三十日で地球を一周し、太陽は一日で一周する。

一周といえども、傾斜運動の程度によって一周するごとく見ゆるのである。（昭和六年六月・玉鏡）

太陽の黒点

今年（昭和七年）の暖《あたた》かいのは太陽に黒点《こくてん》ができたからだという学者があるようだが、そうではない。大地が熱《ねっ》しているからである。

大地が熱して暖かいから、それが黒点となって太陽面に表われているのである。つまり黒点ができたから暖かいのでなくて、暖かいから黒点ができたのである。

すべてこれは大地が元《もと》である。

一般に太陽が大地より非常に熱いもののように思われ、地上の熱は太陽のみから来るように思われているが、じつは大地がもとで熱いのである。

太陽も、もとより熱いことは熱いが、だいたい、もとは大地から反射した熱であって、その熱が高まり過ぎて燃えているのである。

太陽が大地より熱く、大地の熱は太陽のみから来るものなら、太陽に近い上の方ほど——高山《こうざん》ほど暖かいはずだが、事実はこれに反して、大地に近いところほど熱いのである。

大地の熱はそのまま、または太陽と反射しあって空気の濃度にしたがって空気中にこもるのである。ゆえに空気の稀薄《きはく》になるところほど熱度は低下するのである。これは富士山の如き高山に登ればよくわかる、上へ登るほど空気が稀薄になる、それで高いほど寒くなる。

要するに、大地があまり暖かなので、その熱が太陽面に反射し灼熱《しゃくねつ》して、ひどいところは赤色《せきしょく》を呈《てい》して燃えているのであって、その赤い部分が黒点に見えるのである。すべて赤は黒く見えるもので、写真に赤色《せきしょく》が黒く映って見えるのも同じ理《り》である。

（昭和七年三月・玉鏡）

大宇宙

大宇宙《だいうちゅう》といえば、世人《せじん》みな大きな世界という意味に承知しているようであるが、そうではない。宇宙は大《だい》の字《じ》の形をしているので、それで大宇宙というのである。

大の字はまた、人間の形である。頭があり、両手、両足があり、胴がある形だ。

更生館《こうせいかん》は、新たに生まれたことを記念するために、大の字の形に造ったのである。

艮《うしとら》の金神様《こんじんさま》は、そのお筆先において、生神《いきがみ》であるということをつねに申されている。

これは、宇宙そのものが生物《いきもの》であるということを申されているので、開祖様がかつて「一度、大神様《おおかみさま》のお姿を拝《おが》みとうございます」と申し上げられると、「そなたの姿が此方《わし》の姿であるわい」とおっしゃった。そうしてまた、「本当の姿は青雲笠着《あおくもかさき》て耳が隠れぬわい」とおおせられた。

これは人体的に顕現せらるる場合と、御本体とを区別して申されたので、御本体、すなわち大国常立尊《おおくにとこたちのみこと》としては、宇宙とその拡《ひろ》がりを等《ひと》しゅうせらるるわけである。

実際、生きておられて、そのお姿、すなわち大宇宙の姿も人体と同じ形である。無論、人間の肉眼をもってしても、またいかなる精巧なる望遠鏡をもってしても、けっして見うるものではないのである。

これをたとえれば、象《ぞう》の足にとまった蟻《あり》が決して象全体の形を見えぬと同じことである。たとえ、どんな遠方に離れてこれを見ても、ついにその全部の姿を見得ぬであろう。毛の中にもぐりこんだ蟻などは大密林に遭遇《そうぐう》し、行けども行けども平地に出られないというふうにも思うだろう。

大宇宙は生きている、大の字、すなわち人の形をして生きている。頭もあれば、手も足もあれば、目もある。だがそれは人の想像に絶《ぜつ》したものである。象の比喩《ひゆ》でもって推理して考えて見たらよい。

（昭和八年九月・玉鏡）

神示の宇宙

霊界物語に「神示《しんじ》の宇宙」として示してあることは、けっして今日の学者にわからせんがためではない。幾百年後の智者学者のために書き残しておくのである。

王仁《わたし》のいう地平説《ちへいせつ》は、けっして扁平《へんぺい》な方形《ほうけい》をいうのではない。たとえば、餅《もち》の如き形をいうのである。月は大地を一周するが、太陽も地球も、ただ傾斜運動をするだけで、同じところを動かないものである。その傾斜にも大傾斜、中傾斜、小傾斜がある。六十年目に大傾斜するのであって、そのために、気候も変化する。最近の気候の変化は、ラジオなどの影響ばかりではない。

月は西から出て東に廻《まわ》り、一か月で一周する。

天体のことは、傘《かさ》をひろげて廻してみればわかりやすい。

（昭和七年五月・玉鏡）

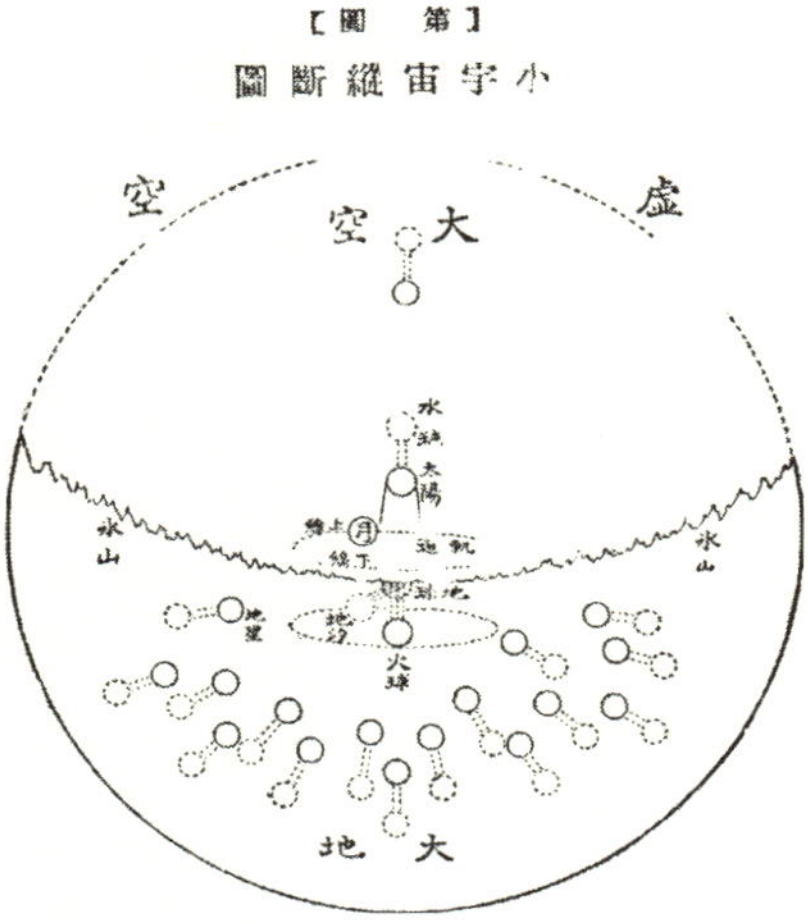

原本『神示の宇宙』より

言　霊

言霊と言語

言霊天地《げんれいてんち》を動かすというのは、瑞霊《ずいれい》の言霊《ことたま》のことである。言《げん》は三《み》つの口《くち》と書く。言語《げんご》の語《ご》は、吾《われ》の言《げん》と書く。人間は男女ともに五つの口をもっている。

言霊《ことたま》は天地を動かすけれど、言語は天地を動かすわけにはゆかぬ。

（大正十五年二月・水鏡）

若返りと言霊

わたしの言霊《ことたま》によって年を若くしてもらった人たちは、その通りに信じ、その通りに行い、その通り言わねばならぬ。人が笑おうが譏《そし》ろうがかまわぬ。その通り人にもいうがよい。それができねば、せっかく若くしてもらっても若くなり得ない。

六十歳の人が二十歳引いて四十にしてもらったら、誰《たれ》にむかっても四十であると明言し、また自分自身も深く信じ、そういう若々しい気持ちになって活動したらよい。きっと年齢どおり若くなるのである。

言霊が大事《だいじ》なのである。

（昭和二年五月・水鏡）

年を若くすること

年を若くしてくれと、菓子《かし》でもねだる気で頼《たの》む人があるが、なかなか容易《ようい》にそういうことができるものではないのである。わたしが頼まれて、やむをえず発する言葉では要するにだめなので、わたしの方から自然に発する言葉、すなわち、神の言葉でなくては効果はないのである。

そもそも、年齢《ねんれい》を若くするというのは、年齢をつぎ足《た》して長生《ながい》きさして上げることで、いま六十歳定命《じょうみょう》の人に二十年の歳《とし》をつぎ足してあげると、その人が八十歳になった時が六十歳になる勘定《かんじょう》だから、要するに二十年若くなり、長生きするわけである。

わたしが年齢をつぎ足すには、定命《じょうみょう》を全《まっと》うせずして、たとえば、自殺して死んだ人のあまった年齢を与えるのであるが、これがまた、なかなかむずかしいことで、もし悪人のあまった年齢をつぐと知らぬ間《ま》にその人が悪化《あっか》してしまうから、善人でなくてはいけないので、はなはだむつかしい。

先日、頭山翁《とうやまおう》の年齢を若くして四十八歳にしてあげた。翁はたいそう喜んで、それから誰《たれ》に遇《お》うても四十八歳だという、と言うておられた。（月鏡）

言霊奏上について

大正八年以来、たびたび言霊奏上《ことたまそうじょう》ということを皆《みな》でやったことがあるが、あれは練習であって、このたび皆神山《みなかみやま》で奏上したのが、真の生言霊《いくことたま》の発射であった。今日《こんにち》以後、皆は言霊《ことたま》将軍となるのである。

そもそも言霊《ことたま》は地上《ちじょう》七十五尺《しゃく》の高地《こうち》より発するのが本当であって、それがいったん地上に下《くだ》り、地にこだまして、さらに天にむかって開き、拡《ひろ》がってゆくのである。高いところに登りさえすればよいと思うは、間違っている。

天霊《てんれい》の聖地《せいち》に似《に》たる松代《まつしろ》の
　皆神山《みなかみやま》に言霊《ことたま》をのる

十八丁坂《ちょうさか》を上《のぼ》りて十八の
　生言霊《いくことたま》を四方《よも》にのりけり

（昭和四年八月・月鏡）

音頭と言霊

亀岡《かめおか》地方の郷土芸術としての浄瑠璃《じょうるり》くずしの音《おん》

頭《ど》は、実際のことをいうと、この地方の人だけが本当の言霊《ことたま》を発しうるので、他国の人がなにほど稽古《けいこ》をしても、真似はできるが、真の音律にかなう音頭はとれないのである。

この地方というても、亀岡町、穴太《あなお》（曽我部《そがべ》村）、大井《おおい》（並川《なみかわ》村）、の三地点を結びつける三角形線内だけで、この三角形の一辺はいずれも三十六丁《ちょう》あって、山岳の有り様から土地の具合いが、自然にそういうふうにできている。八木《やぎ》に行くともうだめである。この三地点が三巴《みつどもえ》となっておって、そのあいだが生粋《きっすい》の言霊《ことたま》の国であって、また日本一の佳良《かりょう》な米が出るところである。約十万石《ごく》の米しか出ないが、この米が池田《いけだ》伊丹《いたみ》の酒の原料となるのである。

穴太《あなお》の里は穴穂《あなほ》の里と書いた。アは言霊学《げんれいがく》上、天《てん》を意味し、ナは天位《てんい》にある人、ホは秀《ほ》、霊《ほ》の意であって、あな霊《ほ》の里の意味である。日《ひ》の出《で》の神《かみ》の生まれるところである。

亀岡《かめおか》はもと亀山《かめやま》といっていたのであるが、カは輝《かがや》く、目見《まみ》える、顕現《けんげん》等の言霊《ことたま》、マは円満具足《えんまんぐそく》の意、大井《おおい》のオは治《おさ》まる、ホは秀《ほ》、井《い》は人の息《いき》の意、人間の言霊《ことたま》をおさめるの意である。

こういう言霊《ことたま》の地であるから、その土地に生を享《う》けた人は自然にかなう言霊が出るのである。

	天《てん》	地《ち》	結《けつ》	水《すい》	火《か》
天	ア	オ	ウ	エ	イ
	カ	コ	ク	ケ	キ
	サ	ソ	ス	セ	シ
	タ	ト	ツ	テ	チ
	ナ	ノ	ヌ	ネ	ニ
	ハ	ホ	フ	ヘ	ヒ
	マ	モ	ム	メ	ミ
人	ヤ	ヨ	ユ	エ	イ
	ラ	ロ	ル	レ	リ
地	ワ	ヲ	ウ	ヱ	ヰ

天津祝詞《あまつのりと》にしても、

タカアマハラはともに天位《てんい》に属《ぞく》するゆえに高く、カミツマリのミは火位《かい》にて一番低く、ツは結《けつ》の中位に属し、マはまた天位にて高く、スは中位に属するがごとく、こういうふうに自然に七十五声《せい》の高低ができているので、それにかなうように称《とな》うるを、言霊《ことたま》にかなった謡《うた》い方《かた》というのである。

縦の列も、天地人《てんちじん》の順序に配列されているから、その心持《こころも》ちで謡《うた》わなければならぬ。

本当の言霊《ことたま》にかなわせようと思えば、むつかしいものである。

以上の表は本調子《ほんちょうし》に相当するものであって、トン、ツン、テエン、チンと響《ひび》く従来の五十音図は、二上《にあが》り、三下《さんさが》りなどに相当するもので、チン、ツン、テン、トンとなる。

ガギグゲゴ、バビブベボなどを濁音《だくおん》というけれど、言霊学《げんれいがく》上ではあれを濁音とは言わぬ、重音《じゅうおん》というのである。

チチ（父《ちち》）のチチであるからヂヂ、ハハ（母《はは》）のハハであるからババというので、父《ちち》の父、母《はは》の母と重なってくるから重音《じゅうおん》である。

イザナギの尊《みこと》イザナミの尊《みこと》と同じような字を書くのは間違いで、イザナギの方のイは天位のイで、ノーのあいだは離して書き、イザナミのイはヤ行人位のイであるから、つけて書くのが本当である。

ナは神《かみ》、キは男《おとこ》、ミは女《おんな》であるから、夫婦《ふうふ》合せてキミというのである。いまは誰《たれ》をでもキミ、キミと呼んでいるが、独身者はキミとは言えないのである。

ノアの洪水《こうずい》ということがある。ノは水《みず》の言霊《ことたま》、アは天《てん》の言霊、ノア（水天《すいてん》）はすなわち水高《みずたか》しの意であり、また水余《みずあま》るという意味にて、ノア、すなわち洪水《こうずい》である。

カシコミ、カシコミも申《まを》すというが、カは火《ひ》、シは水《みず》、コは火《ひ》、ミは水《みず》の言霊《ことたま》であるから、火水《かすい》、火水《かすい》、すなわちカミ、カミという意である。

ハニカムというのも恥神と書いて、神様に対して恥《は》ずかしいという意である。

（昭和五年八月・月鏡）

新年勅題について

暁

アカツキのツは助辞《じょじ》である。あたかも天津神《あまつかみ》の津《つ》というようなものである。キは気《いき》である。アカは明《あ》けと同じで、ケとカはあたかも酒《さけ》をサカというように同意味である。

すなわちアカツキというのは陽気がいま明《あか》くなりかけておることである。

アカツキはよい意味に用いる。成功した暁《あかつき》とはいうが、失敗した暁とは言わない。

鶏

トリは言霊《ことたま》からいうと、スである。

ホトトギス、ウグイス、スズメ、カラスというようなものである。ウグイスのことをウグイドリとは言わない。

なお、スズメ、ツバメのメというのは、メすなわち女《おんな》の意味ゆえ、やさしいことを言い現わしている。

声

コエは「心《こころ》の柄《え》」ということである。心だけでは表現できないので柄《え》がいる。

ココロの魂返《たまがえ》しはコである。物質から出てくるのは声《こえ》でなく音《おと》である。声と音とは違う。アイウエオは声であり、有《う》にして無《む》、無にして有なる天の声である。

音《おと》は「緒止《おと》」ということであり、魂《たま》の緒《お》の止《とど》まる意味である。音をきいてハッと心を止《と》める、それが緒止《おと》すなわち音である。

カキクケコは音《おと》である。カンカン、キンキンというような音である。

サシスセソも音である。風にゆれる笹《ささ》のサ、、、という音のようなものである。

タチツテトも音である。三味線のツンテントンというようなものである。

ナニヌネノは声《こえ》であり、ハヒフヘホは無形《むけい》の声で、声と音の中間のもので風のようなものである。

マミムメモ、ヤイユエヨは声であり、ラリルレロは音《おと》である。ガラガラ、ゴロゴロ、ギリギリ、バラバラというように、語尾につく濁音《だくおん》である。

ワヰウヱヲは声である。

またア行は天《てん》の声《こえ》であり、ワ行は地《ち》の声であり、ヤ行は人《ひと》の声である。

吃驚《びっくり》したときは思わず「アヽヽ、アワヤ」と言うのは、天地人《てんちじん》みな吃驚《びっくり》したという意で、太閤記《たいこうき》十段目の「アワヤと見やる表口《おもてぐち》云々」とある如き例である。

（昭和七年一月・玉鏡）

宇宙の声音

この大宇宙には、アオウエイの五大父音《ごだいふおん》が鳴《な》りなりて鳴りやまず不断に轟《とどろ》いている。

そしてこの父音より発する七十五声の音響は、種々《しゅじゅ》さまざまに相交錯《あい》して、音楽のごとく、鳥の声のごとく、秋野《あきの》にすだく虫の音《ね》のごとく、微妙《びみょう》の音声を絶えず放っている。

この微妙の音声は、天地進展の響《ひび》きであって、これによって森羅万象《しんらばんしょう》一切が生育発達を遂《と》げているのである。

言霊《ことたま》の幸《さちは》う国、言霊の天照《あまて》る国、言霊の助くる国などという言葉は、日本のみのことでなく、天地森羅万象一切の進展的活動に対して称《とな》えたる言葉である。

大声裡耳《たいせいりじ》に入《い》らずと言って、人間の聴覚力には限度があって、あまり大《だい》なる音響も、また微細なる音響も聞きとることができないのであるが、言《こと》霊《たま》の大道《だいどう》に通じた人の耳には、五大父音をはじめ、森羅万象より発する七十五声の微妙の音声を聞くことができうるのである。

大本開祖《おおもとかいそ》は、いつも宇宙万有の微妙な声を聞いて、その天造力《てんぞうりょく》の偉大さを讃歎《さんたん》されていた。しかし老齢のため耳鳴りがしたのとは、全然わけが違うのである。

人間の聴覚力は、風雨雷霆《ふううらいてい》の音や禽獣虫魚《きんじゅうちゅうぎょ》のなく声、人間同士の言語、または器物《きぶつ》より発する音楽のほか、宇宙の声音は聞きとることができないので、王仁《わたし》が宇宙の声をつねに聴くといっても、容易に信ずることはできないのを遺憾《いかん》に思う次第である。

（昭和六年四月・玉鏡）

声の順序

声《こえ》にも順序がある。

今日ではアイウエオ、カキクケコというが、本来はアオウエイ、カコクケキと言うべきである。

ア列は天位《てんい》であるから上を向いて声を出す。オ列、ウ列、エ列、イ列、の順序で、次第に下を向いて声を出す。鶏《にわとり》がコケコウコーと鳴く時に、首を上下に振るのもその順序にしたがって振るのである。アハ、、、オホ、、、ウフ、、等と笑うときも、アンアンオンオンなどと泣くときも、この声を出す態度はきまっている。

アオウエイをアイウエオと言うようになったのは、安倍晴明《あべせいめい》の頃からである。

（昭和七年一月・玉鏡）

ヨハネ伝

今日の牧師にいちばん惜《お》しむべきは、ヨハネ伝《でん》福音書《ふくいんしょ》の第一章が真解できぬところにある。「太初《はじめ》に道《ことば》あり、道《ことば》は神《かみ》と偕《とも》にあり、道《ことば》は即《すなわ》ち神《かみ》なり」

とあるが、言葉《ことば》、すなわち道《みち》は、充《み》ち満《み》つるの意味で、高天原《たかあまはら》のことである。

この天地は言霊《ことたま》の幸《さち》はう国で、言葉はすなわち神である。祝詞《のりと》や祈りの言霊《ことたま》によって、よい神が現われるのである。声の澄《す》んだ人ほど魂はよい。

（昭和七年一月・玉鏡）

隻手の声

禅学でいう隻手《せきしゅ》の声《こえ》というのは、あって出さぬ潜《ひそ》む声を示したもので、両手あってこそ音《おと》を出すことができるのである。

左の手からタの音《おん》、右の手からカの音が出る。高御産霊神《たかみむすびのかみ》、神御産霊神《かむみむすびのかみ》である。かくして両手を拍《う》てばタカと発《はつ》するのである。

隻手の声はタカの音《おん》をもっているだけで、聞こえぬ声である。

また無理に隻手の声を出そうと思えば、右手でも左手でもよい、頬《ほほ》をピシャリと打つがよい、かならず隻手の声がする。

（昭和七年一月・玉鏡）

宇宙の声

『道《みち》』は充《み》ち満《み》つるの意である。

この宇宙には言霊《ことたま》が充ち満ちている。すなわち一つの機械でも動かせば非常なる音響を発するごとくに、この宇宙も大旋廻《だいせんかい》しているから、非常な大音響をいつも発している。

すなわち、アオウエイの五大父音《ごだいふおん》が鳴《な》り鳴りて鳴り止《や》まずにいるのである。

音響もまた言葉の一種である。

意識的に発するのが言葉であり、無意識に発するのが音響である。

とにかく、言葉は『道《みち》』であり『神《かみ》』である。

（昭和七年四月・玉鏡）

言霊学

言霊学《げんれいがく》の中興の祖中村孝道《なかむらこうどう》の言霊学は、一言一《いちげんいち》義《ぎ》に近いもので覚えやすい。大石凝真寿美《おおいしごりますみ》になっては一言多義《いちげんたぎ》になった。

本当の言霊学を用《もち》いたのは弘法大師《こうぼうたいし》くらいのもので、真言《しんごん》というのは言霊《ことたま》のことである。

弘法大師は「ア」が元《もと》で、一切《いっさい》は「ア」から現われたというので、阿字本義《あじほんぎ》を提唱したが、実際は⦿《ス》「ス」から出てきたものである。

（昭和八年三月・玉鏡）

仮名づかい

国語そのものはむかしから変わってはいない、しかし現在の用語は非常に乱れていて、仮名《かな》づかいなども将来改めらるべき問題であり、漢字なども制限せなければならぬ。

もともと日本は一言《ひとこと》でラチのあく国で、開祖様のお筆先《ふでさき》に「じんりきしや」を「じんりきさ」、「へんじょうにょし」を「へんじょうのし」と書かれてあるが、これは言霊学《げんれいがく》上から言っても正しいものである。

たとえば外国とか関東とかいうのは、一般に「ぐわいこく」「くわんとう」と仮名をふるが、「がいこく」「かんとう」と書くのが本当である。

（昭和八年三月・玉鏡）

ア行とヤ行

片仮名《かたかな》のア行とヤ行とは間違いやすいが、ア行は、ア、イ、ウ、エ、オの如く、みな画《かく》が離れており、ヤ行はイ、エというふうにくっついているので、チャンと区別があるのである。

いまは何もかもめちゃくちゃになっているが、今度の物語《ものがたり》（天祥地瑞《てんしょうちずい》）から、この活字を鋳造《ちゅうぞう》して改《あらた》めることにした。

（昭和八年十二月・玉鏡）

天津祝詞と五大父音

宇宙にはアオウエイの五大父音《ふおん》が間断《かんだん》なく響《ひび》いているが、人々が発する正しからざる言霊《ことたま》によってはこれが濁《にご》るのであるから、つねに天津《あまつ》祝詞《のりと》を奏上して音律の調整を行なうのである。

（昭和八年十月・玉鏡）

立替え立直しとミロクの世

世の終末と立替え

キリストの本当の教《おしえ》が伝わらぬようになった時、仏法《ぶっぽう》においては釈迦《しゃか》の誠の教《おしえ》が伝わらないようになった時、それが世の終わりである。

すなわちキリスト精神の滅亡、仏法精神の滅亡を意味する。

この時にあたって、ほんとうの耶蘇《やそ》教、まことの仏法を起こすのが、世の立替《たてかえ》である。

（大正十五年九月・水鏡）

ミロクの世

善《よ》い事をすればよくなり、悪い事をすれば悪くなる世《よ》を称して、ミロクの世《よ》というのである。

今までの世は悪いことをしても、うまく世間をごまかすことができれば立身出世もできるし、善いことばかりをしていても、虐《しいた》げられ、苦しめられ、悲惨な境遇に泣かなければならぬものも数多くあった。

これは、悪魔の守護する世であったからである。

ミロクの世になってからは、最早《もはや》かかる不合理は許されない。

善いことをすればどんどんよくなり、悪いことを企《くわだ》つれば片《かた》っ端《ぱし》から打ち砕かれ、悪の思惑《おもわく》は一つも立たぬ正しい世の中になるのである。

（昭和三年四月・水鏡）

ミロクの世と物質文明

ミロクの世《よ》になれば、寝ながらにして地の中を通ることができ、空をも、また水中をも通ることができると言うてあるが、寝ながら通る地中というのは地下鉄道のことで、寝ながら通る空というのは飛行機、飛行船のこと、水の中を通るというのは潜水艦のことであって、いまがその預言《よげん》の出てきた時代なのである。

また蒙古《もうこ》には、黒蛇《くろへび》が世界中を取り巻き、牛や馬が物言《ものい》うときに、成吉斯汗《ジンギスカン》が再誕してわが国土を救う、という預言があるが、それも現代のことである。

すなわち黒蛇《くろへび》とは鉄道のことであり、牛馬《ぎゅうば》がもの言うというのは、人間がひどく堕落《だらく》して、狐狸《こり》牛馬などの容器《ようき》になってくることをいうたものである。

（昭和五年八月・月鏡）

世は持ち切りにさせぬ

地球一日の傾斜を小傾斜といい、一年の傾斜を中傾斜といい、六十年ぶりの傾斜を大傾斜といい、三千六百年ぶりのを大々々傾斜という。

この大々傾斜の大変化の影響をうけて、気候が変わる。したがって、すべてのものが変わってくるので、寒いところが暑く、暑いところが寒くなって世が変わるのである。

神諭《しんゆ》に「世は持ち切りには致《いた》させんぞよ」とあるのはこの意味である。

（昭和六年五月・玉鏡）

聖賢ではできぬ

お筆先《ふでさき》のなかにも「今度の御用《ごよう》は肉体をもった神に非《あら》ざれば成就《じょうじゅ》せぬ」と示されてある。

どんな聖賢《せいけん》でも、人間であってはこのたびの御用はできにくい、神の座に直《なお》らなければできぬ大《たい》望《もう》である。

（昭和六年十一月・玉鏡）

修理固成の仕事

大本《おおもと》は今日の既成宗教のように、ただ人心の改造だけが仕事ではない。

それだけなら容易なことである。生きた誠《まこと》の宗教というものは、そんなものではない。

大本の生命は、立替《たてか》え立直《たてなお》しである。しかも、立替え、すなわち破壊は悪魔がするのだ、大本神《おおもとがみ》の仕事は建設にある。艮《うしとら》の金神《こんじん》は、修理固成《しゅうりこせい》の神である。

大本人はその覚悟で、どこまでも修理固成の仕事に当たらねばならぬ。それには誠と人の力、すなわち団結力によらねばならぬ。そのためには、是非とも、明るい愛善の心を養《やしな》うことが必要である。そうでなくては成就しない。

（昭和六年十一月・玉鏡）

天国は虚空にあらず地の上に住む人により築かる丶なり　『地上天国』より

世の大峠と信仰

神様は、人間を神に似《に》せて造りたもうた。

しかるに国祖《こくそ》御《ご》隠退《いんたい》以後の世界は、八頭《やつがしら》八尾《やつを》の大蛇《おろち》や金狐《きんこ》の悪霊、六面八臂《ろくめんはつぴ》の邪鬼《じやき》のすさびに犯されて、だんだんと神様と離れて、悪魔に近い人間になってしまった。人道《じんどう》日に廃《すた》れ、世のため人のため、国のためなど考うるものはなく、ひたすらに私利私慾にのみ耽《ふけ》る世の中になってしまった。

このままで進んでいったならば、世界も人類も滅亡するよりほかはない。これはどうしても、ここに一大転換がきて、全人類が廻《まわ》れ右を断乎《だんこ》として行なわなければならないことになるのである。

悪魔を離れて、神様にむかわなければならない時がくる。かかる転換の期にあたって、人類は、かなり重大なる苦しみ、艱《なや》みのうえに立たせらることは、必然である。

日常、神を信じ、神にしたがう大本の信者のうえにも同じ艱《なや》みは落ち来たるのである。

大本信者のみが、独りこの苦しみを脱《のが》れて特別の場面におかるるような虫のいい考えをしていたものも往々にして昔はあったが、そういうわけにはゆかぬ。

ただ、真《しん》の信仰にあるものは、かかる際、神様におすがりすることのできる強みをもっている。そして常《つね》に教えられつつあったことによって、先がいかになりゆくかの見当をつけることができる。

この二つの信念のため、ただ自己をのみ信ずる無神無霊魂者より、はるかに容易《たやす》くこの難関を切りぬけることができるのである。

人間の力をのみ頼みて生活しつつある人々が、人力をもって如何《いかん》ともすることのできない事実に遭遇するとき、その艱《なや》みや名状すべからざるものがあろう。

人間は造られたるものである。造《つく》り主《ぬし》たる神様の御意志にしたがって行動してさえおれば、間違いないのである。

来たらんとする大峠《おおとうげ》に際し、信仰なき人々をそぞろに気の毒に思う。

（昭和七年六月・玉鏡）

水も漏らさぬ経綸

大望《たいもう》、大望《たいもう》、と御神諭にある艮《うしとら》の金神《こんじん》様、三千年あまりての御経綸の幕も切って落とさるる時機は次第に近づきつつあるのであるが、この大神業は人間の想像の範囲を脱した目覚ましいものだと考えらるる。

「このことを知りたものが世界にたった一人ある。知らすと出口直《なお》でもあまりの驚きと嬉しさとについい口外するによって知らせてない」

と申されている……。

王仁《わたし》はかつて、わずか金《きん》五十銭をもって金竜殿《きんりゅうでん》建築に着手したのであるが、周山《しゅうざん》の山奥でふと得たヒントは、わたしをしてミロク殿、黄金閣《おうごんかく》と、次へ次への建築を成就さす動機となった。

王仁《わたし》が山の辺《へ》に立って一服していると、樵夫《きこり》たちが杉の丸太を伐《き》り出して筏《いかだ》とすべく、下《しも》へ下《しも》へと流している。流すといってもチョロチョロとした細い渓流で、太い箸《はし》を流すにやっとくらいの水量である。どうして太い丸木を流す力などあるものでない。

そこで見ていると、樵夫《きこり》たちはその渓流に一つの堰《せき》を造った。だんだんと水がたまって杉丸太をうかべるによい量となると、やがて材木を転《ころ》がしこむ。そして一度に水を切って落とすと、ほとばしる水勢によって丸太は勢いよく流れ出す。かくて一本二本と流し、かなりの数《すう》に達したとき、また第二の堰《せき》を切って落とす。

かくの如きものを度かさねて、ついに本流にと流し出し、そこで筏《いかだ》に組んで、ゆうゆうたる大河《おおかわ》へと運び出す。

箸《はし》を流すにも足らぬチョロチョロ流れも、溜めておいて、切って落とすときは、優《ゆう》に大きな材木を流しだす力となる。

これだ、王仁《わたし》はこうしたことに教えられて、かのかなり大きな建造も、また他《た》の多くの仕事も易々《やすやす》とやってきた。だが、そうした仕事は、艮《うしとら》の金神国常立尊《こんじんくにとこたちのみこと》様の御経綸に比較すると、じつに千万牛《ぎゅう》の一毛《いちもう》にも値《あたい》せぬことである。

一度あって二度ない仕組と、たびたび神諭に出ているが、たとえば三千年かかって溜《た》めた大きな湖水のようなもので、いよいよ切って落とさるるということになると、その勢《いきお》いの猛烈さは想像のほかにあるではないか。

しかも一度切って落とされたら最後、溜めるのにまた三千年かからねばならぬわけである。

だから一度あって二度ない仕組《しぐみ》と申さるるので、この水溜《みずたま》りたるや、ちょっとも漏らされぬ仕組、すなわち水も漏らさぬ仕組なのである。

三千年というても実数の三千年ではない、何十万年という遠き神代《かみよ》のむかしからの経綸であるということは、たびたび神諭や霊界物語によって示されている通りである。

大本の神業は日に月に進展して、いまや全世界にその福音が宣べ伝えられつつあって、その偉大なる仕事は世人の注目の焦点となっている。だが、それも御経綸《おしぐみ》のほんの一部にしか過ぎないので、ここに水溜りがあるということを知らすための、ほんの漏《も》らし水である。

神様のお仕事の広大無辺なることは人間にわかるものではないのであるから、かれこれ理屈を言わずに神様にしたがって信仰を励《はげ》むが一等である。

大平洋の中央には深い溝《みぞ》が穿《うが》たれていて大きな烏賊《いか》が住んでいるが、その烏賊《いか》の大きさは、直径が三里もあるのである。足の長さは一里にあまり、ときどき水面に浮かびでて、大なる漁船などを足でからんでグッと引き込んでしまい、ゆうゆう海底に沈んで御馳走《ごちそう》にありつくのである。

海竜《かいりゅう》が現われたなどというのは、じつはこの烏《い》賊《か》の足なのである。

こういうことを聞いても世人はなかなか信用すまいが、事実である。

古事記の八岐大蛇《やまたのおろち》の項を読んでみると、

「其眼《そのめ》は酸漿《ほほづき》のごとくに紅《あか》く、身《み》一つにして頭と尾は八つに岐《わか》れ、身には苔、桧、杉の木など生《おひ》茂《しげ》り、長さ谿《たに》八谷《たに》、山の尾《を》八尾《を》に亘《わた》り、その腹は悉《ことごと》に常《つね》に血《ち》爛《ただ》れたり云々《うんぬん》」

とあるが、背に木の生《は》えた動物なんか少なくないので、大地は生き物であるとむかしから言うが、大きな陸地だと思うてその上に生まれ、その上に住み、その上を耕《たがや》し、しかしてその上に墳墓を築いていると、じつは一つの大きな動物の背の上であったという、お伽噺《とぎばなし》のようなことが事実となって現われて来ないとも限らない。

　いや実際そういう動物が何千年もねむったようにじっとしていて、一つの大きな島だと思われている動物がいるのである。

　人間の頭にわいた虱《しらみ》は、そこを安住の地としてそこで生き、子を産み、子孫永久の繁殖を願うている。それが、人間という一動物の肉体の一部分であると考えないと同じことである。

　こういう大きな動物が動き出したら、それこそ大変である。

　世の切り替えの時には、どういうことが起こって来るかもわからないのである。

（昭和七年八月・玉鏡）

小三災

　末法《まっぽう》の世におこる小三災《しょうさんさい》というのは、飢《き》、病《びょう》、戦《せん》であるが、飢というのは食糧の欠乏とのみ取ってはならぬ。経済上の飢饉《ききん》もある。

　病気というのも、単に体が病むと解するのは誤りである。思想的の病気もこのうちに入るので、皇道《こうどう》の正中《せいちゅう》を歩むのが健康者であって、左傾だの右傾だのというのは思想上の病人である。とくに赤い思想などは膏肓《こうこう》に入《い》った大病人である。

　戦《いくさ》も、兵器をもっての戦《いくさ》の意味だけではない。政戦、商戦等々、種々ある。

　議員選挙においても、あの人にぜひ出てもらわねばならぬ、と選挙人の方から懇望《こんもう》するのがあたりまえで、候補名のりをあげて逐鹿場裡《ちくろくじょうり》に鎬《しのぎ》を削《けず》るのは、すなわち戦争である。名誉餓鬼《がき》、屈従外《げ》道《どう》等によって善《よ》い政治はできない。

大三災《だいさんさい》の風《ふう》、水《すい》、火《か》については言うまい。ただこれは人力《じんりょく》のいかんともすることができない天然現象である。ひたすら神様に祈って惨禍《さんか》のすこしにても少なからんことを希わねばならぬ。

火というのは火事だけのことではない、大地火《ひ》を噴《ふ》く地震のことである。

（昭和八年七月・玉鏡）

出産率と救い

近年、世界人口の激増する所以《ゆえん》のものは、いまや世は二度目の天《あま》の岩戸《いわと》開《びら》きに直面せんとして、中有界《ちゅううかい》以下の諸霊は、神の限りなき大慈大悲によって現界へ再修業のため出されてくるからである。

かるがゆえに、いまこの時にあたって生《せい》を現代に享《う》けたるものは、神恩《しんおん》の広大無辺なるを感謝し、ひたすらに身魂《みたま》みがきに没頭精進《しょうじん》して、御救《みすく》いの手にすがりて天国に入《い》らんことを希《こいねが》わねばならぬのである。

（昭和八年八月・玉鏡）

現われかけたミロク様

いまやミロクの大神《おおかみ》様は地平線上に現われ給うて、はや肩のあたりまでを出されているのである。

腕のあたりまでお出ましにならねば、本当のお働きはできぬのである。腕は力の象徴である。

（昭和八年十月・玉鏡）

審判は近づいた

「神世《かみよ》になれば神厳《きび》しく人民穏《おだ》やかになるぞよ」と御神諭にあるが、ちかごろ神様は非常に厳格になられつつあるのが王仁《わたし》に感ぜられてくる。

もはや見直《みなお》し聞《き》き直《なお》しの時代は過ぎ去らんとしている。

善悪の総決算期が近づいてきたのだ。今までのようなだらしない事では許されぬ時になった。

王仁《わたし》は子供のときから地獄耳《じごくみみ》だと言われてきたが、ひとたび王仁《わたし》の耳に入れた以上、なにもかも細大漏《さいだいも》らさず記憶している。ことに大正十年以前のことをよく記憶している。

神に背《そむ》き、神を見捨《みす》て、神を鰹節《かつおぶし》とし、神を冒《ぼう》涜《とく》した人たちの行末《ゆくすえ》を思うと、気の毒に堪《た》えられないので、王仁《わたし》は今日まで忍《しの》び難《がた》きをしのび、許し難きをゆるし、最善の努力をはらって、それらの人々の改心を促《うなが》してきたが、もはや忍ばれぬようになって来た。

皆もその心したらよかろう。


（昭和九年三月・玉鏡）

新つの世

大地は日々《にちにち》に傾斜運動をするとともに、また一年に四度の中傾斜運動をなし、一年に一度、大傾斜運動をなし、六十年目に大々傾斜運動をなし、三百六十年目に大々々傾斜運動をなし、三千六百年目に大々々々傾斜運動をするのである。

ゆえに桑田変《そうでんへん》じて海となるくらいのことではなく、海が山になったり、山が海になったりする。高山《こうざん》の頂《いただき》から貝の化石が出たりするのも、これらの傾斜運動によって、大地はつねに変動しつつあるのを示すものである。

鳴門《なると》の水が大地の中心に向かって注《そそ》ぎつつあるということをも知らぬ人が多かろう。

富士山の爆発によって相模《さがみ》の国ができ、武蔵《むさし》とのあいだがつながったのである。天城山《あまぎさん》の爆発によって伊豆《いず》一帯の地が持ち上がった。蛭ケ小島《ひるがこじま》も湯ケ島《ゆがしま》も、もとはみな島であったのでこの名が残っているのである。

地文学も天文学も、否《いな》それのみならず、政治学も、経済学も、教育学等々も、諸種《しょしゅ》の学説がみなひっくりかえる時が来るのである。

神諭に「何もかも新《さら》つにしてしまうぞよ」とあるのがそれである。

神　業（昭和五年三月三日筆）

世の立替《たてか》え立直《たてなお》しというのは大望《たいもう》とあるが、すこぶる大規模なものであって、ほとんど人智の想像の範囲を絶しているものである。

（昭和九年三月・玉鏡）

第二章　霊界と霊魂の真実

霊界の諸相

天と地

地上三尺以上は天界《てんかい》に属する。地上三尺までが地の世界である。であるから、人間の住居の床《ゆか》は三尺以上にしてはいけない、まず一尺《しやく》五寸《すん》くらいにすべきものであって、寝て、体《たい》の高さを加えて三尺以内でなくてはいけない。

宮殿などの床《とこ》の高さは三尺以上になっておる。これ宮殿は、天界に属するからである。そしてそこに住む人を、雲《くも》の上人《うえびと》というのである。

地上三尺までは人間の領分《りようぶん》であって、それ以上は神様の領分であるから、人間が神さまの領分を犯すと、禍《わざわい》が身に及ぶ。二階などに寝るとよく、うなされたりすることがある。天界または、霊界に身をおくからである。

むかしの人間は、背丈《せたけ》が六尺くらいあった。天界に三尺、地界《ちかい》に三尺、すなわち、それが人間である。太古の人たちは七尺も八尺もあったことは霊界物語に出ているが、地界に三尺、天界に四尺ないし五尺おったから霊界のことがよくわかったのである。

さりとて、いまの背高男《せだかおとこ》がその通りであるかというてもそうはゆかぬ。

いまの人間には、てんで霊界のことがわかっていないから、わかりそうなことがないではないか……。

（大正十五年六月・水鏡）

天人の五官

天人《てんにん》は額《ひたい》の目で見るのである。天人にも目、鼻、口、それぞれ形はあるが、天人の五感はみな額である。仏像の白毫《びやくごう》がそれにあたる。

天人の性交は、頰《ほほ》と頰とを一寸《ちよつと》ほんの瞬間接触するだけである。そして霊子《れいし》は天窓《あたま》より下《くだ》さるるのである。
天窓《あたま》とは現われる魂《たましい》の意であって、聖上《せいじょう》のお体のことを玉体《ぎょくたい》と申しあげるのは、天窓《あたま》の体《たい》ということであって、天窓《あたま》は体《たい》の一番上にあるから、天窓《あたま》というのである。

（大正十五年十一月・水鏡）

霊界での話

ある時わたしが霊界へ這入《はい》って行くと、天地茫漠《てんちぼうばく》として人の子一人いない。誰《たれ》かに遇《お》うて尋ねようと思って探しまわるけれども、誰もいない。
ふとわたしは呼べば出てくるだろうと思って「オーイ、オーイ、皆《みな》出てこい、ヤーイ」と声をかけると、ちょうど菌《きのこ》が生《は》えるように、あちらからも、こちらからもムクムクとたくさんな人間が出てきてお辞儀《じぎ》をした。

（昭和二年六月・水鏡）

人間は木から生まれた

足魂《たるむすび》から生魂《いくむすび》が出る。大きな木が腐《くさ》って人間が生まれた。あたかも小豆《あずき》に虫が発生し、櫟《くぬぎ》に甲虫《かぶとむし》ができ、また栗《くり》の木から栗虫《くりむし》ができるようなものである。

（昭和二年六月・水鏡）

模型を歩む

わたしは明治三十一年二月、高熊山《たかくまやま》修行中、重要なる世界の各地をみな見せてもらったが、その有り様はこうである。
神使《しんし》に導かれてある大きな室《しつ》に入ってゆくと、いま、弥勒殿《みろくでん》にかかげてあるような、大きな地図がかかっている。神使はある地点を指《ゆび》さして、そこは某《ぼう》地点であるということを示される。つぎに他《た》の室《しつ》へ導かれて入ってゆくと、その地点の大きな模型が備《そな》えつけられてある。

神使は一々詳《くわ》しく説明して下さった。だからわたしは、その地点を踏まないでも、実際行ったと同じように知っているのである。

前にも言うたとおり、第一番に天教山《てんきょうざん》の富士山《ふじさん》、つぎに信州の皆神山《みなかみやま》、それから次々諸所方々《つぎつぎしょしょほうぼう》へつれて行かれたのであるが、飛騨《ひだ》の山奥《やまおく》などには、前人未到の神秘境《しんぴきょう》がある。一度はそこへも行かなければなるまいと思っている。

いまでも必要があってこの地点を見たいと思う場合には、さっと地図がかかり、模型が出てくる。模型というても、実際歩くことができるほど大きなものである。

このお話を承《うけたま》って思いおこすことがあります。年月日をハッキリ記憶いたしませんが、東京上野公園で博覧会が開かれておった時のことです。

霊界物語筆録者《ひつろくしゃ》や近侍《きんじ》たちが数人よって博覧会のことを話しあっていました。誰《たれ》かが「行って見たいなあ」と申しているのを聞きつけて、奥から出てこられた聖師は、

「行ってもつまらんぜ、わたしは三度ばかり行ってきたが、見るべきものはなかった。それに建築が粗雑で、高い塔《とう》などは、少しひどい風が吹けば引っくりかえってしまうような危《あぶ》なかしいものである」

と申されましたので、一座は顔を見合わせ、思わず笑い出しました。

足一歩も、綾部、亀岡を出られないで、三度行って来た、塔が危険だなどと、いくら聖師様でもおかしい、とは言い出さないが、各自心《かくじ》の底にはこういう思いが浮かんでいたのでしょう。

もちろん霊眼《れいがん》で見られることは百も千も承知している連中ですが、それでも透視《とうし》したとは言われずに、行って来た、というこのお言葉が異様にひびいたからです。

いま模型云々《うんぬん》のお話を承って、なるほど聖師様は実際に模型を霊体《れいたい》で歩かれたのだなあ、と存じました。

それからまもなく東京の新聞は、大風起こり、この高い塔が壊れたことを報道いたしました。
また聖師は、霊界の出来事と現界の出来事と混同して話されるのではないかと思うことが、ごくたまにはありますので、「それこのあいだこんな事があったではないか」と申されても、誰《たれ》も知らぬことが往々あります。

（昭和五年四月・月鏡）

天帯

弁財天や、天女《てんにょ》たちの周囲にある帯《おび》のごとき布《ふ》帛《はく》は天帯《てんたい》というて、飛行の要具《ようぐ》である。天人はこの帯に乗って飛行するのである。
もちろん天帯《てんたい》というのは象徴的の言葉で、霊線《れいせん》のことである、霊線をつとうて飛行するの謂《い》いである。

（昭和五年四月・月鏡）

天帯にとりすがりつゝ輪王姫は天女となりて美国に昇れり

霊界の親

霊界にゆけば兄弟姉妹だけで親というものはない。親はすなわち神様である。

そして夫婦は一体《いったい》であり一心《いっしん》である。

（昭和五年十二月・玉鏡）

霊界の宣伝使

霊界における宣伝使は現界の宣伝使と違って、愛善《あいぜん》の徳《とく》に富んでいるものが上級の宣伝使である。だから現界においての大宣伝使でも、霊界に入れば低い位《くらい》の宣伝使となり、また現界において下級の宣伝使でも、霊界では高い位の宣伝使となるものもある。

現界はなんというても学理の世の中だから、そうした人が大宣伝使に任命さるるのである。

霊界では理窟は一切ないから、前いう通り愛善の徳に富んだものほど上級宣伝使となるのである。

（昭和六年一月・玉鏡）

天人と悋気

第一天国に住む天人たちは真裸体《まつぱだか》であるということは霊界物語に書いてある通りである。

ある人が、その天人にも陰部があるか、という問いを発したことがあるが、霊体一致《れいたいいっち》が真理であるから霊魂にももちろん陰部がある。ただ八衢《やちまた》以下の霊界にいる人々、特に色慾界《しきよくかい》にいる人々のように発達していないだけのことである。

なお、悋気《りんき》するのは陰部があるからである。悋気は性的満足をうることによって解消されるのである。

（昭和六年五月・玉鏡）

一日の修行

朝《あした》に道を聞けば夕《ゆうべ》に死すとも可《か》なり、ということは、霊界への道のことである。すなわち霊界の消息に通ずれば、わが霊のゆくべき道がわかるので、これさえハッキリわかっておれば、いつ死んでもよいと言うことなのである。

もし霊界のことをすこしも知らねば、その人の行く手にはただ暗黒があるばかりである。恐ろしいところに迷わねばならぬ。

ゆえに、現界におる時に、よく道を聞いておかねばならぬ。

霊界百年の修行は現界一日の修行に如《し》かず、という諺《ことわざ》があるが、それはそのはずで、そのかわり霊界は長い。現実界の命は短いから同じである。

猫でも犬でも齢《よわい》の短いものは早く子を生み、早く死ぬ道理だから、霊界の百年は現界の一日にあたる。

（昭和六年十月・玉鏡）

宣伝使の階級

霊界には、宣伝使《せんでんし》の階級といっても別にない。ただ霊界において宣伝使のことをエンゼル、すなわち天使というだけであって、第一、第二、第三の霊国《れいごく》によって宣伝使の智慧証覚《ちえしょうかく》が異なるだけである。

帰幽《きゆう》した人に「贈《ぞう》宣伝使」とするが、この「贈《ぞう》」によって霊界の宣伝使となるのである。すべて地上が本《もと》であるから、地上から宣伝使に任ぜられて霊界の宣伝使となるのである。

（昭和七年四月・玉鏡）

人間の創造

神は、この宇宙を修理固成《しゅうりこせい》されるとき、まず樹木《じゅもく》を造り、それから人を造られたのである。

人間は木から生《う》まれさせられたのである。

そののち、獣《けだもの》、鳥、魚、虫の順序にお造りになった。虫のごときは、今日といえどもなお、木からわかして造られることがある。いかなる島にでも人類が住んでいるということは、神が諸処《しょしょ》において木から人を造られたからである。

　神が土《つち》をもって人間を造られたというのは、神がまず土をかためて木を生《は》やし、それから人間を造られたのであって、直接土《つち》から造られたというのではない。

　土から木を生《は》やし、木から人間を造られた、そのあいだでも何百万年かかっている。

(昭和七年五月・玉鏡)

霊の姿

物心《ものごころ》のつかない幼児のとき、失明した者が成人して霊眼《れいがん》が開けたとき、霊眼で親の顔を見たいと思っても、親の肉体の顔はわからない。親の霊界における顔ならば霊眼で知ることができる。

　そこに霊眼で見る世界と現界との区別があるのである。

(昭和七年六月・玉鏡)

雑念の盛んなる人

雑念の盛んなる人への神示は、多く夢の形をとって現われる。

　覚醒《かくせい》したる時はラジオの雑音のごとく、雑念に妨害せられて内流《ないりゅう》が正確に伝わらない。で、神様は睡眠中を利用せられて、夢でもって内流を下されるのである。これを、霊夢《れいむ》と言うのである。

(昭和七年六月・玉鏡)

霊魂

裁、制、断、割

裁《さい》は奇魂《くしみたま》の働き、すなわち智《ち》。制《せい》は和魂《にぎみたま》の働き、すなわち親《しん》。断《だん》は荒魂《あらみたま》の働き、すなわち勇《ゆう》。割《かつ》は幸魂《さちみたま》の働き、すなわち愛《あい》である。

（大正十五年十一月・水鏡）

人間の霊魂

人間には、もとはよい魂《みたま》が授《さず》かってあったが、だんだん悪くなった。

黄金《おうごん》時代はもとの美しい霊であったが、世がだんだん悪くなって、白銀《はくぎん》、赤銅《しゃくどう》、黒鉄《こくてつ》時代と成り下《さが》り、いまは早《は》や、泥海《どろうみ》時代となっておるから、いまの世の中に生まれておるものは、魂《みたま》がすでに外部的状態を混《こん》じた善悪混合のものとなっている。

（大正十五年十一月・水鏡）

人間は種々の前世をもつ

人が死んでからふたたび人間に生まれ代わって来るのは罪があるからである。生まれ代わるというても、人間から生まれ代わってきているのもあり、犬や猫から生まれ代わっているのもあり、竜から生まれ代わっているものもある。

（大正十五年十一月・水鏡）

守護神

守護《しゅご》神《じん》というのは、人々につけられておるエンゼルのことである。奇魂《くしみたま》と幸魂《さちみたま》とを祀《まつ》るので、すなわち信真《しんしん》と愛善《あいぜん》とである。信者に宣伝使がつい

ているとと同じである。　（大正十五年十二月・水鏡）

精霊の生命

精霊《せいれい》の生命が亡《ほろ》ぶことがあるのかと聞くか、無論あるよ。

現に生きておる人、すなわち肉体をもっておる人にでも精霊の生命を失っておるものがある。かの発狂者のごときはそれであって、生きながらすでに邪霊《じゃれい》のために、まったく精霊の生命を亡《ほろ》ぼされてしまっている。

永遠の生命というのは、神を信じ、神にあるもののみが享有《きょうゆう》しうる特権である。

（昭和二年一月・水鏡）

霊と精霊

霊と精霊《せいれい》とを混同して考えている人があるが、それは大変な間違いである。

霊は万物に普遍しておるので、この火鉢にでも鉄瓶にでも、ないしは草花にでもある。

もし霊が脱《ぬ》けてしまえば、物はその形を保つことができないで崩壊してしまう。非常に長い年数をへた土器などが、どうもしないのにくじゃくじゃに崩《くず》れてしまうのは、霊がぬけてしまったからである。鉱物、植物、みな霊のあるあいだは、用をなすものである。

精霊というのは動物の霊をさすのであって、すなわち生魂《いくみたま》である。

（昭和二年四月・水鏡）

身魂の三種

神諭《しんゆ》に神に引きとる身魂《みたま》と、霊魂として働かすものと、肉体として御用《ごよう》に使う身魂とがあると出ているが、肉体はなにもせず、ぶらぶらしていても、霊でさかんに活動しておる人がある。また肉体はいかにも忙《いそが》しそうに働いていても、霊としてはいっこう活動していない人もある。

霊で活動しているときに肉体が現界で使われていると、神様のほうでは使いにくくってこまられる。そういう人は肉体としては遊んでおってくれるほうが、かえって御用ができることになる。

わたしは霊界でたいそう仕事があるのに、現界でこの通り、たくさんの仕事をせねばならぬので忙しい、食事をする暇《ひま》もない。遊んでいるとよいのだけれど、遊ぶ閑《ひま》がすこしもないのだから困る。

あるとき頭が茫《ぼう》っとして、仕事が何もできないので遊んでいたことがあるが、そのことを教祖さんに申しあげると「結構《けっこう》です、たいした御用ができております」と申された。その時はよい加減な気休めをいうておられるのだと思うていたが、いまでは成程《なるほど》と思う。

神に引きとる身魂《みたま》とあるのが、国替《くにがえ》させられる身魂である。

（昭和二年六月・水鏡）

霊衣のこと

霊衣《れいい》の厚《あつ》い人ほど、人がなつくものである。それは、厚い霊衣のなかへ人を包むことができるからである。

薄い霊衣の人は、身体《からだ》と身体とが接触せねば、おたがいが霊衣のなかに入《い》ることができないから、かかる人の相互の関係はきわめて冷《ひや》やかなもので、離合集散常《つね》なきものである。

有徳《うとく》の人になると、いかに悲惨なる境遇におちていても、徳を慕《しと》うて、世の攻撃などをものともせず、どこまでもとしたがってくる者も少なくないものであるが、薄徳《はくとく》の人になると、かかる場合、どこまでも終始するものは、その妻くらいなものである。

夫婦の情愛が格別《かくべつ》なのは、どんな薄い霊衣の人といえども、おたがいに霊衣に触れておるからである。

普通の人の霊衣の厚さは、五分《ぶ》くらいなものであるが、宣伝使《せんでんし》のよい人になると、三尺《じゃく》くらいに拡がっておる。

また宣伝に行けとの命令を受けると、霊衣を拡げてもらうのである。それで御神徳《ごしんとく》を頂くのである。

（昭和三年一月・水鏡）

人間と動物

動物には五情《ごじょう》のうち、覚《さと》る、畏《おそ》るの二情しかはたらかぬ。省《かえりみ》る、恥《はず》る、悔《く》ゆるの三情は、ぜんぜん、はたらかぬのである。

だから破廉恥《はれんち》なことを平気で行なうのである。人の心を覚《さと》って用を便じたり、叱《しか》られると恐《こわ》い、ということは知って逃げたりするが、そのほかの情《じょう》は働かぬ。

人にして、もし破廉恥心《はれんちしん》がないならば動物と選《えら》ぶところがないではないか。（昭和四年九月・月鏡）

誕生の種々

大神《おおかみ》様が地上に体《たい》をもって現われたまう場合を降誕と申しあげる。

天人の霊子《れいし》が下《くだ》って生まるる場合を生誕といい、中有界よりふたたび人間に生まるるもの、すなわち、お出直《でなお》しを再生といい、動物より輪廻《りんね》して人間に、あるいは人間から動物に再生するものを転生というのである。（昭和四年二月・月鏡）

輪廻転生

およそ天地間の生物は、輪廻転生《りんねてんしょう》の法則をたどらないものはない。

蚕《かいこ》が蛹《さなぎ》となり孵化《ふか》して蝶《ちょう》となり産卵するのも、ガット虫《むし》が蛹《さなぎ》となり、糞虫《くそむし》が孵化して蠅《はえ》となり、瀬虫《せむし》が孵化して蜻蛉《とんぼ》となり、豌豆《えんどう》が蛹《さなぎ》となり羽を生《はや》して空中をかけり、麦が蝶《ちょう》と変《へん》じ、米は穀象虫《こくぞうむし》と変化し、栗《くり》の木から栗虫《くりむし》がわき、椢《くぬぎ》のあまはだから甲虫《かぶとむし》が発生するなどは、いずれも輪廻転生《りんねてんしょう》の道をたどっているのである。

ある老人の話に、田舎寺《いなかでら》の高い梁《はり》の上に雀《すずめ》が巣《す》を組んで雛《ひな》をかえしていたところ、蛇がその雛を呑まんとして、寺の柱を這い上がり、巣に近寄らんとして、地上に転落し、庭石《にわいし》に頭をぶっつけて脆《もろ》くも死んでしまった。それを寺男《てらおとこ》が、竹の先にはさんで裏の竹薮《たけやぶ》へ捨てておいた。

四、五日たって、雀の雛がけたたましく鳴き叫ぶので、寺男がいぶかりながら近よって調べてみると、数万の赤蟻《あかあり》が列をなし、柱から屋根裏を伝《つと》うて雀の巣に入《い》り、雛の体をとりまいている。蟻の列をたどって行ってみると裏の藪《やぶ》のなかに、縄《なわ》をわたしたように赤蟻がつづいていた。その出発点をしらべてみると、四、五日以前に捨てた蛇の死骸が残らず赤蟻に変化していたという。

執念深《しゅうねんぶか》い蛇の魂が凝《こ》り固《かた》まって赤蟻と変《へん》じ、生前の目的を達せんとしたのである。じつに恐ろしいものは魂のはたらきである。

また、その爺《じい》さんの話に、ある夕暮《ゆうぐれ》、鼬《いたち》と蟇《がま》とが睨《にら》みあっていたが、蟇《がま》は三、四間《けん》もある距離から、鼬《いたち》の血を残らず吸いとってしまったので、鼬はその場にたおれてしまった。そうすると蟇《がま》の奴《やつ》、のそりのそりと鼬の死骸のそばへ這いよって、足をくわえ雑草のなかへ隠してしまった。

それから四、五日たつと、鼬《いたち》の死骸が残らず蛆《うじ》となっていた。それを執念深い蟇《がま》の奴、またもやのそりのそりと夕暮近く這いよって、一匹ものこらず、その蛆《うじ》をぱくついてしまったという。

かくのごとく生《せい》あるものはかならず転生《てんしょう》し、かつその魂は恐るべき魔力をもっていることが悟《さと》られる。いわんや人間の霊魂においては、いっそう、その力が発揮され、輪廻転生《りんねてんしょう》の道をたどって、あるいは蛇と変じ、牛馬《ぎゅうば》となり、犬猫《いぬねこ》となり、生前の恨《うら》みを報《むく》いんとする恐ろしきものである。

犬に噛《か》まれたり、馬に蹴《け》られたり、牛に突《つ》かれたりして、命を捨つる者、皆それぞれの恨《うら》まるべき原因をもっているので、自業自得《じごうじとく》というべきである。

神様は、愛善《あいぜん》の徳に満ち給うがゆえに、いかなる悪人《あくにん》といえども罪《つみ》し給うようなことはないが、人間の怨霊《おんりよう》くらい恐ろしいものはない。

ゆえに人間は人間に対し、かりにも恨《うら》まれるようなことはしてならぬ。どこまでも愛と善とをもって地上一切に対すべきである。

人間の怨霊が猛獣毒蛇《もうじゆうどくじや》となり、その人に仇《あだ》を報《むく》いたり、あるいは牛となって恨《うら》みの人を突き殺したりして、禍《わざわ》いを加《くわ》うるのであって、神様が直接に罰《ばつ》を蒙《こうむ》らせらるるようなことは、全然ないものである。

仁慈無限《じんじむげん》の神様は、すべての人間が私利私慾の念より相争《あいあらそ》い、相殺《あいころ》し、恨《うら》みうらまれ、修羅《しゆら》、餓《が》鬼《き》、畜生道《ちくしようどう》に堕《お》ちゆく惨状を憐《あわれ》み給うて、至善至愛の惟神《かむながら》の大道《だいどう》を智慧《ちえ》暗き人間に諭《さと》して、その苦しみを救わんがために、神柱《かむばしら》をこの地上に降《くだ》し、誠の道を説かせ給うのであって、じつに有難《ありがた》き大《おお》御心《みこころ》である。

（昭和五年七月・月鏡）

人魂

人魂《ひとたま》のうち、色の赤いのは生霊《いきりよう》であり、色の青いのは死霊《しりよう》である。

（昭和五年八月・月鏡）

霊肉脱離

霊肉脱離《れいにくだつり》の状態は、善霊《ぜんれい》の場合は、頭から脱け出し、つぎに胴体、手足と順次に脱け出して霊体《れいたい》を形づくり、全部脱離したとき、すっくと立ちあがる。そのとき、現在までの肉体に相対《そうたい》してそれを見守りつつ、すこしも怪《あや》しまぬ、他人を見るような態度になっている。

悪霊《あくれい》の場合には足から一番に脱離をはじめ、胴、手、頭と順々に離れてきて、最後に頭が分離するやいなや、霊体はするするとすべって、奈落《ならく》の底に堕《お》ちて行くのである。

（昭和五年八月・月鏡）

魂の入れ替え

人間は誰《たれ》でも毎日、魂《たましい》を入れ替えてもらっている。そのために善悪の言心行《げんしんこう》となって現われる。改心慢心《かいしんまんしん》は魂の入れ替わっている証拠である。（昭和七年一月・玉鏡）

心と魂

心は勇親愛智《ゆうしんあいち》の働きである。善悪自由になるもので、魂《たましい》は霊主体従《れいしゅたいじゅう》、すなわち善に働くものである。心が悪に作用したものが悪霊《あくれい》である。

五情《ごじょう》、すなわち省《かえりみる》、恥《はじる》、悔《くゆる》、畏《おそる》、覚《さとる》は、霊魂中に含有しているものである。（昭和七年二月・玉鏡）

他神の守護

わたしはつねに、

「上帝一霊四魂《じょうていいちれいしこん》ヲ以《もっ》テ心ヲ造《つく》リ、之《これ》ヲ活物《かつぶつ》ニ賦《ふ》ス。地主三元八力《ちしゅさんげんはちりき》ヲ以テ体《たい》ヲ造リ、之ヲ万有ニ与《あた》フ。故《ゆえ》ニ其霊《そのれい》ヲ守ル者ハ其体《そのたい》、其体《そのたい》ヲ守ル者ハ其霊《そのれい》也。他神在《たしんあ》ツテ之ヲ守ルニ非《あら》ズ。即《すなわ》チ天父《てんぷ》ノ命《めい》永遠不易《えいえんかわらず》」

と説いている。

「他神在《たしんあ》ツテ之ヲ守ルニ非《あら》ズ」ということは、自分の天賦《てんぷ》の霊魂以外に、他《た》の神がかかって守護するということはない、というのである。

よく狐《きつね》や狸《たぬき》が憑《かか》って守るというけれども、それは守るのではなくて、肉体を害するのである。

祖霊《それい》さんが守って下さるとか、あるいは産土《うぶすな》の神が守られるとかいうのは、自分の精霊が、祖霊あるいは産土の神と相感応《あいかんのう》してそう思うだけのことである。

わたしの幼時、囲炉裏《いろり》に落ちたときに祖父《おじい》さんが現われてわたしを助けて下さったというのは、わたしの霊が祖父さんと見せているので、わたしが祖父さんと感じて見ていただけである。

悪霊《あくれい》は人の空虚に入って害悪を及ぼす。つまり滝に打たれたり、あるいは断食《だんじき》の修行などをすれば、肉体が衰弱して空虚ができるから、そこに悪霊が感応するのである。

空虚があっては正しい人ということはできない。四魂《しこん》、すなわち天賦《てんぷ》の勇親愛智《ゆうしんあいち》を完全に働かすことが大切である。

産土《うぶすな》の神が守るというのは、村長が村民の世話をするようなもので、けっして人間に直接、産土の神が来たって守るということはない。

（昭和七年五月・玉鏡）

進化論

進化論のいうが如き、人間は決して猿から進化したものではない。はじめから神は、人は人、猿は猿として造られたものである。

動物が進化して人間になるということ、すなわち輪廻転生《りんねてんしょう》の理《り》によって、動物が人間になるというのは、霊界において進化して、人間の性《せい》をもって生まるるのである。霊界物語のなかには一国の有力者を動物化して示したところもある。

（昭和七年五月・玉鏡）

人魂

人の死ぬときは青い火の玉が出る。これは人魂《ひとだま》といって見たものがよくある。

生まれるときには、赤い火の玉が入ってくる。わたしは見たことがある。もう生まれる、生まれると言っても、この火の玉が入って来ねば、人は生まれはせぬ。そのとき精霊《せいれい》がはじめて入って来るのだ。

（昭和七年七月・玉鏡）

直美と操

直美《なおみ》（直日《なおひ》の長女）は開祖様の生れ変《うまかわ》りであって、そのご性質をスックリうけついで厳格である。

かつて二代が直日《なおひ》の衣服を着たことがある。そうするとお母さんの着物だから、お母様にかえしてというて聞かないのだ。他《ひと》のものと自分のものとを、ゴッチャにするようなことは、開祖様のたいへんお嫌いなことであった。開祖様はまた煙草《たばこ》がお好きであったが、直美も子供のくせに、それが好きだ。

操《みさお》は一二三《ひふみ》の生れ変りであるから、よう似ている。

（昭和九年一月・玉鏡）

再生

王仁《わたし》は何度も生れ変って来ておる。インドにも生まれたことがある。あらゆる境遇をへてきた。

（昭和七年七月・玉鏡）

王仁《わたし》には男の子が二人あったが、いずれも帰幽《きゆう》してしまった。

長男は六合大《くにひろ》というていたのだが、葬《はふ》りにあたり王仁は遺骸にむかってよく言い聞かした。

「大本は男の子は育たぬのであるから、こんどは女の子に生まれてお出《い》で」と。

すると満一年を経過したその月、その日に、いまの尚江《ひさえ》が生まれたのである。時刻も少しもちがわぬ。

かれが三歳のとき、負ぶって六合大《くにひろ》を祭ってあるところにつれて行くと、突如《とつじょ》、背中から、「ここにはわたしを祭ってあるのだ、わたしは六合大《くにひろ》さんの生《う》まれ替《かわ》りじゃ」と叫び出したので、わたしもゾッとした。

（昭和九年一月・玉鏡）

寝顔と性質

寝顔《ねがお》を見れば、その人の性質がわかる。善人はいかにも穏《おだ》やかなよい顔をしているし、悪人は醜《みにく》い顔をしている。目をあけて眠る人は罪人である。つねに人に狙《ねら》われているから、守護神《しゅごじん》が寝ずに見張っているのである。

（昭和九年四月・玉鏡）

兇党界と悪霊

大江山と邪気線

大江山《おおえやま》は日本の悪霊《あくれい》の集まっているところである。山の中腹を邪気線《じゃきせん》（死線《しせん》）が六十間《けん》くらいの幅で取りまいている。されば、この山に登ることは危険なことである。たいていの人間がこの邪気に犯されると思想まで悪化してしまうのである。

元伊勢《もといせ》の内宮《ないぐう》から、外宮《げぐう》にかけて霊線《れいせん》がとおっている。この霊線は良い線で、これを突破して大江山に登った大本信者は、悪霊の教唆《きょうさ》によって、ついに信仰から離れてゆくものが多い。

（大正十四年九月・水鏡）

高姫と妖幻坊

霊界物語中の高姫《たかひめ》は、兇党界《きょうとうかい》の悪霊妖幻坊《あくれいようげんぼう》と長いあいだ夫婦生活をつづけておることが記されているが、どういうふうにその体的《たいてき》夫婦関係が持続せらるるというのか……。

さよう、簡単にいえば、精力素《せいりょくそ》を奪取されているのである。そして高姫自身はそれを知らず、完全に夫婦関係が成立しているものと思っているのである。

狐《きつね》に誑《ば》かされている男が、美婦人と同棲《どうせい》しているつもりで暮らしていると、いつの間《ま》にか身体が弱り、虚脱に陥《おちい》って、呆《ほう》けてしまうという話。

また、蛇《へび》が若衆《わかしゅう》の姿に化《ば》けて毎夜《まいよ》娘の閨《ねや》に通《かよ》ったため娘はだんだん身体《からだ》が弱り衰《おとろ》え、ついに死んでゆくというような話がよくあるが、いずれも同じく快感を覚えさせておいて精力素を奪取するのであるから、快楽を感じつつ弱っていって、ついには死亡してしまうことになるのである。

人間の精力素を奪取した狐《きつね》なり、狸《たぬき》なり、蛇なりは、それだけ人間化し向上するわけだから喜んでいる。

（大正十五年十月・水鏡）

兇党界

兇党界《きょうとうかい》は、肉体的精霊の団体であるから、人間からみて不思議と思ういろんなことをして見せる。

たとえば誰《たれ》もいないのに机が自然に持ちあがったり、椅子《いす》が歩きだしたり、空中から仏像が降《ふ》ってきたりする。こういう現象を見る人は、不可思議千万と思うであろうが、なにも不思議はないので、みな肉体的精霊たる兇党界の仕業《しわざ》である。

だから机などが持ちあがった時に、その下のところを刀《かたな》にて切れば、血を滴《た》らして逃げてゆく。むろん、姿は見えぬ。

日本における兇党界の頭《かしら》は山本五郎衛門《さんもとごろうえもん》というので、本拠は筑波山《つくばさん》である。五郎衛門が最近、人間としてこの世に姿を現わしたのは、いまより百五六十年前であって、それが最後である。「山本五郎衛門御宿《おんやど》」と書いて門に張り出しておくと、悪魔が来ないといわれておる。それは親分の宿であるから乾児《こぶん》の悪魔どもが遠慮して来ないのである。

わたしも、いろんな不思議なことをした時代がある。その火鉢をそっちに持って行けと命ずると、火鉢はひとり動いて他《た》に移る。お茶を注《つ》げと命ずると、土瓶が勝手に空中飛行をやって、お客の茶碗にお茶を注いでまわる。

そんなことはごく容易《たやす》いもので、そのほかいろいろな不思議なことをやったが、神様がそういうことばかりやっておると、兇党界に陥《おちい》ってしまうぞと仰有《おつしや》って固く戒《いまし》められたので、断然やめてしまった。

（昭和二年八月・水鏡）

悪魔の神業妨害

人《ひと》一人が神様の御用をさして頂こうと思うと、

すぐ悪魔が妨害をはじめるので、なかなかむつかしいものである。

夫が御用をしようとすると、その妻に憑《かか》って妨害をする。妻が御用をすると、その夫にかかって極力妨害をする。そういう人がないと、また上の人、すなわち親とか、主人とかにかかって邪魔をし苦しめるものだ。

かかる場合、隠忍《いんにん》しかない。


（昭和三年四月・水鏡）

悪魔の世界

われかつて霊界にある夜《よ》誘われて、幻怪なる夢《む》魔《ま》の世界に入った。そのとき自分は無《む》劫《ごう》の寂寥《せきりょう》と恐怖に襲われた。右も左も真の闇で、面前も背後も咫《し》尺《せき》を弁《べん》ぜざるばかりの暗黒裡《あんこくり》に落ち込んだ。

そしてなんとなく寒さを感じ、戦慄《せんりつ》止《や》まずして非常に怖《おそ》ろしい。頭の頂辺《てっぺん》から脚《あし》の爪先《つまさき》まで、わが神経は針のように尖《とが》っている。


闇のなかから黒い翼を拡げて、黙々として迫りきたる凄《すさ》まじい物の息を感ずる。たしかに何物かが迫って来る。地震、雷、火事、親爺《おやじ》よりも、海嘯《つなみ》よりも、噴火よりも恐ろしい怪物が、虚空《こくう》を圧し、大地を踏《ふ》みにじって、いまにもわが身心に迫り来るかのごとくに思われて、大蛇《おろち》に睨《にら》まれた蛙《かわず》、猫に魅入られた鼠《ねずみ》のように、自分の身体《からだ》は微《び》動《く》ともできない。

果《か》然《ぜん》真蒼《まつさお》な剣《つるぎ》のごとき光が闇をつんざいて、わが眼を射通した。その光は次第にメラメラと周囲に燃えひろがり、八方に飛び散らかって、狂いはじめた。さながら光の乱舞、火焔《かえん》の活動で、なんとも形容のできない厭《いや》らしさであった。そしてこの物凄い火焔《かえん》の海に、蒼白《あおじろ》い横目のつった鬼と、赤黒い巌《いわお》のような鬼とが、灰紫《はいむらさき》に煮えくりかえる泥の中に絡《から》み合い、縺《もつ》れ合っている。

やがてその鬼が一つになって、振り廻される火縄のように、火焔の螺《ら》旋《せん》を描《えが》きつつ、幾千台の飛行機が低空飛行をやっているような、巨大な音を轟《とどろ》かせながら、天上《てんじょう》めがけて昇ってゆく。その幻怪さ、じつに奇観であった。

真暗《まつくら》の空は、たちまちその邪鬼《じゃき》を呑んでしまったが、やがて大きな真赤《まっか》な口を開けて、美しい金《こん》色《じき》の星を吐き出した。一つ二つ三つ五つと、百千億と刻々《こくこく》数を増す、金色の星は降るわ、降るわ、はじめは霰《あられ》のように、雨のように、果ては大飛瀑《だいひばく》のように降ってくる。

しかしその星瀑《せいばく》の流るる大地はと見れば、白いとも白い、凝視すると一面の白骨《はっこつ》で、自分もすでに白骨を踏んでいる。どちら向いても髑髏《どくろ》の山、散乱したる手や足の骨からは、蒼白い焔《ほのお》がめらめらと、燃えに燃えてなんともいえぬ臭気が、芬々《ふんぷん》として鼻を衝《つ》くのであった。

自分はこんな幻怪なる世界から一刻も早く逃れ出でんと、一所懸命に走りだした。足首が千切《ちぎ》れるばかりに突っ走った。

しかし、いくら駈《か》けても白骨の広野は際限《さいげん》がなく、疲《つか》れきって思わず打ち倒れたが、たちまち深いふかい渓河《たにがわ》へ真逆様《まっさかさま》に落ち込んだ。河水はことごとくなまぐさい血であった。

自分は逆巻《さかま》く血の波に翻弄《ほんろう》されつつ、河下《かわしも》へ河下へと流されて、正気《しょうき》を喪《うし》なってしまった。その瞬間、何物かにしたたか五体を殴《なぐ》りつけられて我に復《かえ》ったが、雲衝《くもつ》くばかりの、一大摩天楼《いちだいまてんろう》が頭上にそびえ立っているのであった。そして自分は、その門柱《もんちゅう》に衝突した途端《とたん》に助かったような心持《こころも》ちになった。自分は覚《おぼ》えず、その楼《ろう》へ飛び込んで、やにわに玄関へ駆《か》けあがった。すると目眩《まぶ》しいばかりの電燈、いな、神の大燈《だいとう》が、恐怖に閉ざされていた自分の魂の渓間《たにま》を、皎々《こうこう》と照らしおるのであった。

あゝ、過去数十年の自分の幻影は、この恐ろしかった夢の絵巻物《えまきもの》となって、いまなお時々、自分の魂に刺激を与えたり、鞭撻《べんたつ》を加えてくれる。

あゝ惟神霊幸倍坐世《かむながらたまちはえませ》。

（昭和四年六月・月鏡）

心霊現象と兇党界

心霊《しんれい》現象として現われる諸現象のうち、その物理的のものは、全然、兇党界《きようとうかい》に属する霊の働きである。

日本における兇党界の大将《だいしよう》は、筑波山《つくばさん》の山本五郎衛門《さんもとごろうえもん》で、世界的の大将《たいしよう》は大黒主《おおくろぬし》である。

兇党界と交渉をもつような仕事をしていると、ついに兇党界におちてしまうようになるから用心せねばならぬ。他《た》の霊的現象もみな媒介《ばいかい》の守護霊の仕事である。

兇党界に属する霊は、足部《そくぶ》または背部《はいぶ》などより肉体に這入《はい》りこみ、善霊《ぜんれい》は眉間《みけん》より入るのである。

本能の中心は臍下《せいか》丹田《たんでん》にある。むかしは腹《はら》があるとか、腹が大きいとか言うて人をほめていたものだが、だんだんと胸《むね》が確かだというようになり、いまは頭がよい人というようになってしまった。

（昭和五年八月・月鏡）

筑波山の悪霊

筑波山は兇党界《きようとうかい》の大将山本五郎右衛門《さんもとごろうえもん》が本拠であることは、たびたび話したとおりである。平太郎《たいらのたろう》によって封じ込まれて柔順《おとな》しくなってはおるのであるが、それでもあの山に登ると憑依《ひようい》されて狂態を演ずるようになる。

丹波《たんば》の大江山も悪霊《あくれい》の本拠であるから登ってはいけない。押して登れば憑依される。

（昭和六年十月・玉鏡）

三りんぼう

俗に三りんぼうという日に上棟式《じようとうしき》をすると家が倒れると言って忌《い》み嫌うが、この日には兇党界《きようとうかい》の霊が何万と群《むれ》をなして通行するので、その際ぶち壊して通るのである。ゆえにこの日に上棟式をあげるということは避けたがよい。

万一どうしても上棟《じょうとう》せねばならぬ事情があるのならば、この兇党界の霊を追い払うために、午前零《れい》時零《れい》分より始めてその日の午後十二時まで、すなわち満《まん》一日中、大麻《おおぬさ》で祓《はら》いづめに祓《はろ》うておらねばならぬ。

（昭和八年八月・玉鏡）

光る宝石と曲津

ダイヤモンドの如き光眩《まばゆ》き宝石をもって身体《からだ》を装飾するのは、曲神《まがかみ》のやりかたを真似《まね》ているのである。

元来、正神《せいしん》はすべてスの言霊《ことたま》より生まれたる、さまざまの声の水火《いき》より生《あ》れませる神にましませば、全身ことごとく光に輝き、その光彩妙《たえ》にして何らの装飾を要されないに反し、曲神《まがかみ》は身体曇《くも》りに満ちて穢《きたな》いので種々の宝玉を全身に附着し、光に包まれ正神《せいしん》の真似をしているものである。

孔雀《くじゃく》と烏《からす》のたとえの如く、烏が孔雀の美《うる》わしい翼《つばさ》を羨《うらや》み、その落ち羽根を拾い、わが翼のあいだにはさみおきて、他の鳥にその美を誇るがごとく、曲津《まがつ》神《かみ》は競いて宝玉を集め、その輩《やから》に誇らんとするものである。ゆえに曲神《まがかみ》の強いものほど、あまたの宝玉を身につけているのである。

霊体一致《れいたいいっち》の原理によって今日の社会状態を見ていると、成程《なるほど》と諾《うなず》かるるのである。

貴婦人、令嬢など身分のある人はまだしも、いかがわしいダイヤモンドの光にあこがれて、千金を惜しまず競い購《あがな》い装身の具となすは唾棄すべき業《わざ》である。それも全身をダイヤモンドの光にて包むならばまだしも、ただ一局部に小さく光るものをつけて得々《とくとく》として誇るがごときは卑《いや》しむべきことである。

太古の神々は光なき天然の石をみがきて、五百《いお》津御須麻琉《つみすまる》の珠《たま》をつくり、首飾《くびかざり》、腕飾《うでかざり》、または腰のあたりの飾《かざり》となし給いしが、ダイヤモンドの如き光を放つものを身に帯《お》ぶることを卑しめられたのである。

なぜなれば前述の如く、神の御身体はすべて光にましませば、光の宝玉を身にまとうときは、神御自身の光の弱きを示す理由となって、他《た》の神々に卑しめらるるを忌《い》み嫌わせたもうのである。

愛善《あいぜん》の徳に満ち、信真《しんしん》の光添《そ》わば、身に宝石を附着せずとも幾層倍の光を全身にみなぎらせ、知らず知らずのあいだに尊敬せらるるものである。

王仁《わたし》は、婦人などの指、または首のあたりにちりばめたる種々の宝石の鈍《にぶ》き光を眺めつつ浅ましさを感ずる。

（昭和九年二月・玉鏡）

兇党界と人間

兇党界《きょうとうかい》の霊とたびたび交渉をもつと離れることができなくなってしまい、しまいには兇霊《きょうれい》は修行とか何とかいうて、人間を山の奥などに誘《おび》き出し、殺してしまうのが落ちである。

伏見に瀧本春海《たきもとしゅんかい》という行者があって、朝の十時頃から三時頃まで病人の祈祷《きとう》などをして金を儲《もう》けるが、それがすむとその金をもって方々の飲食店にものを食べに行く。天麩羅《てんぷら》、蕎麦《そば》、寿司《すし》、汁粉《しるこ》と、あらゆるものを食べて、食べて、儲《もう》けただけの金を使ってしまわねば止《や》まぬので、どんなにおそくなっても、これだけの行事をすまさねば、腹中《ふくちゅう》の霊が承知しないのであった。

気の毒にも、彼はまったく兇霊《きょうれい》の容器《いれもの》であった。金を儲《もう》けさすのは、春海の肉体を使用して自分らの慾望を満足させんがためであるのだ。

三十年前の話で、そのとき五十歳ぐらいであって、もうとうに故人となったが、兇党界の霊と交渉をもつ人へのよい戒《いまし》めであると思う。

（昭和九年二月・玉鏡）

霊の作用

病気と脈搏

古今を通じて医師は「脈《みやく》が確かだからこの病人はきっと全快する」というようなことを言って、脈搏をもって病気を測定するの必須《ひつす》機関と考えているが、そうばかりはゆかないのである。

獣脈《じゆうみやく》といって憑依霊《ひよういれい》の脈がたしかに打っているのを、人間の脈と誤診する場合が多々ある。

しかし今のお医者さんには、この差別はちょっと分かるまい。

（大正十四年十月・水鏡）

女と蛇と馬

女が、蛇や馬に魅《み》いられるとかなわぬ。一度魅《み》いられたが最後、命を奪われねばやまぬのである。だから決して、不用意に草原《くさばら》だとて、不浄《ふじよう》を漏《も》らしてはならぬ。ちゃんと便所で用を達すべきものである。

馬に魅いられるのは多くの場合、処女である。そして赤い布《ぬの》にいたく心をそそらるるものであるから、注意せねばならぬ。蛇に犯さるる女、馬に狙わるる女、大神《おおかみ》様を信じ、過世《すぐせ》の因縁因果《いんねんいんが》もあろう。その御加護を頂くよりほか、防《ふせ》ぎようがないのである。

（大正十四年十月・水鏡）

霊と食物

霊の低いものほどたくさん食物を食べるから、こういう霊への供物《そなえもの》はあとが不味《まず》くていけない。

神様にお供えしたものは、ほんの少し召しあがって後へ精気がはいるから、それがお陰《かげ》である。あたかもよい香袋《においぶくろ》に手を触れると移《うつ》り香《か》が残るようなものである。

通りがかりの飲食店などの店に飾《かざ》ってある寿司《すし》などは、うまそうに見えるが、食べてみるとはなはだ不味《まず》い。餓鬼《がき》の霊が味を吸いとってゆくからである。

（大正十五年十一月・水鏡）

墓場跡と飲食店

墓場《はかば》跡《あと》などに普通の人家を建てると、亡霊のために種々《しゅじゅ》の煩《わずら》いを受けることがあるが、見世物小屋とか、飲食店とかをそういう場所に出すと、たいそう繁昌するものである。

なぜかというと、祭り人《て》のない餓鬼《がき》どもが、飲《おん》食《じき》にありつき、また面白いものを見て喜んで、次から次へと友を呼ぶからである。

もとよりこれらの餓鬼どもは、通りがかりの人らに憑依《ひょうい》して飲食するので、その人間が見世物小屋なり、飲食店なりの前を通ると、急に食物《くいもの》が欲しくなり、また見世物が見たくなって飛びこんでくる。そこで大入《おおいり》満員の大盛況を来《きた》すこととなるのである。

だからこういう商売をして儲《もう》けようと思うなら、墓場跡を選ぶのが第一番であろう。

（昭和二年八月・水鏡）

山上の家

山の上に掘《ほ》っ建《た》て小屋などをたてた時には、その周囲に三尺の間隔をもって、縄をグルリと一廻《ひとまわ》ししておかねばならぬ。そうしておかないと、霊に襲われる。

また普通の人家《じんか》でも、縁側などに寝てはならない。かならず家の礎《いしずえ》から三尺内側《うちがわ》に寝るべきものであって、そうせんとこれまた霊に襲われる。

石は悪魔をふせぐものであるから、礎から三尺

以内に眠れば大丈夫である。（昭和二年十月・水鏡）

家を建つる場所

家を建《た》つるには、草木《そうもく》の繁茂《はんも》するところを選ばねばならぬ。そういう場所でなければ発達せぬ、これみな、相応《そうおう》の理《り》によるもので、草木はまたその主《しゅ》の徳に相応して生成化育《せいせいかいく》をとげるものである。草木《そうもく》が繁茂せんような土地に家を建つれば、その家はだんだんと家運《かうん》が衰《おとろ》えるばかりである。心せねばならぬ。（月鏡）

人神

顔面《がんめん》がビクビクと動くことがある。あれは人神《にんじん》と称する霊の作用であって、普通の場合「人神《にんしん》そこ退《の》け、灸据《きゆうす》える」と三度唱《とな》えるとそれで退散するが、善《よ》い神様が、その人の体内におさまって御《ご》用《よう》をしようと思ってこられる場合はなかなかおさまらず、二、三週間くらいもビクビクやっているが、それがすっかり静まってくると、その霊の活動が開始せられてくる。

開祖様も、額《ひたい》にこられた、唇《くちびる》にこられた、とよく申されたが、わたしにもそんなことがよくある。

（昭和五年二月・月鏡）

霊媒

霊媒《れいばい》などになる人を、身魂《みたま》が磨《みが》けているから霊《れい》覚《かく》がある、などと思うている人がだいぶんあるようであるが、決してそうではない。

意志《いし》が弱いから、霊に左右せらるるのである。霊のほうでは使いやすいから使うので、こうした人間には、たいした仕事はできない。

しっかりしていて、しかも霊覚があるというような偉人《いじん》は、めったに出るものではない。たいてい意志薄弱で、一生涯憑霊《ひようれい》に支配されて、真《しん》の自我というものの確立がない、情《なさけ》ない状態で終わってしまうのである。

霊媒《れいばい》になるような人は、ちょっと人がよいようで、そうしてどこかにぬけた所がある。しまいには悪いことを仕出《しで》かしがちである。命も短いものである。

（昭和五年八月・月鏡）

爪をきる時

日が暮れてからは爪《つめ》をとってはならぬ。これは素盞鳴尊《すさのおのみこと》様が千座《ちくら》の置戸《おきど》を負うて手足の爪を抜かれたもうたのが、日が暮れてからであったためである。

ただ小指の爪《つめ》はきってはならぬ。よく支那人が小指の爪を長く延《の》ばす習慣をもっているが、これには意味がある。小指の爪のきった後から病魔《びょうま》が入るようなことがあれば、生命にも関する。小指の爪から悪霊《あくれい》が入らぬようにせねばならぬ。

（昭和六年五月・玉鏡）

霊媒は短命

霊媒の物理的現象をおこす精力素《せいりょくそ》（エクトプラズム）は、精液の変形したるものである。そして外気にふるれば九分までは汚《よご》れてその精気を失うものであるから、ふたたび身体にかえっても駄目である。

ああした実験を度々《たびたび》やるのはよくない、生命《いのち》が短くなる。わたしはみな一通りやったが、この原理が分かったからやめたのだ。

（昭和六年十月・玉鏡）

神がかり

正神《せいしん》が来格されるときは、前額部に暖《あたた》か味《み》を感ずる。

背後からくる霊は邪霊《じゃれい》である。

邪霊がくるときはゾッと寒気《さむけ》をもよおす。祖霊《それい》でも地獄におちたものが来るときは冷たい感じがするものである。

（昭和七年二月・玉鏡）

日本と外国の神がかり

日本の神《かむ》がかりを調べると、動物霊の実例が多いにもかかわらず、外国にはいっこう動物霊の神がかりがないのは変に思われるが、これは動物霊が祖霊に化《ば》けているのを看破《かんぱ》することができぬからである。祖霊が人に憑《う》る場合には、動物霊を使うものである。

祖霊はその場に来ておっても力がないので、多く動物を使うのである。

（昭和七年十一月・玉鏡）

他家の鼠

自分の家《うち》の鼠《ねずみ》が悪いことをすれば、これをとってもよいが、他《よそ》の家《うち》へ行って、そこの鼠を取り殺すと、いつとなくその家と不和になり喧嘩《けんか》するようなことになるものである。なにもその人に対し、その人の家に対して悪戯《いたずら》をせぬのに捕《と》られると、その鼠の霊が得心《とくしん》することができず、怨《うら》むからで、これはよくよく注意すべきことである。

（昭和七年十二月・玉鏡）

ナヒモフ号の金塊

ナヒモフ号の金塊《きんかい》引揚《ひきあ》げに関して、世間がだいぶん騒いでいるようだが、あの金塊というのは確かに有ることはあるのである。

昨夜（昭和八年三月一日）、王仁《わたし》はわざわざ霊体をもって実地見聞に行って来た。遮断されたる一室に積み重ねられた箱の中に、燦爛《さんらん》たる光をはなって、それが現存するのであるが、そのとき王仁はそれと同時に、いと恐ろしい光景を見せられた。

船と運命を共《とも》にした人たちの亡霊が、我利坊子《がりぼうし》となってその金塊を守っている。責任観念と執着との一念凝《こ》った亡霊の姿は、見るもすさまじい状態であり、霊体をもって覗《のぞ》きに行った王仁《わたし》の姿を見ると、猜疑《さいぎ》と嫉妬《しっと》の眼を見はり憤然と迫ってきた。王仁は急いでそこを立退《たちの》いたが、彼らはあくまで追撃して来た。

あの金塊がもし完全に引揚げられたとしても、その後の悶着《もんちゃく》は恐るべき状態であろう。奪い合いのため、血を流すような惨事《さんじ》もおこってくるであろうし、幾多の犯罪も構成されて、監獄へ入る者もあろう。

霊的のことを知らぬ世間はのん気なもので、ただ利慾のために目を光らせておるのであるが、引揚げた金塊は、彼ら露国《ろこく》の将士の亡霊を弔《とむら》うためや慈善事業等に使用されるべきもので、彼らの意志に反して勝手に使用などしようものなら、どんな凶事《きょうじ》が出来せぬともかぎらぬ。

神様はそれが、死者の墓をあばいて指輪をとり、入歯の金をとるに等しい行為だと申されている。

王仁《わたし》はただ覗きに行っただけで、その夜、ひどい苦しみにあった。

（昭和八年五月・玉鏡）

霊力と霊験

平安石と眼病

平安石《へいあんせき》にお祈りをすれば、どんな病気も癒《なお》るが、とりわけ眼病に一番効験《こうげん》が現われるのである。一《いち》路平安《ろへいあん》に行くのには眼がよくなければならぬ、それで、しか命名したのである。

草や木に種々薬《しゅじゅ》になるものがあるが如く、石にも眼に効《き》く石、腫物《はれもの》に効く石とそれぞれ使命が違っているから、その使命を保った石を使用せねばならぬ。

先日、綾部から帰る道すがら、自動車がパンクしたので修繕《しゅうぜん》のおわるまで待っていたそのあいだ、ちょっと山に登ってみたら腫物《はれもの》によく効く石を見つけたから、持って帰ってきた。これに霊を入れて腫物でこまる人にやろうと思っている。

（大正十五年十二月・水鏡）

正夢と霊夢、霊眼

正夢《まさゆめ》は時間、場所、事柄《ことがら》等、見た通りすこしも違わず実現するものである。霊夢《れいむ》は比喩的に見せられるから、その判断を誤《あやま》ると間違ってくる。

たとえば、空にお月さまが二つ出た夢を見たとすると、二月ともとれるし、またあるべからざる事実として凶兆《きようちよう》ともとれないことはない。

ゆえに正しい判断をせねばならぬ。

霊眼《れいがん》もこれと同じであって、見せられたことが本当であっても、その判断のしかたを知らねば間違ってくる。空に五五という文字が現われたとしても、五十五日、五十五年、五月五日、五年五か月、二十五日、と幾様《いくよう》にもとれる。

正しい判断の仕方があるのである。

ある人に霊眼を許して、まだその判断の方法を教えないでおいた。ところがその人は自己判断でいろんなことをいうたが、間違いだらけである。

また○○中将に霊眼が開けて、はやくからあの大正十二年九月一日関東地方に起こった大地震の光景を見ていた。ただ、時の判断を間違えて、すぐその事が実現することと思い、時の大官連《たいかんれん》に予言警告を発した。わたしはそのことを知るとともに、その誤りであることを通知し、ただちに取り消すようにと電報を何度もいうてやったが、自分の霊眼を信じきっているので、なんというても聞かなかった。

そのとき大本《おおもと》におけるあらゆる御神殿の扉が、ガタガタ、ガタガタと鳴って大変なことであった。

時を判断することを誤っているのであるから、その日が来ても何事も起こってこなかった。むろん大震災などが起こるわけがない。

某氏は恥ずかしくて世間へ顔出しもならない羽目《はめ》に陥《おちい》った。と同時に、大本の神様に対して、かなり大きなご迷惑をかけたものである。

附・亀岡天恩郷温室係常見氏が昭和元年の暮れに見られた夢

光照殿《こうしょうでん》に天使が立った、と見ると、殿上の黒雲《こくうん》が真《ま》っ二《ぷた》つに別かれて、お月さまが二つ出た。

この霊夢に対するご解説

二月に、光照殿に天使が立つと同じような出来事が起こってくる。光照殿を蔽《おお》うていた黒雲《くろくも》がそのとき晴れるのである。

某代議士が見られた夢

信仰生活にはいった息子と食事を共にしておると、ご飯《はん》のなかに虫が沢山《たくさん》わいておるので息子は怒って、こんな蛆《うじ》がわいたものが食べられるものかというて池に捨ててしまった。すると、鰻《うなぎ》や鯉《こい》が沢山《たくさん》出てきて、争《あらそ》うてそれを食べている。と見ると、息子は新しい茶碗に湯気《ゆげ》のたつ美味《おい》しそうなご飯をもって食べている。

わたしは、ぼんやりとして見ていました。

この霊夢に対するご解説

飯《めし》は、命《いのち》の糧《かて》を意味する。霊魂の糧《かて》は宗教で、その宗教に蛆《うじ》がわいた。炊《た》きたては美味《おい》しい飯でも、蛆《うじ》がわいては人間の食物とはならぬ。魚介に委《い》するよりほかはない。既製宗教も堕落しては人間の命の糧とはならぬ。

息子は蛆《うじ》のわいた糧を捨てて、いまや新しい命の糧をむさぼり食しつつある。それがわからぬか、という神様のご警告である。

（昭和二年六月・水鏡）

虻になって

山崎という忍術《にんじゅつ》の師匠が、あるとき虻《あぶ》と身を変《へん》じて遠距離飛行をやり、ちょっと休憩せんと壁にとまったところ、左官《さかん》が無意識にそれを塗《ぬ》りこんでしまったので、危《あや》うく息が絶えようとしたのを必死となって逃《のが》れ出たという話があるが、わたしも虻《あぶ》に身を変じて、支部分所をくまなく廻《まわ》ったことがあるが、誰《たれ》も知ってはいまい。

わたしがこういう話をしても信じないかも知れないが、今は昔、京都に土田勝弘《つちだかつひろ》という信者があって、わたしが虻《あぶ》に身を変ずる話をすると疑って、そんなこと、なんぼなんでも、できはしますまい、という。

「よし、それでは帰りに三の宮（綾部より三里ばかりの地点）に一服《いっぷく》しておれ、虻《あぶ》となって飛んで行き、お前の洋傘《こうもり》の周囲を三べん廻《まわ》ってやる」と言うておいた。

土田はまさかと思いながらも、もしや、という気持ちもあって、注意しながら檜山《ひのきやま》三の宮で休んでいると、突如、大きな虻《あぶ》が飛んできて、ブンブンと音たてながら洋傘《こうもり》の周囲を三度勢《いきお》いよく飛行して、ずっとどこかへ行ってしまった。土田はこの異変に吃驚《びっくり》してふたたび取って返し、真《まこと》に畏《おそ》れ入《い》りました、と挨拶《あいさつ》に来た。

神秘の言霊《ことたま》を使えば、虻《あぶ》ぐらいなんでもなく、どんなことでもできるのである。むかしの人は竜神を言霊をもって駆使したものだが、今はさかさまに竜神はおろか、狐狸《こり》などにまで使われているのだから、万物の霊長もあわれ、それら以下のものに堕落して、言霊がとんと利《き》かないようになってしまった。

（昭和四年八月・月鏡）

天眼通について

王仁《わたし》の霊眼《れいがん》を二六時中《にろくじちゅう》見えておるもののように誤解している者があるが、それは違っている。現界の事物だけ見ておってもたくさんなのに、霊界まで始終見えてたまるものではない。ただ王仁がどこを見たい、かしこのことを知りたいと思うとき、神様はいつでも見せて下さるのである。

たとえば、いまお前の履歴《りれき》を知りたいと思えば、それと同時にお前の後ろにあたって、映画のごとく一代記が現われてくるのである。それだから、王仁は別段、人の経歴なんか聞く必要がないのである。

はじめての訪問者などが、一生懸命に誇張《こちょう》して自己紹介をしていると、その後ろにまったく反対現象が現われてくる時なんか、王仁はおかしくて思わず失笑することがある。

王仁《わたし》をだまそうとするのは無理である。が王仁はそうした努力をしている人を見ると気の毒になってくるので、しばらくのあいだ、だまされてってやるのである。その人が自然に悟るまでな……。

ある時に、さもさも善人らしく自己紹介をやっている人の後ろに、殺人の場面がありやかに現われて来たのにはちょっと驚かされた。だが心の鬼にせめられると見えて、その人は着かず離れずという程度ではあるが、信仰に入って以来、神様を一生懸命拝《おが》んでいるようだ。やがて罪の贖《つぐな》いができたときは、りっぱな人として更生《こうせい》するであろう。

王仁《わたし》の霊眼は映画というよりもトーキーのほうだな、声も聞いているのだから。

名所旧跡などへ御案内しましょうなど言われると、おつきあいに行かぬこともないけれど、ベッドの上に横たわって見ているほうが便利である。

またお前たちの行動は、守護神さんが報告に来られるから、霊眼で見るまでもなく、よう知っている。

（昭和五年十一月・玉鏡）

霊眼

湯ヶ島《ゆがしま》温泉にいて、百三十五か所の新名所を霊眼《れいがん》で見たまま、歌を詠《よ》んでおいた。ある名所の茶店には朝日煙草《あさひたばこ》が三個しかなかったのも見えたし、宿屋《やどや》の看板から電話の有無《うむ》まで見えてくる。

霊眼で見ていると、実物を見ているよりもはるかに美しく見える。あたかもつまらぬ雪隠《せっちん》小屋でも写真で見れば美しく見えると同じ道理である。

王仁三郎と霊界物語筆録者たち、中央女性、加藤明子、伊豆湯ヶ島にて

王仁《わたし》の眼は空間的に遠近を問わないだけではなく、時間的にも時代をさかのぼって昔のことも見えるし、またこれから先のことも見える。それでなくては皆を指導するわけにはゆかぬ。

一寸先《いっすんさき》のことも見えぬのだから、お前たちは小《こ》理屈《りくつ》をいわずに黙って従《つ》いて来ればよいのである。

（昭和六年五月・玉鏡）

聖地

天国、霊国と花壇

天国にも霊国《れいごく》にも花園《はなぞの》がなければならぬのだ。それでわたしが昔、花を植えると、わけのわからぬ役員たちが抜いて捨ててしまう。だから綾部になかなか天国が建設せられなかった。

幸《さいわ》い亀岡の役員たちは、わたしを比較的よく理解していてくれるので、霊国の一大要素たる花苑《かえん》や花壇がだんだんに出来てきて結構である。

いま、わたしは温室を造っておるが、冬になって花がなくなると霊国の資格が欠くるから、それでわたしがこしらえておると、いまに訳のわからぬ人たちが「この経費多端《たたん》の秋《とき》にあたって、贅沢《ぜいたく》な温室などをこしらえて、聖師様はどうするおつもりであろうか」などという、いまもむかしも忠義ぶって、神の経綸《しぐみ》の妨害ばかりする守護神が多いのは、こまったものである。

神諭に、「九《ここの》つ花《はな》が咲きかけたぞよ、九つ花が十《と》ようになって咲くときは、万古末代《まんごまつだい》しおれぬ生花《いきばな》であるぞよ」

とある。一未信者の設計になった天恩郷《てんおんきょう》の花壇の形が、十曜《とよう》の神紋《しんもん》であったときに、わたしはいよいよ時節進展と喜んだ。

綾部の神苑にも花壇ができるようにならねば、天国は開けぬのである。（大正十五年十月・水鏡）

地上に移写するオリオン星座

「明らかなオリオン星座地《ち》にもあり」という冠句《かんく》が出ていたので抜いておいた。

オリオン星座を地にうつすのが月宮殿《げつきゅうでん》であって、敷地も同じ形にできているのである。

月《つき》の輪台《わだい》は、ミロク様のおられるところである。

（大正十五年十一月・水鏡）

本宮山は平重盛の居城

丸山《まるやま》（本宮山《ほんぐうやま》）は平《たいら》の重盛《しげもり》の居城であった。

本宮《ほんぐう》、新宮《しんぐう》、熊野《くまの》神社、那智《なち》の滝《たき》等、みな紀州の地名と同じである。また舞鶴《まいづる》はもと田辺《たなべ》といっていたのであるが、それも同じである。

以仁王《もちひとおう》は重盛をたよって綾部の地に来られて、ついに薨去《こうきょ》されたのである。

本宮山の中腹にある治總《はるふさ》神社は、わたしが重盛の霊を祭ったものである。

（昭和二年一月・水鏡）

天恩郷の命名

天恩郷《てんおんきょう》を南北に別《わ》けて、月照山《げつしょうざん》の以北を万寿苑《まんじゅえん》と名づけ、以南を千秋苑《せんしゅうえん》と命名した。

光照殿《こうしょうでん》のまえより聖観音《せいかんのん》様のまえに通ずる道路を観音通り、天声社《てんせいしゃ》まえより瑞祥閣《ずいしょうかく》に達するものを瑞祥通り、瑞祥閣まえ及《およ》び温室まえ西側より大《たい》祥殿《しょうでん》に通ずるものを大祥通り、温室前より安生館《あんせいかん》にいたり表通りに通ずるものを大手《おおて》通り、炊事場より鏡《かがみ》の池に達するものを真名井《まない》通り、神集殿《しんしゅうでん》敷地の裏通りの最高地を国見《くにみ》峠《とうげ》、その以西を西坂、東を東坂、東坂より大手通りに達するものを極楽《ごくらく》通りと命名した。

（昭和二年二月・水鏡）

月照観音と平安観音

こんど月照山《げつしょうざん》にお鎮《しず》まりになった観音《かんのん》様は、月《げつ》照《しょう》観音様と申しあげ、平安石《へいあんせき》の奥にお鎮まりになったのを、平安《へいあん》観音様と申しあげるのである。

月照観音の御頭《おんかしら》（お釈迦《しゃか》様もそうであるが）に髪《かみ》のようにまかれておるのは葡萄《ぶどう》である。葡萄はまた、愛の象徴である。また酒はその初め、葡萄をもってつくったものである。サケ、サカ、すなわちシャカに通ずる。

（昭和二年二月・水鏡）

亀岡と三五教

亀岡《かめおか》の土地は三五教《あなないきょう》に対し、よほど面白い因縁《いんねん》があるようだ。すなわち東経百三十五度三五、北緯三十五に位《くらい》し、東西南北みな三五《さんご》に因縁がついている。

この地に大本の修業場や、霊国《れいごく》を開いたのも、けっして偶然ではないようである。

（昭和二年四月・水鏡）

日本と何鹿郡、綾部町

綾部町《あやべちょう》は京都府何鹿郡《いかるがぐん》にあるが、この何鹿郡と綾部町とのあいだ、そして何鹿郡と日本とのあいだには不思議な関係がある。

何鹿郡《いかるがぐん》は戸数《こすう》、面積、歳出、歳入までが日本全土の千分の一に相当している。政府の歳入が増すと、千分の一の割合において同じく何鹿郡の歳入が増す。いつでもそれが同じである。

綾部町はまた、日本の万分の一にあたるのである。そしてその増減が、いつもまた同じ比率をもっているのは、おもしろい現象である。

（昭和二年四月・水鏡）

開祖様の奥津城

霊界物語二段目の水獄《すいごく》とよく似かよった場面を蒙古《もうこ》で実際に目撃したことがしばしばあるが、墳《ふん》墓《ぼ》のごときもその一つである。

蒙古では人間の死骸を地を掘っては埋めない。平地の上において、その上に土を被《かぶ》せるのだから、土饅頭《つちまんじゅう》ができるのであって、いたって簡単なものであるから、どうかするとすぐ土饅頭が壊れて、髑髏《どくろ》がごろごろところび出す、ずいぶん気味の悪いものである。

蒙古では地中に深く埋めることを地獄《じごく》にやるのだと考えているので、こんな埋葬《まいそう》のしかたをするのである。地下三尺以下は地獄に相応するのであるから、この信念は一理あるといわねばなるまい。

大本《おおもと》の教祖様の奥津城《おくつき》は、左の通りに築かれている。

まず地上より二尺五寸高いコンクリートの台を据《す》え、その上に同じコンクリートで箱を作り、そのなかに御遺骸《ごいがい》を納めた棺《かん》を入れ、蓋《ふた》をなし、その上をまたコンクリートで塗って、ところどころに空気抜きの穴を穿《うが》ってある。その上をまた石で囲んであるので、地を掘って埋葬してはないのである。

ちなみに、この奥津城は築き直されてからの方が、わたしの計画通りになっているのは不思議である。

わたしがかつて、こんな具合に築くのであると、描《か》いて渡しておいた図面が、旧役員のところにのこっているが、それを見た人たちは驚き合っていた。わたしは初めから今のような形にしようと思っていたので、桃山御陵《ももやまごりょう》に似ているとかいう、ああした形にするつもりではなかった。わたしの言うとおりにしてくれないから、神様が官憲《かんけん》の手をかりて、本当のものに直されたのである。

役員のなかには奥津城を直させられたというて、ずいぶん官憲の処置に憤慨して、やかましく言うたものもあったが、こう分かってみると、どちらが悪いのか分かったものではない。

（昭和二年七月・水鏡）

月宮殿の宝座

時は昭和二年旧八月十五日、すなわち名月《めいげつ》の夜《よ》、聖師様は筆者を月宮殿《げつきゆうでん》の宝座《ほうざ》にみちびかれ、月宮殿とその宝座について、月面と照らし合わせつつご説明下さいました。

そのお言葉は、左の通りであります。

月宮殿《げつきゆうでん》の設計図は、月の面《おもて》である。誰《たれ》も知らないことであるが、わたしは月面のあ

みろく塔

月宮殿

月の輪台

月照観音

伊都能売観音

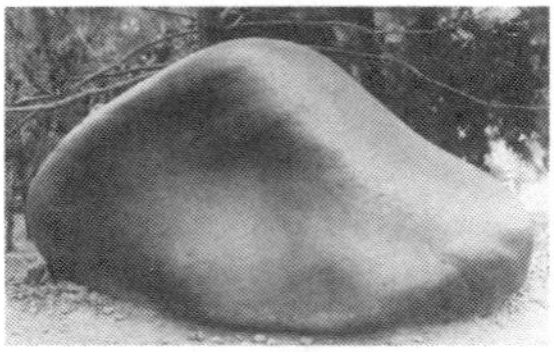
大安石

小安石（赤子岩）

平安観音と平安石

月宮殿の仁王

のくまの通りをこの宝座《ほうざ》に移写《いしゃ》したので、月の面《おもて》を眺めては、寸分も違わぬように、と試みたのである。

見よ、右の細くなっているところは、それこの東の登り口、左の細いところは、これこの西の登り口。中央の広いところが正面の上がり口。神集《しんしゅう》殿《でん》前の上がり口も、艮《うしとら》の隅《すみ》のあの細い上がり口も、あれ、あの通りハッキリと現われておるであろう。

中央の平らなところが御神殿にあたるので、そこに十字形の神殿が建設されるのである。

学者が噴火山の跡だなど称するあの濃淡《のうたん》、それ、あのモグモグとして見ゆるところを石の高低《こうてい》で現わしてあるので、参差《しんし》としてそのままの感があるであろう。

日本の位置にあたるところに、あの二基の燈籠《とうろう》が立ててある。二本の燈籠《とうろう》は、日本の光明《こうみょう》を意味する。

あの燈籠からほとばしり出ずる光明が全世界の闇を照破する時こそは、真《しん》の文明が世界的に建設せらるる時なのである。光は日本からということになる。

また後方に据《す》えられたる二基の石燈籠《いしとうろう》には火袋《ひぶくろ》があるまい。形は同じでも光が出ない、西洋文明の象徴である。すなわち体主霊従《たいしゅれいじゅう》の文明は、光の出口がないということになる。

この宝座は、また蓮華台《れんげだい》とも呼ばるるので、蓮《はす》の花に似ており、所々《ところどころ》に立ててあるチョンマツは蓮の実を型どってある。泥の中よりぬけ出でて濁《にご》りにしまぬ蓮花《はちすばな》は清浄無《む》垢《く》の象徴、朝まだき、ポンと音立てて開花するさまは転迷開悟《てんめいかいご》の花に似かよう。

火袋《ひぶくろ》のない燈籠は、また一名、多《た》宝塔《ほうとう》と呼ばるるのであって、竜宮《りゅうぐう》様の宝庫である。この多宝塔ができあがれば物質が豊かになる。

兎《うさぎ》が餅《もち》を搗《つ》くという月の面《おもて》のあの隈《くま》は、じつに四十八宝座の形なのであって、築いた宝座は月の形そのままであるから、月宮殿の名も出てくるので、まだこの上に西北と東北の隅《すみ》から南にかけて神殿と、わたしの控え所と二棟《むね》の建造物ができ、東南と西南の隅《すみ》には宝物庫《ほうもつこ》が建《た》ち、周囲には白壁を廻《めぐ》らしもって完成するのである。

ちなみに、宝座の周囲には兎《うさぎ》につきものの砥草《とくさ》(兎《うさぎ》は自衛のため砥草のなかによく隠れる)を植えるのである。

明治三十六、七年の頃、わたしは今の大本神苑《おおもとしんえん》別荘の北手《きたて》にあった三坪《みつぼ》ばかりの小さい庭に、和知《わち》川《がわ》から小石を拾うてきては積んで楽しんでいたものであるが、それがこの宝座の模型であって、ちっとも違っていないのである。

(昭和二年十月・水鏡)

大安石と小安石

伊都能売観音《いづのめかんのん》様のまえに据えられた二つの石がある、平たいほうを小安石《しょうあんせき》と名づけ、も一つのほうを大安石《だいあんせき》と命名し、どちらも鎮魂《ちんこん》して平安石《へいあんせき》と同じく病気の人たちがお蔭《かげ》を頂くようにした。

小安石は一名赤子岩《あかごいわ》と名づけられ、赤子の足跡《あしあと》があるというので有名な岩である。

南桑田《みなみくわた》郡曽我部《そがべ》村法貴谷《ほうきだに》は、この岩があったため名所になっていたほどのものであるから、普通ではなかなか手に入らないのであるが、天恩郷《てんおんきょう》に上がるのならば結構であるとて譲《ゆず》ってくれた。

この岩には、小児の病気平癒をお願いするがよい。また子のない人は、子宝《こだから》を得るようにお願いするがよい。

赤子の足跡だといっておるが、じつは天人の足跡である。

大安石はすべての病を癒《なお》して頂くのであるが、とくに胃《い》腸等腹部の病に結構である。

霊を入れるというても、わたしはただ岩に命令をするだけのことで、命令を受けると、そのときからすぐ石はその働きを起こすのである。

(昭和二年十月・水鏡)

高熊山に現われた霊石

時は昭和二年九月十一日、高熊山《たかくまやま》に現われたる霊石《れいせき》について、左の通りおおせられたのでございます。

この玉は神代《かみよ》のむかし、言依別命《ことよりわけのみこと》が高熊山《たかくまやま》に蔵《ぞう》し埋《うず》められたる黄金《おうごん》の玉《たま》である。この玉は月界《げつかい》より下《くだ》って来たものであって、そのはじめ、南桑《なんそう》の原野《げんや》くらいの大きさがあったのであるが、大地に達するまでに焼けつくして小さくなり、その核心《かくしん》にあたるのがこの玉である。

天降鉄《てんこうせき》であるがゆえに普通の石に比して、このとおり重い。ソレ、月の形も現われておるであろう、貴重なる宝玉《ほうぎょく》である。

この玉がわたしの手に入《い》るということは、重大なる意味があるのであって、この玉がなかったために、も一つ仕事が思うようにゆかなかった。

もう大丈夫《だいじょうぶ》である。

大正十二年以来、心ひそかに思い立っていて、どうしても成就《じょうじゅ》せなかったことも、この玉がなかったためである。これで成就すると思う。

与四郎《よしろう》さん（穴太村《あなおむら》、斎藤氏）が高熊山《たかくまやま》の岩窟《がんくつ》で見出《みいだ》し、お蘭《らん》さん（与四郎夫人）に渡し、それをまた婆《ばー》さん（ご生母）が、わたしの手に渡したであろう。

霊界物語にある通りの順序をへているのも面白《おもしろ》い。

与四郎さんがお蘭さんに手渡しするとき、「サア、お握《にぎ》りをやろう、いつまでたっても無《な》くならないお握りをやろう、腹《はら》が減《へ》らないようにね」と冗談をいいながら手渡ししたというではないか。

その言葉も、神様からの謎である。

とにかく私はこの玉を得て喜悦に満ちている。すべてのことが思うままになる如意宝珠《にょいほっしゅ》の玉《たま》である。このあいだの亀石《かめいし》は海から上がったものだ。これは月から下《くだ》ったものだ。

時期だな、次第に宝が集まってくる。

ちなみに筆者申す、この宝玉はあたかもお握《にぎ》りのような形をしており、黒褐色《こつかつしょく》をした光沢《こうたく》のある重い玉でありまして、その形は、お握りというよりも、むしろ十二夜《じゅうにや》の月に似ています。大きさは大きなお握りくらいでありまして、隕《いん》石《せき》だそうでございます。

月明館《げつめいかん》に持ちかえらるると、二、三の人に見せられただけで、ただちに亀石《かめいし》の箱の中に納められて固く封印《ふういん》を施《ほどこ》されて、ある所に深く蔵《おさ》められました。

希代《きだい》の珍宝と拝察いたされます。

宇知麿《うちまる》さまは「また高姫《たかひめ》に呑《の》まれるといけませんから」と、冗談とも真面目ともつかずおっしゃられました。

亀石《かめいし》と申すは、徳島県、棚野《たなの》支部長美馬《みま》邦次《くにじ》氏の家に代々《だいだい》伝わったものを献納されたものでありまして、世にも珍しいものでありまして、薄緑《うすみどり》色の地《じ》に茶色の太《ふと》い筋《すじ》が入《い》っておりまして、その筋によって、亀甲形《きっこうがた》があざやかに現われております。

聖師様は、これが亀山（すなわち亀岡）の霊であると仰《おお》せられて秘蔵されており、二つとも月宮殿の御神体となるのであると承《うけたまわ》ってております。

「牛《うし》と馬《うま》とが持ってきた、面白い」とおっしゃっていられますが、馬とは美馬《みま》氏のことであり、牛とは山本次郎氏のことでありますが、山本氏は牛《うし》という号《ごう》をもっておられまして、大正日日《たいしょうにちにち》新聞記者以来、牛さんでとおっておるので、本名は知られん方《かた》が多いことと存じます。四国からわざわざ持参せられたのは、その牛《うし》さんなのでした。

また斎藤与四郎氏の養父の名が牛さんと別称されていたのも不思議なことと思います。

（昭和二年十一月・水鏡）

写真上　高熊山
写真下　高熊山の岩窟
明治三十一（一八九八）年旧二月九日、王仁三郎は、神につれられて自宅・穴太に程近いこの山で一週間の修行をした。王仁三郎の主著『霊界物語』第一巻には、この時の修行の模様が詳しく描かれており、他巻では、この高熊山は神界の神教宣布の根本霊地「霊鷲山」に対応する。

島根県

鳥取県と島根県は、もとは一つの国であった。

島根は大和島根《やまとしまね》の意味で、神界の一経綸地《けいりんち》である。この地に神劭《しんしゅう》別院のできるのも因縁あることである。

（昭和四年二月・月鏡）

信濃国皆神山

信濃《しなの》の国、松代町《まつしろちょう》の郊外にある皆神山《みなかみやま》は、貴《とうと》い神山《しんざん》であって、地質学上、世界の山脈十字形《さんみゃくじゅうじけい》をなせる地であり、世界の中心地点である。四囲は山が十重二十重《とえはたえ》にとりかこんで、綾部、亀岡の地勢とすこしもちがわぬ蓮華台《れんげだい》である。

ただ、綾部は日本の山脈十字形をなせる地で、これはまた世界的であるだけの違いである。

大石凝真素美翁《おおいしごりますみおう》は、この地に帝都《ていと》をおかれたなら万代不易の松《まつ》の代《よ》を現出することができる、と主張し、世界中心遷都《せんと》論をとなえて囹圄《れいご》の人となった事実がある。

真素美翁《ますみおう》ばかりでなく、ほかにもそういう説を唱えた人があるが、最近、飛行機が盛んになるにつれて東京は安全の地でないという見地から、信州遷都論が一時、ある有志《ゆうし》によって伝えられたことがあるが、まったくこの皆神山は蓮華《れんげ》の心《しん》に当たっているのだから、四方《しほう》の山々に砲台を据えつけてさえおけば、いかなる飛行機をもってしても襲うことはできぬ安全地帯である。こんな要害《ようがい》のよいところは、世界中ほかにない。

霊界物語にある地教山《ちきょうざん》は、この山である。素盞嗚命《すさのおのみこと》が高天原《たかあまはら》なる天教山《てんきょうざん》より下《くだ》り、母神《ははがみ》の坐《ま》しますこの山にのぼりたもうた事実も、そっくりあの通り出てきたのである。

わたしは明治三十一年、高熊山《たかくまやま》にて修行中、神懸《かんがか》りになって、一番につれて来《こ》られたのが天教山の富士山と、この皆神山とである。霊界で見た山は、これよりもずっと大きく美しかったが、だいたいの形はいま見るのとすこしも違わぬ。

眼下に見ゆる大溝池《おおこうち》、あの形にかたどって金竜海《きんりゅうかい》は造ったのだ。

十五丁目から頂上までわずか三丁であるけれど、霊界で一里《り》以上に見え、神界では百里以上に見えた。

世界十字に踏みならすの御神諭も、大いに味わうべきことである。神代歴史《じんだいれきし》にある地名は、皆ここにある。

天孫《てんそん》の降臨地《こうりんち》というのは、ここのことであって、そのむかしの天教山（いまの富士山）はインドのヒマラヤ山（地教山）の三倍以上の高さを持っていたことはかつて話しておいた（霊界物語舎身活躍子《しゃしんかつやくね》の巻《まき》第一章参照）。

すなわち雲表《うんぴょう》高く聳《そび》えていたので、ここを高天原《たかあまはら》と言うていたのである。その高地《こうち》から降って、この地に来られたのを、天降《あまくだ》られた、というのである。邇邇芸《ににぎ》之命《のみこと》より神武《じんむ》天皇までは、じつに百三十六万年の年月を経過しているのである。

この山は政治地理的にいえば、長野県埴《はに》郡豊栄《とよさか》村に属《ぞく》し、御祭神は熊野出速雄《くまのいずはやお》の神で、綾部の産《うぶ》土神《すながみ》と同じである。

往昔《おうせき》、素盞嗚《すさのお》の尊《みこと》がこの山で比良加《ひらか》を焼かれたのが陶器の初めである。わたしも帰るとこれを記念に、新しい窯《かま》を築いて陶器を始めるのである。

皆神山上《みなかみさんじょう》十五丁目の地点に腰をおろされて、山上《さんじょう》の垂訓《すいくん》にも等《ひと》しい教《おしえ》を垂《た》れられたとき、日《にち》輪《りん》、聖師のうえに後光の陽笠《ひがさ》をかざしたごとく、言語に絶した崇厳な光景を現出したことを、附記さしていただきます。

なお、智慧《ちえ》証覚《しょうかく》によって思いおもいに取れる神秘の神話は、まだ発表の時期でないと存《ぞん》じ、略さしていただきます。

霊界物語によると、地教山はヒマラヤ山《さん》とありますが、日本にあることは、みな世界にあるわけであります。

（昭和四年八月・月鏡）

写真右　皆神山上の王仁三郎（昭和四年六月三日撮影）
写真左　高熊山出修（『大本歴史画』より）
写真下　皆神山

蟇目の法

綾部、亀岡、両《りょう》聖地の建造物は、みな蟇目《ひきめ》の法《ほう》によって天柱《てんちゅう》に繋《つな》いであるのである。であるから地震が揺《ゆ》れば自然と地上を離れて浮きあがり、風が吹けば地上に固定して動揺せぬ。かくて安全に保たれてゆくのである。ミロク殿などは大きいから、ずいぶん繋《つな》ぐのに困難であった。

こんど天恩郷《てんおんきょう》に建てた智照館《ちしょうかん》（写真館）は撮影上、どうのこうのと人間的の条件が多くて、わたしの命令どおりにしてないから、繋《つな》ぐのに非常に困難を感ずる。家の方向、位置など、みなこの天柱につなぐ便宜を考えてわたしが指揮命令するのだから、その通りにしてくれねばならぬ。

人間はこういう神秘な事実を知らないでいて、かれこれと申し分が多いが、こまったものである。

この蟇目《ひきめ》の法《ほう》を修するには、深夜、人のいない時でなければならないので、繋《つな》いでいる最中に、もし人が通ると、それがために法《ほう》が破れてしまうのである。だからわたしは深夜、人の静まって後《のち》、この法を修するのであるから、誰《たれ》も知っているものはない。

またわたしが日本国中を隅《すみ》からすみまで旅行するのは、一つはこの国土を天柱に繋ぐためである。お前たちは傍《そば》についていても知ってはいまい。

綾部には天《あめ》の御柱《みはしら》が立ち、天恩郷には国《くに》の御柱《みはしら》が立っているのである。それで綾部の本宮山《ほんぐうやま》を鶴《つる》山《やま》といい、天恩郷を亀山《かめやま》というのであって、鶴は天のもの、亀は地のものである。

昭和四年九月二日、筆者は小恙《しょうよう》ありて早く寝床《ねどこ》に入っておりました。夜も十時と覚《おぼ》しきころ、表《おもて》で聖師様のお声がしましたので、急《いそ》ぎ起き出でて、戸をくって、ごあいさつのため、外に出ようといたしました。

すると厳《おごそ》かなるお声で「出てはいけない」と仰せになりまして、大祥花壇《たいしょうかだん》の西北の隅《すみ》、祥明《しょうめい》館《かん》のすぐ前で、棟《むね》を上げたばかりの智照館《ちしょうかん》をにらんで、キッと立っておられました。

そして、そのそばを通る人々に「そこへ来るな」と、大きな声で命令されておりましたが、通っている人は何のことかわからず、ドギマギして、かえって反対に、聖師様と智照館とのあいだをうろつきましたので「そちらへ、そちらへ」と叱咤《しった》しておられました。

しばらくしてまた、月照山《げっしょうざん》の西側に立って、南からジッと智照館をにらんで立っておられました。

かくの如きこと約二十分間、やがて祥明館で小憩せられ、

「人が通って蟇目《ひきめ》の法が汚《けが》され、破《やぶ》れてしまった、やはり深夜でなくては駄目だ、やり直しだ」と仰せられて、上記のお話がありました。

せられたことはわかりませんが、蟇目《ひきめ》の実地を目撃させて頂きましたので、ここに附記さしていただきます。

（昭和四年十月・月鏡）

素尊御陵

岡山県和気《わけ》郡熊山《くまやま》の山頂にある戒壇《かいだん》は、神素盞《かむすさの》鳴大神《おのおおかみ》様の御陵《ごりょう》である。

古昔《こせき》、出雲《いづも》の国と称せられたる地点は、近江《おうみ》の琵琶湖以西の総称であって、素盞鳴大神《すさのおおかみ》様のうしはぎ給うた土地である。湖の以東は、天照大神《あまてらすおおかみ》様の御領分であった。

このゆえに誓約《うけい》は、その中央にある天《あめ》の真奈井《まない》、すなわち琵琶湖で行われたのである。

出雲の国というのは、いずくもの国の意にて、けっして現今の島根県に限られたわけではないのである。

素盞鳴大神《すさのおおかみ》様は八頭八尾《やつがしらやつお》の大蛇《おろち》を御退治なされてのち、櫛稲田姫《くしなだひめ》と寿賀《すが》の宮に住まれた。

尊《みこと》百年ののち、出雲《いづも》の国のうち最上清浄の地を選び、御尊骸《ごそんがい》を納《おさ》め奉《たてまつ》った。これ備前国《びぜんのくに》和気の熊山である。大蛇《おろち》を断《き》られた十握《とつか》の剣《つるぎ》も同所に納まっているのである。

かの日本書紀にある「素盞鳴尊《すさのおのみこと》の蛇《じゃ》を断《き》りたまへる剱《つるぎ》は今吉備《きび》の神部《かんとものお》の許《ところ》にあり、云々《うんぬん》」とあるが、熊山のことである。

この戒壇《かいだん》となうる石壇《いしだん》は、考古学者も何とも鑑定がつかぬと言うているそうであるが、そのはずである。

ちなみに熊山の麓《ふもと》なる伊部町《いんべちょう》は伊部焼《いんべやき》の産地であるが、大蛇《おろち》退治に使用されたる酒甕《さけがめ》はすなわちこの地で焼かれたものである。伊部《いんべ》は忌部《いみべ》の義であり、また斎部《いつきべ》の意である。

筆者申す。昭和五年五月二十日（旧暦四月二十二日）、聖師様は熊山に御登山になり、御陵に奠《てん》せられましたので、筆者も随行いたしました。

当時の記事を御参考のため、掲載させていただきます。

熊山にお供して

加藤明子《はるこ》

「私もいずれ行《ゆ》く」とのお言葉が事実となって、昭和五年五月十七日の午後、わたしは聖師様随員《ずいいん》、北村隆光《きたむらたかてる》氏より左《さ》の招電を受け取りました。

セイシサマ一九ヒゴ五ジヲカヤマニオタチヨリスグコイ

発信局は福岡、さてはいよいよ問題の熊山ご登山と気も勇み立ち、いそいそ岡山へと志《こころざ》す。

十九日は払暁《ふつぎょう》より空、いと曇《くも》りて天日《てんじつ》を見ず。お着きの五時、細雨《さいう》、頻《しき》りに臻《いた》って暗い天候であった。

着岡《ちゃくこう》された聖師様はステーションにて新聞記者の問いに答えて、

「晴天であったら登山するし、天候が今日《こんにち》のごとく悪ければ、止めて亀岡へ直行するつもりです」

と申されていた。そしてまた小さな声で、「熊山登山はまだ一年ばかり早い」とつぶやいておられたので、側聞《そくぶん》して、このたびはあるいは駄目になるかも知れないと、晴れぬ思いで一夜を過ごした。

おいおい集まる人々のなかには、遠く東京よりわざわざ馳《は》せ参《さん》じた人もあった。

県下の新聞は申すまでもなく、大朝《だいちょう》、大毎《だいまい》、二大新聞が前々よりかなり書きたて、また新調の駕《か》籠《ご》、揃《そろ》いの法被《はっぴ》が、これもかなり長い間、待ちわびているので、どうか晴天にしたいものと願った。

「駄目でしょうか」

「この有り様ではね」

浮かぬ顔をして、皆がこう語り合っている。

雨はますます降りしきる。

そもそも、このたび九州へお旅立ちのみぎり、帰途はかならず熊山《くまやま》へ登るのだと申されていたのを、急に変更され、

「かかる重大なる神事《しんじ》を、他《た》の帰りがけのついでに遂行するのはよくないことである。帰って出直《でなお》してゆく」

と申し出されたのであった。

だが――わたしは心ひそかにこのたびの御登山を、神剣御発動《しんけんごはつどう》の神事、……バイブルのいわゆる「大なるミカエル立ち上《あが》れり」に相当する重大事と考えていたので、九州お出ましは当然なくてはならぬ、天津祝詞《あまつのりと》中の「筑《つく》紫《し》の日向《ひむか》の橘《たちばな》の小戸《をど》の阿波岐原《あはぎはら》に御禊祓《みそぎはら》ひ給《たま》ふ」という祓戸《はらいど》行事にかなわせんがためであって、きっと御登山になるにちがいない、と独り決めにしていた。北村随行に会って聞いてみると、「岡山お立寄りのことは、全然予定されていなかった、福岡で突如として命が下ったので驚いた」とのこと。しかし、神界では既定のプログラムであったに相違あるまい。

岡山に着いてみると、熊本県小国《おぐに》支部の高野円《たかのえん》太《た》氏が、ヒョックリ顔を出し「聖師様がついて来なはれ」と仰有《おつしや》ったので随行して来ましたという。これもおそらく祓戸《はらいど》の神様をご同行になった型であろう、背の高い高野さんの後からついて行くと、何だか大幣《おおぬさ》が歩いているような気がしておかしかった。

北村氏の話によれば、二十日《はつか》間のご旅行中、短《たん》冊《ざく》一枚も書かれなかった、未曽有《みぞう》のことであると。さもありなん、祓戸《はらいど》行事の真最中《まつさいちゅう》であったから、したがって、今日《こんにち》の雨も土地に対する御禊《みそぎ》に相違ないと、高をくくって寝につく。

明くれば二十日《はつか》。午前三時より四時にわたって篠《しの》つくばかりの大雨、五時ごろより雨は上がりたれども、暗雲低迷して晴れ間も見えない。

御出発は八時十五分というに……と、皆が顔を見合わせて、心もとなさを交換しているのみである。しかるに御起床のころより一天にわかに晴れはじめて、またたくうちにまったくの好天気《こうてんき》になってしまった。一同、勇み立ってお供する。

九時三十分満富《まんとみ》駅着、片尾《かたお》邸に御少憩ののち十時半というに出発、五十町の道を突破して先頭は早くも十一時半、頂上に着き、社務所に少憩、一同待ち合わして零《れい》時半、いよいよ祭典の式がはじまる。

ああ、この光景、またとない偉大なる神事がいま、まさに行なわれんとしているのである。

古今東西、世界の人類がそもそも何十万年、待ちこがれたことの実現であろう。わたしは身体中《からだじゆう》を耳にして、聖師様のお上げなさる御祭文《ごさいぶん》を拝聴しようとあせった。

「この戒壇《かいだん》に永久《とことは》に鎮《しづ》まり給《たま》ふ掛《か》けまくも綾《あや》に畏《かしこ》き主《す》の大御神《おほみかみ》の珍《うづ》の大前《おほまへ》に謹《つつし》み敬《ゐやま》ひ畏《かしこ》み畏《かしこ》みも申《まを》さく……」

と、玲瓏玉《れいろうたま》を転《ころ》ばすごとき御《お》声《こえ》が聞こえてきた。わたしは心臓の血が音をたてて高鳴るのを明らかに意識した。すこし声をおとされて、何かまた奏上されたようであったが、聞きとれなかった。

悲しいかな、霊覚《れいかく》のないわたしには、この時にいかに荘厳《そうごん》なる光景が眼前に展開したのか、すこしも知る由がない。ただわたしの想像力は、そこに神代《かみよ》のままの御英姿《ごえいし》をもって、素盞嗚《すさのお》の大神《おおかみ》様が、すっくと立ち上がられ、剣《けん》を按《あん》じて微笑《びしよう》したもう光景をつくりあげてしまったのである。

やがて大本祝詞《おおもとのりと》を奏上せらるるに相和《あいわ》して、九天にも通ぜよ、とばかり奏する祝詞《のりと》の声は天地を震撼《しんかん》していと勇ましく響きわたった。

五月の空くまなく晴れて蒸《む》せかえるような青葉《あおば》若葉《わかば》の匂い、迦陵頻伽《がりようびんが》の声しきりに聞こえて、この世ながらの天国のさま。

ボッと上気《じようき》して汗ばみたもう師の御前《みまえ》に手拭《てぬぐい》をささげて「おめでとうございます」と申し上げると、「ええ」と答えてしきりに汗をぬぐうておられる。卯月八日《うづきようか》のお釈迦《しやか》様というお姿。

お供《そな》えの小餅《こもち》をいちいち別《わ》けて下さって式は終わった。

午後一時、弁当を食し、熊山《くまやま》神社に参拝、亀石《かめいし》、新池《しんいけ》などを見られ終わって、熊山神社および四、五の戒壇《かいだん》を巡拝され、四時半ふたたび片尾邸に入《い》られ少憩の後《のち》、別院の敷地たるべき向山《むこうやま》を検分され、七時二十四分発にて岡山に引き返し一泊せられた。

道々うけたまわったった事どもを左に……。

「あの戒壇《かいだん》というのは日本五戒壇《かいだん》の一つというのであるが、約千年ぐらいを経過しているであろう、尊い聖跡《とうとせいせき》のうえに建てたものである。

経の森《きようもり》といま一つの崩《くず》れたる大戒壇とは、ともにその下に素尊《すそん》の御髪《おぐし》等を埋《うず》めてあるのである。櫛稲田姫《くしなだひめ》の陵《りよう》も同じく三つにわかれていて、小さな戒壇というのがそれである。戒壇のかくのごとく崩壊しているというのは、仏法の戒律が無惨に破れてしまっていることを象徴している。

熊山は、じつに霊地である。名が高熊山《たかくまやま》に似通っているし、この山はここらあたりの群山《ぐんざん》を圧して高いから、その意味におけるる高熊山《たかくまやま》である。全山、三《み》つ葉躑躅《ばつつじ》が生《お》い茂《しげ》っているのもおもしろい。四国の屋島《やしま》、五剣山《ごけんざん》なども指呼《しこ》のあいだにあり、伯耆《ほうき》の大山《だいせん》も見えるというではないか。

ここは将来、修行場《しゆぎようば》にするとよいと思う。わたしは駕籠《かご》であったから楽なはずであるが、急坂をかつぎ上げられたのだから、かなりえらかった。みんなは徒歩だから一層《いつそう》えらかったであろう。今日、駕籠《かご》をかついでくれた人たちが着ていたあの法被《はつぴ》、あれがよい。ああいう姿で登山して、戒壇を巡拝して歩くと、かなりの行《ぎよう》ができる。

崩《くず》れた戒壇は積み直さねばなるまい。亀石は別にたいしたものでもない。新池《しんいけ》には白竜《はくりゆう》が住んでいて、赤と青との綺麗《きれい》な玉をもっている。青のほうは翡翠《ひすい》の如く、赤のほうは紅玉《こうぎよく》のような色をしている。

弘法大師《こうぼうたいし》が熊山に霊場《れいじよう》を置こうとしたのをやめて、高野山《こうやさん》にしたというが、それはその地形が蓮華台《れんげだい》をしていないからである。向山《むこうやま》のほうは蓮華台をして、その地が綾部によく似よっている云々」

まだ他にも承《うけたまわ》ったことがありますけれど、それは実際が物語《ものがた》ってくれると存《ぞん》じます。

ともかくも、ついに昭和五年五月二十日、旧歴四月二十二日という日をもって、神素盞嗚尊《かむすさのおのみこと》の永

熊山の戒壇

久に鎮《しず》まり給いし御陵《ごりょう》の前に立たれたのである。

復活！神剣《しんけん》の発動！　こういう叫声《きょうせい》が胸底《きょうてい》から湧出《ゆうしゅつ》してくる。日本も世界も大本もいよいよ多事となって来そうな気がしてならぬ。

近頃のお歌日記《うたにっき》のなかから、

そろそろと世《よ》の大峠《おおとうげ》見《み》え初《そ》めて
　立《た》ち騒《さわ》ぐなりしこのたぶれが

というのを見出して、わたしの想像もまんざら根《こん》底《てい》がないものでもない、と思うようになりました。

学術上、この戒壇は日本五戒壇の一と称せられ、大和《やまと》の唐招提寺《とうしょうだいじ》、比叡山《ひえいざん》、下野《しもつけ》の薬師寺《やくしじ》、九州の観音寺《かんのんじ》とともに天下に有名なものだそうで、ただその大きさにおいて、他《た》の四つに比して比較にならぬほど大きなもので、戒壇としても普通のものでなく、大乗《だいじょう》戒壇であろうと考えらるるのであるが、沼田頼輔《ぬまたよりすけ》氏や上田三平《うえださんぺい》博士《はかせ》らも、なんとも見当がつかなかったということである。

さもあらばあれ、このたびの御登山によって、すべてが判明したのは結構なことでありました。

向山《むこうやま》は本宮山《ほんぐうやま》というよりも、むしろ神島《かみじま》にそっくりの形をしていて、吉野川《よしのがわ》がその麓《ふもと》を流れている有り様は、たしかに本宮山に似ています。

「いままでに、たいした因縁《いんねん》の地ではないが、汚《けが》されていないからよい」とのことでした。

そしてまた、

「神様の御気勘《ごきかん》にかなったとみえて、今日の登山を無事に了《りょう》することができた。もしそうでなかったらこの好天気《こうてんき》にはならなかったであろう」と、つけくわえられました。


(昭和五年二月／六月四日・月鏡)

噴火口と蓮華台

本宮山《ほんぐうやま》、亀岡《かめおか》、皆神山《みなかみやま》はともに、噴火口《ふんかこう》の跡にあるので蓮華台《れんげだい》をなしているのである。

これらの土地は噴火口中の中央にあって、この部分のみが噴水せずして、ただ膨張せしのみで縮《ちぢ》んでしまったものである。

ゆえにそれが蓮華《れんげ》の心《しん》にあたる地形をなし、島として残り、上古《じょうこ》、その周囲、すなわち噴火口全部に水をたたえて湖水《こすい》であったのである。

本宮山、皆神山は、数十万年前の噴火にかかり、亀岡は十万年ぐらい前に噴出したもので、水の上に浮き出ておったから、水上山《みなかみやま》の名称が起こったのである。


(昭和五年二月・月鏡)

ふたたび素尊御陵について

熊山《くまやま》において、ふたたび数個の戒壇《かいだん》を発見したと言うのか。そうであろう、そうでなければならぬはずである。

ぜんたい素盞嗚尊《すさのおのみこと》様の御陵《ごりょう》は、三《み》つの御霊《みたま》に因《ちな》んで、三個なければならぬので、前《ぜん》発見のものを中心として、おそらく三角形をなしているであろうと思う。他《た》の二つには御髪《おぐし》、御爪《おつめ》などが納められているのである。

ひとり素盞嗚尊《すさのおのみこと》様にかぎらず、高貴なる地位にある人々は、毛髪等の一部を葬《ほうむ》って、そこに墓を築き、ありし世を偲《しの》ぶの便宜《よすが》としたもので、人物が偉ければえらいほど、その墓はたくさんあるものである。

遺髪、爪などを得《う》ることができない場合は、その人の所持品、たとえば朝夕《あさゆう》使った湯呑《ゆのみ》とか硯《すずり》とか、そういうものまでも墓として祀《まつ》り、崇敬の誠《まこと》をいたしたものである。

なお、そうしたものも得られない場合は、その人のおった屋敷の土を取ってきて、かつては故人が足跡《そくせき》を印《いん》した懐《なつ》かしい思い出として、これを納め、その上に墓を立てて祭《まつ》ったのである。現代でも富豪などでは自分の菩提寺《ぼだいじ》に墓をもち、また高野山に骨肉の一部を納めたる墓をもっていると同様である。天照大神《あまてらすおおかみ》様の御陵《ごりょう》などと称するものが、方々から現われてくるのはこういう理由である。

櫛稲田姫御陵《くしなだひめごりょう》もそこにあるのであるが、詳《くわ》しいことは行って見ねばわからぬ。

（昭和五年四月・月鏡）

マリヤ観音

月宮殿《げつきゅうでん》の境内《けいだい》にある観音《かんのん》はマリヤ観音といい、輪王姫《りんのうひめ》の霊である。輪王《りんのう》というのはマリヤと同意義である。

（昭和五年十一月・玉鏡）

月宮殿の仁王様

櫛岩窓《くしいわまど》の神、豊岩窓《とよいわまど》の神の二神、すなわち月宮《げつきゅう》殿《でん》の仁王《におう》様というは、天真坊《てんまぼう》、天道坊《てんどうぼう》である。

熊本に在って、とうから天恩郷《てんおんきょう》に来たいと願っていたので、たまたま熊本に行った寿賀麿《すがまる》にかかったものだから、かれは長いあいだ病気になってしまった。願いかなって天恩郷に来ることになってから寿賀麿の病気はケロリとなおってしまった。

熊本にいた時はむつかしい顔の仁王様であった

が、月宮殿に納まってから、ニコニコ顔に変じたと皆がいう、そのようだ。

王仁《わたし》はこの仁王様のことはとうから知っていた。これまで何度も出て来たのだ。

初めてかかってきた時は、わたしも病気した。

それは王仁《わたし》が横須賀に行ったときのことで、元来、天真坊《てんまぼう》、天道坊《てんどうぼう》の二神は、長く外国に行っておられたもので、軍艦榛名《はるな》に搭乗して帰って来られたものである。

（昭和六年八月・玉鏡）

神庭会議

旧七月六日の晩より七月十二日にわたり、綾部の本宮坪《ほんぐうつぼ》の内《うち》にて行なわるる祭典は、もっとも大切なる神事にて、この一週間は、御三体《ごさんたい》の大神《おおかみ》様を初め奉《まつ》り八百万《やおよろず》の神々様が御集会なされて、一年中における世界の経綸《けいりん》をお定めになるのである。

すなわち地上の規則を地《ち》の高天原《たかあまはら》でお定めなさるのであるから、謹《つつし》み慎《つつし》んで、人民の願いごとなど、決してしてはならないのである。

（昭和七年六月・玉鏡）

天書

天書《てんしょ》とは星のことである。天書を読めば来たるべき世の推移がわかる。

いまの世は星がだんだん下がった如く見ゆる。そして光を失っている。人の心が正《まさ》にそれである。

星と人とは相対関係がある。だから有為の材の会合などのことを諸星集まるというのである。

月宮殿《げつきゅうでん》のあの石畳は、王仁《わたし》が寝て空を眺め、天書の意を悟るために、あらかじめ造っておいたのだ。読む方法を教えよと言うのか。それはむつかしい。第六感、第七感以上の働く人でなくてはわからぬ。人事上に起こって来ることなどは、みな天書に書いてあるから前からわかっている。

王仁《わたし》はこの天書を読むことが一番楽しみだ。

（昭和七年九月・玉鏡）

教碑

神者万物普遍の霊にして
人は天地経綸の大司宰也
神人合一して茲に無限の
権力を発揮⊙　　王仁誌

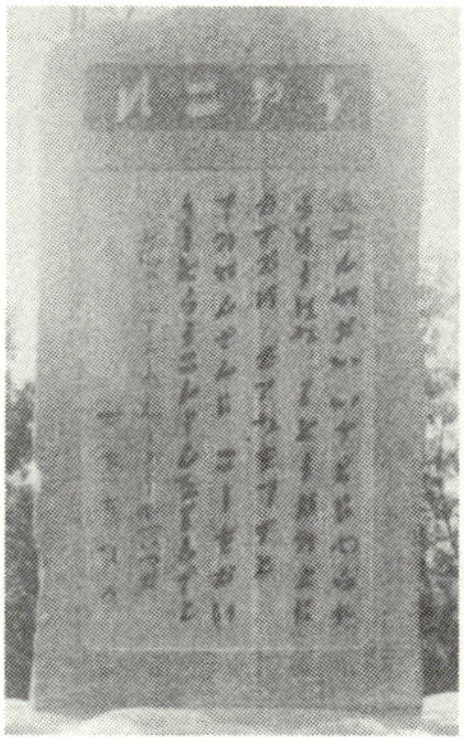
神声碑（うぶこえ）

三せんせかい　いちどにひら九
うめのはな　もとのかみよに
たてかえ　たてなおすぞよ
すみせんざんにこしをかけ
うしとらのこんじんまもるぞよ
めいじ二十五ねんしようが
ついつか　　で九ちなお

歌碑

盛なりしみやゐのあとのつる山に
やまほとゝきす昼よるを啼く
よしやみは蒙古のあらのに朽るとも
やまと男の子の品は落さじ
昭和六年七月十二日
出口王仁三郎

昭和六年九月八日、本宮山神殿破壊跡に建立された神声碑には、開祖直の初発の筆先が刻まれていた。右の教碑には、皇道大本教旨、左には王仁三郎の歌碑（二つは第一次事件の神殿破壊、一つは入蒙時の辞世の歌）があった。

しかし、昭和十年十二月八日に勃発した第二次大本事件のため、翌十一年には亀岡の天恩郷とともに、ふたたび破壊されることになる。

本宮山

直の屋敷跡（元屋敷）

ふたたび七夕祭について

旧七月六日の晩から同十二日にかけて挙行される七夕祭《たなばたさい》は、神々様が地《ち》の高天原《たかあまはら》に神集《かむつど》いに集《つど》われて、一か年中の経綸《けいりん》について神議《しんぎ》せらるる大切なる神事であることはかつても話したが、十二日の晩になると王仁《わたし》がその決定せられたる神事を承《うけたまわ》って、そのプログラムどおり、一年間の御経綸を遂行《すいこう》する役に使わるるのである。

神苑《しんえん》内のたくさんの建物についても、御神策のまにまに建造しているのであるが、昨年の神声碑《しんせいひ》のように、造って長年用意をさせられていたのを急に建てよと命令せらるる場合もあって、あの碑の建つときは容易ならざることが起こると、かねてお前たちに言うておいたが、満州事変は碑が建つとすぐ、すなわち昭和六年の九月十八日に突如として起こったのである。

ただ、こまるのは、神様が急がれても人間界がそれほどに急いでくれぬので、板挟《いたばさ》みになって王仁《わたし》は苦労する。

わたしはまた神策のまにまに動いているので、我意をすこしも加えていないのだから、役員信者はそのつもりでいてもらわねばならぬ。

このたびの御神業は、人間の想像を逞《たくま》しゅうしうるような範囲のものでないのだから、柔順にわたしの指揮にしたがって欲しいものである。

（昭和七年十一月・玉鏡）

瑞穂神霊

神勅《しんちょく》が下ったので、穴太《あなお》の郷《さと》は瑞泉郷《ずいせんきょう》と命名せられ、宮垣《みやがき》内の跡は瑞泉苑《ずいせんえん》と名づけられ、そこに「瑞穂神霊《みずほしんれい》」の四字を記されたる大石碑が建つのである。

玉《たま》の井《い》の水に育《はぐく》まれたる瑞穂の稲は、全国中もっとも秀でたるものにて、灘《なだ》の生一《きいっ》本は、この米によって醸造せらるるのであるが、今後、瑞泉苑《ずいせんえん》の神業として、この瑞穂の種が全国の信者に頒布《はんぷ》せらるるのである。このことは神代《かみよ》のむかしよりの約束事であって、穴穂《あなほ》（後世、穴太《あなお》と転訛《てんか》す）の地名のよって来たるところである。

　大本の歴史をひもとくものは誰《たれ》も知っているごとく、雄略《ゆうりやく》天皇の二十二年戊午《つちのえうま》の年、天皇の御夢《おんゆめ》により、豊受大神《とようけおおかみ》様が伊勢の山田にお遷《うつ》りになるとき、途中、上田家の庭内、すなわち宮垣《みやがき》の里が、その御旅所《おたびしよ》に選《えら》まれ、上田家の一族（聖師の祖先）は喜び勇んで鄭重《ていちよう》に斎《いつ》きかしずきしが、そのとき御神霊にお供えせし荒稲《あらいね》の種子《たね》が、欅《けやき》の老木の腐った穴へ落ちこぼれ、それから苗が出たのを日夜に育てたところずんずんと伸び、その稲に美《うる》わしき瑞穂を結びたれば、時の里庄が、まさしく神の大御心《おおみこころ》と仰《あお》ぎ奉《まつ》って、所在の良田に蒔《ま》きつけ、千本《せんぼん》という名をつけて四方へ植えひろめたのが穴穂《あなほ》の里の名のおこった始まりである。

　最初は穴穂《あなほ》と書いたのが、のちに穴生《あなふ》となり、穴尾《あなお》となり、さらにいまの穴太《あなお》となったので、西《さい》国《こく》二十一番の札所《ふだしよ》、菩提山穴太寺《ぼだいさんあなおでら》の院主《いんじゆ》は代々いまにいたるまで、穴穂《あなほ》の姓を名のっているのであるが、その穴太《あなお》の瑞泉苑より種子《たね》の頒《わか》たれるということは、有意義なことである。

（昭和八年十月・玉鏡）

黄金閣の瓢箪

黄金閣《おうごんかく》上の瓢箪《ひようたん》は日月星《じつげつせい》を表わしたものである。日はいちばん下の膨《ふく》らみ、月は中段の丸味、星は口のところにあたるのである。

（昭和八年十月・玉鏡）

憑依霊と聖地

安生館《あんせいかん》に来て、どうもせぬのにぶるぶる慄《ふる》うて発動をするものが時々あるが、あれは長く体内に潜《ひそ》んで禍《わざわ》いをしていた憑依霊《ひようれい》が、聖地にきて赫灼《かくしやく》たる神霊に照らされて、いたたまらなくなって発

瑞泉池
天恩郷、東光苑内にあった歌碑の一つに「玉の井の池に湧き立つ真清水みつの三魂の命なりけり」と歌われた。

現在の瑞泉郷

玉の井

動してくるのである。

そういう霊に対しては、大神《おおかみ》様にお願いして、「許してやるから早くこの肉体から出よ」と叱《しか》ってやったらよい。

天恩郷《ここ》へ来る者は、誰《たれ》でも本当はそうなるのだが、王仁《わたし》がじっと押えているのだ、それで王仁は気張りつめていなくてはならないから身体が苦しいのだ。もしそれを放っておいたら、誰も彼もが発動して、たちまち大本の名を汚《けが》すようなことになる。

実際は自分の体内にいるものが発動するのであるけれど、そうとは思わないで、訳のわからぬ人たちは、大本へ来ると発狂するなどと言い出すからなあ。

往年、上谷《うえたに》の修行場では種々《しゅじゅ》の霊が出てきて大騒ぎをしたが、いまでも放っておけば同じ現象が起こるのである。

（昭和九年一月・玉鏡）

第三章　瑞霊の教えと人生

愛について

恋愛と恋と愛

恋というのは、子が親を慕う如き、または夫婦がたがいに慕いあう如き情動《じょうどう》をいうのであって、愛とは、親が子を愛するが如き、人類がたがいに相愛《あい》するが如き情動の謂《い》いである。

信者が神を愛するということはない。神様を恋《こ》い慕《した》うのである。神様のほうからは、これを愛したまうのである。ゆえに信仰は恋愛《れんあい》の心というのである。

恋愛となるとまったく違う。善悪正邪美醜《ぜんあくせいじゃびしゅう》などを超越しての絶対境《ぜったいきょう》である。おたがいが、まったくの無条件で恋しあい、愛しあうので、義理も人情も、利害得失も何もかも忘れ果てた境地である。だから恋愛は神聖であるといいうるのである。

いまの若い人たちが、顔が美しいとか、技倆《ぎりょう》が優秀であるとかいう条件のもとに惚《ほ》れおうておいて、神聖なる恋愛だなどというのは、恋愛を冒涜《ぼうとく》するものである。そんなものは神聖でもなんでもない。

人に見せて誇《ほこ》らんがために、若い美貌の妻を娶《めと》りて熱愛する夫《おっと》にいたっては、まったく外分《がいぶん》にのみ生きるものであって下劣なものである。

真《しん》の恋愛には美もなく、醜《しゅう》もなく、年齢もなく、利害得失もなく、世間体《せけんてい》もなく、義理もなく、人情もなく、道徳もなく、善もなく、悪もなく、親もなく子もない、まったく天消地滅《てんしょうちめつ》の境地である。人として真《しん》の恋愛を味わいうるものが、はたして幾人《いくにん》あるであろうか。どんな熱烈な恋といえどもたいがいは、相対的なものである。神聖呼ばわりは片腹《かたはら》痛い。

現代の不良青年などが、恋愛神聖を叫んでかれこれと異性を求めて蠢動《しゅんどう》するのは、恋愛でもなんでもない、ただ情慾の奴隷である。

（大正十四年九月・水鏡）

絶対善と絶対悪

世の中に絶対善《ぜったいぜん》もなければ、絶対悪《ぜったいあく》もあるものでないことは、霊界物語によって示さるるとおりであるが、しいて絶対善を求むるならば、愛《あい》こそはそれであり、憎《ぞう》こそ絶対悪である。

（昭和二年七月・水鏡）

恋愛と家庭

相愛《あいあい》する同士が結婚して造った家庭は、家庭としてはあまり面白《おもしろ》くないものである。なぜなれば、霊界物語に示されてある如く、夫婦は家庭の重要品であって、家庭本位でやってゆかねばならぬ。

しかるに相愛する同士は、ややもすれば家庭を忘れて夫婦本位となる傾《かたむ》きがある。また相愛する同士は意思《いし》想念《そうねん》に共通点が多いので、何事にもすぐ共鳴しやすい。したがって夫が主張するにことには一も二もなく妻が賛成してしまう。

それがまた家庭から見て、はなはだ為《ため》にならぬことがある。

やはり夫婦は家庭本位でなければならぬから、ときには夫のいうことでも家庭のためにならぬことには反対せねばならぬ。夫婦の性格は反対のほうが、かえって家庭からいうと、よい夫婦である。

（昭和二年八月・水鏡）

愛の独占

愛を独占《どくせん》しようと、恋人同士は痛切に希《こいねが》うのであるが、独占愛は三年しか続かぬものである。

（昭和四年九月・月鏡）

愛の力

王仁《わたし》は牛乳屋をやって、こういう経験を得た。

牛乳をたくさん搾取《さくしゅ》しようと思うなら、牛を可《か》愛《わい》がることである。可愛《かわい》がってやると、牛は安心して喜ぶから、乳がたくさん出てくる。

王仁《わたし》は牛を可愛《かわい》がってやったものだから、牛が慕《しと》うて王仁が行《ゆ》くところへみな寄ってきて、王仁の体をゲタゲタ舐《な》めたものだ。

だから王仁《わたし》の労働服は、いつもピカピカ光っていた。そのかわり、ほかの人のしぼるのよりも余程たくさんとれた。

（昭和六年十一月・玉鏡）

怒りと毒素

怒《おこ》ったり怖《おそ》れたりすると、人間の体内に毒素が出るものである。その毒素の臭《にお》いを嗅《か》ぐと敵愾心《てきがいしん》になってくる。犬の嗅覚は特に敏感だから、すぐそれを知って吠《ほ》えついてくる。泥棒などを犬が知るのはこの理由によるのである。誰《たれ》にでも多少感じてはいるのだけれど、明瞭に感じると感じないとの差がある。

いかなる猛犬にあっても、獅子《しし》虎《とら》の如き猛獣に対しても平気でいたらよい。愛の心をもって、一緒に眠るような気になれば、けっして害をしないものである。

どんな動物でもそうである、いわんや人間においておやで、愛の心をもってさえおれば、誰《たれ》でもが愛してくれる。

人間は虎や熊に遭《あ》えば怖《おそ》れるであろう、が、その下心にはあいつを甘《うま》く殺したら毛皮が何百円……と、はや銭勘定《ぜにかんじょう》をしている。その敵意がさっそく毒素となって感応してゆくから、牙をむいて飛びかかろうとする。小鳥などを見ても、どうして捕ってやろうかと、すぐ人間というものは敵愾心を持つからいけない。

敵意をもって事に処すれば万物みな敵になる。

愛をもって向かえばみな味方となる。

愛は絶対権威をもつものである。

（昭和六年十一月・玉鏡）

愛の分霊

現界においては、一人の人を数人の異性が相愛《あいあい》し合うと、多角関係となって秩序が乱れてこまるけれども、霊界においては愛という同じ心が一つになっているから、一つも障害はない。愛と愛とが一つになり、霊と霊とが相合《あいあ》うからである。

神は、伊都《いづ》の千別《ちわ》きに千別《ちわ》きて聞こし召す、というように、幾多の人にその愛を分け与えられるのである。

（昭和七年五月・玉鏡）

神への恋愛

信仰は恋慕《れんぼ》の心であるということは、かねて霊界物語、その他《た》で示されているが、その恋慕の程度のいかに切実なるものあるかを多くの人は知らない。これを一つの理想くらいに考えているのだからだめである。そんなものではない。

渾身《こんしん》の真心《まごころ》を捧げて神様に溶け入るとき、それは相愛《そうあい》の男女の抱擁《ほうよう》に幾《いく》十倍するかわからぬほどの心からなる幸福を享受するのである。天消地滅どころのものではない。実際、筆や言葉では言い現わすことができない底《てい》のものである。

思うても見よ、相手は至純至美なる神様である。純潔なる処女を形容して、天女のようだとよく人がいうが、どうしてどうして、比較にも何にもなったものではない。現世《うつしよ》の美と天界の美とは、標準が違う。

ひとたび天人、天女の相貌《そうぼう》に接したものは、現界におけるどんな美人を見ても、美男を見ても、美しいとは感じられない。それはあたかも太陽の前の電燈のようなものである。

また美女の形容に、竜宮《りゅうぐう》の乙姫《おとひめ》様に金覆輪《きんぷくりん》をかけたような美人などと言うが、天人界に比《くら》ぶれば、竜宮界の美女たちはその気品において遠く及ばないものがある。

天人界は、じつに、じつに美しいものである。

ふたたび言うが、信仰の極致、神様に溶け入るときの心境は、言語に絶した至善、至美、至貴なるものである。その心境を味わわねば徹底したる信仰とはまだ言い得ないのである。

（昭和七年九月・玉鏡）

惚れられる人

女から惚《ほ》れられぬ男、男から惚れられぬ女、いずれもそういう人々には何の仕事もできるものではない。男からも、女からも、老人からも、子供からも惚れられるような人間であって、はじめて天下にわが志《こころざ》すところのものを成しとげ得らるるのである。

「いまごろの男は、女からすこし秋波《しゅうは》を送れば、すぐデレデレして来る」というのか。王仁《わたし》が言うているのは、そうした技巧を弄《ろう》して、強《し》いて惹《ひ》きつけるものの謂《い》いではない。

男が惚れるような男、女が惚れるような女のことである。「桃李《とうり》物言《ものい》わず下《した》自《おのずか》ら径《みち》をなす」というような惚《ほ》れられかたでなくてはだめである。

惚《ほ》れられる秘訣《ひけつ》？

愛善《あいぜん》が徹底すればよいのである。自分のことよりも相手の幸福を思ってやる心だ。愛するもののためには自分の幸福を犠牲《ぎせい》にするという心だ。

王仁《わたし》は初めてあった人でも、話を聞いているうちに、その人の将来まで心配してやる心になる。王仁はいつも他人のことばかり思って、自分のことはちっとも思っていない。だからまた他人が王仁のことを思い、王仁を愛してくれる。

王仁《わたし》はまた、わが愛人に他《た》の愛人ができた場合にも、そのことに対してきわめて寛大である。

本当に人を愛するならば、愛するものが幸福にあることを心の底から祈るのが真の愛である。他《た》に走ったからというて嫉《ねた》み妬《そね》むのならば、それは自己の愛である。相手を愛していたのではなくて、自分の愛慾を満足さすために愛人を犠牲にしていたに過ぎない。

王仁《わたし》の目から見れば、近代の恋愛は真の恋愛ではない、偏狭《へんきょう》なる自己愛のかたまりだ。こういうかたくなな心でどうして愛が徹底するものか。

惚《ほ》れられる秘訣《ひけつ》、ただ相手の幸福をのみ祈る愛善の心だ、そしてまたその実際化だ。

（昭和七年九月・玉鏡）

妻としては

妻として、夫に他の愛人ができるというようなことは忍びがたい苦痛であろうが、こうした出来事は、けっして夫の本意から発するものではない。ちょっとしたはずみ、偶然の出来事から起こる過《あやま》ちで、妻を捨ててまで、というようなことを思っている男は一人もない。一夜妻という言語に男の心は尽くされている。

しかるに嫉妬深い女房は、こうした男の心を理解することができないで、すぐ真黒《まっくろ》に妬《や》き立てるから騒ぎが大きくなって、夫のほうでは思いもかけぬ結果の離婚問題などを持ちあげるようになるのだ。

妻に、過《あやま》ちを過ちとする寛恕《かんじょ》の心があれば、それは一家を平和に導き、みずからの一生を本当に幸福にする所以《ゆえん》の道である。

嫉妬深い女ほど気の毒なものはない。自分で自分を地獄のどん底につき落としている。

（昭和八年六月・玉鏡）

猛獣と愛

世に猛獣使いというものがある。猛獣を猫のごとくあしらうには、それを馴《な》らすに種々《しゅじゅ》の手段、方法が行なわれる。

だけれど、もしここに、いささかの恐怖を感ずることなく、絶対愛を注《そそ》ぎうる人がありとすれば、その人は、なんらの手段方法を用いずして、容易に猛獣をも手なずけうるであろう。

仁愛《じんあい》は世に一番強いものである。ゆえに愛をもって対すれば、いかなるものも従って来るものである。

猛獣などと愛の交流を行なうには、目によってするのである。

万有愛の心を目に物言わせて、じっと見つめておれば、猛《たけ》り立った猛獣もやがてだんだん柔《やさ》しい目になり、つづいてその態度もまったく柔順になり、人間の思うままになるものである。

しかし多くの人は、恐怖と嫌悪とのため心が縮《ちじ》かんでしまって、その余裕がないからだめである。

獣《けだもの》は正直であるから、こちらが愛に充たされておりさえすれば、きっと受け入れるものである。

（昭和八年八月・玉鏡）

信仰と人生

無抵抗主義と抵抗主義

無抵抗主義は、じつは極端なる抵抗主義である。打たれても、叩かれても、黙って隠忍《いんにん》しているところに底力《そこぢから》のある強い抵抗がある。そしてこの無抵抗の抵抗がついに最後の勝《かち》を制するのである。

天理教祖のおみきさんは、牢獄に投ぜらるること、幾回なるかを知らず、警官の叱責《しっせき》にあうや、いつでもただ、ハイ、ハイ、ハイというていた。

「ハイ、ハイ、ハイで這《は》い登《のぼ》れ山の上まで」

というのが、つねに彼女が教え子《ご》たちに示したモットーであったということである。

（大正十四年八月・水鏡）

神命と実行

神の命《めい》じたもうことは即座に実行せねばならぬ。寸時の猶予《ゆうよ》も許されないのである。命令を受けた時に実行せないで延ばすと、その事はもう成就せないのである。もし後《あと》で成就することになっても、それは外《ほか》の人がやってしまうから、命令を受けた本人にとっては、つまり実行できなかったことになる。

大本のことは、九月八日《くがつようか》の仕組《しぐみ》で、世間に先だって、リードするのであるから、一日おくれると世間並になってしまう。

見よ、大本が宗教連盟を企《くわだ》つるや世間はにわかに何《なに》連盟、彼《かに》連盟と、連盟を企てて真似をする。満蒙《まんもう》開発よりほかに国是《こくぜ》はないと思ってわたくしが入蒙《にゅうもう》すると、満蒙政策が喧《やかま》しく唱道される。

だから大本は一日先に神様に教えられて、社会を導くようになっているのである。

わたくしが「こうせい」と命じても「会議を開いて、相談した上で実行いたします」というような役員が多かったから今まで長蛇《ちょうだ》を逸《いっ》してしまったことが幾何《いくばく》あるかわからぬ。だから御経綸《ごけいりん》が遅れるのだ。

神様は考えてから、ゆっくりやるというようなことは大《だい》お嫌いだ。事業を計画するにしても、金が集まったうえでやるというのは、本当のやり方ではない。やろうと思うと同時に実行に着手したらよいのだ。そうすると、金は自然に出てくるものだ。

自然を見よ、かの蒼々《そうそう》空を凌《しの》いで立つ老松《ろうしょう》も、一本三厘《りん》の松苗《まつなえ》を、二、三分間の時間と、ほんの一寸《ちょっと》の労力で植えておいた結果に過ぎないではないか。先の先まで計画しての仕事ではない。

（大正十四年九月・水鏡）

三猿主義は徳川氏の消極政策

見ざる、聞かざる、言わざる、というモットーがある。面倒臭《めんどうくさ》い浮世《うきよ》に処《しょ》しては、この三猿《さんえん》主義にかくれるのが、いちばん上分別《じょうふんべつ》のようにも思われるが、これは徳川氏が、人民を制御する消極政策である。有為《ゆうい》なる人間に対する去勢《きょせい》政策である。この去勢政策によって、三百年の平和を維持しようと努《つと》めた陋劣《ろうれつ》な手段である。

神様のお道《みち》はこれに反して、積極《せっきょく》主義、進展《しんてん》主義である。

（大正十四年十月・水鏡）

物忘れと無我の境地

ものを聞いてすぐ忘れてしまうとて心配する人があるけれど、それはかえって結構《けっこう》なことである。善《よ》きことはみな血管に吸収されて霊《れい》の糧《かて》となるのであるから、これが真智《しんち》となって必要な場合にあらわれてくるのである。

覚えているようなことはカスであって、それは神経系統のなかに吸収されるのである。人間が浄化すれば浄化するほど、聞いたよいことは、ずんずん血液のなかに吸収されて、意識のなかに沈《しず》んでゆく。

かくて血液中に吸収されたるものは必要の場合にはあらわれてくるが、平素は出てこない。

これが無我《むが》の状態である。

（大正十五年九月・水鏡）

悲劇と喜劇

わたしは悲劇はきらいである。

さなきだに人生は苦しみが多いのであるに、わざわざ銭《ぜに》まで出して暇《ひま》をつぶし、泣きにゆく必要がどこにある。

喜劇は心を晴らす。時々《ときどき》見ると気分が転換する。

わたしは子供のときに定九郎《さだくろう》が与市兵衛《よいちべえ》を殺すところの芝居《しばい》を見せられてから、すっかり劇というものが嫌いになった。

（大正十五年九月・水鏡）

三千年に一度実る桃の実

三千年に一度実《みの》る桃《もも》の実《み》というのは、無花果《いちじく》のことである、桃のことではない。優曇華《うどんげ》の花咲く春というのも同じ意味である。優曇華はインド語であって、無花果のことである。

大本神諭の「煎豆《いりまめ》にも花が咲く」というのと同じ意味であって、希有《けう》の出来事の謂《い》いである。

（大正十五年十月・水鏡）

どんな仕事にも霊をこめる

どんな仕事にも霊を籠《こ》めてやらねばよい結果を得らるるものでない。田圃《たんぼ》でも花園《かえん》でも主人が毎日見廻《みまわ》って霊を籠めねば、けっしてよく出来るものでない。小作人や下男にのみになげかけておいて、よく出来るはずがない。

天恩郷《てんおんきょう》の植物は、松でも、萩《はぎ》でも、アカシアでも、何でもみな、非常ないきおいで成長する。それは、わたしが毎日見廻《みまわ》って、霊を籠《こ》めて育てるからである。

（大正十五年十二月・水鏡）

万有と道

鳥獣類にも、みな彼らが通行する道というものが定まっておるのである。そして、その道以外、けっして他《た》の道を通らぬものである。だから猪《いのしし》でも鴨《かも》でもその通る道に待伏《まちぶ》せしておると、きっとそこを通るから捕獲することが容易にできるのである。

その道というのは、彼らの祖先が一番初《はじ》めに通った道であって、子々孫々《ししそんそん》その道を通るのである。けっして勝手次第に歩くものでない。

すべてのものは道によって立っておる。

神も道によって立ち、人も道によって立ち、万有も道によって立つ。

（昭和二年一月・水鏡）

老人と若人

小林佐平《こばやしさへい》という侠客《きようかく》が大阪にあって八十歳で逝《い》ったが、死ぬまで大そう達者《たつしや》であった。団熊《だんくま》などといっしょに大阪では有名な侠客であって、どんな喧嘩《けんか》でも彼が顔を出せば、すぐ治まったものである。

その小林が年老いて壮者《そうしや》をしのぐ元気があったのは、かれは常に、若い子供を傍《そば》に寝かしておいたからである。若い子供と一所に寝るということは、若返《わかがえ》りの一方法であって、それによって老人に溌剌《はつらつ》たる元気が出てくるのである。

それは若い人の生気を取るからであって、また若い人の方面からいうと、有り余ってどんどん出てくる生気、すなわち人体電気を老人に取ってもらうことによって、非常に快感を覚えるのである。

老人が孫を可愛《かわい》がって抱いてねるのも、一つはこういう理由からくるのである。

おたがいに気持ちがよいのだから、祖父母と孫とはどこでもみな仲がよいものである。

（昭和二年五月・水鏡）

天は人に二物を与えず

美人に生まれたいとはすべての人の願いであろうが、天は人に二物を与えず、美人にはあまり賢《かしこ》い人がないものである。

美人薄命という諺《ことわざ》があるが、それは美人に、その美に相応する智慧《ちえ》がないから起こる悲劇であって、もしそれがあったら、けっして薄命に終わるようなことはないのである。智慧が足らぬから自分の容色を鼻にかけ、若いときはツンとすましていて後半生の計画をせないからいけない。

智慧があって美人であったら鬼に金棒《かなぼう》、めったに不幸に終わるようなことはないのである。

わたしも若いときは他人《ひと》から、きれいな、きれいな、と言われたから、美人薄命の覆轍《ふくてつ》を踏まないようにせねばならないと考えて注意してきた。

きめの荒《あら》い人もまたあまり利口《りこう》でない、きめが細《こま》かい人ほど賢いものである。

（昭和二年五月・水鏡）

神的順序と事務的順序（人的順序）

神は順序《じゆんじよ》にましますというのは神的《しんてき》順序にましますということであって、事務的順序、すなわち人的順序の謂《い》いではない。

近頃この二つを混同して、何もかも順序々々といって、事務的順序を立てることを神の御意思のように誤解して、かの事業は誰《たれ》の手を経なかったから甘《うま》くゆかぬ、というようなことを言うものがあるのを聞くが、大なる誤解である。

神的順序を違えるというのは、明日《みようにち》かならず行きますと約束をしておきながら、とつぜん今日《きよう》来るというようなことをするのをいうのである。

神様はどこまでも正しくいらせられて、嘘《うそ》や偽《いつわ》りということを決して許されぬ。時間的に今日の仕事、明日の仕事とちゃんと定《き》まっているのを、約束を破って突然《とつぜん》来ると、時間の順序というものがまったく狂ってくる。

神様はいかなることがあろうとも、四季の順序を決してお違えにならぬごとく、人間も神様に習って今日すると定《き》まったことを明日にまわしたり、明日と定《き》まったことを今日に取り越してはならぬ。

わたしは文章を書いても書き損《そこな》いということをせぬ。一枚の原稿用紙を書くにも、それぞれ時間というものを要している。その時間というものは再び来るものでないから、それを書き直すと、神的順序を乱すことになる。どんなよい文章でも神的順序を誤《あやま》っていては神の思召《おぼしめ》しに叶《かな》わないから、人を感動さす力が薄いものである。

四季の推移を考えてみるがよい。いつもいう通り、神様は春桜花《はるさくらばな》の色が悪かったので夏も一度やり直すということは、けっしてなさらない。もしそんな事があったら、それこそ大変である。

そのごとく人間も順序を違えてはならぬのである。そういうことを神的順序を守るというのであって、わたしの命じた仕事に対し、誰の手を経ないでした仕事であるから成就しないなどというのは、神的順序と事務的順序の区別をわきまえぬものである。

言うておくが、わたしの命じたこと、いうたことは、その時すぐその通りせねば駄目である。

それからわたしは、大正十三年の節分祭《せつぶんさい》に当たって演説しておいた。

わたしの仕事については、総裁や、瑞祥《ずいしょう》会長の手をへないで、直接分所長、支部長に命ずる場合がある。時にはまた、ただの信者に突然ゆくことがある。わたしは誰《たれ》にでも便利のよい人に命ずるのである。

命ぜられた人がやったらよいのである。

繁文縟礼《はんぶんじょくれい》、誰の手を経なければならぬ、というようなことはない。

天恩郷《てんおんきょう》の建設、別院の設置等はわたしの仕事であって、瑞祥会の仕事でもなければ大本の仕事でもない、と同時に、分所支部に関する事務は瑞祥会の仕事であってわたしの仕事ではない。

（昭和二年五月・水鏡）

人生の諸問題

人は水の流れるように生活すればよろしい。

水は流れやすい方向を選んで、いと自然におのが途《みち》を開いて進みゆく。途中、障害物に突きあたることがあると、またいと自然に方向転換をやって進みやすい道を進んで行く。

これが、処世法の秘訣《ひけつ》である。

自然に逆らって低きにつかんとする水を高所《こうしょ》に上げようとするような生活は、労《ろう》多くして功《こう》がすくないものである。

現今の地上は、悪魔の集会所である。

ゆえに諸善神《しょぜんしん》は天にのぼり、地に潜《ひそ》んで、その跋扈《ばっこ》跳梁《ちょうりょう》にまかしてあるがごとき状態である。

であるから、善《よ》いことは容易にできない世の中である。善い人、善い仕事にはかえって悪魔がつきまとうて邪魔をする。ちょうどよい果実《このみ》に悪い虫がつくようなものであって、神様のお守《まも》りを受けるよりほかに、これを防《ふせ》ぐ道がないものである。

甘《あま》い果実《このみ》に悪い虫がつく、その虫がつかぬように人間が除虫法を行い、袋をかぶせて保護してやる。そうすると、誠にりっぱな見事なものが得らるる道理。

どんな性《しょう》のよい人、また成功すべき仕事であっても、神様のお守りがないと悪魔にたたられて、惜しいことには十分成熟せずに、ポタリポタリと途中で落ちてゆく果実《このみ》のそれと同じ結果に終わってしまうのである。

生死の問題と信仰とは別である。

人間は玉《たま》の緒《お》が神様と結んであるので、それを神様が切られると、命が切れるのであって、人はそのもとを大切にせねばならぬ。生死は、まったく神の御手《みて》にあるので、人力《じんりき》をもっていかんともすることはできない。大切な子が死んだため信仰をおとすなどというのは訳のわからぬ人間である。

思うようにはゆかぬ世の中である。

それは前いう通り、地上に悪魔が横行闊歩《おうこうかつぽ》しておるからである。

それゆえに人間は神様に守っていただくと同時に、勇気を出して物事をやって行かねばならぬ。勇気を出せば悪魔は退《ど》いてしまう。人は思う道を勇敢《ゆうかん》に進むにかぎる。

思うようにはゆかぬ世の中というのは悪魔のさやる世の中をいうので、神代《かみよ》になれば思うことが箱《はこ》さしたように、ケタリ、ケタリと甘《うま》くゆくことは神諭に示さるる通りである。

それだからこそ神様が立替《たてか》えを急《いそ》いでおいでなさるので、神様は早くこの悪魔を退治《たいじ》して皆《みな》が喜び勇《いさ》んで暮す世の中にしてやろうと、昼夜間断なくご活動になっているのである。

思えば有難《ありがた》く、もったいないかぎりである。

どんな仕事でも十年くらい辛抱《しんぼう》すれば運が向い

てくる。一年や二年では成功するものではない。一つ仕事をつかまえたらそれを変えぬほうがよい。二、三年してはほかし、三、四年しては職業を変えるような人は、生涯《しょうがい》成功をみることができない。

十年しても芽《め》が出ねば、ほかの仕事を選んで見てもよいが、それも若いうちのことで、四十歳を越したらもう、ちゃんと一定の職業というものが定《き》まらねばならぬ。四十歳で仕事が定《き》まればそれがまあ普通である。

四十歳を越して仕事をかえてもあかん、三十歳までに仕事が定《き》まればその人は成功者となることができる。

（昭和二年八月・水鏡）

断食のこと

食《しょく》すべき食物《しょくもつ》が豊富にある時、断食《だんじき》しても、それは断食にはならない。

宣伝にいって食するものがなかったり、忙《いそが》しくて食事する間《ま》がなくて、食べたり食べなかったりする場合が真の断食になるので、それが三度つづけば一日分《ぶん》断食したことになるのである。それがおかげである。

昭和二年十月ある日のこと、筆者は聖師様のお供《とも》して、大阪の某会社に参《まい》りました。会社では、附近の土地のご検分を願うためにおいでをお願いしたのでした。

午前十一時頃お着きになりましたので、会社側ではご中食を差し上げるとて、そのことを申し出られました。聖師様は軽く「ご飯は済《す》まして参りました、どうかおかまいなく」と断わられました。

じつは聖師様もお食事はしてはおられず、随員たちも頂戴《ちょうだい》してはおりませんでした。

それから電車にのせられ、下車して一里ばかりの山道を歩かされました。晩までにはかなりお腹《なか》がペコペコになって参りました。

晩餐《ばんさん》の後《のち》、聖師様は上記のお話をして下さい

まして、

「みなさん今日は定《さだ》めしお腹《なか》が空《す》いたであろう。じつは、みなさんに断食をさしてやろうと思って、わざとにああいうて断わったのだ、みなさんはおかげをもろうた」

と、お話し下さいました。随員一同、深く御神《ごしん》恩《おん》を感謝いたしました。

聖師様はつづいて仰《おお》せられました。

「たとえ断食しても、神様の御為《おんため》働かしていただくという決心をして一か月間、その誠《まこと》をいたせば、神様はその赤誠《せきせい》を嘉《よみ》したもうて、その後《のち》きっと結構にして下さる。

一か月の断食というのは、引き続いて一か月断食するというような苦業《くぎょう》ではなく、一日食《た》べん日があったり、二日食《た》べん日があったり、それが積《つも》って一か月になるということなので、それも前いうとおり、自分の我《が》でしては断食にならぬ。

窮乏《きゅうぼう》して食物がなくなって、食べようにも食べられないようになったり、草を褥《しとね》の旅枕《たびまくら》、宣伝の旅にのぼって、金は無くなり、食物を与えてくれるものもないで、止《や》むを得《え》ず断食するというようなのでなければ、神様から認めらるる断食にはならぬのである」。

（昭和三年一月・水鏡）

神の恵は公平無私である

世の中には、祖先伝来の巨額の財産によって安《あん》佚《いつ》に一生を暮らし、かつ巨万の資産によって富はますますその富を加え、一食数十円の馳走《ちそう》を食《く》い、世間一般の人々より、非常な羨望《せんぼう》の的《まと》となっている一方には、朝食て晩に食《く》うものがなく、冬になっても綿入《わたい》れ一つ着かねるような極貧者《ごくひんじゃ》があったり、非常に人間の生活上には逕庭《けいてい》がある。これをみて世人一般は、前に述べた富者《ふうじゃ》を最大幸福者となし、貧者《ひんじゃ》を最大不幸者とみている。

しかしながら一飯数十金を投じた美食よりも、

塩から鰯《いわし》に麦飯《むぎめし》を喰って舌鼓《したつづみ》をうっている貧乏人のほうが、なにほど甘《うま》く食《しょく》を味わっているか知れない。また貧乏人のほうには、今日食《く》って明日の食糧をどうしようかという、きわめて単純な心配があるのみで、働きさえすれば何とかして食ってゆくことができるが、一方の富者になると、その精神上の苦痛はきわめて複雑なるものである。

大地主《おおじぬし》は天災地変のために収入の不足を憂慮し、あるいは小作米が満足に納まるであろうか納まらないだろうかというような煩悶《はんもん》があり、金貸《かねかし》は借り倒されはせぬかと案じ、大株主《おおかぶぬし》は一時間ごとに相場《そうば》の高下《こうげ》によりて睾丸《きんたま》を上げ下げし、かつまた自分一生のあいだ巨万の財産を保護し得たとしたところで、子の代になって費《つか》い果たしてしまうようなことはないかと、先の先まで煩悶苦悩を継続し、寝ても醒《さ》めても真《まこと》の安心ということは得られないのである。

「楽しさは夕顔棚《ゆうがおだな》の下涼《したすず》み」とかいって、貧乏人や労働者になると、一日汗を絞《しぼ》り、その日の労銀《ろうぎん》を得て米塩《べいえん》を買い、夫婦子供が夕顔棚の下で家庭団欒《だんらん》の楽しみを味わうその気楽さに比して、とうてい比《くら》べものにならないのである。

こう考えてみると、富者は物質の方に事足《ことた》るといえども、物質あるがために、非常な煩悶と苦悩をつづけて一生を終わらねばならず、また一方の貧人は一生涯のあいだ、米塩《べいえん》のために汗を絞らねばならぬ、そのかわり精神的の苦痛はきわめて軽微のもので、かつ簡単である。

一食三十円の膳部《ぜんぶ》よりも、一食十銭の鰯《いわし》に麦飯のほうが、なにほど味がよいか知れぬ。働いて食う麦飯と、身体を労せずして精神を使うて食う美食とは比《くら》べものにならぬほど、その味が違うのである。

かく観《かん》じきたれば神が人に与うるその恵《めぐみ》にすこしの不公平はない。否《いな》、むしろ貧者の生活のほうが、なにほど恵まれているかわからないと思う。

（昭和三年五月・水鏡）

世の中に最も不幸なるもの

世人《じん》或《あるい》はいう、鰥寡《かんか》、孤独、または貧者、重病人なりと。しかしながら以上の人たちよりも尚《なお》々不幸なるものがある。いかに巨万の富を積むといえども、貴人の列に加わるとも、人間死後の生活を知らぬほど大なる不幸のものはない。

いかなる貧人《ひんじん》といえども、鰥寡《かんか》、孤独といえども、死後、永遠の生命を感得したものは、胸中おのずから閑日月《かんじつげつ》あり、非時《ときじく》心に爛漫《らんまん》たる花咲きみち、芳香薫《ほうこうくん》じ、言うにいわれぬ歓楽に浸《ひた》り、永遠の生命を楽しむことができる。

ゆえに如何《いか》なる智者、学者、貴人、富者といえども、明日をも知れぬ人生を保ち、戦々競々として、その日その日を送るくらい不幸なものはない。

（昭和三年五月・水鏡）

汗しぼり働く後の休らひは天津御国の姿なりけり　『地上天国』より

苦集滅道

○苦は苦《くる》しみである。人生に苦《く》というものがあればこそ楽《らく》の味わいが判《わか》るのである。

人間が飢《う》えんとする時、凍《こご》えんとする時、あるいは重い病《やまい》にかかる時、かわいい妻子に別れる時、汗を絞って働く時、峻坂《しゅんぱん》を登る時などは、かならずこの苦というものを味わうものである。この苦があってこそ、楽しいとか、嬉しいとか、おもしろいとかいう結果を生み出してくるのである。

人生に苦というものがないとすれば、無生機物《むせいきぶつ》も同様で、天地経綸《てんちけいりん》の神業《しんぎょう》に奉仕することは絶対に不可能である。

人生は苦しいなかに楽しみがあり、楽しいなかに苦しみがあって永遠に進歩発達するもので、寒《かん》暑《しょ》と戦い、困難と戦い、悪と戦い、そうしてこれらの苦しみに打ち勝ったときの愉快《ゆかい》は、じつに人生の花となり、実となるものである。

高い山に登るのは苦しいが、その頂上に登りつめて四方《よも》を見晴らすときの愉快な気分は、山登りの苦しみを贖《あがの》うて、なお余りある楽しみである。

○集、宇宙一切はすべて細胞《さいぼう》の集合体である。日月星辰《じつげつせいしん》あり、地には山川草木《さんせんそうもく》あり、禽獣虫《きんじゅうちゅう》魚《ぎょ》あり、森羅万象《しんらばんしょう》ことごとく細胞の集合体ならざるはないのである。

家庭を作るも、国家を樹《た》つるのも、同志が集まって団体をつくるのも、これみな集《しゅう》である。

家を一つ建てるにも、柱や桁《けた》や礎《いしずえ》や、壁や、屋根そのほか種々《しゅじゅ》のものを集めなくては家ができない。人間の体一つを見ても、四肢《し》五体《たい》、五臓《ぞう》六腑《ぷ》、神経、動静脈、筋肉、血管、毛髪、爪《つめ》など、種々雑多の分子《ぶんし》が集まらなければ人体は構成されない。

天国の団体を作るにも、智慧証覚《ちえしょうかく》の相似せるものが相《あい》寄り相《あい》集まって、かたちづくるものである。これみな集《しゅう》である。

要するに、前にのべた苦○は人生の本義を示し、○集は宇宙一切の組織を示したものである。

滅は、形あるものは必ず滅《めつ》するものである。

○またいかなる心の罪といえども、天地惟《てんちかむながら》神の大道《だいどう》によって、朝日に氷のとけるが如く滅《めつ》するものである。

たとえば百姓が種々《いろいろ》の虫に作物を荒《あら》されてこまるとき、種々《いろいろ》の工夫をこらして、その害虫を全滅せんとしているが、とうてい、これは人力《じんりょく》では滅《ほろ》ぼすことはできない。ただその一部分を滅《めつ》しうるだけである。

害虫は植物の根や幹《みき》や、梢《こずえ》、または草の根に産卵して種族の繁殖《はんしょく》をはかっておるが、しかしながら冬の厳寒《げんかん》あるためにその大部分は滅《ほろ》ぼされてしまう。

これは天地惟《かむながら》神の摂理であって、滅《めつ》の作用である。

仏教に寂滅為楽《じゃくめついらく》という語があるが、人間がこの天地から死滅してしまえば、なんの苦痛も感じない極楽《ごくらく》の境地に入《い》ると説くものがあるが、これはじつに浅薄《せんぱく》極まる議論である。

寂滅為楽という意義は、すべての罪悪が消滅し、害毒が滅尽《めつじん》したならば、極楽浄土に現代が化《か》するという意味である。

すべて人間そのものは無始無終《むしむしゅう》の神の分身である以上、どこまでも死滅するものではない。五尺の躯格《くかく》は滅ぼすにしても、人間の本体そのものは永遠無窮に滅尽《めつじん》しないのである。しかしながら、悪逆《あくぎゃく》とか、無道《むどう》とか、曲神《まがかみ》とかいうものは、きっと神の力と信仰力によって滅ぼしうるものである。

これらをさして滅《めつ》というのである。

○道《みち》は道といい、言葉といい、神ともいう。宇宙に遍満《へんまん》充実する神の力をさして、みちみつ、というのである。要するに苦《く》、集《しゅう》、滅《めつ》の意義を総括したものが道《どう》となるのである。

道《みち》は霊的にも体的にも踏まねば、とうてい天国に達し、彼岸《ひがん》に渡ることができない。ゆえに空中にも道があり、地上にも道があり、海の面《おも》にも道がある。

道は充《み》ち満《み》つる意味であり、霊《れい》、力《りょく》、体《たい》の三大《さんだい》元質《げんしつ》を統一したる意味であって、これがいわゆる瑞霊《ずいれい》の働きである。

仏典にはミロク下生《げしょう》して、苦集滅道を説き、道《どう》法礼節《ほうれいせつ》を開示す、と出ているが、苦集滅道というも、道法礼節を開示するというも、意味は同じことである。

要するに苦集滅道は体《たい》であり、道法礼節は用《よう》ともいうべきものである。

（昭和三年六月・水鏡）

無我の境、無我の声

無ということは言霊学《げんれいがく》上、天《てん》ということである。我《が》ということは霊的にみた自分、宇宙と合致したる自分。

自己の肉体をさして吾《われ》という、吾《われ》のわれは五つの口《くち》と書く。鼻の穴、口の穴、耳の穴、尻の穴、小便の穴、この五つの穴を備えた肉体の自分をさして吾《われ》という。

無我の境《きょう》ということは、天地の神と融合したる状態である。欲望もなく、怨恨《えんこん》もなく、好きもなく嫌いもなく、自分もなく人もなく、神の懐《ふところ》にとけいって、神は我《われ》なり我は神なり、神人一如の境地に立った場合を無我の境というのである。

吾人の吾《ご》もわれなれば我が国の我《われ》もわれという。しかしながら、我という場合は、大なる神の我《われ》、吾という場合は、一個の肉体の吾《われ》となるのである。われわれとか、わが身とか、わが家《や》、わが妹《いも》、わが妻など書く場合は、かならず吾《ご》の字を用《もち》うるのが至当である。

（昭和三年六月・水鏡）

惟神の心性

富貴《ふうき》、栄達《えいたつ》、金銭、性慾、虚栄《きょえい》そのあいだに介在する一切の闘争も論議も屁理屈もしょせん無事平穏時代の一つの躍《おど》りに過ぎない。純理だ、合理だ、正義だ、公論だと殊勝《しゅしょう》らしく喋々《ちょうちょう》していた、いわゆる先覚者も、私利私慾に明け暮れかじりついている餓利《がり》餓利《がり》亡者連《もうじゃれん》も、名誉の奴隷輩《はい》も、驚天動地の大震災と大火災の阿鼻《あび》叫喚《きょうかん》地獄《じごく》に投ぜられたその瞬間には、何物がその脳裏に存在するであろうか。

その最初のあいだは、一物《いちぶつ》でも、一物でも、と物質に対する欲求に駆《か》られているが、次第に震害《しんがい》と火力が強烈になったら、それらも一つ一つ放棄せねばならなくなる。執念深く物質にのみかじりついていようものなら、貴重な生命までも放棄せなくてはならなくなるだろう。

理学や化学の大家と称せらるる人々にも、天変《てんぺん》地妖《ちよう》の惨状を予知することは到底《とうてい》できないだろう。いかなる哲学者も宗教家も応用化学の大家も、端然《たんぜん》として大震大火《だいしんたいか》の真最中《まっさいちゅう》に立っていることはできない。いずれも生命《いのち》の惜《お》しさに、ブザマな醜状《しゅうじょう》を暴露《ばくろ》して逃げ出すより途《みち》はないのである。千万長者も、無一物の労働者も愚者も智者も、われ先に、と争《あらそ》って逃げ迷わざるを得ないだろう。

かかる際、物質慾を捨て、一切を神に委《まか》し、身一つで逃げ出したものは生命《いのち》を保たれ、慾《よく》の深い連中は皆殺されてしまうであろう。

大自然という強力者のまえには、知愚貧富《ちぐひんぷ》の区別はない。太陽は等しく曖昧《あいまい》を平等的に与える。日光も涼風《りょうふう》も等しく風流《ふうりゅう》を与える。そこに大自然即《そく》神様の尊い仁恵《じんけい》があるのだ。暴風も洪水《こうずい》も地震も、人によっての区別はない。いわゆる天災地妖《てんさいちよう》は平等的である。

こうした大自然のなかから、人間は人間の哲学を見出さねばならない。

現代の一切について大なる矛盾《むじゅん》と撞着《どうちゃく》のあまりに雑多なるを痛嘆《つうたん》せられる。自分はここにおいて、一切の人類に対し、ただ惟神《かむながら》の心性に帰れ、と大声疾呼《たいせいしっこ》したくなる。

文化の進展したいまの世界においては、人間の生命はあまりに廉《やす》い。竹の柱に茅《かや》の屋根の時代には、あまり生存難だとか、失業だとかいうような忌《いま》わしい不自然な問題は起こらなかったのである。

鉄筋コンクリートの高層建造物の世の中に、生存難や人間苦が存在している。

一つの大建造物に幾万の生霊《せいれい》を容《い》れて、一瞬のあいだにその生命《いのち》を奪われた東京の震災を思い出さずにはいられない。只々天地《ただただてんち》惟 神《かむながら》の法にしたがい、竹柱茅屋《ちくちゅうぼうおく》の神代《かみよ》的生活であったならば、かような無残《むざん》なことはできなかったであろう。

電気も瓦斯《ガス》も水道も、大自然の強力には、なんらの力なく、滅茶々々《めちゃめちゃ》に毀《こわ》されてしまう。井戸水やろうそくは、そこになると非常なる底力《そこぢから》があるといわれるのも、西洋文明に対する皮肉である。

自分は原始時代を盲目的に讃美するのではないが、そこに味わうべき点の多々あることを力説したいのである。薄っぺらな西洋文明崇拝者や、耶蘇教かぶれや、文化宣伝の学者らの反省を促《うなが》したい。そしてこれらの盲目的学者や同胞をして、純粋なる日本神国《にほんしんこく》の神民《しんみん》に復活させたい。純日本人に復し、惟 神《かむながら》の大道《だいどう》に導き救うのが人間相互の勤《つと》めであると思う。

外道《げどう》に陥《おちい》れる地獄《じごく》魂《だましい》の多い、いまの世の中は、殊《こと》にこの感を深うさせられるのである。

東京、横浜の震火災《しんかさい》のとき、玄米《げんまい》の粥《かゆ》と梅干《うめぼし》一個で一日生命をつないだ経験のある人々には、いかに人間が生命慾に強烈であるかということに気がついたであろう。

しょせん人間の欲求するものは、永遠無窮の生命である。人間の生命はどこまでも永遠でありたい、そして不滅でありたい。心強い信仰の上に立脚して、人間らしく神民らしく進展すべきである。

純日本人は、日本神国の神民に復《かえ》りたい。

この筆法で自分は今日まで進んできた、真剣に邁進《まいしん》してきたのである。これに反対し妨害するものに対しては、全力をあげて闘ってきた。自分は人類愛のために、今日まで奮戦苦闘をつづけ、外道悪魔の牙城《がじょう》にむかって勝鬨《かちどき》をあげてきた。

神を力に誠《まこと》を柱に、信仰と熱心と忍耐とによって、ここに地上天国、霊国《れいごく》を建設してきたのである。

嗚呼《ああ》、惟 神霊幸倍坐世《かむながらたまちはえませ》。

（昭和三年八月・水鏡）

生命

　生命は永久に存続するもので、過去現在未来の三世《さんぜ》にわたって生きている、吾々《われわれ》生物の生命は絶対不変無始無終にして、神の分霊分身《ぶんれいぶんしん》である。ゆえに永遠にわたって不老不死である。

　吾人《ごじん》は地上の誰人《だれ》とも約束なく、唯々惟《ただただかむながら》神の摂理《せつり》によって生まるべきところに生まるべき時を得て生まれたまでだ。それゆえに愛着だとか悲惨だとか苦痛だとか快感だとかいうものは、その本来にはないのだ。ただ喜怒哀楽《きどあいらく》、愛悪慾《あいあくよく》の情《じょう》のごときは、肉感的一の衝動に過ぎぬ。

　現在は、これだ、これだ、と握っていることはできうるが、そうして掴《つか》んでる間《ま》に、それ自体の現在はすでに過去に属してしまう。未来と聞けば遠いように考えられるが、そのあいだも、それは現在として展開して来るではないか。

　そう考えてみると、吾々の生命は絶対無限であらねばならぬ。春夏秋冬《しゅんかしゅうとう》と宇宙の大自然は、規則正しく展開して永遠に変わりがない。吾々の生命も愛着、悲惨、苦痛、快感と展開して、永遠に変わりはないのだ。

　世の中に、現実観ほど悲哀の多いものはない。

　あの仕事をやってみたい、この望《のぞ》みも達したい、明日がきたら、明後日がきたら恋人に逢《あ》える、来春は久しぶりで帰郷して懐《なつ》かしい慈母《じぼ》に会えると指折り数《かぞ》えている。子にも会えると言って自分が指を折って待っていく。引きつけるように色々な欲求を追ってゆく。その心の底に一脈の喜びが潜《ひそ》んでいる。

　しかし、それを待つ刻《こく》一刻に、その人の生命は幻滅に近づいてゆく。

　かわいらしかった子は筋肉逞《たくま》しき壮漢《そうかん》となり、愛らしかった恋人は皺《しわ》くちゃの姿となり、曲線美は梅干《うめぼし》のごとく乾《ひ》からびてゆく。

　小さい現実の欲求を遂《と》げんとするために、死にゆく大なる犠牲を払いつつ迷路に進んでゆくのだ。

刻々にその人の生命は死の関門を指して、一歩一歩近づきつつあるのである。

もしそれ、吾人《ごじん》の生命が有限のものであったら、そうした欲求の行程《こうてい》は死の行程であって、これほど大なる不幸と不安はないのである。

無限の生命、そこに吾人が絶対不断の生命を見出して、永久に生きることを悟《さと》ったとき、吾々の眼前に展開されるものは、すべてが試練《しれん》であり、すべてが教訓であることが覚り得られる。

吾々《われわれ》が人間として世に処《しょ》するその間《かん》の出来事をみても、幾多《いくた》の曲折《きょくせつ》があるのでおもしろい。

その当時は欲求に満たない、いわば一種の苦痛として痛ましいことであったその試練されたことを、時過ぎてから想い出したときに、皆それは追憶《ついおく》となって美しき過去を見ることができる楽しさがある。

過去の悲惨なりし歴史も、甘《あま》かりし恋路《こいじ》も、得意も失敗も幻《まぼろし》の如く、現実に浮かんでくるごとに一種の愉快さを覚《おぼ》ゆる。そして過去から現在、未来へと、永遠無窮《むきゅう》に生命が継続されつつ、天国の果てなき国へと進んでゆく。

これが、人生永遠の生命だ。

自分は今までの体験から考えると、吾々の過去はまことに美しかった。貧乏で食《く》うや食わずの危機に立ったことも、冤罪《えんざい》を被《かぶ》って獄舎に自由を束縛されていたことも、世間のあらゆる嘲笑讒誣《ちょうしょうざんぶ》の的《まと》となったことも、過去の歴史の一ページとして語るとき、それはみな美しい、そして楽しい。

たとえ貧乏生活でも悲惨の境遇でも、それを永続したときは勝利となってくる。勝利は常《つね》に正義である。社会からなにほど嘲罵《ちょうば》され、侮辱《ぶじょく》され、批難されても、それ自体が永続したら、かならず末には正道《せいどう》として認めらるることになる。

現代人の大本に対する総《すべ》ての観念も、今や勝利者として遇《ぐう》するに至ったのは、吾人が永遠の生命を確信して不断の活動を続けてきた活《かつ》歴史の賜《たまもの》であるともいえる。


（昭和三年九月・水鏡）

人生と信仰

人間を現在的生活のうえより見れば、じつに寂《さび》しい、はかないものである。

十か月間恩育《おんいく》された母体をはなれて、やっと一《ひと》口産声《くちうぶごえ》をあげるや否《いな》や、五十年とか、長きは七十年、八十年を限りとして、大自然という無言の裁判官から死刑の宣告をうけているのだ。

日《ひ》一日と乳児が生育してゆくのは、いわゆる死刑台上に一日《いちにち》々々と近寄りつつあるのだ。それでも吾人《ごじん》は千年も万年も生きられるもののごとく、安閑《あんかん》として種々《しゅじゅ》の欲求にかられ活動をつづけいるのだ。

名は益々美《ますますび》ならんことを思い、位《くらい》は益々《ますます》高からんことを念じ、生命《いのち》は万歳《まんさい》の齢《よわい》を空想し、富《とみ》は益々《ますます》大ならんことを欲して、走馬燈《そうまとう》の如く現実界に目まぐるしきほどの活動を続けている。そして一日々々死刑台上に近づいてることを、あまり深くは感じないのである。

試《こころ》みに思え、重罪犯人が裁判官より死刑の宣告を受けて、刑の執行の日を、いつか、いつか、と待ってるあいだの心持ちはどうであろう。淋《さび》しいと言おうか、苦しいと言おうか、顔色《かおいろ》青ざめ身体骨立《こつりつ》し、飲食もその美を感ぜず、ほとんど死人のごとく青色吐息《あおいろといき》溜息《いきためいき》にのみ、刻々を過ごすであろう。

吾人は重罪犯人でなくとも裁判官の死刑の宣告を受けずとも、大自然は既《すで》に既に吾人に厳《げん》として動かすべからざる死刑の宣告を与えているではないか。

あゝ人生はかくのごとく淋しいものであろうか、悲惨なものであろうか。

否々然《いないなしか》らず。吾人は神とともに永遠無窮《むきゅう》不老不死の生命そのものである。

霊肉脱離《れいにくだつり》の関門はあっても、吾人の本体そのものはけっして滅亡しない。現実界のすべての歴史を、過去の背景として永遠無窮に霊界に復活するのである。そして現実界における善悪の応報《ほうおう》は自身の霊体《れいたい》に反響し、しみついて永遠に離れないものだ。

これをおもえば神《かみ》の子神《こかみ》の宮《みや》たる人間は、現実界において善をいい、善を思い、そして善を行い、主神《すしん》を愛して、主一無適《しゆいつむてき》の信仰に生き、永遠無窮の安楽国《あんらくこく》をみずから開拓せなくてはならぬ。

これ人生に信仰のもっとも必要な所以《ゆえん》である。

（昭和三年九月・水鏡）

死に直面しての安心立命

死というものは人間にとって最も大切なる大峠《おおとうげ》である、階段である。

霊肉分離《れいにくぶんり》の時をもって普通一般に死んだという。いかなる思想、いかなる境遇の人間も、死というものの境界に想いを致したときは、何らかの感慨に打たれないものはない。

虚心虚無《きよしんきよむ》の境《きよう》に入《い》ったと平素いっている悟道者《ごどうしや》も、また相当の寂《さび》しみを有するのが常である。いわんや俗人においておや。現世に対して執着の感想を強うするとともに、行末《いくすえ》に対しての欲求が沛《はい》然《ぜん》として台頭《たいとう》してくるだろう。

かなりの屁理屈《へりくつ》をさえずって飯を食っているあいだは別にその本心に衝動はないが、さて口でこそいろいろと強そうなことを言っていても、それがいよいよ何日の何時に汝《なんじ》の生命、否《いな》肉体は破滅すると断定されたときには、人《ひと》相当の想いを致すは事実である。それが各人各様にそうした事実が運命づけられていながら、明らかでないから良いようなものの、的確に断定されたら、かなり強烈なる衝動を感ずるであろう。

万事は天運《てんうん》と諦《あきら》めてみようと思っても、それは生に対する欲求があまりに強いためにできにくい。未来は天国へ行って復活するという確信があっても、それが時間的に断定されたら、どうしても心魂がぐらついてくる。

死の境《さかい》に直面して真個《しんこ》に微笑して行くという人

は、大本信者のほかには断じてないだろう。

一段の宗教家らしい人も信仰者も、精神修養者も道徳体験者も、既成宗教のいずれの派の信徒も、真個に微笑して心から嬉しく楽しんでニコヤカに死につくものはない。

ゆえに吾人《ごじん》は、地上一般の人々に対してこの大問題を解決し、心の底から安心立命《あんしんりつめい》させたいがために、日夜の活動をつづけているのである。

（昭和三年十月・水鏡）

神と倶にある人

仏の面《かお》から御光《ごこう》が射したとか、こんな不可思議があったとか、どんな御利益《ごりえき》があったとか、五色《ごしき》の雲がたなびいて仏陀《ぶつだ》が現われたとか、そういう伝説めきたることは論外として、われわれ人間がこうして生きている。

そのあいだの天恵地恵《てんけいちけい》、それを毎日刻々《こくこく》に体験して味わってみれば、われわれの周囲はみな神であり、弥陀《みだ》であり、弥勒《みろく》である。天の恩恵、地の恩恵、それらはことごとく神仏弥勒《しんぶつみろく》の本体ではないか。

一滴の水も、一点の火光《かこう》も、人の情《なさけ》も、土も太陽も、月も、星も、数えきたれば、皆われわれ人間に幸福を与えている。

感謝の念慮から想いを致したならば、宇宙に存在するもの凡《すべ》てが有難《ありがた》く想われる。それが弥陀《みだ》であり、神であり、キリストであり、弥勒《みろく》である。

木仏金仏石仏絵仏《きぶつかなぶついしぶつえぶつ》はそれを顕わした、いわゆる大いなる仁恵の具体化したものであって、その目は慈愛を現わし、その手の挙《あ》げられたるは智の光《こう》明《みょう》を顕わし、一方の手は救いを示したるもの、あるいは両手を天地にたとえ、その像全体を宇宙としたとの説明も良いだろう。

すなわち、大なる恵《めぐみ》の理想化されたものが、仏の像であるといってもよい。

われわれ大本人からいったら、日々《にちにち》の生存は神の恵《めぐみ》のうちに包含されているのみでなく、神の生《いき》宮《みや》である、神の御子《みこ》である。いわば神と全体《ぜんたい》である。現在も未来も神と合体《がったい》である。

仏者《ぶっしゃ》の説のように、十万億土まで探していく必要はない。

毎日神《かみ》と倶《とも》に生き、神と倶に働き、弥勒《みろく》の神業に奉仕しているのだ。これほど現実で心地《ここち》の良いことはない。われわれの生命は、永遠無窮《むきゅう》に神と倶に栄《さか》えゆくのである。

（昭和三年十月・水鏡）

四苦

生《せい》、病《びょう》、老《ろう》、死《し》、これを四苦《しく》といって、人生で一番苦しいものである。

生まれるときの苦痛が一番ひどいので、人はその苦しみによって、自分の前生《ぜんしょう》をすべて忘れてしまって、何も分からぬようになるのである。

つぎが病《やまい》の苦しみ、これはたいていの人が、大か小か、味わわないものは少ない。

つぎが年とってゆく苦しみ、だんだん苦痛が軽く、死が一番苦痛が小さいのである。

（水鏡）

謝恩と犠牲心

自分は自分のために生まれ、自分自身のために存在するのだ、報恩謝徳《ほうおんしゃとく》などとはもってのほかだ、と威張《いば》ったことを言うものが多くなってきたようだが、これらは、じつに幼稚な思想であって、少しく考えてみればすぐに解ることである。

吾人の今日《こんにち》ここに存在しうるのは、神様と祖先の賜《たまもの》である、また日本の存在するのも日本の祖先の神々の賜《たまもの》である。日本神道《しんどう》はすべて祖先崇拝の教えであるが、これはいかなる知識階級でも枉《ま》げることのできぬ真理を含んでいる。

謝恩《しゃおん》の念があって、初めて犠牲心《ぎせいしん》がおこり、没《ぼっ》我心《がしん》がおこるのだ。動物でさえも恩を知るではないか、西洋の社会学者でさえ犠牲と没我心、この二つがなければ社会は進化しないと言っている。

自分を犠牲にすること、自己を没却《ぼっきゃく》すること、この二つのものは神道《しんどう》の教義の教うるところであって、親が子を愛し、子が親に孝を尽くすのは、人間自然惟《かむながら》神の慣性であり常道《じょうどう》である。

（昭和三年十一月・月鏡）

偽善者

偽善《ぎぜん》のマスクをかぶって聖人ぶり、世を欺《あざむ》く奴ほど気障《きざ》なものはない。その人の分身たる子供がやがて不良性を発揮してその偽善のマスクを引き剥《は》ぐものである。

子は未生《みしょう》以前の親……いわば生命《いのち》の親であって、人はその子によって親たり得《う》るのである。子は親を生まんがために、いな不倶《ふぐ》戴天《たいてん》の仇敵《かたき》同士を地獄《じごく》の劫火《ごうか》も焼くあたわざる恩愛《おんあい》の絆《きずな》につないで、親子たらしめんがために、世界の両極にかけはなれた男子と女子を、天上の光明《こうみょう》をも遮断する性慾の鎖《くさり》で縛《しば》りつけられる。

（昭和三年十一月・月鏡）

懺悔

懺悔《ざんげ》すれば罪が消えるというて、既成宗教では懺悔をもって教えの眼目としている。また二燈園《にとうえん》とか三燈園とかでは、懺悔の生活を標語《モットー》としているようであるが、人前に懺悔する時は、かえって罪を造るものである。

なんとなれば、人は神の分霊分身であるから、自分の恥《はじ》を人の前に曝露《ばくろ》するは神を辱《はずかし》むるものであって、真《しん》の神様には喜ばれないのである。

ただし神様の前に懺悔することはよいが、牧師や僧侶や人の前で自分の非事非行を曝《さら》すということは、もっとも慎《つつし》むべきことである。

すべて何事でも、流水のごとく絶えず流れ去って日々《ひび》に新たなものであるから、すでに過ぎ去ったことをまた新たに現在にもちだすことは、宇宙の真理に逆行するものである。

いわんや信仰境涯にある人は、日々《にちにち》、祓《はら》いたまえ清めたまえ、と願って、過去の罪悪はいっさい消えておるのであるから、懺悔の要なきはもちろんである。

また、他人の非行旧悪を摘発非難してはならぬ。人はただ、刹那《せつな》々に最善を尽くしておればよいのである。取越《とりこ》し苦労、過越《すぎこ》し苦労のいけないのは、このためである。

（昭和四年二月・月鏡）

信仰に苔が生えた

新しく信仰に入るものは、絶大のおかげをいただき、ながい信仰生活をしているものは、わりとはおかげが立たぬとこぼすものがある。

信仰も時をふるに従って苔《こけ》が生《は》えるからである。

信者はいうに及ばず、宣伝使といえども、たびたび大祥殿《たいしようでん》にきたって修行の仕直《しなお》しをせねばならぬのである。

（昭和四年四月・月鏡）

堪忍

「堪忍《かんにん》のなる堪忍は誰《たれ》もする、成《な》らぬ堪忍するが堪忍」と、忍《にん》の徳を賞讃したものであった。自分も幼時はよく、両親たちから言い聞かされたものである。

しかし、堪忍《かんにん》というのは、仏教でいう持戒忍辱《じかいにんにく》の意味をはきちがえたものであろう。

いやでも我慢《がまん》するというのでは本当の戒《いまし》めを保ったものではない。その内心に苦《く》というものがあっては得度《とくど》はできぬと同時に、心的衛生には叶《かな》わない。

お腹《なか》が空《す》いても飢《ひも》じゅうないと我慢する、妻君が姦通《かんつう》しても我慢する、飢死《うえじに》にしても我慢する。堪忍《かんにん》するが堪忍だといって、年中《ねんじゅう》苦しい腹をかかえて、蒼《あお》い顔をしていると、腹のなかに不平の塊ができるわけだ。

陶宮《とうきゅう》の道歌《どうか》に「堪忍の和合《わごう》はほんの上直《うわなお》し、真《しん》の和合は打ち明かす腹」というのがある。

むかしから堪忍ということを道徳修養の一つと世間では思っているが、これはあまり感心した修養法ではない。

とくに古来用《もち》いられた堪忍なる語は、強者の弱者に対する教えであって、弱者の不満不平に対しつねにこの筆法をもって事《こと》なかれ主義をとらしめてきたものだ。強者はいっこうに堪忍するところなく、弱者のみ堪忍しろと教えてきたのであった。

人間を卑屈《ひくつ》に陥《おちい》らしめ、無気力ならしめたのもこの堪忍の二字の中毒であった。

従来のいわゆる道徳なるものには、この種《しゅ》のものが、はなはだ多いのである。

金光教祖が、頭上から小便をひりかけられて、温《あたた》かいお湿《しめ》りさまが降《ふ》ったと言ったと称して、その教師などは非常に教祖の堪忍力を崇敬しているが、これは大変な誤《あやま》りで、忍耐と卑屈とを混同した弱者の道徳である。

バイブルに「人もし汝《なんじ》の左の頬《ほほ》を打たば右の頬もまた突き出してこれを打たしめよ」と示しているのも今日《こんにち》よりみれば、いな自分の目から見れば、たいへんなる間違いで、無気力をすべての人間に教えたものと思うのである。

自分はあくまでもかくのごとき、堪忍説を採《と》らず、力のあらん限り抵抗をつづけてきた。そして祖神《そしん》の任《よ》さし玉《たま》える神業《しんぎょう》に、はつはつながら奉仕しつつ来たのである。

（昭和四年四月・月鏡）

人間と現世

人間は幽界《ゆうかい》から現界へアク抜きのために送られてきたものだとの説を真《しん》なりとするならば、そのアク（悪《あく》）さえ抜けたら、幽界、または神界へ引きとられるはずだから、いつまでも長生きしておる人間は、アク抜けがしないために壮健なのだと思ったら、われながら、わが身が浅ましくなってくるだろう。

しかしながら人間は、けっして現界へアク抜きのために生まれてきたのではない、神が天地経綸《てんちけいりん》の司宰者《しさいしゃ》、または使用者として現世《げんせ》へ出したものである以上は、一日も長く生きて、一事にても多く、神の御用を勤《つと》めねばならぬものである。

朝夕の天津祝詞《あまつのりと》や神言《かみごと》は、その日その日の罪科《ざいか》、過《あやま》ちを祓《はら》い清《きよ》めて、天来そのままの神の子、神の宮として神界に奉仕するとともに、現界においても人間生存上、大々的に活動すべきものである。

（昭和四年四月・月鏡）

意志想念のままなる天地

人間は天から降《ふ》ったのか、それとも土から生まれたのか。天から降ったものなら、かならず天国へ昇り帰るはずだ、地から生まれたものなら、ふたたび地底に堕《お》ちてゆくだろう。

生まれない先と、死んだ後《のち》は、もはや人間ではない。人間を論ずるならば、人生でたくさんだ、死なんがために生まれたものは死んだがよい。

寂滅為楽《じゃくめついらく》の宗門の好きな人間なら誰《たれ》にも遠慮はいらぬ、ドシドシ寂滅して、楽と為《な》すがよい。

アダム、イブを人間の祖先と信じ、祖先の罪をひっかぶることの好きな人間は、自分を罪の子として、どこまでも謝罪し、一生罪人《ざいにん》で暮らし、十字架を負うたがよい。

神の分身分霊《ぶんしんぶんれい》と信じ、神の子神の宮と自分を信ずるものは、どこまでも永遠無窮《えいえんむきゅう》の生命を保ち、天国に復活して、第二の自分の世界に華《はな》やかに活動するがよい。

人間はどうせ裸体《はだか》で生まれて、裸体《はだか》で天国に復活するのだ、その間《かん》の人間の行路《こうろ》はなかなか面白いものだ。そこに人生の真価があるのだ。

永遠に生きんとするには、第一に信仰の力がいる。その力は神に依《よ》れる力がもっとも強く、その言霊《ことたま》は大きくなくてはならぬ。

人生に宗教のあるのは、すべての樹草《きぐさ》に花のあるようなものだ。花が咲いて、そしてりっぱな実がみのるのである。

いずれにしても信教の自由だ、意志想念のままになる天地《てんち》だ。天国に堕つるも、昇るも、地獄に楽しむも、苦しむも、みずから罪人となって歓《よろこ》ぶも、泣くも、意志の自由だ。

人間は各自勝手に宗教を選択するがよい。それがいわゆる信教の自由というものかも知れぬ。

（昭和四年四月・月鏡）

神と倶にある人

人間は神を信じ、神と倶《とも》にありさえすれば、池《いけ》辺《べ》の杜《かきつばた》若や山林《さんりん》の青葉が自然に包まれている如く、長閑《のどか》にして安全なものである。

しかし世の中は変化があるので、人生はおもしろい。かの美しい海棠《かいどう》の花だけを避《さ》けて吹きまくる暴風雨はない。いかなる苦痛の深淵《しんえん》に沈むとも、心に正しき信仰さえあれば、すなわち根本に信《しん》をおいて、惟《かむながら》神の定めに任《まか》せてさえゆけば、そこに変わりのない彩色《さいしき》があり音響がある。

人生はいかなる難事にあうも恨《うら》まず、嘆《なげ》かず、哀別も離苦も、すべてが花を撲《う》つ風雨と思えばよい。富貴も、栄達《えいたつ》も、貧窮も、すべてがゆったりとした春の気分で世に処するのが、惟《かむながら》神の大道《だいどう》である。なにほど焦慮《あせ》っても、一日に人間の足では、百里は歩るけぬものだ。

学問や黄金《おうごん》の力でも、いかに偉大な政治家や大軍人の力でも、昨日《きのう》を今日《きょう》にすることはできぬ。また今日を明日にすることもできぬ。ただ一秒の時間でも、自由に動かすことはできぬ。一滴の露《つゆ》、眼に見えぬほどの小さい生物《せいぶつ》でも、それを黄金の力では造れない、学問の力でもだめである。

こう考えてみると、人間ほど小さい力の貧弱なものはない。

しかし人間は一滴の露さえ自力で作ることはできぬが、神を忘れ、神に反《そむ》いたときには、憂愁《ゆうしゅう》と苦悩とをもって、広い天地を覆《おお》いつくすようになる。その胸が幾個《いくこ》あっても、そのもの思いを容《い》れることができないようになってくる。

天降天照皇大神聖像

ああ、人間は一滴の露、一塊《いっかい》の土さえ作る能力もなきくせに、天地に充満して、身の置き処のないほど、大きい苦労をつくることができる。人間は苦労を作るために、けっして生まれたのではない。

人間は、神の生宮《いきみや》神の御子《みこ》、天地経綸の使用者として神の御用のために世に生まれて来たものである。惟神《かむながら》の心になって何もかもことごとく、天地の神に打《う》ち任《まか》せさえすれば、自然天地の恵《めぐみ》が惟神《かむながら》的《てき》にして自然のままに行《ゆ》きわたるものである。

しかるに神に在らざる人間の根蔕《こんたい》は、ともすれば揺らつき、動きだし、自然の規定を我《われ》から破って、神を背にした道を踏むために、ついに神の恵みに離るるにいたるのである。

もし人間に樹草《きくさ》の如く確固たる根があって、すべてを天地に委《まか》して優和《やさ》しい大自然の懐《ふところ》に抱《いだ》かれる余裕さえあれば、いつの世も至幸至福で、長閑《のどか》で、悠々《ゆうゆう》たる光陰《こういん》を楽しく送ることができるようになっておる世界である。

牡丹《ぼたん》も、杜若《かきつばた》も、または清い翠《みどり》を見せる樹々《きぎ》も、大風《たいふう》に揉《も》まれ、大雨《たいう》に撲《う》たれて、手足を挫《くじ》かれるほどの憂き目は見ることはあっても、その根蔕《こんたい》にいささかの揺《ゆる》ぎも見せぬ。ここは苦しいから、他《た》の土地へ移ろうとは考えない。

大風《たいふう》はどこへいっても吹き、大雨《たいう》はどこへいっても降る。美しい太陽は、いずこの涯《はて》にも輝く。今日《こんにち》の暴風雨をしのぐだけの勇気さえもてば、明日の長閑《のど》かな歓楽にあうことができると覚悟して、天地に絶大の信《しん》をおく。そのためにすこしも動揺がない。土地を替えても、処《ところ》を変えても、あうだけの苦難にはあい、享けるだけの歓楽はうける。麻縄《あさなわ》に縛られて、身の自由を得ようと煩悶《もだ》えるのは、やがてみずら苦痛の淵に沈むものである。

人間はいっさいを惟神《かむながら》に任《まか》せておれば、じつに世界は安養浄土であり天国である。

爛漫《らんまん》たる花の香《か》に酔う春の光も、次第に薄らぎ、青葉の茂《しげ》る夏となり、木葉《このは》の散りしく秋の淋《さび》しさを迎え、雪の降る冬となって、万木万草枯死《こし》の状態になるは、天地《てんち》惟神《かむながら》の大道《だいどう》である。

香りのよい釵《かんざし》の花を嬉《うれ》しゅうかざした天窓《あたま》のうえに時雨《しぐれ》が降り、愛の記念の指環《ゆびわ》をさした白魚《しらうお》の手に落葉《おちば》がする世の中だ。花の山が青葉の峰《みね》とたちまちかわり、青葉の峰は木枯《こがらし》の谷となる。つらい経験は、人生にとって免《まぬが》れ難《がた》きところである。

しかしながら人間はけっしてこんな悲惨なものではなく、永遠の生命と永遠の安楽とを与えられて世に生まれ、大なる神業をもって、神の御用のために出てきたものであることを覚《さと》らねばならぬ。

それはただ、神を知ることによってのみ得らるる人生の特権である。


（昭和四年五月・月鏡）

夏

見る間《ま》に梅桃桜《うめももさくら》の花は跡もなく散り失せて、春の女神は牡丹《ぼたん》畑へ移ってゆく。白紅紫《しろくれないむらさき》の固い蕾《つぼみ》が笑《わら》い初《そ》めて、蝶《ちょう》の翅《はね》に香《にお》いを送る。葉桜《はざくら》になった嫩《やわ》い若葉の繁《しげ》みから、思い出したように、遅咲きの、お多福《たふく》桜や天狗《てんぐ》桜が散る。

そして天国の移写《いしゃ》たる夏が見舞う。夏は活動の時期であり、万物蘇生のシーズンである。

夏の苦しい人間は、天国を知らない地獄的人間である。


（昭和四年五月・月鏡）

惟神の心

すべて人間は、つねに心を平静にもち、愛善《あいぜん》の誠《まこと》をもって人の幸運を祈り、悲しかったことや、口惜《くちお》しかったことは全然《ぜんぜん》忘れてしまい、楽しかりしことをのみ思い出し、世界人類に対して、誠をさえつくしておればそれでよいのである。

これが惟神《かむながら》の心である、人生の努《つと》めである。


（昭和四年五月・月鏡）

至誠と徹底

いかなる仕事にても、完成せしめんとするには、至誠《しせい》と徹底《てってい》が必要である。天下を三分《ぶん》五厘《りん》でうかうかとしては、真《しん》の成功はできるものではない。

不世出《ふせいしゅつ》の大英雄ナポレオンが、あるとき、そのころ名の知られた鍛冶工《かじこう》を招いて、

「汝《なんじ》わがために如何《いか》なる銃丸《じゅうがん》も貫《つらぬ》きえざる甲冑《かっちゅう》を造らば、金《かね》一千万フランを払い与えん」

と命じた。

召集せられた三十余名の鍛冶工は、ただちに製作に取りかかり、七十余日間の後《のち》、いずれもこれを製作して君前《くんぜん》に持参した。そうして得意の色を満面に浮かべて、一千万フランをもらうべく眼付《めつ》きを据えて控えていた。そこへナポレオンが現われ、何万という臣下の兵士を集めて、

「これを着てみよ、いずれの製作が完全なのか、一々これを試してみるのだ」

と言って短銃を腰間《ようかん》から取り出してたった。

サア、こうなると、君命《くんめい》は熱火《ねっか》も辞《じ》せぬ、身命《しんめい》はいつでも君主に捧ぐといって、大いに忠臣ぶっていた何万の兵士どもは、顔色《がんしょく》を変じて一人も君前に進み出るものはない。三十余名の鍛冶工も、これに応ずるものがない。一つ間違ったら、一命はただちに飛んでしまうのである。彼らは、ただただ見えのよい物を製作して、一千万フランの金が欲しいよりほかには念慮のない者ばかりであったのだ。

ナポレオンは兵士の意気地ないのと、鍛冶工の自信のないのに、火のようになって怒《おこ》りだした。

そこへ末席に控えていた一人の青年鍛冶工が進み出で「わたしがその任に当たりましょう」と言って従容として自分の製作した甲冑《かっちゅう》をめぐらした。それを幾万の兵士と三十余名の鍛冶工は、いかになるものだろうかと、瞳《ひとみ》を円《まる》うして凝視していた。

ナポレオンはピストルをもって、一発これに中《あ》てた、銃丸は見事にはじかれて、空中に飛散した。そこでふたたび兵士の携《たずさ》うるところの銃をとって射た。やはり貫《つらぬ》くことができない。

ナポレオンは、さらに左右《さゆう》に命じて巨砲《きょほう》をひき来たらしめ、これを試《こころ》みんとした。かたわらにお

る人々は、手に汗を握って恐るおそる見ていた。ナポレオンがいまや砲身を開かんとする刹那《せつな》も、青年鍛冶工はなお、従容として顔色《がんしょく》も変えぬ。

かれ青年鍛冶工は、いかにせば君王の身を護《まも》るの甲冑《かっちゅう》を製作しうるか、いかにもして完全なる甲冑を製作せんと日夜寝食を忘れて、ただ君王《くんおう》を思うの忠誠心、彼が全身に充満し、誠心誠意、利害を離れて、七十余日の丹誠《たんせい》を凝《こ》らし、製作に勉励《べんれい》したのであった。ゆえにいかなる巨砲といえども、これを貫くことあたわず、という自分の製作に大なる自信を持っていたからである。

そこでナポレオンは、彼が態度の厳然たるを見て、大いに感じ、「甲冑《かっちゅう》の堅きこと、汝《なんじ》の態度を見て知るべし、また試みるを要せず」と言って、三千万フランの賞金を与えたという逸話がある。

この青年鍛冶工は、じつにその作品に全生命を籠《こ》めていたのである。

人生は要するに一個の戦場であり、吾人《ごじん》の生活は真剣勝負である。よい加減に胡麻化《ごまか》してゆけるべきものではないのである。（昭和四年五月・月鏡）

人間という問題

人間とは何か、という問題が現代思潮に持ちあがってきたようであるが、いまさら人間を評論するもおかしいようでもあるが、今日《こんにち》までの学者の評論がすべて他《た》のことのみに限られて、人間、ご自分のことはおたがいに忘れられていたのも、おかしいことであった。古い言葉だが、燈台下暗し《とうだいもとくらし》とはこのことである。

すべて、人間の世界は人間のものでなくてはならぬ。換言すれば、人間はすべて人間的生存でなければならぬ。

なんでもない人間を万物の霊長《れいちょう》だからといって無理矢理に祭壇に祭りあげたり、ことに道学《どうがく》先生や、神主《かんぬし》さんや、僧侶や、神道《しんどう》教師のあいだにおいて神《かみ》さんぶりを発揮したり、仏《ほとけ》さんじみた顔付きをして見せたりする。学校の教師は、木石《ぼくせき》同様の取り扱いを受け、万々一、性慾問題などを論議しようものなら、たちまち驚異の眼をもって、上司からも、父兄からも睨《にら》まれるという状態である。

しかし人間は、どこまでも人間であって、これを分析して見れば、あるいは神聖なところもある。あるいは貪慾《どんよく》な性分《しょうぶん》もあり、あるいは応分《おうぶん》の野獣性ももっている。

ゆえに人間は善だとか、悪だとかいうことは、すでに議論の末《すえ》である。

学校の教師だとて、恋愛心《れんあいしん》もあるし、金も欲しい。女郎だとて、乞食だとて、信義を堅く守ることもある。神主《かんぬし》、僧侶、牧師だとて、殺人行為がないともかぎらない。司法官や警官方《がた》のなかから、盗賊が出ないともいえぬ。

人間には三分《ぶ》の自惚《うぬぼ》れと、七分《ぶ》の黴毒気《かさけ》のないものはないというではないか。

無産階級の人々が野獣性に富んで、有産階級の人々が神聖味が豊富だという筋合《すじあ》いでもない。いずれを問わず、人間として生を有するものは、以上のごとき性分《しょうぶん》を含有《がんゆう》しておる。ただその量において、多少の差は、ある底《てい》の信仰や、修行によって異なっておるところがあるくらいのものである。

現行法律のうえからは、人間から生まれたものを人間という断定のもとに人間を取り扱っている。それに人間と神とを同一に取り扱おうとするものがあるかと思えば、脱線した自由主義者や自然主義者のあいだにおいては、これを獣的《じゅうてき》に取り扱おうとするものさえある。これらの人間は、ただ単に性慾満足、物質満足をもって、人生は足るように思っている輩《やから》である。

一体全体、人間を主義などというものの型にはめようとするのが、そもそもの間違いである。

大本は、人は神の子、神の宮と唱えている。また「神は万物普遍《ばんぶつふへん》の霊にして、人は天地経綸《てんちけいりん》の司宰《しさい》なり、神人合一《しんじんごういつ》して茲《ここ》に無限の権力を発揮す」とか、また「人は天界の基礎なり、天国は昇《のぼ》り易《やす》く、地獄は堕《お》ち難《がた》し」といっておるのは、普通一般のいわゆる人間ではない。

人間界を超越した神の御用にたつところの神柱《かむばしら》のヒト（霊止《ひと》）を指したものである。

人と獣との中間に彷徨《ほうこう》しておる縦《たて》はな横眼《よこめ》の者をさして人間と称しての、この論旨であると考えてもらいたい。


（昭和四年六月・月鏡）

命令をきく木石

石でも木でも、わたしが命じたままに神様の御用をつとめて、それぞれの活動を開始している。

平安石《へいあんせき》や大安石《だいあんせき》、小安石《しょうあんせき》、御手代《みてしろ》の有様を見てもそれがわかるであろう、いわんや万物の霊長《れいちょう》たる人間においておやだ。

人間がいうことを聞かなければ、お咎《とが》めを蒙《こうむ》るのはあたりまえである。

わたしは神様の思召《おぼしめ》しをそのまま伝えているのだから、わたしのいうことを聞いたらよいのだ。ちょっと考えたりしても、もうだめである。命じられたまま、その通りすればそれだけの効《こう》がある。

○○○に盗難事件が起こったときにも、わたしは神様から聞いているので、あの男は使ってはいけないと言うたが、でもあれは勤勉な忠実な男ですからどうか置いてやって下さい、という。仕方がないから、黙っていた。この上やかましく言うと、襟度《きんど》がせまいとか何とか思うのだから、なにも一ぺん実地《じっち》経験したがよかろうと思って放《ほ》っておいた。果たしてあの始末で大なる損害を受けたではないか。
わたしは交際したこともないので、どんな男か知らんのだけれど、神様がそう言われるのだから、その通りしてほしかった。

こういうふうで神様の思召《おぼしめ》し通りが、なかなか行なわれぬので、まわり道ばかりして御神業が遅れることもたびたびある。

人間はどんなに知識があっても、経験に富《と》んでいても、案外、目先が利《き》かぬでなあ、神様の仰《おお》せの通りするのが第一番である。（昭和四年八月・月鏡）

有難き現界

わたしは五、六度死んだことがあるが、生きかえってから後《のち》も、二週間くらいはひどく疲労《くたび》れたものである。

元来、生《せい》の執着《しゅうちゃく》は神様より与えられたものであって、結構なことである。

三十歳の生命を神様より与えられておる人が、十五歳にして自殺したとすると、十五年のあいだ霊は迷うておるのである。しかのみならず、霊界へ行けばすべてが定《き》まってしまうから、人は現界にあるうちに十分働かしてもらわねばならぬ。

人生の目的は、地上に天国《てんごく》をひらくためであるから、魂を汚《けが》さんようにすることが、いちばん大切なことである。刀身がゆがむと元《もと》のさやに納まらないごとく、魂が汚《けが》れ、ゆがむと、もとの天国にはおさまらぬ。

人間にとっていちばん大切なことは、何といっても生きているうちに、死後の存在を確かめておくことである。

死後の世界がわかると五倫五常《ごりんごじょう》が自然に行なえる。倫常《りんじょう》を破《やぶ》るということは、自分の損になることがハッキリわかるからである。人間は死後の世界を研究してから仕事をするがよい。

わたしは人生問題になやんで、あるときは爆弾を抱《いだ》いて死んでやろうかとさえ思ったことがある。神様のお恵《めぐみ》によって、何もかも知らして頂いて歓喜に満ちた生活に入ることができたのであるが、当時の悩み、悶《もだ》え、苦しみ、いくたびか死を考えたことほど、それが痛切《つうせつ》であったのである。（月鏡）

三摩地

不退転信《ふたいてんしん》、絶対服従信《ぜったいふくじゅうしん》、仏心《ぶっしん》、無我心《むがしん》、清浄心《せいじょうしん》、菩提心《ぼだいしん》、日本魂《やまとだましい》、これを三摩地《さんまじ》というのである。

（昭和五年三月・月鏡）

胆力養成家

　今は昔、御嶽《みたけ》教の主事に小野某《ぼう》という人があって、胆力養成書《たんりよくようせいしよ》という小冊子を発行し、傲然《ごうぜん》と、つねに座蒲団を積み重ねて、バイの化物然《ばけものぜん》とかまえこみ「たとえ白刃頭上《はくじんずじょう》に閃《ひらめ》くとも、絶壁《ぜっぺき》前に聳《そび》ゆとも、大地震、洪水《こうずい》きたるとも、胆力さえあれば、断じて驚くものにあらず」と豪語していた。

　そこでわたしは小野某に向かい、「あなたは、いま言わるるとおりの度胸《どきょう》がすわっていますか」と尋ねてみたところ、「もちろんのことなり」と答えながら、腕《うで》を組んで鷹揚振《おうようぶ》りを見せていた。

　そこでわたしは次の間《ま》に入《い》り、しばらくして一《いっ》刀《とう》を抜き放《はな》ちておどりこんでやった。

　そうすると周章狼狽顔色《しゅうしょうろうばいがんしょく》を変え、ブルブル震《ふる》えながら六、七間《けん》ばかりころげ庭に落ちこみ、両手を合わして「許してくれ」と詫びたことがある。

　いまから考えると若気《わかげ》の至りで、いろんなことをやったものだ。

　またある時のこと、わたしを刺す目的をもって面会を求めてきた一人の若い男があった。懐中《かいちゅう》に短刀を呑んできていることがよくわかっているので、わたしは火鉢《ひばち》に手をかざしながら、右手で火《ひ》箸《ばし》を鉾《ほこ》にかまえ、いざという場合には、あつ灰《ばい》を跳ね飛ばして防禦《ぼうぎょ》しようと思いつつ、

「君、人を刺そうと思うものは、よほど胆力が据《す》わっておらねばならぬなア、自分の着物にいる蚤《のみ》でも虱《しらみ》でも殺しつくせないものだ。まして人間を殺すということは、よほどの大胆者《だいたんもの》か、発狂者でなければできない芸当だ」

と言うてやると、急にビリビリ震《ふる》いだして「どうも悪《わる》うございました、許して下さい」と言いながら、短刀を取り出して平謝《ひらあやま》りにあやまって、夜《よ》ふけて帰った者もあった。

　深い深い信仰をもった善人ぐらい、本当の胆力《たんりよく》の据《す》わったものはないのである。

（昭和五年三月・月鏡）

大本格言

人間の意志想念《いしそうねん》は老いてますます盛んなり。意志想念の存《そん》するかぎり、死後の生活は、かならずあるものと信ずべし。

人間の真《しん》の生命は顕幽《けんゆう》を通じて不老不死なり、現実界においては絶対の善もなく絶対の悪もなし。

（昭和五年四月・月鏡）

打算から

○○さんや××さんや四、五人の人を三朝《みささ》温泉に入湯にやった。すこし体が弱いから丈夫《じょうぶ》にしてやらねばならぬと思ってネ……、長いあいだ世間の攻撃や種々《しゅじゅ》の迫害に打ち勝って神の道に殉《じゅん》じてきた大本の宝であるから、大切《だいじ》にしてやらねばならぬ。

あまり勿体《もったい》ないからとて固辞するから、何を言うてるのだ、わしの大切《たいせつ》な道具だから手入れをしようというのだ、わしは打算上からそうしようと思っておるのだ、何も気兼《きがね》することはない、と言うてやったら、そう仰《おお》せらるれば、お言葉に甘《あま》えてやらせて頂きます、と言って喜んで行ったよ。

まったく大本の宝だよ、よう辛抱《しんぼう》してきた、さんざん悪口《あくこう》を言われながら……。

人物は大切《たいせつ》だ、これだけに養成しようと思えば、並大抵《なみたいてい》のことではないからな。いまごろ斃《たお》れられてはわたしの損害になる。

（昭和五年八月・月鏡）

仏典について

仏教には五戒十戒《ごかいじっかい》などいうことがあるが、それは釈迦《しゃか》が信者の一人々々《ひとり》についての戒《いまし》めであったのであるが、それがついに一般的のものとなってしまったのである。

たとえば、大酒《たいしゅ》の癖《くせ》があるものに対してはそれを戒《いまし》められ、色慾《しきよく》で身を過《あやま》つような弟子にむかってはまたそれを戒《いまし》められたのである。

これを普遍的なものとして、誰《たれ》にでも強《し》ゆるようになったのは間違っている。

釈迦《しやか》の説かれた経文《きようもん》は、阿含部《あごんぶ》のみである。弟子たちが勝手に如是我聞《によぜがもん》を主張したのが一切経《いっさいきよう》である。村上専精《むらかみせんせい》博士が大乗非仏論《だいじようひぶつろん》をとなえたのは、まことに至当のことである。

（昭和五年八月・月鏡）

日月模様の浴衣

天恩郷《てんおんきよう》で日月模様《じつげつもよう》の浴衣《ゆかた》を着て踊っているのを見て、お日《ひ》さまや、お月《つき》さまを浴衣に着ておどるというのは、敬神団体としておもしろくない、という人があったと聞くが、それは物の道理をよく知らない者の申し分である。

日月《じつげつ》は森羅万象《しんらばんしよう》を照らしたまう、いと高き雲の上にも、賤《しず》が伏屋《ふせや》にも、同じ光と熱と水とを与えたまう。頭は照らすが足のほうは照らさぬ、というようなことはない、その月日《つきひ》のお蔭《かげ》を頂くという意味から、月日を黒いかげで現わし雲を配置したのである。けっして敬意を失わぬのみか、愛善《あいぜん》の徳を身に浴《あ》びて活躍しようというのである。神様のお徳にそいたいという心である。

とかく既成宗教は神様を敬《けい》するのはよいが、これを恐れて近づかないようにする傾きがあるが、それは間違っている。

神様は我らの親《おや》さまであるから、これを敬するとともに親しんでゆかねばならぬ。

神を敬し、神を理解し、神を愛す、という三つの条件を忘れると、偏《かたよ》った教えになってしまうものである。

（昭和五年九月・月鏡）

因縁の土地

あの地には昔からこういう歴史があるから因縁《いんねん》の土地であるとか言うて、昔の歴史因縁ばかり調べて歩く人があって、王仁《わたし》の手許にもよくそうした書類が届くことがあるが、大本の神業にはそん

久方の天津御国を地の上にうつし世の状面白きかな

『地上天国』より

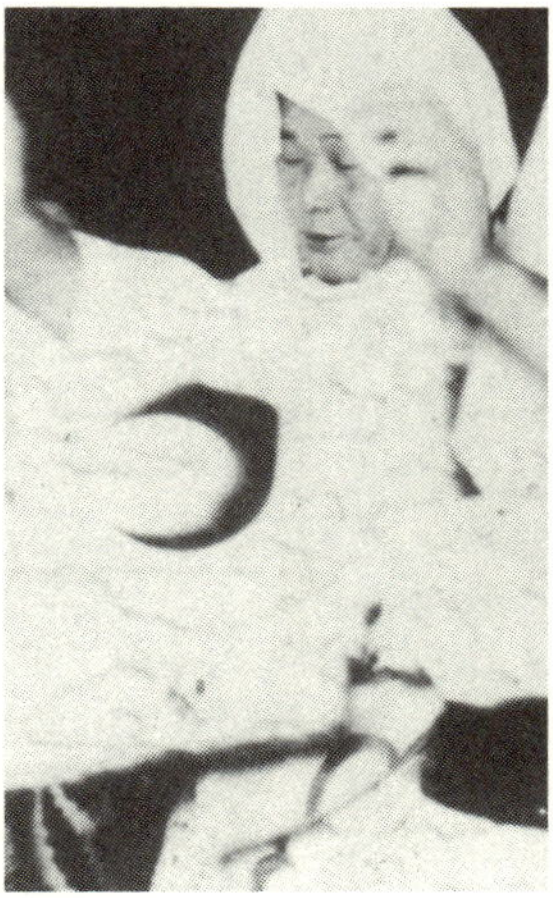

上　日月模様の更生浴衣
下　みろく踊りを踊る王仁三郎
王仁三郎の還暦を祝い、昭和五年の誕生日に更生祭が盛大に挙行された

な因縁なんかまったく不必要である。

お筆先《ふでさき》にあろうがな、「古いことは一切用《もち》いない」と、何もが新しくなるのだ、因縁も新しく造り出すのである。

このたびの働き次第でりっぱな神館《かむやかた》でもできたら、その土地がすなわち神様の因縁の土地になるので、古い土地の因縁なんか、なんにもならぬのである。

（昭和五年十一月・玉鏡）

安心立命

安心立命《あんしんりつめい》とは、心を安め、命を立つるということである。

心配すると脳が痛む、脳を痛め使っては安心ができぬ。心が安まらぬので生命《いのち》をけずる。心配ぐらい人間にとって毒になるものはないのである。

かの相場師などは、じつに安心のときを一日も有《も》たぬのであるから、ああした仕事をしている人は短命である。

（昭和六年四月・玉鏡）

明従せよ

王仁《わたし》は盲目ではない、先のことがわかっている。将来のことが見えぬ人は、ただ素直に王仁《わたし》について来たらよい。ただ王仁《わたし》に明従《めいじゅう》しておれば、それでよい。

（昭和六年十一月・玉鏡）

信じきること

神の教えをする道場は八衢《やちまた》である。ここで神の話を聞いて神の国に昇ることになる。

神による心は、すなわち天国である。天国は意《い》志想念《しそうねん》の世界であるから、たとえ間違っておっても信じきっておれば、その信じたところに魂が行くから、それ相当の天国に行くことができる。

どんな教えを聞いても、本当かどうかと疑い迷うておっては、天国に赴《おもむ》くことはできない。

浅い信仰や間違った信仰をもった人は、霊界に行って初めてそれと気がつくのである。

いかに徹底した教えを聞いても、どこかに腑《ふ》に落ちぬところがありながら信仰しているのでは、死後、八衢《やちまた》に赴き、また迷信でも一生懸命であれば、それ相応の天国に行く。そして天国に行けば、自分のいる団体だけが天国と思い、他に大小幾多の団体があることを知らない。

神に対する智慧証覚《ちえしょうかく》の程度によって、多数の団体があることは霊界物語に示してあるとおりであって、同じ団体におる人のなかで、智慧証覚がすすめば、上の階級の団体から迎えに来てそこに赴き、かくてズンズン向上の道をたどるのである。

（昭和六年十一月・玉鏡）

取違いの信仰

信仰はまったく自由なものだ。

神の道では、取違《とりちが》いと慢心《まんしん》とが一番おそろしい。取違いしていると神の目からは間違いきったことでも、自分は正しい信仰だと思って進んでゆき、他《た》からの忠言も戒《いまし》めも聞かない。そして行くところまでいって、ついにつき当たって鼻を打ってヤット気がつく。そして後をふりかえって初めて背後の光明をみて驚き、正道《せいどう》に立ち帰るのである。

ともかく、間違っていても神から離れぬことが大切である。やがてはかならず自分から気がつくことがある。間違っているからといって、やたらに攻撃してもつまらない。

じつは、みな誰でも取違いのないものはない。今日のところ、まだ本当にわかったものは一人もないのだ。

（昭和六年十一月・玉鏡）

個性

その人の全体をなすところの個性は、信仰による智慧によってのみ矯正《きょうせい》せらるるものである。信仰による智慧でなければ、けっして個性はなおるものではない。

個性は霊界にも残ってゆくもので、個性を洗練し養成するのが人間の肉体生活である。

仏教は個性を無視した霊魂不滅論である。たとえば莨《たばこ》をくゆらせば、煙となり灰となって、その莨《たばこ》はどこかに残っているというのが仏教の不滅論である。これは個性を無視したものである。

（昭和七年一月・玉鏡）

無我の境

真《しん》の無我《むが》の境《きょう》というのは人間としてあるものではない。無我のような感じを起こすことはある。

それはある事業に没頭して、それに一生懸命になっておれば、他《た》の仕事に対しては無我の境《きょう》に入《い》ることになる。しかし夢中になっておるその仕事に対しては、けっして無我ではない。

精神統一というが、これまた言うべくしてでき得《う》べきことではない。祝詞《のりと》を奏上《そうじょう》しながらも、いろいろなことを思い浮かぶるのが本当である。

鎮魂《ちんこん》というのは「離遊《りゆう》の運魂《うんこん》を招いて身体《しんたい》の中府《ちゅうふ》に鎮《しず》める」ことであるから、いろいろの雑念が集まりきたるが当然である。

その雑念は罪障《ざいしょう》に対する回想や希望となって現われて来るもので、それを想《おも》うのは、別に悪いことではない。

（昭和七年一月・玉鏡）

身魂磨き

大本に来て修行していると、年を経《へ》るにしたがって、だんだん何もわからなくなるし、そしてわれも他人もの醜《みにく》さが目について、現界に活動していたときよりもはるかに汚く、悪くなったような気持ちがすると言うものがあるが、それはそのはずである。

なぜなれば、神様が一生懸命、めいめいの身魂《みたま》を磨《みが》いて下さっているからである。

かの砥師《とぎし》が剣を研《と》ぐ様を見よ、砥石《といし》にかけて練磨するとドロドロの汚物が出てくる。剣そのものもまた、汚物に汚れてまったく光を失うている。

だが磨《みが》き上がって砥師がサッと水をかけると、三尺の秋水明晃々《しゅうすいめいこうこう》として鉄をも断《た》つべき名剣となるのである。その如く、皆《みな》も身魂磨《みたまみが》きが終わって、サッと神様から水をかけていただくと、自分では思いもかけぬ働きができるようになってくる。

水をかけて頂かねば何もできはせぬ、せいぜい磨《みが》いていただくほど結構である。


（昭和七年八月・玉鏡）

大本は型の出る所

「大本《おおもと》に在《あ》りたことはみな世界にある、すなわち大本は型《かた》をするところである」という神諭のあることは、みながよく知っているところである。

ゆえに、よい型《かた》を、よい型を、と出すようにせねばならぬのであるが、そうばかりもゆかぬのは、誠に残念なことである。

大本はまったく正義の団体であるにもかかわらず、つねに疑いの妙な目をもって見られている。大正十年に起こった大本事件の如きは、当時、いくら誠意の陳述をしても、それがまったく受け入れられないで、あたかも大本は横紙破《よこがみやぶ》りでもするごとく、すべてが取られていった。

いま世界に対する日本の立場がまったく大本のそれと同じで、正義の主張が一つも通らぬのである。松岡全権のあの正々堂々の議論に対しても、あたかも横紙破りの主張を日本がしているように世界各国が誤認して、日本の言い分が一つも通らなかったのである。

しかし最後は大本が天恩《てんおん》に浴し、公訴権の消滅によってまったく青天白日《せいてんはくじつ》、もとの白紙状態にかえったごとく、世界から日本の正義を認められる日がやがては来るであろうけれど、そのあいだ日本は、かなりの苦痛を嘗《な》めさせらるることであろう。

大本は七年間、迫害と攻撃の渦《うず》のなかに隠忍自重《いんにんじちょう》してきたのである。日本も最後にはきっとよくなるのであるから隠忍せねばならぬ。

（昭和八年八月・玉鏡）

法三章

太古、よく世の中が治まっていた時代は、無為《むい》にして化《か》す、という状態であった。

すこしく世が乱れかけてから法律というものができたのであるが、法三章《ほうさんしょう》というて、三か条あれば世は治まったものである。だんだんと世の中がむつかしくなってきて法律の条文が増え、今日のごとく厚っぽい書籍とさえなるにいたったのは歎《なげ》かわしいことである。

真《しん》の法三章というのは、三大学則《さんだいがくそく》のことである。すなわち、

一、天地《てんち》の真象《しんしょう》を観察して真神《しんしん》の体《たい》を思考すべし

一、万有《ばんゆう》の運化《うんか》の毫差《ごうさ》なきを見て真神の力《ちから》を思考すべし

一、活物《かつぶつ》の心性《しんせい》を覚悟《かくご》して真神の霊魂《れいこん》を思考すべし

の三則である。

（昭和八年十月・玉鏡）

空気のぬけた頭

王仁《わたし》がいつも「空気ぬけの頭ばかりだ」と小言《こごと》をいうのを、お前らは何と取っているのか。

空気は地上に充満して、しかも誰《たれ》の目にも見えぬものである、すなわちカミである。空気のぬけた頭というのは、信仰の足らない人という意味である。信仰が足らぬから、する事なす事、みな間《ま》がぬけるのである。

（昭和八年十月・玉鏡）

死獅子と生鼠

死んだ獅子《しし》よりも、生きた鼠《ねずみ》のほうがどのくらい働きがあるかわからぬ。百獣の王といえども死んではなんの力をも持ちえない。小さい鼠でも生きているものは、どんな働きをするかわからぬ。

世人《せじん》はこの道理を考えないからだめである。

この世においては、生きた人間くらい尊《とうと》いもの

はない。神様は生きた人間をもって、その経綸《けいりん》を実行しようとしておられるので、死んだ人を使おうとはしておられない。

　我が大本においても開祖様は偉いお方に相違ないが、いまは生きている王仁《わたし》のほうが働きがあるのである。王仁が帰幽すれば、後を継《つ》ぐ日出麿《ひでまる》のほうが王仁よりも働きがある道理である。すべて生きているものでなくては働きができないではないか。それだのに、開祖様が生前からおっしゃっていらっしゃったから、そうせなくてはならぬというて、王仁のいうことを用いぬ頑迷固陋《がんめいころう》の役員があったために、どのくらい神業《しんぎょう》の妨害となっているかわからない。

　世は時々刻々に進展してゆく。それに適応して進んで行くのでなかったら、進歩も向上も発展もないことになる。ゆえに神様は、その時代をリードすべく、適当なる人をこの世に降《くだ》して、その経綸を遂行したまうのである。この道理をよく悟らねばならぬ。

（昭和八年十一月・玉鏡）

わが子の死

　永年《ながねん》、大本の信仰をしている信者の子供が、一年のうちに二人まで国替《くにが》えをしたにつき、なにか神様にご無礼《ぶれい》があって、お咎《とが》めを蒙《こうむ》っているのではあるまいかと、たずねて来たものがあるが、けっしてそうではない。

　元来、霊界に生まるるものは、どうしても一度、現界に生まれてこなければならない。これが神定《しんてい》の手続きである。神命《しんめい》によって現界に生まれ、神命によって霊界に入《い》る。

　霊体不二《れいたいふじ》、生死《せいし》一如《いちによ》の真諦《しんたい》がわかっておれば少しも歎《なげ》くに足らないのである。

　生まれて来たものは手続きを了《りよう》して霊界に入《い》り、神命のまにまに御用をなし、生みて育てたものは、そのことによって神業奉仕をしたことになる。

　子供を死なしたことによって信仰がぐらつくような人には、こんな神業奉仕は苦痛であろうが、徹底すればこれも結構《けっこう》な御用である。お咎《とが》めをうけるどころではない。

王仁《わたし》も、三人まで子供を失っている。

（昭和九年一月・玉鏡）

皇道と王道

皇道《こうどう》は絶対にして対立するものなし。ゆえに天《てん》子《し》に姓なし、天祖《てんそ》をもって父母とし給う。

王道は対立的にして、仁政を布《し》き、民を安んじて、はじめて王位をまっとうしうるものである。

皇道と王道とは根本的に相違がある。

（昭和九年四月・玉鏡）

全身の奉仕

神の御用《ごよう》に立たんとするものは、その全身を奉仕すべきである。一技一能だけを神に使われるというのでは不充分である。耳だけ、あるいは舌だけ天国に赴《おもむ》いたのではいけない。

本当の誠《まこと》、愛善《あいぜん》の心さえあれば、神のまにまに使われるのである。

（玉鏡）

知恵と教訓

心と形

人は心を大きくもつと、したがって体も膨《ふく》れてくる。心を宇宙大《うちゅうだい》に張りきっておれば、体もしたがって元気旺盛《げんきおうせい》で張りきってくる。

心を小さくもつと、体もだんだん萎《しな》びてかじかんでくる。小さな心をもって、小さな事をいうておっては、大きな仕事はできないものである。

（大正十四年八月・水鏡）

玉について

如意宝珠《にょいほっしゅ》というのは、八方転《はっぽうころ》びの玉《たま》である。円転滑脱《てんかつだつ》、いささかの障碍《しょうげ》もなく、自由自在に転《ころ》ぶ玉である。だから人が来て、それにつき当たれば、ころんで他《ほか》の面《おもて》を向けるが、どの面を向けても同じ珠《たま》である。もしすこしでも角《かど》があれば前の面《おもて》と、今度の面とは違っていることがわかるけれど、八面玲瓏《はちめんれいろう》の玉なれば、突き当たられて一転《ひところ》びしても、転ばぬ前も同じである。誰《たれ》がその差異を見いだしうるものがあろうか。

人の心も同様で、すこしの角《かど》もないまでに磨《みが》き上げらるれば、それが如意宝珠と同じ働きを起こすのだ。円転滑脱《かつだつ》、自由自在、人と衝突して人を傷つけ、わが身を傷つけるようなことはない。

どんなりっぱな玉でも、それにすこしのイビツなところでもあれば、けっして如意宝珠ではない。

先年、大阪へんで如意宝珠だとて大騒ぎをしていた珠《たま》があるが、あの珠は鮑《あわび》の貝に塩の附着してできたものであるから、楕円形《だえんけい》である。ほんとうの如意宝珠ではない、あれはむしろ邪気の凝固《かたまり》である。あれを見、あれを持っていると、禍《わざわい》が身に及ぶから、深く包んで人に見せないようにせねばならぬ。で、わたしは、お宮《みや》を作って祭《まつ》るように、というておいたのだ。

およそ、形のあまりに珍奇に異様《いよう》なものは、みな邪《よこしま》なるものである。弄《ろう》せないようにせねばならぬ。

録者は愕然《がくぜん》として驚きました。

この如意《によい》宝珠《ほっしゅ》の玉《たま》というのは、一見はなはだ立派なものであって、所有者はインド人が三千年来尋《たず》ね尋ねている憧《あこが》れの玉であると深く信じており、これを日本で盛大に祭れば数十万のインド人が踵《きびす》を接して日本にお参《まい》りに来る、国家の利益この上もないことであるから、というて、東奔西走《とうほんせいそう》金を集めて大宮殿を建立《こんりゅう》して祭ろうとしているものであります。ただ何の玉であるかがわからぬため、日本の帝国大学はもちろんのこと、米国《べいこく》三界まで持ち出して、鑑定を頼んだものです。このために、今まで費《つい》やした金高《きんだか》はすでに数十万円にのぼっているはずでございます。いまも現《げん》に大阪の某富豪が、数万円を投じて、祭ろうと企《くわだ》てているという話ですから、近い将来に実現するかもしれません。

しかして不思議にも、この玉の持ち主はたびたび変り、そしていつもいつもご覧を願いたいというては、聖師様のお手許にまいります。

現《げん》に半年ばかり前にも、もらって頂きたいといって来ましたが、聖師様は「わたしには必要がない。お宮を建てて祭っておいたらよかろう」とおっしゃって断《ことわ》っておられました。

はじめこの玉の鑑定を頼みに来た時は、聖師様は大正日日新聞社の社長室におられましたが、「見ないでもわたしにはよく分かっています。とおから霊眼で見てあります。すこし楕円形をした、こんな珠《たま》でしょう」

とおっしゃって、見ることを拒《こば》まれました。

持参者は驚いて、

「その通りでございます。大学あたりでもわからず、米国の大学まで持ちまわっても本質がわからず、試験のため、このとおり削って分析し、すこし傷がついていますが、不思議にもだんだん傷が癒《い》えてまいります。重量も増えたり、減ったりいたします」

といいながら、包みを解いて師の目の前にさし出したものです。

　聖師様は「如意宝珠?、そうでしょう、なかなか立派な玉です」とおっしゃったと聞いております。……そうでしょう……とおっしゃった「言向《ことむ》け和《やわ》せ」を知らぬわたしは、たいそう珍しがり、わざわざ見に行きまして、大正日日紙上で提灯持《ちょうちんも》ちまでいたしました。わたしばかりでなく吉野花明《かめい》氏なども、大分この玉についての記事を書かれたように記憶しております。

　日本一と人々から尊敬せられつつある某名僧は、ふかく如意宝珠だと信じて、玉を世に出す運動に参加しておられますが、五年の後の今日、はじめて真相を示されて、悟《さと》らしていただきました。みないでもよい……とおっしゃった師のそのお言葉が、いかに深長な意味をふくんでいたかということに、いま気がついて、

「聖師様も、その玉をご覧になったのでございますね。わたしも見ました。手にまで取って撫《な》でまわしたのでございます。玉の霊徳を受けたいと存じまして……でございますが、それから受けた禍《わざわい》と申しますと、何でございましょう」

とお伺《うかが》い申しあげますと、

「大正十年二月起こった、大本事件がそれである。わたしは、そのために今まで悩まされている、お前も悩まされているではないか。事件はあの珠《たま》を見てから、十数日の後《のち》に起こったのである」

　録者は、冷水《れいすい》を頭上から浴びせられたような感じがいたしまして、今後けっして珍奇なものに心を動かすまいと考えました。

大正十五、二、九

（大正十四年十一月／大正十五年三月・水鏡）

人を使うこと

人を使うには、使われてやればよいのである。古川市兵衛《ふるかわいちべえ》氏は、職工にまで「ご苦労さま」と頭を下げて歩いた。いまの資本家に、それだけの心掛けと好意があれば、労働争議なんか起こりはしまいものを。

人に使われる時は、人を使う気分になればよい。上の人が働かねばならぬように、下から次へ次へと仕向けるのである。痒《かゆ》いところへ手がとどくというのがそれだ。嬢《じょう》や坊《ぼう》やでは到底だめである。

（大正十五年四月・水鏡）

人は度胸

人は何といっても度胸《どきょう》が一番だ。一度胸、二度胸《どきょう》、三度胸、四人物《じんぶつ》、五金《かね》だ。

いまの人間は、一金《かね》、二金《かね》、三人物《じんぶつ》、だから何もできはせぬ。

度胸のたしかな人のところには人物が寄る。人物が寄れば、金なんかいつでも集まるものである。度胸がなければ仕事はできない。学者というものは、多くは書物の研究にふけるだけで割合に度胸というものがないから仕事はできない。

女は愛嬌《あいきょう》、男は度胸だ。男に度胸が大切であるごとく、女には愛嬌が必要である。

およそ男女を問わず、この度胸と愛嬌とが具備していて、しかもそれが円満なる調和をたもっていて、利己心さえなかったら、どんなことだって出来ないことはないのである。

（大正十五年四月・水鏡）

包容力

いまの人間には包容力《ほうようりょく》があまりなさすぎる。胸がせまいから、一寸《ちょっと》のことがあれば、すぐ胸いっぱいになって、どうすることもできなくなる。

包容は抱擁《ほうよう》で、抱《いだ》いてやることなのだ、鶏《にわとり》が雛《ひな》を抱《だ》いてやるようなものだ。鶏が雛を抱いて温《あたた》めてやる、あれが真の包容だ。

氷のような冷たい心で、形のうえでばっかり抱《だ》いてもらったって有難《ありがた》くない、雛《ひな》はすぐ脱け出してしまう。あまり固く抱《いだ》くとまたよくない、抱《いだ》かれた雛が締めつけられて育たない。あまりゆるく抱《いだ》くと雛につつかれる憂いがある。

包容の仕方も、なかなかむつかしいものである。

（大正十五年四月・水鏡）

霊体不二

肉体をとおして精神状態を見ることができる。

心がせまく、気が小さいうちは人間は肥《ふと》れぬものであって、心が広くゆったりとしてくると、だんだん肥《こ》えてくる。

細《ほ》っそりすらりの美人のお嫁《よめ》さんよりも、お多《た》福《ふく》の、ぼってり肥《こ》えたお嫁さんのほうが、家運《かうん》が開け、家が繁昌《はんじょう》するものである。

（大正十五年九月・水鏡）

惟神

惟神《かむながら》ということは、天地の真象《しんしょう》に倣《なら》う、ということである。また、大自然、あるいは真理のまま、ということである。

（大正十五年九月・水鏡）

太陽を招び返した清盛

天地万物《てんちばんぶつ》、すべて進展するばかりであって、後《あと》戻《もど》り、仕直《しなお》しということはない。

花がまずく咲《さ》いたから、咲き直しをやるということはない、それだのに人間はものを造っても気に入らぬと、すぐに壊してやり直しをする。字が下手《へた》に書けたというては書き直しをするが、そうした場合、前に使った時間はまったく無駄になってしまう。

すなわち、太陽を招《よ》び返《かえ》したと同じわけになる。むかし、平《たいら》の清盛《きよもり》は太陽を招《よ》び返した罪によりて、大変な熱病を煩《わずら》って死んだといわれている。清盛の真似をやっていて、物事《ものごと》思うようにゆこうはずがない。

わたしは字を書いても、絵を描《えが》いても、文章を作っても、楽焼《らくやき》をやっても、仕直しということをしたことがない。天地自然の運行に逆らってやった仕事に、碌《ろく》なことはない。（大正十五年九月・水鏡）

見直し聞き直しと嗅ぎ直し

三五教《あななない》の宣伝歌《せんでんか》にも、見直《みなお》し聞《き》き直《なお》し、ということは出ているが、嗅《か》ぎ直《なお》しということは出ておらぬ。

元来、鼻は素盞嗚尊《すさのおのみこと》であるから詔直《のりなお》しがないのである。においで嫌《いや》になったのは取り返しがつかぬもので、どんな美人でも嫌なにおいを嗅《か》がされたが最後、ふたたび逢う気はしないものである。容貌《きりょう》が悪いのや、声の悪いのはだんだんと見慣《みな》れ、聞き慣れてくると、またよくなってくるものである。すなわち見直し聞き直しはあるが、嗅《か》ぎ直《なお》しということはない所以《ゆえん》である。だから各自が人中《ひとなか》に出るときは、この点、十分注意を要する。

（大正十五年九月・水鏡）

宿命と運命

宿命《しゅくめい》とは、人間各自が先天的にもって生まれた境遇であって、後天的にどうすることもできない境涯《きょうがい》をいうのである。運命は、努力次第で無限に開拓してゆけるものである。

たとえば貴族に生まれた、平民に生まれた、美人に生まれた、醜婦に生まれた、農家に生まれた、商家に生まれたとこういうのは宿命である。後《あと》からそれを動かすことは絶対にできない。

しかし平民に生まれたというて、一生涯平民で終わらねばならぬという理由はない。各自の努力次第で貴族になれんこともなければ、貴族といえども放蕩懶惰《ほうとうらんだ》を事とすれば礼遇《れいぐう》停止で平民に降下せんともかぎらぬ。農家に生まれたという宿命は動かすことができないが、これも一生涯農業をせねばならぬということはない。何に職業替《が》えをしようと勝手である。商業がきらいならほかの職業を択《えら》んだって、いっこう差し支《つか》えないわけである。

いかに天性の美人であっても境遇が悪くて、くすぼっておれば、化粧《けしょう》装飾を十分にすることのできる醜婦より見劣《みおと》りがするものである。

すなわち運命は、努力でどうともすることができるものである。

（昭和二年五月・水鏡）

結婚と男女の年齢

結婚する男女の年齢は十違《ちが》うのがもっとも理想的である。なぜかといえば男は三十歳にして霊肉《れいにく》ともに完成し、女は二十歳にして完成するものであるから、完成したもの同士の結合が一番よいのである。

（昭和二年五月・水鏡）

魂は外へ出さねばならぬ

魂《たましい》は遠心的《えんしんてき》のものであるから、外へ出さねばならぬ。内へ引っこめるから、せまい胸がなお苦しくなってくるのである。

魂はけっして傷つけてはならぬ。いろんな事件が起こったら、雨や風が吹き荒《すさ》んでいるのだと考えたらよい。

魂を自由の境地《きょうち》において活動するのが惟神《かむながら》である。

（昭和二年六月・水鏡）

忍耐

忍耐《にんたい》せい、忍耐せい、忍耐よりほかに成功の道はないものである。わたしもずいぶん忍耐している。腹を立ててはあかん。

（昭和二年八月・水鏡）

変わったものに相手になるな

鰻《うなぎ》の耳の生《は》えたものは、蟠竜《ばんりよう》といって竜の種類に属する。それを取って食べると、一家が没落してしまう。時にはこの魚《うお》が群《むれ》をなして来ることがあるが、家に持って帰っただけでもよくない。

ただの鰻《うなぎ》でもあまり大きなものは食べぬがよい。七、八十匁《め》くらいが頃で、それ以上になると味もおちるし、百匁《もんめ》以上のものは食《く》うものでない。

すべて何物にかぎらず、珍妙な形をしたものには相手にならぬがよい。

器具でも木石《ぼくせき》でもあまり変わったものは何かあるので、そんなものを好んで持つのはよくないことで、思わぬ災害を受けることがある。

人間も同じで、奇妙な風《ふう》をしたり、言うたりする人は、どうも信用がおけぬものである。すべてあまり変わったものには相手にならぬがよい。

（昭和二年八月・水鏡）

私憤と公憤

私憤《しふん》というのは事《こと》自分だけにかかっておるのであるから、忘れさえしたら事がすむ。公道《こうどう》や正義とは違う。私憤をもって公道に及ぼしてはならぬ。

（昭和二年十一月・水鏡）

親切にしてやれ

誰《たれ》にでも親切にしてやれよ、それだけの報《むく》いが自分に来るものである。病人でもよく親切にして面倒をみてやれば、自分が病み煩《わずら》ったときに必ず誰かがまた親切にして看護してくれるものである。

人に親切を尽《つ》くすということは、すなわち、やがて自分に親切を尽くすということになるのである。お神徳《かげ》は取りどくというのは、そういう事をいうのである。

すべての人に親切にしてやれ、すべてのものを可愛《かわい》がってやれ。

（昭和三年二月・水鏡）

運は人が作る

運命と宿命のちがうことはかつて話しておいたが、運命というものは、自分がつくってゆくのである。運《うん》という字ははこぶと訓《よ》む。こちらから運《はこ》んで運命を展開してゆくのであって、自分の思惑《おもわく》の立つように、自分からしむけて行くのである、そういう人を神様はお助けなさるのであって、棚《たな》から落ちてくる牡丹餅《ぼたもち》を待っておるような人は、いつまで待っても運が開けることはない。

幸運は、はこばねば得がたいものである。

（昭和三年三月・水鏡）

因果応報

運命はいくらでも展開できるが、因縁《いんねん》というものは困ったもので、これを断《た》ちきることが困難である。

善因善果《ぜんいんぜんが》、悪因悪果《あくいんあくが》、自分の蒔《ま》いた悪因《あくいん》は、まず自分からこれを刈《か》りとった後《あと》でなければ、よい運命を作ろうとしても作れるものではない。

人は心得《こころえ》たうえにも心得て、悪因縁《あくいんねん》を作らんようにせねばならぬ。悪い因縁を作ると、一生涯《いっしょうがい》頭が上がらぬものである。

（昭和三年三月・水鏡）

断の一字

「断じて行《おこな》えば鬼神《きしん》もこれを避《さ》く」という諺《ことわざ》がある。物事は断《だん》の一字にある、断乎《だんこ》として行なえば、できないという事はないのである。

わたしは、どんな大問題にぶっつかっても一分間を出でずしてきめてしまうのである。そして、それを断行する。わたしが今までなし来《きた》った仕事は、皆それである。

世の多くの人は、この断《だん》の一字が欠けているから、仕事ができないのであると、わたしは思うのである。

（昭和三年三月・水鏡）

大事業

わたしには大事業《だいじぎょう》というものはない、どんな大きな仕事でも、わたしは、ただの仕事と思ってやって行くのだ。

人はよく「わたしは近ごろ大事業を計画している」などというが、やらん先から大事業だなどというようでは、到底《とうてい》成功するものではない、はじめから仕事に呑まれておる。仕事はのんでかからねばならぬ。

他《た》から見て大事業だなーと思うようなことでも、「エ一寸《ちょっと》小さな仕事をはじめています」というくらいな意気でやれば、どんな大事業だってできるものである。

（昭和三年四月・水鏡）

やり通せばよい

大きな器《うつわ》には大きな陰《かげ》がさす。大きな仕事をはじめれば、それに伴《ともの》うて種々《しゅじゅ》の失敗も起こり、批難攻撃もあるものである。悪いほうは消して、よい方面ばかりみて、勇敢に進んでゆけばよい。

弱くてはいけない、強くなれ。強くなって、物事をやり通せばよいのである。

（昭和三年四月・水鏡）

金持ちと金番

金持《かねも》ちと、金番《かねばん》とは違う。金を生かして使う人を金持ちというのである。

金もいきものであるから、自分をよく活《い》かして使ってくれる人を喜ぶ。活動さしてくれぬような主人に対しては不平があるから、そういうところには金が集まらぬ。

（水鏡）

霊止と人間

人《ひと》は霊止《ひと》であって、天地《てんち》経綸《けいりん》の司宰者《しさいしゃ》であるが、人間は天地の経綸を行なうことはできない。

人間は天地経綸の一機関である。


（昭和四年一月・月鏡）

三菩薩

勢至菩薩《せいしぼさつ》は愛善を象徴し、普賢《ふげん》菩薩は意志想念を、文殊《もんじゅ》菩薩は智慧《ちえ》証覚《しょうかく》を象徴している。

これら諸《しょ》菩薩が、獅子《しし》に乗り、あるいは虎《とら》、象《ぞう》などに乗っておらるるのも、やっぱり象徴的事象であって、獅子、虎は、手におえない猛者連《もされん》、象は鼻高連《はなたかれん》を意味し、そういう輩《やから》の上に乗って制御せらるるという意味である。


（昭和四年一月・月鏡）

魂の大いさ

怒声《どせい》と悲鳴とが魂の長さと幅である以上は、幅のわからぬ人間こそ真《しん》の人間であり、神の子である。

（昭和四年四月・月鏡）

安全な代物

五日《か》一水《すい》、十日《か》一石《こく》というが、三年一文《もん》、一生一言《ごん》に万行《まんこう》を含むものは、神の生宮《いきみや》であり、真の予言者であり、雄弁家である。

万巻《まんがん》の書を腹に詰めこんだ紙虫《かみむし》学者の多くは一事に貧しいものである。また万言《まんげん》をたずぬる人間は、一行《こう》を修《おさ》めえぬ人間に決まっておる。

全体、文字を書いたり、文句をひねくるような人間や、口の達者な人間に恐ろしいものはない。思ったことを書いてしまい、また言ってしまえば、頭脳は空虚になるからだ。じつに安全な代物《しろもの》である。そこにいかなる表現も、自己を現わさずにはおかない。その言葉が真信《しんしん》を裏書きするのも不思議ではない。

嘘《うそ》はもとより嘘であるが、真実を語っても、一度口から外へ出したら、それはもう真実そのものではなく真実の影である。

平仮名《ひらかな》を七字ずつに切って、

いろはにほへと、ちりぬるをわか、よたれそ
つねな、らむうゐのおく、やまけふこえて、
あさきゆめみし、ゑひもせす

の「す」を加えた圏点《けんてん》の「とがなくてしす」といったのは、赤穂《あこう》四十七士に対する徂徠《そらい》の評語であるというのは、「いろは」を弘法大師の作だというにも勝った大嘘《おおうそ》であるが、「説《と》かなくて死《し》す」は「咎《とが》なくて死す」たることは当然だ。説きさえしなければ、咎はないからである。

しかし言葉は要らぬということすらが、言葉でないと言えない。文字無用論も、また字によらねば書くことはできぬ。

実行の黙鳥《もくちょう》は、言文の翼によらねば、飛びそうにもないが、一管の笛で衆生《しゅうじょう》も済度《さいど》されれば、一篇の民謡に国の興亡も覚られる。邵康節《しょうこうせつ》は杜鵑《ほととぎす》の一声《こえ》に、宋の顛覆《てんぷく》を直覚したという。

歌うか黙《もく》するか、この二つのあいだに一寸《ちょっと》でも理屈がはさまると地獄に堕《お》ちる「黙指無声《もくしむせい》」の達《だる》磨《ま》と唯説弥陀本願《ゆいせつみだほんがん》の羅什《らじゅう》は、異体同心ではないか。それに、歌えども踊《おど》らずというけれども、現代人は唄《うた》わなければ踊らない、おのが腹から湧《わ》くのでないからである。踊らずにおられなくなって踊るのではないからである。

作れども知らず、それでこそ真の作物《さくぶつ》というべきである。人間が意識してやることに碌《ろく》なものはない。人為とは破壊の別名である。作らしめられたもののみが、生きておるのである。

こう考えてみると、現代は破壊の多い時節であると思う。

人間は子供を造り得ないくせに、子供を精神的または形体的に殺すものが多い。自分から子供の

精神を殺しておきながら、その罪を何ものにか、ぬりつけるものばかりになった現代である。

（昭和四年四月・月鏡）

過去の失敗

自分の過去を深夜《しんや》静かに省《かえり》みると、一代の大失敗は、大正日日新聞社の買収と経営について、いずれも素人連《しろうとれん》に任《まか》せきったことであった。

しかしながら、今日《こんにち》になって考えてみると、それは神様の大なる経綸の一部であり、大本にとって大発展の曙光《しょこう》を発揮する唯一の予備条件たる、きわめて小さい不幸にほかならなかったのである。

世の中のすべてのことは皆そうである。末法《まっぽう》だ、澆季《ぎょうき》だ、乱世だと、拗《す》ねたり、恨《うら》んだり、怒ったり、泣いたり、喚《わめ》いたりしておるが、そうした人は、いつの世に出てきても、そうした人である。

自分は大正日日の負債《ふさい》数十万円の請求に攻めつけられた際も、平然として第二の計画にとりかかり、天恩郷を築き上げた。入蒙《にゅうもう》の際、敵の陣中に進入し、死刑場に引き出されたときも、あまり心配にもならなかった。なにごとも一切を神に任《まか》せきっていたからである。

すべてこの世を呪うような人間に、けっして天国も浄土も在るべきはずがない、われわれの踏みだす一歩々々のその刹那《せつな》に、永遠無窮の世界が含まれておるからだ。いかなる難関が押し寄せようとも、神に在る身は、いつも円満で安楽で平気である。

恐ろしく思われるのは、その恐ろしさに勝つ有《あり》難《がた》さのこもっている証拠である。

一昼夜のあいだにも、夜明けもあれば、日没もある。一年のあいだにも春夏秋冬がある。夜明けばかりが幸福で、日没が不幸ともかぎらない。

昼はもとより結構であるが、夜もまた馴《な》じんでみると悪くないものである。

（昭和四年四月・月鏡）

謝恩の生活

天の不平は豪雨を降らして大洪水となし、風の不平は嵐を起こしてすべてを破壊し、地の不平は地震を起こしてもって乾坤《けんこん》を震動せしむるように思われる。人間の不平は千様万態であるが、まず生活問題から起こるのが多いようだ。

この不平を解《かい》する唯一の方法は、報恩謝徳《ほうおんしゃとく》の意義を了解するにある。

仏教では、万象《ばんしょう》はみな仏陀《ぶつだ》であるといい、大本では、宇宙における霊力体《れいりょくたい》一切の万有は、神の本体であると説く。

然《しか》り、われらが極暑《ごくしょ》と闘った後《のち》の一滴の水は、いかに多大なる感謝の念を与えるか、風も、草も、木も、すべて吾人《ごじん》に幸福を与えておる。米一粒が八十八回の労力を要して、はじめて人間の口に入ることに思いをいたす時は、吾人は四囲のすべてに対して感謝せねばならぬ。

報恩の念は、吾人に幸福な人生の温情を教えてくれる。一個の日用品を買うものは、その品物にて便宜をうる。売主《うりぬし》は代価の金で自己の慾望を満足することができ、製造人は労銀《ろうぎん》にて自己生活の必需品を求むることができるのだ。

然《しか》りとするならば、以上の三者は、いずれも対者に対して、感謝せねばならぬことになる。

近時《きんじ》やかましい労働問題にしても然《しか》りである。経営者は、天然《てんねん》と労働者に対して感謝すべく、労働者に対しても相当に利益の分配《ぶんぱい》をなすべきは、当然であると同時に、天然、いな、神々の徳に対して感謝すべきである。また労働者は、経営者があってこそ自己が生活し得ることを知って、ただ自己の腕力万能心にとらわれず、そこに感謝の意を表すべきものである。かくのごとくにして、両者がたがいに諒解し、はじめて不平不満を去り、温かい生存をつづくることができる。

しかるに、現代には感謝報恩の念慮《ねんりょ》なき、利益一点ばりの人間がままあるのは歎《なげ》かわしい。

兵庫あたりの某《ぼう》紡績工場の近隣に、火災が起こったときに、多大の綿花《めんか》が倉庫にあったので職工連《れん》が万一を気づかってどんどんと他所へ運び出していた。

そこへ幹部の役員が出てきて、この状《さま》を見るなり、火のようになって叱《しか》りつけた。そして、

「この綿花には十万円の保険がつけてあるから、他《た》へ運ぶ必要はない、焼けても原価に該当《がいとう》するだけの保険金がとれる、運搬《うんぱん》すればそれだけの労銀がいる、いらぬ世話を焼くな」

といったとのことであるが、この役員どもは、どうして綿花ができたかということを知らぬ、冥加《みょうが》知らずである。そして多数者の労力を反故《ほご》にするものである。代償の金さえあれば、社会の損失を知らぬ、利己主義の人間である。

なお、この綿花を焼失したなら、多くの人々が寒さを防《ふせ》ぐ衣類ができなくなるという社会の人の幸福を度外視したる悪魔の所為である。

滔々《とうとう》たる天下、ほとんどこれに類する人々の多きは浩歎《こうたん》すべきである。天地の大恩《たいおん》、自然界の殊《しゅ》恩《おん》を知らず、宗教心なき人間はすべて、かくの如きものである。

青砥《あおと》藤綱《ふじつな》は、滑川《なめりがわ》に一銭の金を落とし、五十銭の日当を与えて川底《かわぞこ》を探らしめたという。

かくの如きは天下の宝を将来に失うことを恐れた謝恩心に外《ほか》ならないのである。吾人《ごじん》はどこまでも青砥藤綱の心事《しんじ》を学ばねばならぬ。

（昭和四年四月・月鏡）

年とともにたから集まり使い道猫に小判と熟考して居る
『人生の岐路』より

捨てることは正しくつかむこと

白隠禅師《はくいんぜんじ》が、一日法華経《ほけきょう》を読んで、内容空虚、ただお伽話《とぎばなし》の一種として投げ棄てなかったならば、一生、法華経を信ずる時機はこなかったであろう。

自分だってその通りだ、教祖のお筆先《ふでさき》に対して、穴だらけだ、というて、いったんこれを捨て、官《かん》幣社《ぺいしゃ》の神職にならなかったら、お筆先の真の光明《こうみょう》がわからない。五里霧中《ごりむちゅう》に彷徨《ほうこう》して、その取捨に迷って一生を送ったかもしれない。

これから考えても捨てるということは、正しくつかむことであらねばならぬ。もっとも大切《だいじ》なものは何によらず、いったん放擲《なげう》たなければ、より以上の大なるものは得られない。

深い悩みが無限の慰藉《いしゃ》をもたらし、寂《さび》しさをほかにして慰《なぐさ》めはなく、悲しみを厭《いと》うて喜びは来たらぬ。貧乏したおかげで壮健になり、長命するものもたくさんある。

（昭和四年四月・月鏡）

忘れるということ

古《いにしえ》の寛仁大度《かんじんたいど》の君公《くんこう》はその臣下の過失に対し「今回にかぎって何事も忘れて遣《つか》わす、以後はかならず注意せよ」と言って、その罪を不問に附《ふ》したのは、神のごとき仁慈をもって臣下を愛撫《あいぶ》したのである。

すべて何事にても、忘れるということは尊《とうと》いことである。

自分はいつも各地の信徒から電信や書状をもって「ヤマイキトクカミサマヘオワビタノム」とか、または「いま一度本復《ほんぷく》するようお願い下されたし」とか申しくるもの引きもきらない状態であるが、自分はその時かぎりで、全然《ぜんぜん》忘れておるのである。そうすると、全快の礼電《れいでん》が来たり、礼状がくるが、すこしも覚えていない。

自分が忘れず覚えて日夜祈願を凝《こ》らすようでは、けっして依頼者の苦悩を救うことはできぬ。

忘れてやればこそ、また依頼者も病苦を忘れて快癒《かいゆ》するにいたるのである、と話しておるところへ明月《めいげつ》が訪《と》い来たり「聖師様に忘れられては困ります、信徒のなかに私もおることだけは忘れないで覚《おぼ》えていて下さい。なんだか心細くなります」という。そこで自分は「よろしい、あなたのそのサックだけ忘れて上げよう」と笑ったら、「どうぞ、わたしの身の上を忘れずに守って下さい」といって帰った。

忘れられることは誰人《たれびと》もいやだと見えるが、もしも「覚えていやがれ」と捨台詞《すてせりふ》でも残された時は、あまりよい気がせぬものだのに、覚えておって下さいという明月も、あまり大悟徹底《たいごてってい》していないようにも思われた。

（昭和四年五月・月鏡）

日本人の抱擁性

我が日本神州《しんしゅう》の国民は古来、抱擁性《ほうようせい》に富んでいた。そして固有の民族性にすこしの動揺をきたさなかったことは、世界の驚異とするところである。世界の文化をことごとく吸収して、同化し、精錬して、さらにより以上、美しきものとして、さらにこれを世界に頒与《はんよ》するところに、日本人の生命があり、使命があるのである。

しかし、横に世界文化を吸収して、これを精錬すればするほど、縦に民族性が深めらるべきはずだのに、現代の日本は外来文化の暴風に吹きつけられるほど、固有の民族性の特長を喪《うしな》いつつある状態は、あたかも根の枯れたる樹木に均《ひと》しいものである。

日本人は、日本人として、けっして何物によっても冒《おか》されない天賦《てんぷ》固有の文化的精神をもっておるはずである。それが外来文化の浸蝕《しんしょく》によって、失われんとすることは、祖国の山河《さんか》が黙視《もくし》するに忍びざるところでなくてはならぬ。

かくの如き時に際して、天災地変《てんさいちへん》が忽焉《こつえん》として起こり、国民に大なる警告と反省を促《うなが》したことは近代に始まったことでなく、じつに建国二千五百年の災変史の黙示するところの大真理である。

近くは元和《げんわ》、寛永《かんえい》、慶安《けいあん》、元禄《げんろく》、宝永《ほうえい》、天明《てんめい》、安政《あんせい》、大正に起こった大地震と、当時の世態《せたい》人情との関係を回顧するも、けだし思い半《なか》ばに過ぐるものがあるではないか。

さて、我が国の記録に存《そん》するもののみにても、大小一千有余の震災を数えることができる。そのなかでも、もっとも大地震と称されておるものが百二十三回、鎌倉時代のごときは平均五年目ごとに大震災があったのである。覇府《はふ》時代には大小三十六回の震災があった。しかも我が国の発展が、いつもこれらの地震に負うところが多いのも、不思議な現象である。

奈良が滅び、京都が衰《おとろ》え、そして江戸が大いに興隆発展した歴史の過程をたどってみれば、その間《かん》の消息がよくよく窺《うかが》われる。

ぜんたい我が国の文化そのものは、まったく地震から咲き出した花のようにも思われる。天神天《てんしんてん》祖《そ》、国祖神《こくそしん》の我が国を見捨て玉《たま》わぬかぎり、国民の生活が固定し、腐敗堕落の極《きょく》に達した度ごとに、地震の浄火が忽焉《こつえん》と見舞ってきて、一切の汚穢《おえ》を洗滌するのは、神国《しんこく》の神国たる所以《ゆえん》である。

古語に曰《い》う「小人《しょうじん》をして天下を治めしむれば天《てん》禄《ろく》永く絶えん、国家混乱すれば天災地妖《てんさいちよう》到る」とあるのは、自然と人生の一体たることを語ったものである。人間が堕落して奢侈《しゃし》淫逸《いんいつ》に流れたとき、自然なる母は、その覚醒を促すために、諸種の災害を降し玉うのであって、しかも地震は、その極《きょく》罰《ばつ》である。

我が国に地震の多いのも、神の寵児《ちょうじ》なるがゆえである。自然、いな、天神地祇《てんしんちぎ》の恩寵《おんちょう》を被《こうむ》ることの多いだけ、それだけにその恩寵に背いたときの懲罰《ちょうばつ》は、いっそう烈《はげ》しい道理である。

もし地震が起こらなければ、人震《じんしん》が発《おこ》りてその忿怒《ふんぬ》を漏《も》らすにいたる。近くは天草四郎《あまくさしろう》や由比民《ゆひみん》部之介《ぶのすけ》、大塩平八郎《おおしおへいはちろう》、ないし西郷隆盛《さいごうたかもり》の如き、みな、この人震に属するものである。

（昭和四年五月・月鏡）

上になりたい人

なんでもかでも、人の上になりたがる人の多い世の中だ。上になりたい人はならしてやったらよいのである。

要《よう》は実力の問題だ、実力がなくて上になっていても永くはつづかぬ。上になりたがる人は、ただもうそれだけの人間である。（昭和四年十二月・月鏡）

善言美詞は対者による

善言美詞《ぜんげんびし》は対者によることであって、車夫《しやふ》が同士に対しては車夫の言葉、ちょっと聞いてはなはだ悪言暴語《あくげんぼうご》のような言葉でもそれが善言美詞であるし、地位名望のある人たちのあいだには、それ相当の美しい言葉が交されねばならぬ。

「まだ生きてけつかるのか、米が高くてこまるぞ、よう」というと、「やあ、手前《てめい》もまだ生きていたのか」。

これはわたしが荷車《にぐるま》をひいていた時代に、これらの社会において、たがいに取りかわさるる言葉であった。労働者たちのあいだの善言美詞である。

こうした暴《あら》い言葉の底にひそむ、友を思うの情《じよう》はたがいに充分に相通じ了解されるのである。

もしこれらの人が切口上《きりこうじよう》や、丁寧《ていねい》な言葉を使いだしたら、敵意を含んでいるのである。

舌《した》の下には心あり、との神歌《しんか》のごとく、要《よう》は心の問題で、敬愛の心からでる言葉は表現はまずくとも善言美辞となって表わるるもので、この心なくて美辞を使うと、それは阿諛諂佞《あゆてんねい》となり、欺言《ぎげん》、詐語《さご》となる。

（昭和五年一月・月鏡）

空相と実相

竜樹菩薩《りゆうじゆぼさつ》は空《くう》を説いた。空《くう》というのは、神または霊ということである。目に見えず、耳に聞こえぬ世界であるから空《くう》というのである。

空相《くうそう》は実相《じつそう》を生む。霊より物質が生まれてくることを意味する。無《む》より有《う》を生《しょう》ずるというのも同じ意味で、神がすべての根元《こんげん》であり、それより森羅万象を生ずるのである。

霊《れい》が先であり、体《たい》が後《あと》である。

家を建てようと思う思いは、外的にみて空《くう》である。けれどもその思いのなかには、ちゃんと、りっぱな建造物ができあがっているのである。それがやがて設計図となって具体化する。さらに木材の蒐集《しゅうしゅう》となり組立てとなり、ついに実際の大厦《たいか》高《こう》楼《ろう》が現出する。

空相が実相を生み、無より有《う》が生じたのである。真如《しんにょ》実相という意を聞くのか。真如は神、仏、絶対無限の力をいうのであるから、前と同じ意味である。実相は物質的意味である。

（昭和五年二月・月鏡）

当相即道

当相即道《とうそうそくどう》というのは相応《そうおう》のことである。らしくすることである。宗教家は宗教家らしく、政治家は政治家らしく、その他、士《し》、農《のう》、工《こう》、商《しょう》と、それぞれらしく働《はたら》くことである。（昭和五年三月・月鏡）

つまずく石

躓《つまず》く石も縁《えん》の端《は》し、という諺《ことわざ》があるが、まったくその通りであって、敵となり味方となり、友となり仇《あだ》となるも、とにかく幾十万年か、限りなく永劫《えいごう》より永劫につづく時の流れの中に、同じ時代において生《せい》をこの世に受け、また世界十七億の人口の中にあって、同じ国に生まれるということさえも、一方《ひとかた》ならぬ因縁《いんねん》であるのに、朝夕顔を合わせ、同じ竈《かまど》の飯《めし》を食《く》うというのは、そこに深い深い因縁があるからである。

たとえ同じ時代に生れ合わせておっても、一度も顔を合わせることなくして死にゆく人が、そも幾億万あるかわからない。

これによってこれをみれば、ほんの汽車の行きずりに一瞥《いちべつ》を与えあう人達だって、深い因縁をもつ身魂《みたま》である。因縁なくして滅多《めった》にそうした機会にあうものではない。これを思えば人々はその因縁を尊重して、周囲の人と仲よく暮さねばならぬ。

いわんや振《ふ》り分《わ》け髪《がみ》の昔なじみは、けっして忘れえぬもの。

わたしは境遇がいかに変化を来たそうとも、永久にこれらの人々を愛してゆきたいのである、それが人情《にんじょう》ではないか。


（昭和五年五月・月鏡）

心配事

心配事があっても放《ほ》かしてしまったらよいのだ。

王仁《わたし》はむつかしい事件にぶっつかると、当面の問題だけ解決しておく。そして、その後はもう忘れてしまっている。事件に関係している人の顔を見るまでは、そのことに関しては思い出さぬのである。そうでなければ年が寄る。


（昭和六年三月・玉鏡）

棺も旛も

「棺《かん》も旛《はた》も立ってから」という諺《ことわざ》があるが、世間ではこれを読みそこねて、雁《がん》も鳩《はと》もたってしまってから、などと言うておる。そうではない。

棺も旛も立ってしまうということは死を意味するので、死んでからでは万事休《きゅう》すという意である。

一日でも一時間でも存《なが》らえて道を聞くべきである。そうしておけば霊界に入《い》ってからどのくらい楽かわからぬ。


（昭和六年十月・玉鏡）

学問も必要

明智光秀《あけちみつひで》も太閤秀吉《たいこうひでよし》も、ともに学者であった。

二人とも小さい時から学問をしたものだ。学問がなくてどうしてあんなに偉い仕事ができるものか。

秀吉の書いた字なんかりっぱなものである。学問なしにあんな字が書けるものではない。

わたしも七つごろから四書五経《ししよごきよう》を習った。諸子百家の書もよんだ。文章軌範《きはん》なども精読したものだ。

揚子《ようし》とニイチェとは、ほとんど同じ思想だなあ。とにかく、むかしから名を現わした人たちはみんな相当の学問があったのだ。　(月鏡)

理智と感情

「感情は盲目である。冷静な理智がそれを監督するのでなかったら、どんなところまで走ってゆくか分からぬ。感情にのみよって事をする人は、かならず家をやぶり、身を滅ぼす」。

こういう意味の論文を王仁《わたし》は十四、五歳のころ、朝日新聞で読んだことがある。筆者は宇都宮筑波《うつのみやつくば》野《の》と名のっていた。

王仁《わたし》はこの論文がひどく気に入って、そしてまたいたく動かされたものである。

人は決して感情によって事をしてはならない。かならず、冷静な理智と相談してやらねばならないということは真理である。

王仁《わたし》は事業のために初恋《はつこい》を捨てた。それはじつに堪《た》えがたいものであった。五十幾歳の最近まで、思い出すと骨がうずいてくる。

しかしながら王仁《わたし》には重大なる使命があることをその頃から、おぼろげにも知っていたので、事業と恋との岐路《きろ》に立って、王仁は冷静なる理智の命ずるままに恋を捨てて、ひたすら仕事に猛進《もうしん》したのである。

いまの王仁《わたし》は大神業というものがある。この大神業遂行《すいこう》のためには、妻子を捨てることも、さらさら厭《いと》わぬのである。何物を捨てるのも厭わぬのである。誰《たれ》でも神業のまえにはすべてを犠牲にする覚悟がなくてはならない。

情《じよう》において忍びないことはいくらもあるが、それを押しきる強い意志と、聡明なる理智とがなくてはならぬ。　(昭和六年十一月・玉鏡)

迷信

干支《かんし》、九星《きゅうせい》、家相《かそう》、人相《にんそう》、手相《てそう》、骨相《こつそう》など、けっして当《あて》になるものではない。こんなにいろいろの種類があって一致せないことを見ただけでも、すでに確実性がない証拠である。

よく艮《うしとら》に便所を設《もう》けてはいかぬと言うが、艮《うしとら》は太陽の上《のぼ》るところであるから、きれいにしておいた方がよいというだけで、便所などはなるべく目にたたぬ所に設けるほうがよろしい。

しかし、造作《ぞうさ》の都合で、かかる迷信に囚《とら》われてはいけない。年廻《としまわ》りや月日が悪いなどと気にするようでは、すでに、その迷信に征服せられているのであるから、悪く現われてくるようになる。

この広い天地に生《せい》を享《う》けて、自分から日の吉凶《きっきょう》を気にして、みずからを束縛して窮屈《きゅうくつ》に渡世《とせい》するほど、馬鹿らしいことはない。

王仁《わたし》は今日まで、いつも世間で年廻りが悪いという年ほど結構な仕事ができている。月も日もその通りである。

（昭和七年一月・玉鏡）

祟り

むかし、亀岡のある家の主人が代々《だいだい》四十二歳になると死んだ。なにかの祟《たた》りであろうと心を悩ましていた。

あるとき一人の修験者《しゅげんじゃ》がやって来て、そのことを他家《たけ》で聞いて、その家を尋ねて行った。そしてその修験者が「あなたの家は、いつもご主人が四十二歳になると亡くなりますね」と言った。その家の主人は「どうしてそれが分かりますか」と言えば、修験者は「法力《ほうりき》でわかるのだ」と答えた。

主人は、是非、長生きしたいと言うて相談した。

修験者は、「それには八百万《やおよろず》の神仏を供養《くよう》せねばならぬ。そのためにはあらゆる日本の神社仏閣を巡拝せねばならぬから、その旅費を出せ」と言ったので、主人は快《こころよ》く承諾した。そして修験者は、なにか書いて封《ふう》じて、お呪禁《まじない》と言って、高いところに掛けておいた。

その主人は九十歳くらいまで長生きし、そのまた息子《むすこ》もそれほど長生きした。

そののち、その孫に当たる人が、近所にも短命な人があるので、人助《ひとだす》けだと思って、かのお呪禁《まじない》にどんなことが書いてあるかと思って、お詫をしながら恐るおそる開いて見た。

するとなかには「本来無東西、何処有南北迷故三界城、悟故十万空」と書いてあった。

つまり「悟《さと》るも迷うも心一つ、祟《たた》るも祟らぬも心一つ」との意味である。

そして、も一つの紙には「祟《たた》らばたたれ家主《いえぬし》に」と書いてあった。これを見た家の主人は吃驚《びっくり》して、ウン、といって死んでしまったという話がある。つまり神経を起こしたのである。

世の中はまずザットこんなものだ。

（昭和七年一月・玉鏡）

天職と職業

人間の天職《てんしょく》は人類共通のものであって、神《かみ》の子神《かみ》の生宮《いきみや》としての本分を全《まっと》うすることである。

しかし職業は、けっして神から定《き》められたものではない。みずから自己の長所、才能等を考究して、自分にもっとも適当とするものに従事すべきである。

（昭和七年三月・玉鏡）

数字の頭

大祥殿《たいしょうでん》の衝立《ついたて》に「四海五湖龍世界十洲三嶋鶴乾坤」と書いたが、これを見て、四つの海とは何と何とであるか、五つの湖とはどれどれであるか、などと尋ねる人がある。あれはもちろん特定の山《さん》野河海《やかかい》を示したものではない。とかく今日の人間は、計算的の頭ばかりがよく働く。いまの学者も裁判所も、あまり数字にとらわれすぎる。

（昭和七年五月・玉鏡）

不断の用意

王仁《わたし》は他《ほか》に宿泊する場合、かならずその家に入《い》ると、いちばんに家の様子をしらべておく。非常口がどこにあるか、二階などに寝るときは窓の下はどうなっておるか、一朝事《いっちょうこと》が起こった時にはどの方面からどういう方法で逃《のが》れるかを、チャンと見定め考えて、それから、ゆうゆう座につくのだ。

すこしも、そんな様子が見えぬと言うのか、様子に出して調べるようなことではアカンな。

東から風が吹くときの火災に処《しょ》して、この家としてはどう逃れるか、西の時にはどうするか、地震の場合にはいかになど、あらゆる場面をとっさのあいだに定めてしまっておくのだ。

自分の荷物がどこにあるかを忘れるようでは到底だめだ。手提鞄《てさげかばん》の置き場所などをかねて喧《やかま》しく言うのは、間髪《かんぱつ》を容《い》れざる瞬間に持ち出さねばならぬから、始終、手許におけと言うのである。

（昭和七年十月・玉鏡）

教育について

子弟の教育は義務教育を終えたらたくさんだ、それでりっぱに一人前の人となれる。その後《あと》はそれぞれ専門の教育を施《ほどこ》したらよい。専門教育も学校などに入るより、むしろ実地経験をつませたがよい。

いまの中等教育などは、あれもこれもとあまりたくさんな課目を課し過ぎて、どれも中途半端で物の役に立たぬ。それに生《なま》かじりながら、いろんなことを知っているのでかえって悪く、目的を定めても、うまく行かぬとすぐかえてしまう。

商売をやっていてもうまくゆかぬと、わたしは中学校時代、英語が上手であったから、一つ通訳になって見ようと職業替《が》えをし、またその通訳がうまくゆかぬと、むしろ画家になってみようかと、つつきかじりの癖《くせ》はどこまでも禍《わざわ》いして、ついに何物をもつかみ得ずして、いつしか劣敗者の群《むれ》に取り残されてしまうのである。

点滴《てんてき》石を穿《うが》つのたとえで、能力の劣ったものでも専門的に長くやっておれば、年月を重ぬるにしたがって熟練の効は顕《あら》われて、あっぱれの腕前《うでまえ》になるものである。めったに生活にこまるようなことはない。なまじい種々のことを知っているのは、害多くして効が少ない。

社会がこんなに生活難に苦しむようになるのは、教育制度の罪があずかって、その大半の責めを負うべきである。

学校にしてからが、田舎《いなか》の町村に不似合いな広大なる校舎を建築しているが、教育費ばかりがいたずらにかさんで負担に苦しんでいる町村が多い。すこし考えたらよかろう。（昭和七年十月・玉鏡）

放任主義の教育について

王仁《わたし》が子供の教育には放任《ほうにん》主義をとれというのは、今日の児童教育があまり干渉《かんしょう》がひど過ぎるから、その反動として言うので、やはり放任のなかに干渉があり、干渉のなかに放任があらねばならない。

親が子供に、物をもらっても、すぐ両手を重ねてお礼を言うことを教えるが、あれなども乞食根性を強いるようなものであって、王仁《わたし》は大嫌いだ。

あまり親が子供に干渉し過ぎているのである。

いま大本《おおもと》式の教育をうけた子供を世間で悪く言うのは、善悪に対する標準が違うからで、本当は親の干渉を受けすぎないで、のびのびしたのがいい。

年頃になれば礼儀などはひとりでに覚えるから、あまり干渉してはいけない。（昭和七年十一月・玉鏡）

勇往邁進

勇往邁進《ゆうおうまいしん》、やりかけたらけっして後《あと》へ引かぬというのが、王仁《わたし》のモットーである。

道を行《ゆ》くにしても、いったん取った道はかえぬ、後がえりをして他のほうの道をとったが、はるかに近道であるにしても、やはり王仁《わたし》は、いったん取った道を行くのである。

だから役員にしても任命した以上、王仁《わたし》のほうから取りかえたことはただの一度もない。それでなくては安んじて仕事をしてゆくことができない。

つねに腰掛《こしか》け的気分で仕事をするから成績があがらぬ。どこにも人事の異動が、ちかごろ、はげしいようであるが、王仁《わたし》の思いとは裏はらである。

しかしながら、いまの人間は恩になれて、よい気になる人が多いのだから、またやむを得ないかも知れない。

日本国は、万世一系《ばんせいいっけい》の天皇陛下を戴《いただ》く尊《とうと》い国柄《くにがら》であるが、日本臣民もまた同じく万世一系で、いや次々に栄《さか》えゆきて、子、孫、曾孫《ひ》とつづくのが目出度《めでた》いのである。

外国は禅譲《ぜんじょう》、放伐《ほうばつ》、自由、協和、共産等の政体、日本は万世一系の大家族主義の国体である。

なにか過失があると、すぐ逐《お》い出してしもうて新しい人にかえるという思想、やり方は面白くない。これは外来思想である。やりかたが悪くばよく言い聞かせて、改《あらた》めさすようにするのが、家族主義のやり方である。

（昭和八年七月・玉鏡）

強がる人

弱い人にかぎって、肩など怒らして強がるものである。彼はもはや、あるたけの力をそこに集めているのであるから、力が尽きていて、一つ突きとばせばすぐ倒れるし、また大喝一声《たいかついっせい》すれば、ただちにくずおれてしまうものである。

すこしも力を入れず、いつもぐにゃぐにゃしている奴《やつ》は一番おそろしい。どれだけ力が出てくるかわからないから。

（昭和八年十月・玉鏡）

老人を友達に

王仁《わたし》は子供の時から老人の友が多かった。いや老人を友としたのだ。つまり彼らから、経験からきた知識というものを吸収しようと思ったからである。

老人というものは四十年、五十年の経験によって種々《しゆじゆ》のことを知っている。そしてまたその老人は親たちから種々のことを聞かしてもらっているのだから、のべにして百年間の経験知識を蓄蔵《ちくぞう》しているのだ。われらにとってよい知識の供給者ではないか。

自分と同じ年輩のものを友として彼らから何が得らるるであろうか。ただ悪戯《いたずら》や遊びを一緒にするだけのものである。

老人を友達に持つことは、王仁《わたし》が処世法の一つであった。

（昭和八年十二月・玉鏡）

遠大なる準備

すべてのものは、遠大なる考えのもとに準備せられなくてはならない。

物事は準備の時代に六十年を要する。欅《けやき》は大木《たいぼく》になるものとはいえ、今年種を蒔《ま》いて、来年それを得るわけにはいかない。春蒔《ま》いた種は秋でなくては収穫《う》を得られない。だから種をまくことを早くせねばならない。

艮《うしとら》の金神《こんじん》様は三千年の経綸がしてあるから、出かけたらバタバタと片《かた》をつけるとおっしゃっているが、物事は準備が肝要《かんよう》である。

また考えるということ、省《かえり》みるということもトップをきるまでの仕事じゃ、いよいよやりかけたら飽《あ》くまでそれを断行せねばならない。出発点を離れてからさらに考えなおすなどのこと、王仁《わたし》は断じてしたことはない。

王仁《わたし》は十分案《あん》を練《ね》って、いざ出かけたら一歩も後へはひかぬ性質《たち》だが、世にはよい加減に考えて、さて出かけてのち、あれでもゆかぬ、これでもゆかぬ、と考えたり引っ込んだりする人が多いが、王仁はそんなことはいやだ。

（昭和九年二月・玉鏡）

筆先

神様の一年

神様の一月といわるるのは一年のことであって、一つづきということである。で神様の一年といわるるのは人間界でいう十二年のことである。

教祖は、三年辛抱《しんぼう》したら大本は結構になると仰せられたが、三年とは三十六年のことである。

明治二十五年から三十六年目、すなわち大正十七年から結構になるのである。

わたしは、この事をたびたび旧役員に話したが聞きいれずに、三年どころか、十年経《た》ってもいっこう結構にならぬと、愚痴ばかり並べたものであるが、大本も今年からだんだん結構になりかけたのである。

（昭和二年十月・水鏡）

国栖を集めよ

お筆先《ふでさき》に示されている、くずを集めて錦《にしき》の機《はた》を織《お》る、という意味を曲解して、大本には屑御《くずみ》魂《たま》ばかり集まってくる、その屑《くず》を集めてりっぱな機《はた》に織りあげるのが御《ご》神業《しんぎょう》であるなどというものがあるが、そうではない。

くずというのは国栖《くず》を集めるというので、国主《くす》（栖）を集めること、国魂《くにたま》、因縁《いんねん》の御《み》魂《たま》を集めるということである。糸はゆかりの意味である。換言すれば、因縁のある国魂《くにたま》を引きよせて神業完成を期するということである。

（昭和五年四月・月鏡）

梅で開いて松でおさめる

梅《うめ》で開いて松《まつ》で治《おさ》める、竹《たけ》は外国の守護《しゅご》、という意味は、梅は教《おしえ》、松は政治、竹は武《ぶ》を意味するもので、武《ぶ》は国を害するというので、害国《がいこく》というこことになる。それを穿《は》き違《ちが》いして竹を嫌うというのはおかしなことである。

竹は古来、四君子のなかの一つとして崇《あが》められていて、坦懐《たんかい》にして、しかも節《ふし》があってしっかりしている。悪いことは少しもない。

皆が取り違いして竹を嫌うので、三代がわざわざとに竹を植えて、その中に掬水荘《きくすいそう》を建てて住んでいるのである。

（月鏡）

神諭の九分九厘

神諭《しんゆ》にある九分九厘《くぶくりん》というのは、戦争のことのみでない。あらゆることに起こってくるので、一《いち》厘《りん》でひっくりかえすのであるから、人間でいえば千人対一人の割合になる。これが千騎《せんき》一騎《いっき》の働きである。

（昭和六年七月・玉鏡）

「いざゞく」と「いたゞく」

開祖様のお筆先に「いただく」というべき意味のところを「いざゞく」と書かれてあるが、これは、けっして間違いではなく、言霊学上《げんれいがく》から言っても、両者のあいだに明らかな区別があるのである。「いざゞく」のいは発語で「ざゞく」は捧《ささ》ぐの意であり、目上《めうえ》の人よりものを頂戴《ちょうだい》する場合に、押《お》し戴《いただ》く意味を表わしたものである。

「いたゞく」は叩《たた》く、すなわち同輩よりものをもろうた場合に、手を拍《う》って喜びの意を表わす場合をさしていうのである。

（昭和八年三月・玉鏡）

差添えの種

お筆先に、

燈火《ともしび》の消ゆる世《よ》の中今《なか》なるぞ
　さし添《ぞ》え到《いた》すたねぞ恋しき

とあるのは、法燈《ほうとう》まさに滅せんとする時にあたって、油を差しそえて、それを生かす種《たね》が欲しいということで、たねはまた種油《たねあぶら》に通ずる。

バイブルにアブラハムとあるのは、油《あぶら》の王《きみ》という意味で、油はすなわちアブラに通じ、ハムは汗《ハム》である。また藩《ハム》である。

（昭和八年七月・玉鏡）

開祖様のお歌

燈《とも》し火《び》のきゆる世の中今なるぞ
　差添《さしぞ》えいたす種《たね》ぞ恋しき

これは、みなの知るとおり開祖様のお歌である。王仁《わたし》はこのお歌を歌碑として、亀岡の天恩郷に建てたいと思っている。「差添《さしぞ》えいたす種」というのは王仁のことである。また、

ひぐらしの啼《な》く声聞けばつきの世に
　なるは淋《さび》しき日の出まつぞよ

というお歌もある。自由律のお歌である。

「ひぐらしの啼く声」というのは、その日暮《ひぐら》しの人民、すなわち細民《さいみん》のことである。「啼《な》く声聞けばつきのよになるはさびしき云々」と言うのは、細民が生活に追われて悲鳴をあげることをさすので、「つきのよ」は尽《つ》きの世で、澆季末法《ぎょうきまっぽう》の世をさすので、この淋《さび》しさから早く日の出をまつというのである。

（昭和八年九月・玉鏡）

梅で開いて

梅《うめ》で開いて松《まつ》で治める、竹《たけ》は外国の守護である、という神諭の一つの意味は、梅は教《おしえ》、松は政治である。竹は武《ぶ》を意味する。武器はもと竹でつくった、弓がそれであり、竹槍《たけやり》がそれである。武器を用いなくてはならぬようでは悪い、という意味である。

（昭和九年四月・玉鏡）

改神慢神

神諭に「かいしん」「まんしん」という文字がと

ころどころにあるが、改心、慢心とかくのではなく、改神、慢神とかくのが本当である。

心を改めるという意味ではなく、今まで仏などを信じていたのを、神の道に改めると言うのである。慢神《まんしん》というのは神をみだすと言うので、それが悪いと仰せられるのである。（昭和九年四月・玉鏡）

国家的思想

仏教でも、キリスト教、その他《た》、既成教の経典《きょうてん》には「国《くに》」という文字がないのもあれば、あってもまた僅少《きんしょう》であるのもある。大本の神諭のなかには「日本の国」という文字や「神の国」という文字が、すこぶるたくさんある。いかに国という観念が強く入れてあるかということがわかる。

すなわち大本の教《おしえ》は、国家的思想が経典の基礎をなしているといってもよい。（玉鏡）

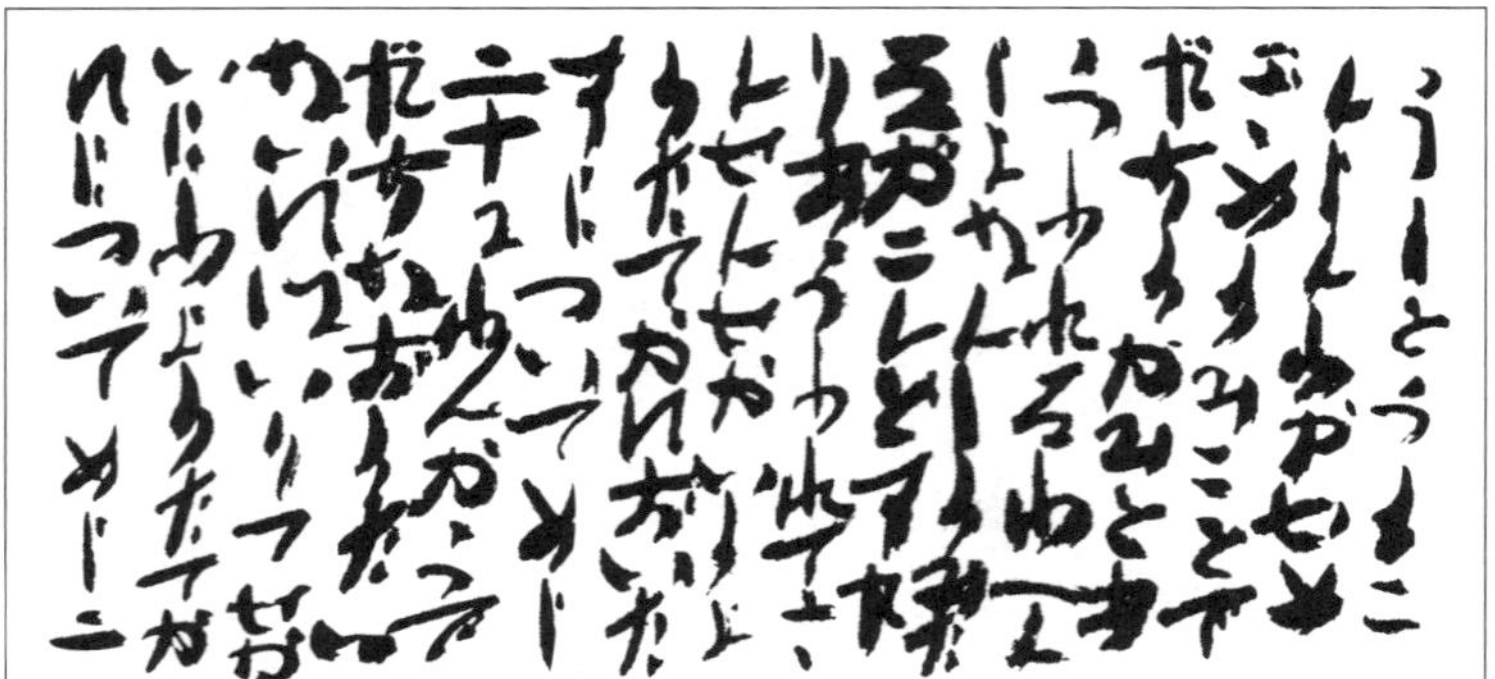

開祖 出口直の筆先

うしとらのこ
んじんわかひめ
ぎめのみことで
九″ちのかみとあ
らわれるわへん
じよなんしのみた
まがこんどす九
りあらわれてさ
んせんせかいのよ
のたてか江おいた
すについてめじ
二十五ねんからで
九″ちなおのたい
ない江はいりてせか
いにわよのたてか
江についてめじ二…

道院

壇訓（扶乩）について

「燈台下《とうだいもと》は真暗《まつくら》がり、遠国《えんごく》からわかりてきてアフンといたすことが出来《しゆつたい》するぞよ」

と神諭にはあるが、今回、支那紅卍字会《こうまんじかい》諸氏の渡《と》日《にち》によって、全くこの感を深《ふこ》うする次第である。

大本神諭を疑って、開祖ご自身の肉体的産物であると思惟《しい》する人も、二人によって自動的に書かれる扶乩《ふうち》を見ては、思い半《なか》ばに過ぐるものがあるであろうと思う。

開祖は元来、無筆《むひつ》であられた。ゆえにその書《しよ》たるや、自己の意志を加えようがないのであるから、神様の思うがままになるのである。扶乩における沙木《さぼく》とほとんど同じく、ただ神様の思召《おぼしめ》しのままに、手をお貸しせられたに過ぎないことが諾《うなず》かるるであろう。

扶乩の場合の沙木《さぼく》は無機物であって、電流にたいしても不導体であるし、把手《はしゆ》たる二人の人は二人であるがゆえに、全く自己の意志想念を没却していて、この場合、無機物と同じ働きをする。

で、神様の御意志というものが、何らのこだわりを受けずして、沙壇《さだん》に現われてくるのである。沙木《さぼく》の中央を握っておられる神様の御手《みて》が、わたしの眼には明らかに拝される。皆には見えぬのであろうか。

負《お》うた子に教えられて浅瀬《あさせ》を渡る、という諺《ことわざ》があるが、まことに日本の人々は壇訓《だんくん》に絶対服従する紅卍字会《こうまんじかい》の諸氏が敬虔《けいけん》なる態度より、学ぶところが多いことであろうと思う。

わたしは支那に行って、ますますこの感を深《ふこ》うした。

あゝ大本の信徒諸氏が神意《しんい》に絶対服従すること、

紅卍字会《こうまんじかい》諸氏のごとくならば、神業の進展刮目《しんてんかつもく》して見るべきものがあるであろうに、あゝ。

附記　今回、神戸において初めて壇訓《だんくん》の開かるるにあたり、聖師様もそれに臨《のぞ》まれました。最初は観音菩薩《かんのんぼさつ》が出現せられて壇訓を賜《たま》わり、ついで老祖《ろうそ》の神が御出現になりました。

もちろん、このことは後《のち》にいたって壇訓を拝してわかったことなので、その場合、私どもにはどんな神様がお出ましになっているのか少しもわりませんでしたが、壇訓中、聖師様の態度が急にかわられまして、いっそう謹厳《きんげん》となられ、頭をさげて拝跪《はいき》されました。そのとき老祖の大神《おおかみ》様が御出現になったのだそうでして、

「大神様（国祖《こくそ》国常立尊《くにとこたちのみこと》）がお出ましになり、お胸からうえのお姿がよく拝《おが》めたによって、ごあいさつを申し上げたのである」

と仰せになりました。

壇訓にあらわれた文字によれば、そのとき、

道院における壇訓の模様

各教主《かくきようしゆ》、教宗《きようそう》、ならびに諸天《しよてん》、聖神《せいしん》、仙仏《せんぶつ》は、三千大千《さんぜんだいせん》世界の諸菩薩《しよぼさつ》、摩訶薩《まかさつ》、諸比丘《びく》、諸比丘尼《びくに》、優婆塞《うばそく》、優婆夷《うばい》を率《ひき》い、均《ひと》しく駕《かご》に扈《こ》して前駆《ぜんく》し来たり壇《だん》に恭侍《きようじ》す、

と記されていました。　（昭和四年十二月・月鏡）

道院奉唱呪文略解

免《ミエン》因《イン》咒《チヨウ》

先《シエン》天《テエン》嗡《オン》啦《ラ》昔《シ》静《チン》呢《ニ》

先　中《ちゆう》心《しん》
天　金剛力《こんごうりき》
嗡　生《うま》れ出《いず》る
啦　無量寿《むりようじゆ》
昔　出入《しゆつにゆう》の息
静　実相真如《じつそうしんによ》
呢　粘着《ねんちやく》離れ去る

これを約《やく》すれば、先天老祖《せんてんろうそ》無量寿《むりようじゆ》を以《もつ》て出世《しゆつせい》し、実相真如《じつそうしんによ》の水火《すいか》の呼吸《いき》を人群物類《じんぐんぶつるい》に与えて、粘着《ねんちやく》の因《いん》を離去《りきよ》し、もって六根清浄《ろつこんしようじよう》の社会を生《しよう》じ給う意義なり。

要するに、執着心と罪障《ざいしよう》の消滅を根本的に実行したまう意義なり。

化《ホワ》劫《チエ》咒《チヨウ》

雲《ユン》天《テエン》多《ト》婆《ボ》夜《イエ》怛《ダン》哆《ト》

雲　天《てん》の結《むす》びの姿《すがた》
天　金剛力《こんごうりき》
多　皆治《みなおさ》む
婆　万里《ばんり》一貫《いつかん》　血柄《ちがら》の色
夜　矢也《やなり》、焼也
怛　突直《つきなお》し、打込《うちこ》む
哆　形《かたち》の本元《ほんげん》

これを約すれば、先天老祖《せんてんろうそ》産霊《むすび》の金剛力をもっ

て、霊力体《れいりよくたい》の活機《かつき》を万里《ばんり》に一貫し、乱れを治め、夜見《よみ》の邪神悪鬼を焼き払い、急速に神力《しんりき》を全地上に打ち込み、根本の土台より突き直し、本元《ほんげん》の太古神政《しんせい》を行ない、人群物類を安息《あんそく》せしめ給う意義なり。

要は神政復古《しんせいふくこ》、治《ち》国安民《こくあんみん》の祥代《しようだい》を樹立せんとの神諭なり。

右は奉天道院《ほうてんどういん》（瀋陽《しんよう》）における乩示《けいじ》であって旧三月九日（神示《しんじ》の出た日）より、五十日間毎日（正午最《もつと》もよし）五百回ずつ、すなわち千遍唱えるようにとのお示しであった。

よほど重大なる神示に相違ないが、意味を解することができないので、最高幹部が寄り合って評議の結果、これは出口聖師（尋仁《じんじん》）におたずねするがよかろうということになり、西川那《にしかわな》華秀《かひで》氏を介して大本井上主理《いのうえしゆり》のところへ、お願いの取次《とりつぎ》を依頼してきたのに対する略解であります。

全文を一見せらるると、ただちに筆《ふで》を取ってかくの如く書かれたので、言霊学をもって解釈せられたのでございます。

（昭和五年六月・月鏡）

艮の金神様と支那

道院《どういん》に現われ給う神様が国常立尊《くにとこたちのみこと》の出現であるという見地から、艮《うしとら》の金神《こんじん》は出口直《でぐちなお》でなくては懸《か》からぬという神諭に矛盾を感ずるという人があるが、すこしも矛盾はない。

支那では艮《うしとら》の金神としては現われておられない。至聖先天老祖《しせいせんてんろうそ》として顕現しておられるので、艮の金神の名においては、絶対に大本開祖のほかには懸かられぬのである。

（昭和六年二月・玉鏡）

霊界物語

霊界物語は最後の審判書なり

キリストは、最後の審判《しんぱん》をなすために再臨《さいりん》するといったが、かれの最後の審判というのは、火の洗礼《せんれい》を施《ほどこ》すことの謂《い》いである。

かれは火の洗礼を施《ほどこ》さんとして、その偉業が中途にして挫折《ざせつ》したため、ふたたび来たって火の洗礼を完成せんと欲したのである。

火の洗礼とは、人間を霊的に救済することであるということは、すでに我弟子たちの周知《しゅうち》のことである。

最後の審判は、閻魔《えんま》大王《だいおう》が罪人《ざいにん》を審《さば》くと同様なる形式において行なわるると考えている人が多いようだが、それは違う。天国に入《い》りうるものと、地獄に陥落《かんらく》するものとの標準を示されることである。

この標準《ひょうじゅん》を示されて後《のち》、各自はその自由意志によって、みずから選んで天国に入《い》り、あるいはみずから進んで地獄におつる。そは、各自の意思想念《いしそうねん》の如何《いかん》によるのである。

標準とは何か、霊界物語によって示されつつある神示そのものである。

ゆえに最後の審判は、大正十年十月より、すでに開かれているのである。

バイブルに「また天国の、この福音《ふくいん》を万民に、証《あかし》せんために、普《あまね》く天下に宣《の》べ伝えられん。しかるのち末期《おわり》いたるべし」とある如く、大正十二年より、支那、朝鮮の順序をへて、いまや全世界にこの福音が宣べ伝えられつつあるではないか。

（大正十四年十月・水鏡）

霊界と神霊界

霊界とは、霊妙な世界、ということであって、顕《けん》、幽《ゆう》、神《しん》三界を総称して、しかいうのである。

人あり、霊界物語《れいかいものがたり》を評していわく「書名題《だい》して霊界物語という。しかるに記すところは顕現界《けんげんかい》の事象はなはだ多し。なんぞそれ内容と題名と相応せざる事かくの如くはなはだしきや」と。

これ、霊界の意味を真に知らざるがゆえの妄評《ぼうひょう》であって、霊界というのは、三界を包含《ほうがん》したるものであるから、顕現界のことを記して、ちっともさしつかえないのである。

世人《せじん》のいわゆる霊界というのは、神霊界《しんれいかい》をさしていうのであって、霊界とはその範囲がよほど狭くなってくる。

（大正十五年二月・水鏡）

論語読みの論語知らず

女が男より先にお湯に入《い》ったという小さな出来事のため、矢釜《やかま》しい問題をひき起すことが度々《たびたび》あるということを聞くが、宣伝使たち、霊界物語をどう読んでおるのか。

男女同権は、神の定めたもうた規則である。女が先にお湯に入っては悪いという理由がどこにあるか。そういうことをいう人たちは、男が女よりも特別優《すぐ》れて生まれているというような迷信に陥《おちい》っておるからである。こういう旧《ふる》いこびりついた頭を持っていて、いつの日か神書《しんしょ》霊界物語に盛られたる天地の真理を実現することができようか。

事柄《ことがら》はいと小さいけれど、神書に示さるる道理を無視し、旧来の道徳を標準として人を裁《さば》くということは間違いの甚《はなは》だしいものである。こういう見やすい道理さえわからぬ人が宣伝使のなかにも多いのは、こまったものである。

むろん夫婦となった男女は針と糸との道理、すべてに夫を先にすべきは申すまでもない。また女が月経中《げっけいちゅう》、入浴を慎《つつし》むべきは当然である。

（大正十五年十月・水鏡）

スバール姫、スダルマン太子

スバールは梵語《ぼんご》の妙光《みょうこう》という意であって、すなわちスは妙《みょう》、バールは光《ひかり》である。

またスダルマンは梵語の妙法《みょうほう》ということで、ダルマンは法ということである。（昭和二年二月・水鏡）

泣く病人は死ぬ

病人がメソメソ泣き出したら死ぬ。

霊界物語は、つねに人々を明るい愉快《ゆかい》な楽しい気持ちになすように、と口述せられている。

病人にはなるべく面白おかしいところを読んで聞かせて、気持ちを楽しい方面に転じさせ、笑わせてやることが必要である。（昭和三年三月・水鏡）

舎身活躍

ここにいう舎《しゃ》は家《いえ》であって、衣食住の完備して一家の斉《ととの》うたる意義である。

そこで舎身活躍《しゃしんかつやく》とは、他《た》の厄介《やっかい》にならず独立独歩して活動するということであって、身を捨てて活躍するという意味ではないのである。

なお約《つづ》めていえば、軍人には軍人の服装があり、農家には農家の服装あるごとく、軍人は軍人らしく、農家は農家らしく、商人は商人らしく、労働者は労働者らしく、それぞれ、それらしき身の構《かま》えをして活動するということである。

（昭和四年二月・月鏡）

エルバンド式とモールバンド式

いまや世界はこぞって戦乱の巷《ちまた》と化してしまった。

ただその形式が、真に武器を取って戦う戦争であるか、算盤《そろばん》をもって戦う経済戦であるか、権謀《けんぼう》術数《じゅつすう》をもって鎬《しのぎ》を削る政戦であるかの差異だ。

支那のごときは何かというと、すぐ武器に訴うる戦争――モールバンド式であるが、日本にはいっそう陰険なエルバンド式の政戦が絶え間なく行なわるるのは嘆《なげ》かわしい現象である。


（昭和四年二月・月鏡）

三日で読め

霊界物語は神様が三日《みっか》で造りあげられたのであるから、三日に一冊読み終わるのが神様の御心《みこころ》にかなうものである。ゆえに大祥殿《たいしょうでん》の拝読《はいどく》も、そのとおりにした。

宣信徒《せんしんと》各位、なるべくこの方針でやってもらいたい。


（昭和四年六月・月鏡）

秘密

秘密《ひみつ》の秘《ひ》の字は、必ず示すとかいてある。隠すことを意味するのではない、秘密を言うて聞かせるので人は安心する。

そして本当の秘密が保たれてゆく。

わたしには、いわゆる秘密というものはない。だけれど神様から固く止められた霊界物語は、二十四年間、真《しん》の秘密を保ってきた。

神様がかつて、

「直《なお》（大本開祖）にさえ言われぬ。お前よりほか世界に言うて聞かすものがないのだ」

と仰せられたことがあった。


（昭和四年九月・月鏡）

呉の海

霊界物語中に示されたる呉《くれ》の海《うみ》というのは、呉《くれ》の付近である。

広島は往古《おうこ》、一つの嶋《しま》であって、いまの広島から九州の別府《べっぷ》の辺《へん》まで陸続きになっていたのである。その以東を瀬戸の海といい、以西を呉の海というたのである。

（昭和四年十二月・月鏡）

淋しいということ

わたしは、むかしから淋《さび》しいと思ったことがない。

心細《こころぼそ》く淋しいという感がおこるのは、霊性《れいせい》に塞《ふさ》がっておる部分があるのである。

囚《とら》われているからである。

何物にもとらわれない自由豁達《かったつ》な心でおれば、けっして淋しいものではない。

囚《とら》わるる心には、悪霊がやがて感応してくる。

たとえば人間が縛られておると、小さな蚊《か》に刺されても、それを打ち払う力がなくて、大なる苦痛を感ずるのと同じである。両手があいておれば打ち払うのにも手間暇《てまひま》はいらぬのである。

囚われた心は、ちょっとした悪霊にも苦しめられて、それを打ち払うことができない。

あまり小さいことに囚われていると、人間はだんだん心が小さくなって、終わりには、気が変になるようなことにもなる。

囚われない、執着しない、大きな心に淋《さび》しみなんかわいてくるものでない。

人の悪口など恐《こわ》がるようではだめだ、大きなものには大きな影がさす、出る杭《くい》は打たれる、じっとしてさえおれば人にかれこれ言われることはないけれど、問題にせられるくらいの人でなければだめだ。

霊性の一部が塞《ふさ》がっている人は、霊界物語を読まぬからだ。

重要なる神様の御用を承《うけたまわ》っておる人は、ことさら物語を拝読しておかぬと、霊性が塞がっておっては、本当の御用はできない。

（昭和五年一月・月鏡）

五百津御統丸の珠

五百津御統丸《いおつみすまる》の珠《たま》というのは、水晶、珊瑚《さんご》、紅《こう》玉、瑠璃《るり》、瑪瑙《めのう》、硨磲《しゃこ》、翡翠《ひすい》、真珠、黄玉《おうぎょく》、管玉《かんぎょく》、曲玉《まがたま》などを集めて造りたるものにて、ミロク出現のとき装飾として、首にまかせ、耳ずらに纏《ま》かせ、腰にまかせたまう連珠《れんじゅ》の玉である。

黄金《おうごん》の玉《たま》と霊界物語にあるは、金《きん》の玉《たま》にあらずして、黄色《おうしょく》の玉の黄金色《おうごんしょく》に光りたるものをいうのである。

また、みなの神々が玉の御用をせんと活動するところがあるが、このミロクの御用に奉《たてまつ》る玉のことであって、神政成就《しんせいじょうじゅ》の御用の玉である。

この玉が寄ってこねば、ミロク出現の活《かつ》舞台は来ない。玉が集まれば、その準備ができたことになる。玉《たま》は心を清浄にし、悪魔を防《ふせ》ぐものである。

（昭和五年二月・月鏡）

聖壇

霊界物語がなぜ出てこないか、と思ったら、神様が神格がちがってきたから「聖壇《せいだん》の上でなければ口述ができない」と仰有《おっしゃ》った。

筆録者も斎戒沐浴《さいかいもくよく》、一定の衣装《いしょう》をつけて勤写《きんしゃ》することになるのである。

この聖壇は、両聖地に据えられるので、綾《あや》の聖地においては穹天閣《きゅうてんかく》、天恩郷にては高天閣《こうてんかく》にそなえつけらるるのである。

壇は横幅《よこはば》三尺、縦《たて》五尺六寸七分、高さ三尺三寸、松および檜材《ひのきざい》にて造られ、下の段には十文字の梁《はり》を入れ中央に柱を立てて支持するようにし、全体を栗色《くりいろ》に塗る。上段は小さき勾欄《こうらん》にて周囲をかこんだものである。

（昭和五年三月・月鏡）

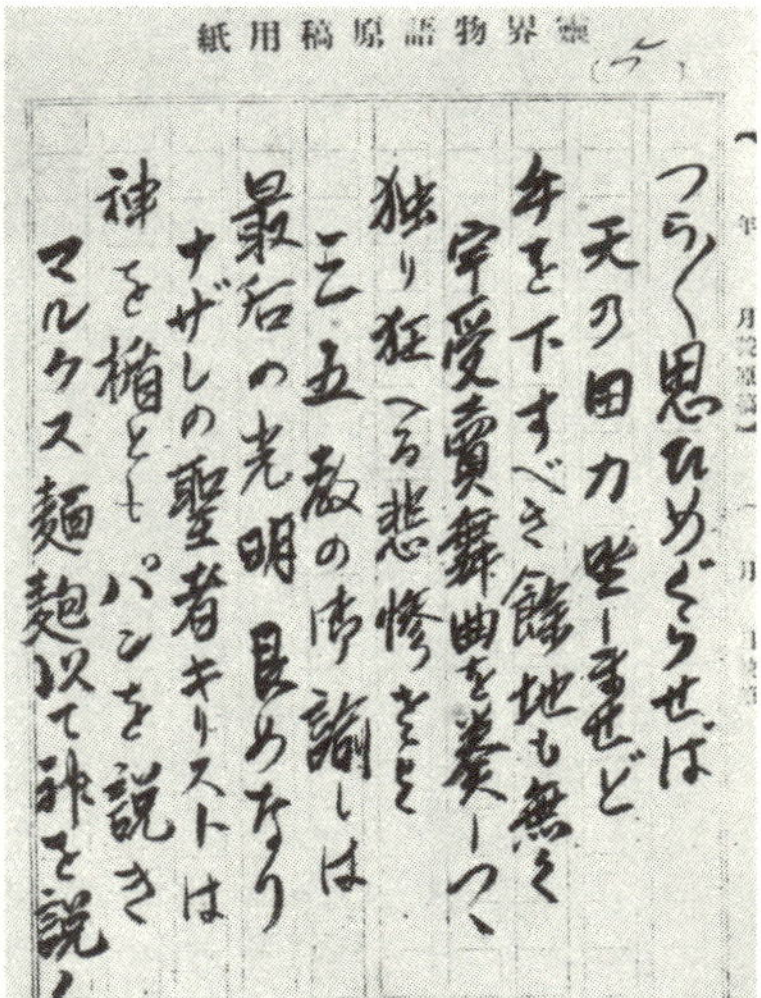

写真上　綾部の教主殿で『霊界物語』口述中の王仁三郎
写真下　刊行された『霊界物語』にスの拇印を押す王仁三郎
右　自筆の『霊界物語』の原稿
（第十巻・総説歌）

物語拝読について

大祥殿《たいしょうでん》で毎日、霊界物語を拝読さしているのにならって、地方の支部、分所においても夕拝後《ゆうはいご》拝読をしたらよいので、それを実行せねば教《おしえ》は拡まらぬ。わたしはそのため、大祥殿で手本を出してあるのであるが、地方がこれにならわぬのは歎《なげ》かわしい現象である。

毎日、三味線をいれて拝読しておれば、どしどし拡まって行くものを、たまに月次祭《つきなみさい》の後でやるくらいのことではあかん。もっとも、皆がすこし稽古《けいこ》をして上手に読まなければだめである。

（昭和五年八月・月鏡）

探湯の釜

霊界物語第三篇に、深湯《くがたち》の神事《しんじ》ということを示されてあるが、そうした場合のその深湯《くがたち》の神事に使用せられたのが、この釜《かま》である、とて、岡山県和気《わけ》郡熊山《くまやま》の山頂、戒壇《かいだん》前の社務所にあった、なかばこわれた古鉄釜《ふるてつがま》を示された。

この釜《かま》は一名、地獄極楽《じごくごくらく》の釜といい、また鳴動《めいどう》釜《がま》とも言うのである。

神の審判によって、黒白《こくびゃく》を定むる器《うつわ》であるから、かかる名があるのである。珍しいもので天下の宝物《ほうもつ》である。大切に保存せなくてはならぬ。

岡山県の吉備《きび》神社には、有名な、釜の鳴動によって吉凶《きちきょう》を判《はん》ずるという神事があるが、あながち吉備神社のお釜にのみ限ったことはない。ある仕方によれば鳴るようになっているので、これは科学的に説明がつくのである。この釜もまたそういうことにも使われたものである。

わたしは、かかる変わった何かわからぬものを見るとき、その初めには何かわからないのだが、見ているうちに腹のなかから霊感が湧いてきて分かるのである。

この釜も珍しいと見ているうちに、霊感に入ったので判明した。

わたしは、いつもこんな風になっていろんなことが判るのだ。

附記　霊界物語第三巻四十六章には、真心彦命《まうらひこのみこと》と、春子姫《はるこひめ》とが、情的関係の疑いを受け、言いとくすべもなく、こまっているところへ、稚桜姫《わかざくらひめ》が降臨せられ、春子姫に神懸《かむがか》られて、左記の神示を給わったことが書かれております。

「よろしく深湯《くがたち》の神事をおこなひ、その虚実《きよじつ》を試《こころ》みよ。神界にてはこの正邪と虚実は判明せり。されど地上の諸神人《しよしん》は、疑惑の念深くして心魂《しんこん》濁《にご》りおれば、容易に疑ひを晴らすの道なし。ゆゑに深湯《くがたち》の神事を行なひ、もって身の疑ひを晴らすべし。正しきものは、神徳《しんとく》を与えてこれを保護すべければ、いかなる熱湯の中に手を投ずるとも、少しの火傷《やけど》をもなさざるべし。これに反して、汚れたる行為ありし時は、たちまちにして手に大火傷《おほやけど》をなし、汝《なんじ》の手はただちに破《やぶ》れただれて大苦痛を覚《おぼ》ゆべし」と。

すなわち二人は神示のとおり衆目《しゆうもく》監視の前にて、その神示を行なったが、二人とも何らの故障もおこらなかったので疑念がまったく晴れて、皆々《みな》その潔白《けつぱく》を賞讃《しようさん》した、という意味のことが記されております。

この釜もそうしたことに使用され、また鳴動《めいどう》釜《がま》としても用いられたのだそうであります。

（昭和五年六月・月鏡）

太平柿の歌

お腹《なか》が膨《ふく》れる病《やまい》には、国依別《くによりわけ》が詠《よ》んだ太平柿《たいへいがき》の歌を拝読すると全癒する（霊界物語・第二十七巻「海洋万里《かいようばんり》」寅《とら》の巻《まき》、第一一章「茶目式《ちやめしき》」参照）。

国依別《くによりわけ》『竜神《りゆうじん》の柿食《かきく》て布袋《ほてい》になつチヤール
　腹《はら》は忽《たちま》ちへ－、へ－スなるらん

柿《かき》とつて見ればへーースが当りまへ
　腹《はら》ふくれチヤール道理わからぬ
チヤール、へース、国依別《くによりわけ》も諸共《もろとも》に
　天《あま》のはらから下《くだ》りけるかな
ハラハラと涙流《なみだなが》してはらを撫《な》で
　柿を盗みた腹《はら》いせに逢《あ》ひ
腹《はら》が立てども仕方なし
竜神《りゆうじん》腹を立てたのか
汝《なんじ》は横に長い奴《やつ》
腹立《はらた》て通しもならうまい
高天原《たかあまはら》にあれませる百《もも》の神たち
大海原《おおうなばら》にあれませる速秋津《はやあきつ》姫 神《ひめのかみ》
はらの悩《なや》みを祓《はら》ひ玉《たま》へ清《きよ》め玉へ
ハラハラと降り来る雨に空晴《そらは》れて
　大蛇《おろち》の空も澄み渡りけり』

と口から出任《でまか》せの腰折《こしお》れ歌を詠《うた》ひながら、チヤール、ベースの真《ま》ん中《なか》にチヨコナンと坐《すわ》り、両人の布袋腹《ほていばら》を両方の手で撫《な》で廻《まわ》してゐる。薄紙《うすがみ》を剥《は》いだやうに二人の腹《はら》は漸次《ぜんじ》容積を減じて来た。

国依別《くによりわけ》『それ見たか女房《にようぼう》が撫《な》でるふぐの腹《はら》
　オツトドツコイ
それ見たか国依《くにより》なでる柿《かき》つぱら
天津《あまつ》神《かみ》 国津《くにつ》神《かみ》はらひ玉《たま》へ清め玉へ
高山《たかやま》の伊保理《いほり》、短山《ひきやま》の伊保理《いほり》
　かき分《わ》けて聞《きこ》し召《め》せよ
これが盲の柿《かき》のぞき
　節季《せつき》が来たぞ節季が来たぞ
かき出せかき出せ
　四月と二月の死際《しにぎわ》ではないぞ
今が二人の生命《いのち》の瀬戸際《せとぎわ》
　万劫末代《まんごうまつだい》生き通し
皇大神《すめおおかみ》の守る身は
　たとへ大蛇《だいじや》の潜《ひそ》むとも
大蛇あるまい二人連《づ》れ
　あゝ惟 神惟 神《かむながらかむながら》
御《み》霊幸《たまさち》はひましまして

チヤール　ベースが苦しみを
片時《かたとき》も早く救はせ玉へ
その源《みなもと》を尋ぬれば
国依別《くによりわけ》より出《い》でしこと
罪は全く吾が身にあれば
なにとぞ早く両人の腹《はら》をひすぼらせ
旧《もと》の元気に恢復《かいふく》せしめ玉へ
あゝ惟　神霊幸倍坐世《かむながらたまちはえませ》』

と一生懸命に汗《あせ》みどろになつて祈念しながら両手にて、両人の腹《はら》を撫《な》で下《お》ろした。

神徳《しんとく》たちまち現はれ、二人は半時《はんとき》あまりの間《あいだ》に旧《もと》のごとくになつてしまつた。

四五の供人《ともびと》も国依別《くによりわけ》の祈願によつてたちまち全快せしことを感歎し、おのおの口を揃《そろ》へて、

『国依別《くによりわけ》の生神様《いきがみ》』

と合掌《がつしよう》するのであつた。

（月鏡）

たまがえしの二、三種

富士《ふじ》はたまがえしひとなる。すなわち富士山というのは火《ひ》の山の義である。また霊《ひ》の山の義である。キウはクにかえる。シユウはスにかえる。九州のことをクスというのはこの理由である。

イソの館《やかた》というのはイミゾノ（斎苑）のかえしで、イミのかえしイ、ソノのかえしソである。

イスラエルのかえしはイセとなる。スラエのかえしがセであるから、それで、伊勢《いせ》がイスラエルにあたるというのである。ルは助辞《じよじ》である。

霊界物語中にあるワックスは和吉《わきち》、イルは宇吉《うきち》、サールは宗吉《そうきち》という意味になる。

トルマン国はツマということになる、すなわち秀妻《ほづま》の国である。ビクトリヤはたまがえしブタとなる。すなわち支那にあたる。

（昭和六年四月・玉鏡）

「ム」大陸は黄泉島

さるころの大阪毎日新聞に、イギリス人チャーチ・ワード氏の長年の研究によって、最近驚くべき大平洋の秘密が白日にさらけ出された。

それは、人類文明の発祥地は、大平洋の真中で、「ム」と名づける大きな大陸が横たわっていたが、今から一万三千年前、六千四百万人の生命をのせたまま噴火と津波のため海底に陥没してしまった。そしてここから伝播《でんぱ》したのがインドの、エジプトの、マヤの、インカの文明である。（中略）ム大陸は東西五千マイル、南北三千マイル、ハワイ島が北方の、タヒチ島、マインガイア島あたりが南方の、イースター島は東方の、ラドロン島は西方の残骸なのである（下略）とあるのは、霊界物語中に示された黄泉島《よもつじま》のことである。

第九巻総説歌に、

大平洋の真中《まんなか》に
縦が二千と七百浬《り》
横が三千一百浬《り》
黄泉《よもつ》の島や竜宮城《りゅうぐうじょう》

とあるのがそれである。

また第十二巻「航空船《こうくうせん》」という章には、沈没の有様が書かれてある。

（昭和七年十月・玉鏡）

ハルナ

霊界物語に出ているハルナというのは、インドのボンベーのことである。言霊《ことたま》でいえばハルは東、ナは地である。

（昭和七年十一月・玉鏡）

出雲言葉

出雲《いずも》の言葉は、今では出雲地方独特のものとされて、一般にさげすまれ、嘲《あざけ》られているが、これが神代《かみよ》の言葉を多分に含んでいる。霊界物語第四巻に神代言葉《かみよことば》として示しておいたものに、よく似たところのあることを悟ることができるであろう。

コーカス民族であったものが勢力を拡大して、彼らの言葉を正しきものとして使用するようになったため、出雲言葉が次第に衰《おとろ》えてしまって今日のようになったのである。

（昭和七年十二月・玉鏡）

上　大正十二年『神の国』誌掲載の『霊界物語』カラー広告
下　大正時代の『霊界物語』巻末に押されていた印章。「瑞能御魂」と書かれている。

祭祀

祈りは天帝にのみ

祈りは天帝《てんてい》にのみすべきものである。他《た》の神様には礼拝するのである。わたしはそのつもりで、たくさんの神さまに礼拝する、そはあたかも人々に挨拶《あいさつ》すると同様の意味においてである。

誠の神様はただ一柱《ひとはしら》しかおわしまさぬ、他《た》は皆エンゼルである。

（大正十五年二月・水鏡）

拍手の意義

左手は火を表象し、右手は水を表象す。拍手《はくしゅ》すると左右合わして神《かみ》（火水《かみ》）となりて声を発す、その音タカとなる。

アーの言霊《ことたま》は上がる意、マーの言霊は円満具足を示し、ハーの言霊四方《しほう》に開くの意を現わし、ラーの言霊螺旋《らせん》を現わす。

すなわち拍手によりて、神《かみ》なる声が天地のあいだに拡がりゆくなり。

（大正十五年二月・水鏡）

三杓子は天国

御供米《ごくまい》を盛るに、神様には三杓子《しゃくし》と定められているのは、第三天国に一杯、第二天国に一杯、第一天国に一杯、都合《つごう》三杯盛るわけだ。八衢《やちまた》は二杯、地獄は一杯である。

死後、天国に昇らんことを希《こいねが》うものは、ご飯も三杓子盛って食べるようにするのがよいのである。

（大正十五年五月・水鏡）

御手代と国替え

国替《くにが》えをすると、御手代《みてしろ》や楽焼《らくやき》のお茶碗お盃《さかずき》などをその人の所有として埋《うず》めてやれと聖師様が仰有《おっしゃ》ったという怪宣伝があるそうだが、そんなことはけっしてない。それではせっかくわたしが霊を籠《こ》めて造ったものが、皆《みな》地中に埋《うず》もれてしまうことになる。そんなつまらぬことをしてはならぬ。

後《あと》にとっておいて、お祭りのたびに供《そな》えるようにしたらよいのである。

（大正十五年九月・水鏡）

追善供養

現界における人の意志想念は、天国にも通ずるものである。生き残っている子が信仰を励《はげ》めば、それが親に通じて、幽界《ゆうかい》にある親の意志想念もだんだん向上してゆくものである。

これ追善供養《ついぜんくよう》が大切な理由である。供物《くもつ》は誰《たれ》の手でしても同じであって、お寺に納めてお坊さんに供養してもらおうが、神主《かんぬし》に頼んでお供《そな》えしてもらおうが、それはみな天国に届くのである。なぜならば、こちらの意志想念は、死者に手向《たむ》けるつもりであるから。

ゆえに追善供養は、あたかも天国へ為替《かわせ》を組むようなものである。

（大正十五年十一月・水鏡）

天津祝詞と神言

天津祝詞《あまつのりと》は岩戸開《いわとびら》きのおり、天之児屋根命《あめのこやねのみこと》が岩戸の前で奏上せられたのが嚆矢《こうし》である。神言《かみごと》は神武《じんむ》天皇の時代、天之登美命《あめのとみのみこと》が作られたもので、児屋根命《こやねのみこと》以来、この時代まで全然なかったのである。

天津祝詞も神言もともに神世《かみよ》言葉で出来ておって、それを今のような言葉や文字に翻訳したのは聖武《しょうむ》天皇の時代、常盤《ときわ》の大連《おおむらじ》がやったのである。

（昭和二年二月・水鏡）

墓の台石

墓石《はかいし》は四寸角《かく》、二尺の高さが普通である。台石は、一番下が二尺角の高さ四寸、その上が一尺六寸角の高さ四寸、そのうえが一尺二寸角の高さ四寸の三段にするのがよい。

もしそれが小さいというならば、倍加したらよいのである。

（昭和二年二月・水鏡）

皇霊祭と祖霊大祭

仏家《ぶっか》では盂蘭盆《うらぼん》とて、旧七月十五日に先祖代々の祭をすることになっておるが、大本では春秋《しゅんじゅう》二季の皇霊祭《こうれいさい》の日、すなわち彼岸《ひがん》の中日《ちゅうにち》に祖霊大祭《それいたいさい》を執行するのが本当である。以後そういうことにする。したがって各自の祖霊大祭も春秋二季の彼岸の時に大祭をしたらよいのである。

（昭和二年四月・水鏡）

死者の枕する方向

死者の枕《まくら》する方向は、仏教では頭北面西《とうほくめんせい》とて、頭は北に、顔は西方浄土に向かうさだめとなっているが、大本では頭を高天原《たかあまはら》、すなわち神のまします綾部のほうに向けるようにするのが本当である。

（昭和二年四月・水鏡）

御神霊を鎮める時

御神霊《ごしんれい》をお鎮《しず》めするとき、今までは燈火《とうか》を消して暗くしてやっていたが、もう岩戸《いわと》が開いたから今後は燈火を消すに及《およ》ばぬ、明《あか》くしておいてやらねばならぬのである。祖霊《それい》さんも同じことである。明くしておいてせないと、邪霊などが、闇に乗《じょう》じて祖霊さんの鎮まるさきに鎮まってしまうことがある。

某所で某氏が祖霊さまをお鎮めすると、霊舎《れいしゃ》が動いたというて大変に喜んでいたが、わたしがいって調べてみたら何の、祖霊さんは鎮まらないで、動物霊がすまして鎮まっていた。

　わたしが鎮めたのは、いっこう動かないというて、大先生よりも、お弟子さんのほうがお鎮めなさるのはお上手である、お弟子さんが鎮められた時には、神様は喜び勇んで動きだされるけれど、大先生のはちっとも動かぬというて、不平を並べられたこともある。

「弟子は祖霊さんを鎮めないで、狸《たぬき》を鎮めた」ともいえないし、「わたしはどうも祖霊さんをお鎮めすることは仕つけないから下手《へた》である」というて逃げて帰ったことがある。

（昭和二年七月・水鏡）

惟神真道弥広大出口国直日主之命

　惟《かむながら》 神真《ま》道《みち》弥広《いやひろ》大《おお》出《い》口《つき》国《くに》直《なお》日《ひ》主《ぬし》之《の》命《みこと》の御神名は、開祖さまだけではない、二代、三代とわたしとが一緒にこもっているので、はやく昇天したものから、第一惟《かむながら》 神真《ま》道《みち》弥広《いやひろ》大《おお》出《い》口《つき》国《くに》直《なお》日《ひ》主《ぬし》之《の》命《みこと》、第二惟《かむながら》 神真《ま》道《みち》弥広《いやひろ》大《おお》出《い》口《つき》国《くに》直《なお》日《ひ》主《ぬし》之《の》命《みこと》と呼ばるるので、第三、第四も同様である。

　大出口《おおいつき》の大《だい》の字は大きなという意味でなく、一は大地の体《たい》、すなわち国常立尊《くにとこたちのみこと》を現わし、ノは大地の霊《れい》、金闕要神《きんかつかねのかみ》を現わし、＼は大地の力《ちから》、神《かむ》素《す》盞嗚尊《さのおのみこと》を現わし、三神世《さんしんよ》の元《もと》となっているのである。

　それに直日《なおひ》を加え、主《す》の神《かみ》が守らるる、という意味である。

（昭和二年十二月・水鏡）

大神様御奉斎について

　ある婦人が泣いて訴えられるには、

「わたしの友だちが大神《おおかみ》様を御《ご》奉斎《ほうさい》さして頂いておりましたところ、主人とよく協議してお受けせなかったものですから、主人がたいそう反対でどうしても祭らせません。物置《ものおき》にほり込んだり、廊下《ろうか》の棚《たな》になげやったり、誠に勿体《もったい》なくて見ておられませんので、わたしが代わってお祭りさして頂こうと思って、家《うち》へお伴《とも》してきて祭っておりますと、皆さんがいらしって『それは規則違反である。ご本部からのお達《たっ》しがあったが、お受けした人が祭らずに放っているものを、他人が祭るのは間違っておる、そんな事をすると、お咎《とが》めを受ける』と申します。

それは全くそうに相違ございますまいが、どうも、わたしは勿体《もったい》なくて勿体なくて、よしやお咎《とが》めを受けても、大神様《おおかみ》を物置に投げやってあるのをみるに忍びないと存《ぞん》じまして、ご規則に違反するとは知りながら、お祭りさして頂いております。

やはりいけないのでございましょうか」と。

この問いに対して、聖師様は左《さ》の通りお答えになりました。

そういうような訳ならお祭りしておいてもよろしい、わたしが矢釜《やかま》しくいうのは、大神様御奉斎について、みなの態度があまり軽率であるということにある。

考えてもみよ、大神様を御奉斎するということは、重大なることである。けっして軽々《かるがる》にすべきことではない。お祭りができないから、お返しするなんていうことがあるべきものでない。お祀《まつ》りができないで、お粗末にするようならば、なぜお受けするのか、軽率ではないか。

こういう出来事はその責任その地を管掌《かんしょう》する支部分所長に帰する。将来もしこういう出来事があれば、わたしはその支部分所長の責任を問うつもりである。

（昭和三年二月・水鏡）

半僧坊様

ある人がお伺《うかが》いしておられました。

「わたしの家に古くから祭っております半僧坊《はんぞうぼう》さんの神像があります。

大本様に入信いたします前に、わたしが深く帰依《きえ》していたのでございまして、夫の病気も、子供の大病もおかげをいただいたことが度々なので、いまは別にお社《やしろ》を建て、お給仕人をつけておるのでございますが、ある事情でそれを家に引き取らねばならなくなりました。

それで小さいお社《やしろ》でも建ててお祭りしようと存《ぞん》じ、ある人にご相談いたしますと、

『半僧坊《はんぞうぼう》なんか天狗《てんぐ》だ、大本の神様を奉斎しておる以上、そんなものを祭る必要はない、焼いてしまいなさい』

と申されますが、そうしてもよろしいものでございましょうか」

右の問いにお答えになって、

社《やしろ》を建てるなり、あるいは家のなかなり、それはどちらでもよろしい、お祭りしておきなさい。

大本に来られるまで、その天狗さんが守っておったのである。焼けば子供が死ぬ、夫がまたもや病気するというような悲惨事《ひさんじ》が起こってくる。

（昭和三年二月・水鏡）

お給仕について

独身者などが、留守中、神様のお給仕《きゅうじ》について困ると言うのか、そうであろう。

神様は心を受け玉《たま》うのであるから、こちらの誠《ま》心《ごころ》さえ届けばそれでよい。だから出る前にたくさんお米《よね》さんをお供えして、留守中のお給仕にあてる意味を奏上して、おゆるしを願っておいたら、それでよろしい。

（昭和五年二月・月鏡）

ミロクの礼拝

いまの大本の礼拝、あれはミロクの拝《おが》み方《かた》、というので、大本皇大御神《おおもとすめおおみかみ》守《まも》り給《たま》へ幸倍給《さちはえたま》へ、と二回奉称《ほうしょう》し、つぎに、惟神《かむながら》真道弥広大出口国直霊《まみちいやひろおおいづきくになおひ》主命《ぬしのみこと》守《まも》り給《たま》へ幸倍給《さちはえたま》へ、と二回奉称し、おわりに、

惟神霊幸倍坐世《かむながらたまちはえませ》、と、二回唱《とな》える。

すなわち、三つのことがらを二回ずつ称《とな》えるので、三六《みろく》になるのである。

（昭和五年三月・月鏡）

同殿同床の儀

そのむかし、御神殿というものは、同殿同床《どうでんどうしょう》の本義に則《のっと》って、屋内に設《もう》けられたもので、今日のごとく別殿とするのは、唐制を模倣してから以後のことである。

このたび開祖様の御像《ごぞう》を本宮山上《ほんぐうさんじょう》、穹天閣《きゅうてんかく》のわたしの室《しつ》にお祭りして、私はそこで寝る。これで古来のとおり、同殿同床となって、はなはだ愉快である。二代の室は次の間にある。

（昭和五年五月・月鏡）

フルベユラ

病人にお取次《とりつ》ぎする場合の言霊《ことたま》は、一《ひと》、二《ふた》、三《み》、四《よ》、五《いつ》、六《むゆ》、七《なな》、八《や》、九《ここの》、十《たり》、フルベユラ、フルベユラユラと称《とな》うべきである。

フルベユラということは、神を喜んで歓喜している形である。

（昭和五年十二月・玉鏡）

御玉串について

御玉串《おたまぐし》を差上げるに、上書《うわがき》を連名ですることは神様に御無礼にあたる。

一人《ひとり》々々包んで丁寧《ていねい》にちゃんと名を書いて差上ぐべきもので、神様は非礼をうけたまわぬ。金銭の多少にかかわるのではない、ただ自分の赤心《まごころ》を捧ぐればよいのである。

長者《ちょうじゃ》の万燈《まんとう》貧者《ひんじゃ》の一燈《いっとう》という諺《ことわざ》がある。人おのおの、身分相応にそのベストを尽くすべきものである。

一円ずつ出し合わして包むなどいうことは、その想念がすでに正しくない。相談などすれば、いやでも出さねばならぬという不純な気持ちが混《こん》じているから、神様はけっしてお受けにならない。

また実意《じつい》、丁寧《ていねい》、誠《まこと》、親切《しんせつ》、これが神の教《おしえ》であるから、連名などいうことは、丁寧ということにおいて欠けておる。これまた神様のお気に召さぬのである。

本宮山《ほんぐうやま》のお宮を建てた時でも、不純な想念の混じていたお宮は取りこぼたれても、栗原さんが純な気持ちで一人で建てさして頂いた神饌所《しんせんじょ》と燈籠《とうろう》とだけは残されたではないか。

神様は搾取《さくしゅ》や強奪《ごうだつ》はけっしてなさらぬ。すべて神様に捧ぐるものは純な気持ちでなくてはならぬ。

（昭和六年六月・玉鏡）

生松

大本で門松《かどまつ》を立てないのは、すでにいくらも植えてあるからである。

神様にお供えするのも鉢植《はちうえ》の生松《いきまつ》のほうがよい。松の鉢植を余分に用意しておいて、時々取り替えたらよいのである。

（昭和七年一月・玉鏡）

祝詞奏上

人間は往々にして無意識に祝詞《のりと》を奏上《そうじょう》することがある。そういう時、祝詞が中途に止まると、後がすぐ出なくなるものである。

機械的に祝詞《のりと》を奏《あ》げるのはまったく蝉《せみ》が啼《な》いているのと同じで、ただ囀《さえず》るだけのようなものである。これでは本当の祝詞奏上にはならない。また本当の信仰ということは、でき得ないのである。

祝詞《のりと》はベンベンダラリと奏上するのもよくないが、駆け足で奏上するのもいけない。

（昭和七年四月・玉鏡）

守護神

大本において守護神《しゅごじん》を祀《まつ》るのは、当人の精霊の和魂《にぎみたま》と幸魂《さちみたま》である。荒魂《あらみたま》と奇魂《くしみたま》は死んでから新霊《あらみたま》として祀るのである。つまり、生前守護神名《しゅごじんめい》をいただき守護神を奉斎するのは、仏教でいえば生前戒名《かいみょう》をもらい位牌《いはい》をこしらえておくようなものである。

各自の守護神は祖霊と同等に祀り、二拍手すべきものである。

（昭和七年四月・玉鏡）

拍手

拍手《かしわで》は神様を讃仰《さんこう》する行為である。今日の官国《かんこく》幣社《へいしゃ》では御神前で礼拝のとき、みな二拍手することになっているが、大本は四拍手する。古い祝詞《のりと》にも「八平手《やひらで》を拍《う》ち上げて――」ということがある。八平手というのはすなわち四拍手である。つまり大本は古式をそのまま採用しているのである。

大本では祖霊を拝《おが》む場合は二拍手する。これは大神様《おおかみ》を拝むときよりも遠慮しているのである。また新霊《あらみたま》様を拝むときは一拍手するのが本当である。これは遠慮するとともに哀悼《あいとう》の意をも含んでいるのである。

拍手のうち方もよほど慎重にせねばならぬ。ただポンポンと、あたかも主人が下僕を呼ぶようなやりかたは、神に対して御無礼となるのは、もちろんである。

（昭和七年四月・玉鏡）

神饌物

神様に蛸《たこ》、にんにく、らっきょうなどをお供えせないのは、人間が忌《い》むからである。

蛸のように骨のないものは魚《うお》ではない、字の通り虫の一種であり、虫に肖《に》たものである。また、にんにく、らっきょうなどは悪い。しかし黴菌《ばいきん》を殺し、良い菌を育てる効能をもっているものである。

（昭和七年四月・玉鏡）

惟神霊幸倍坐世

神様の御心《みこころ》のまにまに霊《みたま》の善《よ》くなるようお願い

しますというので、神様に対する祈りの言葉である。

それを祖霊の前で言うのは、祖霊に祈っているのではなくて、祖霊のために、大神《おおかみ》さまに祖霊が幸《さち》はうようにと祈るのである。

（昭和七年十一月・玉鏡）

祖先の命日と死

祖先の命日《めいにち》などによく人が死ぬものだが、これは悪霊になった祖先の霊がひっぱりに来るのである。ひっぱりに来るような霊はもちろん天国へなど行ってはいない。天国にいる霊は、天界の仕事が忙《いそが》しいので、特別の場合以外は子孫を守りきっているものではない。

もちろん天国に昇れない祖霊などに子孫を守護する力などはない。それゆえ、どうしても祖霊を復祭《ふくさい》し、神界に復活するようにしなければならぬ。

（昭和七年十一月・玉鏡）

玉串

玉串《たまぐし》は神様に衣《きぬ》を献《たてまつ》るの型である。

すべて霊界における事象は、現界において型をせねばならぬので、玉串を捧げて型さえすれば、霊界では想念の延長で、りっぱないろいろの色の絹《きぬ》と変じて、神様の御衣《ぎょい》となるのである。

松の梢《こずえ》につけて献《たてまつ》るのであるが、その松はまた想念の延長によりてりっぱな材木となり、神界の家屋建築に用いらるるのである。

このように現界で型をすれば、霊界ではいくらでも延長するのであるが、型がなければどうすることもできない。

だから祖霊様にでも、つねにお供え物をすれば、祖霊さまは肩身がひろい。

多くの人に頒《わか》って「晴《は》れ」をせらるることは、かつて話したとおりである。

（昭和九年一月・玉鏡）

神饌について

元来、神饌物《しんせんもの》は、同殿同床《どうでんどうしょう》の制で、煮《に》たものを差し上げるのが本義であるが、一々そうするの用意ができないので、生《なま》で差し上げるようになったのである。生で上げますから、ご自由にご料理をして下さい、という意で、水から、お塩までお供えしてあるのである。

（昭和九年一月・玉鏡）

愛善堂建造なして一家族心合はせて宣伝の旅

『人生の岐路』より

宣教

道楽は一つの宗教である

世に道楽《どうらく》なるものがある。女道楽、芝居道楽、酒道楽、骨董《こっとう》道楽、碁《ご》道楽、将棋《しょうぎ》道楽、曰《いわ》く何《なに》、曰く何と。

そもそも、この道楽なるものは皆《みな》彼らの宗教である。かるがゆえに他《た》を容《い》れる余地がない。

こういう連中に向かって宗教を説き、かかる道楽を持つ人を真《しん》の道にみちびくことは、なかなか至難の業《わざ》である。各自好きな道楽で充《み》たされているから……。

（大正十五年六月・水鏡）

仏と神

あの人は仏様《ほとけ》のような人だといわれる人は、お人よしの、いわゆる好人物の代表とはなるが、仕事はできぬ。

鬼神壮烈《きじんそうれつ》に泣くという諺《ことわざ》がある。勇気凛々《りんりん》、活気に満てるが神様だ、神様でなければ働きはできぬ。

（大正十五年十一月・水鏡）

宣伝の標準

宣伝は一家《いっか》のなかでも、もっとも智慧《ちえ》の劣った者にわかる程度を標準として、平易《へいい》に話さねばならぬ。むつかしい事をいうてはいけないのである。

（昭和二年十二月・水鏡）

甲子章について

日地月星《にっちげつせい》を現わした甲子章《こうししょう》は、次のような意味でこしらえたのである。

日《につ》、地《ち》、月《げつ》は、霊《れい》、力《りよく》、体《たい》の三元《さんげん》を現わし、星《ほし》は火水《ほし》であって、形は大本《おおもと》の大《おお》の字になっている。その星が中央に位置せずして左の方にかたよっているのは、まだ世界には他《た》の宗教なんかがあって、大本が中心でないということが現われておる。

すなわち大本としては、活動の余地がまだまだたくさんあるので、皆の活動によって大本の神様の教《おしえ》が世界中に遍満《へんまん》するにいたれば、星の位置は中央に置かるるのである。

それでわたしはあの宇宙章《うちゅうしょう》をわたすときに「これをもらう人は責任が重いぞ、何らの活動もせぬ人がもらうべきものでない」と申しておいた。

人類愛善会《じんるいあいぜんかい》のは星が中央にあって、すべてを統一している。

エスペラントの徽章《きしょう》は大本と一緒にしないため、星が台より外に出してある。台を白くしてあるのは、月を現わしたのである。

（昭和二年十二月・水鏡）

無二の真理教

現代日本人、ことに知識階級として自他ともに認められている人間は、十中の八九までも西洋心酔者で、日本は未開国だ、西洋には真《しん》の文明がある、ゆえに日本の教えはすべてだめだ、日本人は低能だ、と考えている。

　これに反してわれわれ大本人は、日本は真の文明国であり、世界を教導し、世界人類に真の文明を教うべき神国《しんこく》だと確信している。

　ゆえに我が大本は一切万事、西洋崇拝の日本の現状に反し、我が国体《こくたい》の尊厳と千古不磨《せんこふま》の大真理あることを西洋各国の民《たみ》に教うべく、宣伝使を派して、かれらの未開の偽《にせ》文明国人に対して真理を説き、福音《ふくいん》を宣《の》べ、霊肉ともに天国に救うべく、真の文明を吹鼓《こすい》しているのだ。

　今日の日本人のいずれの階級を問わず、政治に、宗教に、芸術に、経済に、日本人として外人に教えているものは、一人もないではないか。

　これをみても、我が大本の世界唯一無二の真理教であることが証明されるであろう。

（昭和三年十一月・月鏡）

現代の日本人

日本魂《やまとだましい》のちゃきちゃき、裸一貫《はだかいっかん》の荒男《あらおとこ》、世界経綸の当路者《とうろじゃ》と称する現代の日本の男子には、情《なさけ》ないかな、勇気と根気《こんき》を欠き、第一に信仰心なく、仁義《じんぎ》なく、自負心強く、自重心《じちょうしん》なく、男子の気魄《きはく》と実行力を欠き、かつ狷介《けんかい》にして人を容《い》れず、自己の小主観をもってことを律するゆえに、志《こころざし》とちがう場合多く、なおかつこれを反省せず、神人万物《しんじんばんぶつ》に対して感謝の念なく、怠惰《たいだ》にして朝寝《あさね》を好み、陰徳陽徳を欠き、人情薄くして大器晩成的の力なく、軽佻浮薄《けいちょうふはく》にして剛健の気骨《きこつ》なく、道徳観念絶無にして意気地《いくじ》なし。

　また青年に特有の気魄《きはく》と奮闘心を欠き、後進を指導する度量なく、正義公道を解せず、ただ眼先《めさき》のことのみに心をくばりて、思慮浅く、不真面目《ふまじめ》にして、排他心《はいたしん》強く、かつ偏狭《へんきょう》なり。

平素、女性のごとく脂粉《しふん》に浮身《うきみ》をやつすことのみ知りて、新進気鋭の勇気なく、かくして神の建《た》て玉《たま》いし日本神州《しんしゅう》の国家を傷つけつつあるものは、現代の日本人、ことに、男子はその最《さい》たるものである。

あゝ、一日も早く、一刻も速《すみ》やかに、わが大本の教理を普《あまね》く同胞に伝達し、もって、祖先の給いし日本魂《やまとだましい》を振り起こさしめ、世界統一の神業に奉仕せしめたきものである。

日に月に日本魂《やまとだましい》の消えて行く
世を活《い》かさむと伊都能売《いづのめ》の神

（昭和三年十二月・月鏡）

短い言語

言うこと、語ることはなるべく少ないがよい。簡明《かんめい》、これが談話の上乗《じょうじょう》なるものである。加役《かやく》が多いとそれだけ効力が薄くなる。利き目が少なくなる。

人を説くにしても、一番大事なことを少し言うたらそれでよいので、長くしつこく言えば言うほど、よくない結果を生むものである。

（昭和四年八月・月鏡）

最後の真理

大本の教《おしえ》は、最後において示されたところの真理である。今までのすべての宗教は、教《おしえ》に欠陥《けっかん》があればこそ、この地の上に神様の思召《おぼしめ》しの天国が現出しないで、かえって地獄状態が現出しているのではないか。しかるに、この大神示《だいしんじ》を説く人々が、ともすれば既成《きせい》宗教を例証にひくことの多きに過ぐるは無用のことである。今までのものは真理でない、説くに及ばぬ。

我らは神示されたる、最後の真理を力説したらよいのである。

（昭和四年十二月・月鏡）

准宣伝使

准宣伝使《じゆんせんでんし》が現界《げんかい》においては最上級の宣伝使である。それ以上の宣伝使になると、現界、霊界兼務で活動することになるので、寝ていても霊界の宣伝に活動しているのである。

（昭和五年八月・月鏡）

熱するということ

熱心《ねっしん》ということは、よいことであるけれど、あまりものに熱すると物事は成就《じようじゆ》せぬ。盛夏《せいか》のころには国華《こくか》たる桜花《おうか》は咲かぬ。寒熱《かんねつ》の度がそのよろしきを得たるとき、爛漫《らんまん》たる桜花が咲くことをよく考えるがよい。熱すればあつくなる、あつければ水をかけて冷やさねばならぬ。

宣伝するにも、あまり熱心すぎるとかえって効果がない、ほどほどにせねばならぬ。王仁《わたし》はかつて真向《まつこう》から神様のことを説いたことはない。けれど、だんだん皆が信者になる。

一時にあまり熱しすぎると、せっかく育つべきものを焼き尽くしてしまい、あるいはすぐ熱がさめて冷たくなる。そのようなやりかたではものは育たぬ。

（昭和五年十一月・玉鏡）

成功したる講演

講演が終わって、パチパチと拍手喝采《はくしゆかつさい》を受けるようでは、その講演は決して成功したのではない。真剣に考えさせらるるとき、深く己《おの》が魂を揺《ゆる》がすような衝動を与えられた場合には、拍手などする気になるものではない。

神様の道を伝えて盛んなる拍手をうけるようでは、まだ相手の心を根底から動かし得なかったものと承知せねばならぬ。聴衆水《みず》を打ったるがごとく粛《しゆく》として声なく、終わったあとも、しばらくはボンヤリして為すところを知らず、まったく感にたえたる有様になしえたとき、はじめてその講演は成功したものと言うを得《う》るであろう。

（昭和五年十二月・玉鏡）

宣伝使帽

宣伝使帽、あれはバケツ（馬尻《ばけつ》）がかぶらせてあるのだ。識者《ものしり》（牛《もう》の尻《しり》）になって慢心するといけないから……馬尻《ばけつ》だから尾がこしらえてあろうがな。マホメット信者は、あの帽子を見ると黙礼してゆくよ。土耳古《トルコ》帽《ぼう》に似てるからな。

（昭和六年七月・玉鏡）

師匠を杖につくな

よく大本の信者が、ある人を連れて王仁《わたし》に引き会わせ、そして信仰に入れようと努むることがある。つまり王仁に会わせさえすれば信仰に入るというので、王仁の忙しい体ということを承知しながら、時間を徒費《とひ》させられることがある。

自分で信仰に導くことができずに、王仁の力を借りようということは「師匠を杖《つえ》につくな」という神の戒《いまし》めを知らないからである。

（昭和六年十一月・玉鏡）

宣信徒よ

王仁《わたし》は長い年月《としつき》、宣伝使や信者のために神様の教《おしえ》を宣べ伝えてきた。七十二巻の霊界物語をはじめ、王仁《おに》文庫、道《みち》の大本《おおもと》、道《みち》の栞《しおり》、毎月々の神《かみ》の国《くに》、真如《しんにょ》の光《ひかり》、昭和《しょうわ》、明光《めいこう》等々、できうるかぎり神様の御旨《みむね》を伝えておるのである。歌集『東《あずま》の光』が一冊あっても十分道は説けるのである。

他《た》の宗教を見よ。宗祖の現わした根本教義というものは、本当に僅《わず》かなものである。○○教や○○教や○○教などのお神楽歌《かぐらうた》だとか、何か条とかいう教義、これを印刷物としてどのくらいの量があるのか。それでも彼らの布教師などは、その僅《きん》少《しよう》な教義をもって布教している。

王仁《わたし》はあらゆる方面にわたって書きに書いておるのであるが、月々の雑誌にまだ書いてくれ、くれ、とせがんでくる。いったい大本信者はそうした点において贅沢《ぜいたく》である。それも十分それを読んで、消化してゆくのならよいけれど、ろくに読みもしないで次からつぎへと書くことを要求する。もし、皆《みな》が本当に読んでおるなら、皆の働きがもすこし違ってこなければならないはずである。

王仁《わたし》が天からどういう使命をもたされておるかということが十分わかっておれば、その使命を果たさすように、一致協力後押《あとお》しをしてくれるが本当ではないか。金棒《かなぼう》をもたぬおにのような有様では何の働きもできぬ。悪魔の活躍は日に日に猛烈になってくる。君国のために、人類のために、最善を尽くしたいと、王仁はもがいておれど、みなは呑気《のんき》である。

神書の読みようが足らぬから、王仁《わたし》の使命と仕事に理解がない。霊界物語のつづきを早く出してくれとの請求があるが、いくら出しても、読みようが足らないで、神意が理解できないようなことでは、神様が出して下さらぬ。

せっせと読み、御神意を理解し、その思召《おぼしめ》しに添うように働きをせなくてはならぬ。

編者附記――『東の光《あずま》』の自序には左の通り記されています。

本歌集『東の光』は大本信徒の為《た》めに、折《おり》にふれ時に臨《のぞ》んで示したる道歌体の作歌にして、単行本、神霊界、神の国、昭和青年等に発表した断片を（中略）吾《わ》が歌集の中に加え発刊する事にしました。

（昭和八年十二月・玉鏡）

愛善紙百万部

愛善新聞も、いよいよ七十万部を突破したようである。諸子の一方《ひとかた》ならぬ努力を王仁《わたし》は甚《はなは》だ多《た》とするものであるが、これはどうしても百万部にせなければならぬのである。

百万部ということは、経済上の見地よりするのではけっしてないので、神諭に「これだけ知らしたら神に落度《おちど》はもうあるまいがな」とあるので、百万部出たら、日本全国津々浦々まで、神様の思《おぼ》召《しめ》しが一通りゆきわたるので、これが神様の最後に示さるる御仁慈である。

売れるとか、売れないとかいうことにかかわらず、日本全国に読まれなければならぬのであるから、全員、いまいっそうの努力を要望する。

こういう尊《とうと》い使命であるから、新聞売る人はりっぱな神の宣伝使である。

各員この使命を自覚して、自ら卑《いや》しゅうすることなく、世人《せじん》の一人でも多くがこの神の救いの綱《つな》に救いあげられるように努むべきである。

（昭和九年三月・玉鏡）

火水土筆に親しむ人の子の心はいつも天つ神国

『地上天国』より

宗教

神、耶、仏、すべてを信ず

バイブルから、奇跡《きせき》を除《のぞ》かんと企《くわだ》てた耶蘇《やそ》教信者がある。誤《あやま》れるも甚《はなは》だしいものである。

耶蘇教より奇跡を取り去れば、それはもう宗教でなくて倫理学である。

わたしは仏教、耶蘇教、神道《しんどう》のすべてを信ずるものである。

（大正十五年六月・水鏡）

易の当否

易《えき》は当たることもあれば当たらぬこともある。

要は、易をたてる人の徳の有無によるのである、徳の高い人がたてれば、きっと本当のことが出て来るのである。

（昭和二年四月・水鏡）

真の宗教

宗教の宗《しゅう》の字は、国語にて宗《むね》と訓《くん》ず、宇宙一切の経緯を示すという意味である。

ウ冠《かんむり》のウは、天地万有一切を生みだす神の経綸という言霊《ことたま》であり、下の示すという字は、天地《てんち》人《じん》開くという意味である。

宗教という意味は、天地人一切に関する根本の真理を開示し、神の意志によって人心を導き、民をおさめ、一切の万有を安息せしむべき意味が含まれている。

ゆえに宗教は、天文、地文、政治、教育、芸術、経済、その他《た》、ありとあらゆるものに対し、根本的解決を与うるもののいいである。

今までの既成宗教はいずれも天に傾き、地に傾き、あるいは心に傾き、そして一切の人間界と乖《かい》離《り》している傾きがある。

現実界を疎外し厭離穢土《えんりえど》だとか、苦《く》の世界だとか、火宅土《かたくど》とか、種々軽侮《しゆじゆけいぶ》的扱いをなし、そうして目に見えない霊界を讃美《さんび》渇仰《かつごう》し、人間生活の要諦《ようたい》にふれていないものばかりである。

なかにはりっぱな宗教と現代人が思っている教理は、人間の慣性たる五倫五常の道を専《もつぱ》ら説いて、宗教の本旨に適《かな》ったもののように思っているのが多い。試《ため》しの道の心得だとか、八ツのほこりだとか、五戒十戒だとか、地上の人間に対し禁慾的の教理を教え、神仏は非常に尊きもの、恐るべきものとして、ほとんど人間の近づくことができないものの如く習慣づけてきたものである。

人間は、生まれながらにして善悪正邪の区別は知っている。

教《おしえ》なるものは、今日の曇《くも》りきった人間の知識をもって測知すべからざる真理を教えてこそ、はじめて宗教の価値もあり、権威もあるのである。

バイブルを調べても、釈迦《しやか》の一切経を調べてみても、いたずらに文句を長たらしく並べたのみで、これという一つの竜頭《りゆうず》を認めることができない。

ゆえに既成宗教を調ぶれば調ぶるほど、迷いを生ずるのみであって、いたずらに時間を空費したのが収穫くらいなのである。ゆえに今日まで、宗教が人心によい感化を与えたことは少々あっても、至粋至純なる天賦《てんぷ》の精霊を混濁《こんだく》せしめたことも多大である。

そうして今まで地上は宗教あるがゆえに残虐《ざんぎやく》なる宗教戦も、たびたび繰り返された。

現にメキシコあたりの宗教戦もその数《すう》に漏《も》れない残虐戦である。

先年の世界戦にたいしても世界のあらゆる宗教が何の権威もなく、何の働きもなかったことなども明瞭である。

要するに宗教なるものは地上一切の経綸に対し、根本的に指導すべき使命をもっているものでなくてはならないのである。

（昭和三年七月・水鏡）

信教の自由

日本帝国臣民は、帝国憲法第二十八条において、信教の自由を許されておる以上は、いかなる宗教を信ずるも、信ぜざるも、信じさせるも自由であり、教うる、教えらるるもまた自由である。

しかるに今回、議会に提出されておる宗教団体法案のごときは、信教自由の精神に悖《もと》り、国民の信仰を法律をもって制縛せんとする悪法である。

花井博士の問いに対し、当局大臣は、信教の自由を歴代の政府は結社を認めていない、と答えておらるるが、信教の結果は自然、団体となり、結社となるは当然である。

すべて法律なるものは、人の行為を制御するものであって、形の上に現われないものは罪《つみ》することはできない。

ここに人ありて、心の内にある人を殺さんと思い、またはある人の財産を占領せんと思っていたところで、これが行為に顕われず、心中《しんちゅう》深く蔵《ぞう》するにおいては法律をもってしては如何《いかん》とも左右することはできない。これは宗教家に一任するか、神仏の心に任《まか》せるよりほかに途《みち》はないのである。

憲法は吾人《ごじん》に対し、ただ心中における信教の自由を許されたのではないことは、弁明を待たぬのである。教会所を建つるも、宣伝使を造るも、儀式を執行するも、自由なるべきはずである。

心の中のみの信教自由なれば、憲法に制定する必要はないではないか。

宗団法なるものは、第一、この点において大いなる錯誤《さくご》がある。ゆえに幾度提出しても通過せぬのは当然である。

（昭和四年四月・月鏡）

宗教団とその教祖

宗教団体なるものは、真に更生《こうせい》の経験をへた宗教的生活者のみの集団で、一個の社会的目標を持った戦闘的国家である。ゆえにすべての宗団は、その勢力の増大せんことを好み、団員の増加を求むる一つの衝動をもっておる。

しかるに、現今の既成宗教なるものは、ほとんど凋落《ちょうらく》の域に沈んで、なんの生気も活躍もなく、酔生夢死《すいせいむし》の状態にて、わずかにその余喘《よぜん》を保っておるに過ぎない憐《あわ》れな状態である。

かくの如く今日の既成宗教の凋落《ちょうらく》した原因は、むろんその宗教の指導者、または宣伝者、僧侶《そうりょ》、教職、牧師等の腐敗《ふはい》、堕落《だらく》、怠慢《たいまん》にもよるものであるが、さらに彼らを腐敗堕落せしめ、かつ怠慢に流れしめたる大根元は、立教者たる教祖一人の宗教的信念のなかに潜《ひそ》んでいるようである。

彼らは神、または真如《しんにょ》、または仏陀《ぶつだ》、または実在と、その名称は種々《しゅじゅ》変わるにしても、ある特定の神秘力の働くと働かぬの如何《いかん》に帰しているものである。

キリスト教の信者はキリスト教の一種のいやな臭味《くさみ》があり、仏教は仏教のある臭味があり、天理、金光、日蓮宗、いずれも一種異様の臭味と、妙な癖《くせ》があって、いずれも教祖の神格に感染して、今日の宗教的凋落《ちょうらく》の悲運を招致したものとより考えられないのである。

味噌《みそ》の味噌臭《くさ》きは真《しん》の上等味噌でないと同様に、宗教家の宗教家臭いやりかたが、今日の既成宗教に禍《わざわい》して、見る影もなき、憐れな宗団に堕してしまったのである。

われわれ大本人は、前車の覆《くつが》えるを見る後車として、みずから戒《いまし》めなければならぬと思う。

（昭和四年五月・月鏡）

大本という文字

大本《おおもと》という文字は、縦にも横にも分《わか》つことができぬ完全な字で、これには、おおいに理由のあることである。天理《てんり》、金光《こんこう》、黒住《くろずみ》、耶蘇《やそ》、仏教等、みな縦にか横にか判《わか》れるようになっている。

天理の天《てん》は一《いち》と大《だい》とに別《わか》れ、理《り》は王《おう》と里《さと》に別れ、黒住は里《さと》と火《ひ》と人《ひと》と主《ぬし》に別れておる。耶蘇も仏《ほとけ》も同じである。

（月鏡）

黄教、紅教

支那人は黄色《おうしょく》と赤色《せきしょく》とを特別に好むようであるが、それはやはり宗教関係からきているので、支那のラマ教は黄《おう》教、紅《こう》教の宗派があって、今日は黄教が盛んである。こうした関係から、黄、赤の色が愛好せらるるのである。（昭和四年十二月・月鏡）

易

孔子《こうし》の教《おしえ》は現世的のものであるが、晩年にいたりて孔子自身もはなはだ物足《ものた》りなくなって、天に問うようになった。周易《しゅうえき》、すなわちこれである。

孔子が易《えき》によりて方針を定めるようになったことは、すなわち宗教心ができたので、周易《しゅうえき》をこしらえたことによって、孔子の名は残ったのであって、これなかりせば孔子というものは残ってはいまい。

天津金木《あまつかなぎ》は七十五声《せい》の運用であり、天津菅曽《あまつすがそ》は七十五本を運用して天意を伺うのである。易《えき》は五十本のうち一本をぬき、四十九本の運用であって、二十六本だけ足らぬわけである。

ただし、金木《かなぎ》にしろ周易《しゅうえき》にしろ過渡時代のもので、神代《かみよ》の遺物としてのみ価値あるものである。

いまはみな肉の宮に納まっておるから、その必要はないのである。（昭和五年一月・月鏡）

大乗教と小乗教

大聖《たいせい》を乗せて彼岸《ひがん》に渡す法《のり》を大乗教《だいじょうきょう》といい、小《しょう》人《じん》を乗せて彼岸に渡す法を小乗教《しょうじょうきょう》というのである。

信仰は宗教の主体である。信仰がなければ宗教はない。宗教の大乗は恋愛《れんあい》である、恋愛の終局点は○○である。小乗教は恋愛を否定し、かつ厳戒する。

人は天地の妙体《みょうたい》であり、また天国地獄の開設者である。心に天国なきものは、死後また天国なし。心に地獄なきものは、死後また地獄なし。

人はみずから神を造り、鬼を造る。感謝の念は天国の鍵《かぎ》である。

我つねに神仏を恐《おそ》れず、小人《しょうじん》を恐る。

男性は女性の魂《たましい》に生き、女性は男性の魂に生きる。聖者もまた木石にあらず、性に生き、性に死する。念《ねん》とは二人の心である。二人の心和合《わごう》して天地生《しょう》ずる、天地の体《たい》は夫婦である。

大悟《たいご》徹底すれば、宇宙間一物として、心身に障《さわ》るものはない。

威張《いば》りうるときに威張るは小人《しょうじん》である。真の力量あるものは、努《つと》めてその力を隠さんとし、すこしく力あるものは、その力を世に顕《あら》わさんと努むるものである。

書画も神《しん》に入《い》るまで上達すれば、かきたくない、半熟のあいだは多くかいて世に示したくと思うものである。

脅喝的《きょうかってき》教理をもって法城を保たんとする宗教は、これ真の邪宗である。人を心底《しんてい》より笑《わら》わしむるは真の神教《しんきょう》である。現代の既成宗教はすべて脅喝《きょうかつ》的であり、打算的である。

神仏の心は大空《たいくう》の如く大海の如し。愛善《あいぜん》の心は神である、仏陀である。

山林に隠棲し、湯水を断《た》ち、あるいは断食《だんじき》を行なうものは小乗教の行者《ぎょうじゃ》である。難行苦行《なんぎょうくぎょう》を強《し》ゆるものは邪神教である。

いかなることにも驚かないのは、大人《たいじん》である。自由の天地に苦しむものは、小人《しょうじん》である。大人は小事に慎《つつし》み、小人は大事《だいじ》を聞いて恐《おそ》れる。

（昭和五年六月・月鏡）

あゝ既成宗教

人類の祖先と称するアダム、イブが、神様の禁制の智慧《ちえ》の果実《このみ》を、神意に反《そむ》いて採食した罪悪の報いによって、その子孫たる世界の人類は開闢《かいびゃく》の始めより今日に至るまで、祖先の罪悪の血を受けているので、残らず大罪人、いわゆる罪の子として生まれてきているから、地獄にその霊魂を落とされ、消えぬ火に焼かれて無限の苦悩を味わうべきものである。

その惨状を、全智《ぜんち》全能《ぜんのう》にして絶対の権威にましまし無限愛なる神は、いたく憐《あわ》れませ玉いて、最愛の独《ひと》り子《ご》たるイエスを現世《げんせ》に降《くだ》だし、十字架に釘付《くぎづ》けてこれを殺し、キリストの名によって天帝《てんてい》に祈願するもののみ、これを天国に再生せしめたまう、と説くのが、既成宗教キリスト各派の教理である。

以上のごとき教理は、数千年以前の人智《じんち》蒙昧《もうまい》なる野蛮時代においては、多少の脅嚇《きょうかく》もごまかしも効力があったであろうが、現代のごとく不完全ながらも、科学の進歩に向かいつつある時代には、信ずる者のすくないのは当然である。

誠《まこと》に思え、現今の如き矛盾と欠陥の多い自己愛のみの社会に生まれた現行刑法、すなわち神ならぬ凡人の造った法律でさえも、祖先、または父母兄弟が大罪《だいざい》を犯したとしても、その子孫、または弟妹《ていまい》にまで罪を科するというような不合理は施行《しこう》しないのである。

いわんや全智全能であって、愛《あい》の本体《ほんたい》とも称する神が、祖先の罪を何十万年末《すえ》の子孫にまで及ぼし、これを地獄に投ずべき理由はないはずだ。

万々一、左様なわからず屋の神ありとすれば、それは世界の大魔神《だいましん》であって、われわれ人類の赦《ゆる》すべからざる敵として、この宇宙からよろしく放《ほう》逐《ちく》すべきである。

文化の進んだ二十世紀の現代には、既《すで》に既に大部分の人民より捨てられているのは当然である。

既成仏教もまた、脅嚇《きょうかく》や胡麻化《ごまか》しがあって、これとても既《すで》に既に宗教としての価値は認められない。仏教の大乗部は別として、小乗部の教理なぞは婆々《ばば》、嬶《かか》だましの世迷言《よまいごと》である。数千年以前の人智未開の世に適した宗教の教理を、今日に施行せんとするのは、三冬厳寒《さんとうげんかん》のころに用いた綿入《わたい》着物《れ》を土用三伏《さんぷく》の酷暑《こくしょ》の時代に着用せよ、と教ゆると同様にして、愚《ぐ》の骨頂《こっちょう》である。

かくして既成宗教の各派は、日に日に破産してゆくのである。

（昭和五年九月・月鏡）

宗教心

既成宗教は王仁《わたし》も嫌いであるが、だというて宗教を否定することはできない。

人間は本来、宗教心というものがあるので、へいぜい神様はないと主張する人たちでも、いざ大地震などとなると、誰《たれ》でも神様の御名《みな》を呼んで、お救いを求めるものである。

（昭和六年七月・玉鏡）

大本人の守護

どこにいても、大本信者は一見してすぐそれとわかるとの話であるが、それは他《た》の人とは違って目が光っているからである。


つまり御神徳《ごしんとく》をいただいているので、どこかに腹がしっかりしたところがあるためである。

××教は狸《たぬき》が多く守護しているし、△△教は多く狐《きつね》が守護していると言われるが、成る程と思う。

大本の信者はどちらかといえば、多く竜神《りゅうじん》、または金神《こんじん》の系統が多く守護しておられる。

他《た》の教会では、お祭りの後などで大酒《たいしゅ》をあおるものであるが、大本ではそれがほとんどない。大本の信仰に入って大酒がやまるのである。王仁《わたし》が酒を飲まないから、それで大本人はあまり酒を飲まない。

王仁《わたし》が酒が飲めぬから、酒飲みのお客に対して、ツイうっかりして満足させることができないのを遺憾に思う。

（昭和六年十一月・玉鏡）

托鉢と巡礼

仏教の托鉢は印度の乞食の真似である。仕事もしないで、あんなことをやっているのは宗教の害毒である。日本神国にはふさわしいものではない。

（昭和八年三月・玉鏡）

行

むかし名僧智識《ちしき》が、旱天《かんてん》に雨を乞《こ》うため、七日七夜の行をしたとか、また何かの祈願のため、三七《さんしち》日《にち》の行をしたとかいうが、それは何度も度数を重ねることによりて霊力の充実をはかるのである。たよりない話である。

（昭和八年十二月・玉鏡）

仏教は無神論

仏教は無神無霊魂《むしんむれいこん》説である。見よ、如雲如煙《にょうんにょえん》というのが釈迦《しゃか》の教《おしえ》ではないか。

釈迦という人は階級打破を説いた、一切の平等を説いた、現今でいう社会主義者である。われも人なり彼も人なり、というのが彼の主張である。また釈迦には数多《あまた》の愛人があった。女人禁制というのは、ある特別な人に対しての訓戒《くんかい》である。一般の人に対してのことではない。

釈迦の極楽《ごくらく》というのは、男女相逢《あいあ》うことなのである。むろん、その主張が無神無霊魂であるから、死後の極楽地獄なんか説いてはない。これらの説は後世の人がくっつけたものである。

インド教にも、仏教にも、耶蘇教にも、祖先崇拝ということはないのであるが、日本に渡来した仏教は、神道《しんどう》をとり入れて祖先を弔《とむら》うことを始めたのだ。この一事《じ》が、仏教の生命を今日まで持ちこたえてきた利口なやりかたである。

耶蘇は祖先崇拝の我国民性を無視して、祖先を祭り弔《とむら》うことをしないから弘《ひろ》まらぬのである。

（昭和八年六月・玉鏡）

第四章　王仁三郎の美と芸術の世界

美と芸術の世界

和歌と調べ

歌というものは、河水の流るるように滞《とどこお》りなく、すらすらと調《しら》べが流れねばならぬ。下の句から上の句にかえってゆくような歌は、歌としておもしろくない。

歌は歌うものであるから、そのことをよく考えて、どこまでも、すらすらと調べがよいように詠《よ》まねばならぬ。

詩になれば、少々どうなってもよいものである。

（大正十五年八月・水鏡）

風も浪も七五三

風は七五三《しちごさん》の律動で吹くものである。したがって浪《なみ》もその通り、七五三とうつものである。

この消息を知らないで絵をかくと、絵が死んでしまうし、この原則にのっとって描くと、松などはさながら樹が動いているような感じをおこすもので、これを、絵が生きている、というのである。名人の絵にも上の松《まつ》が枝《え》は右に動き、下に立っている人物の衣《ころも》の袖《そで》は左になびいているようなのがある、これは嘘の絵だということがすぐわかる。

風の心になって描けば風が吹いているようにかけ、浪の心になって描けば浪が打っているように見える、みな天地自然の道理だ。

（大正十五年九月・水鏡）

黒は色の王

黒色《くろいろ》は色の王である。どんな美しい色彩も黒が出てくるとみな消されてしまう。服装もこの理《り》によって、黒色があらゆる色彩を圧倒して勝ちを占める。

（大正十五年九月・水鏡）

冠句は大衆文芸

冠句《かんく》は大阪が初めである。これは所司代《しよしだい》のとった一つの社会政策であって、当時、下層民は喧嘩《けんか》や賭博《とばく》ばかりやって手におえなかったので、その想念を文芸のほうにむけて、かかる悪習より脱せしめんとしたのである。この政策は見事効《こう》を奏《そう》して風流の気が下層労働者にまで普及して、争闘や博奕《ばくち》はずっと少なくなった。

冠句は大衆文芸の上乗《じょうじょう》なるものであって、俳句のごとき拘束なく、歌のごとく冗長《じょうちょう》ならず、しかもきわめて凡俗的なるがゆえに、老人にも子供にも、男にも女にも、学あるも学なきも、誰《たれ》にでもできるのである。またその範囲もきわめて広いから、いくらでも進歩発展の余地がある。

前述のごとき起源を有するをもって、はじめはごく下品な言葉が面白がられておった。奥さんとか、妻とかいうところを、嬶《かか》だとか嬶村屋《かかむらや》だとか、ごく下品にいうのが冠句の特長であった。

冠句が向上して、君とか神とか言い出したのは、初代朝寝坊閑楽《あさねぼうかんらく》からであって、それはあたかも浪《ろう》界《かい》が、雲右衛門《くもうえもん》によって芸術化したのと相《あい》匹敵すべきものである。

（大正十五年十二月・水鏡）

字と筆

字は筆《ふで》の軸《じく》の先をもって書くほどよく書けるものである。ペンの字でも同じことである。それに先をもって書けば、字がまっすぐか、ゆがんでいるかもよく見える。

第一、先のほうをもって書けば一息にかけるから、霊がぬけない。霊が抜ければ字はどんなにりっぱであっても、それは死字《しじ》である。

（昭和二年二月・水鏡）

芸術は宗教の親

芸術は宗教を生むのであるから、宗教の親である。長いあいだ子の研究をやったから、これから親の研究をやるのじゃ。

（昭和二年四月・水鏡）

聚楽の第

聚楽《じゅらく》の第《だい》というのは秀吉《ひでよし》の別荘であって、いまの千本《せんぼん》、すなわち監獄跡《あと》の辺《へん》、三万坪ばかりを取り入れて、地上天国を建設せんとしたのである。あらゆる美術を蒐《あつ》め、花苑《かえん》を築き、池には船を泛《うか》べ、さながら極楽浄土をこの世に現出せしめたのである。

楽焼《らくやき》もその時の芸術品の一つであって、もとは聚楽焼《じゅらくやき》というたのであるが、後世、聚《じゅ》の字を取って、単に楽焼《らくやき》と称《とな》うるようになったのである。

（昭和二年四月・水鏡）

絵を描く時

わたしは絵を描《か》くにしても、岩なんかを書いておると上から落ちてくるような気がするので、左手で押しあげておるようにしてかく。

滝を描《えが》く場合には、サッと滝の流れる速力と同様に筆を運ぶのである。

ゆっくり描けば綺麗《きれい》にかけるが、絵が死んでしまう。

わたしは猫《ねこ》などの生物《いきもの》を描《か》くときは、ざっと形をかくと、すぐ一番に鼻を描く。早く呼吸をさしてやらねば死んでしまうような気がする。

すべてそういうつもりでかくから、わたしの絵は、まずいけれど生きておる。

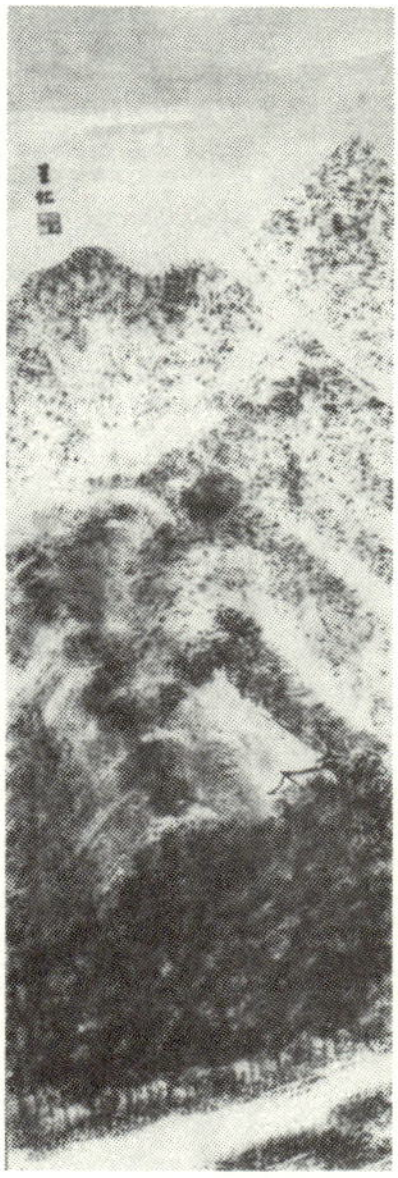

山深涼々

雨後の月

千丈の瀧

染筆をする王仁三郎

画家の描く絵は顔をかくにしても、何時間もかかって目鼻をかくのだから呼吸ができぬ、すなわち死んだ絵ができあがるのである。

（昭和二年五月・水鏡）

名歌、名文章

名歌《めいか》とか、名文章《めい》とかいうものは、幾様《いくよう》にも作りかえができるものである。

百人一首《ひやくにんいつしゆ》のごときがそれであって、わたしは今、一首について、二十一通り、かえ歌を作っているが、今後もつづけて百首までやるつもりでいる。都合《つごう》一万首のかえ歌ができるわけである。

これをもってみても、元歌《もとうた》がいかに優《すぐ》れているかということがよくわかる。下手な歌であるとそういうわけにゆかぬ。

文章も同じく、名文章になるといくらでも、作り替えができるものである。

（昭和三年三月・水鏡）

書画をかく秘訣

字を書くときにはなるべく筆を使わないようにし、絵を描《か》くときは反対に筆を虐使《ぎやくし》する。これが書画をかく秘訣《ひけつ》である。

（昭和四年一月・月鏡）

神の作品

宇宙万有を造られた真神《しんしん》の作品のうちで、もっとも繊細緻密霊妙《せんさいちみつれいみよう》をきわめた最上乗《さいじようじよう》のものは、人間である。

人間においても脳髄《のうずい》と肉体の曲線美とは、その代表点ともいうべきものであって、万物これに比すべきものはないのである。そして脳髄は男のほうが優《すぐ》れており、曲線美は女のほうが勝《まさ》っておる。

いかなる芸術家といえども完全に神の作品を描出、または模塑《もそ》することの不可能であることはいうまでもない。たとえば、技神《ぎしん》に入《い》った画家が人物や動植物などを描《か》くにしても、ただその視得《みう》る部分と動作の刹那《せつな》のすがたを平面的にしか写すことができないのである。

　これを思うと画《え》を描《か》くことがいやになってしまう。それで自分は、せめて霊だけなりと入《い》れて活《い》きた画《え》にしようと思い、満身の霊を込めて体で描くから、いわゆる一気呵成《いっきかせい》の運筆《うんぴつ》となるのである。

（昭和四年二月・月鏡）

無作の詩

詩を作ろうと思う心が詩を殺し、画《え》を描《か》こうと思う心が画を殺すものである。

　無作《むさく》の詩人と無筆《むひつ》の画人こそ、真《しん》に詩人であり、画伯である。海の声、山の姿も、神《かむ》ながらにして詩となり、画となるのが本物である。

（昭和四年四月・月鏡）

浄瑠璃

浄瑠璃《じょうるり》というのは、善言美辞《ぜんげんびじ》のことである。瑠《る》璃《り》を転《ころ》ばすような声、というところからきているのである。さればわたしは芸術奨励《しょうれい》の一端として、それを自《みず》らやっているのである。

　三味線にのるとかのらぬとかいうけれど、元来、三味線なるものは、息を継《つ》ぐ間《ま》に弾《ひ》いているだけのものであって、実際は要《い》らぬもので、言霊《ことたま》だけでよいのである。それだから、わたしはかまわぬのである。言葉のほうから合わせてゆくという法はないのである。

　わたしは節《ふし》は下手であるが、言霊《ことたま》にかなったように語っているのである。いやな地獄的なところになると、勝手に飛ばしてやるのであるから、わたしの三味線はなかなか弾《ひ》きにくいであろう。また母に与うる薬湯などの文句は、母に捧ぐるというふうにその場で宣《の》り直《なお》している。

アオウエイの順序が本調子《ほんちょうし》であって、アイウエオは二上《にあが》りまたは三下《さんさが》りに相当する。

五十音の正しき順序によって、わたしは語っているのである。

音頭《おんど》となると穴太《あなお》が一番であって、本当の声が出るのはこの地方にかぎる。八木《やぎ》より鳥羽《とば》を越すと、本当の音《おん》が出ない。嵐山《あらしやま》一帯の山脈をむこうに越すと、もうだめである。（昭和四年九月・月鏡）

宗教より芸術へ

わたしはかつて、芸術は宗教の母なり、といったことがある。しかしその芸術というのは、今日《こんにち》の社会に行なわるる如きものをいったのではない。造化《ぞうか》の偉大なる力によって造られたる、天地間の森羅万象を含む、神の大芸術をいうのである。

わたしは子たる宗教を育てんがために、永年《ながねん》、微力を尽くしたが、子はどうやら育ちあがったらしいので、この方面は子に譲《ゆず》り、昭和三年三月三日から、親たる芸術を育てんと努力しつつあるのである。

明光社《めいこうしゃ》を設《もう》けて、歌道を奨励し、大衆芸術たる冠句を高調し、絵を描《か》き、文字を書き、楽焼《らくやき》をなし、ときに高座《こうざ》にのぼって浄瑠璃《じょうるり》を語り、盆踊《ぼんおど》りの音頭《おんど》をさえも、みずからとっておるのである。

神の真の芸術をこの土《ど》のうえに樹立することが、わたしの大いなる仕事の一つである。

（昭和四年十月・月鏡）

自然に描ける絵

絵を描《か》くにあたって、どうもうまくゆかないでゆき詰《つま》ってしまうと、わたしは「誰《たれ》か出てこい」とどなる。そうすると、すらすらと描けてゆく。誰か出てきて描くのであろう。

わたしの絵はわたしが描くのに相違ないけれど、わたしの工夫以上に自然によくなってゆく。絵が絵を描くのである。

元来、わたしは絵を上手《じょうず》に書こうなんと思ってはいない。上手か下手かそんなことは知らない。惟神《かむながら》、神のまにまに筆を下《くだ》すのである。

（昭和四年十二月・月鏡）

絵について

南画《なんが》は詩を主《しゅ》とし、詩で現わせないところを絵で補《おぎな》おうと試みているのだから、絵としてはあっさりとしたものである。

わたしの流儀はみずから称して、神代派《じんだいは》といっておるが、神素盞嗚尊《かむすさのおのみこと》を心に念ずるとき、ああした絵がかけるのである。

絵画展覧会を見た人が、

「いちいち描き方がかわっていて、一人の人がかいたとは思えない」

と評したと聞くが、まことにそのとおりで、わたしの想念が応挙《おうきょ》にあるとき、その画風が応挙と現われ、月樵《げっしょう》を思うとき、その筆法が月樵流と出てくるので、わたしの想念次第で千種万態の画風が生ずるのであるから、一人の人が描いたと思えぬという評は、わたしの絵を知るものの言《げん》である。

一流一派に拘泥《こうでい》する必要はないと思う。

わたしは近ごろ山水《さんすい》と漫画との調和を思い立ち、筆を執《と》ってみたが、案外うまくいって、一寸《ちょっと》おもしろいものができた。これは、おそらくレコードであろうと思う。

そもそも芸術の祖神《そしん》は、素盞嗚大神《すさのおおおかみ》様であるから、心中《しんちゅう》この大神《おおかみ》を念ずるとき、絵画と言わず、陶器と言わず、詩歌と言わず、あらゆるものに独創が湧くのである。

（昭和五年二月・月鏡）

山の神の行水そつと覗き込み妻ノ口おやぢが細目して居る
『夜の風景』より

一筆大達磨（約 240 × 144cm）

宗教即芸術

芸術即《そく》宗教、宗教即政治、現代を征服し得ざるものは真の宗教に非《あら》ず。道《みち》は単一無雑にして万古不易《ばんこふえき》なり。宗教は時所位により、宗祖によりて、多少の変異あり。

（昭和五年四月・月鏡）

大画揮毫について

前代未聞の水墨大達磨《すいぼくおおだるま》を描《えが》きたる体験

一、調子の外《はず》れることは意外の意外、はなはだし。

二、肉細《にくぼそ》なれば貧弱に見ゆ。

三、肉太《にくぶと》にてもやはり貧弱を感ず。

四、一筆描《いっぴつが》きの本意《ほんい》として一線一点にも、あってもよし、なくてもよしと見るべき無用の筆《ふで》は、一筆描きとして働きの真価なし。

　ここにおいて、一筆描き無二の大作品としては、じつに体験家以外にとうてい判《わか》るものにあらざるを断言してはばからず。

　またかりに試《こころ》みたる画師《がし》のあるべきも、容易に成功し得ざりしなるべし。

　これを貧弱に流れず、権威ある剛健作《ごうけんさく》に近づかさんには、第一、全身の気合《きあい》を固め、線を引くに一分刻《いちぶきざ》みごとに腕の力を押し込むこと。転直下脱兎《だっと》の気合《きあい》なるべきこと。腕で描《か》くというよりも体力にて描《えが》き、ことに開眼の一点は、カワセミの魚《うお》をねらって飛び込むときの気分を要す。一投墨《いっとうぼく》の真諦《しんてい》このへんに存するなり。

　いかに肉太の筆を用ゆるも、ただの勇気は紙上に上走《うわばし》り、けっして剛健の力と権威は紙上に躍如《やくじょ》たらず。要は、一刀艮《いっとうとど》めを刺す場合の意気と気合《きあい》を必要とす。

　快心《かいしん》の作に近づきて、苦心体得《くしんたいとく》上、ここに告白するものなり。

（昭和五年四月・月鏡）

宗教の母

わたしが、宗教が芸術を生むのではなく、芸術は宗教の母である、と喝破《かっぱ》したのは、いまの人のいう芸術のことではないのである。造化の芸術をさして言うたのである。

日月を師とする造化の芸術の謂《い》いである。

現代人のいうている芸術ならば、宗教は芸術の母なり、という言葉が適している。

（昭和五年四月・月鏡）

和歌について

歌を詠《よ》む秘訣《ひけつ》は、水の流るるがごとく、ただ安らかに、というのにある。

瀬がきつければ、かたえの水は逆流する、そんな歌の詠《よ》みかたはいけない。安《やす》らかに、そして落着くところへ落ちつけばよいのである。上手《じょうず》に詠《よ》もうと思うから詠めないのである。

また歌は、どんな歌でも、その底《そこ》に淡《あわ》い恋心《こいごころ》が流れていなければならないものである。

（昭和五年五月・月鏡）

襟首

神の作りたまいたる人間美《にんげんび》のうちで、襟首《えりくび》こそは、その随一である。美人の価値はこれで定《さだ》まるので、顔の美醜で定まるものではない。

襟首《えりくび》は綺麗《きれい》にしておくがよい。

詫言《わびごと》を云《い》ふ女房《にょうぼう》の襟《えり》に惚《ほ》れ
詫《わ》びて居《ゐ》る女房の襟に惚れ直《なお》し

（昭和五年八月・月鏡）

伊勢物語と和歌

和歌《うた》を詠《よ》むものは伊勢《いせ》物語をよく読まねばならぬ。伊勢物語は万葉集《まんようしゅう》、古今集《こきんしゅう》などよりも歌人にとっては重要視せなくてはならぬものである。

（昭和六年三月・玉鏡）

明光

芸術の府を明光社《めいこうしゃ》といっているが、明光《めいこう》というのは、明智光秀《あけちみつひで》の姓名の頭字《かしらじ》をとったものである。武将であるとともに、おおいに文事《ぶんじ》を解していた明智光秀の居城の跡におこした芸術であるから、明光と名づけたのである。

（昭和六年三月・玉鏡）

頭髪

髪《かみ》に魂《たましい》があり、髪に心がある。頭髪は、美の源泉であり、女の生命《いのち》である。

女の美は、頭髪にある。洗いだての綺麗《きれい》な髪を、さっと垂《た》らしているのは、いちばん人の心をひく。女の髪は、毛そのものが美しいのであるから、なるべく簡単に結んでおくが一番よいので、いろんな形をこしらえると、それだけ美が減ずるものである。むかしから、女の髪の毛で大象をも繋《つな》ぎ留《と》める力があると言うのは、この理《わけ》である。

よい髪を持ちながら、わざわざ縮《ちぢ》らすのはよくない。髪《かみ》は神《かみ》への架橋《かけはし》であるから、多くて長いのが結構である。相撲取《すもうとり》でも、髪が長くなければ九分九厘というところで負けを取る。美術家などが髪を長くすることは誠に理由のあることで、これでなければ、よい想は浮かんでこない。インスピレーションというのは、神からの内流《ないりゅう》である。

頭髪だけは毛《け》といわずして、カミというが、神《かみ》の毛《け》の意味である。

（昭和六年四月・玉鏡）

絵と独創

絵でも、歌でも、独創的のものでなくてはならぬ。帝展《ていてん》などで、じつに立派な作であって入選しないものがあるのは、それが独創的でなく、模倣《もほう》の跡があるからである。

絵が上手に描けても、独創を、独創を、と行かなければならないから、画家の苦心がそこにある。生《なま》やさしいものではない。

帝展などで出品を墨でぬられるような例もあるが、それは模倣を独創のごとく装《よそお》うからであって、芸術道徳から憤慨しての出来事であるから、そうせられても仕方がないのだ。

すべてのものが行きづまって新機軸をだすに骨が折れることであろう。

絵の中では裸体画くらいむつかしいものはない、力がぬけて絵にならぬ。先日、王仁《わたし》は相撲《すもう》を見にいった。実物を見ねば本当の絵は描けない。

（昭和六年五月・玉鏡）

器物の裏底

お盆《ぼん》、茶托《ちゃたく》、その他《た》なんでも器《うつわ》の裏を磨《みが》くことは故実を知らぬ人のすることである。

どんな貴《とうと》い骨董品でも、裏を磨いたものは値段が非常に安い。

これは、素人《しろうと》が用いた証拠であるからである。

骨董を鑑賞する人々は、必ず裏底《うらぞこ》を見てそのまおくものである。裏底に作者の魂《たましい》が入《はい》り、銘《めい》がある。これは作者の顔にも相当するのである。

裏を見れば作者の魂や、性格もわかり、また度《ど》胸《きょう》もわかるとさえ言われる。

楽焼《らくやき》なども裏を見れば価値《ねうち》がわかるのである。

（昭和六年六月・玉鏡）

絵と墨

黒色《こくしょく》は色の王であって、種々《いろいろ》の原色を合わしたものである。濃淡《のうたん》自由自在であるから、百種にでも二百種にでも溶《と》かすことができる。

墨絵《すみえ》がなんというても一番である。墨が少しでも入ると絵は引き立ってくる。

墨筆《すみふで》で青をつかうと殊《こと》によいものである。

（昭和六年八月・玉鏡）

風を描く

風を描《か》かねば、絵にはならぬものである。

元来、風というものは七五三に吹くのであるから、絵を描くときに、この呼吸を忘れないようにすれば、きっと立派な作品ができる。

たとえば松原《まつばら》を描くとして、最初の松は七の風をうけているところ、つぎは五の風をうけているところ、つぎは三の風をうけているところと描《か》き分けるのである。浪《なみ》も同じく七五三に動くのであるから、その勢《いきお》いを見せて描くのである。

天地はすべて一定のリズムによって躍動《やくどう》しておるのだから、そのことがわからねば、すぐれた作品は得られない。

ただ美しい絵をかいて見たところで、死んだ絵であると、人を動かすことはできないものである。

（昭和六年八月・玉鏡）

睛を入れる画法

王仁《わたし》は人物をかいて、いよいよ眼《め》の睛《ひとみ》を入れるという段になると、つねの時には決してやらないのである。旭《あさひ》の昇る時刻にねらいを定めて、ただ一つき、とんと打つのである。そうせねば、生々《いきいき》とした眼にはならぬ。

（昭和六年八月・玉鏡）

血液と絵

血液の動きから作品ができるから、我意《がい》を加えず、自然のままに筆《ふで》を運ばせてゆけば、人物をかけば自分の顔に似てくるものである。また吾《わ》が子の顔に似るものである。

（昭和六年八月・玉鏡）

悠々自適

英雄閑日月《かんじつげつ》ありといって、いかに重大事に直面しても、悠々《ゆうゆう》歌を詠むくらいの余裕がなくてはならぬ。

つねに風流心があれば、事にあわてぬものだ。

和歌は大和魂《やまとだましい》を練るもっとも穏健な方法である。

和歌をやれば胴がすわってくる。

（昭和六年十一月・玉鏡）

作歌の法

霊界物語を口述するような調子で王仁《わたし》が和歌を詠《よ》むのならば、一か月一万五千首は楽なものだ。一日に五百首、それは何でもないことである。

歌を作ろうと思えば、見た通りのことを一つ詠めばよい。

なにもかも一つの歌に入れようとするから苦心するものだ。はじめて歌を作る人はあまり道具が多い。推敲《すいこう》すればかえって悪くなることがある。

歌はサラッとしたほうがよい。歌は巧《たくみ》だけではいけぬ。末代《まつだい》に生きるものでなくては、本当ではない。一首でもよい、こんな歌を残さなくてはいかぬ。

（昭和六年十一月・玉鏡）

明るいのが歌

和歌《わか》、すなわちうたは敷島《しきしま》の道で風雅《みやび》の芸《わざ》である。気分がよい時は、心から歌が出る。それで歌は、サラッとした気分よいものでなくてはならぬ。

泣く時は歌えないものである。しかるに、このごろの歌壇の歌は、生活を詠むのだといって、ジメジメとして瀕死《ひんし》の病人の泣きごとのようなことばかりを詠んでいる。それは本当の和歌ではない。王仁《わたし》が主宰している「明光《めいこう》」の歌はいずれも明るい。信仰によって活動しているものの歌であるからである。

いまの歌壇の人は、明るい「明光」の歌の気分を諒解《りょうかい》することができずに、嘘のように思っている。それは地獄魂《じごくみたま》と天国魂《てんごくみたま》とは、心のおきどころが違っているからだ。心にもないことが歌えるものじゃない。

ともかく床《とこ》の間《ま》にでも掛けておこうというような歌は、今日の歌壇人《かだんじん》の歌にはほとんどない。

（昭和六年十二月・玉鏡）

礬水びきの絹本

絹本《けんぽん》に絵を描《か》くときは、普通の画家はかならず礬水《どうさ》をひく。それは礬水《どうさ》をひかないと墨《すみ》や絵具《えのぐ》がにじむからである。しかし王仁《わたし》は、けっしてそれをせない。せなくても、にじまないからである。

絹本《けんぽん》は六百年ほど保存できるものなのだが、礬《どう》水《さ》をひくと、百五十年ほどしか完全に保つことができない。その上、礬水《どうさ》をひくと、すぐ地《ぢ》の色がやけて赤くなるものである。

（昭和七年四月・玉鏡）

書道

書《しょ》は男の芸術であり、絵は女の芸術である。書は、絵に比ぶれば困難なること数等である。

絵のようにごまかしは決してきかぬのであるから、百字もかいて、そのうち二字か三字か、本当の字ができたら上々《じょうじょう》である。

（昭和七年十月・玉鏡）

茶室

茶室《ちゃしつ》は軍略上の都合もあるが、これは秀吉が、太閤《たいこう》でもこういう小さな家で満足していることを見せたもので、秀吉は自分から実践躬行《きゅうこう》して見せたのである。

むかしの政治家はえらかった。

それを後《のち》になって、茶室は贅沢《ぜいたく》であるというように解せられるに至ったのである。

（昭和八年三月・玉鏡）

掛軸について

掛軸《かけじく》はいつもいつも同じものを掛けておくもの

ではない。王仁《わたし》のやった観音像《かんのんぞう》などいつ行っても掛けておる家があるが、第一それではじきに汚くなってしまうし、表装もくずれてくる。

平常は外《ほか》のものをかけておいて、お祭りか何かのときに掛けるとよいのだ。それで外のを替《かわ》りにやってあるのだ。

軸物《じくもの》をしまう時には、表よりも裏に気をつけてよくハタキをかけておかぬと、巻くと表が汚れる。

（昭和八年六月・玉鏡）

庭石の配置

百万長者が金にあかして作ったのだから参考のために見ないか、と人がいうので、某氏の庭園なるものを見た。なるほど素人目《しろうとめ》には立派に見えるだろうが、王仁《わたし》の眼から見るとサッパリ成《な》っていない。

そもそも庭園の作り方は、言霊《ことたま》に合致しなくてはならぬものである。石を一つ並べるにしても、縦横《たてよこ》、縦横というふうに、陰陽《いんよう》の配置を考えなくてはならぬ。築山《つきやま》を築くなら、左は高く、右は低くするようにせねばならぬ。

大本の庭園は、綾部にしても天恩郷にしても、みな王仁《わたし》が、言霊《ことたま》に相応さして築いたものである。一木一石《いちぼくいっせき》といえども忽《ゆるが》せにしてはない。

だがいまの世の中には本当の庭造師《にわつくりし》もなく、また、これを見るの明《めい》ある者もない。

（昭和八年六月・玉鏡）

歌

歌よむ人には悪人がない。歌よまぬ人は油断がならぬ。ただ現代の歌人は、力というものがない。とかくデリケートな心の持主で、偏狭で、消極的で、女性的で、嫉妬《しっと》深い傾向があるが、大本の歌人は、御神徳をいただくから力が出てくる。

王仁《わたし》は、芸術は宗教の母なり、と主張しているのだ。言霊《ことたま》の幸《さち》はう国、神様は歌を奉《たてまつ》るのが、海《うみ》河山野種々《かわやまぬのくさぐさ》の供物《くもつ》よりも、一番お気に入るのである。皆は子の宗教宣伝には熱心であるが、親の芸術を忘れがちである。これではいけぬ。

歌を詠《よ》まぬものは如何《いか》なる力のある人であろうとも、断じて神業の第一線には立てぬ。そのつもりで各自、勉強するがよい。忙しいからとか、下手だからだとか、上手によめたらだの、そのからやたらが一番いけない。まずくても、だんだん詠《よ》んでおれば、よく詠めるようになるものである。神徳は努力の上に加わるのである。

「明光」は月日《つきひ》の光に相応する。月日の光をうけぬものが、どうして神業に使えるものか。また王仁が皆に「明光《めいこう》」に出詠《しゅつえい》するように、と言うのは、その歌によって、皆の心の動きを見て、よくしてやろうと思うからである。

（昭和八年九月・玉鏡）

歌人

歌を作る人はたくさんあるが、歌人というものは遺憾ながら、いまの日本に一人も見当たらぬ。

頭をひねってもって、わずかの佳作《かさく》を得れば、世人はこれを歌人というて尊敬をはろうているが、そんなのは歌人でもなんでもない。

言々句々《げんげんくく》、みな歌になるというのが真《しん》の歌人である。苦吟《くぎん》するようでは歌人たるの価値がない。

人多く名歌を作らんと志《こころざ》すゆえに苦しむので、王仁のは、出《い》ずるがまま、上手下手に頓着《とんちゃく》なく歌にしてゆくので、悪かったというて作り直すようなことはけっしてしない。やり直す暇《ひま》があれば、も一つ作ったほうがよい。

王仁《わたし》は神様の進展《しんてん》主義を奉《ほう》じている。なにごとにも後戻りは断じてしない方針で、歌でも絵でもこの主義でやってゆく。

お前らは、上手に作ろうということばかり考えて拘泥するからいけないのだ。下手でもなんでも、どんどん作っておれば、やがて上手になるのである。

（昭和八年十一月・玉鏡）

女は神の傑作

神様は、すべての物を創造したまいしが、そのうち一番の傑作は女の肉体である。

曲線美の柔《やわら》かい肉体、つぎが男の肉体、つぎが馬である。動物の中では馬が一番よくできているのである。それだから神様に馬はつきもので、どこのお宮にも神馬《しんめ》というものがいるのである。

（昭和八年十二月・玉鏡）

月

ある人が花鳥草木《かちょうそうもく》などを配することなしに、四季の月を描《えが》いてくれと画家に頼んだら、そういう月はとても描けない、と断ったというが、なにもそうむつかしいことではない。春の月は朧《おぼろ》の月、夏の月は水気《すいき》を含んでいるので水中の月、秋の月は冴《さ》えて高く、冬の月は鋭《するど》く尖《とが》っている。その意《い》を描《えが》けばよいのである。

（昭和九年四月・玉鏡）

芸術の趣味を悟らぬ人々は地上天国夢にも来らず　『地上天国』より

第五章　素顔の王仁三郎

故郷と回想の王仁三郎

小さい蒲公英

大正十年二月のころ、皆の知っている通り、わたしは京都監獄におった。

ある日の散歩に、枯草《かれくさ》の中に咲いている一輪の蒲公英《たんぽぽ》を見出した。あゝその一輪の花、それによってわたしは、どのくらい慰《なぐさ》められたか分からなかった。なんという愛らしい花であろう。

冬の寒い長いあいだ、百草《ももぐさ》も枯れて、何もないように見えるこの花が、春の光を浴びると、眠ったごとく見えた根からは青い芽が出で、葉が伸び、やがては、あの豊醇《ほうじゅん》な乳《ちち》を持った美しい黄色や、白い花が咲くのである。

なんだか、わたしの境遇に似ているようである。

わたしは思うた、たとえこの度のことによって大本が潰《つぶ》れたとて、五十七歳になったら、またもとの六畳敷からはじめよう、教祖様は五十七歳にして初めて立たれたのだから……。

かくこの一輪の花によって慰められつつ、日を送っているうち、やがて春の最中になって、そこら一面蒲公英《たんぽぽ》の花をもって埋《うず》めらるるようになってきた。

なんらの慰《なぐさ》めをも持たぬ囚人たちは、如何《いか》にこの花によって慰められたことであろう。朝《あした》に夕《ゆうべ》に花は囚人の唯一の愛の対象物であった。

しかるに、心なき園丁《えんてい》は掃除《そうじ》をするのだといって、皆この花を引きむしってしまった。

（大正十五年六月・水鏡）

焼き捨てた紙幣

わたしの若い時、女の二人もおいて小料理店をひらいておったものがあった。

ある日、わたしが牛乳代の集金に出かけてそこへ寄ると、その女たちが出て来て、しきりに愛嬌《あいきよう》をふりまいた後《のち》「まあお上がりやす」というて、わたしの財布《さいふ》を無理やりに捲《ま》きあげて二階へ上がってしまい、なんと言うても戻してくれぬ。

わたしは少し癪《しやく》にさわったから「オイ、戻せと言ったらもどせ」と厳重にかけあうと、「えらい怒ってはりますな」と言いながら、しぶしぶ返した。

そこでわたしは、その財布を取り上げると、口を開いて紙幣《しへい》を引っぱり出し、カッカッと火のおこっておった火鉢に投《ほう》り込んで、みな焼いてしまった。銀貨や銅貨は、裏のシル田《た》のなかに、みな投げ込んでしまった。

みなの者が吃驚《びつくり》して、鳩《はと》が豆を喰《く》ったような顔をして見ている。

一か月分の売り上げ高であったが、その時の金額は少なくとも今にすればかなりのものである。

こうして一文なしの空《から》っぽ財布をさげて帰って来たが、たちまち、こまってしまって、知人の家に頭を下げて借りに行くと「あんたはんは大金《たいきん》を焼いておしまいやしたというじゃおへんか、たいへんなお金持ちじゃおへんか」というて相手にしてくれん、ずいぶんこまった。しかし、それからすっかり名高《なだか》くなって、近郷の大《おお》評判になった。

わたしは女に金をやったことはないが、その後《ご》も、こうして時々そういう人たちの前で金を焼いてやったが、いま思えば、じつに若気《わかげ》の至りとは言いながら、馬鹿なことをしたものだ。


（大正十五年十二月・水鏡）

賭場の番人

わたしは若いとき、種粉《たねこ》を車に積んで、それを京都伏見あたりまで毎日売りにいった。いくら朝早く起きて出ても、帰りは夜になる。七本杉《しちほんすぎ》（大《おお》枝《え》山老《やまおい》の坂《さか》を越す京都街道にあり）の辺《へん》まで帰って来ると、恐ろしい顔をした屈強な男たちが、車座《くるまざ》になって焚火《たきび》をしながら、わいわい言うておる。

気味が悪いので、財布《さいふ》を懐中から出し、蓆《むしろ》にくるくると巻いて無造作に車の上に縛りつけ、鼻歌《はなうた》をうたい、懐手《ふところで》してその前を通りながら「ヤ、ちょっと煙草《たばこ》の火を貸して下さい」と傍《そば》によって行くと、探るような目つきで、皆がキョロキョロ見まわしておるが、どうせ金なんかないと見てとってか「まぁ、あたって行きな」というて賭博《とばく》をはじめる。

おしまいには「少しの間そこで張番《はりばん》をしておってくんな」というて見張をさせられたことも度々ある。

いま自動車でそのあたりを往復してみると、しかすがに昔のことが思い出される。

（大正十五年十二月・水鏡）

西南戦争とわたし

西南《せいなん》戦争の頃、わたしはまだ六つの小さな子供であったが、漢字で書いた新聞をよく読んだものである。その時の新聞はいまの瑞祥《ずいしょう》新聞の型で、四号活字の大きさであった。

戸長《こちょう》（今の村長）も羅卒《らそつ》（巡査）も読めないので、わたしのところへ読んでくれというて持って来る。難解の漢字ばかりで書いてあるので、読むことは読めても意味がわからぬところもあるが、読んでさえやれば戸長や羅卒のほうで意味はわかるので都合がよい。

六歳やそこらでどうして漢字が読めたか自分でもわからぬが、とにかく新聞にむかえばズンズン読めたのだ。

戸長さんたちは聞いていて、よくわかります、有難《ありがと》う、有難う、と礼《れい》をいうて帰って行った。

あるとき羅卒がさも秘密らしく、これはごく内緒だが、西郷《さいごう》の戦いに、どうも官軍の勢いがよくない、大分人減《だいぶんひとべ》りがあるようだという。

わたしはそれを聞いて、そのことなら何も内緒でも何でもない、それここにちゃんと書いてあると新聞を出して見せたので、アフンとしたことがある。いま思い出してもおかしい。

（昭和二年四月・水鏡）

真如聖師と応挙

わたしの生家《せいか》は円山応挙《まるやまおうきょ》の直系である。

もと藤原氏であったが、その後、百姓《ひゃくしょう》となり、百姓としては藤《ふじ》が切れないから不便だというので、その不便を避くるために、上田と姓を改《あらた》めたのである。

藤《ふじ》というものはよい肥料になるし、蔓《つる》は物をしばるのに使用するし、百姓にとってたいそう便利なものである。その藤はまた草とともに、いたるところに簇生《ぞくせい》しているものであるが、それを姓が藤原だから切ることができないということになると、百姓としては甚《はなは》だこまるので、さてこそ姓までかえたわけである。

わたしの子供のときには家に伝わる応挙《おうきょ》の絵がずいぶん沢山あったが、その後、火事に焼けて何もないようになってしまったのは惜しいことであった。

いま応挙の子孫だというて記念碑を建てている家もあるが、明治三十五年ごろ大阪の某新聞に応挙が若い時は上田主水《もんど》（応挙の本名）と名乗っていたことから、その後、京都の円山《まるやま》に移り住んだので円山応挙と号したということまで詳《くわ》しく書かれていた。

わたしは子供のときにお祖母《ばあ》さんが、応挙《おうきょ》々々と呼んではいろんな話をするのをオキヨウ、オキヨウと聞いて、お経文《きょうもん》のことかと思い、主水《もんど》さん、主水さんというのを鈴木主水のことかと思っていたのは滑稽《こっけい》である。

非常に貧乏していたある年の雪の降る日、家業の車は挽《ひ》けず、こまっていると、五円の金で応挙の絵を某家から買おうというて来たことがある。

そのとき父は某《ぼう》の言い草《ぐさ》が気に喰わぬといって、たいそう怒ってその絵を目の前で数枚火にくべて焚《や》いてしまったこともあった。また何度も、何度も、わたしを子にくれというて来たこともあったが、心の底が見え透《す》いておるというて、父は断然ことわってしまった。

わたしの姓が藤原を捨てた理由は、前いう通りであるが、上田の姓を名乗ったわけは、祖先が大和の国から信州に渡り、信州の上田から現在のところへ来たので、その縁故によったのである。

中古の先祖が源平藤橘《げんぺいとうきつ》のいずれにあったにしても、あまり自慢にもならぬし、また祖先にえらい画家が出たにしてもあまり誇りにもならぬ。

現在、祖先がやったような大きな働きができ、りっぱな絵が描《か》けねば、記念碑だけりっぱでもつまらぬことである。

（昭和二年七月・水鏡）

思い出の一、二

わたしが初めて綾部《あやべ》にいったときに持っていったものは、手帳一冊、鎮魂《ちんこん》の玉《たま》一個、天然笛《てんねんぶえ》一個、会員名簿《めいぼ》一冊、ただそれだけであった。

それを小さな鞄《かばん》に入れて持っていった。着いた綾部の教祖様のご住宅は六畳一間の土蔵《どぞう》で、教祖様のお膳《ぜん》がただ一個あったばかり。

わたしが行ったら、たちまち、わたしのお膳や茶碗を買うという始末で、他《た》に何もなかった。

三十年の歳月が流れて、綾部にもあれだけの建物が建ち、道具も揃い、亀岡にもこれだけの建造物ができた。

かえりみて多少の感慨なきあたわぬ次第である。

わたしは生母《せいぼ》よりも教祖様のほうが、ずっと心やすかった。また教祖様も、自分の子供の誰《たれ》よりも一番わたしが可愛《かわい》かったのである。

当時、長男の竹造《たけぞう》さんが、そそのかされて「わたしが家の跡取《あとと》りである」というて怒鳴《どな》りこんできたことがあるが、わたしは竹造さんを転がしてやった。

教祖様は見ておられたが、よく叱っておやりなさい、もすこし懲《こ》らしてやれと、わたしの肩をもって自分の子をたしなめられた。

わたしに対して怒《おこ》られるようなことは、一寸《ちょっと》もなかった。

わたしも、教祖様を大切にした。

月のよい夜などは、よく教祖様を背負って神苑《しんえん》内を散歩してあげた。子供のように喜んで、背の上から、あれは何という木か、石か、など聞いておられた。わたしがいないと淋《さび》しがって「先生はどこに行かれたか、早くお帰りになるとよい」といわれて、わたしが家《うち》に居さえしたらご機嫌がよかった。

神懸《かむがか》りになると喧嘩《けんか》をしたが、それは神様同士の争いであって、肉体ではおたがいになんともないのだから「先生かないませんなあ」というて歎《なげ》かれたこともたびたびあった。

思えば長いむかしのことであるが、昨今《さっこん》の如く懐《なつ》かしいことである。


（昭和二年十月・水鏡）

辻説法

明治三十九年、皇典講究所《こうてんこうきゅうしょ》へ入学した当時、わたしは野菜の車を引っぱって行商《ぎょうしょう》をして学資を得ていたのだ。売れ残ると、当時の先生のところへ持っていって進上したものである。

そうした暇《ひま》にも、わたしは演説が好きで方々へ出かけた。出かけたというても会場ではない。寺の門前や、人の集まる辻々《つじつじ》に立って大獅子吼《だいししく》をやったものだ。寺の門前に立って大声でさかんに仏教の堕落、売僧《まいす》の攻撃をやったのだから、人集《ひとだか》りがしてな、みな熱心に聞いたよ。

太《ふと》いふといステッキをついて都大路《みやこおおじ》を肩で風をきって横行闊歩《おうこうかっぽ》したものだ。若気《わかげ》の至りの思想の偏狭は恥ずかしいが、しかし元気はあった。

いまの若い人たちは、意気地《いくじ》がないのう。

筆者、去月長崎市の国幣《こくへい》中社諏訪《すわ》神社に賽《さい》し、宮司《ぐうじ》阿知和《あわち》安彦《やすひこ》氏に面会す。氏はじつに当時の皇典講究所主事たりし人なり。

「出口聖師というのは、王仁《おに》さんのことだそうですね」と口を切り、

「車に大根や菜葉《なつば》を積んで、校門のそばにおいて、草鞋《わらじ》ばきで登校したものです。熱心に勉強し、また非常に弁論が好きで、自分で雄弁会などを起こし、口角泡《こうかくあわ》を飛ばして弁じたてたものです。温情のある人で、閑《ひま》があると、わたしの子供を負って守りをしてくれた。ときどき大根や薩摩芋《さつまいも》などをソッと庭の隅《すみ》において帰った。

あの人が、いまの出口王仁三郎聖師、その人なのですかねえ、あまりの出世ぶりで、わたしにはどうも同じ人とは信ぜられないくらいであるが、雑誌の口絵を子供に見せて『この人を知っているか』と聞きますと、皆が口をそろえて『王仁《おに》さんだ、王仁さんだ』と申した」

と、感慨無量の態《てい》で、このお話に裏書きをしておられました。

（昭和四年十月・月鏡）

角帽の階級打破

皇典講究所《こうてんこうきゆうしよ》にいたわずかのあいだ、餓鬼大将《がきだいしよう》となって、太いステッキをつき、諸所の寺の門前で仏教攻撃の演説をやっていると、坊さんたちが怒って妨害をする。大学生が角帽《かくぼう》の下から、青《あお》二才が、といわぬばかりに、傲然《ごうぜん》と冷眼《れいがん》に睨《ね》めて通る。

若気《わかげ》の至りで癪《しやく》にさわってたまらず、かぶっていた帽子《ぼうし》をぬぎ捨て、捩鉢《ねじはち》巻きで、意気軒昂熱弁を振るってみたが、あまりよい体裁《ていさい》でもないので、いっそ角帽をかぶってやろうと思い、先生なんかそっちのけにして皆を集めて動議を出すと、みな賛成した。

じつは、賛成も何もあったもんではなく、命令的にやったので、角帽を買い、徽章屋《きしよう》に国学《こくがく》と刻《ほ》った徽章《きしよう》を造らせ、ちょっと見れば大学生そのままの姿となって、さてまたぞろ大道《だいどう》演説を始めていると××へちょっと来い、と引っぱられた。

「大学生でもないのに、なぜ角帽をかぶるか」というから「大学生でなければ角帽はかぶれないという法律がありますか」と言ったきり、とうとうやり通してしまった。

角帽階級打破の第一人者だ、ハ、、、、、若いときには、背に冷汗《ひやあせ》が出るようなことを平気でやったものだ。

（昭和五年六月・月鏡）

何よりも楽しみ

わたしは幸《さいわ》いなことに、老母が八十三歳という高齢をたもって壮者《そうしゃ》を凌《しの》ぐ健康でいまもいてくれるが、またわたしが中年《ちゅうねん》お世話になった、静岡県三保《みほ》神社の神官であられる長沢雄楯《ながさわかつたて》先生と、当時、皇典講究所の所長であられた阿知和安彦《あちわやすひこ》先生が、ご健康で、いま長崎諏《す》訪《わ》神社の宮司とし奉仕しておられることだ。

長沢先生はよほど年をとっておられる。また阿知和先生には、過日《かじつ》何十年振《ぶ》りにか長崎でお目にかかり、また先日、上京のついでをもって天恩郷《てんおんきょう》をお訪《たず》ね下さった。

わたしには別になんの道楽も、楽しみもない。こうして旧《ふる》い先生がたが壮健《そうけん》にしておられるのをみることが、何よりの楽しみである。

（昭和五年六月・月鏡）

人に化けた狸

福知山《ふくちやま》にての出来事であるが、開祖様が十七、八歳のころ、一人の背の高い大坊主《おおぼうず》が住んで托鉢《たくはつ》をやっていた。五、六年もその土地にいたので、誰《たれ》もが人間だと思っていた。

しかるにある日のこと、某侍《ぼうさむらい》が彼と話をしているうち、耳がしきりに動くのでそのゆえを問うと、風が吹くからだという。風が吹いて耳が動くとは怪《あや》しい、狸《たぬき》の類《たぐい》が化《ば》けているのに相違ないとて、いきなり抜く手も見せず斬りつけて殺してしまった。そして、屍《しかばね》を川原《かわら》に曝《さら》しておいた。夜が明けると、人間の姿であった大坊主《おおぼうず》はダンダンと変わって、とうとう狸《たぬき》の姿になってしまった。

開祖様も実地に見に行かれたそうで、ときどきそのことを話しておられた。

これと反対に、本当の人間を狸《たぬき》と間違えた例《ためし》もある。

園部《そのべ》に珍妙《ちんみょう》さんという尼《あま》さんが住んでいた。小さな子供のような背をして、おまけに足が不自由で、ヒョクリ、ヒョクリと歩いていた。言葉つきなども子供のようで明瞭を欠いていた。

その後、園部をあとに、畑中《はたけなか》というところの尼《あま》寺に移り住んでいたが、ある夜《よ》のこと、お仏前にお燈明《とうみょう》を捧げようと思うと、あいにく油が切れていたので、徳利《とくり》をさげて買いに出かけた。

話かわって、そのころ新しくその村に赴任《ふにん》してきた駐在巡査が夜警に出ると、むこうから、子供とも大人ともわからぬような尼が、油徳利《あぶらとくり》をさげてやって来る。怪《あや》しいと思って誰何《すいか》すると、畑中の尼や、油を買いに行くのや、と呂律《ろれつ》の廻《まわ》らぬ子供のような言葉で答えたので、なに、畑中から油を買いに行くと？人を馬鹿《ばか》にするない、化狸《ばけだぬき》めが、と、サーベルの鞘《さや》で擲《なぐ》りつけると、キャッ、と叫んで倒れてしまった。

巡査は狸だと信じきっていたので、翌日その話を隣人にすると、いやそれはまったくの人間だ、とのこと。ビックリして、その後の様子を聞いてみると、尼さんは病床でウンウンと唸《うな》りつづけているとの話。

吃驚敗亡《びっくりはいぼう》……その後、間《ま》もなくその巡査は転任になったとの噂《うわさ》を聞いたことがある。

狸が人間に化《ば》けているか、どうか、ということを見るためには、そばでマッチを擦《す》ってみるとよい。狸なら毛がやけるから恐れて逃げる。また体を逆さまに撫《な》でてみても、毛がモジャモジャと生《は》えているからわかるものである。

以上は、過日、某《ぼう》新聞紙上に、狸を夫と思うて同棲した女、という記事が出ていたので、かかる事もあるものにや、とお伺いした時のお話であります。

（昭和五年八月・月鏡）

大槻鹿造と王仁

開祖様の長女米子《よねこ》さんは大槻鹿造《おおつきしかぞう》の妻であった。鹿造は綾部の無頼漢《ならずもの》の親分であった。

王仁《わたし》が綾部に来て澄子《すみこ》と結婚すると、錆刀《さびがたな》をおっ取ってやって来て「こら、貴様はどこの牛の骨か馬の骨か知らないが、おれが長女の婿《むこ》だ。いったいぜんたい嫁《よめ》にもらったのか、婿に来たのか、どちらだ」と、刀《かたな》をつき立てて雄叫《おたけ》びする。

「そんなことはどちらか知らぬわい、だがお前は喧《けん》嘩《か》を買いに来たのかい、それなら相手になろう」と両肌《もろはだ》ぬいで坐《すわ》りなおしたら「ウン、申し分が気に入った、若ぞうに似合わぬ、いい度胸《どきょう》だ、わしは帰る」というて帰って行った。

爾来《じらい》、王仁《わたし》のためにはずいぶんよくしてくれたものである。

（昭和六年八月・玉鏡）

上田家の姓

上田家の先祖が藤原姓を名のっている時代は大和《やまと》に住んでいた。そののち、信州の上田に移ったので、そのため上田姓を名のったようでもあるが、なにぶん王仁《わたし》の小さいとき、実家火災のおり、系図その他《た》すべてを灰燼《かいじん》に帰したので確かなことはわからない。

（昭和七年六月・玉鏡）

開祖様の御昇天

開祖様御昇天のことを王仁《わたし》は神様から承《うけたまわ》って二年前から知っていた。それで貴賓館《きひんかん》の名において教祖殿を造っておいた。

当時、金がなくてこまっていたので、開祖様はたいそう御心配なされたので、八畳《はちじょう》の間《ま》一ぱいに取っておいた金銀貨を積みあげてお目にかけたら、これで安心したと言うて、たいそう、お喜びなされた。

　十年事件以来みな出してしまったが、開祖様はご安心なされて御昇天になったのであった。

（昭和七年七月・玉鏡）

開祖様をおんぶする

　開祖様は誰《たれ》をでもよく、かわいがられたが、とくに王仁《わたし》を一番かわいがられた。もちろん王仁も開祖様を尊び大切《だいじ》にしたが、開祖様は自分の子よりも王仁を可愛がられたものである。

　謹厳《きんげん》で謙譲《けんじょう》な開祖様は、他人におんぶされるなどということは決してなさらなかったが、年をとられてからは、王仁《わたし》にだけは、月夜の晩などよくおんぶされた。

　右に関して、編者申す。

　大正七年、聖師様の長男、六合《くに》大《ひろ》様が亡くなられたとき、その葬儀を見送るため、聖師様が開祖様をおんぶして、いまの西門から弥勒殿《みろくでん》に行く坂道のあたりを行かれるお姿を宇知麿《うちまる》様——当時の佐賀伊佐男《さがいさお》さんも見られたことがあるそうです。

（昭和七年七月・玉鏡）

海潮

　王仁《わたし》は若いとき、海潮《かいちょう》という名をつけた。静まっているときは、いと静かになだらかだが、一朝《いっちょう》浪立《なみた》つときは狂瀾怒涛《きょうらんどとう》を起こす。そして平素はかぎりない魚族《うろくず》をそのなかに養うている。

（昭和七年七月・玉鏡）

敬老尊師

　支那でさえも、敬老尊師《けいろうそんし》の道は残っている。いわんや君子国《くんしこく》たる日本においておやだ。

　しかるに、この美風が衰《おとろ》えきってしまっているのは、じつに歎《なげ》かわしい次第である。

稚姫君命登天之図

開祖 出口直

他人でありながら、親にもまして自分を教育して下さるのは先生だから、師はどこまでも大切にせねばならぬ。忠信孝悌《ちゅうしんこうてい》の道が廃《すた》れて、どうして人間の道が立つものか、立替《たてか》え立直《たてなお》しができるものか。

王仁《わたし》は、残されたる唯一の恩師長沢《ながさわ》先生を親よりも大切に思っている。先生もお年を召していらっしゃるから、お達者なうちに天恩郷や綾部の状況もお目にかけたし、嵐山の花もご案内したい。近々《きんきん》、王仁《わたし》自身でお迎えに行くつもりである。

王仁《わたし》は恋人に対しても同様な考えをもっている。次からつぎへと移《うつ》ってゆく友愛結婚なんかとは反対に、若いとき一度でも交渉のあった女《ひと》は、永久に忘れぬ。その女《ひと》が死んだら、その子供のために尽くしてやる。王仁《わたし》の命のあるあいだは墓参《まい》りもしてやる。それが、本当の人情ではないか。

この点、頭山満《とうやまみつる》翁も同意見で、なじんだ女の墓参りを今もする、と話しておられた。

（昭和八年六月・玉鏡）

天恩郷が好きな理由

綾部は思い出が悪い、長いあいだひどい目に遭《あ》ってきたから……。それは神様の御経綸であるけれど、残った苦しみの思い出はにがい。

故郷の穴太《あなお》の里も同様な感じがする、ここでもひどい目にあって、苦《にが》い経験をなめさせられた。

天恩郷《てんおんきょう》には、こうした苦しみの思い出がないばかりでなく、王仁《わたし》が独力で、思うがままに建設したのだから一番ほがらかだ。

亀岡は、郷里穴太に近いから好きだというような理由はすこしもない。ここには何ら、いやな思い出がないからである。　（昭和八年六月・玉鏡）

亀山城

見たか見て来たか亀山《かめやま》の城は西に傾《かたむ》く北による、という俚謡《りよう》があるが、これはこの城がついに大本、すなわち綾部のものになるという神様の予言で、現在のごとく、大本のものとなってしまった。

西北は綾部の方面であるが、また一方に西は穴《あな》太《お》をさし、北は綾部をさしてもいるのである。

大工の棟梁《とうりょう》は、この謡言《ようげん》を苦に病んで、鑿《のみ》を口にくわえ濠《ほり》に飛びこんで死んでしまった。霊魂化して大鯰《おおなまず》と変じ、濠主《ほりぬし》になったと言い伝えられている。

明治の初年、濠《ほり》を干《ほ》した時に、この鯰《なまず》が現われたそうで、生擒《いけど》りしたら、その大きさ長持《ながもち》に一ぱいであった。めずらしいと京都にもってゆき、見世物にしようとしたら、途中で死んでしまって目的を果たさなかった。

可哀《かわい》そうに、この棟梁、この謎を自分もそう誤信したのである。

亀岡はもと亀山と言うていたのであるが、廃藩《はいはん》置県《ちけん》の際、亀岡と改称されたのである。

明智《あけち》光秀《みつひで》は築城の名人で、ここ亀山城は天下五城の一であったから、その築城法も実際、驚くべき堅固のものである。

地固《じがた》めをするのにどのくらい念が入っておるかを、王仁《わたし》はその跡を掘ってみて感心させられた。

亀岡の某氏が城跡《じょうせき》を買い、その石を売って、ついに多額納税者にまでなったのだから、当時、石はすっかり取ってしまわれて何もないようになっていた。あの形原《かたはら》神社にのこっている大きな屏風《びょうぶ》石《いし》は、城の潰れた記念として、何日も何日もかかって士族たちがあそこに引っぱっていって建てたので、世に涙石《なみだいし》と称えられているのである。

王仁《わたし》がこの城跡を買《こ》うた時は一石《せき》をもとどめぬ一面の林であったが、大正十四年の春、この地を拓《ひら》き地を掘るにしたがって、あの巨大な石がみな出てきたのである。

光秀はこのたくさんの石を法貴谷《ほうきだに》や鹿谷《ろくや》、太田、金岐《かなげ》等の山々から運んだので、諸大名の名を刻《きざ》んだものが往々あることより見れば、彼の勢力は、想像外に偉大であったようである。

またそれを運ぶに当たっては、地に竹を敷き、その上を木馬《もくば》に石を積んですべらしあつめたものだが、それでも重い石であると滞《とどこお》って動かないこともたびたびあったということである。すると監督の侍《さむらい》がいきなり刀を抜いて先きだつ一人を斬《き》る。そうすると疲れきった人夫たちはハッと緊張して、さらに新《あらた》なる力をもって押す。

かくの如くにして器械もないのに、あのような大きな石が運ばれたのだ。墓石などをも勝手にもってきて埋《う》め草《ぐさ》とした、ずいぶん無理なこともしてある。

王仁《わたし》が来て、これら諸霊を慰《なぐさ》め清めたので、いまはこうした心地《ここち》よいところとなった。

むかしからこの地に住むと、みな祟《たた》りをうけるので、藩主松平《まつだいら》侯さえも城外に住んで城内には入《い》られなかったものである。

　幼《いとけな》き頃は雲間《くもま》に天守閣
　　白壁《しらかべ》映《は》えしをなつかしみけり

旧城址《じょうし》おちたる瓦《かわら》の片《きれ》あつめ
城の形をつくりて遊びぬ

この歌は、天恩郷に立つ歌碑の一つである。涙石《なみだいし》を記念とした人々も、亀山の更生《こうせい》を見て、たいそう喜んでいて下さるそうである。

（昭和八年七月・玉鏡）

玉の井

穴太《あなお》の王仁《わたし》が実家の西南隅《せいなんぐう》にある池、すなわち久兵衛《きゅうべえ》池《いけ》を玉《たま》の井《い》だと思っている人が多いが、そうではないので、本当の玉の井というのは、家のすぐそばにある井戸のことである。

形が円《まる》いので玉の井というのである。王仁《わたし》が産《うぶ》湯《ゆ》を使った井戸のことである。清水滾々《せいすいこんこん》と湧いて、尽くることがない。

しかし東京にも玉の井という地名があって、あまり評判のよくないところだが、玉の井の名がなんだか妙に感じられてならぬのだ。

（昭和八年九月・玉鏡）

最初の信者

王仁《わたし》にとって最初の信者は、先日、帰幽した佐《さ》伯《えき》村の大石友治郎《おおいしともじろう》さんだ。

王仁は高熊山修業後、神業に従事せんとして一生懸命に親戚知己《しんせきちき》を説いたが、非難攻撃ばかりで、誰も信じてくれるものがなかった。

王仁は、静岡県清水なる霊学の大家《たいか》長沢《ながさわ》先生を訪《おとず》れんとして、旅費にこまり、とうてい理解してくれないだろうと思いながら大石さんに話すと、二言といわず賛成して「行きなさい、あなたの言うことは確かだ」というて、すぐ耳をそろえて金を貸してくれた。

以来、一度も王仁《わたし》の行動を疑わず、批判せず、あくまで王仁を信じてくれて、今日までに及んでいた。

『玉の井』より

家の内に天傘さして書を読み若き日の吾れ希望に生きたり

田吾作もいのしゝ武者のわかものに早腰ぬかした野路の夕暮

玉の井の里に生れし瑞の子が月見の里に魂を照らせり

王仁《わたし》は、深くこれを徳《とく》としている。ゆえに百日祭を期として、彼を宣霊社《せんれいしゃ》にまつり、宣伝使の待遇をすることにした。

この人が王仁《わたし》の最初の信者であり、真の知己である。あの時代において、よくあそこまで王仁を理解してくれたと感謝している。

皆が知っているとおり、王仁《わたし》が亀岡に来てからは始終たずねて来てくれ、めずらしい物でもあれば、早く王仁に食べさせようと、八十四歳の高齢をもって、一里あまりの道をコツコツ歩いて持って来てくれたものである。

今年に入《い》って慈母《はは》をなくし、この人を失ったので、王仁《わたし》は淋《さび》しい。

（昭和八年九月・玉鏡）

故郷人

英雄は故郷の知人を恐るという諺《ことわざ》が支那にある。なんでもかまわずベラベラやるからだ。

が、王仁《わたし》は故郷の知人がすこしもこわくない。

彼らが言わんと欲するまえに、自分のやったことは何もかもさらけ出して書いておいたから、なにを言われてもいっこう差し支えない。

神様は、自己暴露《ばくろ》の戦術を用いられるよ。


編者申す。時は御生母三十日祭の折柄《おりから》、直会《なおらい》のせつ、Tさんというご労働時代の旧友が、当時の有様をあたりかまわずさらけ出したおりのお話である。だが、

物《もの》ごころさとりはじめて夜遊びに
　赤毛布肩《あかげっとかた》にかけて出でたり
二人坐《ざ》す夜辻《よつじ》に人の気配して
　おどろき毛布《もうふ》捨《す》てて逃げたり

などのお歌を先に拝見しているわれらは、Tさんの話をただ、面白し、と聞いたばかりであった。

（昭和八年九月・玉鏡）

霊的小説

王仁《わたし》が若いとき、村の古老から聞かされた話であるが、御維新前《ぜん》、穴太《あなお》の隣村、犬甘野《いぬかんの》というところに、お末《すえ》と呼ぶ女があった。

穴太村の徳《とく》さんという若人《わこうど》と熱烈な恋におちいって、内縁の夫婦関係を結んでいたのであったが、身分の釣合《つりあ》いとか、親戚の関係とかいうことから、女の親たちが生木《なまき》を引き裂くように引きはなして犬甘野《いぬかんの》にやってしまったのである。

泣く泣く思わぬ人の妻となったお末《すえ》も、ついに母となって一人の子を持つにいたったが、不幸にして、程なく夫は病《やまい》をえて、不帰の客となってしまった。

さなきだに忘れえぬ恋人徳《とく》さんのことが、こういう身分となって、いっそう思い出されてならなかった。彼女はついに意を決して、徳さんと恋の復活を遂《と》げたのであるが、家には姑《しゅうとめ》や子供もいる

こと、自由に逢うこともできないので、燃ゆる恋火《れんか》は身を焼く如く堪えきれず、人静まってのち夜《よ》な夜な家を脱《ぬ》けだし、二里半からの道を穴太なる徳さんの許《もと》へと通《かよ》うた。

途中には法貴谷《ほうきだに》、明智戻《あけちもどり》などいう恐ろしい山里があって、狼《おおかみ》が盛んに出没するのである。恋にくるうたお末《すえ》は、かかる恐ろしき山路《やまみち》をも意とせず、雨のふる夜も風の夜も通いつめたのであるが、身の危険をおそれて、途中からすっかり鬼女《きじょ》の姿に変装して、顔は絵具《えのぐ》を塗って口は耳まで裂け、頭に三徳《さんとく》をのせて蝋燭《ろうそく》を立て、鋏《はさみ》、釘抜《くぎぬき》などをつるし、胸には鏡をかけ、長い白い帯を曳《ひ》いていた。さすがの狼もこの姿に辟易《へきえき》して、あえて彼女に迫ろうとはしなかった。

雨風《あめかぜ》激《はげ》しいある夜のことである。

徳さんは、こんな暴風雨にも彼女はあの山坂を越しているであろう、いとしのものよ、せめては途中まで迎《むか》えにいってやろうと、犬飼《いぬかい》の墓場の辺《へん》までいったところ、真夜中に世にも恐ろしい鬼女に出会ってしまったので、魂《たましい》も身に添わないが、小屋に隠れて見ていると、蝋燭《ろうそく》に照らされた女の顔が、どうもお末《すえ》に似ているので、眼を定めてよくよく見ると、まがうかたなき彼女であった。

かれは冷水を頭上よりぶっかけられた心地《ここち》して、急ぎ逃げかえり、戸を固くとざして彼女を拒《こば》んだ。

かくとは知らぬお末《すえ》は、同じ犬飼《いぬかい》の墓場の小屋で変装を解いて恋人の家に急いだが、たたけど押せど、ついに開けてはくれなかった。

恋人の心変わりにがっかりしてしまってフラフラと帰って来た。ふたたび変装する勇気もなく、彼女はトボトボとして、そのまま山里をたどったのであるが、普通の姿をした女をどうして見のがそう、群がりせまった狼のために、かれお末《すえ》はついに喰い殺されてしまって、翌日は、なまなましい骨や頭髪のみが散乱されていたのみであった。

その後、徳さんは何度も妻を迎えたが、お末《すえ》の怨霊《おんりょう》に悩まされ、みな死んでいった。

（昭和九年四月・玉鏡）

王仁三郎、自身を語る

雑魚取りの名人

二代《にだい》がこういうたことがある、「先生は雑魚《ざこ》取りの名人だから、貧乏したら雑魚を取っても生活が立ちまするなア」と。

わたしは雑魚《ざこ》を取るのは名人だよ、鰌《どじょう》取りでも、蛸《たこ》取りでも名人だ。一つその秘訣《ひけつ》を教えようか。

雑魚《ざこ》でも鰌《どじょう》でも、一、二匹、試験的に小さい盥《たらい》のようなものに入れて飼《こ》うておく。すると、時を期して、その魚《うお》が水のうえに顔をつきだして上がってくる時がある。その時は大川《おおかわ》にいる魚《うお》も、小川《こがわ》いる魚《うお》も、一斉《いっせい》に水面にあらわれてくる時だ。この時をはずさず網を入れて掬《すく》いさえすれば、きっと大漁がある。

ただしわたしは、鯉《こい》でも、鮒《ふな》でも、蛸《たこ》でも、掬《すく》ったりするのではない、つかんで取る時のほうが多い。こういうように魚《うお》が頭をあげてきたときに、頭のほうから電光石火《でんこうせっか》的にチャッとつかむのだ、なんぼうでも取れる。

魚《うお》の逃げる時間より、こっちのつかむ時間のほうが早ければ、取れるのは当然である。皆はそっとねらって取ろうとするから逃げられてしまうのである。

（大正十五年五月・水鏡）

碁と将棋は嫌い

わたしは碁《ご》と将棋《しょうぎ》が一番嫌いだ。あんなことをして、いったい何になるのだ。時間の空費ではないか。歌を読んでも字を書いても、何かそこに残ってゆくものがある。碁、将棋には、残る何物《なにもの》もない。まったく、時間と精力の空費である。

（大正十五年六月・水鏡）

わたしと仕事

わたしは常《つね》に何か仕事をしておらねば苦しくって仕方がない。手を動かすか、足を動かすか、口を動かすかしておらねばならぬ。

この働くことを止《や》めると、神様はすぐわたしを外《ほか》の方面にお使いになる。すなわち、方々《ほうぼう》から祈りと、助けを呼ぶ声が聞こえて来る。そうなると体が苦しくって仕方がなくなる。

わたしは口癖のように、えらい、えらい、というが、医師がみると、どこも悪くないという。けれど、わたしは実際、苦しいのである。

仕事をしていれば、その苦しさは取れてしまっているから、わたしは一寸《ちょっと》も手をやすめずに仕事をしているのだ。仕事をして、まったく疲れはて、床《とこ》に横たわると、すぐ、寝るようにせねば、わたしは苦しくてかなわぬ。

それだから、停車場で汽車の来るまで長く待たされたり、写真をとるとき暇《ひま》をかけられたりすることは、わたしにとって一番つらいことである。

方々から招待せられることもつらい。わたしは御馳走も何も、ちっとも欲しくはないのだ。

招待してくれる人の好意は受けるが、前いう通り、暇《ひま》ができると神様のほうで、すぐわたしの体をそのほうに使われるのであるから、じっとしてお膳《ぜん》の前に長い時間すわらせられるのは、どのくらい苦しいかわからぬ。

わたしの身体《からだ》は他人《ひと》のとは違い、他《ひと》の楽なときが苦しく、苦しいときが楽なのである。

山海《さんかい》の珍味でわたしを慰《なぐさ》めてくれるつもりで、わたしを招待してくれることは、じつはわたしを苦しめることだ。それよりも楽焼《らくやき》を捻《ひね》っているほうが、どのくらい嬉しいかわからぬ。神様は一分間も、わたしの体を無駄にはお使いにならぬのだから。

たとえば裁判所などへ行っても、尋問を受けとる間はすこしも苦しくないが、待たされると辛《つら》い。

どうか皆が、わたしのこの天職を理解して、嫁《よめ》とりだ、婿《むこ》もらいだ、何祭りだ、彼《か》祭《に》りだといろんなことに引っぱり出してくれぬと、わたしは本当に助かるのだ。二代は、せっかくあなたに来て頂こうと思っておるのだから、行っておあげなさい、と言う。

わたしはそう言われると気の毒になって行くにはゆくけれど、その苦しさは、皆の想像外である。わたしは今までに楽な日がたった二日《ふつか》あった。

その時は体が軽くて、気持ちがよくて、こんな楽なものならば長生きがしてみたいと思った。綾部へ帰って聞いたら、その二日間、二代がたいそう体が悪くて、ひどく苦しんでいたということだ。

わたしは、仕事をしている以外は苦しくてしょうがないから、早く昇天したいと思っている。長命したいなど思ったことはない。

また、わたしは神様からこんなことを聞いている。「お前が国替《くにが》えしたら、後《あと》のものがよほど注意して死骸を守っていないと、悪魔が取って行ってしまう」と。

それだけ悪魔は、わたしを憎《にく》んでおるのだ。

(大正十五年六月/大正十五年八月・水鏡)

毒と薬

毒にならぬものは薬にもならぬ。毒もうまく使えば、たいした働きをするものである。毒にならぬものは、ただ自分だけのことができるくらいのものだ。

「聖師さまの傍《そば》には悪魔ばかりがついている」と罵《のの》るものがあるそうだが、よし悪魔であっても差し支えないではないか。毒になるものは薬になる。

彼《か》のいわゆる善人なるものは、ただ自分自身を救うことができれば関《せき》の山だが、悪魔が一朝大悟《いっちょうたいご》徹底改心すれば、多くの人を救う働きをするものである。

鬼も大蛇《おろち》も救わにゃならぬこの神業に、尻《しり》の穴の小さい、毛嫌いばかりしていて、他人を悪魔あつかいにする人たちが信仰団体の中にもたくさんあるのは嘆《なげ》かわしいことである。また悪魔を料理しうる人才が、いかにもすくないことも嘆かわしいことの一つである。

お人の好《よ》いばかりが能でもない。わたしは本当に骨がおれる。誰《たれ》かわたしにかわって、鬼も大蛇《おろち》も料理するという偉才がはやく現われないものかなぁ。

このわに口《ぐち》は、鬼や大蛇《おろち》はまだ愚か、どんな骨の堅い、腕《うで》っぷしの強い獣物《けだもの》でも、噛《か》みこなすだけの強い歯を持っておるつもりだ。ご心配ご無用。

（大正十五年八月・水鏡）

人に会いたくない

わたしには沢山《たくさん》の仕事がある。そして後継者がないのだから、わたしは一生のうちに何もかもしておかねばならぬ、だから一分間だって惜《お》しいのだ。修行者にだって一週間の修行がすんでからでなくては会わないのに、俗界の人のために大切な神務《しんむ》を妨害せらるるのはかなわぬ。

いくら立派な現界的地位があっても、信仰心のない人にはわたしは会いたくない。

（大正十五年十二月・水鏡）

わが子の病気は癒りにくい

わたしは人の病気を鎮魂《ちんこん》するとすぐ癒《なお》るが、自分の子のはなかなか癒らない。自己愛になると思われてか、神様は聞いてくださらない。

（昭和二年六月・水鏡）

わたしは大人になった

わたしは今年から（昭和二年）一人前《いちにんまえ》の大人《おとな》になった。わたしの体は人と違って体《からだ》全体が、一度に子供から大人にはならず、まず手だけが大人並みになり、つぎに足が大人になるというふうに、各機関がだんだんと大人となっていって、今年まで一か所だけ子供のところが残っておったが、今年になって知らぬまにそれがなくなって、全部、一人前の大人となっていた。

今まず十五、六歳というところである。医師は血圧や肉の弾力など十七、八歳の肉体だといっている。


（昭和二年十月・水鏡）

祈りの声が聞こえる

わたしの体は難儀《なんぎ》な体である。一寸《ちょっと》でも暇《ひま》があると、方々《ほうぼう》から祈りの声が聞こえてくる、と同時に、手が痛くなったり、頭が痛んだり、腹が痛んだりしてくる。

むかしは頼む人も少なかったので、ああ、いま誰《たれ》が祈っておるなと、その声で人が判別できたものだが「御手代《みてしろ》」がたくさん出ていった今日《こんにち》では、その声あたかもたくさんの虫が鳴くごとく、フシャ、フシャ、フシャと聞こえてくる。誰《たれ》が誰やらさっぱり分からぬが、体は苦しくなる一方である。「御手代《みてしろ》」さんを誰《たれ》にやってくれ、彼にやってくれ、と頼むけれど、わたしからいうと、そう容易《たやす》くは出せないのだ、皆我身《わがみ》にかかってくるのであるから。


（昭和二年十月・水鏡）

面会のこと

わたしはどういうものか昨年（昭和元年、すなわち大正十五年）来《らい》から、人に面会することが嫌《いや》になってきた。近頃はそれが一層《いっそう》ひどくなって、未信者はもちろんのこと、役員信者といえども面会することが極端に嫌になったのだ。

近侍《きんじ》といえども、あまり大勢が長く傍《そば》におられることは苦痛なので、用事があって呼ぶとき来てくれればよいと言いわたしてある。

わたしは肉体としてできるだけ辛抱《しんぼう》しているのであるが、神様が嫌《きら》われるのだから仕方がない。

特に朝早くから来られると、それっきり神様のご機嫌が悪くなって、その日一日の仕事がだめになってしまうことがある。

だから面会時間は午後の五時から六時のあいだに定《さだ》めてあるので、その頃になると為《な》すべき仕事が一段落つき、夜の仕事とのあいだに、ちょっと一服する間があるから、あまり邪魔にならない。

かく定めてあっても、今日は早く帰らねばならぬとか、綾部にお参《まい》りせねばならぬとか、特別をもってとか、自分の都合のため、朝から面会を強《し》いらるるのは苦痛でたまらぬ。

わたしは神様に使われておるのである。人間の都合のために神様の御用を左右さすのはあまりではないか、わたしはそのため命が縮まるような気がする。わたしに長生をさせようと思うなら、少し気をつけてもらいたい。

早くから信仰している人たちは、こういうことがよく分かっておらねばならぬはずであるのに、旧《ふる》いがゆえに特別の権利があるように思うて、規定を無視して自分の知己《ちき》を連れてズンズンおしかけられるのにも困る。

遠方から来たのだから、十分や二十分時間を割《さ》いて下さってもよかりそうなものだと思う人があるかも知れぬが、わたしの十分間は他人の十分間とちがう。十分間あれば約百五十枚の短冊《たんざく》をかくことができる。一時間も邪魔されると、九百枚もだめになるのである。

それに、まだそれよりも困ることは、各自がいろんな霊を連れてきて、それをおいてゆくことである。非常に気分がよくて、これから大いに仕事をしようと思っておるところへ、ちょっと人がきてその人が悪霊《あくれい》でも背負って来ていたら、すぐ頭が痛くなり、気分が悪くて一日何もできぬことがある。のみならず、はなはだしい時は、ウンウンと唸《うな》って寝なければならぬことになる。

わたしの体は人並みにゆかぬのであるから、それを察《さっ》してもらいたい、用がある場合はこちらから呼ぶことにしたいのである。

（昭和二年十月・水鏡）

亀岡高天閣内景（掛軸と襖絵は王仁三郎作、書は有栖川熾仁親王）

生前に銅像を建ててはならぬ

生前に銅像を建ててはならぬ、命が短くなる。たいていそれを建てて〇年するときっと帰幽するものである。木像はかまわない。

わたしは自分の銅像は建てぬことにしておる。わたしの像は、十三段の石の塔である。台まで寄せて十八になる。すなわちミロクの意味である。

（昭和二年十一月・水鏡）

線香は嫌い

信徒たちがわたしを歓迎せんとて、香《におい》のよい線《せん》香《こう》をたいて待っていてくれるところがあるが、わたしは線香は嫌いである。線香というものは、じつは艮《うしとら》の金神《こんじん》様を呪って、家に入って来られないようにと、立てたものである。

普通の香《こう》は、かまわない。（昭和二年十一月・水鏡）

雲上観世音像

三つの空手

高天閣《こうてんかく》に掛けてあるわたしのかいた観音《かんのん》像には、わたしのなすべき仕事が描《か》いてあるのであるが、まだ三つの空手《からて》が残してある、つかまねばならぬものがあるからだ。云《いわ》く〇〇、云く〇〇、云く〇〇。

（昭和三年四月・水鏡）

四日月を三日月と見る二日酔

神様の御経綸の進展を一寸《ちょっと》も知らぬ〇〇のごとき人を詠《よ》んだのがこの句である。

すでに四日の月が出ているのに酔っぱらって、三日月だと思うておるのだから、中《なか》一日を寝過ごしてしまったわけである。

わたしの傍《そば》におって何もかも見ていながら、わたしのやっている仕事を知らないような連中が多いので、神様もやりきれないだろう。

（昭和四年一月・月鏡）

わたしは眼が悪い

わたしは眼《め》が悪い。平安石《へいあんせき》に祈れば、近視眼、遠視眼ともに癒《なお》して頂けるのに、なぜ聖師様は老眼鏡をかけておられますか、と問う人がある。

わたしは、皆のかわりをしているのである。

お願いすればわたしの遠視など、いつでも癒《なお》るけれども、それでは他《ほか》の人が助からぬ。わたしの悪いのは、人を救わねばならぬからである。

（昭和四年八月・月鏡）

子供になって寝る

わたしは夜寝《ね》るとき、子供になって寝る。子供になれば、悪魔はよう襲《おそ》わぬものである。

筆者申す。聖師様お寝《やす》みのときは、まったく子供にかえられ「もうねんねする、ねんねんいうて」というてお床《とこ》へお入りになりますと、当時七歳ぐらいの尚江《ひさえ》様が紅葉《もみじ》のような手で、布団《ふとん》の上からたたきながら「ねんねんよう、ねんねんよう」というておられたのを、たびたびお見受けいたしました。

近頃は「ねたろう、霊界物語を読んで」と仰有《おつしや》って、それを聞きつつ、普通敷蒲団《ふつうしきぶとん》の三倍の広さのある大蒲団《おおぶとん》の上を子供のように、ごろごろ転《ころ》がりながらお寝みになる場合が多うございます。お言葉も、一《ひと》ちゅ二《ふた》ちゅ三《みつ》ちゅ、など子供の言葉をつかわれますので、かかるとき、大きな赤《あか》ちゃんのようだ、と噂《うわさ》申しております。

（昭和四年十月・月鏡）

霊的神業

わたしの仕事はだんだん増えてくる一方で、いちいち分所支部巡視などにかかっておられないのである。今後はそういう場合、なるべく一所《ひとところ》に集まっておってもらってほしい。

わたしが是非とも行かねばならぬところというのは、かの十和田湖《とわだこ》の男装坊《なんそうぼう》のごとく、数千年来、わたしの来るのを待って、自分の願いを聞いてもらおうと思っている霊が諸所方々《しょしょほうぼう》にあるから、そこだけには、ぜひ、行って聞いてやらねばならぬ。ほかの人ではいくら霊覚があっても、霊のほうで本当のことを言わぬからこまる。霊媒を通じてかれこれ言うのは、みなよい加減のことで、こう言ったらわたしが出てきてくれやせんかと思って、おざなりを並べているのである。

わたしにでなければ本音《ほんね》を吐かぬのである。また、解脱《げだつ》もようせぬのである。

どんな辺鄙《へんぴ》の支部へでも行ってあげたいのはわたしの心であるけれども、こういう霊界に関する神業が忙《いそが》しいのであるから、そのへんをよく理解して「あの支部へ来て自分の支部に来てくれぬ」などと、あまり無理を言わないようにしてほしいものである。

霊的因縁の深い地と、そうでない所とあるのだからなあ――。

（昭和五年四月・月鏡）

身魂の因縁

わたしは、女が断《こと》わりなしに背後にまわると、ブルブルと震《ふる》えてくる。たとえそれが小さな子供であっても同様だ。

わたしの霊は、かつて武将としてこの世に生《うま》れ出《で》ていたことがある。

元来、あの本能寺の変のとき、信長《のぶなが》は自殺して果てたと歴史には記されているが、実際はそうでなく、ああした不時《ふじ》の戦いであったため、防禦《ぼうぎょ》の方法もつかず、万一、雑兵《ぞうひょう》の手にでもかかって死ぬようなことがあったならば、それこそ一代の名折れであるという突嗟《とっさ》の考えから、阿野《あの》の局《つぼね》が、後《うし》ろから薙刀《なぎなた》でものをも言わず、殺《あや》めたのである。

その時の記憶が甦《よみがえ》ってくるのであろう、女が後ろにくると反射的にブルブルとする。

秀吉《ひでよし》の身魂《みたま》ではないか、というのか。そう、秀吉であり、同時に家康《いえやす》であり、三《み》つの御魂《みたま》の活動をしていたのである、と神様に聞かされている。

（昭和五年五月・月鏡）

碁盤を買うた

宗教博覧会の売店に碁盤《ごばん》が出ていたので買《こ》うて

持ってきた。

わたしが碁盤を買うたということは碁客《ごかく》にとっては大なる福音《ふくいん》で、天下晴れて碁《ご》がうてるという気分を喚起することになるかも知れないが、わたしは依然として、碁は嫌いである。

けっして打つためではない、一つはお客様へのお愛想、また一つには時間浪費の好きな人によって、わたしの貴《とうと》い時間の浪費させらるるのを防《ふせ》ぐための一つの防禦砲台《ぼうぎょほうだい》にするためである。

わたしには時間が大切である。碁をうって楽しむような時はすこしもない。

ときに他《ほか》の人の二、三時間が、わたしにとっては二、三年に相当することがある。

わたしには神様から仰せつかっている経綸というものがあるので、ほんの二、三時間ですからと他の人はいうが、その二、三時間のあいだに流星光底《りゅうせいこうてい》長蛇《ちょうだ》を逸《いつ》すの悔《く》いを招いて神様に申し訳のないことができると、わたしはほんとうに苦しい。

そりゃ、比較的ゆっくりした時間をたまに持つときもあるけれど……

だからわたしはいつも思う、わたしの行動だけは、わたしの自由意志に任《まか》して欲しいと。

皆さん方が好意をもって方々へ案内して下さるその誠心《まごころ》はまったく嬉しいけれど、実のことをいえば、吉野の桜も、耶馬渓《やばけい》の勝《しょう》も、わたしはいながらにして、霊眼で見ているほうが楽なのである。

それでも、みんなは見たかろうと思って……。

碁もそのとおり、好きな人にとってはやはり天国気分であろうから、たまにはそれもよかろう。

小さな子供は一生懸命、大人《おとな》の真似をして、布団《ふとん》を巻《ま》いて負《お》んぶしては母親をまねたり、犬に乗りブリキのサーベルをさげて大将軍《だいしょうぐん》を気取ってみたりするが、逆《さか》さまに大人は子供の真似をして、石を積んだり、こわしたりしてよろこんでいる。

おもしろいなあ——。

（昭和五年六月・月鏡）

百年の生命

神様に、いつまでわたしは生きているのでござい ますか、と聞いたら、百までと言われたので、ではいま三十だからあと七十年ありますね、と聞いたら、ホホホ、、と笑うておられた。

（昭和四年九月・月鏡）

年をほかした

わたしは今年から年を三十放《ほ》かして二十九になった。飯《めし》はなんぼでも食《く》えるし、今までにないぐらい丈夫《じょうぶ》になった。はちきれるほど元気旺盛だ。大いに活躍しよう。

（昭和四年十月・月鏡）

天地への義務で生きている

歯痛《しつう》で苦しんでいる王仁《わたし》にむかって「聖師様でもご自分の歯痛をなおすことはお出来にならないのですか」と問う人がある。

大本信者に病人が絶えないかぎり王仁《わたし》の病《やまい》はなおらぬのだ、とかつても言うて書物にも出ているはずだのに、読んではおらぬのかしら。

王仁《わたし》は神の大なる使命を負うて生まれてきている。霊を千別《ちわ》きに千別《ちわ》きて、病人、その他《た》の救済に活動を続けているのだ、いわば王仁の霊体はバラバラになっているのだ。だから始終、苦しみどおしである。

病者はよく王仁《わたし》の姿を見るというが、それが霊魂を千別《ちわ》きに千別《ちわ》きている証拠だ。王仁はきわめて健康であるから体がもつのであるけれど、お前たちなら三日ももつことでない。だから王仁は始終病気でない病気で、寝床も敷きぱなしである。

神の道に入ってから、言い換えれば救済の神業に使われだしてから、楽な日とては一日もない。

いや、長い年月のあいだに、たった三日あった。そのとき二代が生きるか死ぬかの苦しみをした。

王仁の代理をしていたのだ。

王仁《わたし》はこんな苦しい世をのがれて、早く天界へかえりたいと思う。ただ天地への責任観念、強い義務観念から、こうして生きているのだ。（玉鏡）

お友達がほしい

むかしの友達の訪問を受けることは、わたしにとって嬉しいことの一つである。

「お行儀《ぎょうぎ》が悪くて、ときにはハラハラする」というのか。それがわたしにとっては真に嬉しいので、ああした無遠慮な言葉を使い、態度をとってくれるので、わたしも上田喜三郎《うえだきさぶろう》の昔にかえって、シミジミと人間味を味わうことができるのである。

近ごろは穴太《あなお》の人たちまでが、聖師《せいし》さん、聖師さんと呼びはじめ、友達が一人、二人となくなってしまって心細い。

わたしの友達には車夫《しゃふ》もあれば、侠客《きょうかく》もあるし、府県庁の役人もあるが、友達はいつまでも友達としておきたい。（昭和五年二月・月鏡）

自己暴露

白魚《しらうお》の手を握りたるそのせつな
ほとばしり出づるエネルギー哉《かな》

という歌を発表すると、自分の知らないうちに甲《こう》論乙駁《ろんおつばく》の喧嘩《けんか》がよその新聞ではじまっていた。

怪《け》しからぬと言う者、それでこそ本当の宗教家であるという者、にぎやかなことである。

それはいずれともあれ、王仁《わたし》は今後も、どしどし自己暴露をやって、何でも書くつもりである。それでいやならやめたらいい。

臭《くさ》いものに蓋《ふた》をしておいて聖人君子ぶっている偽善者には、王仁はとてもなれない。

だが真如《しんにょ》の光《ひかり》誌の回顧歌集は、いつわらざる告白であるけれど、各歌壇や明光《めいこう》にのせてある恋歌《れんか》は仮想的のものである。だれでもそこにいる人をつかまえて、それをモデルにして詠《よ》むだけのものである。一つや二つ本当のものがないとも限らないけれど……。

　みなの人も知らぬ顔をしておるけれど、王仁《わたし》の歌には思いあたる節《ふし》が多かろうと思う。

（昭和六年五月・玉鏡）

外国人の祈り声

王仁《わたし》が一寸《ちょっと》仕事の手を休めると、諸所方々から、いろいろの願いや祈りの声が聞こえて王仁《わたし》の身体《からだ》が苦しくなることはすでに言った通りであるが、このごろは外国人の声がたくさん交って聞こえてくる。あまり一度に多数なので誰《たれ》の声か聞きとれないようになった。

（昭和六年十一月・玉鏡）

面会者はつらい

世間的に、いかに名誉や地位や財産があっても、王仁《わたし》として是非会わねばならぬ人と、少しも会いたくない人とがある。その区別もわからずにむやみに面会させられるのが一番つらい。ことに「この人が信仰に入《はい》ったならば結構な御用ができますから」などという人がある。王仁《わたし》はそんなことをきくと、むかっ腹《ぱら》がたって仕方がない。

　霊界物語にも書いておいたように、極悪《ごくあく》地獄には、もっとも智慧《ちえ》証覚《しょうかく》のすぐれた第一霊国《だいいちれいごく》の宣伝使が行って神様のお話をすることになっている。それはよい加減の宣伝使では、ややもすると邪悪に負けるからである。

　すべて天国の人が一時身《み》を落として、八衢《やちまた》、または地獄におもむき、ふたたび天国の地位にかえることは非常に苦痛なことである。

　王仁《わたし》はたくさんの面会者に一度に会う時は、ずいぶんつらい思いをする。その大勢の中には信仰の厚い人もあれば、うすい人もある。またぜんぜん、王仁《わたし》ないし大本に無理解な人もある。王仁はそれらのすべての人に、なるべく満足を与えたいと思うて努《つと》めるので、王仁の霊魂はとても苦しむ。

面会者とせず、ただ途中、その他《た》で会うのなれば、こちらは神として会うのではないから、少しも苦しくもなければ差し支えもない。

（昭和六年十一月・玉鏡）

巡笏とプログラム

王仁《わたし》は旅行に先だってプログラムをつくって出されることが一番きらいだ。神命《しんめい》のまにまに王仁は動きたいのだ。プログラムをつくって王仁の行動を支配するのは、王仁を宣伝使あつかいにするものである。

また地方の有力者であるから会って下さいとか、富豪であるからお会い下さいとかいう申し出をする人々がある。有力者なら何が有難いのだ。財産家なら何が尊いのだ。有力者や財産に仕えようとするサモシイ心をほかしてもらいたい。

真《しん》に道を求むる人、神業参加を心から希《こいねが》う人になら、上下貧富の区別はない、王仁《わたし》は喜んで会う。たんに有力者、富豪のゆえをもってしては、王仁は、お断わりだ。

（昭和八年九月・玉鏡）

面会

面会ということは、王仁《わたし》にとって一番苦痛な仕事である。信者ならさほどでもないが、未信者はたくさんの霊を一緒につれて来るので、とても苦しくてやりきれない。お前らは肉眼で見るだけだから、王仁《わたし》のこの苦痛に同情がない。未信者といえどもサッパリとしている人もあるので、お前たちにはその見分けがつかぬのだから、王仁の気持ちのままにしてくれないとこまる。

旅から旅へと身体《からだ》がつかれきって、やっと宿につくと、すぐこちらの事は少しも考えないで、帰る汽車の時間がどうとか、こうとかいう理由で面会を強《し》いらるるくらい厭《いや》なことはない。

自分の都合さえよければ、王仁《わたし》のことはどうでもよいのか。

こういう想念が、いっそう王仁を苦しめて旅行はしたくない。


（昭和八年十一月・玉鏡）

祝詞は一人で

天津《あまつ》祝詞《のりと》、神言《かみごと》など、王仁《わたし》は一人であげたい、大勢の人と一緒に上げると、言霊《ことたま》を濁《にご》されていやだ。

（昭和九年一月・玉鏡）

写真も一人で

写真も王仁《わたし》は一人で写したい。皆と一緒に写すことを神様がたいそうきらわれるので、写真を写すのが王仁は一番きらいだ。何かしら腹立たしくなってくる。

一人で撮《と》る時は、そういやでもないがな。


（昭和九年一月・玉鏡）

獅子を御する文珠

王仁《わたし》が世間的評判のよくない人に接近すると、ご親切な人たちが非常に気に病《や》んで、ああいう人にはお近づきにならないほうがようございます、と忠告してくれるが、悪人ならばなおのこと、王仁はそうした人に接近して救済の手を伸ばさなくてはならぬ使命をもっているのだ。

また自分がその人を制御し得ないからと言うて、どこまでも悪人あつかいをすることは間違いである。制御しうる人の手にかかれば、昨日の悪漢は変じて忠実なる神の僕《しもべ》ともなるものである。いかなる駻馬《かんば》も、騎手によっては柔順なること羊のごとくなるものである。

文珠菩薩《もんじゆぼさつ》や勢至《せいし》菩薩や普賢《ふげん》菩薩などは、獅子《しし》や虎や象などに乗り、泰然自若《たいぜんじじゃく》としてこれを制御しておられる。

観世音《かんぜおん》菩薩にいたっては、竜神《りゅうじん》をさえ制御しておらるるではないか。

悪人を恐れて近づかなかったら、いつの日にか彼らを改心せしめ、またこれを使用することができるか。

「あいつは古狸《ふるだぬき》だからずいぶん御用心をなさいませ」などと忠告してくれる人もあるが、古狸の一匹や二匹がなんだ。

そんなものが手におえぬようなことで、世間に立って何ができるものか。

狐《きつね》狸《たぬき》獅子《しし》虎《とら》狼《おおかみ》赤熊《あかぐま》も
　三六《みろく》神政《しんせい》の先駆《せんく》と用《もち》ゐむ
邪津《まがつ》見《み》の伊《い》猛《たけ》り狂ふ現代は
　猛獣《もうじゅう》使ひて鎮《しず》めむと思ふ

（昭和九年三月・玉鏡）

龍乗観音像

第六章　瑞言霊説

歴史・人物・逸話

千の利休は明智光秀

千の利休《りきゅう》という人は、明智《あけち》光秀《みつひで》の成れの果てである。明智光秀は山崎の一戦にもろくも敗れて、ついに名もなき一土兵のために竹槍《たけやり》にて突き殺されたと歴史に伝えられてあるが、あれは嘘《うそ》である。天王山《てんのうざん》の一戦で勝敗の決することは初めからよく承知しておったが、光秀は将士のたびたびの迎えをうけながら、わざとグズグズしていて、ついに勝を秀吉《ひでよし》に譲《ゆず》ったのである。

じつは、とくに光秀と秀吉とのあいだには妥協が成立していたのである。

聡明なる光秀は、たとえいかなる事情があったにもせよ、いったん主殺《しゅごろ》しの汚名を着たものが天下の将軍となっても永《なが》続きがせぬ、ということをよく承知していて、秀吉に勝を譲ったのである。

そしてかれは頭を丸めてお茶坊主《ちゃぼうず》となり、萩《はぎ》の枝折戸《しおりど》四畳半のなかにあって天下の大事を論じ、謀《はかりごと》をめぐらして、秀吉を太閤《たいこう》の地位まで押しのぼしてしまったのである。

かれはじつに秀吉の好参謀《こうさんぼう》であったのである。朝鮮征伐なども、かれの献策《けんさく》に出たものである。

茶室に這入《はい》るには丸腰《まるごし》となってにじり口《ぐち》より入《い》らねばならぬ。元亀《げんき》天正《てんしょう》時代、荒武者《あらむしゃ》を制御操縦《そうじゅう》するにもってこいの場所方法であった。第一、秘密を保つに絶好であった。

のちかれは娘の美貌が禍《わざわい》の因をなして自殺を余儀なくせしめられたと世に伝えられているが、まったく跡形《あとかた》もないことである。

英雄、英雄を知る、諸般機微《しょはんきび》の消息は俗人にはわからぬ。

筆者がこのお話を伺ってある時のこと、二、三の方々にお話しておりました。たまたま座に岡山の太田《おおた》栄子《えいこ》夫人が居《お》られて、この話を裏書きする面白い物語をせられましたので、左《さ》にご紹介いたします。

太田夫人は、大正九年のころ、聖師様から「千の利休は明智光秀である」ということを承《うけたまわ》って、それをまた師匠（お茶の先生）の名《な》倉《くら》某氏に話されたそうです。そうすると名倉氏はそれをまた家元《いえもと》(当時第十三代円能斎《えんのうさい》氏)に話されました。

すると円能斎氏の顔色がサッとかわって、しばらくは物もいわれなかったそうですが、太い吐息とともに口をついて出た言葉は「まあどうしてそれが分かったのですか」ということであったということです。そして、さらに語をついで「そのことこそ、千家《せんけ》に伝わる、一子相伝《いっしそうでん》の大秘密であって、跡を継ぐ長男のみが知って、次からつぎへと言いつたえ語りつぎて世に知るものが絶えてないはずです。どうしてそれが分かったのでしょう」と聞くので、名倉氏は「霊覚によってわかったのです。丹波《たんば》の国綾部町に、大神通力《だいじんつうりき》をそなえた聖者がありまして、その人の霊覚によって、その秘事がわかってきたのです」とて、聖師様に関するお話をせられました。

円能斎氏はいたく驚き、かつ感じいり、ついに執事《しつじ》を派して綾部に参拝せしめ、ついで自らもまた参拝せられたそうですが、深くこのことを秘して人に語らなかった。名倉氏もまた秘してしまったのですが、不思議なことには、三人が三人とも、相《あい》前後して同じ心臓病のため倒れてしまったそうです。

太田夫人は「これは秘してはならぬと思い、皆さんにお話ししております」と語られました。

一座のものはこれを聞いて、いまさらのごとく驚き、聖師様の称《たた》えつくせぬご霊覚のほどを感じ入りました。

そして聖師様がもし、この霊覚によって訂正さるるならば、世界の歴史もずいぶん変わって来るかも知れないと思いました。

(大正十五年五月・水鏡)

空の星と人間

空の星を見ているくらい楽しいことはない。

各自の星がみな空にあるのであるが、いまの世の中の人々の星は多く暗星《あんせい》だから、光を放っていないから見えぬ。大臣たちだって三等星か四等星である。一等星の人なんか世に出ていない。

歴史上の人物で豊臣秀吉《とよとみひでよし》、すなわち太閤《たいこう》さんは一等星の人であった。

近ごろの人では、西郷隆盛《さいごうたかもり》が一等星であった。その後、一等星の人物は出ていない。

(大正十五年十一月・水鏡)

関の地蔵さまと一休和尚

関の地蔵《じぞう》さまにお性念《しょうねん》を入れてくれと一休和尚《いっきゅうおしょう》に頼んだものがあった。そうすると一休は、自分のしていた褌《ふんどし》をはずして地蔵さまの首にかけた。それが後世、地蔵さまの涎掛《よだれか》けの濫觴《らんしょう》である。

褌《ふんどし》をかけたので霊が入《い》ったのだから、地蔵さまは、一休の分霊《ぶんれい》なのである。

石にでも木にでも霊はあるが精霊《せいれい》はない。神様の神霊が宿って神格化したものが、お性念である。

三十三間堂《さんじゅうさんげんどう》の柳《やなぎ》のお柳《りゅう》は、人々が「大きな柳だなあ、大きな柳だな」と言っては見上げるので、その精霊がこもって人格化したものである。

(昭和二年二月・水鏡)

清姫のこと

あの日高川《ひだかがわ》で名高い清姫《きよひめ》というのは、竜女《りゅうじょ》であった。安珍《あんちん》は竜女たる清姫を犯しておいてそのまま放《ほう》って逃げてしまったから、竜が怒ってほとんど還元してしまったから、蛇体《じゃたい》となり、安珍を追うて日高川を渡ったのである。（昭和二年二月・水鏡）

奇魂の足らなかった南洲翁

大島《おおしま》から鹿児島へと今度の旅行で西郷南洲翁《さいごうなんしゅうおう》の跡をたずねてみたが、翁《おう》には惜しいかな、奇魂《くしみたま》が足らなかった、ということを痛感せずにはおれなかった。

天下に号令しようとするものが、陸路、兵を起こして道々《みちみち》、熊本を通過して東上《とうじょう》せんとするなどは策のもっとも拙《せつ》なるものである。

かの時急遽《きゅうきょ》、兵を神戸、大阪に送って、名古屋以西を扼《やく》してしまわねばならぬのであった。

当時、物情騒然《ぶつじょうそうぜん》としていて、そんなことは何でもなくできたことなのである。

かくて京都、大阪などの大都市を早く手に収めねば志《こころざし》を伸ぶることができないことは、火を見るよりも明らかなことであった。

しかるに事ここに出《い》でずして、熊本あたりに引っかかって愚図《ぐず》々していたものであるから、事《こと》志しと違い、思いもよらぬ朝敵《ちょうてき》の汚名を一時といえども着ねばならぬようになってしまったのである。

奇魂が足らなかった。

桐野利秋《きりのとしあき》、篠原国幹《しのはらくにとも》、皆然《みなしか》りである。

大島に滞在中、三回ばかり西郷翁の霊にあったが、いろいろわたしに話をしておった。

「智慧《ちえ》が足らなかったなあ」というてやったら、「まったくやり方が悪かった」というておった。

（昭和三年三月・水鏡）

歴史談片

百人一首の最初の歌、かの有名なる、

秋の田の刈穂《かりほ》の庵《いほ》のとまを荒《あら》み

わが衣手《ころもで》は露《つゆ》にぬれつゝ

というのがある。

天智《てんち》天皇のお歌ということは三歳の童児も知っているが、当時、天皇は政変のため難を逃れて那《な》須野《すの》をさまよわれた。いと畏《かしこ》きことながら、行《ゆ》き暮れて宿りたまう御《み》よすがもなく、御痛《おいた》ましきことながら、野宿のやむを得ざるにたちいたられた、その時のお歌である。

刈穂《かりほ》の稲のかけわたしたる下にて、露《つゆ》にぬれつつ一夜を過ごさせたもうた。稲のとまは荒くて、露を防《ふせ》ぎまいらすに足らなかったのである。

後醍醐《ごだいご》の帝《みかど》が、笠置《かさぎ》の山の松の下露《したつゆ》、花《か》山院《ざんいん》の石の枕《まくら》にたぐいて、いとかしこき御製《ぎょせい》である。

西行法師という人は、たいそう歌の上手のように人は思っているが、たいへん下手な歌の詠《よ》み手であった。詠んで出しても選に入らぬので、月を眺めつつ、いたく歎息《たんそく》した歌が、かの有名な、

歎《なげ》けとて月やは物を思はする
　かこち顔《がお》なる我涙《わがなみだ》かな

の歌である。それが思いもかけず百人一首の選にはいったのである。それからだんだん上手になった。

百人一首の歌でも、もっとも重きをおかれておるものは、

この度《たび》はぬさも取りあへず手向山《たむけやま》
　もみぢの錦《にしき》神のまにまに

という管家《かんけ》の歌だ。

山陰中納言《やまかげちゅうなごん》は丹波《たんば》の国、桐《きり》の庄《しょう》に住んでおられたので、後裔《こうえい》ついに桐村を名乗らるるようになったのである。

すなわち開祖様（大本《おおもと》）のご実家の祖である。

本宮山《ほんぐうやま》は、もと本居山と書き、ホンゴ山《ざん》と称《たた》えられていた。そして豊受大神《とようけおおかみ》様をお祭り申しあげ

てあったのであるが、それが後世、比沼《ひぬ》の真奈井《まない》にお移りになったのである。

開祖様の母上は、足利尊氏《あしかがたかうじ》の系統をひいておられる。尊氏という人は舞鶴線の梅迫《うめざこ》駅の附近、七百石《こく》というところに生まれたので、初産湯《うぶゆ》の井《い》というのが残っている。

亀岡在に篠村《しのむら》八幡宮というのがある。足利尊氏が願《がん》をかけて武運《ぶうん》の長久《ちょうきゅう》を祈った神様で、この神様が尊氏を勝たしたというかどで、ほかの神様はどんどん昇格しても、この八幡様だけは、いつまでたってもいっこう昇格せぬ。

七福神のお一柱《はしら》、毘沙門天《びしゃもんてん》という方は、武甕槌《たけみかづち》の神様のことである。

（昭和四年二月・月鏡）

釈迦と提婆

キリストが生前あまり世間に歓待《かんたい》されなかったように、釈迦《しゃか》も在世当時はきわめて惨《みじ》めなものであった。支那の孔子《こうし》が春秋《しゅんじゅう》時代において、孟子《もうし》が戦国時代において不遇であった以上に不遇であったらしい。日本では日蓮《にちれん》、親鸞《しんらん》、ないし道元《どうげん》などが悲運に終わったごとくであった。

春秋戦国が楊墨《ようぼく》の思想に抑圧されたごとく、平安朝が天台《てんだい》や真言《しんごん》に魅せられていたように、釈迦《しゃか》の時代もウパニシャッド哲学の分裂、いわゆる九十六派の哲学が各自に鎬《しのぎ》を削《けず》って戦っていた暗黒時代に、新しい信仰の燈明《とうみょう》をかかげて人心の闇を照らした革命児が生れてきたのは、耆那《ジャイナ》教の始祖ジュナタブトラと釈迦《しゃか》であるが、いずれも吠陀《ぼいだ》の根本精神を失った婆羅門《ばらもん》の死儀式の排斥者であったのだ。

そしてジュナタブトラは、理性に目覚めた極端な持戒者《じかいしゃ》で、しかも新進宗教の精彩を放っているのに反し、偏《へん》を捨てて中《ちゅう》を執《と》る、いわゆる中道実《ちゅうどうじつ》相《そう》主義、人間性を失わない範囲において精神の向上と肉体の発達を遂《と》げ、かつ遂げしめんと力《つと》めたのは釈迦であった。

そこで持戒《じかい》を唯一の生命としているジュナタブ

トラが、生臭坊主《なまぐさぼうず》として釈迦を見くびったのも当然であろう。もちろん釈迦はあまりに人間的な感情家であったに反し、ジュナタブトラは超人的であり、自力《じりき》的であり、学究的であったのだ。

ここに、この両極端を調和して、そこに新しい生命を生み出そうとしたのは提婆達多《だいばだった》である。

提婆《だいば》は、釈迦の凡人主義、人道主義は首陀羅《プロレタリア》の蹶起《けっき》に疑惧《ぎぐ》不安の淵《ふち》に沈んだ王者貴族の信頼を得るとしても、永遠の勝利は民族性に徹底せるジュナタブトラに帰する、少なくとも理性と淫逸《いんいつ》と相闘《あいたたか》っているインドの当時においては、そうでなければならぬと信じていた。

そうして提婆《だいば》は心に期した、

「われはいま如来《にょらい》の許《もと》に到り大衆を求索《きゅうさく》すべし、仏《ぶつ》もし許さば、われまさに意に従《したご》うて、舎利弗《しゃりほつ》らを教詔勅使《きょうちょうちょくし》すべし」と。

すなわち伯父《おじ》なる釈迦の教壇にいたりていう。

「願わくは如来よ、この大衆をもってわれに附属せよ、われまさに種々に法を説いて、それを調伏《ちょうふく》せしむべし」

とて、教壇をおのれに譲《ゆず》り、引退せよ、と迫った。

釈迦は提婆《だいば》の智慧と勇気は認めたけれども、まだその徳の備わっていないのを見て

「舎利弗《しゃりほつ》らは聡明大智《そうめいだいち》にして、世の信服《しんぷく》するところなるに、われはなお彼に大衆をもって附属せず、いわんや汝《なんじ》の如き痴人《ちにん》の唾《つば》を喰《くら》うものおや」

ときめつけた。

しかるに年壮気鋭《ねんそうきえい》の提婆《だいば》は客気《かくき》にまかせて釈迦の弟子五百人を誘い去り、さかんに釈迦の攻撃を試みだした。本仏《ほんぶつ》、新仏《しんぶつ》並び立つと言われるまでに釈迦に対抗したけれども、釈迦は提婆《だいば》を愍《あわれ》むために、好意をもっていた舎利弗《しゃりほつ》と目蓮《もくれん》を彼の教壇に遣《つか》わしたのである。

しかるに釈迦は説法中に、瑞月《わたし》が霊界物語を口述するときのように、ゴロリと寝転《ねころ》ぶくせがあって、疲れたときには弟子をして代わって説法せしめた。それは信者にいわゆる仏足頂礼《ぶつそくちょうらい》させるためばかりでなく、年も老《と》っているなり、疲労をしば

し休めんためである。目蓮《もくれん》や、舎利弗《しゃりほつ》などの弟子が釈迦の言った教理を詳論細説《しょうろんさいせつ》して、女子《じょし》や小児《しょうに》にまでわかるように説明した。

ところが人間のよい提婆《だいば》がまた釈迦のその態度を真似て、自己の言わんとするところを大略述《の》べて、ゴロリと釈迦の真似を行った。そして、目蓮《もくれん》、舎利弗《しゃりほつ》に代わらせた。しかしながら釈迦はいわゆる臥禅《がぜん》をしていたのだが、磊落《らいらく》で無邪気な提婆《だいば》は鼾《いびき》をかいて寝こんでしまった。

この光景を打ちながめた目蓮《もくれん》、舎利弗《しゃりほつ》は、時こそ来たれと、口をきわめて釈迦の功徳《くどく》を賞讃《しょうさん》し強調するとともに、提婆《だいば》を根こそぎこき下《お》ろしたので、ここにまた浮き草の風に従うごとく、提婆《だいば》に奪われた五百人の弟子を、やすやすと釈迦の教壇へつれ帰ったために、たちまち死地におちいった提婆《だいば》は、地《じ》だんだふんで憤《いきどお》った。

かれは自分が釈迦に背いたのは、釈迦に代わってジュナタブトラの耆那《ジャイナ》教を打ち壊さなければ、釈迦の前途が危《あや》うい と考えたからだ。われは反抗をもって与えんとするを、釈迦は忍辱《にんにく》をもって奪わんとする。われは自《みずか》らを揣《し》らざるやも知れず、されど釈迦は来たるべき危険を覚《さと》らず、五百人の弟子を奪ったのも、釈迦を救わんがためであった。

しかるにもかかわらず、自分をこんな酷《ひど》い目に逢《あ》わさせるとは、伯父《おじ》とも思えぬ酷《ひど》いやり方だ、と深く恨《うら》んだ結果、平素仲《なか》のよかった阿闍世《あじゃせ》を煽《せん》動《どう》して、その父毘牟婆舎羅《ひむばしゃら》を殺して王位を奪わしめ、おのれもまた釈迦を殺して教団を奪い、相《あい》たずさえて天下の政教をほしいままにせんとしたが、どこまでも天真爛漫《てんしんらんまん》にして小児のような初心《うぶ》なる提婆《だいば》は、釈迦を猛象《もうぞう》をして牙《きば》にて引き裂かしめようとしたり、低い所へ突き落すような児戯《じぎ》に類した迫害を試みて、老熟せる釈迦にかえって愚弄《ぐろう》されたので、ついには爪《つめ》のあいだに毒薬をひそめて釈迦に飛びつき、引掻《ひっか》きむしって中毒せしめんとした。すると陥穽《おとしあな》が設《もう》けられてあったために、提婆はガバと地中に落ち込んだ。

仏徒はこの出来事をば、大地たちまち割《わ》れて火いるのである。

を発し、提婆《だいば》は仏罰で阿鼻《あび》地獄へ堕《お》ちたと誇っている。

（昭和四年三月・月鏡）

偉人千家尊愛

わたしが生まれてこのかた、この人は、と尊敬の念をもって接した人は前後、たった一人しかない、千家尊愛《せんけたかちか》その人である。もはや故人となったが大きな器《うつわ》であった。

（昭和四年八月・月鏡）

義経と蒙古

蒙古とは古《いにしえ》の高麗《こま》の国のことである。百済《くだら》の国というのはいまの満州で、新羅《しらぎ》、任那《みまな》の両国を合《がっ》したものがいまの朝鮮の地である。これを三韓《さんかん》というたので、いまの朝鮮を三韓《さんかん》だと思うのは間違いである。玄海灘《げんかいなだ》には散島があって、それをたどりつつ小さな船で日本から渡ったものである。

義経《よしつね》はこの道をとらないで北海道から渡ったのであるが、蒙古では成吉斯汗《じんぎすかん》と名乗って皇帝《こうてい》の位《くらい》についた。蒙古には百六王があって、汗《かん》というのが皇帝に相当するのである。

蒙古にはまた、おもしろい預言があって、成吉斯汗《じんぎすかん》起兵《きへい》後、六百六十六年にして蒙古救済の聖雄《せいゆう》が現われる、そのときは黒鉄《こくてつ》の蛇が世界を取り巻き、馬や牛がものを言い、下駄の下を通る人間ができるというのである。

まさに現代であって、黒鉄《こくてつ》の蛇というのは鉄道が世界を一周するということ、牛馬《ぎゅうば》がものを言うとは神諭の「いまの人間みなけものの容器《いれもの》になりておるぞよ」というのに相当し、下駄の下を通る人というのは、小人物を指すのである。

また成吉斯汗《じんぎすかん》の子孫、母につれられて日本に渡り、五十四歳のとき蒙古に帰りきたって、滅《ほろ》びゆかんとする故国を救う、という預言もある。

わたしの入蒙《にゅうもう》はちょうどその年、すなわち五十四歳にあたり、また成吉斯汗《じんぎすかん》起兵後六百六十年目に当たっているのである。

かるがゆえに蒙古人は、わたしを成吉斯汗《じんぎすかん》、すなわち義経《よしつね》の再来だと信じきったのである。

義経はアフガニスタン、ベルジスタンにも行き、ついに甘粛《かんしゅく》にて死んだ。元《げん》の忽必烈《ふびらい》は、その子孫である。元《げん》というのは源の字音からくるのである。


（昭和四年八月・月鏡）

隻履の達磨

達磨《だるま》没後、ある二人の若人《わこうど》が寄って、その死について話し合っていた。

甲曰《こういわ》く「お前は達磨《だるま》さんが死んだというけれど、それは嘘《うそ》じゃ、現《げん》にわたしは昨日《きのう》会ったのだもの」という。乙《おつ》はそれを否定して「そんなはずがない、現に亡《な》くなられてお葬式があったじゃないか」という。

甲《こう》は反抗して「そりゃそうだけれどわたしは昨日、現に会ったのじゃから仕方がないではないか、おそらく生き返ったのであろう、草履《ぞうり》の片《かた》っ方《ぽう》を杖《つえ》の先にひっかけて歩いておられたのだ」という。

「そんなべらぼうな話があるものではない」と、甲《こう》と乙《おつ》と、たがいに言いつのって、はては実地検証ということになり墓地まで押しかけていって見ると、供えてあった藁草履《わらぞうり》の片っ方がない。

はて不思議、と墓をあばいて見ると、主《ぬし》は藻抜《もぬ》けの殻《から》、甲乙《こうおつ》、目を見合わして「やはり達磨《だるま》さんは生き返ったのである」と驚きあったという。

これが、隻履《せきり》の達磨《だるま》という因縁である。

達磨《だるま》さんは実際、甦生《こうせい》したのである。近頃わたしが隻履の達磨を描《か》くのは、わたしの甦生を意味しているのである。

お前は見たか、その後の達磨《だるま》さんの活動ぶりを。光照殿《こうしょうでん》に陳列しておいたあの絵をよく見ておくがよい。


（昭和四年十月・月鏡）

宗祖とその死

釈迦没後《しゃかぼつご》五百年にして仏法《ぶっぽう》は台頭してきた。キリスト教はイエス没後三百年にして台頭してきたので、その死の当時は、ともに気の毒なほど勢力がなかったものである。

我が国のある一、二の新宗教についても、某《ぼう》教祖はその昇天のとき、ほんの僅《わず》かの信者で葬《とむらい》をすました。また某教祖のごとき、いっそう、ひどかった。大本開祖の葬儀のごときは、けだし稀《まれ》に見る盛んなものであったのである。

（昭和五年八月・月鏡）

弘法大師

弘法《こうぼう》様、お大師《たいし》様といって、弘法大師をよほど偉い坊さんかのように思っている人がたくさんあるが、弘法はそんな偉僧でも傑僧でもけっしてなかった。

いまでも各地に弘法にまつわる奇蹟《きせき》や伝説が残されてあるが、あれは後世の人たちのつくりごとに過ぎない。

結局、後人《こうじん》が弘法をまつり上げて偉くしてしまったのである。

（昭和七年三月・玉鏡）

皇円阿闍梨

そのむかし洛外比叡山《らくがいひえいざん》において、皇円阿闍梨《こうえんあじゃり》と法然上人《ほうねんしょうにん》とが問答した結果、皇円阿闍梨《こうえんあじゃり》はみろく出現の聖代《せいだい》に遭《あ》わんものと思ったが、人身《じんしん》にては長命がむずかしいからと言って、遠州《えんしゅう》桜ケ池に身を投じて蛇身《じゃしん》と変じ、その時期を待ったという伝説が残っている。

その阿闍梨《あじゃり》はすでに今日、大本に出現している。お筆先にも示してある通りである。

（昭和七年七月・玉鏡）

生身天満宮

園部《そのべ》の郊外に生身《いきみ》天満宮《てんまんぐう》ととなえる日本最初の天満宮がある。

元来、園部の地は菅公《かんこう》と因縁《いんねん》深く、菅家《かんけ》代々の知行所《ちぎょうしょ》で小麦山《こむぎやま》（旧城跡《じょうせき》）に邸宅があり、劇寺子《げきてらこ》屋《や》で有名な武部《たけべ》源蔵《げんぞう》も同じく園部の人で、菅公配流《はいる》の節《せつ》、八男《はちなん》慶能君《ぎみ》養育の内命をうけて幼君をともない園部に帰ったのである。

しかるに幼き慶能君《ぎみ》が父を慕《した》う様子のいじらしく、みずからも敬慕の情やみがたく、手ずから一つの木像を彫刻し、これを公《こう》と仰ぎ、邸内に小祠《しょうし》を建設してその木像を安置し、これを生祠《いきほこら》と名づけて奉仕したのである。

延喜《えんぎ》三年二月二十五日、太宰府《だざいふ》の配所にて公は薨去《こうきょ》せられたので、生祠《いきほこら》を霊廟《れいびょう》と改めた。ついで天暦《てんれき》元年、京都北野に公の尊霊《そんれい》を鎮祭し、天満宮の神号を賜《たま》うにいたって、諸国の由緒ある地にも社《やしろ》を立てて祭祀すべき旨《むね》、公達《こうたつ》あり、よって天満宮として改めてこの生身《いきみ》の像を神体として祀《まつ》った我が国最初の天満宮である。

武部《たけべ》源蔵《げんぞう》の子孫あいついで現今の神官で三十四代つづいている。

王仁《わたし》は若いとき、ついその付近で獣医学を研究していたので知っているのだが、他国ではあまり知られていない事実である。（昭和八年八月・玉鏡）

児島高徳

児島高徳《こじまたかのり》の事蹟というものは、どうもハッキリせないので、重野《しげの》博士によって抹殺《まっさつ》の厄《やく》にあったこともある。実在の人であったことは間違いのないことであるが、外来人であったゆえに、ついに世に顧《かえり》みられなかったことを感じさせられる。（昭和八年十月・玉鏡）

日本と孟子

孟子《もうし》の説は義を説いて「君君《きみ》たらずんば、臣臣《しん》たらず」というような説を唱えたので、日本の国体に合わぬため、神様のお気に入らず、孟子の書籍が日本へ輸入せられんとしたとき、それを載《の》せた船が三度まで覆没《ふくぼつ》しているのである。

（昭和九年三月・玉鏡）

故事・習俗・縁起

お釈迦さんの頭

お釈迦《しやか》様の頭の髪のぐるぐる巻いてあるのは、葡萄《ぶどう》の形をとったものである。キリストの荊《いばら》の冠《かむり》も、じつは葡萄である。

葡萄は、救いを意味するのである。

（大正十五年六月・水鏡）

芋名月

芋名月《いもめいげつ》というのは八月十五日のことで、むかし宮中《きゅうちゅう》では、月見《つきみ》の宴《えん》を催《もよお》し、女官たちは芋《いも》を箸《はし》につきさして、その穴より月をのぞいて見たものである。月にいろいろの自分の運命がうつるというのである。これ、芋名月の名のおこる所以《ゆえん》。

（大正十五年十月・水鏡）

奴という言葉

奴《やつ》とは、親しみ愛し、褒《ほ》め称《たた》えていう言葉である。古事記に「此奴《こやつ》よと宣《のたま》ひき」という文章があり、「釈迦《しやか》や孔子《こうし》は偉《えら》い奴」という文句がある。

奴《やつ》とは、智、勇、愛、親の備わっているものをいうのである。

（大正十五年十一月・水鏡）

月と三日月

月《つき》というのは三日月《みかづき》のことであって、その形が剣《けん》に似ているからである。ツルギは言霊学《げんれいがく》上つきである。ツルの返《かえ》しツであり、キキの返しキである。すなわちツキである。

その他《た》の月には、後《のち》の月とか、いざよう月とか、望《もち》の月とか、みなそれぞれ名がある。

（大正十五年十二月・水鏡）

ドテラの始まり

某博徒《ばくと》の親分が、すっかり賭博《とばく》にまけて衣類はみな質屋にやってしまい、仕方なく夜着《よぎ》を着ていたところ、それがまた非常によく似ついて親分らしかったので、乾児《こぶん》どもがだんだん真似をした。それが今日のドテラである。（昭和二年一月・水鏡）

三都の人の心性

杜鵑《ほととぎす》の句に、こういうのがある。

ベランメー帰《い》んで飲もかい杜鵑《ほととぎす》　（東京人）
あほらしいこの忙《せ》わしいのに杜鵑《ほととぎす》　（大阪人）
無代価《ただ》どすえ聞いて帰《い》にませう杜鵑《ほととぎす》　（京都人）

穿《うが》ち得て妙《みょう》である。また同じほととぎすの句に、

啼《な》かざれば殺してしまへ杜鵑《ほととぎす》　（信長）
啼《な》かざれば啼かして見せう杜鵑《ほととぎす》　（秀吉）
啼《な》かざれば啼くまで待たう杜鵑《ほととぎす》　（家康）

対照して、おもしろいではないか。

（昭和二年四月・水鏡）

与謝の海

与謝《よさ》の海《うみ》は、ヨサの海と訓《よ》む。往昔素盞嗚命《おうせきすさのおのみこと》が覧《みそな》わして、ヨサ、ヨサとお賞《ほ》めになったので、しか名づけられたのである。ヨシャと読んではいけないのである。

（昭和二年四月・水鏡）

田植

苗《なえ》を田に移すには、種を蒔《ま》いてから四十八日目からはじめる。そして四十九日目を避《さ》けるのが普通である。これは四は死《し》に通じ、九は苦《く》に通じるので、縁起《えんぎ》を祝う百姓として、こんな迷信的習慣があるわけである。

（昭和二年六月・水鏡）

狛犬のこと

狛犬《こまいぬ》は、神功皇后《じんぐうこうごう》が朝鮮を征伐せられたとき、高麗《こま》王が降服の印《しるし》にとて持ってきたもので、将来は犬になって日本に仕えます、という意味を表わしたものである。それで高麗犬《こまいぬ》というのであるが、口をつまえているのが唐《から》の王で、あけているのが向こうの王妃に型どったもので、夫婦アウンの息を合わして神国に仕えるという意思の表徴である。

（昭和二年十月・水鏡）

みささぎ、かささぎ

陵《みささぎ》は水幸《みずさち》はうという意であり、かささぎは火幸《ひさち》

はうという意であって、大極殿《たいきょくでん》のことである。

かの有名な「鵲《かささぎ》の渡せる橋におく霜《しも》の白きを見れば夜《よ》ぞ更《ふけ》にける」という歌は、大極殿に霜がおいたのを詠《よ》んだのである。（昭和三年二月・水鏡）

昔は血族結婚

むかしは血族《けつぞく》結婚であった。いまは血族が結婚するということは近親の場合、もちろん禁じられておるし、従兄妹《いとこ》同士などもあまりよいこととはしていないが、むかしは血族結婚が本体であって、この制度が破れて、他《た》と結婚することになった時には、かなりの大騒動《おおそうどう》があったものである。

時代は鵜茅葺不合尊《うがやふきあえずのみこと》の時であって、〇〇〇〇命《のみこと》の妃《きさき》として〇〇〇〇姫《ひめ》が立たれた時である。〇〇〇〇姫《ひめ》は美人であったので、氏《うじ》なくして玉《たま》の輿《こし》に乗ったのである。すなわち国津神《くにつかみ》たる姫が天津神《あまつかみ》たる〇〇〇命《のみこと》の妃《きさき》として立たれたのであるから。

血族結婚を禁じられたのは、肉体の弊害《へいがい》からきたのではなく、親しいものばかりが親しくなって、他族との間《あいだ》の融和《ゆうわ》を欠くということから起こったのである。

血族が結婚して肉体上におこる弊害は、血液が粘《ねば》るということである。むかしは菜食《さいしょく》したものだから、血族結婚のため血液が粘っても割合《わりあい》かまわなかったのであるが、いまは獣肉《じゅうにく》を食するから、血族が結婚すればするほど、血液が粘《ねば》ってくるから良くないのである。（昭和三年二月・水鏡）

胞衣と岩田帯

胞衣《えな》は然《しか》るべき壺《つぼ》に納めて、床《ゆか》の下か、あるいは家の外で、人のあまり踏まぬ適宜《てきぎ》の場所へ埋《うず》めるがよろしい。しかし、今までに既《すで》に埋めた人は、右のようにせなかったからといって、埋めかえせなくてもよろしい。

また岩田《いわた》帯《おび》については別に儀式ばったことは要《い》らない。神様にお願いしたらよいのである。（水鏡）

春日の鹿の由来

天《あま》の岩戸《いわと》開《びら》きのむかし、天之児屋根命《あめのこやねのみこと》が、雄鹿《おしか》の肩の骨を焼いて卜《ぼく》をせられた。それを鹿卜《かぼく》というので、亀卜《きぼく》と同じく、骨が焼かれて生《しょう》ずる割れ目によって吉凶禍福《きっちょうかふく》を判《はん》ずるのである。

その故事によって春日《かすが》では鹿《しか》を飼《か》うのであって、神様が鹿にお乗りになるために飼ってあるなどということは、よい加減のことである。

（昭和四年一月・月鏡）

河童

世に河童《かっぱ》とよんでいるものは鼬《いたち》のひねたもので、河の中で血を吸うと世俗にいうているのは、じつは河の岸から血を吸うているのである。

（昭和四年九月・月鏡）

ひきとふく

蟇《がま》の雄《おす》はひき蛙《がえる》というて人をひき寄《よ》せる。雌《めす》はふく蛙《がえる》といって悪い人を吹《ふ》きとばす。ひきとふくとを両方祀《まつ》っておくと商売が繁昌《はんじょう》するといって、木や金《かね》でつくって霊を入《い》れてくれと、むかしはよく持ってきたものである。

雄《おす》はまた、おんびき、ともいうのである。（月鏡）

久方の空

空《そら》の枕言葉《まくらことば》を久方《ひさかた》というが、久方《ひさかた》とは瓢形《ひさごがた》という意味で、お日《ひ》さまとお月《つき》さまをつなぎ合わすと瓢箪《ひょうたん》のかたになるから、そういうのである。

黄金閣《おうごんかく》上の瓢形《ひさごがた》は、この意味で造られているのである。

（昭和五年三月・月鏡）

玉

玉《たま》は王《おう》の王《おう》、キミのキミということである。将《しょう》棋《ぎ》にもゝ《ちよぼ》をうった王と、ただの王と二つある。

（昭和五年三月・月鏡）

系という文字

系《けい》という字を分解すれば、一と糸《いと》とに分《わ》かれる。一すじの糸ということで、すじの立っているのをいう、すなわち縦糸《たていと》である。糸とかいた場合は、いろいろの糸を意味する。

（昭和五年四月・月鏡）

頭槌 石槌

昭和五年四月十一日のこと、静岡の長沢翁の紹介状をもって、宗教博《しゅうきょうはく》に王仁《わたし》を訪《たず》ねてきた人がある。白出《しらで》柳助《りゅうすけ》氏といって、考古学に趣味を持っている人であるが、いまを去ること約二十年前、青森県中津軽《なかつがる》郡のある地点で、林道開墾《りんどうかいこん》の際《さい》発見したという、珍しき石器《せっき》一個を携《たずさ》え来たって、王仁《わたし》に鑑定をしてくれと言う。

元来、この石器は、京都、東北、北海道の各帝国大学、ならびに東京、京都の両博物館にて鑑定を請《こ》うたが、何物かいっこうにわからず、斯道《しどう》の専門家も絶えてこれを知らず、どこにおいて如何《いか》なる民族が用いしものなるか、その用途もわからず、欧米各国に徴《ちょう》するも、その類例さえも存《そん》せず、というのである。これをもって、日本中、唯一無二の逸品として学術界に珍重せられている、というのであった。

形は裁物包丁《たちものほうちょう》に似て、長さ一尺余《しゃくよ》、茶褐色のなめらかな石質《せきしつ》、上部は平面にして側面に溝《みぞ》あり、溝のつくるところに一個のイボのごときものあり、下部は筒形《つつがた》をしている。

これは頭槌《くぶつつい》石槌《いしつつい》といって、太古、帝王または神《かむ》柱《ばしら》が佩《お》びていたものである。武器ともなり、または病気などを癒《なお》す道具として使用したものである。

その使用法は、イボをもって敵の眉間《みけん》を打って倒したものである。だから敵を斬るのを、うつ、ということになったのである。また上部の扁平《へんぺい》なる部分は熱灰《あつばい》につけて熱し、その溝《みぞ》のところをちりげより脊柱《せきちゅう》に添うてあてて病気を癒《なお》すので、たとえば灸点《きゅうてん》のごとき働きをなすのである。

わたしが霊界物語を口述している際、霊眼に映《えい》ずるむかしの主《おも》なる宣伝使は腰にこれをさしているので、それに擬して、わたしも宣伝使たちに御《み》手代《てしろ》を渡しておいたのである。

古事記《こじき》中巻神武《じんむ》天皇の一節、

かれその土蜘蛛《つちぐも》を打たんとすることを明《あ》かせる歌《うた》

忍坂《おさか》の　大室屋《おほむろや》に　人《ひと》さはに　来入《きい》り居《を》り　人さはに　入《い》り居《を》りとも　稜威稜威《みづみづ》し　久米《くめ》の子が　頭椎石椎以《も》ち　撃《う》ちてし止《や》まむ　みづみづし久米《くめ》の子等《ら》が　頭椎　石椎もち　いまうたばよらし。

かく歌《うた》ひて刀《たち》を抜《ぬ》きて、もろともち打《う》ち殺《ころ》しつ

この歌のなかにある、頭椎《くぶつつい》、石椎《いしつつい》がそれである。大学あたりでは模造してもって参考にしているし、かつては天覧《てんらん》に供《きょう》したこともある、と白出氏はいうているが、なにぶんとも、稀代《きだい》の珍器たるを失わない。

聖師より白出《しらで》氏に贈られし歌

古《いにしえ》の聖《ひじり》の岐美《きみ》の佩《はか》せましゝ
　今日《けふ》頭椎《くぶつつい》石椎《いしつつい》拝《をが》む
千《ち》早振神代《はやふるかみよ》のさまのしのばれぬ
　雄と仁との石槌《いしつつい》みし

（昭和五年五月・月鏡）

不知火

不知火《しらぬひ》というのは、海神《かいしん》の修《しゅう》せらるる祭典であ

る。歴史にもなければ、また科学でいくら研究してもわかるものではない、人間の知《し》らぬ火《ひ》であるから不知火《しらぬひ》というのである。（昭和五年六月・月鏡）

鈿女物語

石器時代の信州安曇野《あずみの》は一面の沼地《ぬまち》であった。その当時、安曇野の一角に高くそびえていた有明山《ありあけやま》には、恐ろしき山賊《さんぞく》の群《むれ》が棲《す》んでいた（また八面大王《はちめんだいおう》との説もある）。

天《あま》の岩戸《いわと》を切り開いた手力男命《たぢからおのみこと》の後裔《こうえい》に、一人の美しい姫《ひめ》があった。この姫の名を鈿女姫《うずめひめ》という。

姫はなんと思ったか、父母を棄《す》てて家出をした。それで両親たちは、姫の行方《ゆくえ》についておのおの心当りの方面を探して見たが、容易に判《わか》らなかった。そのうちにいずこからともなく、姫は信州の有明山にいるとの噂《うわさ》が、故郷にパッとひろまった。

さっそく姫の行方を探ろうと、近親者数名は、はるばる信州路《しんしゅうじ》をたずねたが、目的の有明山には姫は見えないで、有明山の程近《ほどちか》くで姫は病死したとのことが風の便《たよ》りに耳に入った。それが今日《こんにち》の鈿女屋敷《うずめやしき》附近である。

姫が松川《まつかわ》村で倒れるまでには、また左《さ》のような伝説が残っている。

故郷を去った姫は、あてどもなく諸国を彷徨《ほうこう》して、いつか信州路に足を踏みいれ、有明山の麓《ふもと》に姿を現わした。そして有明山に棲《す》む、前記の山賊どもに発見されてしまった。山賊は姫の色香《いろか》に迷い、岩窟に導いて自由になれとせがんだが、姫は頑《がん》として応じなかった。

山賊は、踊《おど》りが大好物であった。

ある日のこと、姫にむかって踊りができるかと質《ただ》した。姫は心よく承諾をあたえた。そして姫の踊りは、堂に入《い》ったものであった。

ある夜のこと、毎晩のとおり山賊は姫の踊りを懇望《こんもう》した。しかし、その夜にかぎって岩窟の外で踊れと命じた。姫の踊りで山賊の一味は全部酔《よ》ってしまってウトウトとして寝についた。姫はこの時とばかり逃げだして、身を脱《のが》れた。後刻《ごこく》になって姫が逃げたとわかって、有明山の一帯は大騒ぎとなった。

姫は逃げることはどうやら逃げのびたが、藪原《やぶはら》のなかを所きらわず逃げまわったので、いたるところに生傷《なまきず》を負うた。これが因《もと》となって姫はついに世を去った。

村人は姫の死んだところに小祠《ほこら》を建て、その霊を鄭重《ていちょう》にまつった。そこを通称鈿女《うずめ》屋敷と呼んでいる。里人《さとびと》は、記紀《きき》天岩戸開《あまのいわとびら》きの天鈿女命《あめのうずめのみこと》なり、と言っている。

（昭和五年九月・月鏡）

瓢型の墳墓

瓢型《ひさごがた》の墳墓《ふんぼ》は上古《じょうこ》のものであって、伊諾那美命《いざなみのみこと》の御墳墓がそれである。命《みこと》は火《ひ》の御子《みこ》をお産《う》みになって神去《かむさ》りました。むかしは瓢《ひさご》に水を入れて、火を消す器具としていたのである。それで火を消すという意味で、命《みこと》の墳墓を瓢型《ひさごがた》としたのである。

神武《じんむ》天皇以後のものは、前平後円《ぜんぺいごえん》のものである。秋葉神社《あきばさん》の御神体は瓢《ひさご》であるのも、火を消す意味である。

（昭和六年二月・玉鏡）

忍術

霊界物語のなかにも少し書いておいたが、忍術《にんじゅつ》ということは忍耐の術である。

身《み》には一丈《じょう》くらいの手拭《てぬぐい》と鋭利な鎧通《よろいどお》しを持って、ある時は一週間くらい、屋根裏や水の中に飲食もせず、咳払《せきばら》いもせずに、潜《ひそ》み忍《しの》んでおるようなこともある。

かねて五色《しき》の布《きれ》を用意し、白壁《しろかべ》にむかうときには、白い布《きれ》をはって身をかくすのである。

また四十里《り》くらい一夜《や》のうちに歩《あゆ》くこともある。それには歩《あゆ》き方《かた》があるのであって、一方の肩に二貫《かん》目くらいの重さのものをつけて、横歩きに軽杖《かるづえ》を持って大地を蹴《け》るようにして歩くのである。横歩きは、肩で風を切って二間《けん》くらいを三歩くらいで歩く、踵《きびす》がそれに都合よくできているのである。

忍術をやるものは、ならした鼠《ねずみ》を二三匹、懐《ふところ》に入れて、寝室を襲《おそ》うた時には、その鼠を出して暴れさせ、よく寝入っているか、否かを調べるのである。

とにかく忍術は陰険《いんけん》なやりかたで、武術のうちでも賎《いや》しめられたものである。（昭和六年三月・玉鏡）

鎌鼬

道を歩いておるとき、何物にもあたらないのに突然倒《こ》けたり、足を怪我《けが》して出血するような場合がある。俗に鎌鼬《かまいたち》といって、鼬《いたち》が鎌《かま》で切るのだと言っているが、じつは空気中に真空なところができているので、その真空に遭遇したときである。

この真空箇所は、よく道の辻《つじ》にできるものである。それで道を通るときは、曲り角では言霊《ことたま》を出して空気を動揺させるがよろしい。（昭和六年三月・玉鏡）

油虫

油虫《あぶらむし》は家運が衰《おとろ》えるような所にはおらないものである。ある地方では油虫を黄金虫《こがねむし》といって縁起を祝うところさえある。（昭和六年三月・玉鏡）

火渡りの道

火がドンドン燃えているなかを平気で渡って行くのは、ずいぶん熱いように思われるけれど、それは歩きようによるのである。

松、杉を燃やして炭火《すみび》となったところに、清めるといって塩を撒《ま》いた跡を歩いてもそう熱くない。ただ火の中に入《はい》る時と出る時は、空気との接触が多いから熱いので、早く歩かねばならぬ。

手に苦塩《にがり》を充分つけて、焼けた火箸《ひばし》をしごいてもたいした火傷《やけど》はしない。しかしその火箸は鉄に限るのであって、真鍮《しんちゅう》ではいけない。（昭和六年三月・玉鏡）

紋所

我が日本国は古来、祖先の遺風を尊重し、祖霊を祭祀し、祖先の名声を汚《けが》すまいと子孫は日夜謹慎し、またその家の名を伝えんとする淳良《じゅんりょう》な風習をもっている。

ゆえに、おのおのその家の印《しるし》の紋所《もんどころ》をもっとも尊重し、屋根瓦《がわら》に、提灯《ちょうちん》に、その他《た》の器具等にも家の紋《もん》を付けている。とくに礼服として、羽織《はおり》や晴着《はれぎ》に三つ紋、五つ紋等を染め抜いて、家系を表示する国の風習が、いまにも行なわれている。

さて、この紋については源平藤橘《げんぺいとうきつ》その他《た》の家々《いえいえ》、いずれも時の陛下より賜《たま》わりしものもあり、中世以降は時の宰相、または大名等よりもらって家の紋所としたのもあるが、紋の外廓《がいかく》を○をもって囲んだのは、一部分を除いて、たいていは主家《しゅか》より許されたとか、別家したとかの印《しるし》であって、直系にたいする傍系、または臣家の証示である。

しかし近古以来はその制も乱れて、各自心のままに訂正したのも多いようだから、いちがいに、そう決定するわけにもゆかない。

（昭和六年四月・玉鏡）

原始時代の貴重品

人智のいまだ進まなかった原始時代には、鉱石はたくさんあっても鍛冶屋《かじや》がなかったから、天《あめ》の目一《まひと》つの神様が一人コツコツと、香具山《かぐやま》の真鉄《まがね》や銅《あかがね》を掘り出して、鏡を打ち、剣《つるぎ》を鍛《きた》えられたのである。ゆえにそのころ菜刀《ながたな》のような剣《つるぎ》でも、男子の攻防の武器として尊重されたのである。

女は美の権化《ごんげ》と言われ、生まれながらに自然美が備わっているが、むかしといえども現代のごとく時代相応に化粧《けしょう》をほどこし、装《よそお》いをこらしたものである。

しかし高貴の人を除くほか、化粧するに鏡は用いなかった。鏡はただ国の宝物《ほうもつ》として存在したのである。「鏡は女の魂」などというのは、後世にいたってできた言葉である。

また勾玉《まがたま》は、男女ともに首に飾《かざ》り、腕に巻き、腰にまといて、もゆらにとりゆるがして美を添えたものである。しかし現代のごとき宝石類ではなく、自然に穴ができた石を連《つら》ねたものである。

（昭和六年六月・玉鏡）

寺

寺《てら》という言霊《ことたま》は、照《て》らす、照《て》らし合わす、という意味である。

むかしは坊さんが、もっぱら戸籍《こせき》や教育の方面を受け持っていた関係上、一度、他国へでも行くときには、一々《いちいち》、坊さんの許可を得、宗旨帳《しゅうしちょう》、すなわち現今の護照《ごしょう》を持って関所《せきしょ》を通過したものである。いまの坊さんは葬式専門のようになっているから、寺と言えば、みな死んだ人の行く処《ところ》とばかり思っているが、死んでゆくところは墓である。寺はまた、死んだ霊魂を照らして極楽へ救うてやるところである。いまの日本の神社は、古代の寺のようなものである。

（昭和六年六月・玉鏡）

比叡山

比叡山《ひえいざん》は冷え山の意である。それで比叡山から が山陰道に属するので、亀岡は山陽道の気候である。支那の叡山《えいざん》に似ているから、それに比して比叡山と名づけたという一説もある。

（昭和六年六月・玉鏡）

雄蟇と雌蟇

雄蟇《ひき》は幸《さいわ》いを引きつける。雌蟇《ふく》は災《わざわ》いを吹きとばすとて、商家では客引きに祀《まつ》る。王仁《わたし》が霊を入れてやると非常に繁昌《はんじょう》するとかで、よく頼まれたものである。

（昭和六年七月・玉鏡）

君子は豹変す

「君子《くんし》は豹変《ひょうへん》す」という言葉があるが、豹《ひょう》という獣は獲物《えもの》が近づいて来るまで、きわめて静かに、きわめて柔和に猫のようにしているから、親しみやすく、近づきやすいが、いよいよ接近してきたとき、突如として攻勢に出る、まったく態度一変するのである。これを豹変というのである。

（昭和六年八月・玉鏡）

かみなが（髪長）

かみながとは、僧侶の異称である。日本は神国《しんこく》であって、かみなしということを忌《い》むところからそういうので、これは斎宮《いつきのみや》の忌詞《いみことば》である。

（昭和六年九月・玉鏡）

そめがみ（染紙）

そめがみとは、仏教の経文《きょうもん》のことである。由来、経文は色紙《いろがみ》に書いたところからそういうので、これも斎宮《いつきのみや》の忌詞《いみことば》である。

（昭和六年九月・玉鏡）

舎利

舎利《しゃり》というのは骨ではない。玉のようなもので、かならずしも信仰なくとも、徳のある人にはできるものである。徳によって一つ二つあるものもあれば、二十、三十と出る人もある。多い人は身体を手で撫《な》でてもわかる。

精神的に一生懸命働《はたら》くものにできるのであって、精神の凝結《ぎょうけつ》したものということができる。人によって顔や喉《のど》にできるものであるが、手を使う人は手に、足を使う人は足にできるのが普通である。

（昭和六年十一月・玉鏡）

鏡餅

お正月のお重餅《かさね》は日月夫婦《じつげつふうふ》にたとえたものである。餅《もち》の鏡《かがみ》ということで、鏡は天照皇大神《あまてらすすめおおかみ》の御神体である。すなわち、よき月日《つきひ》を送らしてもらうように、との意味である。

いまは色々の美味《おい》しいものがあるが、むかしは餅《もち》と酒くらいの御馳走はなかったから、いちばん御馳走として供えたものである。

（昭和七年一月・玉鏡）

門松

松と竹は、この世でもっとも古いものである。

松という字は木扁《へん》に公《きみ》と書いてある。松は最高位の木で、公《きみ》は君《きみ》に通じ、万世一系の皇位に通ずる。

竹は細矛千足国《くわしほこちたるのくに》を表徴し、竹《たけ》は武の意味である。むかしは弓でも矢でも竹で造り、また獣《けだもの》を獲《と》るのも竹槍を用いた。竹は殺伐《さつばつ》であり覇道《はどう》を意味する。

王道が行なわれるところには武器は要《い》らない。しかし、今日は覇道《はどう》も必要とする時代である。そもそも、武器の徹底的撤廃《てっぱい》は、なかなかできるものではない。

つぎに、梅は人間生活の教《おしえ》を意味する。

以上のような種々《しゅじゅ》な意味で正月に門松《かどまつ》を立てたもので、むかしは一本だけ立てたものである。

（昭和七年一月・玉鏡）

二本の門松

むかし雪深き信濃国《しなののくに》のある町で、日暮れに妙な行者が、ある一軒の家を訪れて一夜の宿を乞《こ》うた。その家では快く泊《と》め、翌日出立《しゅったつ》の時に、雪道の薬にも、というて煎《い》り豆《まめ》を与えた。

行者はおおいに喜び、素性を明かして、

「わしは六面八臂《ろくめんはっぴ》の厄神《やくがみ》で、本当の姿を現わせば吃驚《びっくり》なさるから、こんな人間の姿をしていますが、九万九億の眷属《けんぞく》をもっておる。そなたは親切な方ゆえ、何事も心に叶うよう守護さしてやろう。だからお前の家であるということがわかるように、その証拠に門松《かどまつ》を二本立てなさい」といって旅立った。その後、誰《だれ》も彼《か》も、その厄神の守護を受けるように、と真似だしたと言う話がある。

（昭和七年一月・玉鏡）

井戸の位置

ある地方では住宅の真中《まんなか》に井戸を掘るとよくないと言うが、これも迷信である。家を建てるのに邪魔になるだけのことで、それ以外に差し支《つか》えはない。

（昭和七年二月・玉鏡）

笏

笏《しやく》は身体《からだ》の楫《かじ》――恰好《かつこう》調子をとるためのものである。古くから日本にて用いられたもので、仏教では如意《によい》に相当する。

むかしは高貴の方に奏上するとき、その要項を紙に書いて裏面《りめん》に貼《は》っておいたものである。また祭典のおりなども、順序次第等を書きしるしておいたのである。

笏《しやく》には、本来は、櫟《いちい》の木を用いることになっている。むかしは位山《くらいやま》にできたアララギで造ったものであったが、アララギの笏《しやく》は従一位《じゆいちい》以上の官位の人でなければ持たれなかったので、アララギを櫟《いちい》というようになったのである。

（昭和七年三月・玉鏡）

手の働き

今日《こんにち》では人を数《かぞ》えるのに、人口《じんこう》といって口をもって数えるが、むかしは手をもって数えておった。今日でもある人をやり手などと言う。また人のないことを手が足らないとか、手がないとか言っているのである。

（昭和七年五月・玉鏡）

鶏の宵鳴き

むかしから鶏《にわとり》が宵鳴《よいな》きをするのは、非常なる凶兆《きょうちょう》だとせられ、これを聞いた人の身の上、または一家には、一大変事が起こるなどと伝えられ、いまでもそれを甚《はなは》だしく気に病む人があるが、それは和鶏《ちゃぼ》のみのいた昔の時代のことである。

いまの鶏は洋鶏《ようけい》またはその雑種であるから、本当の時《とき》をつくらないのである。アメリカ種なれば日本の日の暮れは向こうの夜明けにあたるのだから、かれらはその国の伝統により時をつくって宵《よい》鳴《な》きをするのである。凶兆でもなんでもない。

これはひとり鶏にのみ限らないので、犬でも猫でも牛でも馬でも、いまはほとんど雑種で、固有の日本種は尽きなんとしている。

人間界においても大和魂《やまとだましい》の持主がだんだん少なくなって、邪《よこさ》の道、悪思想のはびこる世の中になってしまった。歎《なげ》かわしき世相である。

（昭和七年六月・玉鏡）

葛の葉の子別れ

狐《きつね》が恩義に報《むく》ゆるため、かりに人間の女と身を変じ夫婦の契《ちぎ》りを結び、子までなしたる仲なれど、情《なさけ》なや、秘《ひ》したる身の素性《すじょう》を見露《みあら》わされ、

恋《こい》しくば尋《たず》ね来て見よ和泉《いずみ》なる
　信田《しのだ》の森のうらみ葛《くず》の葉《は》

と一首の歌を書き残して元《もと》の古巣《ふるす》に逃げ帰ったという哀れにもグロテスクな物語は、誰《たれ》知らぬもののない有名な話であるが、葛《くず》の葉《は》と名《な》告《の》る女は決して狐の変化ではないのであって、じつは○○の娘なのである。

差別思想の甚《はなは》だしい時代の出来事なので、狐ということにしてしまったのである。

（昭和七年八月・玉鏡）

湖水

湖水というのは噴火口に水の溜《たま》ったものである。だから琵琶湖《びわこ》でも、芦《あし》の湖《こ》でも、みな噴火口に溜った水である。噴火口でないものは池といい、沼といい、潟《かた》などと称する。大きいから湖水というのではないのである。

（昭和七年八月・玉鏡）

武家人

江州三上山《ごうしゅうみかみやま》は一名、むかで山と言っている。そして蜈蚣《むかで》が七巻半していたのを、俵藤太秀郷《たわらとうたひでさと》がこれを平《たい》らげたという伝説があるが、蜈蚣というのは、武家人《むかで》という意味で、武家人《ぶけにん》のことであり、当時の軍人《いくさびと》のことである。

たくさんの人を使用する時には、あの家は手が多いとか、あの人はやり手じゃとか、手がないとかいうごとく、手という意味は人のことである。

その武家人《むかで》が「七巻半」しているということは、すこぶるたくさんに、十重《とえ》にも二十重《はたえ》にもするほどいたという意味である。

（昭和七年十二月・玉鏡）

「酒」と「剣」について

古事記に、素盞嗚尊《すさのおのみこと》が出雲の国、肥《ひ》の河上《かわかみ》において足名椎《あしなづち》、手名椎《てなづち》の神に逢われて、高志《こし》の八岐《やまた》の大蛇《おろち》を退治られるときに、櫛名田比女《くしなだひめ》を「湯津《ゆつ》爪櫛《つまくし》に取り成《な》して云々」と書いてあるのは、同姫を高い木の枝に登らしておいたというのである。

すなわち、木にとりかけて大蛇《おろち》の出で来たるを待たれた、という意味である。

また「八塩折《やしおおり》の酒を醸《か》み」とあるのは、八つの酒樽《さかだる》を作ったのであるが、その酒をつくるのは、今日のような酒造法によったものではない。

米を人の口でよく噛《か》みこなして、それを樽のなかに吐き入れておく。もっとも、その噛んで吐き入れるのは、ホンの少しでよい。それが種となって、樽のなかの米が次第に醗酵して、酒が醸《かも》されてゆくのである。人間のつばきが一つの醗酵素《はっこうそ》となるのである。

また、いよいよ大蛇《おろち》がその酒を呑み、酔い伏してきたので、御佩《みはか》せる十拳《とつか》の剣《つるぎ》を抜きて切り放り給うということが出ているが、この太古においては、剣というものは、後世のように常人《じょうじん》にいたるまで佩《はい》してはおらなかった。その時代の最高権威者とか、また軍国にたとうるならば、その軍国の首長となるべき者のみが所持していたので、他《た》の者は棒のようなものを武器としておった。

それだからその剣《つるぎ》に対抗するときには、とうてい勝ち目がないのである。剣を持てる者に打ち向こうて争うことは自分の滅亡を招来するので、剣を持てる者にたいしては絶対の服従であった。すなわち剣の威徳《いとく》に服するということになる。

世がすすむにつれて鍛冶《かじ》が普及されたので、のちには剣をたれでも所持するようになった。

しかし太古は左様でなかったので、剣を持つものに絶対の威徳があった。ゆえに、これを持つものが首長であり、また時の覇者《はしゃ》となるのであり、ことごとく平定することができたのである。

（昭和八年一月・玉鏡）

菓子と饅頭

お筆先に「菓子《かし》饅頭《まんじゅう》を無《の》うにいたすぞよ」と示されてあるが、そういうものは贅沢《ぜいたく》だからである。むかし、秀吉にぼた餅《もち》を献上した者があった。ところが秀吉は、こんな贅沢《ぜいたく》なものを国民が食べると国がつぶれてしまうというので、陰暦十月の亥《い》の日だけに、ぼた餅《もち》を食べさせることにしたのである。

（昭和八年三月・玉鏡）

仏足頂礼

釈迦《しゃか》が成道《じょうどう》して山を出《い》で、父浄飯王《じょうはんおう》に会見した時、王は仏足《ぶっそく》を頂いて礼拝したと記されているが、それは実際に親への孝行であって、永年《ながねん》の修行によって得た霊徳を父に贈与する、もっともよい方法であったのである。

元来、霊気《れいき》は四肢《しし》の指先において、もっとも多く放射するものである。とくに足の指先が、いちばん多く霊を放射するのであるから、釈迦が足を父の額《ひたい》につけて、まず一番に、父に霊徳《れいとく》を頒《わか》たんとしたのである。

満足したと言い、足らうと言い、円満具足と言い、みな足の字がつくのはこの理由からくるのである。

（昭和八年八月・玉鏡）

比礼

鎮魂《ちんこん》に関する十種《とくさ》の神宝《かむたから》のなかに、蜂《はち》の比礼《ひれ》、大蛇《おろち》の比礼《ひれ》、品々物《くさぐさもの》の比礼《ひれ》というのがある。比礼《ひれ》というのは、あの水兵帽の後ろについているビラビラしたリボンのようなものであって、大蛇の比礼は大蛇を払《はら》うもの、蜂の比礼は蜂を払うもの、品々物の比礼はすべてのものを払うもので、要するに、御幣《ごへい》みたようなものである。

（昭和八年八月・玉鏡）

弓と蟇目の法

弓は忌《い》み清《きよ》めるの意より、その名がきている。それで物《もの》の怪《け》をはらう場合に、弓でもって蟇目《ひきめ》の法を行なうのである。

蟇目《ひきめ》というのは、蟇《ひき》の巡《めぐ》り歩く通りにとり行なわるるのであって、蟇というものは一日に一回、家屋敷の周囲を巡回して家を守るものである。

（昭和八年十二月・玉鏡）

左手右手

左というのは日足《ひた》るということ、右は水極《みぎり》ということなので、元来、ひだり、みぎり、とよむのが本当である。

また左手を、ゆんで、というのは、弓手《ゆみて》の意味で弓をもつからである。

右手《めて》というのは、これも弓をひく時のことで、右手はちょうど右の目の下にくる、そして右の目で的《まと》をのぞきこむから目《め》の方《ほう》の手《て》、すなわち、め手というのである。


（昭和八年十二月・玉鏡）

女性を語る

女の型

お嬢さん育ちの娘とは、大部分、富家《ふうか》の女で、繁雑な世相を知らず、辛酸《しんさん》をなめたこともなく、なんのための人生なるかを識《し》らず、いわば温室に育てられた草花《くさばな》である。時の変遷推移と正比例な女であって、機を見るの能力もなく、活動する技《ぎ》倆《りょう》もない毒にも薬にもならぬ、いたって平々凡々で、趣味もかえって低級である。

そのくせ芝居見物、遊芸、音楽、他出《たしゅつ》、買物等が好きであって、気分だけはたいへんハイカラで、何々会々員になりたがる気分は充分に持っている。また新聞や雑誌なんかでほめてほしい気分は、デモ政治屋成金《なりきん》物語と同一である。年をとってもアマエルこと非常なもので、気随気《きずいき》ままで始末のつかぬものである。早婚する女だけに、一度それが遅れたときは良からぬ噂にのぼり、幸福なような不幸なような、いわゆる人間として無意味である。

今回の旅行（東北旅行）によって、自分はこの感を深くし、かつ娘の親として大いに考えさせられたのである。

つぎに、世間体《せけんてい》の張りたい女がある。官吏《かんり》や公吏《こうり》の娘に多い。

いわゆる認識の慾望が至極発達したようで空威張《からいばり》をしたがる、そして無性《むしょう》やたらに令嬢ぶりたがる。しきりに高潔ぶって節操《せっそう》などの議論ときたら、いわゆる理想を楯《たて》にふりまわし強烈に審議する。つねに張気《はりき》なだけ、一度その度を失うものなら、たちまち神経衰弱に陥《おちい》ってしまう。

かかる種類の女は、理想と現実とが、つねに衝突しがちであるからである。貧弱な家庭の女としては大いに適するかも知れぬ。家計の切り盛りの比較的巧妙な点を経験から得ているので、細君としてはかえって、好成績をあぐるものである。養成一つで、ずいぶん役にもたち働きもできる。そして、気概に富んでいるのである。

（昭和三年十一月・月鏡）

仏教の女性観

仏教の玉耶経《ぎょくやきょう》には女人の不利なる地位が詳細に並べたててあって、これを女の十悪《じゅうあく》といっている。

女子《じょし》は出世《しゅっせ》しても、その両親に喜ばれない。牝《め》ンだの粕《かす》だとか、尼《あま》ッチョだとか、種々の侮蔑的言葉をもって遇《ぐう》せられ、女子を三人もてば家の棟《むね》を落とすとか、女子と小人養《しょうじんやしな》い難しだとかいって、ばかにされる。

その二には、養育しても少し間《ま》にあうようになれば身代《しんだい》の瘠《や》せるほど荷物をこしらえて他家へ遣《や》ってしまい、厄介物《やっかいもの》あつかいされる。そして、女は三界無宅《むたく》などと軽侮される。

その三には、気が小さくて人を畏《おそ》れる。人中《ひとなか》に出て、どんなに立派なことを説いても、ただちに女の言として相手にされない。

その四には、父母は教育と嫁入《よめい》りについて始終心配が絶えず、たくさんな荷物まで持たせてやりながら、不調法者をよろしく、といって嫁入り先の人々に頭を下げる。その村の犬にさえ遠慮するような気持ちになっておらねば娘が憎まれる、という心配から、父母は女子よりも男子の出生をよろこぶ。

その五は、恋しき父母に別れ、懐《なつ》かしい郷里を去って門火《かどび》に追い出され、いったん嫁《か》したうえは死んでも両親の家に帰ることはならぬ、と言い渡され、一人も親友のないところへ追いやられる。

その六は、嫁《か》した家の舅《しゅうと》姑《しゅうとめ》や、小姑《こじゅうと》をはじめ、近所や、嫁《か》した家の親族にまで機嫌をとって心配し、人の顔色ばかりみていなくては、一日も勤《つと》まらぬ。

その七は、妊娠の苦《く》、出産の心配があり、一度子を産《う》めば、容色とみにおとろえ、夫の愛にどうかすると変異を生ぜしむる憂《うれ》いがある。

その八は、すこし娘らしくなると、厳重なる父母の監視を受け、外出さえ自由にできぬ。

その九は、嫁《か》して夫に制せられ、無理解な夫になるとしもべのごとくに遇する。それでも小言《こごと》一つ言うことはできぬ。

その十は、老《お》いては子や孫に呵責《かしゃく》せられ、生涯自由を得ないものと説いてある。

しかし、今日《こんにち》の覚醒《めざめ》た女は、かかる十悪の仏説に耳をかたむけるような正直な女はないから、男子たるもの、骨の折れることである。

十悪《じゅうあく》の不利益をもつ女性をば
　救ふは伊都能売神《いづのめかみ》の御教《みおしえ》

女性てふものに生《うま》れし不利益を
　救ふは伊都能売神《いづのめかみ》の御心《みこころ》

（昭和三年十二月・月鏡）

慧春尼

足利《あしかが》時代における禅林《ぜんりん》の傑物《けつぶつ》ととなえられた慧《え》春尼《しゅんに》は、尼僧として数《かぞ》うるに足るべき貞操《ていそう》の固い尼僧であった。慧春尼《えしゅんに》は、意志の弱いものと侮蔑された当時の女のために、気を吐いたわけである。

彼よく得度《とくど》しえたるは、花顔月眉《かがんげつび》、丈《たけ》なす黒髪を惜《お》し気《げ》もなく切り捨てたところにある。彼は性慾なんか問題にしていなかった。それでも相応に恋の迫害を受けた。彼は赤裸々《せきらら》となって陰部を開放するだけの勇気があった。

彼が禅林に修するとき、某《ぼう》男僧から情交を要求されて絶対に辞言《じげん》に窮《きゅう》したる場合に、一策を案出して曰《いわ》く、

「わたしの為《な》すことは、如何《いか》なる事にても為し玉《たま》うか、それをよく為し、わたしが言うがままになるというお約束なれば、わたしの身体《からだ》は貴僧が意に従うべし」

という問題を提出した。

ここに熱烈なる恋に燃えきった男僧は、即座にこれを諒《りょう》とし、いかなる場合に、いかなる事にても、これに応ずべきを諾《だく》し、寸刻《すんこく》もかれ尼僧が提出条件の速《すみ》やかならんことを希《こいねが》い、恋の成就と性慾の満足を期せんものと、満身《まんしん》ただ、それよりほかに念とすべきものはなかった。

さて、男僧が熱烈なる生命《いのち》がけの恋の成就の期は到来した。慧春尼《えしゅんに》は、いかなる問題を男僧のまえに提出したかといえば、じつに思いきり徹底した問題であった。

慧春尼《えしゅんに》は、ある日、大法会《だいほうえ》にて幾百の僧侶が大本堂に集会した、尼《に》はこの時こそはと、赤裸体《まっぱだか》にて万衆のなかに出で、陰部を開放して曰《いわ》く、

「某《ぼう》男僧よ、願わくはこの衆僧の眼前にて、ただ今わらわが身体《からだ》を貴僧に任《まか》せん、積日《せきじつ》の慾望を達せられよ、自由に情慾を充《み》たされよ」

と恥《は》ずるの色なく、平然として出でた。

ときに某男僧は顔より火を発《はっ》して、どこともな

く逃げさりたりとの逸話がある。

これをみるも、いかに彼が俗を脱していたかという消息がわかる。そして女人《にょにん》の慧春《えしゅん》は、よく男となりえたのである。

ここに、現代の「新しい女」と一時、名を天下になした平塚雷鳥《らいてう》が、禅味《ぜんみ》を気どって、前をまくって示すべからざるを示し、南天坊《なんてんぼう》に抱《だ》きついて接吻《せっぷん》したなどは大いに見るべきものがあるとしてあったにかかわらず、若い燕《つばめ》と水も入《い》らない生活を送る人となった。そしていまでは児《こ》まで生んで俗化し、もはや処女ではなくなった。処女の美を捨てた彼は、やはり女であった。

現代の尼僧が尼僧たるにいたった経路は、千態万様、とうてい純真なものはすくない。世を捨鉢《すてばち》の者もあるだろうし、悔恨《かいこん》の情《じょう》、禁ずるあたわずして、ついに剃髪《ていはつ》した者もあるだろう。煩悶《はんもん》悲痛人事の尽きざるを感奮《かんぷん》して、この境《きょう》に入《はい》ったものもあろう。

しかし、彼らが一生を通じて初心《しょしん》を貫《つらぬ》くことができるかが、すこぶる疑問である。

彼らが山門において稚気満幅《ちきまんぷく》変《へん》な匂いが鼻孔《びこう》を穿《うが》つを聞くは、なお女を脱することのできない証拠である。彼らが激しく変わった感情に支配されて尼僧となって幾日ならず、よく禅味を味わうことができず、馬鹿《ばか》々々しいと言って俗《ぞく》に還《かえ》るものが往々あるをみては、彼らが心事《しんじ》を察するに余りありである。

彼らは頭髪を切り捨てたりといえどもなお、臀《でん》肉《にく》を有《ゆう》す、彼らが得度の域に達せんと欲《ほっ》するならば、なお臀肉をも削《けず》らねばならぬ。

とうてい臀肉を有するあいだは性慾を捨つることと、けっして不可能事《じ》に属するものである。

天地《あめつち》の神《かみ》の恵《めぐ》みを打忘《うちわす》れ
仏《ほとけ》に仕《つか》ふる不《ふ》徹底《てってい》の尼《あま》

（昭和四年五月・月鏡）

女性の功徳

仏法《ぶっぽう》が今日まで命脈を保ってきたのは、観音《かんのん》があったお蔭《かげ》である。キリスト教が今日まで伝わっているのも、マリヤという女性があるからであり、神道《しんどう》においても天照大神《あまてらすおおかみ》あるために続いているのである。

大本においては金勝要之神《きんかつかねのかみ》、木花咲耶姫《このはなさくやひめ》が出現されている。

すべて美人の女神《めがみ》ありしために、既成宗教も今日まで存しているのである。（昭和七年二月・玉鏡）

お亀でも女としての意地が在る金や権威にゃなびきませぬよ

『百体達磨』より

俺だとて煙草も吸へば酒も呑む女菩薩にゃ天窓上がらぬ

『達磨百面相』より

礼儀・作法

土瓶や鉄瓶の置き方

土瓶《どびん》や鉄瓶《てつびん》を置く時はかならず、口が東または南に向くようにおかねばならぬ。北向や西向においてはいけない、それは死んだ時の置き方である。

すべて物は陽《よう》に向かうようにせねばならぬ。また土瓶は敷物が要《い》るが、鉄瓶は畳《たたみ》にじかにおいてもさしつかえないものである。

（大正十五年六月・水鏡）

神社参拝の心得

正式に神社参拝をする時は、かならず神饌料《しんせんりよう》を捧呈《ほうてい》すべきものであるが、ほんのちょっとしたお宮へ通りすがりに参拝するにしても、お賽銭《さいせん》を五銭以上、お供えすべきものである。

プラットホームの入場料でも五銭取るではないか。御神苑内に入れて頂くのだから、それ以上さし上げるのは当然のことである。

また、お祭を当てこんで境内《けいだい》で店を開いている商品は値切らないで、たとえ少しのものでも買《こ》うてやるがよい。そうすると神様がお喜びになる。

古来、代々の天子《てんし》様が地方を御巡視遊ばさることを行幸《ぎようこう》と申しているが、それはお出ましになる地方がたくさんの頂《いただ》きものをして喜び勇み、心から幸福を感ずるからのことである。

山川も寄りて仕《つか》うる聖天子《せいてんし》が行幸《ぎようこう》遊ばさるるときは、魚《うお》も獣《けだもの》もみなその徳を慕《した》うて寄ってくるため、海には漁猟《ぎよりよう》が多くて漁師が喜び、山には獲物《えもの》が多くなって猟師が喜ぶのである。

その如く神様も、その境内に集まる人たちに福を与えておやりなさりたいのであるから、その神意を体《たい》して、買物をしてやるのである。

こういうところで使う金は、けっして無駄費《むだづか》いではない。結構に御神徳をいただくのである。

（昭和二年十月・水鏡）

主人の居間

主《しゅ》たる人のいる場所は、絶対にほかの人が入《はい》らないようにせねばならぬ。そういう間《ま》を一室ちゃんとしておかねばならぬことは、古事記《こじき》にも出されていることである。

（昭和四年四月・月鏡）

老年と身だしなみ

他人によい感じを起こさすように努《つと》めることは、人間の礼儀である。

若いときは繕《つくろ》わないでも綺麗《きれい》なものであるが、年とるにしたがって、だんだん汚《きたな》くなってゆくのであるから、若い人よりも、年とった人のほうが身《み》だしなみの必要があるのである。

西洋人が年とるほど若作《わかづく》りになるのも一理《いちり》あることで、とにかく人は年とるにしたがって手入《てい》れをよくし、女なども薄化粧《うすげしよう》でもして、老衰《ろうすい》からくる悪感《あくかん》をなるべく人に与えんようにするのがよろしい。

（昭和四年十二月・月鏡）

小さいこと

小さいことで、人の全体は窺《うかが》わるるものである。障子《しようじ》、襖《ふすま》の開《あ》け閉《と》じひとつ見ても、いまの人たちに本当の閉《し》め方《かた》のできる人は一人もない、というてもよい。だから、すべてのことは粗相《そそう》だらけである。

立秋《りつしゆう》以後は、けっして扇《おうぎ》で人をあおぐものでもなく、団扇《うちわ》など出すべきものではない。いくら暑くてもそういうことはしてはならないのであるが、このことを心得ているものは一人もなく、わたしが暑いというと、冬でも扇《おうぎ》をもってバタバタとあおぐ。むかしから、人に捨てらるることを、秋《あき》の扇《おうぎ》というではないか。

　手紙を開封さしてみても下の方を切ったり、横を破ったりする。封筒《ふうとう》は一番上を切るのが法《ほう》で、下の方を切るような人があったら、ものごとひとつも成就せず、底抜《そこぬ》けになってしまう。

　客に行った場合、焼物《やきもの》の肴《さかな》などは肩のところへすこし箸《はし》をつくべきもので、全体をむしゃむしゃ喰《た》べるべきものでない。いくら美味《びみ》だからと言って、漬物《つけもの》の再請求などすべきものでもない。

　わたしに対する取り扱いかただって、どこへ行ってもまったく非常識でこまる。神の場と、人の場とをハッキリ区別してもらわねばならぬ。

　大本の信徒たちからは、わたしは特別あつかいにさるべき位置にあるかも知れないが、信者以外の人たちに対しては、何らそういうことはなく、単なる出口王仁三郎《でぐちおにさぶろう》に過ぎない。

　しかるに、朝野《ちょうや》の名士たちと伍《ご》するときにあたっても、わたしにだけは特別に大きな布団《ふとん》をもってきてみたり、高いお膳《ぜん》を据《す》えてみたりする。こういう場合、わたしはてれくさくて居耐《いた》まらぬ感がする。

　人の場にあるときは人間なみに扱ってほしい、神様あつかいはこまる。人としてわたしが活動しているとき、宣伝帽子《せんでんぼうし》をかぶって訪問されたりするのもこまる。

　わたしは小乗《しょうじょう》より大乗《だいじょう》に進み、大乗よりさらに小乗に帰ってきて、これから人間的仕事に従事するのである。その時その時のわたしの仕事に順応して皆も活動してほしいと思う。

　すべての人がきわめて常識円満であること、これが大本の教えである。

　むかしはなかなか融通《ゆうずう》の利《き》いた人が、大本に入ってからいやに固くなって、鉛《なまり》の天神《てんじん》様のように鯱《しゃち》こばってしまうのをわたしは見た。

　こんなことは神様の思召《おぼしめ》しにかなわぬ。寛厳《かんげん》よろしきをえた真人《しんじん》となってほしいと思う。

（昭和五年一月・月鏡）

結び昆布（結婚婦）

結婚式のとき結《むす》び昆布《こんぶ》をつかうのは、夫婦の縁《えん》を結ぶ昆布《こんぶ》という意で、また親子の縁を結ぶという意味であるからそれをつかってよいが、寿留女《するめ》は、その意義によって新郎新婦《しんろうしんぷ》のあいだにのみ、用《もち》うべきもので、親子間の盃《さかずき》の肴《さかな》として使ってはならぬ。

（昭和五年五月・月鏡）

姓名

元来、姓名《せいめい》を書くとき、姓《せい》は大きく、名《な》は小さく書くべきである。

姓は祖先を現わし、名は自分を現わすのであるから、そうあるが当然である。

（昭和五年五月・月鏡）

水の御恩

旧十二月三十一日すなわち大晦日《おおみそか》は、お水の御恩を返すべき日である。それで、ことに夜になったらお水を、けっして粗末にしてはならぬ。また、徹夜するのが本当である。

（昭和六年三月・玉鏡）

干物のあぶり方

干物《ひもの》の開いたものを網《あみ》にかけて焼くときは、外側をあぶり、内側はあぶってはいけない。そのゆえは、丸焼きするときは、けっして内側に火は当たらないからである。また裏表を直接、火に当てると、味がひどく悪くなる。

つぎに海苔《のり》をあぶって食べるときも、両面からあぶると香気《こうき》が失せて味が悪い。

（昭和六年六月・玉鏡）

焼肴の箸のつけ方

他家に招かれて焼肴《やきざかな》を出されたときは、海魚《うみうお》なれば頭《かしら》を左に腹を客の前に据えてあり、河魚《かわうお》なれば頭《あたま》を左に、背を前に据える。

これを故実に、海原《うなばら》（腹《はら》）河瀬《かわせ》（背《せ》）という。

そしてその焼物に箸《はし》をつけるときは、庖丁《ほうちょう》がたの入っている首筋あたりをむしって食べ、小さき干物なれば片側を食えばよい。裏返しして、骨ばかりを残して食ってしまうのは「犬喰《いぬぐ》い」といって卑《いや》しさの限りである。主人が客に焼物を出すとき「おむしり下さい」というのはこの理由である。

いまの人は、むしるどころか丸喰《まるぐ》いをするくせがあって見っともよくない。（昭和六年六月・玉鏡）

襖の開け閉め

襖《ふすま》の開け閉めの時に、よく開けすぎたり、閉めすぎたりするが、これは閾《しきい》を見て、畳《たたみ》の合わせ目をもって測《はか》るか、あるいは鴨居《かもい》の柱を標準にすれば容易《たやす》いことである。

襖《ふすま》の開け閉めさえ完全にできず、これに気がつかないような者は、どんな仕事をさせても成功おぼつかない。（昭和六年六月・玉鏡）

床の高さ

かつて述べたように、この地上三尺を離るれば、すでに天の区域に入《はい》るものである。

だから普通の人間は、地の上三尺以内の高さに起臥《きが》するが本当で、大宮人《おおみやひと》や天上人《てんじょうにん》は三尺以上のところに住むべきである。

いったい人間は土を離れて住むことはできない。それとて、あまり土地に近く住まっては湿《し》けるし、土地を高く離れて住めば、地気《ちき》に親しまぬことになる。

ゆえに床《ゆか》はあまり低くてもよくなければ、高すぎてもよろしくない。普通三尺以内にするがよい。

（昭和七年四月・玉鏡）

倉と便所

倉《くら》は乾《いぬい》（西北）、便所は巽《たつみ》（東南）に建てるのが本当である。

（昭和七年七月・玉鏡）

艮の方角

艮《うしとら》の方角とは東北で、太陽の昇る尊《とうと》い方角であるから、家を建てるときなど、なるべく汚いものを建てないよう遠慮したがよい。

もし建てなければならぬ場合や、また借家などで仕方のないときは、お祭りして神様にお願いすればよい。

（昭和八年四月・玉鏡）

上棟式と幣

上棟式《じょうとうしき》の時、幣《へい》を切り、お多福《たふく》をつけるわけは、元来、家そのものは陽性のものであるから、陰性の女を配して陰陽を合わすのである。倉《くら》の場合には福の神が入《はい》るという意味を表わすのである。

（玉鏡）

食膳について

祝詞《のりと》のなかに「海川山野種々《うみかわやまぬのくさぐさ》の物を平《たい》らかに安らかに聞《きこ》し召して」とある如く、食膳《しょくぜん》の上の配置は、まず向かって左向こうに海のもの、すなわち海魚類を、右向こうに河のものを、左手前に山のものを、右手前に野のものを、中央に種々《しゅじゅ》のものをおくのが作法《さほう》である。

（昭和八年六月・玉鏡）

扇、団扇

秋立ってのち、扇《おうぎ》や団扇《うちわ》で人をあおぐものではないということはかつて話しておいたが、これは秋風《あきかぜ》を送るということになるので、はなはだ面白くない。うちわはまた打つということにもなるので、立秋《りつしゅう》後は用うべきものではないのである。

それなのに王仁《わたし》が巡錫《じゅんしゃく》中、どこへいっても少し暑いとすぐ団扇《うちわ》を持ち出してバタバタ四方からあおぐ、玉鏡《たまかがみ》に書いてあっても、いっこう読まないものとみえる。

自分であおぐのなら、立秋後といえども、一向《いっこう》差し支えないのである。

もし、人をあおぐ必要があるならば、檜扇《ひおうぎ》を用うべきである。団扇《うちわ》にいたっては、尊き人の前などにて使うべきものではない。

団扇《うちわ》の起こりは、遊女高尾《たかお》で有名な石井常右衛《つねうえ》門《もん》が、かの一件から相手に恨《うら》まれ、ねらわれて、やむを得ず、これを斬《き》って江戸を立ちのき、三島まで落ちのび、三島明神の社殿で一夜を明かせしおり、盗賊のために旅銀を奪《うば》われ無一物《むいちぶつ》となり、あちらこちら流浪《るろう》して歩くうち蚊《か》にせめられ、竹をたたいてササラとし、これを追うたのが初まりで、晩年、京都深草《ふかくさ》のあたりの侘住《わびずま》いにこのことを思い出し、団扇《うちわ》を作って売り、それを生活の料《りょう》としたもので、これが深草団扇《ふかくさうちわ》のはじまりである。

いまは種々に改良せられて美しいものとはなっているが、こんな来歴をもつもの。ごく打ちとけた内輪同士のあいだならいざしらず、チャンとした客の座敷などに持ち出すべきものではない。

有職故実《ゆうそくこじつ》は知らないものばかりで、礼儀作法も乱れた現代だ。不愉快のことのみ多い。

（昭和八年十一月・玉鏡）

時局・世相

憂国の志士と愛国の志士

憂国《ゆうこく》の志士《しし》というが、国を憂《うれ》うるだけでは何にもならぬではないか。愛国《あいこく》の志士でなくてはならぬ。

（昭和二年五月・水鏡）

百年の計

一年の計《はかりごと》のために米を植《う》え、十年の計《はかりごと》のために樹木を植え、百年の計《はかりごと》のために民《たみ》を植え、千年の計《はかりごと》のために徳を植えるということがある。

いまの政治家は百年の計《けい》を立てるといいながら、目先のことのみに心とられて、民《たみ》を植えることをせぬ。こんなことではしようがない。

植民ということは大切なことで、真《しん》に百年の計を樹《た》つる人があったならば、日本の政治家に、蒙古などは、疾《とく》に王化《おうか》に潤《うるお》うておるだろうに、惜しいことである。

（昭和二年八月・水鏡）

自主的精神

現代の日本人は外尊内卑《がいそんないひ》的精神に習慣づけられ、依頼心《いらいしん》のみ旺盛《おうせい》になってきたようである。

子弟を教育するにも莫大なる学資を投じ、やっと高等学府を卒業さした目的は、大商店の支配人になるとか、あるいは米つきバッタの変化《へんげ》たる代議士になるか、蓄音機の化者《ばけもの》たる教育家になるか、人の褌《ふんどし》で相撲《すもう》をとる伴食《ばんしょく》大臣、地方長官になるくらいが、最大高級の目的である。

一つの事業をなすにも自主的精神が欠けているから、現代にときめきわたる政治家や、代議士の古手《ふるて》、博士《はかせ》、大事業家などの名を並べさえすれば、いかなる事業でも成功するように思っている。

はじめから如何《いか》なる事業といえども、人の援助を受けたり、賛成を得てやろうといったような薄弱な意志では、けっして成功するものではない。

一つの事業を完成しようと思えば、少なくとも十年間の自主的刻苦《こくく》経営を経なくては、どんな事業でも成功するものではない。加うるに信仰、忍耐、正直の、この三つのものを活用せなくてはだめである。現代人のやることを見ていると、政治家や華族《かぞく》や博士《はかせ》などの名を立派に並べたてて、主義や綱領の立派なことは大政治家も、聖人君子も、裸足《はだし》で逃げるような勇壮な文章が並べられてあるが、単に売薬屋《ばいやくや》の効能書《こうのうがき》に過ぎない。

我々は真《しん》の日本人である以上、名望家の応援を受けたり、補助などを仰《あお》いで事業をやりたくはない。そういうような薄弱な意志では、有終《ゆうしゅう》の美果《びか》を収めることはできないものである。

（昭和三年七月・水鏡）

日本人目覚めよ

オイッケンがどう言った、マルクスがこう言ったのと、個々の人々の抱いた思想について、深くこれを究《きわ》めることは専門家の仕事であって、すべての人間が専門家同様の研究を重ねんとするのは無理である。

普通の吾々《われわれ》などは、各学者の学説を通観しただけで、常識的の頭をつくらねばならぬ。少なくとも一瞥《いちべつ》しただけで、その取捨選択を誤らないだけの常識を持っておらねばならぬ。

政治の経過においても政治的歴史からみてもたいていわかることで、西洋諸国には古来幾回かの人種の大移動を繰り返してきた。

前の人種を後の人種が全滅する、優等人種が出てこれに代《か》わり、転滅《てんめつ》戦につぐに全滅《ぜんめつ》戦をもって今日にいたったので、残虐の継続が今日を築き上げたものとみられる。

そして西洋思想は実に、ここから生まれている。地上の草木《そうもく》を知ろうとするなら、まずもってその土地を充分に調べてみなくてはならぬ。

しかるに日本人にして、日本を知らないものがある。日本に生まれ、日本に育ちながら、日本の歴史、日本人の習慣性等については、まったく、これを知ろうとさえ努めるもののなき現代である。

日本人の言葉といえば浅薄《せんぱく》なもの、西洋人のいうことなれば、かならずそれが真理であるように、早呑込《はやのみこ》みするようになってしまっては始末にこまる次第である。日本の刀剣についてさえドイツに聞かなければ判《わか》らぬなどは、沙汰《さた》のかぎりである。

特に今日の青《わか》い連中の読物はすべて西洋のもの、語るところもまた西洋のもので、日本は昨日まで未開野蛮国であったのだ、西洋のおかげで文明国になったのだ、と思っている。しかもこれらの連中は自他ともに知識階級と称して怪《あや》しまない。

こんなことでは日本の神国《しんこく》も、前途ははなはだ寒《かん》心《しん》の至りである。

まず、この迷信を打破することに努め、日本人には日本固有の真《しん》の文明を知悉《ちしつ》せしむることが刻《こく》下《か》の急務である。

われわれ大本人《おおもとじん》が現代人から迷妄と罵《ののし》られ、山《やま》カンと嘲笑されながらも、人類社会のため、国家国民のために昼夜不断の活動をつづけているのも、国家の前途を憂《うれ》うるのあまりに外《ほか》ならないのである。

（昭和三年十一月・月鏡）

親作子作

親作《おやさく》に対する子作《こさく》であるのに、これを小作《こさく》と書くなどは、明治初年頃の学者の不用意で西洋かぶれが窺《うかが》われて、はなはだ面白くない感をあたえる。

物件的賃貸借《ちんたいしゃく》だ、親でもない子でもない、と解釈するから、ついに小作争議のようなものが流行するのだ。

日本の親作子作は、西洋のように物件的賃貸借で始まったものでないのだが、ちょっとした簡単な文字の相違が、やがて大なる観念の相違となってくるものである。どうかして日本農本国《のうほんこく》は親子の関係にいつまでも円満にありたいものである。

（昭和三年十一月・月鏡）

地租委譲問題

地租《ちそ》委譲《いじよう》問題は地方分権制度でマッソンの仕組《しくみ》である。細民《さいみん》いじめのやり方であって、国運《こくうん》はいよいよ危《あやう》くなるばかりである。貴族院が反対するのも無理はない。

だいいち、神様は世界統一を企《くわだ》てておられる。日本もむかしから、ほとんど統一したことがなく、群雄割拠《ぐんゆうかっきょ》から、織田《おだ》、豊臣《とよとみ》、徳川《とくがわ》の世をへて、明治《めいじ》大帝《たいてい》にいたって、はじめて完全に日本統一ができあがったので、この型を世界にうつすのが本当であるのに、反対に地租委譲なんかをやろうというのは間違っておる。

本当のことをいうと、全世界もまた、一度も統一せられたことがないので、月の国が七千余国であるばかりではなく、世界も七千余国であって、神様の思召《おぼしめ》しによって、それがだんだん統一されつつあるので、今はよほど統一せられたところである。

（月鏡）

不戦条約

不戦条約か。結婚の当日、夫婦で取り交す睦言《むつごと》と同じものだ。千代《ちよ》に八千代《やちよ》に末《すえ》かけて水も漏《も》らさぬ盟《ちか》い言《ごと》も、おたがいの誠意の程度いかんによって、どう変わっていくやら、わかったものではない。

（昭和四年八月・月鏡）

細矛千足の国

精鋭なる武器の整《ととの》っている国が、細矛千足《くわしほこちたる》の国である。我が国に世界無比の堅艦《けんかん》陸奥《むつ》だの長門《ながと》だのという軍艦を持っていることは、人意を強うするに足る。

覇道《はどう》をいったん布《し》いてのち、王道《おうどう》を布かねばならぬほど世は乱れきっている。戦争でもって、いったんは神州日出《しんしゅうひいず》る国の武威《ぶい》を世界に示さねばならぬことがくるかも知れない。

しかしてのち、愛善《あいぜん》の誠《まこと》を世界にいたさば、真の平和と幸福とを招来《しょうらい》することが、けだしさほどの難事でもあるまい。

（昭和四年八月・月鏡）

軍備撤廃問題

軍備縮小《ぐんびしゅくしょう》はよいが、軍備撤廃《てっぱい》は断じて不可である。ミロクの世といえども軍備はあるので、これは一日も弛《ゆるが》せにすべからざるものである。もしこれを撤廃すれば、またすぐに悪《あく》の蔓《はびこ》る世になるので、いつの世になっても弥陀《みだ》の利剣《りけん》は必要である。

剣《つるぎ》は、三種《しゅ》の神宝《しんぽう》のなかの随一である。璽《たま》も鏡も、後《うし》ろに剣《つるぎ》なくては完全にその使命を遂行《すいこう》することができない。鏡は教《おしえ》であって、これを梅《うめ》に配《はい》し、璽《たま》は政治であって、まつりごと、という意味よりして、これを松《まつ》に配す。剣《つるぎ》は武力《ぶりょく》であって、これを竹《たけ》に配す。

この三つのものは、どの一つを欠いてもならない。松、竹、梅と世に目出度《めでた》きものの表象とするのはこの理由によるのである。

天照大神《あまてらすおおかみ》様の御霊《みたま》は、璽《たま》と鏡、素盞嗚大神《すさのおおおかみ》様の御霊《みたま》は剣《つるぎ》であらせらるる。

（昭和四年十月・月鏡）

軍縮問題

英《えい》、米《べい》は国が大きい、日本は国が小さいというので、国の大小に応じて比率問題というのが起こっている。こんな馬鹿《ばか》々しい議論はない。大人《おとな》は大きいから五本の指が必要だが、小人《こども》は小さいから三本でよい、二本は切ってしまえ、というのと同じ議論だ。

国は小さくても、小さい相応な完全な軍備というものが要《い》るのである。小人《こども》にも五本の指は必要ではないか。

（昭和五年一月・月鏡）

刑法改正問題

有婦姦処罰《ゆうふかんしょばつ》、死刑廃止《しけいはいし》等の問題が、来たる議会に提出せられんとするようだが、それは結構なことである。

女子だけに有夫姦《ゆうふかん》の制裁《せいさい》があるのは可哀想《かわいそう》である。これは、男女を通《つう》じて同じであるべきであると思う。

死刑を廃止することも至極《しごく》結構なことで、悪いことをしても死刑にするというのは、あまりに可《か》哀《わい》そうなことである。人手《ひとで》にかかって殺されるというのも多少の不注意からくるので、足らぬところがあるからである。殺した人ばかりの罪とは言えない。

それは人を殺したからというて死刑に処《しょ》すると、その人の霊《れい》が、また人にかかって人を殺さしめ死刑になるようなことを仕出かすので、こういうことを繰り返しておっては仕方がない。

元来、刑法の目的は遷善改悟《せんぜんかいご》にあるので、復讐《ふくしゅう》的であってはならない。殺してしまっては改善の余地がなくなるではないか。

人を殺したから殺してしまうというのは、復讐的で愛善《あいぜん》の精神に背反《はいはん》するもので、じつによろしくないと思う。

（昭和五年二月・月鏡）

支那という国

支那という国は個人主義の国で、とうてい一致団結などということはできぬ国である。

これをたとうれば、あたかもザクザクとした砂のようなもので、どんなにたくさんの量があっても、固めて一団とすることは不可能である。ただ強い袋に入れて縛っておけば、その力によって固まっている。

支那を統治するものは、この国民性を度外してはならぬ。

（玉鏡）

エト読込みの歌

この度《たび》の金解禁《きんかいきん》はよけれども　緊縮風《きんしゆくかぜ》におそわれて
不景気《ふけいき》日々に重《かさ》なりつ　巳は身《み》で通る裸体坊《はだかんぼう》
いろはたとえの其《その》通り　指折《ゆびお》りまつは午の春
うまい話はないものか　紙食《かみく》う未はありながら
申も枝《えだ》からおちる世《よ》だ　酉こし苦労取違《くろうとりちが》い
安々《やすやす》戌る家もなく　亥づみに落ちた金槌《かなづち》か
頭《あたま》上がらぬこの時節《じせつ》　子んが年中泡《あわ》吹いて
丑と見しよはいつまでも　つづかざらめと寅の巻《まき》
経済学者が卯のみして　種々《しゆじゆ》の経綸《けいりん》辰の年
巳ごとな政治がして欲《ほ》しい

（昭和五年一月・月鏡）

ガンジー

ガンジーの運動か？　やりかたが下手《へた》だ。時期を見るの明《めい》がない。ああした運動はまだ三年ばかり早きに過ぎている。また統率者《とうそつしゃ》が自分で矢面《やおもて》に立つのも策の得たるものでない。

なにしろ敵は、あらゆる武器をもった大自在天《だいじざいてん》であるのだから。

（昭和五年五月・月鏡）

食糧問題

今年（昭和五年）は豊作とあって、政府でも余剰の米の処分について頭をなやましておられるようであるが、たくさんだというても、全国民がわずかに二か月食べあますぐらいなものである。備荒《びこう》貯蓄《ちよちく》の必要はないのであろうか。

今年豊作だというて来年もそうとは限らない。ことに豊作の年は、稲が土地の養分を十分に吸収しつくすから、翌年はよほど肥料をやらねば収穫が少ない道理である。

大本神諭に、「猫の額《ひたい》ほどの所にも食物を植《う》えよ、お土《つち》からあがるものを大切にせよ」とあるが、為政者は、よほど考えねばならぬ問題である。

（昭和五年十二月・玉鏡）

経済と会計

いまの政治家のやっていることは、みな間違いだらけである。緊縮政策というのは、当然一石《こく》の籾《もみ》の種を蒔《ま》いてしかるべき地所《じしょ》に、五斗《と》の種をしか蒔《ま》かないという政策だ。

また積極政策というのは、一石《こく》しか種を蒔《ま》き得ないところに、前後周囲の考えもなく、川原や石の見さかえもなく、むちゃくちゃに一石《こく》五斗《と》の種を蒔《ま》くというやりかただ。

あれでは、どちらにしても助からない。

いまの政治家や学者は経済学ということを知らない。もっとも正しい方法は、一石《こく》の種を蒔《ま》くところに一石蒔《こくま》いて、そのすべてを稔《みの》らし効果を得ることなのだ。これが本当の経済である。

それにみな気がつかないで、経済と会計とを混同して考え、金銭の収支ばかりに頭を悩ませている。収入が不足だとて、その額を公債《こうさい》や増税《ぞうぜい》によって収支の数字を合わせようとする。

単に収支の決算くらいだったら、別に政治家や経済学者でなくても、店の番頭《ばんとう》で結構できることなのだ。

（昭和七年三月・玉鏡）

瓢と水の藻

今日の世の中は、火《ひ》の神《かみ》の活躍時代である。電気でも、蒸気でも、今日の交通機関、軍器等、一切、火の力によってできている。

秋葉《あきば》神社の御神体である瓢《ふくべ》は水を汲むもので、火を消すために用いるのである。

水の藻《も》と瓢《ふくべ》とで火を消すのである。水の藻は水《すい》底《てい》に生《は》えておって、人の目につかぬものである。つまり、表面に立っての活動ではない。

ともかく、古事記の解釈は今日のところ、スリ硝子《ガラス》を透《とお》して見るごとく、ぼんやりとしか説《と》かれないのである。

（昭和七年四月・玉鏡）

波

波は水の表面だけの動揺であって、狂乱怒涛の荒びたつ時でも、下のほうは静かなものである。ゆえに水《みず》の皮《かわ》と書いて波《なみ》とよむのである。

いまの世の有り様を見ていると、狂い立つ波のようなものである。

文明も波の文明である。すこしも深い底の心に触れていないのである。波浪《はろう》に乗って立ち騒いでいるのが、いまの識者というものである。政治も芸術も教育も、みな波の政治であり、波の芸術であり、波の文化である。

ちかごろ王仁《わたし》に出廬《しゅつろ》をうながす人も少なくないが、王仁は、波浪上の舞踏はいやである。

誰《たれ》かの歌に、

底《そこ》ひなき淵《ふち》やはさわぐ山川《やまかわ》の
　浅《あさ》き瀬《せ》にこそ仇浪《あだなみ》は立《た》て

というのがあるねえ。

現代人に望むらくは、すべてのことに深味《ふかみ》があって欲しい。

（昭和七年八月・玉鏡）

泥金の日本人

日本人種は元来、人種中最上のものなのだが、いまは嘘《うそ》つきで根性が悪く、まったく泥金《どろがね》になってしまっている。

だが満州事変のような国家的一大事があると、もともと表面が泥にぬられているだけだから、すぐ地金《じがね》が出て大和魂《やまとだましい》に立ちかえり慰問袋《いもんぶくろ》なども盛んに送るが、しばらくするとまた、もとの通りになってしまう。すっかり泥《どろ》によごれきってしまっているからである。

（昭和七年十一月・玉鏡）

武器を持たぬ神軍

昭和青年《しょうわせいねん》を結成したのは、政治的野心があるのではない。

皇道《こうどう》の本義と人類愛善《じんるいあいぜん》の根本義によって、あるいは国家のため、あるいは国防のために団体的に行動し舎身活躍《しゃしんかつやく》するもので、平和のための神軍《しんぐん》という意義によるものである。ゆえに武器なども持たない。

ただ、団体的行動をなすには充分訓練しておかなくては役に立たないので、訓練をやかましゅう言っているのである。

（昭和八年二月・玉鏡）

愛善会の調査局について

人類愛善会《じんるいあいぜんかい》総本部に調査局というものが設置されたが、いったいに信者は、時事問題に対して頭が働かない、それでは活動ができぬ。

今後においては、よく社会万般の問題について、相当の批判力を持つようにせなくてはならぬ。

今日の政党のごときも、改造の機会に到達している通り、いっさいの国内、国際等の問題に対しても知っていなくては、世間に遅れてしまう。

（昭和八年二月・玉鏡）

飛行機

神界より見られた飛行機は、だいたい現在のようなものであるが、墜落せぬようになり、かつ操縦技術なども自由自在にならぬといけない。

今後においては大切なもので、神代《かみよ》の交通機関に船などとともに、重大なる役割を持ったものである。

（昭和八年二月・玉鏡）

紙雛さまと兜

王仁《わたし》は昭和六年の春ごろから、お雛《ひな》さまと五月節句《せっく》の兜《かぶと》の絵をしきりに描いた。

兜は戦争が始まるという神様の謎のお示しであって、お雛さまは満州に溥儀《ふぎ》執政の立たれる謎の予告である。男雛《おとこびな》さんは今までの型をやぶって、袖をちょっと折って、女雛《おんなびな》さまを抱擁《ほうよう》している姿である。日満の関係を予告された神様の謎である。

わたしはこれをエロ雛さまと名づけたが、そこにも神様の謎がある。日満《にちまん》の包容帰一《ほうようきいつ》を、エロ関係に象徴せられたのである。（昭和八年七月・玉鏡）

満州と宣統帝

満州にいよいよ新国家が樹立されて宣統帝《せんとうてい》が立たれたが、満州には、どうしても宣統帝を立てねばならない関係になっている。

これで、年来のわたしの素志《そし》が達せられたのだ。もちろん、今後いろいろ紆余曲折《うよきょくせつ》があることは予想される。（玉鏡）

天国と現代

現代はもっとも悪い時代だと思っているものがあるが、そうではないのである。

試みに明治維新前の状態を観《み》よ、生殺与奪《せいさつよだつ》の権は三百諸侯の手に握られ、讒《ざん》するものあれば事実の有無《うむ》を問わず、ただちに手打ちにするようなことも少なくなかった。

現行法律には不備の点がないとはいえないが、ともかくも三審制度を取って調べた上にも調べてもらうことができるのは、いかに有り難いことか分からぬのである。

山賊や雲助輩《くもすけはい》が横行して、わずかな旅行にも命がけで出かけなければならなかったその頃にくらべ、警察制度の行きとどきたる現代はどんなに幸福であるか、これもまた比較にならない。

草鞋脚絆《わらじきゃはん》に身をかため、箱根の山くらいを天下の嶮《けん》として行きなやんだ当時にくらべて、汽車中に安座して、五十三次《つぎ》をも夢の間《ま》に乗り越すことのできることを思えば、まったく隔世《かくせ》の感があるではないか。その他《た》、衣食住のそれぞれが、みな非常なる進歩をして、天国の相をそなえつつあるのは結構なことである。

これまったく明治大帝の御恩徳によるもので、世相は明治維新を一転機として、天国化しつつあるのである。

殺人強盗などの記事が新聞紙上に頻繁《ひんぱん》に現わるるを見て、現今の世の中が、いちばん地獄相をあらわしているとするものがあるけれど、それは誤《あやま》りで、むかしは通信報道の機関が不完全で、驚くべき種々の出来事も報道せられなかったのである。辻斬《つじぎ》りなどが方々《ほうぼう》にあって、人間の首があちこちにころがっておる事など珍しくなかったのである。

神諭に、いまが末法《まっぽう》の一番悪い世であると仰せられてあるのは、人心のゆるまないように教えられた言葉である。

（昭和八年十月・玉鏡）

正直者　日本人

日本人は、個人としては権謀術数《けんぼうじゅつすう》を弄《ろう》してなかなか食《く》えないが、さて国際問題となると馬鹿正直で駆け引きなどいっこう知らないで、思うがままに外国から翻弄《ほんろう》されている。

これに反して外国人は、個人としては信用のある正直な人が多いが、ひとたび国際問題となるや、あらゆる策を弄《ろう》して国権の伸長をはかる。日本とまったく行《ゆ》きかたが反対である。

（昭和九年二月・玉鏡）

金銀為本の政策

金銀為本《いほん》の政策の間違っていることを、王仁《わたし》は長年叫《さけ》びつづけてきたが、何人《なんぴと》も相手にはしてくれなかった。

しかし。現代のようにハタと行きづまってきて、はじめて少々夢が醒《さ》めかけたようである。

金銀為本に換《か》うる御稜威《みいづ》為本政策なるものが、古事記中巻仲哀《ちゅうあい》天皇の段に詳《くわ》しく示されているのだが、古事記は予言書であるから、言霊学《げんれいがく》の鍵《かぎ》をもってこれを読まなければ、その蘊奥《うんのう》なる神意を悟ることができぬのである。

現代の如く経済と会計とを混同して、有《う》を無《む》にすることばかり考えて、無《む》から有《う》を出す方法を知らない経済学者に、どうして非常時日本を背負って立つことができようか、思えば寒心《かんしん》の至りに堪《た》えない。

（昭和九年二月・玉鏡）

不退転

強くなければいかぬ、対外策は押しの一手でなくてはいけない。いつでも内閣の腰の弱いときに戦争はおこっている。みずから侮《あなど》って、しかしてのち人これを侮るのである。

強い国民、強い政府、強い外交、これでなくては一九三五年、六年の非常時日本は救われない。

（昭和九年二月・玉鏡）

非常時の人物

非常時日本には、経綸のあるぼんやりした大人物が欲しいが、無経綸な小さい賢い人ばかり多くてこまったものだ。衆愚政治ではもはやだめだ。経綸のある非凡なる大人物によってリードせらるるのでなければ、日本も危ない。

（昭和九年二月・玉鏡）

細心豪胆

えらい世の中になってくるぞ。御神諭にある通り、よほど腹帯《はらおび》を締めておらぬと切り抜けられない時がくるぞ。肝魂《きもだま》がしっかりしていなくては、どうにもこうにもならぬ時がくる。細心豪胆《さいしんごうたん》の人でなくては、物の役にたたぬ時になった。

（昭和九年四月・玉鏡）

雑話

惟神の寝方

惟神《かむながら》の寝方《ねかた》といえば、時計の針のごとく、くるくる廻《まわ》って夜の十二時には頭が北、すなわち子《ね》の方向にむかい、二時には丑《うし》、四時は寅《とら》、六時には卯《う》、八時には辰《たつ》といったふうになるので、子供が東枕《ひがしまくら》に寝さしておいても、いつのまにか南枕《みなみまくら》に廻転して寝ているのは、惟神《かむながら》の寝方にかなっておるものである。

（昭和三年一月・水鏡）

取越日記

取越《とりこし》日記について皆が取越苦労《とりこしくろう》をしておるというのか、ハ、、、なんでもないことなのだ。

日記帳に歌日記を書きかけたところ、一年中の日記が半月で済《す》んで、一月のあいだに二か年分を使ってしまった。見ると上部の予定欄《らん》、通信欄が白紙のまま残っているので、もったいないと思って、その日付《ひづけ》に合うような歌を書きつけていったのである。別に意味も何もないものであるが、神様が意味を持たさるれば、それは何ともいえないけれど、わたしは予言的に書いたのではないのである。

（昭和三年三月・水鏡）

日本人と悲劇

日本人は概《がい》して悲劇を好む。ゆえに浄瑠璃《じょうるり》などはほとんど悲劇的である。日本人は本来、性情がきわめて陽気であるにより、かえって反対に悲劇を好むのである。

むかしは花見《はなみ》、紅葉見《もみじみ》と同じように、枯野見《かれのみ》、虫聞《むしき》き、鹿聞《しかき》きなどの行事があって、淋しい枯野《かれの》を見て限りなき感興《かんきょう》を覚えるなども、日本人がきわめて陽気なる反映である。

西洋人などは反対に性質が陰気であるから、陽気な音楽や、ダンスなどを好むのである。

（昭和四年一月・月鏡）

社会学の距離説

どんなりっぱな人間でも、一定の距離をおいて見なければ、やはり一個の凡人である。

夕陽《ゆうひ》に輝《かがや》く美しい森も、そのなかに入って見れば、つまらない雑木《ぞうき》が前景に現われて美しい森は消えてしまい、富士の秀麗も、近く寄って見れば汚い熔岩《ようがん》の塊《かたまり》ばかりである。

偉人も、聖人も、天才も、英雄も、一定の距離をとり去ってしまうと、畢竟《ひっきょう》、偉人でも英雄でも、天才でもなくなってしまう。

学者は、これを社会学の距離説《きょりせつ》とかいっている。

（昭和四年五月・月鏡）

嘘談家協会

米国《べいこく》の、イリノイ州のバナナに「嘘談会協会《きょだんかいかい》」と堂々と銘打《めいう》った嘘《うそ》のつきくらべ会が、名士連のあいだに生まれた。

この協会の事業は、嘘《うそ》や造《つく》り話《ばなし》を上手にやって、会員相互に楽しむのが目的である。

そこで協会の役員になりたいと思う者は、他《た》の競争者と立会《たちあ》って、駄法螺《だぼら》や嘘《うそ》の吐《は》きくらべをして勝たなくてはならぬ。それで一年に一回大会が開かれて、大々的に冒険談や怪談が行なわれる。これは大会であるが、毎月一回定会があって、役員は相手をとらえては「オイちょっとやろうか」といったふうで、作り話や馬鹿話《ばかばなし》を聴《き》いたり語ったりして楽しんでいる。

会員のなかには立派な紳士《しんし》や実業家も混《まじ》っていて、遠方の人も加わっているが、もちろん嘘《うそ》をつくのは会員中にかぎっている。

クリスチャン郡の州弁護士カール・ブレースという人は、この会の幹事《かんじ》であるが、この人が、幹事の栄職《えいしょく》を勝ちえたのは、オクラハマ砂原《さげん》の自動車旅行中、インド人の襲撃を受け、猛烈な奮闘《ふんとう》をして四十人を絞め殺《し》したという、まっかな嘘《うそ》っぱちの冒険談であった、ということである。

（昭和四年五月・月鏡）

三子の命名

日出麿《ひでまる》は日出《ひので》の神《かみ》、出口清吉《でぐちせいきち》さんの生《うま》れ替《が》わりだから、そう名づけたのである。

寿賀麿《すがまる》は寿賀《すが》の宮《みや》、すなわち神素盞嗚尊《かむすさのおのみこと》が櫛稲《くしな》田姫《だひめ》と住み給いし寿賀の宮の名を取ったので、この宮が三十一文字のはじまりであるから、明光社《めいこうしゃ》の社長としようと思って名づけたのである。

宇知麿《うちまる》は内丸町《うちまるちょう》（天恩郷を意味す）に住むようになるから、それでつけたのである。

（昭和四年九月・月鏡）

美しい人

容貌《ようぼう》の美しい人は、心も美しい。これは霊体不《れいたいふ》二《じ》の理《り》によって、しかあるべきであるが、美しい人であっても心の修養が足らないと、悪魔に誘われ、その虜《とりこ》となり、外面如菩薩内心如夜叉《げめんにょぼさつないしんにょやしゃ》の悪女《あくじょ》となってしまって、せっかくの天恵《てんけい》を台なしにしてしまうのである。

美しい、と一口《ひとくち》に言うが、目《め》鼻《はな》だちが調《ととの》うていても、きめの荒い、毛のムジャムジャと生《は》えているようなのは美しい人のなかに入《はい》らぬ。

きめの細《こま》かな人ほど、霊が上等である。

（昭和五年三月・月鏡）

無題（俚謡）

酸《す》いも甘《あま》いも知ったる人《ひと》がむいて食《く》わした夏蜜柑《なつみかん》。
銀行破綻《はたん》や不景気風《かぜ》で節季《せっき》の債鬼《さいき》を吹き散らす。

大根《だいこん》役者が田舎《いなか》へ廻《まわ》りカボチャ畑《ばたけ》で嫁菜《よめな》つむ。
花と月との天恩郷に炎冷《ほのおひや》かす雪の肌《はだ》。
花は花明山《かめやま》お月は綾部雪のすみ家《か》は富士の山。
天《あま》の橋立襷《はしだてたすき》にかけて今日も舞鶴波鼓《まいづるなみつづみ》。
鶴《つる》と亀《かめ》との二つの山を永久《とわ》にてらして月はすむ。

（昭和五年六月・月鏡）

哺乳と変態性慾

哺乳《ほにゅう》に変態性慾を見る。女の子が相当の年になると、母親は乳を飲ますことを嫌うが、男の子はいつまで飲んでも喜んで飲ましている。女の子はまた、男親の乳を飲みたがるものである。

（昭和六年二月・玉鏡）

日本人種

生蕃《せいばん》も馬来《マレイ》人種も首とり人種である。日本人も首級《しゅきゅう》をとって主君に捧ぐるのをもって、非常な手柄としていた。しかし、これらはみな、馬来《マレイ》系なのである。古代において、この馬来《マレイ》系と高加索《コーカス》系（素盞嗚尊《すさのおのみこと》の御系統）とが一緒になって、現在の日本人の容貌がつくり出されている。

歴史にある土蜘蛛《つちぐも》人種というのは馬来《マレイ》系の人種をいうので、これは唇が厚い。穴居《けっきょ》時代、すなわち土の中にこもって生活した土ごもりから、土蜘《つちぐ》蛛《も》と転訛《てんか》したのである。

（昭和六年五月・玉鏡）

十か月暦

来たる十月（昭和六年）、ゼネバにおいて開催される国際連盟に提出すべき改暦案《かいれきあん》問題については、我が国においても、後《おく》ればせに、よほど議論が沸《ふっ》騰《とう》してきたようである。王仁《わたし》はこの改暦については、とうから一つの案をもっているので、明治三十一年に、その大意はすでに発表しておいた。

国際連盟が持つ三案中、第一、第二は十二か月案にして、第三案は十三か月案であるが、王仁《わたし》のは全然これらと異《こと》なる十か月案である。

まず一か月を三十五日と定める。これを週に割り当てると五週となる。第三案の如く、これで曜日は永遠に確定するわけである。神の道からいうと、三五、すなわち、あなない教に因縁をもつ。三五教《あなない》は天地惟《かむなが》神の大道《だいどう》である。三十六日目は、ミロクの教えであるから、この日は週に加えず祭日とする。隔月に三十七日目をもつわけであるが、その日は閑日《かんじつ》と称して言論自由の日とする。あたかも霊界物語中にある「笑《わら》いの座《ざ》」のごとく、その日は、いかなる人がいかなる言論をなすとも自由であって、何らの制裁を受けないことにする。

四年ごとに一日の閏日《じゅんじつ》をもつが、それは一年の終わりに加えることにする。そして節分《せつぶん》の翌日、すなわち立春《りっしゅん》の日を一月元旦《がんたん》とするのである。

祭日は、一月を第一祭日、二月を第二祭日というがごとく順次に称《とな》うる。閑日《かんじつ》も第一閑日、第二閑日と順に称うるのである。

十か月にわけるのは、十は数《すう》の上においても、形の上においても、神の象徴であり、緯度と経度の関係からみても十字形である。キリスト教は十字架、仏教は卍《まんじ》であって、十字にみな因縁をもっている。十三か月案は、おそらく大多数をもって確定案となるであろう。そして世界はこぞって一度はこの暦法によることとなるであろうが、これは長くは続かぬで、やがて神示の王仁《わたし》の案、すなわちこの十か月暦となるのに定《き》まっている。

かの有名なる童謡、

「お月さんなんぼ、十三七つ、そりゃまだ若いな、お雲《くも》にかくれていにたいばかり、いにたけりゃお帰り、帰りのみちに油一升《しょう》こぼして、白絽《しろ》の犬と黒絽《くろろ》の犬がさっぱりねぶった。その犬どうした、太鼓《たいこ》の皮に張った、その太鼓どうした、あちらの宮でもドンドンドン、こちらの宮でもドンドンドン」

というのがあるが、これがこの改暦案の予言なのである。

「お月さんなんぼ、十三七つ」というのは、第三案が十三か月案で、しかも七日たる週を基《もと》としてできているということなのである。

「そりゃまだ若いな」というのは、それはまだ考えが若いというので、幼稚な案である、ということである。

「お雲にかくれていにたいばかり」というのは、こういう案は撤回してほしい、というのである。

「いにたけりゃお帰り、帰りのみちに油一升《しょう》こぼして、白紹《しろろ》の犬と黒紹《くろろ》の犬がさっぱりねぶった」というのは、撤回すべきものは撤回したがよいが、油をこぼして、さっぱり改暦は明《めい》を失って暗雲《あんうん》となってしまい、白色人種も有色人種も、すなわち世界中の人が五里霧中《ごりむちゅう》に彷徨《ほうこう》するような有り様になるということである。

「その犬どうした」というのは、それから世界の人達がどうなったかというので「太鼓の皮に張った」というのが、太鼓は月の形、すなわち三五《さんご》十《じゅう》五夜《ごや》の姿であって、我が大本の十か月暦、一か月三十五日案の出現となるという意なのである。

「あちらの宮でもドンドンドンドン、こちらの宮でもドンドンドン」というのは、ドンは十というので十々で、最後にはあちこち、すなわち世界中がこの暦を使うようになる、という謎なのである。

あれだけ伝統的に十三の数《すう》をきらう欧米人が十三か月案に賛成するというのも、おもしろい現象ではないか。

（昭和六年九月・玉鏡）

シオン運動とモーゼの裏十戒

シオン運動と大本とはけっして同一のものではない。またモーゼの裏十戒《うらじっかい》などというが、そんなものは怪《あや》しいものだ。

（昭和七年三月・玉鏡）

三大民族

太古、世界には三大民族があった。すなわち、セム族、ハム族、ヤヘット族である。

セムの言霊《ことたま》はスとなり、ハムの言霊はフとなり、ヤヘットの言霊はヨとなる。

ゆえにスの言霊に該当する民族が、日本人、朝鮮人、満州人、蒙古人、コーカス人等である。ユダヤ人もセム族に属する。つぎがハム族で、支那人、インド人、または小亜細亜《しようあじあ》やヨーロッパの一部にいる民族である。ヨの民族、すなわちヤヘット族というのは、アフリカ等にいる黒人族である。

しかし現在は、各民族ともことごとく混血しているのであって、日本人のなかにもハム族等の血が多数に混入している。また欧米人のなかにはハム族とヤヘット族とが混血したのがある。

イスラエルの流れということがあるが、イは発声音で、スラエの言霊《ことたま》はセとなるがゆえに、イセ（伊勢）の流れということになる。すなわち、セム族のことである。


（昭和七年十二月・玉鏡）

三種の神器

天津《あまつ》教の武内《たけのうち》家に三種の神器《しんき》があらわれ、これを皇室に奉献するといって騒いでいたようであるが、今日《こんにち》の人々の浅慮無知もまた、はなはだしい。

元来、日本の国体上、三種の神器は皇室にあるのが本当であって、肇国《ちようこく》の初めより、万世《ばんせい》一系の皇統《こうとう》天津《あまつ》日嗣《ひつぎ》の陛下が天祖《てんそ》大神《おおかみ》を奉斎し、三種の神器の御威徳によって天《あめ》が下《した》を知ろし召される神《かむ》定《さだ》めなのである。

これがすなわち皇道《こうどう》であり、惟神《かむながら》の大道《だいどう》である。だから古来、国司や酋長らはこの儀に神習《かむなら》い、この日本神国の国体を重んじて、かならず神を斎《まつ》り、璽鏡剣《じきようけん》をつくり、神殿に奉安して、それぞれ祭事に奉仕したのである。今日もなお、神社や教会などはこの三種の神器を御神体として神祭《かみまつ》りをしている。

武内《たけのうち》家にあらわれたというのは、とりもなおさず武内家の祖先が神祭《かみまつ》りをするときに用いたものであって、断じて皇室のものではない。もしそれが本当なら由々《ゆゆ》しい大問題である。日本神国の国《こく》風《ふう》を知らぬから、そんな間違ったことを平気で言い出すのである。

要するに、われらは皇国皇道《こうこくこうどう》から考えても、あれは武内家の祖先が祭典に用いたものと推定するよりほか、考えようがない。

（昭和八年三月・玉鏡）

「君」の意味

「君《きみ》」というのはイザナキとイザナミのお二人で君《きみ》となるのである。また神《かみ》「カミ」の霊《たま》がえしはキであり、ミはマニの霊《たま》がえしである。つまりキミとは神のマニマニということである。

日本の君《きみ》は神を祭《まつ》っていらっしゃるのである。外国の君《きみ》とは趣《おもむ》きがちがう。（昭和八年三月・玉鏡）

皇道と王道の区別

皇は白王《はくおう》と書く。百の字から一をとったのが白で、九十九の数《すう》を現わす。九十九は、数《すう》の終わりである。九十九になって長寿を祝うときには白寿《はくじゅ》の祝いというが、九十九王は王の極《きょく》で普通の王ではない。同じ王でも蒙古の王の如きは我が国の郡長級で、いたるところに王がある。

むかし、釈迦《しゃか》は浄飯王《じょうはんおう》の太子《たいし》だったというが、この王もやはりインドの郡長格だ。そして悉多《しった》太《たい》子《し》は、その長男という意味で、いまでも蒙古へゆくと長男のことを太子というている。

（昭和八年四月・玉鏡）

公卿と熊襲

公卿《くげ》たちは智謀《ちぼう》に富《と》む、そして静かに温順《おとな》しい。これは大和《やまと》民族の特徴である。熊襲《くまそ》族はいわゆる隼人《はやと》で、勇敢であるが乱暴である。熊襲族は立替《たてか》えに使わるべき種族であって、統一はやはり、おとなしい大和《やまと》民族でなければできぬ。

（昭和九年四月・玉鏡）

第七章　天然現象

天然現象と気候

満月と万有

満月の日には、万物がみな膨張《ぼうちょう》している。すべてのものは水気《すいき》を含んで水々《みずみず》しくなっている。山でも一尺ぐらいは膨張しているのだが、万物がいっさい膨《ふく》れるから、人間の眼《め》にはわからぬ。

白蟻《しろあり》が喰《く》うような材木は、満月の日に切ったものである。すなわち木が水分を最《もっと》も多く含んでいる時に切ったのだから、虫がつきやすいのである。

満月の日に生まれた子供は色が白い、満月に遠ざかるにしたがって色が黒くなる。

（大正十四年八月・水鏡）

地震と鉱物

地震が揺《ゆ》るということは、一方からいえば結構なことである。鉱物というものは地震によって造らるるのであるから、あたかも鉱物は植物における脂肪《しぼう》のようなものである。いいかえれば、岩の脂肪《やに》なのだ。

地が動揺することによって、汗が滲《にじ》み出るように岩の脂肪が出て固まるのである。これがすなわち金であり、銀であり、また銅であり、鉄であるのである。（大正十四年十一月／大正十五年三月・水鏡）

日本には金は幾何でもある

金《きん》という鉱物は、位《くらい》が高いから、そう無茶苦茶《むちゃくちゃ》に掘っても出るものではない。持主《もちぬし》の徳に相応して出てくるものであるから、徳の高い人が持っておらねば、たとえ有っても出て来ないものである。

少しも出なかった鉱山が持主《もちぬし》が変わるとドンド

ン急に出だすことなどあって、世の中から不思議がられることがある。徳に相応するのであるから、そういうこともあるはずである。

日本には金《きん》はたくさんあるのであるが、血眼《ちまなこ》になって、私利私欲に狂奔《きょうほん》する人たちが焦《あせ》っても、けっして出るものではない。（大正十五年五月・水鏡）

金剛石

ダイヤモンドは、むかしアフリカなどの熱帯地方にて、地質の変動の場合、地熱二千二百度のとき、結晶してできたるものであると霊界で聞いた。五百間《けん》四方のミカゲ石の中心にあるダイヤモンドの如きは、チャボの鶏卵《けいらん》くらいの大きさである。

（大正十五年八月・水鏡）

八月のいら蒸し

八月のいら蒸《む》しといって、残暑の堪《た》えがたきは、また格別である。これは八月になると、大気は暑中よりもいささか冷却して冷たくなり、人間の皮膚を引き締めるにより、熱は外に発散するを妨げられて内にこもり勝ちになる。それで、いらいらしい暑気《しょき》におそわれるのである。

（大正十五年十月・水鏡）

地震の前兆

空がばかに静かになり、井戸水が不意に涸《か》れ、あるいは湯のようになる。そういうときは三日と経《た》たぬうちに地震がくるものである。

この地震の危害から免《のが》れるには、田のなかに板を敷いて、掘建《ほったて》小屋をたてて居《お》ると安全である。

（昭和二年五月・水鏡）

一星霜

太陽は一年に二度廻《まわ》る。すなわち春分《しゅんぶん》から秋分《しゅうぶん》までに一度廻り、秋分から春分までにも一度廻る。だから一年に二度廻る勘定《かんじょう》である。

月は二十九日と数時間で一周して、もとの位置に還《かえ》ってくるし、星は一年に一周（太陽系天体内）する。それで一年のことを一星霜《いちせいそう》というのである。（流星《りゅうせい》や彗星《すいせい》は別として）もちろん星自体が廻るのでなく、地の傾斜運動によることは、霊界物語に出ているとおり、言うまでもないことである。

（昭和二年七月・水鏡）

ラジオは気候を調節する

西村さんがフランスから帰朝の途次《とじ》シベリアを通過して、気候が案外暖《あたた》かであったというていたが、近来地上の気候はラジオ使用のため、大気《たいき》に大変化をきたしておるのである。

神諭にある「世界中を枡《ます》かけ曳《ひ》きならす」ということを皆が小さい意味にとって、国土とか、経済とかの上とのみ思っておるようであるが、神様の枡《ます》かけ曳《ひ》きならしはそんな狭義の意味のものではない。気候までも枡《ます》かけ曳《ひ》きならされるのであって、ラジオもその働きの一部分をつとめているのである。ラジオは音波を輸送するごとくに、寒気、熱気をも輸送するもので、寒帯の寒気は熱帯に運ばれ、熱帯の熱気は寒帯に運ばれて、世界中の温度がだんだん平均してくるのである。平均するというても、比較的のことであって、熱帯はやはり暑く、寒帯は冷たいが、寒暑の度が今までのように激烈でないように調節されるのである。温帯はあまり変化はない。

「北がよくなるぞよ」との神諭もまた這般《しゃはん》の消息を伝えているのである。また大本祝詞《のりと》の「暑さ寒さもやわらかに云々」とあるもこのことである。

（昭和二年十二月・水鏡）

雪の予告

雪のたいそう降る年は、茶の花が下をむいて咲いておるからよく分かる。単に茶の花のみならず、冬咲く花は皆そのとおり下をむいて咲いている。花のみならず、枝も用意をして、下へ下へと張っている。重力を支える準備を春からしておるのだ。えらいものである。

人間は万物の霊長《れいちょう》でありながら、いっこう、そういうことを知らないで、ぼんやりしているようである。

（昭和三年一月・水鏡）

海岸線と山岳

国が広いという富《と》んだ国とはいえない。海岸線の長い国、すなわち海岸に凹凸《おうとつ》の多い国は漁業などが多いから、おおいに富を得られる。

日本の国は狭いけれど、海岸線が非常に延長しているから領海が多く、たいそう広い国となる。また富と海岸線の延長とは、つねに正比例するものであるから、日本はまた富める国である。

山岳の多い国もまた広い国、富める国であって、山岳を平面積になおすと非常なる広袤《こうぼう》を有することになり、産出物もまた多大の価格に値することになるから、富と山岳との関係も、海岸線のそれのごとく正比例して増進するものである。

海を領し山を領することの極めて多い日本国は、小さい国であっても、そのじつは極めて広い国、富める国である。

（昭和四年一月・月鏡）

不毛の地

不毛の地というのは荒地《あれち》のことでなく、ものを植えてもできない土地のことである。禿頭《はげあたま》に毛が生《は》えないように、耕《たがや》してみても植えてみても、いっこう植物が成長しない地である。

いかに面積が広い国であっても、そういう土地では仕方がない、いたるところ草木《そうもく》の繁茂《はんも》する日本の国は、じつに恵まれたる国である。

（昭和四年一月・月鏡）

樹木や石は天気を知る

樹《き》の葉から水が出たり、石がベトベトに濡《ぬ》れたりしたら雨が降るのである。それは、木や石が雨が降ることを予知して、自分が持っている水を出すのである。石や木が乾《かわ》きだしたら晴天になる証拠で、また降雨のあるまで必要の水を吸いこんでしまうからである。石でも木でも霊妙《れいみょう》不可思議な働きをもっている。

（昭和四年九月・月鏡）

ふたたび日本刀について

日本刀が世界に冠絶《かんぜつ》するゆえんは、モリブデン（水鉛《すいえん》）を混入して鍛《きた》える秘法を早くから知っておったからである。二、三十年前から、ドイツあたりでこの秘密を発見して精巧なる軍器を造りだしているが、日本においても秘密中の秘密として深山《しんざん》に入って造ったので、天狗《てんぐ》に教わった、などと称しけっして他人に教えなかったものである。

鉄《てつ》も雲《うん》、因《いん》、伯《はく》の三国《さんごく》に限られたもので、この外《ほか》から出たものでは、たとえモリブデンを混入してもそう立派なものはできない。この鉄があり、水鉛があるので、細矛千《くわしほこち》足《たる》の国の名に背かぬ逸品《いっぴん》ができたのである。

素尊斬蛇《すそんざんじゃ》の十握《とつか》の剣《つるぎ》は長船《おさふね》ではないか、と聞くが、それは違う。前いうとおり、雲、因、伯、三国のうちに産《さん》する鉄でなければならないのだから、これは長船《おさふね》で鍛《きた》えられたものではない。

（昭和五年三月・月鏡）

日本は世界の胞胎

日本は世界の胞胎《えな》にあたっておって、世界の地形は日本のそれと相似形《そうじけい》をしているということは、たびたび話したことである。

すなわち日本は五大島《ごだいとう》からなり、世界は五大洲《ごだいしゅう》からなっており、その地形もそっくりそのままである。

九州はアフリカに、四国は豪洲《ごうしゅう》に、北海道は北米に、台湾《たいわん》は南米に、本州は欧亜《おうあ》の大陸に、それぞれ相当している。紀伊の国はアラビヤに、琵琶湖は裏海《りかい》に、大阪湾は黒海《こくかい》に、伊勢の海はアラビヤ海に、駿河《するが》湾はベンガル湾に、津軽海峡《つがるかいきょう》はベーリング海峡に、土佐湾はオーストラリア大湾《たいわん》に、能登《のと》半島はスカンジナビヤの半島に、瀬戸内海は地中海に、関門《かんもん》海峡はジブラルタルの海峡に相当する。

これらは、ほんの一部分を示したに過ぎないが、地名を言霊学《げんれいがく》で調べてみると、小さな町や村にいたるまで、みな同じである。

日本国内では、鹿児島県の大島《おおしま》がまた日本の縮図であって、すべてが相似形《そうじけい》をしている。

またそれらの土地におこる種々の出来事も、相応の形をとって起こるのである。たんに土地のみではない、人の体もまた相応しているので、五臓《ごぞう》六腑《ろっぷ》は五大洲に同じような形をしているのである。

あのネーブルという果物《くだもの》がある。エボのところに大きな臍《へそ》があって、むいてみると同じような形をしている。あたかも小日本《しょう》が大日本《だい》（世界全体）と相似形をしているのと同様である。不思議なことには、このネーブルは、日本に移植されるといつのまにか臍《へそ》がなくなってしまう。心なきネーブルさえも、日本が世界の親国《おやぐに》であるということを知っていて、日本へ帰ると、日本、外国の区別はいらぬとばかりに、臍《へそ》をなくして世界統一の形を示す。神紋《しんもん》はネーブルを横に切った切り口《きくち》の形だと、わたしは神様から聞いている。

日本という国は、不思議な尊《とうと》い国である。

前述、相似《そうじ》の形における世界と日本は、いま少し詳《くわ》しく示されておりますが、だんだんと詳細に示していただけることと存じますから、後日ふたたび記させていただきます。

（昭和五年六月・月鏡）

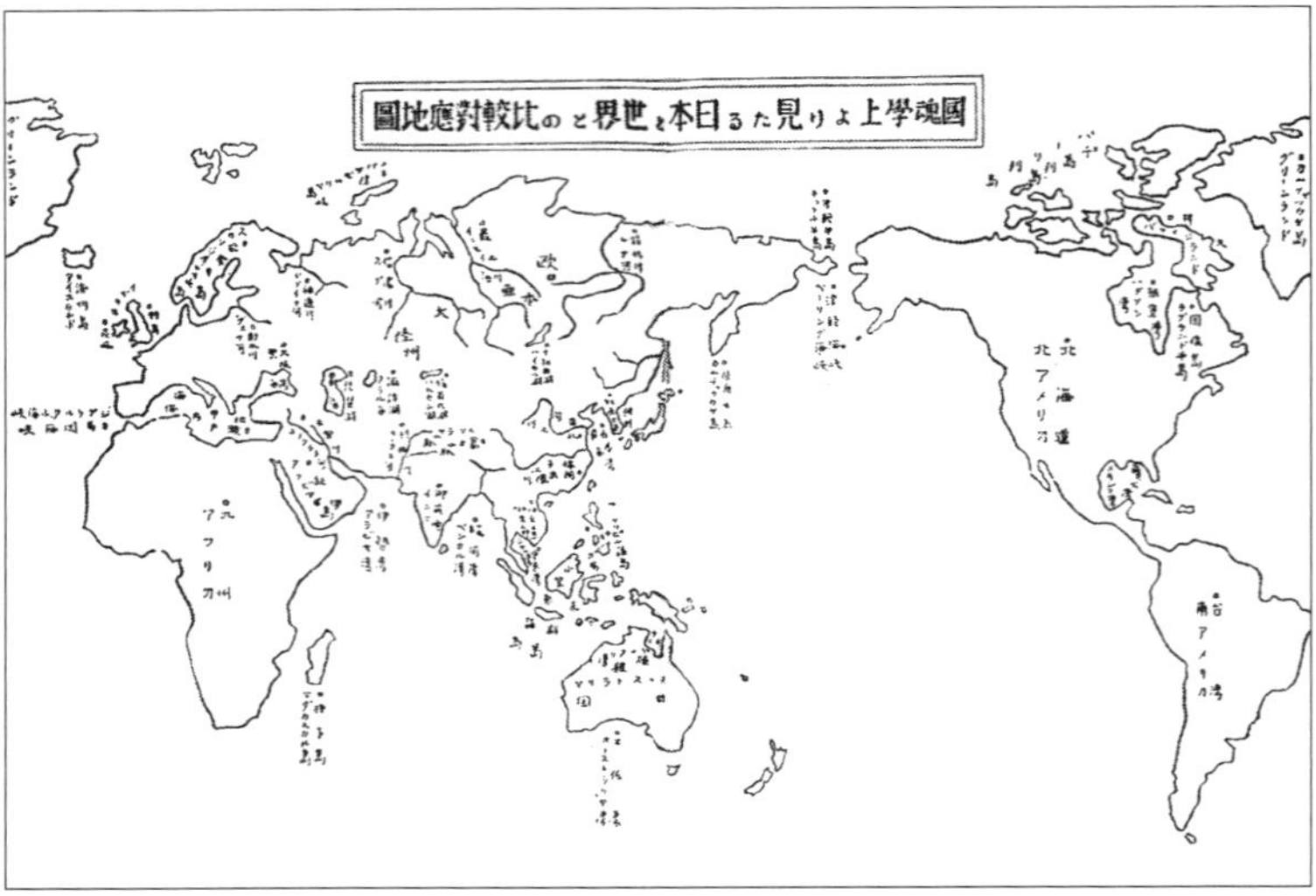

近年の暖かさ

世界を挙《あ》げて年々時候が凌《しの》ぎよくなってきた。全体を通じて暖《あたた》かくなってきたのである。それは大地の熱が強くなったためで、各地に火山の爆発が多くなってきたのでもわかる。

むかしは丹波《たんば》地方でも五、六尺の雪が積もることはめずらしくはなかった。しかるに近年は多く積もっても一尺くらいのものだ。

つまり、今日《こんにち》までの世界の時候《じこう》は、神の御理想より寒かったのである。

（昭和七年三月・玉鏡）

気温と風の吹きかた

風はだいたい春は東から、夏は南から、秋は西から、冬は北から吹くものである。そして、たいてい一週間で子《ね》丑寅卯《うしとらう》辰巳《たつみ》という方角の順、または逆に一まわりするが、遅いときは一巡《じゅん》に三か月もかかることもあり、早い時は三日くらいで一巡《めぐ》りすることもある。そんな時には気温に変動が起こるのである。このごろは北西の風で、春になると艮《うしとら》から東になる。

それから空の雲行《くもゆ》きが上のほうと下のほうと違うときがある。そのような時はきっと、気温や風《かざ》向《む》きがかわる。晴天のときは上の雲の動く方向に風が変わるものである。また星の飛ぶ方向によって、翌日の風向きを知ることもできる。

（昭和七年三月・玉鏡）

気温の調節

今年（昭和七年）は本当に暖かい。今年の冬の暖かさは格別だが、だいたいそれは最近、ラジオや電信電話等を盛んに使用するからである。

ラジオや電信電話等によって気温は伝わってゆくものである。すなわち、それらは気温を運ぶのである。南の暖かいほうから北へ暖気《だんき》が運ばれ、寒い北からは暑い南方へ寒気《かんき》が送られるのである。のみならず、一度それらが発せられると、その波紋は地上全体に拡大するから、同時に、これに運ばれて気温も世界的に廻《めぐ》り廻《めぐ》って平均され、緩和《かんわ》される訳である。

むかしは寒暑《かんしょ》ともに随分ひどかったが、この理《り》によって、だいたい近年、非常に気候がよくなった。みろくの世が近づき、この種の使用応用が増すにつれて、次第に気温までが引き均《なお》らされて良くなるのである。

お筆先にも「みろくの世《よ》がきたら御陽気《ごようき》までも変わる」とお示しになってあるし、大本祝詞《のりと》にも「暑さ寒さも和《やわ》らかに」とある如く、陽気までが次第に調《ととの》いつつあるのである。ドエライ寒いところや暑いところは、だんだんなくなる。

ひとり気温ばかりでなく、何から何まで運否《うんぷ》なく引き均《なら》されて良くなるのが、神示のいわゆる立替《たてか》えである。

（昭和七年三月・玉鏡）

亀ノ瀬の地質

大阪府下亀《かめ》ノ瀬《せ》付近一帯は、地《じ》すべりで有名になったが、あの辺は太古は海だったところである。

いまでも地底に空虚のところがあり、したがって地盤がやわらかくゆるんでいるから、それで今度のように陥没や地すべりをするようになったのである。いまのうちこそ徐々に地すべりしているが、やがて一度に陥没する惧れがある。

この事件については、昭和六年の二月号の『神の国』誌で、

西東《にしひがし》その方角はわからねど
　気をつけてゐよ大和国人《やまとくにびと》

という歌を発表して、あらかじめ警告しておいたはずである。

しかし、こんなことは亀ノ瀬だけではなしに、今後、世界の各地に、ことに日本にもたくさん出てくるものと思わなくてはならない。

（昭和七年三月・玉鏡）

天産自給

日本は充分、天産《てんさん》自給のできる国なのである。しかし外国のものを使っていてはできぬ。日本のものだけ使わなできぬ。国によっては天産自給のできぬ国もあるが、日本には何でもあるからできるのである。

（昭和七年十一月・玉鏡）

春秋の気候について

春季《しゅんき》は雪の降るたびごとに、雨の降るたびごとに陽気が暖かくなり、秋季《しゅうき》はこれに反して、雨ごとに気候が寒冷にむかうものである。春は地気《ちき》天に昇り、秋は天気《てんき》地に入《い》る季節だからである。

（昭和八年三月・玉鏡）

人体について

頭髪と人間の使命

髪《かみ》は神界との架橋《かけはし》である。あたかもそれは電線みたようなものであって、頭髪の多い人ほど神界との交通がさかんに行なわれるのである。そして髪の多い人ほど、天の使命が重大なのである。

天の使命が重大なるほど、また苦労が多いものである。だから苦労の多いのは使命の重大なる証左であって、感謝すべきことである。

老人になると天の使命が少なくなるから、したがって頭も禿《は》げ、髪も少なくなってしまうのである。わたしは幾《いく》歳になってもこの通り、髪が少しも減《へ》らぬ、苦労も多い。使命も重大だ。頭髪は少なくとも一寸位《すんくらい》はのばしておくがよい、それより短いのはよくない。女に長命者の多いのは髪の長いお蔭《かげ》である。

頭髪をたびたび洗うと命が短くなる、年に一度くらいが適当である。多くとも四回を越えてはならぬ。

（大正十四年八月・水鏡）

人相とその性質

ツンと尖《とが》った節《ふし》のある鼻は、攻撃性をあらわす。かかる鼻の持主は、人と衝突しやすく、とかく我《が》意《い》をとおさんとする傾きがある。鼻の先が平たくて尖《とが》っているものは、鼻柱《はなばしら》がつよくて猪突《ちょとつ》する傾向があるが、てんと行き詰まってしまう。曲《まが》り鼻の持主は、親分になりたい、頭になりたいと、とかく人の上になりたがる傾向があるが、先が曲って引込んでいるので、てんとあかん。猶太人《ゆだやじん》の鼻がそれである。鼻としては、小鼻《こばな》が大きいのが、よい鼻である。

耳は後頭《こうとう》にぴたとくっついたのがよい、これは天に聞く耳と言って、一番よい耳である。耳の色が、顔の色よりも白い人は、天下に名を顕わす人である。立ってる耳はよくない、人のことに聞き耳立てる人で、立ち聞きなんかしたがる傾向がある。耳の上のほうが立って、かぶりかかるようになっているのは一番悪い、天を塞《ふさ》いでいるのだから神様のことなど聞かしても、こうゆう耳の持主にはほとんどわからぬものである。耳朶《みみたぶ》の膨《ふく》れているのは福相《ふくそう》である。

唇《くちびる》の厚きは淫慾《いんよく》の深きを示し、薄きは饒舌《おしやべり》、への字なりに下に向かって曲がっているのは、根性の悪いのを示す。上《うわ》唇の出たのはチョカな性質であって、下唇の出たのは意地悪《いじわる》の相である。

口は小さくて口腔《こうこう》の広く、大きいのがよい。口が大きくても、口腔が大きく広くさえあればよいのである。

目の奥深いのは知慧《ちえ》の深い証拠である。こういう目の持主は内流《ないりゅう》が強いから、深く慮《おもんぱか》りて事を処《しょ》するから間違いがない。目の飛び出てる人は、ちょっと目先が利《き》いて利口そうに見えるが、外部状態をのみ見る人で、奥がない、こういう人に阿呆が多い。茶色目の人は長生きをする。性質が清廉潔白で、道徳心強く、自制の念が深いから、情慾のために失敗をまねくことがない。黒目《くろめ》勝《が》ちの人は、見たところきれいだが情慾が強く、情事のために身を危《あやう》くする恐れがある。男の目は細長い一《ひと》重《え》目《め》がよい。丸い目は悪相である。女は二重目《ふたえめ》のパッチリとした丸いのが円満を表象してよい。女の細い目は淫乱な相である。「女の目には鈴《すず》を張れ、男の目にはしんしはれ」との諺《ことわざ》は本当である。三《さん》白眼《ぱくがん》は根性の悪い証拠。

わたしの目?ボンヤリしていて、時に鋭《するど》く光ると人がいう。見るが如く、見ざるが如きうちに人の心を読む。

額《ひたい》は広いほどがよい、狭いのは貧相である。顎《あご》の四角張ったのは悪相。下顎のしゃくったように出ているのはデレ助で、軽率な人である。顴骨《かんこつ》の秀《ひい》でたのは善い相で、鼻の下の長いのは、世間でいうとおり馬鹿の象徴だ。

眉《まゆ》は三日月《みかづき》が最上で、すこし下にさがったのがよい。上に向いているのは険悪な相である。毛虫のような眉は殊《こと》にいけないのである。

（大正十五年二月・水鏡）

出産日と男女

二百八十五日、すなわち九か月半をもって生まれるのは男の子であって、女の子は二百八十日で生まれるものである。

（大正十五年五月・水鏡）

盲腸は人体の根の国

盲腸《もうちょう》は人間の体の根《ね》の国《くに》にあたる、悪霊《あくれい》の集まる場所だ。盲腸を病《や》むと医師はよく切開手術を施《ほどこ》すが、それは危険なことである。盲腸炎という病気は、ほかに活動していた悪霊が、神様のお光《ひかり》におうて、居《い》たたまらないで盲腸に逃げこんで、そこが満員になるから起こるのである。

盲腸は悪魔の根拠地であるから、病気をそこに押し込めておくようなものだ。その根拠地を破壊すればよかろうはずがない。（大正十五年九月・水鏡）

日本人の肉体

日本人の肉体は、他《た》の人種よりも組織がよほど完全に出来上がっているから、創《きず》をしても、すぐ肉が塞《ふさ》がってしまうものである。肉が刃物《はもの》に吸いつくくらいな力がある。だから指など切って落としても、すぐ拾ってくっつけて繃帯《ほうたい》でもしておけば付着してしまうが、西洋人は組織が弱いからそうはゆかぬ。

こういう現象のおこるのは食物の関係であって、肉食と菜食との相違からくるのである。

かく日本人の肉体組織は完全であるから、腫物《はれもの》などができても切開せずに癒《なお》るが、西洋人は切開して手当《てあて》をせねば癒《なお》らぬのである。

こういうふうに肉体が違うのを知らずして、西洋人の真似をするのは間違っている。日本人の生《いき》肌断《はだたち》はいけないが、西洋人は止むを得ない。

むかしの武士は槍《やり》をもって敵に突かれると、いきなり刀《かたな》を抜いて槍を切ったものである。槍を敵に引き抜かれるが最後、血が出るから、その場で斃《たお》れてしまうのであるが、前いうとおり日本人の肉体は勝《すぐ》れていて、かかる場合、刃物《はもの》に吸いついてしまうから、抜きさえせねば、けっして血はこぼれないから、しばらくのあいだは命が保たれるものである。

よく劇などで刃《やいば》を腹へ突き立てた手負《てお》いが物語りをする場面があるが、同じわけで突き立てただけでは、けっして死ぬもではない。その刀を引きまわすと死ぬのだ。

「やれその刃《やいば》引きまわすこと暫《しば》く待て、言い聞かす次第あり」

などと上使《じょうし》が来るところがあるが、この芸当は日本人にはできるが、肉体組織の弱い西洋人にはできぬ。すぐ疵口《きずぐち》がワクンと開いて、血が流れ出してしまうから。

日本人は、こんなに優秀に出来上がっている自分の肉体のことさえも知らずして、無闇矢鱈《むやみやたら》に西洋かぶれをしているのである。

むかしの武人はこの呼吸をよく知っていて、槍などで突いた瞬間に手際よくサッと刃物を引き抜くのである。早く抜かねば、身が吸いついて、抜けぬようになってしまう。突かれたほうは、これもほんの瞬間に敵の武器を切って血を出さぬ分別《ふんべつ》をしたものである。こうして遺言なり後始末なりを遺憾なくやって、さて、おもむろに死を待ったのである。

（大正十五年九月・水鏡）

白血球と赤血球

白血球は体《たい》の養《よう》を司《つかさど》るものであり、赤血球には霊が充満している。また霊の交通運輸の役目もする。赤血球百に対して、白血球一の割合が普通である。二千対一くらいになると体が弱い。

（大正十五年九月・水鏡）

細胞

現今《げんこん》の学説では、人体を構成する細胞《さいぼう》は成人において約四百兆《ちょう》というているが、神示によれば四億兆《おくちょう》あるのである。

人間は宇宙のもっとも完全なる縮図であるが、大宇宙に包含《ほうがん》されている森羅万象《しんらばんしょう》一切《いっさい》の総数は四億兆あるから、人間はその縮図として、やはり四億兆の細胞から成り立っているのである。

学者のいわゆる細胞は、さらに真《しん》細胞ともいうべき極微《ごくび》の細胞の集団からできているものである。また細胞核《かく》と称するものも、同じく真細胞の集合体であって、いわゆる細胞を統一栄養しているものであり、この細胞核の中心にある仁《じん》と名づくるものも同様、核を統一しているところの根本体である。かかる理由により、全身の細胞は、宇宙と同様、四億兆となるのである。（昭和四年二月・月鏡）

人の面貌

人の面貌《めんぼう》は心の索引《さくいん》であって、人の性格と経歴の説明図である。

じつに円満な無邪気な顔の所有者なれば、いかなる多弁な人間も、相対しているとものを言うことを忘れしめられるにもかかわらず、かえってすべてを語り得たような、満足を感ぜしめらるるものである。

（昭和四年四月・月鏡）

四十八の夜中

婦人妊娠《ふじんにんしん》の限度は四十八才の夜中《よなか》までとしてある。すなわち、満《まん》四十八歳の夜の十二時まで受胎《じゅたい》の可能性があるわけである、なかには例外もあるけれど。

（昭和五年八月・月鏡）

人体と水

人間は、その霊を日《ひ》の大神《おおかみ》様よりうけ、その体《たい》を月《つき》の大神瑞《おおかみみづ》の御魂《みたま》よりうけている。ゆえにその体の大部分は水であって、五分の一しか実質はないものである。すなわち二十貫目《かんめ》の体重ある人なれば、四貫目だけがその実質なのである。

（昭和五年十一月・玉鏡）

人の体は小宇宙

人間の身体《からだ》は小宇宙であるから、森羅万象《しんらばんしょう》がみな体内にある。山も川も林も森も、見よ、縮図《しゆくず》せられたる細胞《さいぼう》の美しさを。

（昭和六年一月・玉鏡）

生命と歯

生命と歯とは、大なる関係をもつものである。齢《れい》と書いてよわいと読むが、歯は大切なもので、一本の歯は十年の生命に相当する。だから、もし歯がぬけた場合には、すぐ入歯《いれば》をせねばならぬ。人間は元来、三百年の生命を保つようにできているものである。

（昭和六年四月・玉鏡）

細胞と毛孔

人間は小天地《しょうてんち》である。人間は細胞《さいぼう》の集団からできている。

この地上に二十億の人口があれば、一人の人間の細胞の顕著なるものは二十億あるのが普通である。世界の人口が殖《ふ》えれば人間の細胞も増加する。また世界に不良分子が多くなれば、肉体組織にも不良分子が増加するわけである。人体はかかる微妙な感応《かんのう》性をもっている。

また、人間の身体には十万の毛孔《けあな》がある。毛の濃い人、うすい人などあるが、それは、けっして毛孔の多少によるものではない。一つの毛孔から一本の毛が出るものとは定《き》まっていない。人によっては五本も六本も出ているのがある。

（昭和七年四月・玉鏡）

歯

歯はよわいと読む。よは世、すなわち一代である。わいは、栄《さか》え生《お》うるの意である。

歯は、じつに生命の祖《おや》である。歯がなければ人間は痩《やせ》るものである。ものの味は、舌によって味わわれるかの如く思われるが、じつは歯と舌とによって、噛《か》み分けて味わわれるのである。ことに、俗に糸切歯《いときりば》と称する上下二本ずつの歯は、智慧《ちえ》を司《つかさど》るもので、もっとも大切である。

糸切歯を、糸を切るための歯かのごとく思っているが、そうではない。ことの縺《もつ》れを解決する智慧の歯の意である。だからこれを抜きとることはよくない。

（昭和七年四月・玉鏡）

高い鼻

セム族は太古においては鼻が高かった。それが土蜘蛛族《つちぐもぞく》（日本に古くより住んでいた土族《どぞく》）と混血したので、次第に鼻が低くなってしまった。

外国人はいまでも鼻が高く非常に発達しているから、物の匂いをかぐことを好み、かつ嗅覚が強い。ゆえに、香水等の匂い物を多く使用するのである。しかし香水は情慾を起こしやすく、その慾念をますます昂進《こうしん》せしめるものである。

（昭和七年十二月・玉鏡）

霊と血

霊は血液を機関としていることは毎度いうとおりである。水死者などが死後数十時間を経過したるのち、父母兄弟など身寄りの者の来たるときは、鼻孔等より血液の流れ出ずるものである。これは霊と霊との感応作用がおこるからである。

（昭和八年八月・玉鏡）

血

血の色は心の色である。赤き心などと昔からいうが、赤血球は霊そのものであると言うてもよい。

心の変化はすぐ血の色に影響するもので、羞恥《しゅうち》の念がおこるといっぺんに顔色が赤くなり、心配事に遭遇すると蒼白色《そうはくしょく》になる。そのたびごとに血液は色を変ずるのである。ふとした出来事より悪漢が善心《ぜんしん》に立ち帰るということがあるが、その時は、パッと一度に血液が色を変ずるので、面《おもて》が輝いてくるのである。

（昭和八年十一月・玉鏡）

植物と農事

樹木の心を汲め

樹木《じゅもく》を植えるのに、わたしは木と相談してやるから、どんな炎天《えんてん》に、どんなつきにくい木を植えても、枯《か》れたことはない。木の心にしたがって、木の思うようにしてやるからだ。

まず、普通の場合に移植《いしょく》せんとするには、立木《たちき》の位置方向をよく覚えておいて、その通り植え替えてやればよい。すべて樹木というものは、根が痛んでいるだけ葉や枝を切ってしまえば、きっと、よくつくのである。

これ相応《そうおう》の理《り》によるもので、根だけ切って、枝の切りかたが足らぬと、根より吸収する養分の量は枝葉を養《やしな》うに足らぬので、ついに枯死《こし》するにいたるのである。

また大きな木になると、かなり強い枝を切って弱い枝をのこしておかねばならぬ。翌年にいたりて十分ついたことが確実になってから、だんだんと強い枝を残して弱い枝を切るようにする。

こういうようにすれば、きっとつくものである。

（大正十四年九月・水鏡）

草花より生ずる虫

あるとき聖師は花園《かえん》のなかに立ち筆者を招かれました。参《まい》ってみると、虎《とら》の尾《お》に似たる、名のしれぬ草花《くさばな》を手にしながら、ふっておられました。中から無数の羽の生えた小さい虫が、とんで出ています。「気候と温度との具合で、種《たね》が虫に変化したのである」とおっしゃいました。

種が虫になる、種が虫になる……不思議なこともあるものと訝《いぶか》しみつつ、手に取って他《た》の花をふってみると、バラバラと黍《きび》の実が殻《から》からおちるように、どれからも、どれからも無数の小虫《しょうちゅう》が飛んで出る。

「麦を収穫《とりい》れるに際し、湿気を十分取り去らないと麦は皆、小蝶《こちょう》に変化してたってしまうことは農民周知の事実である。なんの不思議もない。足魂《たるむすび》は生魂《いくむすび》、玉留魂《たまつめむすび》に変化しうる素質をもっておる。

虫は蒸《む》し生《わ》かすの意にて、土から蒸し生かされるものもあれば、木から蒸し生かされるものもある。栗の木から栗虫がわくがごときもそれである。

人間は身体《からだ》をはじめ、木から蒸し生かされたのであるが、いまは夫婦によって造らるることになったのである。草の実が羽虫《はむし》に化したのに驚くほど、いまの人間は誤《あやま》れる学問に煩《わずら》わされて、痴呆になっている。人間が最初に木から蒸し生かされたということを立証してゆけば、すぐに博士《はかせ》になれるよ」と。

筆者はやがて恋月《れんげつ》氏をよんで虎の尾のような名《な》無《な》し草《ぐさ》の種から羽虫が出てくる実況を見せました。

恋月氏も成程《なるほど》々と不思議そうにうなずいて、「学説が根底から覆《くつが》える。植物学も、昆虫学も、われらに植物から昆虫が生まれてくるということを、けっして教えてはくれなかった。だが事実は鉄よりも堅く冷たい」とつぶやいておられました。

（大正十四年十月・水鏡）

霊木

三百年を経過している樹《き》には霊が入《い》っている。これらの樹は切らないほうがよい。もしどうしても切らなければならない場合があったら、別に一本の樹を植えて、それに霊を移して然《しか》るのち、切るがよい。かかる場合、言霊《ことたま》で宣《の》り直《なお》すのである。すなわち「この大きな木（前のが直径二尺あれば今度のは二尺五寸）に移って下さい」と、こういうふうに言うのである。

森林を伐《き》る場合には、大きな木を一本残して伐ったらよい。霊のあるものは皆その一本の木に移ってもらうのである。

霊木《れいぼく》を切って祟《たた》りを受けて苦しんでいる人も、前述のとおり若木《わかぎ》を植え、宣り直して、その方へ移ってもらったら、それで直るのである。

霊の宿《やど》っている木を切ると、霊の宿がなくなるから霊が怒って祟りをなすのであるから、宿ができればそれでよいわけである。

（水鏡）

男松と女松

男松《おまつ》と女松《めまつ》とは種類が違う。男松は男松を生み、女松は女松を生む。男松にも雌雄《しゆう》があり、女松にもまた雌雄がある。赤い松のなかで葉が短いものは、女松のなかの男松である。

たいてい女松の下には松茸《まつたけ》が生える。神様におあげするのは、女松に限る。男松は、本当の松ではないのである。

（大正十五年二月・水鏡）

気候による植物の植え方

冬は地中深く植《う》え、夏は浅く植えるのがよい。なぜならば、冬は地中が暖《あたた》かく、夏は地上が暖かいからである。

（大正十五年五月・水鏡）

背に腹はかえられぬ

木というものは、すべて北が背であって、南が腹に当たっている。木を切ってその木輪《もくりん》を調べてみると、北より南の方が膨《ふく》れている。

それで深山《しんざん》などに迷いこんで、方向がわからなくなってしまったときは、どれでもよい、一本木《き》を切ってみればすぐ方向がわかるものである。

むかしから、背に腹はかえられぬ、という言葉があるが、樹木を植える時もこの原則にしたがって、もとの北を北に、もとの南を南にして植えてやらねばならぬ。背と腹とをとりかえて、反対に植えるとつきにくいものである。

北はほねであるから、鉱山《こうざん》を掘《ほ》るにしても、その鉱口が真北をさしておれば、きっと出るのであるから、北に、北に、と掘ってゆくべきである。

（大正十五年五月・水鏡）

椢

椢《くぬぎ》は国の木とかいて、アジアの国々のどこにもある木である。橄欖山《かんらんざん》には、橄欖《かんらん》と椢《くぬぎ》とがたくさんある。

（大正十五年十一月・水鏡）

植物と精霊

植物や石には霊があっても、精霊《せいれい》がない。これはまったく神様の御恵《みめぐみ》であって、もしこれらのものに精霊があったならば、長いあいだ一所にじっとして動くこともできないような境遇には堪《た》えられないであろう。植物も古くなれば木魂《もくこん》というて精霊が入《い》るが、それは世にいう天狗《てんぐ》が入《はい》るのである。だからよく世の人が、天狗が松の木にとまっているなどという、それが、松の木の精霊である。

（昭和二年一月・水鏡）

植えかえた木のため

植えかえた木は三年、五年たっても、旱天《かんてん》には三日目ぐらいに水をやらねばならぬ。水もさ水ではだめである。すこし塩気のあるものでなくてはならぬ。漬物《つけもの》の洗い汁などの雑水《ぞうすい》がよい。さ水ではすぐ乾《かわ》いてしまうから効果が少ないものである。

（昭和二年一月・水鏡）

神木銀杏

銀杏《いちょう》という木は、日本以外にはあまりない不思議な木である。松、梅などとともに、前世期に属する植物であって、木質《もくしつ》に粘《ねば》り気《け》があるから、あの大洪水に耐えてきたのである。

銀杏《いちょう》の実は、全部精虫《せいちゅう》で満たされておって、動物の精虫とすこしも異《こと》らぬもである。その臭気もまったく精虫と同じであって、焼くと蒼《あお》い色になる、すなわち蒼人草《あおひとぐさ》の種《たね》である。もし適当なる方法でこれを孵化《ふか》することができるならば、銀杏からたしかに、動物ができるはずである。

かかる霊木《れいぼく》であるから、神籬《ひもろぎ》となるに、もっとも適当《ふさ》わしいのである。

五十年や八十年ではなかなか実を結ばないから、実益上、普通の人家にはあんまり植えない。かの三十三間堂の棟《むなぎ》の柳《やなぎ》というのは、その実《じつ》、銀杏のことである。

（昭和二年二月・水鏡）

樹木のいろいろ

桧《ひのき》は素盞鳴大神《すさのおのおおかみ》様の頭髪を抜いて蒔《ま》かれたもの（もちろん比喩）なれば、神様のお宮よりほか、使用せぬものである。松、杉は人家に使用し、槙《まき》は尻の毛を抜いて蒔かれたから、棺桶《かんおけ》に使うものである。これは古史成文《こしせいぶん》という書物にのせられたる、素盞嗚命の御神勅《ごしんちょく》である。

（昭和二年二月・水鏡）

南天と蓮

南天《なんてん》という樹は、南のほうへむかって繁殖《はんしょく》するものである。南の方角にある南天を北、あるいはその他の方角に移植するならば、たいていの場合、枯れる。これと反対に、北のほうから南へ移植するならば、きっと、つくに定《き》まっている。これ、南天の名がある所以《ゆえん》である。数百年をへた古木《こぼく》だというと、移植はむずかしく、たいがい枯れてしまうものである。現在のところにあれば、弱った根からも養分を吸収することができていても、他の土地に移すと、そうした力をもっていない。

南天という木は、移植した年はついておるようにみえていても、一、二年たつと枯れるから、よほど、よく方角を考えて移植せねばならぬ。

蓮《はす》はまた反対に東南の隅《すみ》にしたがよい。そうすると西北にむかって、どんどん繁殖してゆく。西北に植えたら、だんだんと減《へ》ってゆく一方である。

（昭和二年八月・水鏡）

雑草は彼岸に刈れ

夏の頃、盛《さか》んに繁茂した雑草は、かならず彼岸《ひがん》前に刈り取って、肥料にせねばならぬ。秋の彼岸後になると、養分がみな地に下ってしまうから、肥料として価値すくないものとなる。

これに反して、柴《しば》は彼岸後に刈るがよい。水分が地に下《くだ》っておるから、よく燃える。

（昭和二年十一月・水鏡）

花はみな太陽にしたがって廻る

花はみな太陽にしたがって廻《まわ》るものであって、日の出時《どき》はみな東にむかい、日没の時は西方にむかっておる。ひとり向日葵《ひまわり》のみが太陽にしたがって廻るというわけではないので、あの花は大きいから目立ってよく分かるが、ほかのはちょっと気がつかないのである。

ひとり花のみではない、木でも草でもその芯《しん》は、つねに太陽に向かっており、その運行にしたがって廻っているのである。　(昭和三年一月・水鏡)

松と雑木

松は神木《しんぼく》であるから、むかしは山の頂上三分《ちょうじょうさんぶ》ばかりのところしか生《は》えなかったものである。

そのつぎの場所に竹が生《は》え、その下位に梅が生え、こういう順序で山一面《いちめん》がおおわれ、雑木《ぞうき》は、山の裾《すそ》のみに生えて、上のほうには生えなかったものであるが、肥料《ひりょう》がないので土地がだんだん痩《や》せてくるにしたがって、下へ、下へと生えだして、ついに人家《じんか》のあるところまで生えるようになったのである。


山は元来、御神体であるから神聖なものである。　(昭和四年一月・月鏡)

紅葉に楓

赤い色の葉をもった植物をもみじといい、青いのを楓《かえで》という。紅葉《もみじ》は照《て》るといい、椢《くぬぎ》は映《は》ゆるという。楓は蛙《かえる》の手に似ている。蛙手《かえるで》木の転呼《てんこ》である。　(昭和四年九月・月鏡)

樹木の育て方

桜《さくら》は切ると木が痛む、だから手折《たお》るのである。梅《うめ》は切るとよくなる。俚諺《りげん》に桜《さくら》切る阿呆《あほう》、梅《うめ》切らん阿呆という言葉がある。

桧《ひのき》は幹《みき》の皮をむいてやると成長する。木肌《きはだ》が赤いから、火《ひ》の木《き》というのである。また、この木は摩擦によって火を発するから、ひの木ともいうのであるが、あまり茂ると火事の起こる憂いがある。

上の荒皮《あらかわ》を剥《は》いでおくと、赤い木肌が現われて、青葉に照り映え、なかなか美観を添えるものであるし、また非常に成長を助けるものである。

荒皮《あらかわ》を剥《は》がずに放っておくと、蟻《あり》が巣をつくるおそれがある。そしてだんだん木が弱ってくる。あやまって白肌《しろはだ》まで剥いだような場合には、お土《つち》を塗りつけておかねばならぬ。桧《ひのき》は陽木《ようぼく》、杉は水を好く陰木《いんぼく》である。月宮殿《げつきゆうでん》の周囲に桧を植えたのは、月日《つきひ》をそろえるという意味である。

また山桜《やまざくら》などでも、上皮《うわかわ》を剥《は》ぎ、青皮《あおかわ》だけにしておくとどんどん太る。空気と太陽とを直接に受けるからである。

（昭和四年九月・月鏡）

梅花とその実

梅《うめ》の花《はな》が咲《さ》いてパラパラと早く散った年はたくさん実を結ぶ。これに反して、花が梢《こずえ》にカスカスになってひっついている年は、実《み》りの悪いものである。

（昭和五年四月・月鏡）

茄子

茄子《なす》には仇花《あだばな》がないというが、その通りで、小さい時にどんどん取ってやると、一本の木に千個からなるものである。

（昭和五年八月・月鏡）

ふたたび花咲かぬ枝

一度咲いた枝には、決して、ふたたび花は咲かぬのである。新しい枝ができて、それに花が咲く。木全体から見れば毎年一つ枝に花が咲くように見えるが、決してそんな訳《わけ》のものではないのである。

したがって、果実も決して一つ枝にふたたびなることはない、新しい枝に花さき実《み》る、というこの真理がわかれば、果実が年《ねん》ぎりをするという弊《へい》は、ただちに救うことができるのである。

すなわち、古い小枝を年々切ってやればよいので、そうすれば年々同じように実るのである。

（昭和六年三月・玉鏡）

竹と豌豆

竹藪《たけやぶ》の根をたやすのには豌豆《えんどう》を植えるがよい。そうすれば竹の幽体《ゆうたい》までもなくなるものである。

（昭和六年三月・玉鏡）

竹と蕎麦

竹藪《たけやぶ》の近くに蕎麦《そば》を植えると、その蕎麦畠《ばたけ》にはすぐ竹が根をはるようになる。それで竹藪にしようと思うならば、藪《やぶ》の近くに蕎麦を蒔《ま》くにかぎる。

（昭和六年三月・玉鏡）

糸瓜と白水

糸瓜《へちま》には毎日白水《しろみず》を少しずつ施《ほどこ》すとよろしい。そうすると実は長く、また大きくなるものである。

（昭和六年三月・玉鏡）

筍と鰯

竹藪《たけやぶ》に腐った鰯《いわし》をやることは、肥料として一番よろしい。そうすると大きい筍《たけのこ》が出る。

（昭和六年三月・玉鏡）

竹と筍

竹というものは親竹を伐《き》ってしまえば、その根には親のような大きな竹はできない。そして同じ親竹の根には、三年目に筍《たけのこ》ができ、四年目にはもはやその根に筍はできない。

それであるから竹には子丑寅《ねうしとら》等の年を記しおき、四年目以上の親竹から伐《き》るようにすればよい。二年、三年の竹を伐《き》っては損である。

（昭和六年四月・玉鏡）

米の三度作

我が国現今の農業はじつに幼稚であり、かつ不経済きわまるものである。

一か年に二回米作《べいさく》のとれる国は、四国の土佐ぐらいである。台湾にては二回とれるが、雨水《うすい》の都合にては台南州《たいなん》あたりは一か年に三回の収穫がある。しかしながら地味《ちみ》のあまり良からぬため、二回または三回の年収穫といえども、内地の一回の収穫にひとしいので、要するに内地に比して労力を多く要する次第であって、計算上あまり羨望《せんぼう》すべきではない。

しかし土佐以外の内地において一年に二回または三回の米作《べいさく》をとることを自分は発見し、二、三年以前より大本農園において試作しているが、二回収穫にて優《ゆう》に五石《こく》（一段歩《たんぶ》）以上をとることを実験し得たのであるが、本年よりはさらに方法をあらため、三回作を試むるの計画である。

我が国の古《いにしえ》は人口もすくなく耕田《こうでん》もたくさん要《い》らなかったので、年中《ねんじゆう》水の手のよい窪田《くぼた》のみを選んで籾種《もみだね》を田面《でんめん》に撒《ま》き、それを成育させていたのが、人口の増加するとともに原野を開き米田《べいでん》とするにいたったが、窪田《くぼた》のほかには水の手が悪《あ》しく、かつまた麦等の冬季作もやらねばならぬようになり、稲の苗の植え付け時までの便宜上《べんぎ》、苗代《なわしろ》を設《もう》け、これに籾《もみ》を八十八夜《や》、すなわち五月一日前後をもって籾種を蒔《ま》き苗《なえ》を育て、五月雨《さみだれ》の時節を待って実《みの》れる麦を刈り、そのあとに稲苗《いねなえ》を水をたたえて挿《さ》すこととなったのであるが、水の手の良い窪田ならば籾種のまま蒔《ま》いたほうが苗の発育も良く、秋の稔《みの》りもしたがって良好である。

まず四月下旬頃に早稲《わせ》の籾《もみ》を蒔《ま》き、八月頃に刈り入れると、夏の最中とて稲の切り跡の株《かぶ》から青々と勢いよき芽《め》を出し、ただちに成育して実を結ぶのである。そして二回目には、一回目の苗《なえ》のあいだに苗代《なえしろ》の苗をうつして植え付けると、普通の一回作の稔《みの》ると同時に刈り取るようになるものであ

る。（昭和六年四月・玉鏡）

命ぜられて咲いた桜

去年のこと、王仁《わたし》がお多《た》福桜《ふくざくら》に咲けと命じたら、一日のうちに咲いた。だがそれはすでに咲く季節であったから訳なく咲いたのである。もしこれが寒い時ででもあったならば、咲くことは咲くが、そのかわり、その木はそれで枯死《こし》してしまうのである。（昭和六年六月・玉鏡）

香具の果実

香具《かぐ》の果実《このみ》というのは橙《だいだい》のことである。非時《ときじく》の果実《このみ》といって、一年中いつでもあるものである。秋冬になれば熟して赤くなり、春になれば木になったまま青くなる、そしてまた秋冬になれば赤くなる。年数をへたものは皮が厚くなって酸味が尠《すく》なくなる。夏蜜柑《なつみかん》のごときも皮が厚くなれば、おいしくなるものである。（昭和六年八月・玉鏡）

松茸

松茸《まつたけ》というものは清浄《せいじょう》なものであるから、人糞《じんぷん》の臭《におい》がするところには生えぬ。（昭和六年十月・玉鏡）

朝顔

朝、朝顔《あさがお》の芯《しん》に水を一滴落としておくと、花が終日もつものである。（昭和六年十月・玉鏡）

空中肥料

稲《いね》は、空中の食物を十分に食べさせねば充分の収穫はない。空中肥料《くうちゅうひりょう》をうるためには、空気の流通をよくしてやることが必要である。

いまの農事に志《こころざ》すもの、肥料のことを知って、空中肥料のもっとも大切なることをば知らない。

だから金がたくさん要《い》って収支が償《つぐな》わないようなことができて来るのである。（昭和六年十一月・玉鏡）

なずな七草

むかしから「なずな七草《ななくさ》唐土《とうど》の鳥が渡らぬさきに云々」という歌がある。

これは唐土の鳥、すなわち外国の飛行機から毒ガスを投下するその時に、なずな七草《ななくさ》を食べておれば毒ガスにあたらぬという予言、警告である。

なずなと言うのは、冬、青々《あおあお》としたもので、松葉《まつば》でも葱《ねぎ》でも、みな薬となるものである。七草《くさ》は七種《くさ》の意である。（昭和七年一月・玉鏡）

宅地と植樹

ある地方では宅地内に、樹によって植えることを忌《い》むところがあるが、まったく迷信である。

たとえば、葡萄《ぶどう》や柳はなり下がるといって忌《い》み、柘榴《ざくろ》は破裂するので忌む。

蘇鉄《そてつ》は、ある地方では大蛇《おろち》が棲むとか、大蛇が憑《うつ》っているとかいって嫌う。また蘇鉄は、阻跌《そてつ》すなわちつまずくのと語呂《ごろ》が合うから忌《い》むのである。

枇杷《びわ》は「汝死《われし》ね、俺《おれ》なる」というて死んでから実るというて、嫌ったものである。

芭蕉《ばしょう》は、その葉が大きくても、風のために破《やぶ》れていないものはないほどで、完全なものはない。この破れるということを忌《い》むものである。芭蕉はまた、実《み》がなれば直《す》ぐ、そのあとは倒れるものである。したがって、昔から寺などに植えて個人の家に植えなかったものである。（昭和七年二月・玉鏡）

山椒の樹

唄《うた》いながら山椒《さんしょう》を採《と》ると、その樹《き》は枯れるものである。まことに不思議な樹である。

（昭和七年二月・玉鏡）

樹木

太古、日本には雑木《ぞうぎ》ばかり生えていたので、素《す》盞嗚尊《さのおのみこと》が朝鮮より、桧《ひのき》、松、杉、槙《まき》等の種子《たね》を持って帰られて植えられたのが、現在のように繁殖したのである。

（昭和七年十二月・玉鏡）

槙の木について

古史成文《こしせいぶん》に出ておるごとく、槙《まき》の木は太古、素《す》盞嗚尊《さのおのみこと》が「顕《うつ》しき青人草《あおひとぐさ》のおきつしたへに伏《ふ》する時まで云々」とあるので、これは、人の死体を納める用途の木である。

それで、この木を庭前《にわさき》や、門の入口などに植えると、その家はついには没落、または不幸なことになるのである。

もし借家などをしている者で、この木が庭などにあれば、言霊《ことたま》で「唐松《からまつ》」といって宣り直しておく必要がある。槙《まき》という言葉は「魔来《まき》」という意味にもなるので、注意すべきである。

素《す》盞嗚尊《さのおのみこと》は、尻の毛から生えた木というておられるが、それは汚《きたな》い木という意味なのである。

（昭和八年二月・玉鏡）

梅と桜

梅《うめ》は支那から渡って来たものだという者があるが、そうではなく、むかしから日本にあるのである。もっとも信濃梅《しなのうめ》、信濃柿《しなのがき》というのは支那から渡って来たもので、支那の梅、支那の柿の意味である。

桜《さくら》でも日本の桜は、支那では咲かない。また土地の関係で、京都から東へ行くと、桜は白くなり、西へ行くほど赤くなる。

（昭和八年三月・玉鏡）

竹藪と悪魔

孟宗竹《もうそうだけ》のほか、竹を屋敷内に植えるのはよくない。竹藪《たけやぶ》は悪魔の棲処《すみか》である。孟宗竹は畑に作るのであって、藪《やぶ》ではないから差し支えないのである。

（昭和八年六月・玉鏡）

温室をやめた理由

だいぶん長いあいだ、温室において花を育てていた。それは天国の移写《いしゃ》たる聖場《せいじょう》には、冬といえども花がなくてはならぬからであった。だがガラスで囲って温湯《おんとう》で暖《あたた》めてやらねばならぬような花、外へ持ち出すとすぐ萎《しお》れるような花は到底《とうてい》だめである。雪霜《せっそう》を凌《しの》いで、その中に凛《りん》として咲くような花でなくては物の役にたたぬと思うて、断然、温室栽培をやめることにしたのである。

（昭和八年八月・玉鏡）

植木と主人

植木が枯れるのは、なにか主人の身の上に災害のくる時なのであって、主人の身代わりとなって枯れるのである。主人の勢《いきお》いの盛んなるときは、その家の植木がみな勢いがよい。植木一つ見ても一家の栄枯《えいこ》盛衰《せいすい》はわかるものである。

（昭和八年十月・玉鏡）

紅葉と歌

島根別院の赤山《あかやま》山上に建《た》てられたる歌碑《かひ》には左《さ》の歌をしるした。

赤山《あかやま》の紅葉《もみじ》にはゆる夕津陽《ゆうつひ》の
影黒々《かげくろぐろ》と庭を描《えが》けり

不思議なことには、それ以来、青い種類の紅葉《もみじ》が、真紅《しんく》になって秋ごとを美しく飾《かざ》っている。紅葉《もみじ》も歌には感ずると見える。

（昭和九年一月・玉鏡）

動物

尸解

虎《とら》、狼《おおかみ》、猪《いのしし》、熊《くま》、狐、狸など野山《のやま》に住む獣類、さては鳩、鳶《とび》、烏《からす》、雀《すずめ》の鳥類にいたるまで、死骸《しがい》というものをこの土《ど》にのこさぬ。人に殺された場合は別だが、自然に死んだこれらの屍《しかばね》というものを誰《たれ》も見たことがあるまい、これらの動物は一定の時がくると、尸解《しけ》の法によって、体をもって霊界に入《い》ってしまうのである。

　これみな神様の御恵《みめぐみ》によるもので、かれらが死して醜骸《しゅうがい》をこの地上に残すとき、誰《たれ》も葬式をして埋《うず》めてやるものがないからのことである。それにかれらには慾《よく》というものがないし、執着心も何もないので、実際きれいなものである。

　虎狼《とらおおかみ》の慾という諺《ことわざ》があるけれど、かれらは腹がふくれてさえおれば、けっして他《た》を犯《おか》そうとはしない。人間の慾となると恐ろしいもので、その日の糧《かて》どころか、一年中食べても、一生涯食べても余りあるほどのものを貯《たくわ》えながら、まだそのうえ、他《ひと》のものを自分のものにしたいという慾望の絶ゆる時がないのだから、おそろしい執着だ。

　家畜《かちく》は死骸をこの土《ど》に曝《さら》すが、それは人間が始末をしてやるから尸解《しけ》の法によらないのである。人間も同様、おたがいに始末をしあうことができるから尸解《しけ》の法によらないのである。

（大正十五年八月・水鏡）

動物の寿命

蜉蝣《ふゆう》が五時間、象《ぞう》が二百年、鶴が百年、亀が九十年である。鶴も亀も三日を一年としている。それに牛馬《ぎゅうば》は三か月を一年としていて、その割合で年が寄るのである。

（大正十五年八月・水鏡）

薮蚊

蚊《か》のなかで薮蚊《やぶか》ばかりは棒振《ぼうふら》から出ないで木や何かのしげみに生《わ》くのである。そして喰いつかなくて、ただ傍《わき》に飛んでいても人間の血を吸うものである。

（大正十五年十一月・水鏡）

雀の領分地

雀《すずめ》にも自分の持つ領分《りょうぶん》がある。雀ばかりではない、烏《からす》でも、鷹《たか》でも、鳶《とび》でも、虎《とら》でも、獅子《しし》でも、狼《おおかみ》でも、禽獣《きんじゅう》虫魚《ちゅうぎょ》みなそれぞれ自分の住む範囲、すなわち領分があるのである。そして彼らはけっしてその範囲外には出ないのである。またおたがいがけっしてその範囲を犯《おか》さないものである。

もし他《た》を犯す時は、たちまち争闘《そうとう》がはじまる。小鳥の領分地はせまい。この光照殿《こうしょうでん》の中庭にでも雀の幾群《いくむれ》かが住みうる。

鷹となるとよほど範囲が広く、いつも天恩郷の空を舞うているキンミー鷹《たか》のごときは南桑《なんそう》の原野《げんや》の半分くらいの広袤《こうぼう》を領有している。時に、たくさんの鷹が飛翔する時があるが、それは彼らの漫遊客である。もしかれらが移住するときは、数百羽うちつれて行く。

かくのごとく万物その領するところが定まっているのであるから、人間にもまた、その領有する所がなくてはならぬわけである。

だが鳥獣の類《るい》は、自分の領分を他に賃貸《ちんかし》して金銭を取るというようなことがないが如く、人間もまたそうあらねばならぬ。

（昭和二年一月・水鏡）

水鳥の温度

水鳥は、その体温、平素四十度以上に達するものである。ゆえに厳寒骨を刺す水のなかで平気に遊弋《ゆうよく》しているのである。かれらは、この冷たさがむしろ快感を覚えしむるのである。
（昭和二年二月・水鏡）

虫の触角と鳴き声

鈴虫《すずむし》や松虫《まつむし》には長い触角《しょっかく》があるが、あれはおもしろい働きをするものである。すなわち、あの長い触角は、ラジオのアンテナと拡声器とを兼《か》ね備《そな》えたような働きをするのである。

今一匹の松虫の雄虫《おす》が鳴いたとすると、その声は触角に伝わって強められ高められて、数丁《ちょう》ないし数里《り》さきの雌虫《めす》に達する。

いくら松虫の声が高いからというて、マサカ数里さきの雌虫《めす》にまで達するというのは信ぜられない話であるが、そこは神様の深い思召《おぼしめ》しがあって、雌虫《めす》の頭には、ちゃんと触角のアンテナが用意してあるのであって、この触角のアンテナに感応して、数里さきの雄虫《おす》の鳴き声がハッキリと聞きとれるので、呼び出しをかけられた雌虫《めす》は、大喜びで声を便《たよ》りに飛んでゆく。

もちろん恋しい自分の雄虫《おす》の鳴き声を他の雄虫《おす》の鳴き声と混同するようなことはけっしてしない。ちゃんと各自の雄虫《おす》のところへ飛んでいって、甘い恋をささやきつづけるのである。

かれらの鳴き声は、けっして人間を慰《なぐさ》むるためではなく、種族繁栄のための本能の叫びであることは人みながよく知っているとおりである。

鶏のトサカの如きも同じ働きをするもので、鳥や虫が一足お先にラジオを実際に使用しているのは、おもしろい現象である。（昭和二年七月・水鏡）

家畜と人間の唾液

人間の唾液《だえき》は家畜には何らの影響もないが、野獣や、虫類のためには非常に害になるものである。であるから彼らは人間の唾液を非常におそれる。

かの蜈蚣《むかで》の如きは唾液をかけると、ただちに色が変わってしまう。犬や猫の小さいとき、人間が食物をよく噛《か》んで食べよいようにして与えることがあるが、野獣はそんなものを食べさすと、中毒をおこし、はなはだしいのは死んでしまうものである。

（昭和二年十月・水鏡）

動物愛護について

一切《いっさい》のものは輪廻転生《りんねてんしょう》の理《り》によって形を現わしておる。動物は畜生道《ちくしょうどう》に堕《お》ちた霊がそこに現われておる。ゆえに動物は、向上して人間に生まれかわろうとの希望をもっておるものである。

愛護されている動物、虐使《ぎゃくし》されている動物、一見《いっけん》はなはだ不公平の如くみえるが、虐使されつつある動物は、その修行をへねば向上することができないようにできておるのであるから、人間がことさらに愛護するということになれば、修行が完成せられないで、死後、ふたたび動物界に生まれきて、修行の仕直《しなお》しをせねばならぬことになる。

ゆえに形から見れば愛護であっても、その霊性から考えると一種の虐待になる。今日《こんにち》の世の中は動物愛護よりも、神の生宮《いきみや》たる人間で畜生道に堕ちようとする危険のものがたくさんあるから、このほうを救うてやることが、より急務である。

動物愛護会などは、形に囚《とら》われたる偽善である。如何《いか》となれば、多くの人はそれを食物《くいもの》にしようとしておるから。

（昭和五年一月・月鏡）

時を告ぐる鶏

鶏《にわとり》が時をつぐるのは、雌《めす》に使嗾《しそう》せらるるによるのである。

（昭和六年二月・玉鏡）

猫は家につく

猫《ねこ》は家についているもので、借家人が引越す場合は放っておけば家に残るものである。犬はこれに反し、人についてどこまでもゆくものである。

これは猫は鼠《ねずみ》によって養われ、犬は人によって養われるからである。

（昭和六年六月・玉鏡）

猛犬シーゴー

犬と狼《おおかみ》の混血児がシーゴーである。本当のシーゴーは高価で、なかなか手に入らぬ。

普通、シーゴーというているのは、シーゴーの子、すなわち狼の孫にあたる犬である。

交尾期がくると狼の雄《おす》のほうから出てきたり、犬の雌《めす》のほうからいったりする。しかし、その時期がすむと、職務を全《まっと》うしようとして犬は、牛、馬、羊などを守り、もし狼が襲うようなことがあれば、一生懸命これを守り、噛《か》みつきもする。

（昭和六年十一月・玉鏡）

烏

烏《からす》は霊鳥である。朝《あした》は東にむかって飛び、夕方には西にむかい、真昼は南にむかって飛ぶ。

（昭和六年十月・玉鏡）

魚を釣る時

日暮れ前がいちばん魚《うお》のつれる時だ。

魚《うお》は明日の太陽が上《のぼ》ることを思わない。日が暮れだすと、もう世が終わりだ、これで終《しま》いだと思うから、いま食っておかねばならないと、一生懸命に喰いついてくるのである。（昭和七年九月・玉鏡）

猫は魔の王

猫《ねこ》は魔《ま》の王《おう》であるから、家に猫を飼《こ》うておくと悪魔が来ない。猫を抱いて寝ておれば、おそわれるようなことはない。

（昭和八年六月・玉鏡）

第八章　健康と民間療法

食べ物

耐寒力と飲酒、肉食

野菜を食するものが、いちばん耐寒力が強いものである。肉食をするものは、血液が粘《ねば》っているので血液の循環が悪く、肉食をした当時こそ耐寒力もあるが、食せぬときは一層はなはだしく寒気《かんき》を感ずるものである。

飲酒家にいたりては、血液の粘ること一層はなはだしく、アルコールをもってするに非《あら》ざれば、血液の循環を速《すみ》やかにすることができない。したがって、酒を止《や》めると、はなはだしく寒気を感ずるものである。雪に凍《こお》りたる道などを行くに、飲酒の習慣ある人は、その寒気に堪《た》えかね、飲酒をつづけおらざれば、血液凝結《ぎょうけつ》して死にいたるものである。

（昭和二年五月・水鏡）

食用動物

キの字のつく獣類は、食用とすることを許されているのである。たとえば、狸《たぬき》、狐《きつね》、兎《うさぎ》の如きもので、また、たまがえししてキになるものも許されるのである。かも鹿の如きがそれであって、これらは神界のほうで木《き》、すなわち植物に宣《の》り直《なお》していて下さるのである。鳥類でも鴨《かも》、雉《きじ》のごとき、みなキにかえるので、鶏《にわとり》をカシワと呼びならわしたのも柏《かしわ》の意味で木ということになる。牛馬の肉は食用としてはいけない。

（昭和四年十二月・月鏡）

米

米は食料となるまでに、八十八回の手数がかかるのである。

（昭和六年二月・玉鏡）

玄米食

玄米食《げんまいしょく》の効果のあることは、その文字から見てもわかる。白米《はくまい》と書いて粕《かす》と読む、糠《ぬか》は米扁《こめへん》に康《やす》とかくではないか。玄米を煎《い》って粉にして、ハッタイ粉《こ》として、玄米パンを作って食するのが一番よいのである。

（昭和六年二月・玉鏡）

水と火を食う

人間はつねに水を飲み、火を食うて生きている。物を煮《に》るには、かならず火と水とを要する。水のなかにも火があり、火のなかにも水が含《ふく》まれていることは言うまでもないことである。

（昭和六年三月・玉鏡）

米の意味

米は小目《こめ》の意で、目の形に似ているから、それで小目《こめ》と言いだしたのである。またヨネというのは、目は夜寝《よるね》るからであり、イネというのは、目《め》が寝《いね》るからの名称で、古事記に示されてある。

米の味は穴太産《あなお》が全国一である。灘酒《なだしゅ》の原料は穴太米《まい》である。安生館《あんせいかん》の飯《めし》が美味《うま》いという評判だそうだが、全国一の米を使っているからである。

（昭和六年五月・玉鏡）

味のよい所

鯛《たい》には「猫知《ねこし》らず」といって頭部にいちばん美味《うま》い処がある。高貴の人の馳走《ちそう》に、むかしはその「猫知らず」の少しの肉を用いたものである。

つぎに、鰈《かれい》のいちばん味のいいところは、周囲の鰭《ひれ》である。食道楽に長じた人は、その鰭《ひれ》を焦《こ》がさないように焼いて、むしって食い、中身には箸《はし》をつけない。鶏や山鳥のもっとも貴重な肉は、肝臓である。

（昭和六年六月・玉鏡）

肉食の害

獣、鳥、魚などの肉は、いったん食物として消化されたものが肉となったのであるから、それを摂取しても、あまり益《えき》はない。獣肉をたしなむと情慾がさかんになり、性質が獰猛《どうもう》になる。肉食する人は、本当の慈悲の心はもたない。

神に近づくときは肉食してはよくない。霊覚《れいかく》を妨《さまた》げるものである。

（昭和七年二月・玉鏡）

智、仁、勇の食物

魚《うお》は智《ち》を養《やしな》うものである。野菜を食べると憐《あわ》れみ深くなり、仁《じん》に相応し、米は勇《ゆう》に相応する。

（昭和七年二月・玉鏡）

キのつく動物

さきに、狐《きつね》、狸《たぬき》、兎《うさぎ》、雉《きじ》などのキのつく動物は、食べても差し支えないと言ったことがあるが、これらは有職故実《ゆうそくこじつ》においても、草木《そうもく》と見做《みな》したものである。鶏《にわとり》をカシワというのは、柏《かしわ》の意である。鴨《かも》の魂返《たまがえ》しはコである。すなわち木《こ》であるから食べてもかまわない。

（昭和七年二月・玉鏡）

食物

米は陽性のもので、これを常食すれば勇気が出る、そして陽気である。麦は陰性のものであるため、陰気になる傾向がある。くよくよしたり、いつも泣き言を並べたりするようになるのは、このためである。

野菜を食えば、仁《じん》の心が養《やしな》われる。

魚類を食えば、智慧《ちえ》がわく。ゆえに、魚類も月に一度や二度は、かならず食わねばならない。

米と野菜と魚類とで、智《ち》、仁《じん》、勇《ゆう》となる。肉食をする者には、仁の心は少ない。ゆえに野菜を常食とする日本人にして、はじめて愛善《あいぜん》の心がある。

肉というものは一度、草や野菜等を喰って、その栄養素が肉となったのであるから、あまり栄養もない。そして肉によって養われた細胞は弱い。日本人は米を食い、野菜を食うから、すなわち、まだ肉とならない栄養を摂《と》るから細胞が強い。毒ガスに対しても日本人は比較的耐久力があり強い。また日本人の歯は臼歯《きゅうし》といって、米を噛《か》みこなし易《やす》くできているが、肉食人においては、臼歯がとがっている。

（昭和七年十二月・玉鏡）

酒の起源

支那では夏《か》の儀狄《ぎてき》がはじめて酒を造ったといっているが、印度では猩々《しょうじょう》が造りはじめた。日本では雀《すずめ》が初めである。猩々《しょうじょう》が食い残しの食物を岩穴《いわあな》等に貯《たくわ》えておいたのに水がたまり、自然発酵して酒になったのが初まり、日本では、雀が食物を竹の切株にためたのが発酵して酒になったのである。

噛《か》んだのが初めであるから、酒を醸造することを醸《かし》む、または醸《かも》す、というのである。

（昭和八年五月・玉鏡）

食物

王仁《わたし》は近ごろになって、いっそう菜食《さいしょく》主義になった。魚《うお》なども、たいがい嫌いになった。それでもうまく料理して、原形がないようにしてあればよいが、頭や尾がついたそのままの姿を見ると、むごたらしくて一度に食慾がなくなってしまう。

切っても血の出ない野菜食にかぎる。

（昭和八年十一月・玉鏡）

食物と性格

魚《うお》は智的《ちてき》食物、野菜は仁的《じんてき》食物、米は勇的《ゆうてき》食物で、その食するところにしたがって、性格にも変化を来たすものである。

（昭和九年三月・玉鏡）

健康と病気

神示の若返り法

年とると誰《たれ》でも皺《しわ》がよるが、この皺がよらないようにするには、平素から、顔や体の洗い方に注意せねばならぬ。すでによった皺がないようにして、若く艶々《つやつや》しくなるようにするにもまた、左《さ》の通りすればよいのである。

顔は、けっして石鹸《せっけん》や糠袋《ぬかぶくろ》で洗ってはいけない。ただ、掌《てのひら》には、天然に与えられたる脂肪がつねに分泌《ぶんぴつ》している。この脂肪こそは、顔や体を洗うに、もっとも適当なる洗料である。これ以上の結構な洗料はない。糠《ぬか》や石鹸は顔面の脂肪を多く取るから、そのときは垢《あか》がよく落ちてさっぱりするような気がするけど、これが皺《しわ》のよる原因となるのである。

顔面の上皮《うわかわ》はごく薄いもので、その下には医師も知らぬような、細い細い脂肪線が無数にあるのであるから、顔をひどくすると、この脂肪線をグジャグジャにしてしまう。たとえば、薄いうすい紙をこすれば皺がよると同様である。

掌で、静かに、静かに、撫《な》でるようにして洗わねばならぬ。掌の柔《やわ》らかさは、もっとも顔面を洗うに適している。手拭《てぬぐい》などのような硬いものでこすっては、たまらぬ。かくの如く掌で、静かに、静かに、なで洗うことによって、皮下脂肪線がふっくりとしていて、いつまでも、その若々しさを保ちうるのである。

あまり擦《こす》って、いったんつぶれてしまった人は、下記の如くして、その回復を待たねばならぬ。

それは、タオルを微温湯《びおんとう》につけて、これを顔に当て、五分くらい蒸《む》す。かくすれば皮下脂肪線が口を開いて、自然に下から掃除ができるのである。

またダんだんと、脂肪線が旧状態に回復してきて、小皺《こじわ》がのびてくる。かくてのち、タオルでこすることなく、押さえるようにして水を払拭《ふっしき》し、その上に女ならば薄化粧でもすると、にじみだした脂肪は、白粉下《おしろいした》の作用をなして、きれいになる。

　この方法を度重《たびかさ》ねていると、年とった人もだんだん若く美しくなる。体も同様、掌で洗うのが一番である。ただし、腰から下は天国に相応《そうおう》しないところであるから、石鹸を使用してもかまわぬ。ただし、石鹸を使用する人は、体に臭気があっていけない。

　筆者附記　右は承《うけたまわ》った体的《たいてき》若返り法の大体です。そしてこのとおり実行しているものは、実際に日に日に皺がとれ、若返りつつあります。ただ誰《たれ》もが思いきって従来、使用しきたった石鹸や糠が捨てられないようですが、それでは駄目です。主一無適《しゅいつむてき》を標榜しつつも、これだけはいくら聖師様の仰せでもそうできぬと、でもをつけてお言葉を実行しないと、御神徳はいただけないと同様、石鹸を使ったり、糠を使ったりすると、また後もどりをいたします。ただし、汽車旅行などして、ひどくすすけた場合は止むを得ないから、糠など使ってもよいとのことでございます。

（大正十五年三月・水鏡）

深呼吸の害

深呼吸《しんこきゅう》は、人体にとってよくない。たとえば楽《らく》焼《やき》をしているあの電気竈《かまど》、八百度の熱をかくべきところへ、千度の熱を加えるとヒューズが切れると同じように、かえって身体の具合が悪くなるものである。やはり、自然そのままの呼吸が一番結構である。

（大正十五年九月・水鏡）

葱と呼吸器病

葱《ねぎ》は、肋膜炎《ろくまくえん》や肺病等に特効あるものである。元来、葱《ねぎ》はその成分中に、殺菌剤《さっきんざい》と精力増進剤とを兼ね備えているのであるから、非常に結構なものである。

ただし、その用法は刻《きざ》んだり、煮《に》たりしたのでは効果はない。生《なま》のまま一寸五分ぐらいにちぎって味噌《みそ》をつけて食するのである。ことに醤油《しょうゆ》の諸味《もろみ》をつけて食べるのが一等である。

（大正十五年九月・水鏡）

脚気の妙薬

脚気《かっけ》に罹《かか》った人は、伊勢海老《いせえび》を黒焼きにして、それを粉にして飲むがよい。（大正十五年十月・水鏡）

癲癇

癲癇《てんかん》を病んで引っくり返っている人間があったら、その足の裏に、艮《うしとら》の金神《こんじん》と墨《すみ》で書いてやると正気《しょうき》に返るものである。

（大正十五年十一月・水鏡）

熱と病気

病中に熱がたいそう出るのはよいことである。病気と体とが戦っているために出るのだから、熱が出れば出るほど結構なことで、病気はそのために駆逐《くちく》されつつあるのである。

しかるに熱の出ているのを冷やしたりすると、火に水をそそぐようなもので、病気に加勢することになる。肺病患者などに始終熱が出てくるのは、黴菌《ばいきん》を殺そうとしているのである。

（大正十五年十一月・水鏡）

カタバミの葉

お腹がひどく痛むとき、カ、タ、バ、ミの葉を二、三枚、お臍《へそ》の上にのせておくとすぐ癒《なお》るものである。

（大正十五年十一月・水鏡）

創をした時

創《きず》をしたり、腫物《はれもの》ができたりした後《あと》は、しばらく梅《うめ》を食べないように心がけねばならぬ。梅を食べると、そのあとが赤い痕《きず》となって、生涯癒《なお》らぬものである。

（大正十五年十二月・水鏡）

感冒の妙薬

感冒《かんぼう》に罹《かか》ったら、味噌《みそ》仕立ての熱いお粥《かゆ》をこしらえ、それにたくさん葱《ねぎ》を刻《きざ》み込んで食し、暖《あたた》かにして寝るときは、きっとぬけるものである。もし一度でぬけぬならば、何度も、ぬけるまでやったがよい。

いったい風邪《ふうじゃ》というものは狸《たぬき》の霊の作用であるから、狸のきらいな葱《ねぎ》をたくさん食べれば、自然になおるわけである。

（昭和二年四月・水鏡）

病気の手当二、三

直腸癌《ちょくちょうがん》には御神水で灌腸《かんちょう》してやるとよい。章魚《たこ》にあったときは、生紙《きがみ》を煎《せん》じて飲むと、すぐ癒《なお》るものである。田螺《たにし》と蕎麦《そば》粉とを食い合わすと流産する恐れがあるから、注意せねばならぬ。

（昭和二年七月・水鏡）

瘤を取る法

瘤《こぶ》を取るには、無花果《いちじく》の葉の搾《しぼ》り汁、すなわち、あの乳のような汁を取り、それを塗りつけておくとやがて取れる。

（昭和二年八月・水鏡）

寝る時の形

寝るときは、さの字のような形がよい。仰向《あおむ》けに寝ると鼠《ねずみ》に呼吸を合わせられたときに、耐《た》えきれなくて、病人などになると死ぬことがある。

鼠が呼吸を合わせるというのは、俗にいう襲われることであって、人間の吐く息を天井で鼠が吸い、鼠が吐く息を人間が吸うので、かかる場合、寝ている人間は苦しくて、息がとまりそうになり、ウンウンと唸《うな》るもので、自分のうなり声で目が覚めることもある。このとき仰向けに寝たる弱い人だと、ついに目が覚めず、それなりになることがあるのだ。

おそわれる場合には、人がそばにいて起こしてやるとよいけれど、一人だとそうゆかないから、右の脇腹《わきばら》を下にして、さの字の形に寝てさえおれば大丈夫である。

（昭和二年十月・水鏡）

伝染病根治法

伝染病は、すべて悪霊《あくれい》のなす作用であるから、それを根絶しようと思えば、年に一度ぐらい、餓《が》鬼《き》に供養してやるとよい。団子《だんご》を作り河縁《かわべり》において丁寧《ていねい》に慰霊祭《いれいさい》をすれば、けっして悪病は蔓延《まんえん》せぬものである。

（昭和二年十一月・水鏡）

火傷の妙薬

火傷《やけど》の薬は母汁《ぼじゅう》に如《し》くものはない。これをつけさえすれば、どんな火傷《やけど》でもすぐ痛みが止まって、平癒してからもけっして痕跡《こんせき》を止《とど》めるようなことはない、このことは古事記にも出ている。

ちなみに、母汁と母乳《ぼにゅう》とは違います。混同されないようにお願いいたします。

（昭和二年十一月・水鏡）

柿は毒消し

わたしは柿《かき》が、たいそう好きである。果物《くだもの》のなかでは柿が一番美味《おい》しい。柿はまた毒消しの働きをするものであって、夏の暑いときから秋にかけて、いろんな悪い食物を食べてた毒が秋になって出てくるのを、柿によって消してしまうようにできているのだ。単に柿のみならず、神様は季節《きせつ》々々に人体に必要なるものを出して下さる。

　春は人間の体が柔《やわ》らかになってくるから、筍《たけのこ》のような石灰分《せっかいぶん》に富んだものを食べさすようにちゃんと用意してあるのだ。ゆえに人は、その季節相応のものを食べておれば、健康を保つことが出来るようになっているものである。

　いまのように夏出る西瓜《すいか》を春ごろ食べてみたり、春出るべき筍《たけのこ》を冬食べて珍味だと喜んでいるのは間違っている。それだから人間がだんだん弱くなってくるのである。すべてが間違いだらけである。

（昭和二年十一月・水鏡）

大蛇と毒気

　山で大蛇《だいじゃ》の毒気《どくき》に当たって大病になったとか、死んだとかいう話がよくあるが、それは大蛇の毒気にあたるのではなく、驚きのため、人間自体に発生する毒素のために犯されるのである。

　人はまた怒ったときにも同じ作用を起こすものであって、その毒は病《やまい》の原因となるのである。わたしが怒るとき大きな声を出すのは、じつはこの毒素を放散せしめるためである。

（昭和二年十一月・水鏡）

白髪の増えぬ法

白髪《しらが》ができかかったら、すぐ抜いてしまったらよい、放っておくと、次から次へと増えてゆくものである。

（昭和二年十一月・水鏡）

痔疾の妙薬

痔《じ》の病《やまい》にかかったら、鳩《はと》を一羽料理して焼きたるを、味噌汁に仕立てて食すると、ただちに癒《なお》るものである。

また、葱《ねぎ》の白根《しろね》を、おろし金でおろし、紙にのべて局部にあてておくもよく、白根の切り口にて局部をこするもの効《こう》多し。多少しみて痛むものなれども、たいそう、よく利《き》くものである。

霊的にいえば、痔はドブ狸《たぬき》の作用である。

（昭和三年一月・水鏡）

呼吸について

呼吸は両方の鼻の穴から吸うて、また出しているように多くの人は思うているが、そうではない。

左の穴から吸うて、右の穴に出しているので、試みに一方をふさいで実験をして見れば、よく分かることである。

（昭和三年一月・水鏡）

泥は薬

天恩郷洗心亭《せんしんてい》の湯がときどき泥湯《どろゆ》になることがあるが、それは、はなはだ結構なことである。そもそも人間は、お土《つち》からむしわかされたものであるから、土は人間にとって、はなはだ結構なものである。そういうお湯に入《い》るのは、温泉に入《い》るようなもので、たいそう薬になるものである。

お土は、それ自体が薬になるから、病気のときには、お土を溶《と》かして飲むとよく効《き》く。

また、お腹《なか》の空いたときは土を食べてもよろしい。わたしはかつて、伏見から綾部まで二十五里の道を、なにも食べることができないで帰ったことがあるが、そのとき、赤土《あかつち》をとって水に溶かして飲んで食物の代用とした。そして無事、綾部に帰りついた。

土というても、大本のお土《つち》さんのように粘《ねば》り気《け》のある土でなくてはいけぬ。

（昭和三年一月・水鏡）

病気と薬

一、喘息《ぜんそく》は、榧《かや》の実を煎《い》って、毎日食べるとよい。榧《かや》のない場合には、蚕豆《そらまめ》を煎って粉にして食べてもよい。

一、熱のあるときは、蚯蚓《みみず》の乾いたものを煎《せん》じて飲むとよい。水を飲むこともよいことである。

一、胃癌《いがん》には、塩のニガリを盃に一杯くらい一日量として飲むとよい。単に胃癌のみならず、子宮癌、食道癌などの癌種には、みなよい。盲腸炎、胃病、腸、口中のただれなどにも有効である。

一、下痢《げり》、赤痢《せきり》、コレラ等の病気には、一本の寒《かん》天《てん》の四分の一くらいを煮《に》て、トロトロとなし、固まらないうちに白湯《さゆ》一合にて飲むとよい。このゆえは、黴菌《ばいきん》を全部、寒天のなかに吸収してしもうて、排出するからである。

一、腎臓《じんぞう》病には、オバコ（根葉とも）の生《なま》のもの百五十匁《もんめ》を煎《せん》じて飲む。これは一週間の量であるから、一日量約二十匁強にあたる。生のものを得られぬ場合は、干《ほ》したものでもよろしい。オバコはまた、他《た》の腫病《はれやまい》にも効くものである。

一、蛇に咬《か》まれたときは、山ぜりをもんでつける。

一、蝮《まむし》に咬まれたときには、生きている蚯蚓《みみず》をこづき、ご飯粒《はんつぶ》と練ってつける。

一、眼病は、鰻《うなぎ》の腸《はらわた》を毎日一回ずつ、生で食するとよい。

一、梅毒《ばいどく》には、人の入った風呂の脂《あぶら》を飲むとよいので、風呂の湯に手拭《てぬぐい》をあて垢《あか》など入らないように、こして飲むのである。

一、胎毒《たいどく》には、垣根を結びたる腐《くさ》れ縄《なわ》を黒焼きにして、その灰を燈明《とうみょう》の油にて練り、それを腫物《はれもの》の上につける。

一、生涯、食あたりをせぬために、妊婦が出産して第一回授乳するまえに、塩小《しおこ》鯛《たい》を全部、バリバリに焼いて食べるとよい。

一、よう、ちょうなどの腫物《はれもの》ができたときは、あおきの葉を七枚、煎《せん》じて、それでなでると癒《なお》る。

一、腹痛、胃病等の場合には、げんのしょうこを煎《せん》じて飲むとよい。

一、胃腸病には、松笠《まつかさ》の青いのを煎《せん》じて飲む。

一、なまこにあたったときは、藁《わら》を煎じて飲む。

一、魚《うお》にあたりたるときは、梅酢《うめす》を飲む。あるいは、生果物《なまくだもの》を食するもよし。なかにも林檎《りんご》は、もっともよろし。

一、十二指腸虫には、果物《くだもの》を食す。柿は最もよろし。つぎには林檎。

一、針をのみたるときは、ぼれい（蠣殻《かきがら》を焼いて粉にせるもの）を飲むこと。

一、肋膜炎《ろくまくえん》には、ゆずり葉六枚を黒焼きとして粉末とし、三度ぐらいに分服するとよい。たいがい一回で効を奏すれど、もし、きかざれば、二回までは同様のこと繰り返してよし。

一、丹毒《たんどく》に罹《かか》りたるときは、生きた鰻《うなぎ》をして患部を這《は》わしめると、きっとなおる。鰻《うなぎ》が毒を取ってくれるのであるから、這わした後は、すぐ河に放してやらねばならぬ。（水鏡）

松と土と水

たいがいの病気は、松《まつ》と土《つち》と水《みず》さえあったら癒《なお》るものである。

風邪《ふうじゃ》その他熱《ねつ》のある場合には、雌松《めまつ》を煎《せん》じてのむと、じきに熱が引く。神様にお供《そな》えしたものならば、いっそう結構である。

お土《つち》は、傷をした場合にぬりつけるとよい、切《きり》瘡《きず》、火傷《やけど》、打身《うちみ》、腫物《はれもの》など、なんにでもよい。

また、水は万病の薬であって、諸薬、水に越したものはないのである。

熱のある場合、病人が欲しがれば井戸《いど》の汲《く》みたての水を、どんどん飲ましてやったらよい、水道の水はくたぶれている、井戸水は生気《せいき》溌剌《はつらつ》としているから井戸水にかぎる。わたしはかつて、ひどい熱病患者にどんどん水を飲まして癒《なお》してやったことがある。医師は一寸《ちょっと》も水を飲ましていけないといっていたが、そんなことはない。

水くらい薬になるものはないのである。（水鏡）

臭気どめその他

鶏肉《けいにく》のいやな臭気《しゅうき》を消すには、料理をするまえに、濃く曹達《そうだ》を溶《と》かした水で洗うと、臭気は去るものである。

火傷《やけど》したときは、すぐにその局部に水を塗りつけたうえ、熱灰《あつばい》をかけると痛みが去る。また茹卵《ゆでたまご》の灰を火傷に貼ると、すぐに痛みが止まるものである。

重炭酸曹達《じゅうたんさんそうだ》を水にとかして風呂に入れると、プン、と臭《にお》う汗じみた厭《いや》な臭気がしなくなるものである。

雪隠《せっちん》の臭気を消すには、桐《きり》の葉を二、三枚投《とう》ずれば、ただちに止まるものである。

一石《いっこく》の濁水《だくすい》に明礬《みょうばん》一握りを投入すれば、たちまち清水《せいすい》となり飲料となる。

（昭和三年十二月・月鏡）

蕁麻疹の薬

蕁麻《じんま》疹《しん》や、そのほか腹に水がたまる病《やまい》には、らっきょうを一瓶、誰にも食べさせずに、自分一人で食べると癒《なお》る。

（昭和四年五月・月鏡）

婦人病

子宮病《しきゅうびょう》、ことに婦人共通の疾患《しっかん》である白帯下《こしけ》の療法としては、水一斗《と》に塩五合《ごう》の割合をもって温《おん》湯《とう》をつくり、坐浴《ざよく》をするがよい。海女《あま》などが、水につかりながら、比較的婦人病にかからないのは、塩水《しおみず》につかっているからである。

子宮後屈《こうくつ》などの機質的のものは、手術でも薬用療法でも癒《なお》らぬ。霊体一致《れいたいいっち》の理《り》によって、心つねに神にむかい、神の光と熱とを受くるようになれば、それらの病《やまい》は全癒《ぜんゆ》して、自然のとおり位置正《ただ》しく、どこにも欠陥がなくなる。人はただ、神を信ずることによってのみ、霊体とも完全にあり得《う》るものである。

（昭和四年六月・月鏡）

万病の妙薬

万病《まんびょう》に利《き》く薬は、らっきょうである。前にも一寸話《ちょっと》しておいたが、らっきょうは多量の酸素を含有しておって、心臓、肺臓、胃腸、腎臓、脚気《かっけ》等、あらゆる病気に特効がある。そのうえに血液を清浄にし、循環をよくし水気《すいき》をとるゆえに、水腫《みずは》れの病《やまい》に使用し、また利尿剤としても顕著な効能があるもので、下熱剤としても、収斂剤《しゅうれんざい》としても有効である

食時《しょくじ》に際し副食物としてとっていると、こういう病《やまい》は、おのずから全治《ぜんち》するものである。要するに内臓一切の病気に利《き》くのである。

ただし、一個の瓶《びん》は一人の専有として、他《た》の人に食べさせてはいけないのである。その理由は、多人数よって一瓶を食《しょく》するときは、霊がこもらぬからである。

（昭和四年六月・月鏡）

たむしの薬

たむし、水《みず》かさ、ひぜんなどには、クレオソートをつけるとよい。クレオソートをつけると、かなり劇《はげ》しい痛みを感ずるものであるが、非常に効果がある。しかしながら、ひどく痛みを感ずるようなれば、薄めて使用したがよろしい。

京都分所の中村宣伝使は、多年、頑強に襲っていた顔面のタムシが、一回のクレオソート塗布《とふ》で全治した。しかしかなりの痛みを感じ、一時は人前にも出られないような皮膚の色になったが、三、四日で、それがきれいに癒《なお》ってしまった、と報告がありました。

（昭和四年五月・月鏡）

便所の臭気どめ

桐《きり》の葉を便所に入れておくと、虫がわかない。臭気止《しゅうきど》めにもなる。

（昭和四年五月・月鏡）

痔の治療法

塩のにがりで患部を洗滌《せんでき》するのである。ただし、シミて痛みを感ずるものであるから、あらかじめ

神様に、ひどく痛まぬようお願いをして後《あと》にするがよい。そうすると痛くなく、楽に癒《なお》る。

（昭和四年五月・月鏡）

血止めの法について

半紙《はんし》の右辺を、右手に持ち、左手に左辺を持ち、一二が二と称《とな》えて二つに折り、右の手にて持ち、つぎに二二が四と称《とな》え、上方より二つに折り、右手にて持ち、つぎに二四が八と称《とな》えて、左より右に折り、そのまま場所に当てる。この際、けっして手を離してはならぬ。

筆者申す。最近のこと、筧宣《かけい》伝使、剃刀《かみそり》にて顔を傷つけられし際、この法を実施せしに、たちまちにして出血止《と》まりたれば、おおいに驚き合いました。

（昭和四年五月・月鏡）

ふたたび血止めの法について

半紙の上を指にて、イロハニホへ、と唱《とな》えつつ、右回転に円を描《えが》き押さえ、最後に、●トと唱えて円の中央を人さし指《ゆび》でおさえ、その紙を出血部に当てると、ただちに止まる。

瘡《きず》などを直すには、同様、紙上《しじよう》を指にて、イロハニホヘトチリヌルヲワカヨタレソツネナラムまで唱えながら、前と同じく円形に押さえ、最後に、ウシ、ウシ、ウシ、と三遍《べん》唱えて、瘡《きず》の上にその紙を当てるのである。

腫物《しゆもつ》はまた、紙を二分《ぶ》ぐらいの巾《はば》に切り、腫物の周囲を取り巻き、その紙の上に、南《みなみ》、南、南とたくさん書いておけば、痛みが止まり、だんだんと癒《なお》ってくる。歯のうずくときも、同様の処理で癒る。

腫物《しゆもつ》の痕跡《こんせき》を取るには、同上の形式に、北《きた》、北、北と書くのである。古い痕跡は同じ形式で、中《なか》、中、中と書いておくのである。きれいに取れてしまう。

ワキガの根治法

ワキガを根治《こんじ》するには、お土《つち》を三週間つづけて塗付するのである。お土《つち》がすっかり黴菌《ばいきん》を吸い取ってしまうので、臭気《しゅうき》がなくなるのである。

（昭和四年九月・月鏡）

性慾の問題

性慾には正淫《せいいん》と邪淫《じゃいん》との別がある。

よし正当の婚姻《こんいん》をした夫婦でも、その性的生活が複雑であって、天地自然の理法に違反した性交を遂行《すいこう》するようなことがあると、逆児《さかご》などができるのであるから、慎《つつし》まねばならぬ。

また妻が妊娠したことが確実となった暁《あかつき》には、断然《だんぜん》、性的関係を止《よ》さねばならぬ。出産後、七十五日間はもっとも慎《つつし》むべき時期で、この期間に性の交渉があると年子《としご》が生まれる。女の病気は、そうしたことからおこる場合が多い。

わたしの母は、この点を非常に厳格に守ったそうで、先年、食傷《しょくしょう》で病気したことがあるきり、若いときから一度も寝たことはない。産《さん》なんかもきわめて軽く、わたしが生まれたときは、夕食中、産気《さんけ》がついたので、母は寝床《ねどこ》をのべようとするやいなや、もう生まれてしまったそうである。

子供が生まれたときは誰《たれ》でも頭が長いものだから、格好《かっこう》を直してやるとよい、丸い頭が一番よいのである。

生まれるとき、親の苦痛も大きいが、子の苦痛は、いっそう大きいのである。

性慾というものは最後まであるもので、人生の春は生涯つづくものである。そういう、みずみずしい心でなくては天国に入ることができない。

天国は、春から夏へつづくのである。

人間はつねに若々しい三十ぐらいの想念でなくてはならぬ。

（昭和四年九月・月鏡）

心配は毒

人間にとって、心配《しんぱい》ほど毒なものはない。心配は寿命《じゅみょう》を縮《ちぢ》める。心配事が出てきても、すべてを神様に奉納して心配せぬようにする、これが長寿の秘訣《ひけつ》だ。

（昭和四年十月・月鏡）

中風、百日咳、喘息

中風《ちゅうぶ》、百日咳《ひゃくにちぜき》と喘息《ぜんそく》、これらの病《やまい》には、ほとんど薬はない。百日咳と喘息には、わたしの吸《す》うた煙草《たばこ》の吸い残しを吸うて癒《なお》ったという人がたくさんあるが……。

中風《ちゅうぶ》は、信仰の足らないところから起こるので、身体《からだ》の一部分、あるいは、ほとんど全部を悪霊《あくれい》に占領されているのである。一生懸命《いっしょうけんめい》に信仰するよりほかに方法はない。

だが楽焼の初窯《はつがま》の茶碗で茶を喫《の》んでいると、この病気に罹《かか》らぬものである。

筆者申す。初窯《はつがま》というのは、楽焼の窯を築《きず》いて最初に焼いたもので、初窯は数が少ないものであるから普通値《ふつうね》の十倍に価《あたい》するものだそうです。

このたび明光社《めいこうしゃ》附属の第二工場で新たに窯を築いて、聖師様御自作の楽焼を焼かれましたが、その初窯を明光社員、その他、四、五の人々に下げられました。これこそは、中風《ちゅうぶ》予防の天来の福音、天下の名器と存《ぞん》じます。ちょっと、お知らせ申しあげておきます。

なお百日咳、喘息の方が、聖師様お吸い残りの巻煙草《まきたばこ》を吸うてお蔭《かげ》を頂かれ、全癒された方は、枚挙にいとまないくらいでございます。

百日咳になやむお子さんならば、お母さんが吸うて、その煙《けむり》を吹きかけて上げらるるとよいのです。

（昭和四年十月・月鏡）

ピアノ式按摩

肩や背中が凝《こ》ったときには、指の先で打つのが、いちばん効果があるもので、平手《ひらて》で揉《も》んだり、握《にぎ》り拳《こぶし》で叩くより、ずっとよいのである。

こうして按摩《あんま》すると、そこらあたりが痒《かゆ》くなってくる。これは血液の循環が速《すみ》やかになってくるからであって、かくして、たいがいの凝《こ》りは直《じき》に癒《なお》るものである。

わたしはこれを、ピアノ式按摩《あんま》と名づけている。

（昭和四年十二月・月鏡）

精力と精液

精液《せいえき》が全身に満《み》ち充《み》ちておるときは、人間は精力旺盛《おうせい》である。必要以上の精液が満ち溢《あふ》るるとき、はじめて排泄《はいせつ》の必要が起こるのであって、不足を感ずるような場合には、断じて、性的行為をなしてはならないのである。

世人《せじん》多くは精液なるものを生殖《せいしょく》に関する局部的のものと思惟《しい》して、これが全身的のものたるを知らざるの結果、往々、節度《せつど》なき性的行為をなして、生命を短縮し、あるいは身心、衰弱疲労して、事に堪《た》えざるの惨状を惹起《じゃっき》するにいたるは、悲しむべき現象である。

いわんや、強《し》いて性行為をなさんとして人工的に性慾を助長せしめ、精液を浪費するがごときは、まったく、わが生命《いのち》を削《けず》るようなものである。慎《つつし》まねばならぬ。

かの肺病の如きも不治《ふじ》の病《やまい》と称せらるれども、中年の者を犯《おか》さず、よしやまた犯したりとも斃《たお》るるにいたるもの少なく、青年にして一朝《いっちょう》、この病に犯されんか、十中の八、九は、かならず斃《たお》るるという現象も、この精液排泄の関係によるものにして、全身を保持するにすら足らざる精液、すなわち精力を浪費する傾向、老、中年者に比して多きによるものである。また青年の該病《がいびょう》におかさるる率《りつ》多きも、精液濫費《らんぴ》に起因する結果である。

精液は精力の素《もと》、全身に充満してこれに活力を与うるものにして、その過剰《かじょう》はもって、生殖に填充《てんじゅう》せらるるものたることを知らねばならぬ。

女子においても精液は全身に充満し、その過剰は月経《げっけい》によって調節せられつつあるから、月経閉止後は精液の充実によって、多くは肥満《ひまん》する傾向がある。

附記　近来、性の問題については、よほど学術的に研究せられつつあるようですが、いままでは黄表紙《きびょうし》的に取り扱われて、神聖なるこの問題に関しては真面目に論議せられたものがない。

神諭にも、世の乱《みだ》れは夫婦《めおと》の道から、という意味のことが示されております。この道は人の全生活に及ぼす、大切なる問題であるにもかかわらず、今まで示されなかったのを今回、教示せられたのです。

この御神教《みのり》を基《もと》として、性の問題を面真目に考えさしていただきたいと存じます。

（昭和四年十二月・月鏡）

睡眠と食事

人間は三時間ねむればたくさんである。それ以上ねむれば、寝疲《ねつか》れで、かえって睡眠病《すいみんびょう》を惹起《じゃくき》する。いまの人間はたいてい睡眠病にかかっている。

食事も二食がよい。朝六時なれば晩も六時、七時なれば七時というように、十二時間おきにとるのがよい。三食になったのは、関ヶ原《せきはら》の戦《たたか》い以来のことである。労働者が三度、四度、食べるのは労働が喰《く》うのである。

いったい人間は睡眠の時間、食事の量など、一生涯のものはちゃんと定められているのである。だから、わたしは年とってから眠られるように、いまのうちに少なくねむっておく。

（昭和五年一月・月鏡）

咳の妙薬

桐《きり》の花を陰干《かげぼ》しにして、それをホイロにかけ、粉《こな》にして、ほんの一つまみ（茶匙《ちやさじ》四分の一量）ぐらい飲めばただちに止まるものである。

咳《せき》には、これが妙薬《みようやく》である。（昭和五年二月・月鏡）

病気の薬

池に生《しよう》ずる菱《ひし》という水草《みずぐさ》を、蔓《つる》も葉も、実も、いっしょに取って陰干《かげぼ》しにしておいて煎《せん》じて飲むと、胃潰瘍《いかいよう》によくきく、また胃癌《いがん》にも卓効《たくこう》がある。

土用の丑《うし》の日に摘《つ》んだ蓬《よもぎ》を煎じて飲めば、どんな重い痔《じ》でも癒《なお》る。

青木葉《あおきば》を煎じて猪口《ちよく》に一杯ぐらいずつ飲み、またそれをもって患部をなでると、たいがいなリウマチスは治《なお》る、ただしひどく慢性になっているものには利《き》かぬかも知れぬ。

雁瘡《がんそう》には、燈明《とうみよう》の油のおりをもって、垣根《かきね》を結んだ朽《く》ち縄《なわ》を焼いて、灰としたものを溶《と》き、それを患部に貼付《てんぷ》すれば治《なお》る。

中耳炎《ちゆうじえん》には薬はない、ひたすら神様にお縋《すが》りするよりほか仕方がないものである。

梨《なし》は、病人の食物として、もっとも結構なもので、むかしの諺《ことわざ》に「夏の病人梨《なし》より食《く》いつく」というのがあるが、食慾のない病人には梨を与えると、それから食事を摂《と》るようになる。

麻病には、西瓜《すいか》が妙薬である。

（昭和五年四月・月鏡）

食い合わせについて

梅《うめ》と鰻《うなぎ》。南瓜《かぼちや》と梅。ともに食《く》い合わせると、いけない。梅、鰻、南瓜と三つを食い合わすと、壊《かい》血《けつ》病を起こしたり、胃腸病を起こし、一命《いちめい》にもかかわる。だからその一つを食べたら、二十四時間をへなければ、他《た》のものを食べてはならぬ。

（昭和五年四月・月鏡）

眼瞼に入った塵

汽車で旅行する場合、ともすれば煤煙《ばいえん》にまじって塵埃《ほこり》などが眼瞼《まぶた》に入って、こまることがある。

そういう場合、簡単にこれを治《なお》すには、もし上《うわ》眼瞼《まぶた》に塵埃《ほこり》が入ったなら、上眼瞼を持ちあげて、下眼瞼をそのなかに押し入れ、静かに放《はな》すのである。下に入った場合には、下眼瞼《したまぶた》を持ち上げて、上眼瞼をそのなかに押しこみ、静かに放つ。かくすれば睫毛《まつげ》は小さなブラッシの働きをなして掃除《そうじ》をしてくれるので塵埃《ほこり》はわけなく出る。

人間の体はかくの如く、微妙に神様がつくっておられるのである。

（昭和五年四月・月鏡）

日本人の寿命

日本人の平均寿命《じゅみょう》は、三十歳である。

大学を卒業して間もなく死ぬものがあるのは、これは、お土《つち》に親《した》しまぬために起こるのである。

（昭和五年五月・月鏡）

小判の効能

心臓病、肺病等の病気には、小判《こばん》を煎《せん》じて飲ましてやると、卓効《たくこう》があるものである。すべて金《きん》は人間の体にはよいもので、歯の金冠《きんかん》なども知らず知らず金気《かなけ》が体内に入って、よい結果をおよぼすものである。

この理《り》において純金《じゅんきん》ならば、何でもよいようなものであるが、実際となると、やっぱり小判《こばん》がよいので、小判《こばん》にはそれだけの位《くらい》があるのである。

（昭和五年八月・月鏡）

田虫の妙薬

田虫《たむし》、銭虫《ぜにむし》などには、飯粒《めしつぶ》に鰹節《かつおぶし》の削《か》いたのをまぜ、ねってつけるとよい。きれいに癒《なお》る。

（昭和五年八月・月鏡）

脾肝の虫の薬

脾肝《ひかん》のむしといって、子供がかかる病気がある。わたしも小さいとき、それに罹《かか》って長らく苦しんだが、それにはいぼがえるの肉をつけ焼きにして食べるとよい。きれいな鶏《にわとり》の笹身《ささみ》のような肉である。

（月鏡）

肺病について

肺病《はいびょう》に、なま葱《ねぎ》が効能《こうのう》あることはかつて話しておいたが、それには一つの条件が伴《ともな》うので、その条件というのは、男女の交《まじ》わりを断《た》つことである。断つというても一生涯たつというのではなく、病気のときだけで、全快したあとは、もちろん差し支えないのであるが、その辛抱《しんぼう》ができないで、みすみす、大切な命を失う者があるのは、情《なさけ》ないことである。

肺病のなかでも喀血《かっけつ》するのは、いちばん性質のよいもので、悪いものをみな喀《は》き出《だ》してしまうのであるから、性交さえ慎《つつし》んだら、きっと癒《なお》るのである。

今は昔の話となったが、京都にNという男があって、人妻であるTという女と通《つう》じて、不都合のありたけを尽くす。Tはまったく亭主《ていしゅ》を尻《しり》にしいて、情夫とともに、あれせい、これせい、と命令を下《くだ》すと、お人好《ひとよ》しの亭主は諾々《だくだく》としてその命令に服従するというふうで、まったくお話にならぬ。

わたしが矢釜《やかま》しゅう言うて叱《しか》ってやると、そのときは神妙に改心するのであるが、しばらくすると、また元《もと》の木阿弥《もくあみ》、これは双方に夫婦の狐《きつね》がついていたのである。

Nは肺病にかかっていたので「男女の交わりをたたぬと、三年のうちに命が終わるからよせ」というと、「仰《おお》せのとおり、三年にして命が終わってもよろしい、好きなことをして死にとうございます、好きなことせんくらいなら、生きていても仕方《しかた》がないのです」というて聞かなかったので、とうとう死んでしまった。狐《きつね》の生活をしようとしたのだから仕方がない。

その狐が、またある人に憑依《ひょうい》してしまったのだが、その人は神の道にいながら、性的生活に没頭《ぼっとう》してしまって、人間の能事《のうじ》了《お》われり、という有様である。

人間が肺病にかかると、とかく情慾が昂進《こうしん》するもので、これを抑《おさ》えきる勇気がないと、とうてい助からぬのである。

（月鏡）

石女

御子《みこ》生《う》みの神業は、人間として重大なる御用であるが、子ができぬからというて、それが罪の結果であるなどと思うのは間違いである。

それはただ、単なる体の欠陥に過ぎない。石の上に播《ま》かれた種と同様で育たない。ゆえに、うまず女《め》のことを石女《めと》いうのである。

人は、二人の子供を自分たち夫婦の代償《だいしょう》として生んで育つべき義務があるのであるが、生まない人があるので、その代わりに多くの子供を生まされるのであって、神諭に「自分が生んでも自分の子ではない。神の子の世話がさしてある」とあるのはその意味である。

子のなき人は、最初に誰《たれ》かが貰《もら》えというてくれた子が、自分の霊統《れいとう》の子なのであるから、それを貰うがよい。人間心を出してあれが気に入らぬ、これが不足だというて、この最初のものを断ると、つぎにいうて来るのは、もはや自分の霊統の子ではないのであって、他人の子をもらうことになるのである。

（昭和五年十二月・玉鏡）

鰻について

丹毒《たんどく》を病んだ人が鰻《うなぎ》で撫でて御神徳を頂くことはかつて述べておいたとおりであるが、鰻を放《はな》ったのちは、生涯ふたたび、これを食べないようにせねばならぬ、食べるとまた丹毒が出てくる。

鰻《うなぎ》はそれでなくても食べないほうがよいのである。いかんとなれば、この世を造り固めたのは鰻の姿の竜神である。大地いまだ固まらず、トロトロの泥海《どろうみ》時代に、うねり、うねって、山を造り谷を造ったのである。鱗《うろこ》もなく、角《つの》もなく、青水晶《あおずいしょう》のような体の竜体、すなわち鰻《うなぎ》なのである。

（昭和六年六月・玉鏡）

七草の効用

咳の病気と鬼の醜草

鬼の醜草《しこぐさ》は、一名、十五夜花《じゅうごやばな》とも別称する、また紫花《むらさきばな》ともいう。その根を煎《せん》じて飲むと、気管支《きかんし》カタルや肺病など、咳《せき》の発する病《やまい》に利《き》き目あり。その用量は、一日につき、一匁《もんめ》五分から五匁《もんめ》ぐらいまで飲むなり。

能善葛は通経薬

能善葛《のうぜんかづら》は、有毒植物の一種なるが、この花を煎じたるものは、通経薬《つうけいやく》として、一日に三匁《もんめ》を用うるなり。

下痢と鶏頭

鶏頭《けいとう》の花と実は、下痢《げり》によく利《き》き、また痔を持つ人にも利く。いずれも煎薬《せんやく》として用う。

慢性胃腸病と菊

菊、この草花には種々の種類あれども、薬用としては長生殿種《ちょうせいでんしゅ》がもっとも冠《かん》たり。この花は慢性胃腸病に特効あり。一日分、一匁《もんめ》五分、ないし五匁とす。蚊《か》や虻《あぶ》などに刺されて痒《かゆ》いときに、菊の葉を塩にてもみ、塗りつけるときは、たちまち、痒《かゆ》さが除去さる。

熱と葛

葛《くず》の根を乾燥して刻《きざ》み、煎じて飲むときは、熱を除去する効あり。感冒、またはその他《た》の熱のある病気によく、一日の分量は三匁《もんめ》、ないし八匁《もんめ》ぐらいなり。

疥癬と白粉花

白粉花《おしろいばな》は、葉をもみ潰《つぶ》して塗るときは、疥癬《かいせん》等に特効を有す。またこの果実の殻《から》を破ると白色の白粉《おしろい》のようなものが出る、これを汗疣《あせも》にぬると効能あり。

痰と桔梗

桔梗《ききょう》の根は、痰《たん》の妙薬なり、これを乾燥し刻みたるもの、一日に約三、四匁《もんめ》煎じて飲むなり。

梅毒と朝顔

朝顔は、種子を下剤として用う、用量は一日に一匁《もんめ》、ないし三匁《もんめ》ぐらいを煎じて飲むなり。梅毒または、たびたび腫物《はれもの》のできる人は、煎じて用うるときは特効あるべし。

こしけと女郎花

女郎花《おみなえし》を煎《せん》じて飲むときは、鼻血《はなじ》または婦人のこしけに効あり、一日に一匁《もんめ》、ないし五匁を用う。

腹痛と神輿草

神輿草《みこしぐさ》、一名「げんのしょうこ」の葉や茎は、下痢どめとし、または腹痛、発熱などに特効あり。土用の丑《うし》の日に採取して、かげ干しにして貯《たくわ》えおくときは、とくに利目《ききめ》あるなり。

以上、列挙する薬草は、いずれもみな煎薬《せんやく》なり。ただし煎薬の造りかたは普通水一合五勺《しやく》くらいにそれぞれの花や根を入れて、とろ火《び》にかけて約半分くらいに煎《せん》じつめ、布にてこし、一日に二回か三回飲用するなり。（昭和五年十月・玉鏡）

魚の中毒

魚《うお》の中毒には、新藁《にいわら》のシベを抜いて小さな箒《ほうき》をつくり、それをもって身体中《からだじゅう》をなでまわし、火にくべて、箒がパチパチと音を立てて燃えたら、きっと癒《なお》るものである。（昭和六年一月・玉鏡）

痣をなおす

子供の痣《あざ》には、白馬《しろうま》の糞《ふん》を塗れば、よくなるものである。日に二、三度つけてやるといい。そして後で拭《ふ》いてやるのである。（昭和六年一月・玉鏡）

人魚と若がえり法

むかしから、人魚《にんぎょ》を食べると年が寄らぬ、と言い伝えておるが、人魚というのは上半身《かみはんしん》が人間で下《しも》半身が魚《うお》であると伝えておるけれども、それはウソであって、一種の謎である。

人魚というのは、精虫のことである。人体から出る動物であって、魚《うお》のような形をして精液のなかを泳いでおるから、それで人魚というたので、人魚を食べれば年取らぬというのは、活力素《かつりょくそ》を体内に取り入れるから元気旺盛《おうせい》であるということになる。しかし、人魚たる活力素も、父体《ふたい》の体質如何《いかん》によっては、はなはだ貧弱なものもあるから、一概《いちがい》には言えない。

ところがここに、植物であって、人魚、すなわち精虫と少しもちがわぬ成分を持っておるものがある、それは銀杏《いちょう》である。

銀杏《いちょう》は前世紀に属する植物であって、その実《み》は全部、精虫をもって充たされておるのである。ゆえに、これを食すれば人魚を食べると同様の効果を生ずる。これが、若返《わかがえ》りの秘訣である。

取りたての銀杏《ぎんなん》実を生で食べるので、一日の量、十箇を越えざる範囲において食するのである。ただし、一冬越しては効果がないことになる。

また銀杏樹《いちょうじゅ》にそうした成分を含んでいるのであるから、この樹《き》で作られた御手代《みてしろ》は若返りの御神徳が頂けるのである。

編者申す。ちなみに、銀杏樹《いちょうじゅ》で作られた若返りの御手代《みてしろ》には、

若がへれ弥若返《いやわかがえ》れ若がへれ
公孫樹《いちょうじゅ》のごと若やぐ御手代《みてしろ》

との御神歌《ごしんか》が記されてあります。

（昭和六年六月・玉鏡）

寝ると水になる

坐《すわ》っていると、寒くてもなかなか風邪《かぜ》を引くようなことはないが、横になって一寸《ちょっと》でも寝ると、すぐ風邪を引くものである。

これは、体を横に倒すと水の形になるから冷《ひ》えを感ずるのである。坐《すわ》っている場合は火水《かすい》の形、立っている場合は火の形であるから、めったに風邪を引くようなことはない。

それで、ちょっとでも横に寝る場合は、蒲団《ふとん》をかけるのが安全である。

（昭和六年六月・玉鏡）

糖尿病の薬

糖尿病《とうにょうびょう》を癒《なお》すには、今日までほとんど薬というものは発見されていない。一番いいのは桧《ひのき》の新芽《しんめ》の青いのを六分、松の葉四分の割合いで、水に煎《せん》じて飲むがよい。塩もなにも入れずに煎《せん》じるのである。

一週間ぐらいは臭《くさ》くて飲みにくいが、やがて馴《な》れれば飲みよくなる。お茶の代わりに適度に飲んだらよい。肉食などするとかえって悪い。

（昭和七年二月・玉鏡）

胆石病

胆石病《たんせきびょう》はボレー（牡蛎殻《かきがら》の粉）を普通粉薬《こなぐすり》を飲むくらいずつ服用したら、少し長くはかかるが癒《なお》る。それ以外に、治療法はない。また気をつけて、平素、ボレーを服用していたら、この病気には罹《かか》らないものである。

ちなみに、胆石病とは胆臓に石灰分の石ができて、非常な痛みをおこす病気である。ときには医師から胃痙攣《いけいれん》などと誤診されることがある。

（昭和七年三月・玉鏡）

早漏の療法

早漏《そうろう》は、胃が弱いからである。早漏には子ができない。これを癒《なお》すには、まず胃を丈夫《じょうぶ》にしなければならない。が、鉄剤《てつざい》を飲むのが一番よろしい。

神経衰弱に原因するものだから、強壮剤を使用して、元気をつけることが肝要《かんよう》である。

（昭和七年三月・玉鏡）

血の道

女の血《ち》の道《みち》というのは、現代医家のとなえる神経痛のことであり、男の疝気《せんき》というのも、同じく神経痛のことである。また男の胃痙攣《いけいれん》は、女の癪《しゃく》である。血の道は、解熱《げねつ》するか暖めるより仕様がない。身体を冷さぬようにすることが大切である。

（昭和七年四月・玉鏡）

リウマチス

リウマチスのことを、むかしは痛風《つうふう》といったものである。これは感冒のこじけたもので、熱があるために痛むのである。リウマチスの手当は、要するに風邪の手当をすればよい。

（昭和七年四月・玉鏡）

脱腸

脱腸となるのは胃腸がわるいからである。かかる人は帯《おび》をしっかりしめて胃腸を丈夫にし、適度の運動をすることが必要である。

（昭和七年四月・玉鏡）

妊娠

妊娠中は房事《ぼうじ》を慎《つつし》まねばならぬ、と言うことはかつて述べたとおりであるが、これが不謹慎になると胎児が精分をとられることになる。だから、むかしから胎内《たいない》教育ということを非常に重要視しているのである。

（昭和七年四月・玉鏡）

信仰と病気

人間は、どんなものでも精神の作用をうけないものはない。たとえば、恥ずかしい思いをすると顔が赤くなるし、驚くと蒼白《そうはく》になり、怒ると黒くなり、またそれが烈《はげ》しくなると青黒くなるものである。それは、精神作用を現わしたもので、精神作用によって血液の循環《じゅんかん》がさかんにもなる。

また病気の如きも精神作用によって、左右されるものである。したがって、信仰があれば病気は癒《なお》るものである。絶対無限の力を有し、愛にまします神様が助けて下さると信ずれば、病気はなおる。薬にたよるような精神では癒《なお》りにくい。

一般の人は、肺病は不治《ふじ》の病だと思って悲観しているが、神から見ればなんでもない病気である。

病気を気にして朝晩、検温器《けんおんき》を使用し、熱の一上一下を気にするようでは、かえって病気を重《おも》らしめるものである。

検温器は殺人器みたいなものだ。

すべては、気の持ちようである。

たとえば梅干《うめぼし》のことを考えただけでも酸《す》っぱい気持ちになる。失望落胆《しつぼうらくたん》すれば身体がえらいし、希望が出れば勢いが強くなる。

病気の如きも、キリストのいったごとく「汝《なんじ》の信仰、汝を癒《いや》せり」という如く、その人の信仰の力によって病気が癒《なお》るのであって、癒《なお》る人の力が大部分で、神の愛と和合して全快するのである。

つね日ごろ信用する人に触ってもらえば病気もなおるが、信用していない人にお願いしてもらっても、病気はなおりにくいようなものである。信用の強い人は、王仁《わたし》の書いた短冊《たんざく》や雑誌などでなでただけでも癒《なお》る。まったく、信仰の力である。

精神力によって、黴菌《ばいきん》も殺すことができる。

もし、病気が医者の力のみによって癒《なお》るものならば、医者が病気をするはずもなければ、また病院の裏門から死体が運び出されるようなこともないはずである。今日の薬学で、確実に薬品の効力があるというものは、わずかにすぎない。

大本はウーピーの宗教として、楽天《らくてん》主義を尚《とうと》ぶのは、人の精神力を旺盛《おうせい》にせんがためである。

そもそも病気には先天的のものと後天的のものとの二種類があり、しかも、おのおのこれに三種類あるととなえられている。

第一は、どうしても死ぬ病気、また放任しておいても癒《なお》る病気。第二は、生死は医者や信仰の力によってどうにでも決定さるべきもの。第三は、予後《よご》不良の病気である。

王仁《わたし》も、かつて医学を学んだことがあるが、医学を学ぶと、黴菌《ばいきん》や塵《ちり》が非常に気になるようになるもので、生水《なまみず》を飲むのもこわい感がおこるものである。先天的の病《やまい》というのは、親からの遺伝である。肺病は不治の病といわれるが、肺病はなおらないことはない。信仰に徹底せないから、癒《なお》らないのである。

人間は心配がいちばん悪い、いな心配、すなわち心配《こころくば》りをするのは結構であるが、心痛《しんつう》するからよくない。今日では、心配と心痛《しんつう》とを混同して考えている。心を痛めず、笑って暮すようにすると、だれでも百二、三十歳までは生きられるものである。

（昭和七年五月・玉鏡）

多汗

汗を多くだす人は、健康者の証拠である。汗は出たほうがよろしい。夏、汗をかかぬ人は、身体のどこかに故障のあるしるしである。

汗はすべて、サラッとしているものでなくてはならない。ネバネバした汗が出るのは病気のせいである。

（昭和七年六月・玉鏡）

百日咳

百日咳《ぜき》には、天蚕《てんさん》の繭《まゆ》を黒焼きにして飲むがよろしい。

（昭和七年六月・玉鏡）

鯛の骨

喉に、あやまって骨をたてることが往々にしてあるものであるが、ほかの魚《うお》の骨ならかまわないが、鯛《たい》の骨は容易に抜けないで腐《くさ》ってゆくから、この魚《うお》を食べるときには、よほど注意して、そうした粗相《そそう》のないようにせねばならぬ。

（昭和七年八月・玉鏡）

色を白くする法

黒砂糖を煎《せん》じて薄い液として、舐《な》めて、ちょっと甘いくらいの程度にし、それをもって日に数回、顔を洗うのである。だんだんと色が白くなってくる。

（昭和七年八月・玉鏡）

毒ガスと菜食

戦術も、だんだんあくどくなって、近頃はまた毒ガスをさかんに使用するようになってきたが、日本のように菜食主義の国にあっては、比較的その害は少ないので、日本人の皮膚は、肉食国の欧米人に比して、毒ガスに対する抵抗力は非常に強いのであるから、さほど、恐るるには足らぬのである。

むかしから正月の七日の行事に七草粥《ななくさがゆ》というのがあって「七草《ななくさ》なずな、唐土《とうど》の鳥が、日本の国へ渡らぬ先に……」と囃《はや》しながら七草《ななくさ》をたたいて、それをもって粥《かゆ》をつくり、一家が食する習慣があるが、これは一方、食物の用意をせよ、との神意であるけれど、また一方には菜食の必要を説かれたるもので、唐土の鳥がわたらぬ先、すなわち外国の飛行機の襲来に備えるため、菜食して肉体的の抵抗力をつくっておけ、ということなのである。

こうした非常時に際して、平常から菜食している人のより強さを、十分知ることができるであろう。

（昭和七年十月・玉鏡）

イボの薬

無花果《いちじく》の青い実をちぎると、乳白色の粘液が出てくる、それをつけるとよい。（昭和七年十月・玉鏡）

目の薬

目の悪い人は、黒胡麻《くろごま》を炒《い》って、それを摺《す》りつぶし、毎日二さじずつ飲むとよい。

またこの黒胡麻は胃腸に非常に良くきくので、弱い人は毎日、二さじずつ食うと健康が保てる。

（昭和七年十二月・玉鏡）

香茸と胃腸病

香茸《こうたけ》を食するときは、胃腸を強健にならしめるもので、胃腸の悪い者や、不健康の者には結構である。強壮剤としての効用がある。

（昭和八年二月・玉鏡）

ジフテリヤの全治法

ジフテリヤに罹《かか》ったとき、咳《せき》の激しいときには、茗荷《みようが》の根を掘って三、四寸ばかり一度にシガムと、しばらくは喉《のど》がひりひりするが、妙に全治するものである。

（昭和八年四月・玉鏡）

動脈硬化と食物

動脈硬化症《どうみやくこうか》より免《まぬ》がれんとする者は、断然、肉食を止《よ》して菜食に移らねばならぬ。魚類等もなるべくは、さけたがよい。ことに刺身の類はよろしくない。たまには、アッサリした河魚《かわうお》ぐらいは食べてもよい。

元来、世人は、肉類魚類には多大の滋養分があるように思うているが、真の滋養価は野菜が一番である。かなり大きい鯛《たい》と大きな大根一本と相応するくらいなものである。

（昭和八年五月・玉鏡）

服薬について

「薬というものは一度飲んで利《き》かねば、いくら飲んだって利くものではない。たくさん飲んでおるうちに利いてくるなんて馬鹿なことはない。山椒《さんしよう》はいくら少量を食べてもやっぱり辛《から》さを感ずる。

利くものなら、一度で利く、利かぬものなら何度飲んでも利くものではない。副作用を伴《ともな》うだけである」

と神様がおっしゃった。

（昭和八年六月・玉鏡）

条虫駆除法

条虫《さなだむし》を駆除するには、柘榴《ざくろ》の根皮《こんぴ》を煎《せん》じて一週間ばかり飲むとよい。この時は、ほとんど絶食同様で極少量の食物を摂《と》ることにせねばならぬ。そして、下りかけたら、全部下りてしまうまで辛抱《しんぼう》して出してしまわねばならぬ。途中で切れると、だめである。

（昭和八年七月・玉鏡）

中耳炎の妙薬

中耳炎《ちゅうじえん》にかかったら、鮎《あゆ》の腸《はらわた》を耳の中に入れてつけるとすぐ癒《なお》る。ただし耳の孔《あな》のことであるから、注意して、後からよく取れるようにして入れねばならぬ。

また鮎に病気を癒してくれるように、よく念じてつけるのであるから、生涯、鮎を食べぬようにせねばならぬ。食べると再発する。

鮎の腸のないときは、鰻《うなぎ》の腸でもよい。この場合は、三度ぐらいつけねばならぬ。鰻を食べぬようにすることも、鮎の場合と同様である。

（昭和八年十月・玉鏡）

妊娠と授乳

妊娠したことがわかったら、授乳はただちにやめねばならぬ。飲ましても栄養価がなく、弱い小児なら、かえって害があるものである。

（昭和八年十月・玉鏡）

瘭疽の妙薬

蚯蚓《みみず》をこずいて、飯粒《めしつぶ》に混《こん》じてねり、患部に貼《は》りおくとよい。蝮《まむし》、ハブなど、毒虫に咬《か》まれたときも、この方法によって癒る。

（昭和八年十月・玉鏡）

お土

お土《つち》の有難《ありがた》いことは、いまさら言うまでもないが、内臓諸病には、いったん、これを煮《に》て水に薄め、服用すると、どんな病気にでも利《き》くのである。

煮ると、お土《つち》、お水《みず》、お火《ひ》と御神徳を三つ一緒に頂くことになるから、いっそう結構なのである。

（昭和八年十一月・玉鏡）

旅行と入湯、食事

旅行して宿につくと、すぐお湯にお召し下さいと何度でも催促をうけるが、王仁《わたし》は着いてから三十分間をおかねば湯にも入《はい》らず、食事もせないのである。湯に入ってから三十分おかねば、食事はとらない。

食事と入浴のあいだは、かならず三十分おくべきで、これが大切なる養生法《ようじょう》である。宿に着いていきなり湯に入るのは、体のためにはなはだよくない。血を落ちつけるために、三十分の時間をおかねばならぬ。

いまの人は何もかもむちゃくちゃだから、早く老衰し、短命なのである。王仁《わたし》はこの点、厳格に守っている。

（昭和八年十一月・玉鏡）

柿の夢

柿の夢を見るときは病気になる。これを未然に防がんためには、実際に柿を食べたらよい、病難より免《まぬ》るることができるものである。

（昭和八年十二月・玉鏡）

産後のために

王仁《わたし》の生母《はは》は、心掛けの良い人で、妊娠したということが判明すると同時に、毎日炊《かし》ぐ米のうちから一握りずつをよけておいて、これを貯《た》めておく。毎日のことであるから、十か月のあいだには、かなり沢山の量となる。これを産後の食料に当てるのだ。

産後の養生《ようじょう》は、女にとって非常に大切なものであるといって、この期間は農家の常食たる麦飯《ばくはん》を食べず、上記、米飯《べいはん》を食べて、悠々《ゆうゆう》養生するのである。経済的にも、ちょっとした心掛けによって、だれに迷惑をかけるでもなく、ユックリと保養ができるのである。

こうした心掛けをもつ生母《はは》は、婦人病等の悩みをかつて知らないで、八十六歳の今日まで壮者をしのぐ強健さである。　（昭和八年五月・玉鏡）

薬二、三種

錦木《にしきぎ》を黒焼きにして粉にし、酒にとかして飲めば棘《とげ》が抜ける。おばこを陰干《かげぼ》しにして煎《せん》じて飲めば、利尿剤《りにょうざい》になる。籠草《かごそう》の花を煎じて飲むと、淋病の薬になる。一つ葉、またはバランの葉を煎じて一年ばかり飲めば、肺病が全治し、かつ心臓、肺臓の病にかからぬものだ。　（昭和八年五月・玉鏡）

肺炎の妙薬

万年青《おもと》の根を卸金《おろしがね》にておろし、足の裏にはりつけておくと、早く熱が分離して平癒《へいゆ》する。

（昭和八年六月・玉鏡）

按摩

按摩《あんま》を始終とる人があるが、あれはよくない。ひどく肩が凝《こ》ったときなど、ちょっと揉《も》むのはよいが、按摩にかかって全身を度々《たびたび》揉むと、癖になって、それをやらないと血液がよく循環せぬようになる。

消化剤を飲むのもこれと同様で、そういう癖をつけると、胃腸の消化力がにぶって、いつも消化剤を必要とするようになる。一朝《いっちょう》、消化剤をうることができない場合に遭遇すると、たちまち病人になってしまう。
平素から注意して、そういう習慣をつけないようにせねばならぬ。（昭和九年一月・玉鏡）

生命は同年

三つ子も老人も、生命の上からいえば同年である。老少不定《ろうしょうふじょう》、どちらが先に逝《ゆ》くかわかったものではない。若返《わかがえ》りたいのならば、年の勘定《かんじょう》をやめるのが一番だ。あまり年齢のことを気にかけるから、ますます年が寄るのだ。（昭和九年二月・玉鏡）

流行性感冒

本年（昭和九年）も、だいぶん流行性感冒《かんぼう》がはやるようであるが、戦争と流行性感冒とはつきものである。あれは霊の仕業である。近年、満州事変、上海《シャンハイ》事件などで多くの戦死者を出したが、それに対して、禊《みそぎ》の行事が行なわれていない。

禊の行事の大切なることは、霊界物語に詳《くわ》しく示しておいたが、むかしはこの行事が厳格に行なわれたから、戦争などでたくさんの死者があっても、地上は時々《じじ》に清められて、流行性感冒の如き惨害《さんがい》から免《まぬ》がるることを得たのであるが、いまの人たちは霊界のことが一切わからず、禊の行事などのあることをすら知らぬ人たちのみなるがゆえに、邪気充満して地上は曇《くも》りに曇り、濁《にご》りに濁り、爛《ただ》れに爛れて、目を開けて見ておられぬ惨状を呈しているのである。

気の毒にも、こうした事情を知らぬ世間の人々は、医師や薬にのみ重きをおいて、焦心焦慮《しゅうしんしゅうりょ》しているのであるが、霊よりくる病気を体的にのみ解せんとするは愚《ぐ》である。

禊《みそぎ》の行事の偉大なる効果を知る人は、凶事《きょうじ》あるごとに、つねにこれを行なうべきである。さすれば、一家はつねに朗《ほが》らかで、めったに病気などには罹《かか》らぬものである。（昭和九年三月・玉鏡）

火傷の薬

火傷《やけど》した場合、リンゴの皮をぬきて、みを擦《す》りつけておくと、すぐになおる。（昭和九年三月・玉鏡）

喘息全治の法

喘息《ぜんそく》の薬については前に示しておいたが、全治さすには、小豆飯《あずきめし》を三合ばかり炊《た》いて、それに油揚《あぶらあげ》一枚を添えて、深夜どこかにほかし、もう帰って来《く》なよ、と命じておくのである。

（昭和九年四月・玉鏡）

血の道

血の道というと、婦人病のように思うている人が多いが、そうではない。元来、血の道というのは、婦人の神経痛である。

人体は、淋巴腺《りんぱせん》と血管とが神経に添うて全身に分布されている。

淋巴管は水脈腺《すいみやくせん》といい、この腺に故障がおこって神経を圧迫することによって起こる痛みを疝気《せんき》といい、男性に起こる病気である。血液の循環がわるく血管に故障が起こって神経を圧迫するによって起こる痛みを、血の道というのである。

ゆえに、疝気も血の道も、ともに神経痛で冷え込みから起こる場合が多い。

適当の運動をとり、保温に注意し、血液の循環をよくすれば癒《なお》る。

（昭和九年四月・玉鏡）

梅干の効用

旅行をつづけていると、便秘に苦しむ人が多い。これは、水質がかわるによって起こるのである。毎日、梅干を食べていると便通がよくなってきて、こうした憂《うれ》いはなくなる。

（昭和九年四月・玉鏡）

第九章　十和田湖の神秘

男装坊の再生

男装坊の再生

月鏡、十和田湖《とわだこ》の神秘を読んだものは誰《たれ》も知っているごとく、湖の主《ぬし》が昇天のとき王仁《わたし》に約束した言葉がある。「再生のときは大本に生まれてまいります」と。……元来は、王仁《わたし》の子となって生まれるはずであったが、それができなかったので、八重野《やえの》が生ましてもらった和明《やすあき》がそれである。

十和田の龍神《りゅうじん》の再生であるから、十和田の和《わ》をとり、明《あき》は日《ひ》と月《つき》で神を表わすつもりでかく命名したのである。

王仁《わたし》をばかり慕《した》って、父親はそっちのけで、聖《せい》師《し》様、聖師様とつけまとう。霊の因縁は不思議なものである。

編者申す、「月鏡・十和田湖の神秘」には、左《さ》の通り示されてあります。

（前略）かくて男装坊《なんそうぼう》は三熊野三神《みくまのさんしん》、わけて神《かむ》素盞嗚尊《すさのおのみこと》の神示によりて、弥勒《みろく》の出現を待ちつつありしが、天運ここに循環して、昭和三年の秋、四山の紅葉《もみじ》いまや錦《にしき》を織らむとするころ、神素盞嗚尊の神示によりて、ここに瑞《みづ》の魂《みたま》、十和田湖畔に来たり、弥勒出現の神示を宣《の》りしより、男装坊《なんそうぼう》は欣喜雀躍《きんきじゃくやく》、風雨雷鳴《ふううらいめい》地震《じしん》を一度に起こして、その微証を示しつつ、その英霊《えいれい》は天に昇りたり。それよりふたたび現界人の腹を藉《か》りて生まれ、男性となりて、弥勒神政《みろくしんせい》の神業に奉仕することとはなりぬ。

あゝ、神界の経綸の深遠にして宏大なる、とうてい人心小智の窺知《きち》しうる限りにあらず。畏《かしこ》しとも畏き次第にこそ。神習霊幸倍坐世《かむながらたまちはえませ》

（昭和七年七月・玉鏡）

神歌　瑞月

三《み》つの湖《うみ》一つになりてとこしへに
　神秘《しんぴ》伝《つた》ふる瑞《みづ》の海《うみ》かな

此《こ》の神秘説《と》く真人《しんじん》は世の中に
　瑞《みづ》の御《み》魂《たま》をおきて他《た》に無し

八郎《はちろう》の化身《けしん》大蛇《おおろち》も男装《だんそう》の
　神の化身に退《やら》はれにけり

湖《うみ》の主《ぬし》大《だい》なる鰻《うなぎ》と身を変じ
　弥勒三会《みろくさんえ》の暁《あかつき》待ちけり

古《いにしえ》の八《や》岐《また》大蛇《おろち》の再生の
　八郎又《また》もや大蛇《おろち》とぞなる

数《す》万年《まんねん》謎《なぞ》を包みし十和田湖《とわだこ》の
　光《ひかり》を放《はな》つ弥勒《みろく》の御代《みよ》かな

瑞《みづ》御《み》魂《たま》神秘の謎とみづうみを
　三つにわけつゝ時《とき》待つ男装《だんそう》

八千尋《やちひろ》のそこひも知らぬ湖《うみ》深く
　包む神秘の開く神の代《よ》

日本一たぐひまれなる三つ海に
　神秘を包む瑞《みづ》御《み》魂《たま》かな

弥勒神《みろくしん》出現待ちてそこ深く
　神秘包みし男装坊《だんそうぼう》かな

南祖《なんそ》坊男子《ぼうなんし》の僧にあらずして
　女人《にょにん》の僧の男装せし而巳《のみ》

東北の国を巡《めぐ》りて伊都能売《いづのめ》の
　鏡《かがみ》の湖《うみ》に逢《あ》ひし吾《われ》かな

素盞嗚《すさのを》の神の造《つく》りし十和田湖は
　三つの御魂《みたま》の鏡なりけり

湖《うみ》の主《ぬし》も天地《てんち》の楽《がく》を奏《そう》しつゝ
　吾《われ》を祝《しゆく》する十和田の今日かな

雨の音　雷《かみなり》の声休みなく
　轟《とどろ》く十和田の神秘の今日かな

数万年《すまんねん》湖底に潜《ひそ》みし神霊《しんれい》の
　将《まさ》に世《よ》に出る時は来にけり

湖《うみ》の主《ぬし》も生言霊《いくことたま》に解脱《げだつ》して
　弥勒《みろく》の神代《みよ》に仕《つか》へ奉《まつ》らむ

岩の神雨風《あめかぜ》の神荒《あれ》の神
　地震の神も弥勒《みろく》を祝《しゆく》せり

千《ち》早振神代《はやふるかみよ》の古き昔より
　伊都能売《いづのめ》の神《かみ》待ちし主《ぬし》かな

惟　神《かんながら》天地一度に開くなる
　十和田湖上の今日の神業《かんわざ》

吾《われ》待ちし神の歓《よろこ》び祝せんと
　天地一度に轟《とどろ》き渡れり

闇《やみ》の世《よ》を隈《くま》なく照《て》らす稲妻《いなずま》の
　光は神代《みよ》の明《あか》りなりけり

人の子と生《うま》れ出《い》でたるひと粒《つぶ》の
　種《たね》に花咲く時は近めり

神《かみ》の世《よ》の貴《うず》の柱《はしら》と生れたる
　人の子いまは神にありけり

凡人《ぼんじん》の眼《め》には見えねど神の代《よ》の
　経綸《しぐみ》は深し十和田の湖《うみ》

その昔変性男子《へんじようなんし》の男装坊《だんそうぼう》
　変性女子《へんじようによし》を待てる十和田湖

今日こそは目出度《めでた》き日なり湖《うみ》の神《かみ》
　上天《しようてん》祝ひて諸神《しよしん》集《つど》へる

湖《うみ》の主《ぬし》も今日を境《さかい》に天《あま》かけり
　弥勒《みろく》の柱と軈《やが》て生《あ》れなむ

時ならぬ雷鳴轟《らいめいとどろ》き地は震《ゆ》りて
　龍神《りゆうじん》天に昇る今日かな

厳御魂《いづみたま》瑞《みづ》の御魂《みたま》の昔より
　由緒《ゆいしよ》の深き十和田の湖《うみ》かな

湖《うみ》の底金輪奈落《こんりんならく》の地軸《ちじく》まで
　届きて深き神秘かゞやく

何人《なんぴと》も神秘の湖水と云《い》ひ乍《なが》ら
　真《まこと》の神秘を未《いま》だ覚《さと》らず

昭和三・九・二三　十和田湖畔にて

（『神の国』昭和三年十一月
「大本開祖十周年記念増大号」巻頭）

十和田湖の神秘

十和田湖の神秘

東洋の日本国は、到《いた》るところ山紫水明《さんしすいめい》の点において、西洋の瑞西《スイス》とともに、世界の双璧《そうへき》と推称されている。

日本は古来、東海《とうかい》の蓬莱嶋《ほうらいじま》と称《たた》えられただけあつて国中《こくちゅう》到るところに名山《めいざん》があり、幽谷《ゆうこく》があり、大湖《たいこ》があり、大飛瀑《だいひばく》があり、じつに世界の公園の名に背かない風光《ふうこう》がある。

なかに湖水《こすい》としてもつとも広大に、もつとも名高きものは近江《おうみ》の琵琶湖《びわこ》、言霊学上「天《あめ》の真奈井《まない》」があり、近江八景といって支那瀟湘《しょうしょう》八景にならつた名勝がある。芦《あし》の湖《こ》、中禅寺湖《ちゅうぜんじこ》、猪苗代湖《いなわしろこ》、支笏湖《ししゃくこ》、洞爺湖《とうやこ》、阿寒湖《あかんこ》、十和田湖《とわだこ》などがある。いずれも文人墨客《ぶんじんぼつきゃく》に喜ばれているものである。

なかにも風景絶佳《ぜっか》にして深き神秘と伝説を有するものは、十和田湖の右に出《い》ずるものはないであろう。

自分はこんど東北地方宣伝の旅をつづけ、その途中、青森県下、その他、近県の宣信徒《せんしんと》に案内されて日本唯一の紫明境《しめいきょう》なる十和田の勝景に接することをうるとともに、神界の御経綸の深遠微妙にして人心凡智《じんしんぼんち》の窺知《きち》しえざる神秘を覚《さと》ることを得たのである。

さて十和田湖の位置は、裏《うら》日本と表《おもて》日本とを縦断する馬背《ばはい》のごとき中央山脈のあいだに介在して、北方には八甲田山《はっこうださん》、磐木山《いわぎやま》など巍ゝ乎《ぎぎこ》として聳《そび》え立ち、南方ははるかの雲表《うんぴょう》より鳥海山《ちょうかいざん》、岩手山《いわてざん》の二《に》高嶺《こうれい》が下瞰《かかん》しているのである。

十和田湖の水面の高さは海抜《かいばつ》一千二百尺《しゃく》にして、その周囲の山々はこれより約二千尺以上の高山をもつて環繞《かんぎょう》せられ、湖面はほとんど円形にして牛《ぎゅう》角形《かくけい》と馬蹄形《ばていけい》とをなせる二大半嶋《はんとう》が湖心にむかって約一里《り》ばかり突出し、御倉山《みくらやま》、御中山《みなかやま》など、神代《かみよ》の神座《しんざ》や神名にちなんだ奇勝絶景をもって形造《づく》られておる。湖中の岩壁《がんぺき》や、岩岬《がんこう》や、島嶼《とうしょ》などの風致《ふうち》は、じつに日本八景の随一の名に背かないことを諾《うなず》かれるのである。

湖中の風景の絶妙なることは一々ここに記すまでもなく『東北日記』に名所《めいしょ》々々を詠《よ》んでおいたから、ここにはこれを省略して、十和田湖の神秘に移ることにしようと思う。

十和田湖の伝説は各方面に点在して頗《すこぶ》る範囲は広いが、自分はすべての伝説にかかわらないで、神界の秘《ひ》庫を開いて、ここに忌憚《きたん》なく発表することとする。

さて十和田《とわだ》の地名については十湾田《とわだ》、十曲田《とわだ》などの文字をあてはめているが、アイヌ語のトーワタラ（岩間《いわま》の湖）ハッタラ（淵《ふち》の義）が、神秘的伝説中の主要人物、十和田湖を造ったという八郎《はちろう》（別名、八太郎《はちたろう》、八郎《はちろう》太郎、八《はち》の太郎）が伝説の中心となっておる。

つぎに開創鎮座《かいそうちんざ》せし藤原男装坊《ふじわらなんそうぼう》も、南祖《なんそ》、南宗《なんそう》、南僧《なんそう》、南曽《なんそう》、南蔵《なんぞう》等種々《しゅじゅ》あるが、今日《こんにち》普通に用いられておる文字は、南祖《なんそ》である。

しかし王仁《おに》は伝説の真相から考察して男装坊《なんそうぼう》を採用し、この神秘を書くことにする。

むかし秋田県の赤吉《とっこ》というところに大日別当了《だいにちべっとうりよう》観《かん》という有徳《うとく》の士《し》が住んでいたが、たまたま心中に邪念の萌《きざ》したときは、北沼《きたぬま》という沼に年古《としふる》くから棲《す》んでいる大蛇《おろち》の主《ぬし》が了観の姿となって妻の許《もと》へそっと通った。

この大蛇《おろち》の主《ぬし》というのは、神代《かみよ》のむかし、神素《かむす》盞嗚尊《さのおのみこと》が、伯耆大山《ほうきだいせん》、すなわち日《ひ》の川上山《かわかみやま》において八岐《やまた》の大蛇《おろち》を退治《たいじ》され、大黒主《おおくろぬし》の鬼雲別《おにくもわけ》以下を平定《へいてい》された、その時の八岐の大蛇の霊魂が凝《こ》ってふたたび大蛇《おろち》となり、北沼に永く潜《ひそ》んでいたものであった。

まもなく了観《りようかん》の妻は妊娠し、やがて玉の如き男子を生み落としたが、あたかも出産の当日は、朝《ちよう》来天地《らいてんち》晦瞑《かいめい》大暴風雨起こり来たりて、大日堂《だいにちどう》も破《やぶ》れんばかりなりしという。

了観《りようかん》はその恐ろしさに妻子をつれて鹿角《かつぬ》へ逃げ、その男子を久内《きゆうない》と名付けて慈《いつく》しみ育てた。

その後、三代目の久内《きゆうない》は、小豆沢《あずきざわ》に大日堂《だいにちどう》を建立《こんりゆう》したるも身魂蛇性《しんこんじやせい》のため天日《てんじつ》を仰《あお》ぎ見ることあたわず別当《べつとう》になれないところから、草木《くさき》村というところの民家に代々久内《きゆうない》と名告《なの》って子孫が暮していた。

さてその九代目にあたる久内《きゆうない》の子、八郎《はちろう》が神秘伝説の主人公である。

日本一勝地《しようち》何処《いずこ》と人問《と》はゞ
　十和田《とわだ》の湖《うみ》と吾《わ》れは答へむ

神国《しんこく》の八景《はつけい》の一と推《お》されたる
　十和田湖岸《こがん》の絶妙《ぜつみよう》なるかな

水面は海抜《かいばつ》一千二百尺《しやく》
　十和田の湖《うみ》の風致《ふうち》妙《たえ》なり

磐木《いわぎ》山八甲田《やまはつこうだ》山繞《ざんめぐ》らして
　神秘《しんぴ》も深き十和田の湖《うみ》かな

我国《わがくに》に勝地《しようち》は数多《あまた》ありながら
　十和田の景色《けしき》にまさるものなし

御《み》倉山《くらやま》御《み》中山《なかやま》など神秘的
　半嶋《はんとう》浮《うか》ぶ十和田の湖《うみ》かな

水青《みずあお》く山又《また》青く湖《うみ》広く
　水底《みなそこ》深き十和田の勝《しよう》かな

男装坊創開《なんそうぼうそうかい》したる十和田湖《とわだこ》の
　百景何《ひやくけいいず》れも神秘的なる

八郎《はちろう》が大蛇《おろち》と変《へん》じ造《つく》りしと云《い》ふ

十和田湖の百《もも》の伝説

素盞嗚《すさのお》の神《かみ》の言向《ことむ》け和《やわ》したる
　大蛇《おろち》の霊《たま》は十和田に潜《ひそ》みぬ
風雅《ふうが》なる人の春秋《しゅんじゅう》訪《たず》ね来て
　風光《ふうこう》めづる十和田湖美《うる》はし
了観《りょうかん》の妻の生《う》みてし男《お》の子《こ》こそ
　北沼大蛇《きたぬまおろち》の胤《たね》なりしなり
天《てん》も地《ち》も晦暝風雨《かいめいふうう》荒《あれ》れ狂《くる》ふ
　中に生《うま》れし久内《きゅうない》は蛇《じゃ》の子《こ》
九代目の久内《きゅうない》が生《う》みし男《お》の子《こ》こそ
　十和田を造りし八郎《はちろう》なりけり
藤原《ふじわら》の男装坊《なんそうぼう》が八郎と
　争《あらそ》ひ得《え》たる十和田の湖《うみ》かな
瑞御《みづみ》魂神《たまかみ》の任《よ》さしの神業《かむわざ》に
　仕《つか》へ奉《まつ》りし男装坊《なんそうぼう》かな
八郎《はちろう》を追ひ出《いだ》したる男装坊《なんそうぼう》は
　永《なが》く十和田の主《ぬし》となりける

いつの世にか、青山緑峰《せいざんろくほう》に四方《よも》を繞《かこ》まれたる清《せい》澄《ちょう》なる一筋《ひとすじ》の清流を抱《いだ》いて眠る農村のむかし、秋田県鹿角《かつぬ》郡の東と南の山峡《さんきょう》に、草木《くさき》という夢のような静寂な農村があった。

この村に父祖《ふそ》伝来《でんらい》住んでいる久内《きゅうない》夫婦の仲にもうけた男の子を八郎《はちろう》と名づけ、両親は蝶《ちょう》よ、花よ、と慈《いつく》しみ育むうちに、八郎は早くも十八歳の春を迎うることとなった。

八郎《はちろう》は天性《てんせい》の偉丈夫《いじょうぶ》で、母の腹から出生《しゅっせい》したとき既《すで》にすでに大人《おとな》の面貌を具《そな》え、一人で立ち歩きなどをしたのである。八郎が十八歳の春には、身長六尺《しゃく》にあまって大力無双鬼神《たいりきむそうきじん》を凌《しの》ぐごとき雄々《おお》しき若者であったが、また一面にはいたって孝心深く、村人より褒《ほ》め称《たた》えられていた。

八郎は持ち前の強力《ごうりき》を資本に、毎日深山《しんざん》を馳け廻って樺《かば》の皮を剥《む》いたり鳥獣を捕《と》えては市《いち》に売りさばき、得たる金にて貧しい老親《ろうしん》を慰《なぐさ》めつつ、細《ほそ》き一家の生計を支えていたのである。

あるとき八郎は、隣村《りんそん》なる三治《さんじ》、喜藤《きとう》という若者と三人連《づ》れにて遠く樺《かば》の皮剥《かわむ》きに出かけた。

三人は来満峠《きたみつとうげ》から小国山《おぐにやま》を越え、はるばると津《つ》久子森《くねもり》、赤倉《あかくら》、尾国《おぐに》と、三つの大嶽《たいがく》に囲まれている奥入瀬《おくいりせ》の十和田《とわだ》へやってきた。

往時の十和田《とわだ》は、三つの大嶽《たいがく》に狭《せば》められた渓谷《けいこく》で昼なお暗き緑樹《りょくじゅ》は千古《せんこ》の色をたたえ、そのなかを玲瓏《れいろう》たる一管《いっかん》の清流が長く、南より北へと延《の》びていた。

三人は、漸々《ようよう》ここへ辿《たど》りついたので、流れの辺《あた》りに小屋をかけ、かわり番に炊事《すいじ》を引受けて、昼夜、樺《かば》の皮を剥《む》いて働きつづけていた。

草木《くさき》村《むら》久内《きゅうない》夫婦《めおと》のその中に
　大蛇《おろち》の霊魂《みたま》八郎《はちろう》生《うま》れし
奥入瀬《おくいりせ》清流《せいりゅう》渡《わた》り八郎は
　渓間《たにま》の湖沼《こしょう》に友と着《つ》きたり
孝行《こうこう》の誉れ《ほまれ》四隣《しりん》に聞《きこ》へたる
　八郎は樺《かば》の皮脱《かわは》ぎて生《い》く
三治《さんじ》、喜藤《きとう》二人の友と
　渓流《けいりゅう》を渡《わた》りて十和田《とわだ》の近くに仮寝《かりね》す
奥入瀬《おくいりせ》川《がわ》の辺《ほと》りに小屋造《つく》り
　鳥獣《ちょうじゅう》を狩《か》り樺《かば》の皮剥《かわは》ぐ

数日後のこと、その日は八郎《はちろう》が炊事番《すいじばん》にあたり、二人の出かけたる跡《あと》にて、水なりと汲《く》みおかんとて岸辺《きしべ》に徐々《じょじょ》下《くだ》り行くに、清き流れのなかに岩魚《いわな》が三尾《さんびき》、心地《ここち》よげに遊泳《ゆうえい》しているのを見た。

八郎は物珍《ものめず》らしげに岩魚《いわな》を捕《と》って番小屋に帰ってきた。そして三人が一尾《いっぴき》ずつ食わんと焼いて友二人の帰りを待っていたが、その匂《にお》いの溢《あふ》れるばかりに芳《かんば》しいので、とても堪《たま》らず、一寸《ちょっと》つまんで少々ばかり口に入れたときの美味《うま》さ、八郎はついに自分の分《ぶん》として、一尾《いっぴき》だけ食《く》ってしまった。

清流《せいりゅう》に遊《あそ》ぶ岩魚《いわな》を三尾《さんび》捕《と》り
　焼《や》き付《つ》け見れば芳味《ほうみ》溢《あふ》るる
芳《かんば》しき匂《にお》ひに八郎《はちろう》たまり兼《か》ね
　自分の分《ぶん》とし一尾《いっぴ》喰《く》らへり

俺《おれ》はまだ、こんな美味《うま》いものは口にしたことは一度もないと、彼はかすかに残る口辺《くちべ》の美味《うまさ》に酔《よ》うた。あとに残れる二尾《にひき》の岩魚《いわな》は二人の友の分《ぶん》としてあった。けれども八郎は辛抱《しんぼう》が仕切れなくなって、いつの間《ま》にか、とうとう残りの分《ぶん》、二尾《にひき》とも平《たい》らげてしまった。

アッしまった、と思ったが、後《あと》の祭《まつ》りで如何《いかん》とも詮術《せんすべ》がなくなった。

八郎は、二人の友に対して、何となく済《す》まないような気持ちを抱《いだ》くのであった。

まもなく八郎は、咽喉《のど》が焼きつくように渇《かわ》いてきた。

口から烈火《れっか》の焔《ほのお》が燃え立って、とても依然《いぜん》としておられなくなったので、傍《かたわら》に汲《く》んで来ておいた桶《おけ》の清水《せいすい》をゴクリ、ゴクリ、と呑み干したが、またすぐに咽喉《のど》が渇《かわ》いてくるので一杯《いっぱい》、二杯、三杯、四杯と飲みつづけたが、まだ咽喉《のど》の渇《かわ》きは止《や》まずかえって激しくなるばかりである。

ア丶堪《たま》らない、死んでしまいそうだ、これはまた何《なん》としたことだろう、と呻《うめ》きながら、沢辺《さわべ》に駈《か》けおりるや否《いな》や、いきなり奔流《ほんりゅう》に口をつけた。

そして、そのまま沢の水も尽きんばかりに飲んで、飲んで、飲みつづけ、ちょうど正午頃から日没の頃おいまで、瞬間《すこし》も休まず、息《いき》もつかず飲みつづけて顔を上げたとき、清流に映《えい》じた自分の顔を眺めて、思わず、アッ、と倒《たお》るるばかり驚きの声をあげた。

　嗚呼《ああ》無惨《むざん》なるかな、手も足も樽《たる》のごとく肥《ふと》り、眼《まなこ》の色ざしなど、すでにこの世のものではなかった。

　折《おり》から山へ働きに行っていた二人は帰ってきて、この始末に胆《きも》を潰《つぶ》すばかり驚愕《きょうがく》してしまった。

　オゝイ八郎《はちろう》、々々《はちろう》、と二人が声を合わせて呼《よ》べば、その声にハッと気付《きづ》いた八郎は、ようやくにして顔をあげ、恐《おそ》ろしい形相《ぎょうそう》で二人の友をじっと眺めてから、やがて口を開いた。

八郎《はちろう》は岩魚《いわな》の美味《びみ》に堪《た》へ切《き》れず
　二人《ふたり》の友の分《ぶん》まで喰《く》らへり
魚喰《うおく》ひし跡《あと》より咽喉《のど》が渇《かわ》き出《だ》し
　矢庭《やにわ》に桶《おけ》の汲置水《くみおきみず》呑《の》む
桶《おけ》の水幾許《いくら》飲《の》みても飲み足らず
　清き渓流《ながれ》に口《くち》を入《い》れたり
正午《しょうご》より夕刻《ゆうこく》までも沢の水
　飲み続けたり渇《かわ》ける八郎
渓流《けいりゅう》に写《うつ》れる己《おの》れの姿《すがた》見て
　八郎倒《たお》れん斗《ばか》りに驚《おどろ》く
八郎の姿《すがた》は最早《もはや》現《うつ》し世《よ》の
　物《もの》とも見えぬ形相凄《ぎょうそうすさ》まじ
手も足も樽《たる》の如《ごと》くにはれ上《あが》り
　二《ふ》タ目《め》と見られぬあはれ八郎
夕方《ゆうがた》に二人は小屋に立帰《たちかえ》り
　八郎の姿に魂《たま》を消《け》したり

八郎《はちろう》は夕刻《ゆうこく》、二人の友の帰ったのを見て、しばし無言の後《のち》やっと口を開き、お前たちは帰って来

たのか、と言えば、二人は、

「オイ八郎、いったい、お前の姿は何だ。どうしてこうなった。浅《あさ》ましいことになったの、さあ住所《すみか》へ帰ろうよ」

と、震《ふる》え声《ごえ》を押し沈めて言ったとき、八郎は腫《は》れあがった目に、いっぱい涙《なみだ》をうかべて、

「もう俺《おれ》は、どこへも行くことはできない身体《からだ》になってしまったのだ。なんという因果《いんが》か知らぬが魔性《ましょう》になった俺は、寸時《すんじ》も水から離れられないのだ。これから俺《おれ》は、ここに潟《がた》を造って主《ぬし》になるから、お前たちは小屋から俺《おれ》の笠《かさ》を持って、家に残っておられる親たちへ、この事を話してくれろ。アヽ親たちはどんなに歎《なげ》かれるだろう」

と、両眼《りょうがん》に夕立《ゆうだち》の雨を流して嘆《たん》ずる声は、四囲《よも》の山々に反響して、また、どう、と谺《こだま》するのであった。

かくては果てじと二人は「八郎よ、俺たち二人はここで永《なが》の別《わか》れをする。八郎よ、さらば」と、名残惜《なごりお》しげに、十和田を去った。

二人の立去《たちさ》る姿を見すましてから八郎はなおも水を飲みつづけること、三十四昼夜《ちゅうや》であったが、八郎の姿は早くも蛇身《じゃしん》に変化し、やがて十口《とくち》より流れ入る沢を堰止《せきと》めて満々《まんまん》とした一大碧湖《いちだいへきこ》を造り、二十余丈《じょう》の大蛇《おろち》となって、ざんぶ、とばかり、水中に深く沈んでしまった。

かくして十和田湖は八郎を主《ぬし》として、年移《としうつ》り、星《ほし》変わり、数千年の星霜《せいそう》は過ぎた。

永遠の静寂をもって眠っていた一大碧湖《いちだいへきこ》の沈黙は、ついに、貞観《ていかん》の頃となって破らるるに至ったのである。

八郎《はちろう》は二人の友に涙《なみだ》もて
　永《なが》き別《わか》れを告《つ》げて悲《かな》しむ

両親《りょうしん》の記念《きねん》と笠《かさ》を友に渡し
　十和田《とわだ》の湖《うみ》の主《ぬし》となりけり

八郎は三十四夜《や》の水を呑《の》み続けて
　遂《つい》に蛇体《じゃたい》と変化す

二十余丈大蛇《じょうおろち》となりて八郎は
　十和田湖深《ふか》く身《み》を沈《しず》めたり
十口《じゅっこう》の流れをせきて永久《とこしえ》の
　住所《すみか》十和田の湖《うみ》をつくれり
数《すう》千年沈黙《ちんもく》の幕《まく》破《やぶ》れけり
　貞観年中男装坊《ていかんねんちゅうなんそうぼう》にて

貞観《ていかん》十三年、春《はる》四月、京都綾小路《あやこうじ》関白《かんぱく》として名高い藤原是実公《ふじわらこれさねこう》は、讒者《ざんしゃ》の毒舌《どくぜつ》に触れ、最愛の妻子をともない、桜花《おうか》乱れ散る京都の春をあとに、人づてもなき陸奥《みちのく》地方をさして放浪《ほうろう》の旅行を続けらるることとなった。

一行総勢《いっこうそうぜい》三十八人は奥州路《おうしゅうじ》を踏破《とうは》し、やがて気《き》仙《せん》の岡《おか》に辿《たど》りついてここに仮《かり》の舎殿《しゃでん》を造営し、暫《ざん》時《じ》の疲《つか》れを休められた。

まもなく是実公《これさねこう》、他界せられ、その嫡子《ちゃくし》、是行《これゆき》公《こう》の代となるや、元来、公家《くげ》の慣習としてなんの営業もなく、貧苦ようやく迫り来たりたるため、いまは供人《ともびと》どもも各自《めいめい》に業《ぎょう》を求めて各地に離散してしまい、是行公《これゆきこう》は止《やむ》を得ず奥方《おくがた》のかよわき脚《あし》を急《いそ》がせつつ、仮《かり》の舎殿《しゃでん》を立ち出で、北方《ほっぽう》の空をさして落ち行き給いし状《さま》はじつにあわれなる次第であった。

かくて日を重ね、月を閲《けみ》して三《さん》ノ戸《へ》郡の糠部《あまべ》へ着かれ、どこか適当なる住処《じゅうしょ》を求めんと彼方此方《あちらこちら》尋ね歩《ある》行かれたが、一望荒寥《いちぼうこうりょう》とした北地《ほくち》のことて人家稀薄《じんかきはく》、依《よ》るべきものなく、村らしき村も見えず、困苦をなめながら、やがて馬淵川《うまぶちがわ》の辺《あた》りまでやって来《こ》られたが、渡るべき橋さえもなく、また船もないので途方《とほう》に暮れながら、夫婦は暫時、河面を眺めて茫然《ぼうぜん》たるばかりであった。

かくてはならじと、二人は勇気を起こし、川添《かわぞ》いに雑草を踏み分け、三里《り》ばかり上《のぼ》りしと思ほしきころ、目前《もくぜん》に二、三十軒《けん》の人家が見えた。是行公《これゆきこう》は雀躍《こおどり》して、奥《おく》よ喜べ、人家が見える、と慰《なぐさ》めつつ、やがて霊験観音《れいけんかんのん》の御堂《みどう》へと着かれた。そして、その夜は御堂内《みどうない》に入《い》りて足を休め、また明日の旅路《たびじ》をつくづく思い悩みつつ、まんじりとも出来なかったのである。

その翌日、是行公《これゆきこう》の室《しつ》へ這入《はい》ってきた別当《べっとう》は、威儀《いぎ》を正して、

「どことなく床《ゆか》しき御方《おんかた》に見え候《そうろう》うも、いずれより御越しなるや、おかまいなくば大略の御模様《おんもよう》お話し下されたし」

と、言葉もしとやかに述ぶる状《さま》は、普通の別当《べっとう》とは見えず、かなずや由緒《ゆいしょ》ある人の裔《すえ》ならんと思われた。

是行公《これゆきこう》は、

「吾等《われら》は名もなき落人《おちゅうど》なるが、昨夜来《さくやらい》より手厚き御世話に預《あず》かり、御礼の言葉もなし。願わくは後々《のちのち》までも忘れぬため、苦しからずば、この霊験《れいけん》観音堂《かんのんどう》の由来をきかせ玉《たま》え」

と、言葉を低《ひく》うして訊《たず》ぬるに、かの別当《べっとう》は襟《えり》を正しながら、

「さればに候《そうろう》、拙者《せっしゃ》は藤原の式部《しきぶ》と申す者にて、そもそも吾《わが》祖先は、藤原佐富治部卿《すけとみじぶきょう》と申す、公家《くげ》の由《よし》にて、讒者《ざんしゃ》のため、都《みやこ》より遥々此処《はるばるここ》に落ち、柴《しば》の庵《いおり》を結び、この土地を拓《ひら》きて住めるなり。

現在にては百姓《ひゃくしょう》も追々相集《おいおいあい》まり、かくのごとく一つの村を造りしものにて、この観音堂は村人が吾《わが》祖先を観音に祀《まつ》りたるものにして近郷《きんごう》の産土神《うぶすながみ》にて候《そうろう》。さてまた御身《おんみ》は都よりの落人《おちゅうど》の由《よし》、なぜ、かようなる土地へと御越し遊ばされしや」

と、重《かさ》ねがさねの問《と》いに是行公《これゆきこう》は懐《なつ》かしげに式部の顔を打ち眺め、

「あ、さては貴公は吾《わが》一族なりしか。吾《わが》祖先も藤原の姓《せい》、父上までは関白職なりしも、無実の罪に沈み、かく流人《るにん》となりたり。ただいま承《うけたまわ》れば、貴公も藤原と聞く。系図なきや」

と問われて、式部は早速、大切に蔵《おさ》めてあった家の系図を取り出し抜き見るに、是行公《これゆきこう》は本家《ほんけ》にて、式部は末家筋《まつけすじ》なれば、式部、思わず後《あと》に飛び去って言うには、

「さても、さても、不思議の御縁かな。これと申すも御先祖の御引合《おひきあ》せならむ。この上はここに御《お》住居《すまい》あらば、われらは家来《けらい》同様にして、御世話申すべし」
と、これより是行公《これゆきこう》と式部《しきぶ》は、兄弟の契《ちぎり》を結び、是行公は兄となって、名を宗善《そうぜん》に改《あらた》め給《たも》うたのである。

貞観《ていかん》の昔関白《かんぱく》是実公《これさねこう》は
　讒者《ざんしゃ》の為《ため》に都《みやこ》を落ちます
綾小路《あやこうじ》関白《かんぱく》として名高《なだか》かりし
　是実公《これさねこう》の末路《まつろ》偲《しの》ばゆ
妻や子や伴人《ともびと》三十八名と
　みちのく指《さ》して落ち行く関白《かんぱく》
桜花《さくらばな》春《はる》の名残《なごり》と乱《みだ》れ散《ち》る
　都《みやこ》を後《あと》に落ち行くあはれさ

みちのくの気仙《きせん》の岡《おか》に辿《たど》りつき
　仮《かり》の舎殿《しゃでん》を営《いとな》み住《す》ませり
是実公《これさねこう》間《ま》も無《な》く世《よ》をば去《さ》り玉《たま》ひ
　嫡子《ちゃくし》是行公《これゆきこう》の代《よ》となる
営《いとな》みを知らぬは公家《くげ》の常《つね》として
　貧苦《ひんく》日に日に迫《せま》り来《き》にける
伴人《ともびと》も貧苦《ひんく》のために彼方此方《あちこち》と
　業《わざ》を求めて乱《みだ》れ散《ち》りける
是行公《これゆきこう》奥方《おくがた》伴《とも》ない家を出て
　北の方《かた》さして進みたまへる
三《さん》ノ戸《へ》の郡《こおり》糖部《あまべ》につきたまひ
　一望《いちぼう》百里《ひゃくり》の荒野《こうや》に迷《まよ》へり

馬淵川橋《うまぶちがわはし》なきまゝに渡《わた》り得《え》ず
　草村《くさむら》わけつゝ三里《さんり》余《よ》上《のぼ》れり
二三十戸人家《こじんか》の棟《むね》の見《み》え初《そ》めて
　夫婦は蘇生《そせい》の喜《よろこ》びに泣く
是行公観音堂《これゆきこうかんのんどう》が目にとまり
　爰《ここ》に二人は一夜《いちや》明《あ》かせり
観音堂別当室《かんのんどうべつとうしつ》に入《い》り来《き》たり
　不思議《ふしぎ》の邂逅《かいこう》に歓《よろこ》び合《あ》へり
別当《べっとう》は藤原式部《ふじわらしきぶ》その昔
　祖先《そせん》は関白職《かんぱくしょく》なりしなり
是行《これゆき》と式部《しきぶ》は爰《ここ》に兄弟の
　約《やく》を結《むす》びて永《なが》く住みけり
是行公名《これゆきこうな》を宗善《そうぜん》と改《あらた》めて

この山奥《やまおく》に半生《はんせい》を送《おく》る

ここに、藤原是行公《これゆきこう》の改名宗善《そうぜん》は、式部《しきぶ》の計《はか》らいによって、三《さん》ノ戸《へ》郡仁《に》賀《が》村を安住《あんじゆう》の地と定めて、何《なに》不自由なく暮らしていたが、ただ、ただ、心にかかるは、世《よ》継《つぎ》の子のないことであった。

アゝ子が欲《ほ》しい、欲しい、と嘆息《たんそく》の言葉を聞くたびに、奥方《おくがた》は秘《ひそ》かに思うよう、もうこのうえは神仏に祈願を籠《こ》めて一子《いっし》を授《さず》からんものと、霊験《れいけん》堂《どう》の観音《かんのん》に、三七《さんしち》二十一日の参籠《さんろう》をなし、

「願わくば、妾《わらわ》らこの侭《まま》にして此《この》土地に朽《く》ち果《は》つるとも、子の成人したる暁《あかつき》は、ふたたび都《みやこ》へ帰参して、関白職《かんぱくしょく》を得《う》るような、器量ある男子を授《さず》けたまえ」

と、一心不乱に祈っているうち、ちょうど二十一日の満願《まんがん》の夜のこと、日夜の疲労に耐えかね、思わず神前にうとうととまどろめば、何処《いずこ》ともなく偉大なる神人《しんじん》の姿、現われて宣《の》たまうよう、

「汝《なんじ》の願いにまかせ、一子《いっし》を授けむ。されども、

その子はかならず、弥勒《みろく》の出世《しゅっせい》を願うべし、夢々《ゆめゆめ》疑う勿《なか》れ、我は瑞《みづ》の御霊《みたま》神《かむ》素盞嗚尊《すさのおのみこと》なり」とて、御手《みて》に持たせたまえる金扇《きんせん》を、奥方玉子《おくがたたまこ》の君《きみ》に授けて、忽《たちま》ちその御姿《みすがた》は消えさせられた。

夢よりさめたる奥方《おくがた》玉子の君は、夫の宗善《そうぜん》に夢の次第を審《つぶ》さに告げられしが、まもなく懐胎《かいたい》の身となり、月満ちて生まれ落ちたは、玉《たま》のような男と思いのほか、女の子であった。

夫婦はかつ喜び、かつ女子《じょし》なりしを惜しみつつ、蝶《ちょう》よ、花よ、と育《はぐく》みつつ、七歳となった。

夫婦は男子なれば、都《みやこ》にかえりて、ふたたび藤原家を起こし、関白職を継がせんとした望《のぞ》みは俄《が》然《ぜん》はずれたれども、いまのあいだに男装《だんそう》をさせ、あくまでも男子として祖先の家名を再興させんものと、名を南祖丸《なんそまる》と付けたのであるが、誰《たれ》いうとなく「女子が男装しているのだ、それで男装坊《なんそうぼう》だ」と、称《とな》うるようになったのは、是非なき仕儀と言わねばならぬ。

しかるに、生者必滅会者定離《せいじゃひつめつえじゃじょうり》のたとえにもれず、痛ましや南祖丸《なんそまる》が七歳になった秋、母親の玉子《たまこ》の君《きみ》は、ふとした原因で病床に伏したるかぎり、日夜病勢《びょうせい》重《おも》るばかりで、もはや生命は旦夕《たんせき》に迫ってきたので、南祖丸を枕辺《まくらべ》近く呼びよせて言う。

「お前は、神の申《もう》し子《ご》で、母が一子を授からんと、霊験堂へ三七日間《さんしちにちかん》参籠せしとき、瑞《みづ》の御霊《みたま》神《かむ》素盞《すさ》嗚神《のおかみ》より、生《うま》れたる子は弥勒《みろく》の出生《しゅっせい》を願うべし、との夢のお告げありたり。汝《なんじ》は、この母の亡き後《のち》までも、この事ばかりは忘るなよ」

と、苦しき息の下から物語《ものがた》りして、ついに帰らぬ旅に赴《おもむ》いてしまったのである。

仁賀《にが》村に宗善《そうぜん》夫婦は不自由なく
　安住《あんじゅう》したり式部《しきぶ》の好意《こうい》に

世継《よつ》ぎの子無《な》きを悲しみ宗善《そうぜん》の
　妻《つま》は観音堂《かんのんどう》に籠《こも》れり

立派《りっぱ》なる男子《だんし》を生《う》みて関白家《かんぱくけ》

　　　　再興《さいこう》せんと日夜《にちや》に祈《いの》れり
素盞嗚《すさのを》の神《かみ》が夢《ゆめ》に夜《よ》現《あらわ》れて
　　　　子《こ》を授《さず》けんと宣《の》らせ給《たま》へり
瑞御霊《みづみたま》授《さず》け給《たま》ひし貴《うず》の子は
　　　　弥勒出生《みろくしゅつせい》を願《ねが》ふ女子《じょし》なる
月満《つきみ》ちて生《うま》れたる子は男装《だんそう》させ
　　　　名《な》も南祖丸《なんそまる》とつけて育《はぐ》む
南祖丸《なんそまる》七歳の時母親《ははおや》は
　　　　神示《しんじ》を南祖《なんそ》に告《つ》げて世《よ》を去《さ》る
弥勒《みろく》の世来《よきた》さむとして素《す》の神《かみ》は
　　　　神子《みこ》をば女《おんな》と生《う》ませ玉《たま》へる

南祖丸《なんそまる》はじめ、父の宗善《そうぜん》、式部《しきぶ》夫婦らが、涙のうちに野辺《のべ》の送《おく》りをやっと済《す》ませたのち、父宗善《そうぜん》は熟々《つらつら》南祖丸を見るに、

「年は幼《おさな》けれども、手習《てなら》い、学問に精を出し、あたかも一を聞いて十を悟《さと》るの賢《かしこ》さ、これが真正《しんせい》の男子ならば、成人の後《のち》、京都に還《かえ》り、祖先の名を顕《あら》わして、吾家《わがや》を関白家《かんぱくけ》に捻《ね》じ直す器量は十分であろう。

しかしながら、生来《しょうらい》の女子《おみなご》、いかに骨格容貌《こつかくようぼう》の男子《だんし》に似たりとて、妻を娶《めと》り、子孫を生むこと、不可能なり。

乳児の頃より、男子として養育したれば、世人《せじん》はこれを女子《じょし》と知る者なかるべし。しかず変生男《へんしようなん》子《し》の願いを立て、このまま男子として世に処《しょ》せしめ、神仏に仕えしめん。

誠《まこと》や、一子《いっし》出家《しゅっけ》すれば、九族天《きゅうぞくてん》に生《しょう》ずとかや。

亡き妻の願望《がんもう》によりて、神より与えられたる子なれば、家名再興の野心は流水《りゅうすい》の如く捨去《すてさ》り、僧《そう》となって吾《わが》妻の菩提《ぼだい》を弔《とむら》わしめん」

と、決心の臍《ほぞ》を固め、奥方《おくがた》の死より三日後、同郡五戸在七崎《ごのへざいななさき》の観音別当永福寺《かんのんべっとうえいふくじ》の住僧《じゅうそう》なる徳望《とくぼう》高き

月志《げっし》法印《ほういん》に頼みて弟子となし、その名も南僧坊《なんそうぼう》と呼び、修行させることとはなった。

　宗善《そうぜん》は公家《くげ》再興《さいこう》の念《ねん》を捨《す》て
　　南祖丸《なんそまる》をば出家《しゅっけ》となしたり
　七崎《ななさき》の観音別当《かんのんべっとう》月志《げっし》法印《ほういん》
　　南祖《なんそ》丸《まる》をば弟子《でし》とし教《おし》へし

　ここに、力と頼みし妻を失い、愛児南祖丸《なんそまる》を月《げっ》志《し》法印《ほういん》に托《たく》した宗善《そうぜん》は、いまは何をか楽しまんとて、馬を数多牧《あまたぼく》し、老後を慰《なぐさ》め、暮らしていた。

　しかるに不可思議なることは、いかなる悍馬《かんま》も宗善《そうぜん》の厩《うまや》に入《い》れば、ただちに悪癖《あくへき》が直り、名馬と化《な》るのを見て、里人《さとびと》はいずれもこれを奇《き》とし、宗善の没後には、宗善の霊を祀《まつ》りて一宇《いちう》を建立《こんりゅう》し、馬頭観音《ばとうかんのん》と称《とな》え、その徳を偲《しの》んでいるが、奥州《おうしゅう》南部地方の習慣として、馬頭観音を蒼前《そうぜん》（宗善《そうぜん》）と言い、また宗善は絵馬《えま》を描《か》くことを楽しみとしていたので、後世《こうせい》に至るまで、絵馬を御堂《みどう》へ奉納する風習が残ったのである。

　そして、永福寺《えいふくじ》へ弟子入りをした南僧坊《なんそうぼう》は、日《にち》夜《や》学問を励み、その明智《めいち》、非凡絶倫《ひぼんぜつりん》には、月志法《げっしほう》印《いん》も、舌をまいて感嘆するのであった。

　かくてその後、数年を過ぎ、南僧坊《なんそうぼう》はここに、十三歳の春を迎うるにいたった。

　円明鏡《えんみょうかがみ》の如き清らかな念仏修行、はらはらと散る桜花《さくらばな》のもとに、南僧坊《なんそうぼう》は瞑想《めいそう》に耽《ふけ》っていた。幽寂《ゆうじゃく》の鐘《かね》の音《ね》は止《や》んで、夕暮《ゆうぐれ》近きころ、瞑想より、フト我《われ》にかえって、彼方《かなた》の大空《おおぞら》を眺め、亡き母が臨終《りんじゅう》の遺言《ゆいごん》を、じっと考え込んだ。

　アヽわが母上《ははうえ》は枕頭《ちんとう》に吾《われ》を招き、苦しき息の下から「弥勒《みろく》の出世《しゅっせ》の大願《たいがん》を忘るるなかれ」と言われた。アア弥勒――弥勒出世の大願、しかしながら自力《じりき》にては、とても叶《かな》うべくもない。

　これより吾《われ》は、紀伊国熊野《きいのくにくまの》へ参詣《さんけい》して、神力《しんりき》を祈りながら大願成就せんもの、と決心を固め、師の坊月志法印《げっしほういん》へ、熊野参詣の志望を申し出でたが、まだ幼者《ようしや》だからとて、許されなかった。
南僧坊《なんそうぼう》は、いまは是非なく、或夜《あるよ》、密《ひそ》かに寺門《じもん》を抜け出し、七崎《ななさき》の村を後に、遥々紀伊路《はるばるきいじ》をさして出発してしまった。

宗善《そうぜん》は妻に別《わか》れて楽しまず
　遂《つい》に馬飼人《うまかいにん》となりけり
荒馬《あれうま》も宗善飼《そうぜんか》へば忽《たちま》ちに
　良馬《りようば》となるぞ不思議なりけり
宗善《そうぜん》の死後《しご》は里人宗善《さとびとそうぜん》を
　観音堂《かんのんどう》建て祀《まつ》り籠《こ》めたり
宗善《そうぜん》を蒼前馬頭観音《ばとうかんのん》と
　斎《いつき》き祀《まつ》れば良馬《りようばうま》生る丶
宗善《そうぜん》は絵馬《えま》を好《この》みて描《か》きたれば
　後人絵馬堂《こうじんえまどう》建て丶祈《いの》れり

女身《によしん》とは言へど骨格《こくかく》逞《たくま》しく
　男子《だんし》に劣《おと》らぬ風格《ふうかく》ありけり
南僧坊《なんそうぼう》母の遺言思《ゆいごんおも》ひ出《だ》し
　弥勒出生《みろくしゆつせい》の大願《たいがん》を立《た》つ
桜花《おうか》散《ち》る木陰《こかげ》に坐《ざ》して瞑想《めいそう》に
　耽《ふけ》る南祖《なんそ》は弥勒《みろく》の世《よ》を待《ま》つ
紀《き》の国《くに》の熊野《くまの》に詣《もう》で神力《しんりき》を
　得《え》んため師《し》の坊《ぼう》に許《ゆる》しを乞《こ》ひたり
歳《とし》はまだ十三の坊幼若《ぼうようじやく》の
　故《ゆえ》もて師《し》の坊《ぼう》旅行許《ゆる》さず
南僧坊決心固《なんそうぼうけつしんかた》く夜《よる》の間《ま》に
　寺門《じもん》を抜《ぬ》けて紀州《きしゆう》に向《むか》へり

さて、紀伊国熊野山《きいのくにくまのやま》は、本地弥陀《ほんちみだ》の薬師観音《やくしかんのん》にして熊野三社《くまのさんしゃ》といわれ、その霊験《れいけん》いやちこなりと伝えらるる霊場地《れいじょうち》であって、三社の御本体は、瑞《みづ》の霊《みたま》（三ツの魂《みたま》）の神の変名である。

南僧坊《なんそうぼう》は、一か所の御堂《みどう》に二十一か日《にち》ずつ、三か所に籠《こ》もって断食《だんじき》をなし、日夜《にちや》三度ずつ、水垢離《みずごり》をとって精進潔斎《しょうじんけつさい》し、一心不乱になって、弥勒《みろく》の御出世《ごしゅつせ》を祈るのであった。

ちょうど満願《まんがん》の夜半《やはん》になって、南僧坊《なんそうぼう》は不思議の霊夢を蒙《こうむ》ったので、それより諸国を行脚《あんぎゃ》して凡《すべ》ての神仏に祈らんと、熊野神社をあとに、第一回の諸国巡礼を思い立つこととなった。

南僧坊熊野三社《なんそうぼうくまのさんしゃ》に参詣《さんけい》し
　三週三ヶ所水垢離《みずごり》を取る
瑞御《みづみ》魂神《たまかみ》の夢告《むこく》を蒙《こうむ》りて
　諸国巡礼《しょこくじゅんれい》の旅する南僧坊《なんそうぼう》

熊野三社弥陀《くまのさんしゃみだ》と薬師《やくし》と観音《かんのん》は
　三《み》つの御魂《みたま》の権現《ごんげん》なりけり
数《す》十年修行《しゅぎょう》を為《な》せと皇神《すめかみ》は
　男装坊《なんそうぼう》（南僧坊《なんそうぼう》）に宣《の》らせ玉《たま》へり

神勅《しんちょく》によって熊野三社《くまのさんしゃ》を立ち出でた男装坊《なんそうぼう》は、まず高野山《こうやさん》に登り、大願成就《たいがんじょうじゅ》を一心不乱に祈願し終わって、山麓《さんろく》に来《き》かかると、道傍《みちばた》の岩石《がんせき》に腰を下ろし休んでいた一人の山伏《やまぶし》が、つかつかと男装坊の前に進んできた。

見れば身長六尺余《しゃくよ》、柿色《かきいろ》の法衣《ほうい》に太刀《たち》を帯《お》び、金剛杖《こんごうづえ》をついて威勢よく、言葉も高らかに、

「いかに御坊《ごぼう》、修行は法師の業《ぎょう》と見受けたり。汝《なんじ》、男子に扮《ふん》すれども、わが法力《ほうりき》をもって観《かん》ずるに、まったく女人《にょにん》なり。女人禁制の霊山を犯しながら修行などとは、以《もっ》てのほかの不埒《ふらち》ならずや。かならずや仏《ほとけ》の咎《とが》めによって、修行の功空《こうむな》しからん。万々一《まんまんいち》修行の功ありとせば、吾前《わがまえ》にて、その法力《ほうりき》

を現わすべし」

と、言葉をかけられて、男装坊《なんそうぼう》は、暫時《ざんじ》ぎょっとしたるが、ただちに心を取り直し、満面笑《まんめんえ》みを湛《たた》えながら、

「汝《なんじ》、吾《われ》にむかって女人なれば不埒《ふらち》とは何事ぞ、衆生済度《しゅうじょうさいど》の誓願《せいがん》に、男女の区別あるべきや。吾《われ》に修行の功如何《こういかん》とは、愚《ぐ》なり。三界《さんかい》の大導師釈迦《しゃか》牟尼如来《むにによらい》でさえも、阿羅々仙人《あららせんにん》に仕えて、その本《ほん》懐《かい》を遂《と》げ玉《たま》いしと聞く。いわんや凡俗の拙僧、いまだ修行中にて大悟徹底《たいごてってい》の域に達せず。御身《おんみ》においてはまた修行の功ありや」

と謙遜《けんそん》しつつも反問したとき、かの山伏は鼻高々《はなたかだか》と答《こた》うよう、

「拙者《せっしゃ》は、そもそも、大峰葛城《おおみねかつらぎ》の小角《しょうかく》、吉野にては金剛蔵王《こんごうざおう》、熊野権現《くまのごんげん》は三所《さんしょ》、その他《た》、山々渓々《やまやまたにだに》にて極めし法力によって、空飛ぶ鳥も祈り落とし、死したる者も生かすこと自由なり。いざ汝《なんじ》と法力を行ない較《くら》べん」

と詰めよるにぞ、男装坊《なんそうぼう》は静かに答え、

「さらば、貴殿の法力《ほうりき》を見せ給え」

「しからばお目にかけん、驚くな」

と、山伏は腰に下げたる法螺《ほら》の貝《かい》を取って、何やら呪文を唱うると見えしが、たちまち炎々《えんえん》たる火《か》焔《えん》を貝の尻から吹き出して、その火光《かこう》の四方《しほう》に輝《かがや》くさまは、じつに見事であった。

男装坊《なんそうぼう》は、泰然自若《たいぜんじじゃく》として暫時《ざんじ》打ち眺めいたるが、やがてニッコと微笑《ほほえ》みながら静かに九字《くじ》を切って合掌《がっしょう》するや、たちまち猛烈なりし火焔は跡なく消え失せてしまった。

山伏《やまぶし》は、最初の術の破れたるを悔《く》しがり、何を小癪《こしゃく》な、今度こそは思い知らせんとばかり、かたわらの小高きところへ駈《か》け上《あ》がりざま、珠数《じゅず》も砕《くだ》けよと押しもんで一心不乱に祈れば、見るみる一天《いってん》俄《にわ》かに掻《か》き曇《くも》り、ピューピューと凄い風は彼方《かなた》の山頂より吹き下《お》りて、一団の黒雲《こくうん》、瞬《また》く間《ま》に拡がり、雪さえ交えて物さみしい冬の景色《けしき》と変《かわ》ってしまった。その時、異様の怪物、遠近より現われ出で、笑うもの、叫ぶものの声天地に鳴り轟《とどろ》き、さも恐

ろしき光景を現出した。

しかれども男装坊《なんそうぼう》は、すこしも騒ぐ色なく、

「さても、さても、見事なる御手《おて》の内《うち》」

と賞《ほ》めそやしながら、真言即言霊《しんごんそくげんれい》の神器《しんき》を用《もち》ゆれば、いままでの物凄き光景はたちまち消滅して、ふたたびもとの晴天にかえった。

山伏はこれを見て、

「恐《おそ》れ入ったる御手の内、愚僧等《ぐそうら》の及ぶところにあらず。御縁もあらば、また、お目にかからん」

と、男装坊の法力に征服された山伏は、丁寧《ていねい》に会釈《えしゃく》を交《かわ》して、いずこともなく立ち去ってしまった。

かくて男装坊《なんそうぼう》は高野《こうや》の山を下《くだ》り、紀州尾由村《およしむら》というところにさしかかり、嘉茂《かも》と言える有徳《うとく》の人のもとに一夜の宿を求めた。

ところが、その夜《よ》、主人が男装坊《なんそうぼう》の居室《きよしつ》を訪ねて言うよう、

「じつは、わたしの妻が、四年ばかり前から不思議の病気に犯され、遠近の行者《ぎようじや》を頼みて祈祷《きとう》するも、いっこう少しの効目《ききめ》もなく、誠にこまり果《は》てている次第《しだい》なれば、何とぞ御坊の御法力をもって御祈念給《たま》わりたし」

と、言葉を尽くして頼み込む様子に男装坊《なんそうぼう》は、

「して、そのご病気とは」

と問えば、

「ハイ、じつは夜《よ》なよな、髪の中から、鳥の頭が無数に出《いで》ては啼《な》き叫び、その鳥の口へ飯《めし》を押し込めば、たちまち頭髪のなかへ隠《かく》れるという奇病です。なんといっても毎夜毎夜《まいよ》のことで妻は非常にやつれはて、明日をも知れない有り様、なにとぞ御見届《おみとど》けの上、御救《おすく》い下されたし」

と、涙をはらはらと流して頼むのであった。

男装坊は、暫時《ざんじ》、小首《こくび》をかたむけ考えていたが、

「はて、奇態《きたい》なることを承《うけたまわ》るものかな。何はともあれ拙僧、及ばずながらその正体を見届けし上、祈念をなさん」

と、快《こころよ》く承諾した言葉に、主人は欣喜《きんき》雀躍《じやくやく》するのであった。

さて、その夜《よ》、丑満《うしみつ》と思《おぼ》しき頃になると、案の

如く、病人の頭から、数十羽《すうじゅっぱ》の鳥の頭が出て啼《な》き叫ぶさまは、じつに気味の悪いほどである。

　男装坊は、病人の苦しむ様子を熟視した上、

「さても、さても、不憫《ふびん》の者なるかな」

と、座敷の中央に壇を飾《かざ》って病人を北向きに直し、高盛《たかもり》の食《しょく》十三盛《もり》、五色《ごしき》の幣《ぬさ》三十三本《ぼん》を切り立て、清水《せいすい》を盥《たらい》に汲《く》んで、「足《あし》」という文字を書いた一寸《すん》四方《ほう》の紙片《しへん》を水に浮かべ、さて衣《ころも》の袖《そで》を結んで肩に打ちかけ、珠数《じゅず》をさらさらと押しもんで、しばらく祈ると見えしが、不思議なるかな、今まで七《しち》転八倒《てんばっとう》の苦しみに呻吟《しんぎん》していた病人は、たちまち元気づき、頭の鳥は、一羽も残らず消え失せてしまった。

「もはや大丈夫《だいじょうぶ》、明晩《みょうばん》からは何事もなかるべし」

と言えば、主人をはじめ、並《なみ》いる一統《いっとう》の人々は、非常に喜んで礼を述べ、勧《すす》めらるるままに一両日《いちりょうじつ》足を停《とど》むることとはなった。

　はたしてその翌晩からは、何事もなくなったので、男装坊は、止《とど》むる家人《かじん》に「急《いそ》ぎの旅なれば」と別れを告ぐるや、主人は「名残惜《なごりお》しきことながら、もはや是非もなし、些少《さしょう》ながら」とて、数々《かずかず》の進物《しんもつ》を贈ろうとしたが、

「拙僧は身に深き願望《がんもう》あって、諸国を廻《まわ》るもの、いっさい施《ほどこ》し物は受け難し、さりながら折角《せっかく》の御《ご》厚志《こうし》を無にするもなんとやら、また一つには、病人より離れた鳥どもは、このままにしておいては、さぞや迷いおるならんも心許《こころもと》なし、今一《いまひと》つの願いあり、これより東に当って、一里《り》ばかりのところにある竹林《ちくりん》のなかへ、一つの御堂《みどう》を建立《こんりゅう》し、額《がく》に、鳥林寺《ちょうりんじ》と銘《めい》を打ち給わらば、幸《さいわ》いなり」

と言い残してから、家人《かじん》にふたたび別れを告げて道を急いだ。

　それより男装坊《なんそうぼう》は二名《ふたな》の嶋《しま》へ渡り、数々《かずかず》の奇瑞《きずい》を現わし、九州に渡って筑紫《つくし》の国を普《あまね》くまわり、所《ところ》どころにて病人を救い、あるいは御堂を建立すること数知れず、ふたたび本土《ほんど》に帰り、熊野に詣《もう》で、三七日間《さんしちにちかん》の祈願を籠め、第二回目の諸国行脚《あんぎゃ》に出た。

男装坊熊野《なんそうぼうくまの》を後《あと》に紀伊《きい》の国《くに》
　高野《こうや》の山《やま》に詣《もう》でゝぞ行《ゆ》く
高野山下《こうやさんくだ》れば麓《ふもと》の道《みち》の傍《べ》に
　山伏《やまぶし》ありていどみ懸《かか》れり
男装坊山伏僧《やまぶしそう》の妖術《ようじゅつ》を
　残《のこ》らず破《やぶ》れば山伏謝罪《やまぶししゃざい》す
高野山《こうやさん》あとに尾由《およし》の村に入《い》り
　嘉茂《かも》のやかたに露《つゆ》の宿《やど》りす
嘉茂《かも》の妻奇病《つまきびょう》を救《すく》ひ寺《てら》を建《た》て
　急《いそ》ぎ二名《ふたな》の嶋《しま》に渡《わた》れり
二名《ふたな》嶋筑紫《しまつくし》の嶋《しま》を経巡《へめぐ》りて
　奇蹟現《きせきあら》はし衆生《しょうじゅう》を救《すく》へり

男装坊再《ふたた》び熊野《くまの》に引《ひ》き返《かえ》し
　三七日《さんしちにち》の荒行《あらぎょう》を為《な》す
男装坊ここより二度目の国々《くにぐに》の
　行脚《あんぎゃ》の旅《たび》に立《た》ち出《い》でにけり

男装坊《なんそうぼう》は弥勒出世大願《みろくしゅつせたいがん》のために、国々里々津々《くにぐにさとさとつつ》浦々遺《うらうらのこ》る隈《くま》なく修行しつつ、十三歳のころより七十六歳にいたるまで、前後を通じて、ほとんど六十四年間、休みなく歩きつづけたが、この間《かん》、熊野三社に額《ぬか》ずきしこと三十二回に及んだ。

そして、ちょうど三十三回目の熊野詣《くまのもう》でのとき、三七日《さんしちにち》社前に通夜《つうや》した満願の夜、思わずとろとろと社前に微睡《びすい》した。と思うと、夢とも現《うつつ》とも判《わか》らず、神素盞嗚神《かむすさのおのかみ》、威容厳然《いようげんぜん》たる三柱《みはしら》の神を従え現われ給い、神々《こうごう》しい、そのなかの一柱神《ひとはしらがみ》が、

「いかに男装坊《なんそうぼう》、汝《なんじ》、母に孝信《こうしん》として弥勒《みろく》の出世《しゅつせ》を願うこと不便《ふびん》なり。汝はこの草鞋《わらじ》をはき、この杖《つえ》のむくままに、山々峰々《やまやまみねみね》をすべて巡《めぐ》るべし。こ

の草鞋《わらじ》の断《き》れたるところを汝の住家《すみか》と思い、そこにて弥勒三会《みろくさんえ》の神人《しんじん》が出世《しゅっせい》を待つべし」と言い残し、神姿《しんし》はたちまち掻《か》き消すごとくに隠れ給うた。

　男装坊《なんそうぼう》は、夢より醒《さ》めて自分の枕頭《ちんとう》を見れば、鉄《てつ》で造れる草鞋《わらじ》と荊《いばら》の杖が一本置《お》かれてあった。男装坊は、蘇生歓喜《そせいかんき》の涙にむせびながら、「アヽ有難《ありがた》し有難し、我が大願《たいがん》も成就《じょうじゅ》せり」と、百度千度、社前に額《ぬか》ずきて感謝をなし「さらば、熊野大神《くまのおおかみ》の神命にしたがい、国々の山々峰々《やまやまみねみね》を跋渉《ばっしょう》せん」と、熊野三社をはじめ、日本全国の高山秀岳、ほとんど足跡《そくせき》を印《いん》せざるところなきまでに到ったのである。

男装坊《なんそうぼう》前後《ぜんご》六十四年間
　休《やす》まず日本全土《にほんぜんど》を巡《めぐ》りぬ
熊野《くまの》社《しゃ》に三十三回参詣《さんけい》し
　鉄《てつ》の草鞋《わらじ》と杖《つえ》を貰《もら》へり
男装坊弥勒出世《みろくしゅっせい》の大願《たいがん》の
　成就《じょうじゅ》したりと嬉《うれ》し涙《なみだ》す
瑞御霊《みづみたま》三柱神《みはしらがみ》と現《あら》はれて
　男装坊の先途《せんと》を示《しめ》さる

　それより男装坊《なんそうぼう》は、日本全州の霊山霊地と名のつく箇所《かしょ》は残らず巡錫《じゅんしゃく》し、名山巨刹《めいざんきょさつ》に足を止《とど》めて道法礼節《どうほうれいせつ》を説き、各地の雲児水弟《うんじすいてい》の草庵《そうあん》を訪《と》いて法《ほう》を教え、かつ研究し、時々は病《やまい》に悩めるを救い、不善者に改過遷善《かいかせんぜん》の道を授けて功徳《くどく》を積み累《かさ》ねながら、北方《ほくほう》の天を望《のぞ》んで行脚《あんぎゃ》の旅を、十幾年間つづけたるため、鬚髯《しゅぜん》に霜《しも》を交《まじ》ゆる年配《ねんぱい》となり、幾《いく》十年振《ぶ》りにて故郷の永福寺《えいふくじ》に帰ってみれば、悲しきかも、恩師も、両親も、既《すで》に既に他界せし後《あと》にて、ただ徒《いたず》らに、墓石《はかいし》に秋風《あきかぜ》が咽《むせ》んでいるのみであった。

　男装坊《なんそうぼう》は今更《いまさら》の如くに諸行無常《しょぎょうむじょう》を感じ、己《おの》が不孝を鳴謝《めいしや》し、懇《ねんごろ》に菩提《ぼだい》を弔《とむら》い、またもや熊野大神《くまのおおかみ》の御誓言《ごせいごん》もあるところより、いつまでも故郷に脚《あし》を停《とど》むる訳にもゆかなかった。

日《ひ》の本《もと》のあらゆる霊山霊場《れいざんれいじよう》に
　巡錫《じゆんしやく》なして道《みち》を説《と》きつゝ
雲水《うんすい》の徒等《ともがらなど》に法《のり》の道《みち》
　伝《つた》へ伝《つた》へて諸国《しよこく》に行脚《あんぎや》す
いたづきに悩《なや》める数多《あまた》の人々を
　救《すく》ひつ巡《めぐ》りし男装坊《なんそうぼう》かな
数《す》十年行脚《あんぎや》終《おわ》りてふる里《さと》に
　帰《かえ》れば恩師《おんし》も父母《ふぼ》も坐《い》まさず
師《し》の坊《ぼう》やたらちねの墓《はか》にしくしくと
　詣《もうで》て見れば咽《むせ》ぶ秋風《あきかぜ》
世の中の諸行無常《しよぎようむじよう》を今更《いまさら》に
　感じて師父《しふ》の菩提弔《ぼだいとむら》ふ
三熊野《みくまの》の神の誓《ちか》ひを果《はた》さむと
　男装坊は故郷《ふるさと》を立つ

陸奥《みちのく》の国人《くにびと》たちより大蛇《おろち》が棲《す》めりと怖《おそ》れられ、人の子一人近寄りしことのなき赤倉山《あかくらやま》、言分山《ことわけやま》、八甲田山《はつこうださん》などへ登って、悪魔を言向和《ことむけやわ》さむと、またもや、その年の晩秋、風吹き荒《すさ》ぶ山野《さんや》を行脚《あんぎや》の旅に立ち出《い》ずることとした。

降《ふ》りに降《ふ》りしく紅葉《もみじ》の雨を菅《すげ》の小笠《おがさ》に受け、つもる山路《やまじ》の落葉《おちば》を鐵《かね》の草鞋《わらじ》に掻《か》き分《わ》け、悲しげに鳴く鹿の声を遠近《おちこち》の山の尾の上《へ》や渓間《たにま》に聴きつつ、西へ、西へと、道もなき嶮山《けんざん》を岩根木根《いわねきね》踏《ふ》みさくみつつ深山《みやま》に別《わ》け入《い》り、ある夜《よ》のこと、岩窟内《がんくつない》に一夜の露《つゆ》の宿《やど》りせんものと岩間《いわま》を漏《も》れくる燈火《ともしび》を便《たよ》りに荊棘《いばら》をはつはつ分《わ》けて辿《たど》りつき見れば、コワそもいかに、怪《あや》しとも怪し、花に啌《うそ》つく妙齢《みようれい》の美人が現われて、男装坊《なんそうぼう》の訪《と》いくることを予期していたかのように、満面に笑みを湛《たた》えて座に請《しょう》じ入《い》れた。

「あな嬉《うれ》しや、懐《なつ》かしや、御坊はその名を男装坊《なんそうぼう》とは申さざるや。妾《わらわ》は過ぐる年、観相術《かんそうじゅつ》に妙《みょう》を得たる行者の言《げん》によりて、妾《わらわ》が前生《ぜんせい》にて愛《いつく》しみ愛《いつく》しまれたる背《せ》の君《きみ》たりし人は現代にも再生し男装坊と名のり、諸国行脚《あんぎゃ》の末《すえ》、今年の今宵《こよい》、この山中に来たらるべきを聴《き》き知り、幾歳《いくとせ》の前よりこの附近の山中に入《い》りて、貴坊に再会すべき今日の佳《よ》き日を指折り数え、ひたすらに待ち申す者なり。

　願わくは妾《わらわ》の願いを容《い》れて、今生《こんじょう》にて妹背《いもせ》の契《ちぎ》りを結び、わが身の背の君とならせ給え」

と言うにぞ、男装坊は、おおいに驚き、

「我身《わがみ》は三熊野《みくまの》の大神《おおかみ》の御霊示によって、末《すえ》に主《ぬし》となるべき霊地を探査して難行苦行の旅をつづくるものゆえ、いかに御身《おんみ》の願いなればとて、一身《いっしん》の安逸《あんいつ》を貪《むさぼ》るために大神《おおかみ》への誓《ちか》いを破る訳にはゆかぬ。自分は実際、女身《にょしん》の男装者《だんそうしゃ》である」

と懇々説示《こんこんせつじ》して、心底《しんてい》より諦《あきら》めさせようと努力はしたが、恋の闇路《やみじ》に迷った女性は、とうてい素直に聴き入るべき気配《けはい》もなく、首を左右に振り、涙をはらはらと流しながら、

「御坊よ、たとえ女身なりとて、出家なりとて、同じく人間と生れ給いし上は、血潮《ちしお》の体内に流れざる理由なし。よしやよし、三熊野《みくまの》の大神《おおかみ》への誓《ちか》いはあるとは言え、左様なる味気《あじけ》なき『枯木倚《ツテ》二寒巌《ニ》一三冬無《シ》二暖気一』的な生涯を送られては、人間として現世《げんせい》に生まれたる楽しみは何《いず》れに有《あ》りや。

　妾《わらわ》が庵《いおり》は、かくのごとき見るもいぶせき岩屋《いわや》なれど、前生《ぜんせい》にありし妹背《いもせ》の深き契《ちぎ》りを今生《こんじょう》に蘇《よみがえ》らせて、いとも愛《いと》しき君と生活《なりわい》をなすならば、たとえ木枯《こがらし》すさぶ晩秋の空も雪降《ゆきふ》り積もる深山《みやま》の奥の隠《かく》れ家《が》も、わが家《や》のみは春風駘蕩《しゅんぷうたいとう》として吹き来たり、暖気《だんき》室内に充《み》ち満《み》ちて、憂《う》き世《よ》の移り変わりもよそに、わが家《や》のみは永久《とこしえ》に春なるべきに。

　この憐《あわ》れむべき女性の至誠《しせい》が、木石《ぼくせき》ならぬ肉身《にくしん》を持つ御坊の胸には透徹《とうてつ》せざるか。

愛《いと》しの御坊よ、その神への誓いとやらを放擲《ほうてき》して妾《わらわ》の主人となり、この岩屋《いわや》に永久に留《とど》まり給え」と衣《ころも》の袖《そで》にまつわりつくさまは、ほとんど仏弟子阿難尊者《あなんそんじゃ》に恋せし旃陀羅女《せんだらめ》の思いもかくやとばかり、嬌態《きょうたい》をつくり、春怨綿々《しゅんえんめんめん》として泣《な》き口説《くど》くのである。

男装坊《なんそうぼう》には夢にも知らぬ、いまの意外の出来事に当惑し、最初のあいだは手をこまねいて黙然《もくぜん》たりしが、わが膝《ひざ》に泣き崩《くず》れ、荒波《あらなみ》立たせて悲しみなげく女性のしおらしき艶容《えんよう》を見ては、人性《にんしょう》を持ちて生まれ出《い》でたる男装坊、たとえ自分は女体《にょたい》とはいえ、黙殺《もくさつ》することはできない。ことに愛の神、仁《じん》の仏《ほとけ》の化身《けしん》なる男装坊は、人を憐《あわれ》む情《じょう》の人一倍《ひといちばい》深い身にとっては、如何《いかん》ともこれをすることができない。

過去数十年間の己《おの》が修行を破る悪魔として、気《き》強《づよ》く五臓の奥のあいだに押し込めておいた愛の戒《かい》律《りつ》の一念が、朝日にあたる露《つゆ》の如くに解《と》け初《そ》めて、ついには女性の情《なさ》けにほだされ、大神《おおかみ》への誓《ちか》いを破らんとした一刹那《いちせつな》、たちまち脳裏に電光《でんこう》のごとくに閃《ひらめ》きわたったのは、今日《こんにち》まで片時《かたとき》も忘れられなかった三熊野《みくまの》大神《おおかみ》が御霊示のときの光景の荘厳《そうごん》さであった。

そこで男装坊は、

「ここに、このまま夜《よ》の明《あ》くるを待《ま》たば、森羅万象を焼き尽くさねば止《や》まぬ底《てい》の女性の熱情にほだされ、永年《ながねん》の望《のぞ》み、固くなりし信念も溶かされて、ついには大神《おおかみ》への誓《ちか》いを破り、大罪《たいざい》を重ぬることになってしまう。女性には気の毒ではあるが、一つ心を鬼《おに》とし、蛇《じゃ》となして、逃げ出すより他《ほか》に、途《みち》も、方法もなし」

と、固く握りしめている美女の手から法衣《ほうえ》の袖《そで》を振り離し、泣き叫びつつ跡追《あとお》っかけ来たる可憐《かれん》な女性の声をあとに、一目散《いちもくさん》に深き闇の山中へ生命《いのち》からがら逃げ込んでしまい、やっと一息《ひといき》をつくのであった。

それより、またもや幾日幾夜《いくにちいくよ》を重ねて、上へ、上へと登り詰めある山の頂《いただき》に登りて見れば、意外にも、かかる深山《みやま》のなかにあるべしとも思われぬ宏大なる湖水《こすい》が目の前に展開していた。

男装坊《なんそうぼう》は驚き、かつ喜び、湖面や四囲《しい》の山並《やまな》みの美しい風光《ふうこう》に見惚《みと》れていると、不思議なるかな、足に穿《うが》ちたる鐵《かね》の草鞋《わらじ》の緒《お》がふっつりと切れた。つぎに手に持った錫杖《しやくじよう》がたちまち三段に折れて、みるみる木《こ》の葉《は》のごとく天に飛び上がり、大湖《たいこ》の水面に落ちてしまった。

男装坊は思うよう、

「さては幾《いく》十年のあいだ夢寐《むび》にも忘れざりしわが成仏《じようぶつ》の地、永住《えいじゆう》の棲家《すみか》とは、ここのことであったか。かかる風光明媚《ふうこうみようび》なる大湖がわが棲家《すみか》とは、じつに有難《ありがた》や、辱《かたじ》けなや」

と天を拝し、地を拝し、八百万《やおよろず》の神々を拝跪《はいき》し、それより、すぐさま湖畔《こはん》に降《くだ》りてこれを一周し、わが意《い》に満《み》てる休屋《やすみや》附近の浜辺に地を相《そう》し、笈《おい》をおろして旅装《りよそう》を解《と》き、幾《いく》十年いまだかつて味わわなかったところの、暢々《のびのび》した気分となり、安堵《あんど》の胸をなでおろすのであった。

大蛇《おろち》すむ八甲田山《はっこうださん》その外《ほか》の
　深山高峰《しんざんこうほう》探《さぐ》る男装坊《なんそうぼう》かな

雨にそぼち寒風《かんぷう》に吹かれて男装坊は
　修行《しゆぎよう》のために又行脚《またあんぎや》なす

くろかねの草鞋《わらじ》うがちて山川《やまかわ》を
　跋渉《ばつしよう》修行の男装坊かな

深山《しんざん》の岩間《いわま》の蔭《かげ》の灯影《ほかげ》見て
　訪《と》へば不思議や美女《びじよ》一人棲《す》める

男装坊山《やま》の美人に恋《こい》されて
　神慮《しんりよ》を恐《おそ》れ夜闇《よやみ》に逃げ出す

熱烈《ねつれつ》な美人の恋を跳《は》ねつけて
　又《また》山に逃げたり男装坊師《し》は

高山《こうざん》の尾《お》の上《へ》に立ちて十和田湖《とわだこ》の
　水鏡《みずかがみ》見て驚きし男装坊

十和田湖《とわだこ》の畔《ほとり》に鐵《かね》の草鞋《わらじ》はぷつときれ
　錫杖三段《しやくじようさんだん》に折《お》れて散《ち》りゆく

三段に折れし錫杖《しやくじよう》十和田湖《とわだこ》の
　水面《すいめん》さして落ち沈《しず》みたり

十和田湖《とわだこ》は永久《とわ》の棲家《すみか》と男装坊
　思ひて心安《やす》らかになりぬ

それより男装坊《なんそうぼう》は、湖畔《こはん》に立てる巨巌《きよがん》、今籠森《いまごもりもり》の上に登りて七日七夜《なぬかななよ》のあいだ不眠不食《ふじき》して座禅の行《ぎよう》を修し、一心不乱に天地神明《しんめい》に祈願を凝《こ》らし終わるや湖水に入定《にゆうじよう》して十和田湖の主《ぬし》となるべく決心し、御占場《おうらないば》の湖辺にいたり、岸辺《きしべ》の巌上《がんじよう》に佇《ちよ》立《りつ》して、またもや神明に祈願した。

時あたかも十五夜《や》の望月《もちづき》、団々皎々《だんだんこうこう》たる明月《めいげつ》は東天に昇りて湖上に月影《つきかげ》を浮かべ、大空一片《たいくういつぺん》の雲もなく微風さえ起こらず、水面は凍《こお》りつきたるごとく静寂であった。

男装坊《なんそうぼう》は、仰いでは天空《てんくう》に冴《さ》ゆる月を眺め、俯《ふ》しては湖上の月を眺め、天地自然の美に見惚《みと》れおること、ややしばし、やがて入定《にゆうじよう》の時刻も近づいてきた。

瞑目合掌《めいもくがつしよう》して最後の祈願を捧げ、いまや湖水に入定せんとする時、今まで静寂にして鏡の如く澄《す》み切りし湖面、にわかに荒浪《あらなみ》立ち起こり、円満具《えんまんぐ》足《そく》の月輪《げつりん》の影《かげ》、千々《ちぢ》に砕《くだ》けて四辺《しへん》に銀蛇金蛇《ぎんだきんだ》の乱れ泳ぐかと思わるる折《おり》もあれ、不思議なるかも、その波紋は次第々々に大きくなり、ついには、かの湖のあたりより、鼎《かなえ》の涌《わ》くごとくに洶涌《きようよう》し、そのなかより猛然奮然《もうぜんふんぜん》として躍《おど》り出《い》でたるは、この湖の主《ぬし》として、久しき以前より湖中に棲《す》んでいた八郎《はちろう》の化身《けしん》の竜神《りゆうじん》である。

頭上には巨大なる二本の角《つの》を生《しよう》じ、口は耳まで裂《さ》け、白刃《はくじん》の牙をむき出し、眼《まなこ》は鏡の如く爛々《らんらん》と

輝《かがや》き、幾十丈《じょう》ともはかり知られぬ長躯《ちょうく》の中央をば、大なる竜巻《たつまき》の天に冲《ちゅう》したる如く湖上に起こし、男装坊をハッタと睨《にら》みつけ、

「ヤヨ男装坊、よく聞け、この湖には八郎という先住の主《ぬし》守りあるを知らぬか、わが身の位置を奪わんと狙う不届者《ふとどきもの》、汝《なんじ》、身命《しんめい》の安全を願わば一刻《いっこく》も早くこの場を退却せよ」

と、天地も震動する大音声《だいおんじょう》をあげて叱咤《しった》し、牙《きば》をかみ鳴らし、爪《つめ》をむき出し、ただ一呑《ひとの》みとばかり押し寄せ来たる。

男装坊は、

「われは戦《たたか》いを好《この》むものにあらず、三熊野大神《みくまのおおかみ》の御啓示によって、今日よりわれはこの湖の主《ぬし》となるべし。神意に逆《さから》わず、穏《おだや》かにわれに譲《ゆず》り渡し、勇《いさ》ぎよく、この地を去《さ》れ」

と説き勧《すす》むれど、怒《いか》りに燃えたる八郎の竜神、いかで耳を藉《か》すべき、

「十和田湖の主《ぬし》八郎の猛勇無比《もうゆうむひ》、精悍無双《せいかんむそう》なるを知らざるか、この痩《や》せ坊主奴《ぼうずめ》。気の毒なれどもわが牙をもって汝《なんじ》が頭を噛《か》み砕《くだ》き、この鋭き爪にて汝の五体を引き裂かん。覚悟せよ」

と、怒鳴《どな》りながら飛びかかる。

男装坊《なんそうぼう》も、いまは是非なく、法術をもってこれに対し、たがいに秘術のかぎりを尽くし戦《たたか》えども相互の力譲《ゆず》らず、不眠不休にて相《あい》戦うこと、七日《なぬか》七夜《ななよ》におよび、いつ勝負の果つべくも思われぬ状況であった。

男装坊月《なんそうぼうつき》の清《きよ》さに憧憬《あこがれ》て
　湖面《こめん》にしばし佇《たたず》み合掌《がっしょう》す
大神《おおかみ》の霊示《れいじ》の棲所《すみか》はこの湖《うみ》と
　入定《にゅうじょう》せんため湖《うみ》に入《い》らんとす
此《こ》の湖《うみ》の主《ぬし》なる八之太郎蛇《はちのたろうじゃ》は
　浪荒《あらなみ》立てて怒《いか》り出《だ》したる
男装坊は吾《われ》が永住《えいじゅう》の棲家《すみか》なり

早《はや》く去《さ》れよと八蛇《はちだ》に迫《せま》る
八之太郎竜神《はちのたろうりゅうじん》怒《いか》り角立《つのた》てゝ
男装坊に噛《か》み付き迫《せま》る
男装坊ひるまずあらゆる法術《ほうじゅつ》を
尽《つく》して大蛇《おろち》と挑《いど》み戦《たたか》ふ
天震《てんふる》ひ地《ち》は動《ゆら》ぎつゝ七日七夜《なぬかななよ》
竜虎《りゅうこ》の争《あらそ》ひ果《は》つる時なし

ここにおいて、男装坊《なんそうぼう》はやむをえず、天上に坐《ま》す天《あま》の川原《かわら》の棚機姫《たなばたひめ》の霊力を乞《こ》い、幾《いく》百千発《ぱつ》の流《りゅう》星弾《せいだん》をもらい受け、これを爆弾となして敵に投げつけ、あるいは雷神《らいじん》を味方に引きいれ、天地も破るるばかりの雷鳴《らいめい》を起こさしめ、大風《おおかぜ》を吹かせ豪《ごう》雨《う》を降らせ、幾千万本の稲妻《いなずま》を槍《やり》となしたる獅子《しし》奮迅《ふんじん》の勢《いきお》いにて挑《いど》み戦えば、八郎《はちろう》とても叶《かな》わじとや思いけむ、しばしのあいだ手に印《いん》を結び呪文《じゅもん》を唱《とな》えいたりしが、たちまち湖中に沈み、ふたたび湖底から浮かび出たるその姿は恐《おそ》ろしくも、一躯《いっく》にして八頭十六腕《とう》《わん》の蛇体《じゃたい》と変わり、八頭《とう》の口を八方に開き、水晶の如く光る牙を噛《か》み鳴らし、白刃《はくじん》のごとく研《と》ぎ磨《みが》いた十六本の腕《かいな》の爪《つめ》をば十六方に伸ばし、風車《かざぐるま》のごとく振り廻《まわ》しつつ敵対奮戦《ふんせん》するために、またもその力相伯仲《あいはくちゅう》して譲《ゆず》らず、ふたたび七日七夜《なぬかななよ》不眠不休の活躍、いつ勝負の決すべしとも予算がつかぬ状況である。

男装坊、思うに、

「わがためにかくのごとく永《なが》く天地を騒《さわ》がし奉《まつ》るは天地神明《しんめい》に対して、誠に恐懼《きょうく》に堪《た》えぬ、いまとなってはやむをえず、神仏の力にすがるより他《ほか》に方法なし」

と、笈《おい》のなかより神書《しんしょ》一巻、神文《しんもん》一巻を取り出し、これを恭《うやうや》しく頭上に高く掲《かか》げて、神旗《しんき》となし、朝《あさ》風《かぜ》に靡《なび》かせ八郎の大蛇《おろち》に打ち向えば、ああ不可思議なるかな、神書、神文の一字一字は残らず弓箭《ゆみや》となりて抜け出し、激風に飛ぶ雨や霰《あられ》の如く八郎にむかって飛びゆき、眼口鼻耳《めくちみみはな》といわず全身五体寸隙《すんげき》の残るところなく刺さって深傷《ふかで》を負《お》わせた。

八郎は、勇気と胆力《たんりょく》とにかけては、天下無双《てんかむそう》の剛者《ごうしゃ》なれども、惜《お》しいことには無学なりしため、神書神文《しんしょしんもん》の前に立っては、男装坊《なんそうぼう》に対抗して弁疏《べんそ》すべき方法を知らず、信仰力を欠いでいたので、さすがに剛勇をもって永年間《ながねんかん》この附近の神々や鬼《き》仙等《せんとう》を畏服《いふく》せしめいたりし八郎の竜神も、この重《おも》傷《で》に弱りはて、いまはふたたび男装坊にむかって抵抗する気力もなく、腹を空に現わして湖上に長躯《ちょうく》を横たえ、苦しげに呻吟《しんぎん》するばかりとなった。そのとき全身幾万の瘡口《きずぐち》より鮮血《せんけつ》雨のごとくに流れて湖水に注《そそ》ぎ、たちまちのうちに血《ち》の海《うみ》たらしめたのであった。

ここに八郎は、男装坊に破れ、千秋《せんしゅう》の怨《うら》みをのんで十和田湖を逃げ出し、小国《おぐに》ヶ岳《たけ》、来満山《きたみつやま》をへて、さらに川下《かわしも》へ落ちのび、三戸郡下《さんのへぐんか》に入ってこの辺《へん》一帯の盆地を沼となし、十和田湖に劣《おと》らぬ己《おの》が棲家《すみか》を造らむとせしが、この地方は男装坊の生《お》い立《た》ちしため、男装坊にとって縁故《えんこ》の深き土地なるがため、この附近の神々は一同協定《きょうてい》結合して、八郎を極力排斥《きょくりょくはいせき》することとなり、四方《しほう》より巨石を投じて攻撃されたるため、八郎は居たたまらずしてまたもやここを逃げ去り、山々《やまやま》を越えて鹿角郡《かつぬぐん》に入《い》り、郡下一円《ぐんかいちえん》を大湖《たいこ》と化《か》し、十和田湖よりも大きなる湖水を造り、おもむろに男装坊に対し復讎《ふくしゅう》の時機を待たむと企《くわだ》てしも、附近の神々や鬼仙などは、十和田湖における男装坊と八郎の戦いを観望《かんぼう》して、男装坊の神の法力、はるかに八郎の怪《かい》力《りき》を凌《しの》ぐにあまることを知っているため、いまは八郎の威令《いれい》も前のごとくには行なわれず、この附近の守護神なる毛馬内《けばうち》の月山《がっさん》神社、荒沢八幡宮《あらざわはちまんぐう》、万屋地蔵《よろずやじぞう》その他《た》数千の神社の神々は大湯《おおゆ》に集まり、これに古川錦木《ふるかわにしきぎ》の機織姫《はたおりひめ》まで参加の結果、大会議を開き、男装坊の味方となり、八郎を排撃することと決《けつ》し、月山《がっさん》の頂上に登りて大石《たいせき》を瓦礫《がれき》として投げつけたるため、八郎は居たたまらず、十二所扇田《しょおうぎだ》の流れを下《くだ》りて、寒風山《かんぷうざん》の蔭《かげ》に一湖《いっこ》を造り、ここに永住の地を見出したが、八郎の名にちなんで後世《こうせい》の人、これを呼《よ》んで八郎潟《はちろうがた》と称《とな》うるにいたれり。

かくて男装坊《なんそうぼう》は三熊野《みくまの》三神《さんしん》、わけて神素《かむす》盞嗚尊《さのおのみこと》の神示《しんじ》によりて弥勒《みろく》の出現を待ちつつありしが、天運《てんうん》ここに循環《じゅんかん》して、昭和三年の秋、四山《しざん》の紅葉《もみじ》いまや錦《にしき》を織《お》らむとするころ、神素《かむす》盞嗚尊《さのおのみこと》の神示によりて、ここに瑞《みづ》の魂《みたま》、十和田湖畔《こはん》に来たり、弥勒出現の神示を宣《の》りしより、男装坊は欣喜雀躍《きんきじゃくやく》、風雨雷鳴地震《ふううらいめいじしん》を一度に起こして、その微証《びしょう》を示しつつ、その英霊《えいれい》は天に昇りたり。それよりふたたび現界人《げんかいじん》の腹を藉《か》りて生まれ、男性となりて、弥《み》勒神政《ろくしんせい》の神業《しんぎょう》に奉仕することとはなりぬ。

吁《ああ》、神界《しんかい》の経綸《けいりん》の深遠《しんえん》にして宏大《こうだい》なる、到底人《とうていじん》心小智《しんしょうち》の窺知《きち》しうる限りにあらず。畏《かしこ》しとも畏き次第にこそ。

神習霊幸倍坐世《かむながらたまちはえませ》。

附言、男装坊現世《げんせ》に再生し、弥勒《みろく》の神業を継承《けいしょう》して常磐《ときわ》に堅磐《かきわ》に神代《かみよ》を樹立するの経綸や、出《しゅっ》生《しょう》の経緯については、こと神秘に属し、まだ発表を許されざるものあるを遺憾とするものであります。（完）

（昭和五年十一月・月鏡）

解説

出口和明

出口王仁三郎の主著は言うまでもなく世界の一大奇書『霊界物語』（全八十一巻八十三冊）であり、根本教典として最重要視されている。

こころして読めよ霊界物語みろく胎蔵の貴の神言
血とあぶら搾るが如き心地してわれは霊界物語あみぬ
古の神代の奇しき物語に朝夕吾は御魂を砕きつ
古の聖も未だ説かざりし弥勒胎蔵の吾は道説く
国々の聖人もかつて悟らざる誠を明かす是の神書
五十六億七千万年の年を経て弥勒胎蔵教を説くなり

王仁三郎の教えをコンパクトに説いた『道の栞』『道の大本』『惟神の道』『道の大原』、王仁三郎の蒙古入りを書いた『王仁蒙古入記』（註・第一次大本事件中のため、蚕都新聞社長上野公園の名を借りる）、霊界について述べた『霊の礎』、エスペラント語の記憶を助けるための『エス和作歌辞典』、祝詞の解釈を示した『祝詞略解』などのほか、教団の機関誌などに発表した論文や随筆の類など数多い。

昭和三年五月七日、王仁三郎は四国巡教の旅に出るが「見たもの、聞いたものをできるだけ書いておいたならば、信者がこれを読んでくれると、みなといっしょに旅行することになる」と言い、車中でも船中でも万年筆を手にし、歌日記をつづる。四国巡教の歌日記は二千首に及び、八月には『二名日記』（全一巻）として刊行される。続いて東北巡教の旅を歌った『東北日記』（全八巻）が刊行された。

昭和四年には『日月日記』（全十三巻）、昭和五年には『庚午日記』（全十一巻）、昭和六年には『更生日記』（全十二巻）、昭和七年には『壬申日記』（全七巻）と五年の間に五十二巻の歌日記が刊行される。

個人の歌日記が休む間もなく次々発行されるなど、

他に前例を見ない。これによって信者は王仁三郎の動静をそれほど時をおかずに知ることができた。

さらに歌集がある。一九三一年五月に第一歌集『花明山』が発行されてから二年余にわたって『彗星』『故山の夢』、『霞の奥』『東の光』、『霧の海』『白童子』、『青嵐』『公孫樹』、『浪の音』『山と海』と次々公刊された。この十一の歌集に収録された短歌は三万五千余首、一冊五百頁前後という、当時の常識を破る大冊であった。さらに『十万歌集』の出版が企画され、編纂に着手されたが、昭和十年の第二次大本事件によって頓挫した。

昭和十七年八月七日に王仁三郎（七十二歳）は六年八ヶ月ぶりに保釈出所するが、作歌意欲は衰えず、警察に監視されながらも多くの歌を残す。王仁三郎と同居していた私は、側近に筆録させながらよどみなく歌う王仁三郎を不思議な思いで眺めていた。

第二次大本事件後の王仁三郎の歌は愛善出版によって回顧歌集『朝嵐』（千六百首収録）、歌集『月照山』（三千九百三十九首収録）が刊行されている。

王仁三郎の著作の中で特異な位置を占めるのが如是我聞集である。主として加藤明子《はるこ》が王仁三郎の説話の断片を書き留めておき、大本教団の機関誌『神の国』大正十四年八月号より昭和九年四月号に発表したのを三冊の単行本にまとめたものである。

『水鏡』（昭和三年十一月十三日発行）『月鏡』（昭和五年十一月十五日発行）『玉鏡』（昭和十年三月三十日発行）の三部作で、それを総称して『三鏡《さんかがみ》』という。

『三鏡』の編纂者加藤明子は大正八年来、大本本部に奉仕し、その有能さを買われ、王仁三郎の秘書として、本部講師として、また『霊界物語』の筆録者として大本の発展に寄与し、昭和九年七月八日に逝去した。享年五十九。

『水鏡』『月鏡』は加藤明子編として刊行されたが、『玉鏡』は前年に加藤明子が逝去したため、王仁三郎の校閲を経て出口王仁三郎著として出版された。内容は多岐にわたり、珠玉の真理がちりばめられ、愛読する人たちが多い。

だがここで注意すべきは、あくまで如是我聞であり、『三鏡』を教典視してはならぬ。

『三鏡』を正しく理解するためには、王仁三郎の言葉には多義性があることは知っておく必要がある。

　王仁三郎の生まれたのは明治四年旧七月十二日、その三日前の九日に九段の木戸孝允邸に西郷隆盛・西郷従道・大久保利通・大山巌・山県有朋・井上馨が謀議し、廃藩の決意を固め、三条実美・岩倉具視が賛同した。そして王仁三郎出生の二日後の十四日、明治天皇は皇居大広間に在京の島津忠義・毛利定広以下五十六藩知事を招致し、廃藩置県の詔を下す。この宮中クーデターによって天皇制の基盤が確立する。いわば王仁三郎は天皇制の陣痛期に出生したわけである。

　明治三十二年に王仁三郎は大本入りするが、当時の大本は出口直（役員信者は出口直を大神さまと呼んでいた）を頂点とするミニ天皇制であり、その中で王仁三郎の孤独な戦いが続く。

　大正七年の直の昇天後も、天皇制国家との対決が続き、王仁三郎は大正十年の第一次大本事件では不敬罪、昭和十年の第二次大本事件では不敬罪と治安維持法違反で裁かれる。


ようやく王仁三郎の戦いが終わるのは昭和二十一年の天皇の人間宣言であり、その二年余に昇天する。

　王仁三郎の生涯の大半が天皇制との戦いであり、厳しい検閲制度のなかで教えを伝えるには、思想に仮面をつけ、言葉に多義性を持たせる必要があった。一例を上げよう。

　明治三十七年六月二十六日、王仁三郎は神示（註・責任を神に転嫁するためか？）とことわり、『道の栞』第三巻上に述べる。

四二、軍備なり、戦いは皆地主と資本主との為にこそなるべけれ、貧しきものは限りなき苦しみの基となるものなり。
四三、軍備や戦争の為に数多の人は徴兵の義務を負はざるべからず。一つより無き肉体を捨てゝ、血の河骨の山をつくらねばならざるなり。多くの税金を、政府へ払はざるべからず。
四四、世の中に戦争位悪しきものは無く、軍備位つまらぬものはなし。今や世界の国々軍備の為に、三百億弗の国債を起して居れり。其金の利息の支払ひのみにても、日々三百五十万人以上の人の働きを当てはめざるべからず。
四五、世界幾千万人の若き者は、絶へず兵役に服し、人殺大悪の稽古にかゝりて、多くの者は常に艱難苦労を為さゞるべからず。四方の国、軍備程つまらぬものはあらざるべし。

日露戦争の最中「ロシア撃つべし」の国論のなか、若き（数え三十四歳）王仁三郎は反戦論をふりかざす。しかしそれが本音とすれば、取り締まられた時の仮面の思想も用意する。同じ『道の栞』に、同じ日に記す。

五九、日本と某国（ロシアを指す）との戦ひは、天の岩戸開きの先走りとして、天より始め給ひしものなり。必ず人の企みなどにて、某国と戦ふ事は能はざるなり。
六〇、日本は神国なり日本魂の国なり。猛くして優しき武士の国なり。某国は野蛮国なり。盗賊の国なり。狼の国なり。鷲熊鷹大蛇の国なり。悪魔の棲家なり。
六一、世界の助けの為めに、日本は天に代りて彼の盗賊の国を討亡ぼさねばならぬなり。天津日嗣万代変はらぬ、日の本の神に対し……世界に対する勉めなり。
六二、日本は仁義を以て立てし国、大和魂を以て国の心とす。某国は押し奪りを以て国の心とす。弱い者倒ほしを以て国を立つるの心とす。日本魂と泥棒根性は到底相並びて世に立ち行く事能はず。故に日本魂の日本は、天に代りて、彼の某国悪魔を退治せざるべからず。日本勝たずんば某国勝たん。某国亡びずんば日本亡びん。
六三、某国の悪政を亡ぼすは我日本の為のみならず、支那朝鮮の為めなり。世界人民の為なり。

思想の仮面性ばかりか、言葉に多義性を持たす。例えば、一般向けの王仁三郎の文章のなかに、しばしば「日本魂《やまとだましい》」という言葉を多用する。日本魂は戦時中の軍国主義のシンボルのような役割を果たし、天皇制における国粋主義思想を指した。だが王仁三郎の真意を悟るには、日本魂のキイ・ワードがある。引用文の続きにそれが記されている。

六八、日本は日本魂を以て建つる国なり。日本魂とは平和、文明、自由、独立、人権を破る者に向つて飽くまでも戦ふ精神を云ふなり。無理非道なる強き悪魔を倒して弱き者の権利を守る精神なり。

六九、苟くも貪欲と野心の為に、人の国や他人の権利を犯し損はんとするものは、皆日本魂の敵なり。

しかし王仁三郎の仮面性、多義性には役員信者も面食らったようである。

大正六年に入信した友清九吾（註・号を天行。『神霊界』編集者として健筆をふるう）は『神霊界』大正七年九月一日号から六回にわたり「一信者の手帳から」と題して大本観・王仁三郎観を熱っぽい調子で連載するが、その中で述べる。

……開祖出口直刀自は信者がお目にかゝる機会も少ないし、幽玄の意味に於ては兎も角も表面に於ては信者や研究者との交渉も可なりの距離がある様に思はれるが、教主出口王仁三郎先生に対しては一般信者や研究者の精神的交渉も極めて親しく深い様に見へるから、人間としての教主はドンナ人か、雲間の片鱗を覗いて昨今の来訪者の為めに我々の所見の一端を御紹介致さう。

大本そのものが既に一大スフヰンクス、謎の世界であるから、其の経緯の二大神柱の一たる瑞の身魂、変性女子、出口教主がドンナ人であるか、愈々の真骨髄は迚も見当のとれるものではない。所謂聖眼みる能はず、賢口語る可らざるものである。取り別け私共のやうな日の浅い信者が彼れ此れ言ふのは寧ろ滑稽に近い感があつて……

（大正七年九月十五日号）

前々号の誌上に於て、大本は偉大なるスフヰンクスであると言ふて置いたが、大本は全く一大迷宮である。……甲氏は曰く『大本に於ては誰れも彼れも修業中で、修行の出来上つた人はないから、誰れの言はれることでも仮に百中の九十九信じられる人があつても、百が百皆な信ずるのは危険である。早い話が所謂幹部の人々でも意見が悉く同一ではないが、其んならと云つて或人の言はれるのを信じて、他の人の説を悉く否認するわけにも行かず全く迷はざるを得ない。そこで何事に就ても開祖様は別として教主の言はれた事を其儘信じ切つて居るより外に方法はない』
乙氏曰く『教主は人間としては決して嘘を言はれるやうな人ではないが、経綸の都合上、教主に憑つて居られる神が、必要に応じて所謂応病施薬の方便で機に対して法を説かれるのであるから、或る一人が教主より聞いた事だけが事実で、其れに矛盾することは皆な間違ひであるとは言はれない。これは教理上、又は霊学上の問題ばかりでなく、如何なる問題に対しても然りで、之を世俗的に悪く解れば教主に憑つて御座る神は人を統御するに巧妙無比でツマリ対者の気に向くやうに謂はれるのだから、教主から自分が直接聞いたからと云つて其れのみを固執して幾通の道を知らずに居ると、多くの場合其れが慢神の種となり、取違ひの材料となることがあるから、気をつけねば不可ない』……
こんな事はチョイチョイ耳にしたことがあるが、私を以て之を視れば、甲氏の言はれることも、乙氏の所見とは正反対の如くであるが、実は一貫不動の基点より出発してることを悟らねばならぬ。併し其理由は到底言葉を以て説明し得られるものではない。或る程度までは説明し得られるかも知れぬが、読者をして諒解せしめる量よりも、誤解せしむる量が多からうと思ふから説明は試みぬが、斯う云ふ様なところが大本の大本たり、迷宮の迷宮たる点で、神諭にある通り教主が大化物である点で、又た所謂錦の機を織りつゝ其模様が分からぬやうにしてある点で、又た為に百千の引ツかけ戻しの公案が此処らあたりから簇出する点である。いや何と謂つても大本位ゐ解らぬ処はない。此の大なる謎を解くの鍵はお筆先があるばかりであるが、そのお筆先が又た解らぬのだから何うにも斯うにも手が着けられない。茲に於て乎神徳を落すものは落し、淘汰されるものは淘汰されて、身魂の洗練を経させられる訳である。
丙氏は曰く『今度の経綸の中堅となるべきいろは四十八の身魂は殆んど引寄せてあつて、モ少しすると皆な揃ふ事になつて居るといふ様な意味を教主が洩らされた』
丁氏曰く『いろは四十八の身魂は未だ殆んど集まつて居らぬ、これから愈々の太柱が引寄せられる順序となるのだと云ふ様な意味を教主が洩らされた』
さあ此処にも又た一つの大きな謎がある。上山の路は是れ下山の路だ。さあどう思はれる何う返辞を致されるか、答へ得るも三十棒、答へ得ざるも三十棒だ。……実は正直なところを言ふと何も彼も解つてる様な顔をして斯んな事を書いてるけれど天行道人にも其んなことは何も解つては居らぬ。……

十二月一日号で六回の連載を終わった友清だが、それから半年を経ずしてみずからが大本の迷宮に迷いこみ、神徳を落し、淘汰される。友清は王仁三郎への疑問と反撥から離脱し大本攻撃に転じ、大正十年、神道天行居を創始する。

ほとんどの教団の教祖は高い真理に到達し、弟子たちに伝える。だから弟子たちも血のにじむような努力で修行研鑽し、ようやくその真理を理解する。なかには生半可な理解で満足し、あるいは教祖の言葉だから有り難いと思いこみ、空念仏で満足する「論語読みの論語知らず」の人も多い。

だが小学生の低学年は一から三が引けないのが真理であり、大きくなれば一から三が引けるのが真理で、さらに高等数学へと真理は深まる。つまり人によって真理は違う。王仁三郎は「人によって法を説く」を実践した人である。知識人には知識人の言葉でそれにふさわしい真理を説き、無教養な人には同じ立場まで下りて、それにふさわしい真理を説いた。だから王仁三郎の言葉にどれだけの人たちが救われたか知れぬ。そして「二枚舌」、「虚言癖」の悪名も甘受する。

『三鏡』の編者は王仁三郎の時にふれての言説を無批判に収録している。それは双刃の剣であり、何時、どこで、誰に語ったかを知らぬと、それこそ「大化物」王仁三郎にだまされ陥穽に落ちる。

一例を挙げよう。『玉鏡』に「死獅子と生鼠」の項（本文一九八頁参照）がある。

百獣の王といわれる獅子でさへ死んでしまえば生きた鼠の働きには及ばないと述べ「我大本に於ても開祖様は偉いお方に相違ないが、今は生きて居る王仁の方が働きがあるのである。王仁が帰幽すれば、後を継ぐ日出麿の方が王仁より働きがある道理である」と言う。日出麿とは王仁三郎の長女、三代教主となる出口直日の婿であり、優れた霊能力により多くの信者から尊崇されていた。

昭和八年十二月二十七日、王仁三郎は伊豆の湯ケ島へ旅立ち、九年の正月は湯ケ島で過ごし、一月十四日、東京の紫雲郷別院に現われ、二十日に湯ケ島へ帰ると教団の重要祭典である二月の節分大祭にも帰らず、ようやく綾部に帰ったのは四月十六日。その間の王仁三郎の行動は一般に知らされていない。五月三日、王仁三郎は妻の二代教主澄を伴って関東別院に行き六日帰綾するが、翌七日には再び関東別院に行く。本部から王仁三郎にしきりに帰綾を懇請したため、十二日、王仁三郎は一端帰亀したが、二十三日には再び東上して腰をすえる。王仁三郎の謎めいた行動は昭和神聖会設立の準備のためであった。

次第に王仁三郎の意図が知れると、危惧する役員も多かった。

日出麿夫婦、特に三代直日は第一次大本事件の二の舞を恐れ、夫婦で昭和神聖会の中止を諫言し、王仁三郎を激怒させている。そして日出麿はひそかに王仁三郎の隠退を画策。大本秘史に属する部分である。

七月二十二日、昭和神聖会は統管出口王仁三郎、副統管内田良平・出口宇知麿（旧名佐賀伊佐男。和明の父）の体制のもとに、東京九段の軍人会館で統大に発会式を挙行された。当日、会場は三千余人の人が詰めかけて、あふれた人たちは会場前にたむろした。

王仁三郎が「死獅子と生鼠」を語ったのは、昭和神聖会結成の準備中であった。それは日出麿の意図を受けた本部講師の某を懐柔するための方便で「いずれ日出麿の時代が来るのだから、それまではわしの方針に従え」ということであろう。それが某より加藤明子に伝えられてメモされた。

これらの文章は戦後になって、大本教団執行部にかかわる一部の人たちによって、宗政に悪用されたきらいがある。
私はこの文章を王仁三郎の予言だと思っているが、読者は王仁三郎の伝えようとした真意をよく読みとる必要があろう。
『三鏡』の大半は如是我聞だが、『月鏡』の末尾に掲載の「十和田湖の神秘」は王仁三郎が自らペンをとって一気に書き上げたものである。『真如の光』昭和五年一月十五日号の裏表紙は『月鏡』の全面広告だが、特に「十和田湖の神秘」の宣伝に紙面を割いている。

霊感の所産
本書は出口瑞月（註・王仁三郎の号）師の多忙なる神務の余暇になれるすさびともいふべきか。社会、人生、歴史、芸術、宗教、学術、教育、法律、政治、経済等の凡百の問題を捉へ救世の大精神を以て利生の神剣を揮はれたるものである。教話あり、評論あり、随筆あり、叙事叙情がある。
殊に日本新八景の一なる十和田湖の神秘は、前人未発の大文字にして文献口碑にもない霊感の所産であるが、弥勒出現の因縁を叙し千古の霊扉を開かれたものである。又行文流麗典雅にして一読三嘆の概がある。これを単なる随筆と見るも興味津々として湧くが如し。敢て大方の清鑒を乞ふものである。

王仁三郎の『庚午日記』九の巻によると、十月六日、この日も王仁三郎は多忙であった。当日の歌を抜粋する。

晴の家の宗匠（加藤明子の号）波多野上村の
　宣伝使と共にわが居間を訪ふ
神の国月鏡の原稿書きつくし
　わが訂正を請ひ帰りゆく
教育勅語煥発四十年記念すべき
　原稿呉れよと宇知麿せまる
高天閣文机にもたれ謹みて
　教育勅語奉解文書く
月鏡余白に載せんと今日よりは

十和田の神秘書き初めにけり

丹州時報丹毎新聞両社長
　今日黄昏に吾を訪づる

原田野の佐伯の大石翁來り
　松茸数多贈りくれたる

和明の誕生祝とサイドカーを飛ばして穴太（王仁三郎の故郷）の母（生母上田よね）を迎ふる

大祥殿（亀岡の天恩郷の拝殿、道場）に二百余名の宣信徒等誕生祝に列席を為す

七月苑工事のさまを月の夜に子の子（孫のこと、この場合、和明を指す）抱きて見廻りしかな

私事にふれて恐縮だが、私は昭和五年八月十五日（旧六月二十一日）に綾部の本宮山の穹天閣で生まれているが、王仁三郎は旧暦の八月十五日（新十月六日）に宣信徒等とともに私の誕生を祝っている。

そして和明の前生の因縁にふれた「十和田湖の神秘」の執筆にかかり、翌七日わずか二日で書き上げる。

小閑をうかがひ十和田湖の神秘今日漸くに編み上りけり

そして王仁三郎は『玉鏡』で「和明は男装坊の再生で、十和田湖の主の再生だ」と示す。

生れるやいなや自分の人生まで呪縛された思いで、私は最初は王仁三郎を恨んでもみたが、今はそれが逃れられぬ宿命ならばと、その運命を受け入れている。

なお戦後の大本教団は「三鏡」を再刊するが、出口直や王仁三郎によって四代教主と神定された直美や和明に関する文章が削除されているのはなぜだろうか。

底本の序文・凡例

水鏡

序

あな尊うつしてや見ん水鏡
深き真奈井に月の姿を

真如の月の御姿の、静かな水の面の映るがまゝのそのごとく、折りにふれ、時にあたって漏れ出ずる、真如聖師の金言玉辞を記せるものがこれの水鏡。己が姿をうつしてや見ん、身魂みがきのよすがにと。さあれ円管を伝う水はまろく、四角なるはまたその形をなして流れ出ずるためし、わが覚束なき筆もて写し出でたるこの文の、そはまた安価なるガラス鏡の、いと美わしき天上の月を宿したるにも似て、円かなるもいびつに、曲線美の至粋もうねくねと、思うにまかせぬ憾多かるべし。謹みて聖師の岐美のお許しを乞いのみまつるとともに、おおかたのこの文読ませたまわん君たちの見直し聞き直しまして、ゆるさせたまわんことを願ぎまつるになむ。

昭和三年旧九月八日　加藤明子識

月鏡

序

大空高く、清くかゝれる月鏡、かげ円にして光ますますさやかなり、照らし出すや森羅万象地上の蒼生ここにはじめて命あり、栄えあり、仰ぐ尊き貴の御姿。畏こけれど、石の上、神代の戸張かきわけて、神の出口の物語、溢るゝ生命の真清水うけて、うつし出でたる一管の筆、そはいと細く拙なけれど、苦集滅道の真諦は、各自が智慧証覚、意志想念のまにまに取り入れ給いて、心の雲も晴れやかに、上る高天の神国の、その懸け橋としもしたまえかしと、一向祈りまつりつゝ、かくは誌し侍るになん。あなかしこ。

昭和五年旧九月八日　加藤明子

凡　例

一、本書は前編『水鏡』につついで昭和三年十一月号より昭和五年九月号にいたる『神の国』誌に掲載されたるものを全部収録したものであります。

一、末尾の『十和田湖の神秘』は特に本書のために出口聖師が最近みずから筆を執って書かれたもので何れへも未だ発表せられないものであります。

昭和五年旧九月八日　編者

玉　鏡

序

「咳唾珠を成す」という語がありますが、出口聖師が、折りにふれ時に応じて話される一言一句は正にそれであります。

本書は聖師の説話の断片がそのまま埋もれてしまうことを恐れて、主として故加藤明子女史が書きとめておき、昭和五年十月号より同九年四月号にいたる『神の国』誌上に発表したのを集めたものであります。女史が生前本書を編纂して出版する運びになっていたのでありますが、昨年七月逝去されたために中絶していたのを、今度聖師の御校閲をへて出版されることになったのであります。本書は必ず万人にとってこの上もない霊性の糧となるべきものであると信じます。

昭和十年三月　編者

凡　例

一、本書は、出口王仁三郎の説話集『水鏡』（昭和三年十一月十三日発行）『月鏡《つきかがみ》』（昭和五年十一月十五日発行）『玉鏡《たまかがみ》』（昭和十年三月三十日発行）の各項目を内容ごとに分類整理したものである。

一、これらは、主として側近の加藤明子《はるこ》が王仁三郎の談話の断片を書き留め、大本教団の機関誌『神の国』大正十四年八月号より昭和九年四月号に発表したものを三冊の単行本にまとめたものである。『水鏡』『月鏡』は加藤明子編として刊行され、『玉鏡』は加藤明子が逝去したため、王仁三郎の校閲を経て出口王仁三郎著として刊行された。

一、今回の編纂にあたっては、現代の読者のために、以下の方針にそって表記がえを行った。

(1)　旧仮名づかいを現代仮名づかいに改める。

(2)　旧字体を新字体に改める。

(3)　漢字語のうち代名詞・副詞・接続詞などは適宜平仮名に置き換える。

(4)　原文にはほとんど段落がないが、適宜、段落を設け改行を施す。

(5)　底本は総ルビであるが、かえって繙読上煩雑なので、これを適宜省略する。

一、加藤明子による附記や注釈は、本文と差異化をはかるため、ポイントを落とし、二字下げとした。

一、各項目の末尾に出典および『神の国』発表年月を附記した。

一、繙読上の手引きとなるよう、巻末に索引を付した。

一、増補版刊行にあたっては、王仁三郎著になる随筆を六編追加することとした。

伊都能売聖観音像（出口王仁三郎筆）

巻末付録　王仁三郎随筆撰

俳道

俳道は天地剖判《ちぼうはん》の以前から流れて居る。森羅万象は悉皆《しっかい》俳的表現である。釈迦が女性醜と人間醜に中毒の結果はヒマラヤ山という小さい茶室に迯《に》げ込んだ茶人であった。『ソロモンの栄華も要《い》らず百合《ゆり》の花』だの『陽炎《かげろう》や土にもの書く男あり』だのと発句《ほっく》って居た耶蘇《やそ》も、ある意味における俳諧師である。

天地はそのままにして茶室である。自然の詠嘆はそのままにして天国の福音である。しかしクリスチャンに耶蘇が解《わか》らないように、茶人は茶を知らず、俳人は俳道が分って居ない。耶蘇教は露西亜《ロシア》もこれを見限ってしまった。マホメット教も本場の土耳其《トルコ》に捨てられた。日本の神道も仏教もとうの昔に国民から捨てられているが、これを知らないものは神道家と仏《ぶつ》の僧侶ばかりである。

すべての人々はいずれも皆宗教家である。否《いな》宗教が人を有《も》って居《お》るのである。そして宗教に見放されて居るものは宗教家である。今日の俳人と称するものも皆俳道から捨てられた俳亡者である。

そして日本俳壇の中興は戦国争覇の頂点に対峙して旗鼓《きこ》相衝《あいう》った機山《きざん》、不識庵《ふしきあん》の連中であった。信玄が城を有《も》たず、謙信は甲冑を纏《まと》わなかった。自分が入蒙戦争の際にも銃剣を持たなかった。それはいわゆる山川《さんせん》を城となしているからであり、敵中を行く、あたかも無人の平野を行くが如くであったからである。また彼の謙信は一生涯刀を抜かなかった。大事な戦ほど人数を減らし、川中島で信玄に迫った時は独《ひとり》であった。恋には連《つれ》が邪魔になる如く思ったのだ。信玄、謙信は相思、相愛の恋仲のような態度を有《も》って居た。恋というものは殺したり、殺される筈のものだからで、殺しもせず殺されもしないものは恋ではない。信玄が死んだと聞いて茶碗を抛《なげう》って慟哭した謙信の心は可憐《いじら》しい恋であったのだ。『乾坤《けんこん》破壊の時如何《いかん》』『紅炉《こうろ》一点雪』この両者のラブレターに徴《ちょう》しても、彼等が自然に対する恋の深さを窺う事が出来る。『数行《すうこう》の過雁三更《かがんさんこう》の月』これ彼等が全世界を手に入れたよりも勝《まさ》った法悦であった。これ俳道の猛者《もさ》に非ずして何ぞやである。

それに彼の信玄の後裔だという武野紹鴎《たけのじょうおう》や紹鴎の弟子といわるゝ千利休《せんのりきゅう》の如き俳人は、水呑百姓までが天下を奪わむと猛《たけ》り狂って居る真只中《まつただなか》に、落葉の響き霜の声に耳を傾けて四畳半裡に大宇宙を包み、欠け茶碗に天地の幽寂《ゆうじゃく》を味って、英雄の心事を憫《あわれ》んで居た。十里の長城、否《いな》土居を繞《めぐ》らして帝都を復興し、聚楽邸を築いて花洛《みやこ》とともに花も月も己れ一人の所有となし、桃山城を建造して天下の美人を専擅《せんせん》し、驕奢《きょうしゃ》と栄華に耽溺し陶酔した豊臣氏に、荒壁造りの茅舎《ぼうしゃ》を見せ衒《びら》かして飛び付かせ、茶杓《ちゃしゃく》で丸木柱に踏ん縛《じば》ってしまった利休は俳諧史上の逸品である。外面的には利休はついに豊公《ほうこう》に殺されたが内部的精神的から見れば豊公は利休に殺されたのである。時めく天下の関白が利休のために四畳半裡に引摺りこまれて以来の豊公はもはや以前の豊公ではない。豊公は内部的に利休に殺されて英雄の分際からただの凡爺《ぼんや》に立還って、未見の世界が見られたのは小不幸中の大幸福だったのである。また利休は豊公に殺されたお蔭で永遠の生命を獲得したのであった。

この一挙両得の中に有声に無声を見、無色に有色を聞く俳道の真趣がある。糸の掛け足らぬ琴に有り余る琴の音色を聞くほどの人間で無ければ俳道は到底分るものでない。

（昭和四・一一・二三　日月日記三の巻）

茶道

裏表四十八手を叩き折る隻手《せきしゅ》の声の聞える人間でなければ茶道《ちゃどう》の真髄は分らない。茶事は即ち禅の具体化、俳味《はいみ》の生活化で、そこに俳茶一味の響きが味えるのである。東漸《とうぜん》して来た仏教が民族的体験人格的発揮によって原形を破壊し、新しい生命を生み出したのであって、宗教であるとともに芸術であり、また科学とも見られる。形の上から見て茶道と呼び、内容に聞いて俳味と称《とな》うが、究竟《きゅうきゅう》すれば同根で、日本文化の洗煉されたる紅白二種の色である。

維摩の方丈と月宮殿の宝座に大千世界を観ずるの人は、四畳半裡の閑寂を破る風炉《ふうろ》の音に天地の父音母音を聞く人である。一句一歌にして江山万里を髣髴《ほうふつ》せしむる大詩客《だいしかく》である。紹鴎《じょうおう》や利休《りきゅう》は一代の詩客であり、躬恒《きゅうこう》や西行《さいぎょう》は一世の茶人である。大威神力はすべて孤寂の相に潜んで居るものだ。孤節飄然として鴫《しぎ》立つ沢の秋の夕暮に寂寥を歌った西行は、北面随一の荒武者宗清《むねきよ》であったではなかったか。無言の言に○○を跪《ひざまず》かした国師大燈は橋下塵上の流《ながれ》を枯木叫風と観じたる乞食である。豊公が騒乱反正の深謀秘策も、利休の四畳半から叩き出したと言うのも不可思議ではない。東風一度荒野を撫《ぶ》すれば千紫《せんし》万紅《ばんこう》一時に匂えど、九旬の春過ぎれば青《せい》一色で、ただ一月の天半《てんぱん》にあって然《しか》するのである。千億万を知るよりもこの究竟の一事に参徴すれば足る。水泳は鱗族《りんぞく》と競い泳ぐためでは無い。牛馬と駢馳《へいち》してその健脚を誇ってはならぬ。

人生を茶化して一個半個を説得せむがために、茶を鬻《ひさ》ぎつつ御経の文句を書いて居た売茶翁《ばいちゃおう》の行為もあまり徹底したとは言えないが、死に臨みてまず茶器を茶毘《だび》に附した風懐《ふうかい》や、十徳幇間《じっとくほうかん》とは言え『浄《きよ》らけき布巾《ふきん》だにあらば茶は飲めるものに候《そうろう》』と茶器を購《あがな》いくれと某藩主から送って来た三百金に添えて返した利休の風流にもまた一顧の価値はあると思う。西行や芭蕉の蓑笠《さりゅう》相に捉えられてその残糟を啜《すす》るの徒や、達磨の不識や白隠の毒を喫するの輩《はい》や、道具好みに浮身をやつす成金茶客、比々形式に堕し言筌《げんせん》に弄《もてあそ》ばれる徒輩である。ゆえにどうして捨てる事が掴《つか》む事であり、亡びるは得たと思う刹那と気注《きづか》うぞ。栂尾《とがのお》の明恵《めいけい》が茶を造って弟子に飲ましたのは、千八百則の公案よりも一服の茶が正眼を開かしめたからである。栄西の『興禅護国論』よりも『喫茶養生記』の方が禅味があるようである。

反省一番真《しん》の俳味を復活せむとして宗教家たる瑞月《じぶん》は茶器を造り、茶道を奨励し、俳句、和歌、詩を弘通《ぐづう》し、花壇、温室等を開いて真の宗教すなわち俳道、茶道、芸術を専心唱導する所以《ゆえん》である。

（昭和四・二・二三　日月日記三の巻）

美人

美人という言《ことば》は普通女人《にょにん》の美の総称であって、換言すれば総括的美人というは外形美いわゆる肉体美で身体各部機関の完成せるものをもって美人というのである。それゆえ少しくらい不完全なる女にしても、化粧修繕その要《よう》を得て、一見外見を装い一定時中その態度を持続する間は世間一般の目より美人として取扱わるゝのである。ゆえに芸妓、仲居、女優または散歩好きな令嬢などは美人として最も多く数字を占めている。次に特種の美人がある。それは相対的美人で、観察の時期及び心理作用による美人である。ゆえに甲はこれをもって絶世の美人の如くに思惟するも、乙はさまでに思わざるが如き場合のある美人がある。ゆえに必ずしも外形美を完結せずといえども、その内容において一種の特点を有するものに対しては美人の称号を与うるも差支《さしつかえ》はない。

次に虚名の美人というのがある。これは新聞美人、写真美人、挿画《さしえ》美人であって、実物に至っては、顔の配合も四肢の配置も胴体の組織もしかく完全でなく、その内容も実足していなくとも虚名を売る方策に長じ、言論筆説その妙を得て、活社会の活舞台に立ってよくこれを胡麻化《ごまか》すの技能を有する女である。この種の女は自己の誤りし過去の事実を臆面も無く発表して、しかもそれを自己の理想の如く主張して平然たるの類である。年齢漸《ようや》く長《た》けて顔に小皺の出来るようになっても、なおかつ平気の平左衛門で若かった生娘《きむすめ》時代の写真版を新聞雑誌に掲載し、もって社会的美人をもって自ら任じ得々《とくとく》たるものである。しかも彼らの写真版は何十回の筆を入れて修正に修正を加え、加工に加工を施して実物とは全く別個の感あるものがある。これらの美人を総称して虚名美人というのである。

また身体分子の配合すこぶるその妙を得ずとも、他に接して心情すこぶる篤く、友人に対して親切、良人《おっと》に対して貞節至らざるなく、児《こ》に対して愛情の念深く、家庭を思うの心切なる女を称して反面の美人という。すなわち反面の美人とは肉体美に破れたる女にして、その反動として極端に内容発達し、いわゆる家庭向き台所用の女である。

また好奇心を巧妙に利用する女を異様の美人という。流行の魁《さきがけ》とか、一種別様の風姿言語を用い、しかもこれを巧みに利用して特種の舞台に活躍する女で、血族と習慣と思想を異《こと》にせる外国の女を見て憧憬の念禁じ難く、悶々の情に苦しむ女、しかしてこれを羨慕するが如き一種の好奇心に囚われたる女である。変遷極りなき現代の社会においては、この種の美人も相当に認められているようである。

次に体躯の組織完全にして誠に臀肉《でんにく》豊富、四肢の活動十二分に達し、真に人間製造に適したるの女を称して曲線美人という。血色の良い、そして活動力を有する国家的女である。その心理は別として人間が動物性を有するという見地からは実に堂々たるもので、良く天職を竭《つく》すに足るべき完全な女である。

次にまた近時の世態を動揺せしめて既に絶世の美人の如く両方面から憧憬されたのは芸妓の万龍《まんりよう》、八千代《やちよ》をもってその最たるものとなすべきであろう。そして新聞や雑誌で囃《はや》されたのは、森律子を筆頭に少し古い所で下田歌子、鳩山春子及びこれに類する方面の女であろう。成金女としては鈴木のおよねさん、風紀問題で噂に上ったのは芳川鎌子である。これらの美人といえども世人の噂に上るほどの価値あるものでなく、ただただ化粧の光であったのだ。

終りに歴史上の美人に言及すれば一種のローマンス的女で、この種の女に対しての論評は貞操をもって最大なる要件としたものの様である。ゆえに焔花《えんか》を飛ばすが如き間にあってなお良く貞操を厳守した女である。ゆえに変転多く活躍に富み、時に心胆を寒からしむるの活劇を演じた女である。過去の女だけにその反面に対し批評を試むるの材料を有せざるの限りにおいてはすこぶる社会の尊敬と羨望の的《まと》となり、しかして異性をしてその情緒に泣かしむるの美人である。平凡に説けば芝居的美人であり小説的美人である。

嗚呼《ああ》こう考えて見ると世間は美女ばかりで醜婦は一人も無い様である。以上の美人観から見ると現代における有名な美人平塚雷鳥、故九條武子、柳原燁《あき》子、伊藤あさ子、栗島澄子等の美人といえども、その内容と形体美についてはあまり飛び付く様な逸品とは考えられない。ゆえに今は女を総括して美人と称えるより道はないと思う。

（昭和三・九・二一　東北日記五の巻）

海月と鮟鱇

日に昼夜があり、人間には顔や胴体や四肢等があり、芝居には舞台あり、楽屋がある。活動写真も声色《こわいろ》と鳴物《なりもの》が入ってこそ見られるが、破れ穴からフィルムを見たら三文の価値もないものだ。今の世の中は看板や広告は立派であっても、その内幕にはいって査《しら》べて見ると大変な相違に驚かざるを得ない。

見切《みきり》、捨売《すてうり》、滅茶々々の大安売と題したるもの、これいわゆる看板でその実はヤクザ物の寝息品《ねいきひん》を集めて低価に提供する位のものだ。ゆえにほとんどそれは常設市場で田舎者だましに過ぎないのだ。世の中にロハほど安い物は無い。無料進呈とかいう奴、多大な広告料を支払い、この辛《から》い時節にそれが本当ならやり切れるものでない。無代進呈とはその実看板ばかりで、その内幕に至ってはすこぶる皮肉な手段を以て喰い入らむとするが為である。

わずか十円の資本で月収百円、家内工業あり、器械貸与す、製品永久取引契約す。と真実らしく木に餅の生《な》るようなうまい広告を見た事があった。これも看板でその内幕に至って見れば、製品不良の名の下《もと》に三文の価《あたい》もつけず、遂に泣寝入りに終らしてしまうのだ。差引十円の見本料金が全然損失に帰するのみであって、細民泣かせの奸手段が多々ある世の中である。

支店長、会計課長募集とかの広告を見た事がある。それに附記していう、月給百二十円を給《きゅう》すというヤクザ銀行や会社がある。これもやはり看板であってその内幕は保証金を失敬せむとするのが多々ある。曰く、入社の際身元金として多額の金を納めしめ、半月乃至《ないし》一ヶ月の給料を支給するだけで、何とか彼とか言い分をつけ、ゴタゴタの間にこれを失敬してどこかへ逐電してしまう奴がある。災民救済だとか実費治療だとかの美名の下に、妙な医薬の力を用ゆるものがあると聞く。これも看板で、その内幕は美名の蔭にかくれて高利貸的手段を弄するものである。

　学校敷地の一部分を寄附するとか、教育器具図書を寄附するものがある。これも看板であってその内幕を見ると幾多の奸手段を弄して、不当の利益を占め、その利益の百万分の一乃至《ないし》二を社会事業に寄せて世をゴマカさむとする奴がある。大地主と称するものの学校新設の運動や公園新設の運動、その他地方発展策の美名を唯一の看板にこの挙に出づるものである。震災に際して幾百万円かを公債か何かで投《ほ》り出して大きい面《つら》をする輩も、あるいはこの種にあらざれば幸《さいわい》である。

　すこぶる堅気で、独身女がある。彼は単に愛せらるる女として取扱われるのが馬鹿らしいという。これもやはり看板であって、その内幕は多情ものに非ざれば、恋に破れたヒス的か、しからずんばすこぶるズボラ女である事は間違いない。女は怪物だ、夜叉だといって呪うが如く主張し、独身生活を力説する男がある。これもまた看板でその内幕はヤクザ事務所を作成して、女事務員募集をのべつ幕なしに行い、もってその間美形の選《え》り喰《ぐい》をせむとするの類である。

　理想候補者、愚民をゴマカす武器として、時に勝手気儘にこの語の用いらるゝのは遺憾千万である。彼等は独りぎめに理想候補者という。これもまた看板であって、その内幕に至っては、内容極めて貧弱なる自称候補者の運動費の豊富に無い奴である。

　筆に示しがたく言葉に尽し難し、いかに珍妙にして奇抜、しかして美麗なか、一度この絵に接せむか実に血燃ゆるの想いあらしむという。これもまた看板であって、その内幕は一枚五六厘ぐらいの女の絵葉書である。

　何々信託業あるいは金貸業と金看板を出す。いかにもそれは堂々たるの感を与えるが、いかがわしいのもある。金看板は彼らが徒の看板であって、その内幕は仲介は単に口実であって、手数料を失敬するのが本意なるものがある。全部呑み込まざれば幸《さいわい》、金貸業の看板にもまたこの種のものがある。調査の名に藉口《せきこう》して、曰く調査費失敬を本領と考え、あるいはそれをもって綱領とさえするものがある。

月賦販売というのがある。毎月幾円かの払込を為し、一ヶ年あるいは二三ヶ年をもって満期として、五回あるいは八回の払込を為せば定額の現物を渡すというのがある。これも看板で、その内幕は毎月の払込金をほとんど失敬し、満期の時は行先不明と逃《に》げ出すものがある。

百何十版という広告がある、発行当日初版売切れたちまち再版、一日に何十版売出と称する書物がある。これもやはり看板であって、その内幕は初版が一千部で半数以上も残ってる品物がある。いかに印刷力が迅速だといっても、わずか一日の間に幾百頁の書物を幾版となく印刷し製本し得るものではないのだ。

田舎代議士が帰郷の土産《みやげ》として、報告演説会ということをやる。これもまた看板であって、その内幕に至ってみんか。彼らは議場において居眠りを為し、下宿に帰って新聞を読み、この記事を携帯して帰郷し、物識面《ものしりづら》をして、曰く議会報告と五角八面に堂々とふれ出すものがある。

主人の手紙にも妙なのがある。成金者輩の手紙なるものがあるが、それも看板でその内幕に至って見れば、いずれも代筆や書記の手に成れるものである。代筆番頭はその稿を他の人に作製して貰う。某《ぼう》の成金は封筒に糠《ぬか》を少し入れて知人に郵送したのがあった。(少し来《こ》ぬか)というのだという。また小石を封入したものがあったという。これは代筆や書記に廻し兼ねた恋人に送るので(恋《こい》し恋《こい》し)というのだという。成金者の頭の低脳さ加減は、女郎の恋文となんら異る所は無いようである。

主義綱領、国家百年の大計、国利民福を増進、思想善導、地方発展等、あらゆる立派なもっともらしい主義や綱領を羅列し、その上に大官や公爵や政党の主領や、実業家の巨頭連の姓名を麗々《れいれい》しく書き立て、曰く何々会、曰く何々社、曰く何々団と、これもやはり看板で、他人の褌《ふんどし》で角力《すもう》を取ろうというズルイ奴の常套手段で、今まで一として完成したものは無い。他人の名前や立派な主義綱領を初めから並べるものに真正なものはない。

今度の旅行中に中越線を通ると油田《あぶらでん》という小さい駅があった。ここには石油試掘場の建物が寂しく野の中に立っている。例の海月鮟鱇《くらげあんこう》主義の生活者が集まって、加賀、越中、越後は石油脈の中心点でその大中心で最も豊富で有望な地点は油田だと吹聴宣伝し、大きい広告を出して地方の慾深連《よくふかれん》をたぶらかし、一儲《ひともう》けせむと数百万坪の試掘願を出し、多数の株を募集せむとした所、有志者が実地踏査と出かけて駅を降りようとすると、駅夫が大きな声で油田《あぶらで》ん〳〵と怒鳴《どな》って居る。その言霊が気に喰わぬとて、いずれも二の足を踏んで後退《あとしさ》りするものばかりで、折角の名案計画もオジャンに成ってしまったとの面白い話を聞いた。費用の入れ損でコイツはさっぱり虻蜂《あぶはち》取らずで、反対に油を身の内から搾《しぼ》り出したに過ぎないのである。

筆の序《ついで》に海月生活と鮟鱇生活の大略をいわゆる善人のために説明しておこう。海月は海中を浮游しながら自分の傘下に微細な魚族の集まって来るのを、知らぬ顔して保護の任に当って居る。小魚《こうお》は少し自分等より大なる魚に喰われる難を避けむために、争って海月の傘下に集まるのである。これが小魚に取っては広い海上唯一の安全地帯である。その小魚を喰わむとして襲ってきた奴を、海月の奴長い手を出して絡《から》んでしまい自分の好餌《こうじ》とするのである。そして海月の奴少しく大きくなった傘下の奴を小口から他の小魚に知らさぬようにして、ボツボツと平《たい》らげてしまう。万一餌《え》に欠乏を告げた時は傘下の小魚を残らず喰ってしまうという代物である。

鮟鱇という奴は一名山椒魚ともいう。鯰《なまず》のようなスタイルをして、泥と同じような色に体《たい》を変じ、泥の中に首から下を埋《うづ》め、小さい眼をむき、大きな口から細い長い伸縮自在の肉糸を吐き出し、肉糸の尖端に小虫の形した肉塊をつけ、水中の魚族が虫だと思って突つきに来る奴を、チクリチクリと引っぱり縮める。魚はそれを虫だと思って飽くまでも追っかける。ついには鮟鱇の口腹《こうふく》に葬られてしまう。

以上羅列した種々の看板もやはり海月の肉の傘、鮟鱇の虫状《ちゆうじよう》肉塊に過ぎないのである。世の中は慾さえ無くて常識さえあれば安全無事だが、これに反する時は実に危ないものだ。

（昭和三・七・二一　東北日記一の巻）

徒然のままに

現代の世相は人情美なぞということは薬にしたくても無い。人間らしく人情らしくいって居るのはほんの表面だけで、自己愛のため装飾品たるの感がある。金銭上の事になると親子兄弟親族でも、金銭は他人だ、兄弟は他人の始まりだと公然言い放って真理だと思って居る。少しでも家の景気が良いと見た時は、親類風を吹かして盛んに寄り付きたがるが、一度窮地に陥った時は一向に相手にせないばかりか、伯父でも叔母でも従兄弟《いとこ》でも素知らぬ面《つら》をする。そうなると親類なんかよりも友人の方がなにほど好《よ》いか知れない。ことに信仰上の友達なぞは真の力になるものである。

自分等もこの点については幾度も経験を嘗めた

一人である。真箇《しんこ》に気の合った友達なら親身になって世話をしてくれる事もあるだろう。しかしそれも独身者の時代で、眷属が相当に多く出来て苦しい世帯に追われるようになっては、とかく家庭の内部から論議や苦情が出てやり難《にく》い、到底信仰の友達の様な訳には行かない。

〇

恋だ愛だといって夢の様になって居る気楽な時代は良いが、それも一年二年三年と継続すればすべてが経済的に取り扱われる様になって、無能無力だとか腰抜オヤヂだとか、弁天さまの方から蔑視されて一向に情緒が無くなってしまう。恋愛至上論なんか一時のいわばキワものである。今日の世の中は恋も愛も自己擁護を中心として継続されるかような恋や愛の中味には三文の価値も力も無い。既にその時の中味なるものは既に已《すで》に腐朽して居《お》るのだ。

〇

地位だとか、名誉だとか、金銀だとか、好男子だとか、美女だとか、曲線美だとか、肉体がどうだとか旺《さかん》に論議されるのも、ホンの当座の場当りでなければ、たわむれである。死ぬほど惚れた、生命《いのち》を捧げる、生かしなりと殺しなりと君の自由にしてくれなどとのぼせて居ても、米塩《べいえん》や小遣銭を供給しなくなったら、すぐに肱鉄《ひじてつ》の乱射はまだ愚か、あらゆる軽侮と嘲罵の雨を浴びせかけるのだ。ゆえに無産者には恋の味覚なんか余裕が無い。それはその恋が中心でなく生活の手段だったからである。

〇

親分乾児《こぶん》の関係も自他相利する処から出発している。宗教の信仰も現代の世相は大部分それから出発しているのだ。ゆえにその利が相反した時はすぐに反目分離してしまう。大本の事件の起った後、四五の熱心な信仰家らしく見えて居た連中がたちまち弊履《へいり》を捨つるが如き態度で別れたのみか、聖地までも少々ばかりの金のために裁判までして差押え、神様や恩師に対して弓を引いた者さえあった。現代の人情というものは真《まこと》にひからびてしまった。彼も是も悉皆《しっかい》自己愛生活中心から出発する。それが今の世相だから堪《たま》らない。これでも人間様《さま》だろうか。

無我夢中に人情美を発揮した時代は何物を見ても嬉《よろこ》ばしい。宇宙の一切が親友のように懐かしい。それが生活を中心として取扱われる様になった時には、総《すべ》てが心淋しく感ずる。心の底に何か物足らぬ淋《さび》しみを感じて一向に気乗りがせない。生を神に托する事を知らない人間のすべてのやり方は、実に自他共に淋しみを感ずる。

○

生《うま》れたばかりの、世間と一切没交渉な愛児のために尽すという事は、相手は何も知らず平気の平《へい》三《ざ》でも尽す方は心持ちがよい。人の知らぬ間に人の為にした事、世間一般の人類が何も知らぬ間に、世間人類の為に尽した事はとても気持がよい。心中する処まで惚れたなら定めて快い事であろう。心親を無上と思い、恩師を最上と考え、恋女《こいおんな》を至上と想い、女は恋男《こいおとこ》を無上と考えて、それに終始する事の出来るものは、好《よ》かれ悪《あ》しかれ議論は抜きとして、人間としての幸福である。一歩進んで神を至上無二の本体として信仰し得るなれば、天下にこれくらい至上至高の幸福は無いのである。世間から見て馬鹿で愚鈍でしかも大々馬鹿者で、信ずるだけしか能の無い人間くらい幸福なものは無い。

○

わずかの差異を探り出していかにも天下の真理でも発見した如く、理性に勝つ人ほど天下に不幸なものは無い。そういう人の心の底には必ず淋しい淋しいあるものが潜んでいる。愚者がこの世に幸福なか、賢者が幸福か、賢愚の別は何にあるのか、自分の心に尋ねて見て、それに満足の出来るものが世界第一の幸福者であると思う。

主人は終始一貫生活資料を求むべく一生懸命社会の競争場裡に馳駆《ちく》して働いて心身を痛めて居る。たとえその間《かん》に花見遊山《はなみゆさん》や茶屋遊びがあったにしろ、とにかく一人の手で稼ぎ、それに妻子や召使の男女が幾人かあるのを相当に養って行く。そのうえ世間と愧《はず》かしく無い交際もして行かねばならぬ。そこに家の主人たるものの悲哀があり苦悩がある。

女房は家政をこれほど上手にやって居るのに、それが主人の眼に見えない。いつお払箱になるかも知れぬ。このごろ主人は第二号を置いて居るらしい。私くらい不幸な女は無い。死んだ方が結局こんな苦しみが無いだろうと愚痴る。召使の男女はなにほど忠実に勤めて居ても、命令一下たちまち身の浮沈がきまるという。それも相当に理屈はある。そこでそれらの一切の雑念を無くしようと思えば、神の教に従い神を信仰して宗教的に生きるか、独り者で暮すに限る。独りで労作して独りで食う、それが一番に単調で文句が無い。しかしながらその独り者でも千歳の齢《よわい》を保つことは出来ない。吾も人も愚図々々言って居る間に皆死んででない。吾も人も愚図々々言って居る間に皆死んで行くのである。そう思うと世の中が堪《たま》らなく淋しくなる。やっぱり愚者が良い、大愚者がよい。そして大愚者たらむとするには信仰に入らねばならない。信仰上から造り上げた大愚者なれば永遠に死ぬことを知らない。死んだら第二の真《しん》の生活に入るのだから、これほど天下に幸福者は無い。

死ぬほど惚れた人に逢えない、想うように浮世の小車《おぐるま》が廻らない、こんなに思っても思うようにに行かぬ。それよりも一層のこと今の間に別れようという気になる。これも信仰に生きる事を知らないからである。

○

これほど将来の事を案じて蔭で尽して居る事が判らないのか、俺の思いが通じないのか、そんな薄情者なら勝手にするがよいと投げ出す。そんなに男女の恋なぞというものは薄っぺらなものである。あの時に死なずに居て良かったなアと後で歓ぶ時節もあるものだ。

恋愛とは性慾発動の際に出発する一種の感傷である。性慾の衰退と同時に消滅する。ゆえに性の本能から立論すれば神聖なものであろうが、霊性の本質からいったら、たいして論議するほどの価値もない。それは瞬間的であり一時的である。なかにはそれが多少永続するものもあるが、宇宙の時間から見たら極めて短いものである。

○

口幅の広いことをいって自己の存在を確認して、黄金と権力と体力さえあったら、神なんか信仰せなくてもいかなる事でも出来ると自負して居るのが現代の人間の大部分である。それが一つ体躯に微異を来《きた》すとたちまち別人の様に小さい心持になる。別条の無い、身体の壮健な時は天下に行われざるもの無しと慢心しているが、一朝四肢の自由を失って臥床の身となり、剰《あまつさ》え生命《いのち》の綱が細って行く時に人間は何を考えるだろうか。ただただ生きよう生きようという生の執着と欲求より外に何物もないのである。

こんな時になって浮世の一切が有難味を加えて来る。信仰心が起り神仏に依頼する気になるのが人間の常である。発熱甚しく堪えがたき時に氷屋の丁稚《でっち》の親切味が覚えられ、食道に普通の糧が通らぬ時に牛乳屋の恩恵が悟れる。夜更けて交通機関の絶えた時には、電車の有難味がしみじみと感ぜられる。可愛い児《こ》に旅をさせという諺《ことわざ》も、こんな所から生れて来た言葉であろう。馬の生眼《いきめ》を抜く慌惨《こうさん》な旅へ出て腕一本で生きて行く、そうした時に親というものの有難味が判って来るもので、世の中の悲喜は交々《こもごも》皆人間の心持ちを浄化するものである。自然も環境も皆神であるという心持ちになって来る。吾人の生存には変化の体験ほど尊いものは無い。百の説法万の教訓よりも只一つの体験の方がよほどその心魂を浄化するうえにおいては尊い。ゆえに折角の体験を反古《ほご》にしてはならぬ。

○

妻が大病で米の飯が一粒も通らず、熱は高く乳児はヒシヒシと泣くのみで人手がない。その時に氷屋と牛乳屋の小僧が毎朝早くから氷や牛乳を運んで来る。夜が更けて仕事をするので疲れて朝起《あさおき》が出来にくい。朝おそく起きて見るとチャンと氷と牛乳が持って来てある。何の払いは捨てて置いても、氷屋と牛乳屋には払わねばならぬという強い気分に打たれるものである。大病人も無心の乳児も生命を繋ぐ事の出来たのは神の御恵《みめぐみ》と世間の恩である。それを思えば吾人は一生懸命に世のために尽さねばならぬ、いないな竭《つく》すのではない、世間の恩を返さねばならぬ。吾人は神の不断の仁恵《じんけい》と社会の人等《ひとたち》の尊い厚い恵みに浴しているのだ。それを思えば世の中は実にありがたい。愚痴や不平がどうして出ようぞ。

人間は神の子神の宮である以上、神に叶って働きさえすれば、何事も心配が要《い》らなく安々とこの世が自由に渡れるのである。

（昭和三・八・五　東北日記二の巻）

吾蠅

吾輩を雪隠虫《せっちんむし》の成上りだ、糞の権化だ、蠅虫《はいむし》だ、吹いたら飛ぶような弱虫だと、人間どもが大変に軽蔑しやがるのが癪《しゃく》にさわる。

一つ苦しめてやろうと思って、汗をだらだら休んで居やがる頭の上をクルクル舞して見せてやると、さすがに丹波の王仁《おに》も往生いたしたと見え、宣伝使とか小便使とか吐《ぬか》す香鹿《こうろく》や、堤《つつみ》、梅風《ばいふう》の小西郷《しょうさいごう》までが、白い布片《きれ》で玉網《たまあみ》を急造し、室内飛行機を墜落させるとか吐して、吾蠅《わがはい》の航空隊に向って襲撃と出かけ、汗みどろになって追っかける。そのスタイルったら見られた態《ざま》じゃない。

梅風の奴大団扇《おおうちわ》をかざして、八方睨みの慧眼の吾蠅を叩き落そうとして、床板をメキメキ鳴らすばかりで一匹だって吾蠅に危害を加うる事をようせない。

堤という奴の如きは白い玉網を中空に左右左《さゆうさ》と振り舞わし、巫子が大幣《おおぬさ》を振り立てる様な珍妙なスタイルして全滅させむと迫り来る可笑《おか》しさ、臍茶《へそちゃ》の至りだ。手を合したりモミモミしたり足摺りをして、頭に止って糞を放《ひ》りかけ、なぶってやっても気の付かない代物だ。

犀《さい》の毛や馬の尻尾《しっぽ》には吾蠅ちょっと閉口頓死の至りだが、そんな気の利いた武器は滅多に彼奴等《あいつら》は所持して居ないからまず安心、どこまでも夏は吾蠅の天下だ。

人間の天窓《あたま》の禿げた奴を蠅辷《はいすべ》りなぞと悪口を吐かすが、吾蠅の足には吸盤といって蛸の足の疣《いぼ》のような物があるから、禿頭はおろか硝子《がらす》に止っても決して辷《すべ》るような下手な事はやらない。

また沢山な毛が生えているので人間どもの恐がる黴菌《ばいきん》を輸送するには誠に以て好都合だ。これからウーンと馬力をかけ、手足に一杯黴菌を附けると、何百万とも数え切れないほどである。

そして人間どもの油断を見すまして、せっかく拵《こしら》えよった海川山野の種々《くさぐさ》の御馳走をお先へ失礼ともいわずに、散々に喰い荒した揚句《あげく》、沢山の黴菌を御礼の印として振れ舞ってやる。知らぬが仏の人間どもが歓んで舌鼓を打ち鳴らしウマソウに食って居やがる状《さま》を見ると可笑《おか》しくて堪《たま》らない。中には蠅帳《はいちょう》を御馳走に掛け絶対に吾蠅の近付けない用心の良い奴もあれど、こんな気の利いた事をやっていやがる人間の家は極めて尠《すくな》いから、吾蠅は御馳走に不自由を感ずる事は毛頭無い。

そして吾蠅の嗅覚は三十間先くらいまでは嗅ぎ付ける事が出来るので、どこの家にどんな馳走があるかくらいはすぐ分る。

そして羽根は一日に数里を飛ぶ事が出来るし、汽車や汽船、電車、馬車、自動車もロハで、汽船なら大臣待遇で一等室におさまって洋行でも出来るのだ。力量は体量の二十五倍だから、人間ならまさに二十五人力という所だ。万物の霊長だ、神の子だ、神の生宮《いきみや》だ、天地経綸の司宰者などかして威張っていやがる人間なぞは問題にならない。

また吾蝿の眼は複眼式で多数のレンズを集めたのと同じだから、いわゆる八方睨みでどこから外敵が来襲しても良く判る。

吾蝿は先天的に以上の強味と武器とを携帯しておるから、人間どもの左右左の大幣行事や、手緩《てぬる》い攻撃ぐらいでは容易に征服されないが、近頃の人間どもも種々《いろいろ》と研究しているから、吾蝿もあまり油断は出来ない。今や盛夏の時機に際しているから、吾蝿等の跋扈《ばつこ》跳梁《ちようりよう》するには絶好の時機である。殊に各種の伝染病の流行期に入るから随分忙しい。今年は不思議な奴が遠方の丹波方面からやって来やがって吾蝿の書入時を妨害致そうとして居やがるが、吾蝿仲間も一つ総動員を為し、王仁《おに》どもの堅塁《けんるい》に肉迫し、どこまでも追いかけて行って眼に物見せてやらねばおかぬのだ。

吾蝿を五月の蝿だ、ウルサイとか、払えば来る飯の蝿だとか言って除《の》けものにしていやがるが、要するに吾蝿に対して尻尾を播《ま》いた蝿軍《はいぐん》の将だ。

（昭和三・八・一〇　東北日記二の巻）

瑞光照闇（出口王仁三郎筆）

増《ぞう》補《ほ》 三《さん》 鏡《かがみ》 出《で》口《ぐち》王《お》仁《に》三郎《さぶろう》聖《せい》言《げん》集《しゅう》

2010年4月12日　初版第一刷発行
2025年9月25日　初版第二刷発行

著　者　出口王仁三郎
編　集　霊界物語刊行会（代表 武田 茜）©
発　行　霊界物語刊行会
　東京都品川区平塚 2-1-16 KK ビル 5 F
協　力　愛善苑月光分苑　目崎真弓　藤井弘　川合恒夫
装　幀　勝木雄二

発　売　八幡書店
　東京都品川区平塚 2-1-16 KK ビル 5 F
　TEL：03-3785-0881　FAX：03-3785-0882
印刷・製本　中央精版印刷

ISBN978-4-89350-388-6 C0014 ¥2800E

○ 索 引　見出し索引　1
事 項 索 引　13

○ 出口王仁三郎略年譜　63

[見出し索引]

ア

あゝ既成宗教 273
愛の力 150
愛の独占 149
愛の分霊 151
愛善会の調査局について 387
愛善紙百万部 266
明るいのが歌 292
ア行とヤ行 74
悪魔の神業妨害 103
悪魔の世界 104
朝顔 426
痣をなおす 462
味のよい所 437
アジア大陸と素尊の御職掌 35
アテナの神 51
虻になって 116
油虫 355
天津神と国津神 52
天津祝詞と五大父音 74
天津祝詞と神言 251
阿弥陀の実現化、弥勒仏 41
現われかけたミロク様 82
有難き現界 189
安心立命 194
安全な代物 211
按摩 472

イ

家を建つる場所 111
五百津御統丸の珠 242
怒りと毒素 150
生松 257
生身天満宮 345
「いざゞく」と「いたゞく」230
意志想念のままなる天地 180
偉人千家尊愛 342
出雲言葉 248
厳と瑞 43
伊勢物語と和歌 288
一星霜 401
井戸の位置 360
稲羽の白兎 57
祈りの声が聞こえる 320
祈りは天帝にのみ 250
イボの薬 468
芋名月 346
色を白くする法 467
因果応報 209
因縁の土地 192

ウ

上になりたい人 219
植えかえた木のため 420
植木と主人 429
上田家の姓 307

魚の中毒 462
魚を釣る時 434
艮の金神様 28
艮の金神様と支那 236
艮の方角 376
鈿女物語 353
歌 294
宇宙の声 73
宇宙の声音 71
美しい人 393
鰻について 459
石女 459
梅で開いて 231
梅で開いて松でおさめる 229
梅と桜 428
梅干の効用 474
運は人が作る 209

エ

絵と墨 290
絵と独創 289
絵について 285
絵を描く時 280
易 272
易の当否 268
慧春尼 368
エト読込みの歌 384
胞衣と岩田帯 349
襟首 288
エルバンド式とモールバンド式 239
遠大なる準備 228

オ

王ミロク様 40
扇、団扇 377
黄教、紅教 272
黄金閣の瓢箪 145
大江山と邪気線 102
大神様方の御容姿 29
大神様御奉斎について 253
大黒主と八岐大蛇 51
大槻鹿造と王仁 307
大本という文字 271
大本は型の出る所 197
大本格言 191
大本人の守護 275
お給仕について 255
お釈迦さんの頭 346
御玉串について 256
お土 471
お友達がほしい 328
男松と女松 418
思い出の一、二 302
親作子作 380
温室をやめた理由 429
音頭と言霊 67
女と蛇と馬 109
女の型 365
女は神の傑作 296

カ

海岸線と山岳 403
外国人の祈り声 329
改神慢神 231
開祖様のお歌 231
開祖様の奥津城 122
開祖様の御昇天 307
開祖様をおんぶする 308
海潮 308
科学の力 22
鏡餅 359
柿の夢 471
柿は毒消し 444
学と神力の力競べ 46
香具の果実 426
角帽の階級打破 304
学問も必要 221
掛軸について 293

過去の失敗 213
菓子と饅頭 363
拍手の意義 250
歌人 295
春日の鹿の由来 350
風も浪も七五三 278
カタバミの葉 442
家畜と人間の唾液 432
脚気の妙薬 442
河童 350
門松 359
仮名づかい 74
金持ちと金番 210
鎌鼬 355
神という言葉 27
神と倶にある人 175, 181
神の経綸 23
神の作品 282
神の籍に入らざるもの 45
神の恵は公平無私である 163
神への恋愛 151
神様と味わい 27
神様と温室 22
神様と花 22
神様と標準 28
神様の一年 229
神様のお仕事は二つ玉 22
神がかり 112
かみなが（髪長）358
紙雛さまと兜 387
惟神 205
惟神の寝方 391
惟神の心 184
惟神の心性 168
惟神真道弥広大出口国直日主之命 253
惟神霊幸倍坐世 258
亀岡と三五教 122
亀ノ瀬の地質 408
亀山城 310
烏 434
変わったものに相手になるな 208
棺も旛も 221
冠句は大衆文芸 279
ガンジー 384
堪忍 178
感冒の妙薬 443

キ

キのつく動物 438
気温と風の吹きかた 406
気温の調節 407
気候による植物の植え方 419
創をした時 443
犠牲 25
偽善者 177
北山の火竜 46
器物の裏底 290
「君」の意味 398
行 276
教育について 225
兇党界 103
兇党界と人間 108
嘘談家協会 392
清姫のこと 336
キリストの再来 47
金銀為本の政策 389
近年の暖かさ 406

ク

食い合わせについて 456
空気のぬけた頭 198
空相と実相 219
空中肥料 426
探湯の釜 244
公卿と熊襲 398
草花より生ずる虫 417
奇魂の足らなかった南洲翁 337
苦集滅道 166

葛の葉の子別れ 361
国栖を集めよ 229
薬二、三種 472
国生み神生みの神業 58
椢 419
頭槌 石槌 351
倉と便所 376
熊山にお供して 135
呉の海 240
黒は色の王 279
細矛千足の国 381
君子は豹変す 358
軍縮問題 382
軍備撤廃問題 382

ケ

系という文字 351
経済と会計 385
芸術は宗教の親 280
刑法改正問題 383
敬老尊師 308
血液と絵 291
月宮殿の仁王様 141
月宮殿の宝座 123
結婚と男女の年齢 207
月照観音と平安観音 121
原始時代の貴重品 356
現代の日本人 262
玄米食 437
言霊学 73

コ

碁と将棋は嫌い 316
皇円阿闍梨 344
甲子章について 261
広大無辺の御神徳 26
香茸と胃腸病 469
皇道と王道 200
皇道と王道の区別 398
弘法大師 344
皇霊祭と祖霊大祭 252
声の順序 72
呼吸について 446
故郷人 313
心と形 201
心と魂 99
児島高徳 345
五十六億七千万年 38
御神霊を鎮める時 252
湖水 362
牛頭天王と午頭天王 32
個性 195
国家的思想 232
琴の初め 33
言霊と言語 66
言霊奏上について 67
子供になって寝る 324
五男三女神の働き 53
小判の効能 457
碁盤を買うた 325
瘤を取る法 443
狛犬のこと 348
米 436
米の意味 437
米の三度作 425
金剛石 401
艮坤二神の御歌 30

サ

裁、制、断、割 93
最後の真理 263
最初の信者 312
細心豪胆 390
再生 101
細胞 413
細胞と毛孔 414
「酒」と「剣」について 362
酒の起源 439

作歌の法 292
雑魚取りの名人 316
雑草は彼岸に刈れ 421
雑念の盛んなる人 92
淋しいということ 241
新つの世 83
三猿主義は徳川氏の消極政策 155
懺悔 177
産後のために 471
三杓子は天国 250
三種の神器 397
三十六相と八十八種好 48
山上の家 110
山椒の樹 427
三千年に一度実る桃の実 157
三千年に実る桃 29
三大民族 396
三段の型 31
三都の人の心性 347
三菩薩 211
三摩地 189
三りんぼう 106

シ

死に直面しての安心立命 174
字と筆 279
痔の治療法 450
シオン運動とモーゼの裏十戒 396
四苦 176
尸解 430
自己暴露 328
獅子を御する文珠 331
死獅子と生鼠 198
痔疾の妙薬 445
死者の枕する方向 252
自主的精神 378
四十八の夜中 413
師匠を杖につくな 265
地震と鉱物 400
地震の前兆 401
至誠と徹底 184
自然に描ける絵 284
七福神 60
日月模様の浴衣 192
支那という国 383
信濃国皆神山 130
ジフテリヤの全治法 469
私憤と公憤 208
島根県 130
謝恩と犠牲心 176
謝恩の生活 214
釈迦と提婆 339
社会学の距離説 392
笏 360
写真も一人で 331
舎身活躍 239
舎利 358
臭気どめその他 448
宗教の母 288
宗教より芸術へ 284
宗教心 275
宗教即芸術 287
宗教団とその教祖 270
宗祖とその死 344
修理固成の仕事 77
宿命と運命 206
守護神 93, 257
主人の居間 372
十か月暦 394
出産日と男女 411
出産率と救い 82
樹木 428
樹木のいろいろ 420
樹木の心を汲め 416
樹木の育て方 422
樹木や石は天気を知る 404
聚楽の第 280
巡笏とプログラム 330

春秋の気候について 408
准宣伝使 264
小三災 81
正直者 日本人 389
条虫駆除法 470
上棟式と幣 376
浄瑠璃 283
書画をかく秘訣 282
食膳について 376
植物と精霊 419
食物 439
食物と性格 439
食用動物 436
食糧問題 384
女性の功徳 370
書道 293
白髪の増えぬ法 445
不知火 352
神、耶、仏、すべてを信ず 268
真の宗教 268
進化論 100
信教の自由 270
神功皇后様と現われる 29
信仰と病気 465
信仰に苔が生えた 178
深呼吸の害 441
神示の宇宙 65
神示の若返り法 440
信じきること 194
神社参拝の心得 371
人生と信仰 173
人生の諸問題 160
親切にしてやれ 208
神饌について 260
神饌物 258
人体と水 414
神庭会議 142
神的順序と事務的順序（人的順序）159
真如聖師と応挙 301
新年勅題について 70
心配は毒 453
心配事 221
審判は近づいた 82
神木銀杏 420
蕁麻疹の薬 449
神命と実行 155
神諭の九分九厘 230
心霊現象と兇党界 106

ス

睡眠と食事 455
数字の頭 224
素盞嗚尊と鼻 32
雀の領分地 431
素尊と稚姫岐美命 34
素尊の神業 35
素尊御陵 134
捨てることは正しくつかむこと 216
スバール姫、スダルマン太子 239

セ

背に腹はかえられぬ 419
聖賢ではできぬ 76
成功したる講演 264
生前に銅像を建ててはならぬ 322
聖壇 242
西南戦争とわたし 300
生命 171
生命と歯 414
生命は同年 473
姓名 374
性慾の問題 452
精力と精液 454
精霊の生命 94
咳の妙薬 456
関の地蔵さまと一休和尚 336
隻手の声 73
隻履の達磨 343

善言美詞は対者による 219
線香は嫌い 322
全身の奉仕 200
宣信徒よ 265
喘息全治の法 474
宣伝の標準 261
宣伝使の階級 91
宣伝使帽 265
千の利休は明智光秀 334

ソ

早漏の療法 464
祖先の命日と死 259
そめがみ（染紙）358
空の星と人間 336

タ

鯛の骨 467
大安石と小安石 126
大宇宙 64
大画揮毫について 287
耐寒力と飲酒、肉食 436
大事業 210
大蛇と毒気 445
大乗と小乗 48
大乗教と小乗教 272
太平柿の歌 245
太陽の黒点 63
太陽を招び返した清盛 205
田植 348
高い鼻 415
高熊山に現われた霊石 127
高姫と妖幻坊 102
多汗 467
宅地と植樹 427
托鉢と巡礼 275
竹と豌豆 424
竹と蕎麦 424
竹と筍 424
他家の鼠 113
筍と鰯 424
竹藪と悪魔 428
打算から 191
他神の守護 99
祟り 223
脱腸 465
玉 351
玉について 201
たまがえしの二、三種 247
玉串 259
魂の入れ替え 99
魂の大いさ 211
魂は外へ出さねばならぬ 207
玉の井 312
たむしの薬 450
田虫の妙薬 457
断の一字 209
壇訓について 233
断食のこと 162
男女の道 56
誕生の種々 96
胆石病 464
胆力養成家 190

チ

血 416
血の道 464, 474
血止めの法について 451
智、仁、勇の食物 438
小さいこと 372
小さい蒲公英 298
地上に移写するオリオン星座 120
地租委譲問題 381
地平説について 62
茶室 293
中耳炎の妙薬 470
中風、百日咳、喘息 453

ツ
追善供養 251
月 296
月と三日月 347
月は母体 62
月欲しい 46
筑波山の悪霊 106
辻説法 303
つまずく石 220
爪をきる時 112
強がる人 227

テ
手の働き 360
寺 357
天は人に二物を与えず 158
天恩郷が好きな理由 310
天恩郷の命名 121
癲癇 442
天眼通について 117
天狗 52
天国と現代 388
天産自給 408
天職と職業 224
天帯 89
天地への義務で生きている 327
天人と悋気 90
天人の五官 86
伝染病根治法 444

ト
道院奉唱呪文略解 235
礬水びきの絹本 293
当相即道 220
同殿同床の儀 256
糖尿病の薬 463
頭髪 289
頭髪と人間の使命 409
動物の寿命 430
動物愛護について 433
動脈硬化と食物 469
道楽は一つの宗教である 260
時を告ぐる鶏 433
毒と薬 318
毒ガスと菜食 468
年をほかした 327
年を若くすること 66
ドテラの始まり 347
賭場の番人 299
土瓶や鉄瓶の置き方 371
取越日記 391
取違いの信仰 195
泥は薬 446
泥金の日本人 386
十和田湖の神秘 480
どんな仕事にも霊をこめる 157

ナ
直美と操 100
泣く病人は死ぬ 239
茄子 423
なずな七草 427
夏 184
七草の効用 460
何よりも楽しみ 305
ナヒモフ号の金塊 113
波 386
男装坊の再生 476
南天と蓮 421

ニ
二大祖神 32
二本の門松 359
日本と何鹿郡、綾部町 122
日本と外国の神がかり 113
日本と孟子 346
日本には金は幾何でもあ 400
日本は世界の胞胎 404

日本人と悲劇 391
日本人の寿命 457
日本人の肉体 411
日本人の抱擁性 217
日本人 目覚めよ 379
日本人種 394
庭石の配置 294
鶏の宵鳴き 361
人魚と若がえり法 462
人間という問題 186
人間と現世 179
人間と動物 96
人間の創造 91
人間の霊魂 93
人間は木から生まれた 87
人間は種々の前世をもつ 93
忍術 354
人神 111
妊娠 465
妊娠と授乳 470
人相とその性質 409
忍耐 207

ネ

寝顔と性質 101
葱と呼吸器病 441
猫は家につく 433
猫は魔の王 434
熱と病気 442
熱するということ 264
寝ると水になる 463
寝る時の形 443

ノ

祝詞は一人で 331
祝詞奏上 257

ハ

歯 415
肺炎の妙薬 472
肺病について 458
墓の台石 252
墓場跡と飲食店 110
拍手 258
八月のいら蒸し 401
白血球と赤血球 412
花はみな太陽にしたがって廻る 421
鼻の世の中 33
ハルナ 248
盤古について 54
半僧坊様 254
万有と道 157

ヒ

火の洗礼と水の洗礼 42
ピアノ式按摩 454
比叡山 357
光る宝石と曲津 107
脾肝の虫の薬 458
ひきとふく 350
雄蟇と雌蟇 357
悲劇と喜劇 156
飛行機 387
久方の空 350
瓢と水の藻 385
瓢型の墳墓 354
非常時の人物 390
左手右手 364
人に会いたくない 319
人に化けた狸 305
人の体は小宇宙 414
人の面貌 413
人は度胸 204
人を使うこと 204
霊止と人間 211
人魂 98, 100

睛を入れる画法 291
秘密 240
干物のあぶり方 374
百日咳 467
百年の計 378
百年の生命 327
憑依霊と聖地 145
病気と薬 446
病気と脈搏 109
病気の薬 456
病気の手当二、三 443
瘭疽（ひょうそ）の妙薬 470
蛭子の神 56
比礼 364
火渡りの道 355

フ

武の神 55
武器を持たぬ神軍 386
武家人 362
服薬について 469
婦人病 449
褌の開け閉め 375
不戦条約 381
不退転 390
ふたたび素尊御陵について 140
ふたたび七夕祭について 144
ふたたび血止めの法について 451
ふたたび日本刀について 404
ふたたび花咲かぬ枝 423
不断の用意 225
仏教の女性観 366
仏教は無神論 276
仏足頂礼 363
仏典について 191
不毛の地 403
フルベユラ 256
噴火口と蓮華台 140

ヘ

平安石と眼病 114
糸瓜と白水 424
変性男子、変性女子 48
便所の臭気どめ 450

ホ

放任主義の教育について 226
仏と神 261
哺乳と変態性慾 394
惚れられる人 152
本宮山は平重盛の居城 121

マ

槙の木について 428
正夢と霊夢、霊眼 115
松と雑木 422
松と土と水 448
松茸 426
眼瞼に入った塵 457
マリヤ観音 141
廻り金神 54
満月と万有 400
満州と宣統帝 388
万病の妙薬 449

ミ

みささぎ、かささぎ 348
短い言語 263
水と火を食う 437
水の御恩 374
水も漏らさぬ経綸 79
水鳥の温度 431
瑞穂神霊 144
身魂の因縁 325
身魂の三種 94
身魂磨き 196
道の長千羽の神 53
三日で読め 240

三子の命名 393
三つの空手 323
御手代と国替え 251
見直し聞き直しと嗅ぎ直し 206
蓑笠の起原 36
ミロク、ミロク 37
ミロクの世 75
ミロクの世と物質文明 76
ミロクの礼拝 255
ミロク三会 38

ム

無我の境 196
無我の境、無我の声 168
昔は血族結婚 349
無間の鐘 49
無作の詩 283
虫の触角と鳴き声 432
結び昆布（結婚婦）374
「ム」大陸は黄泉島 248
無題（俚謡）393
無二の真理教 262

メ

目の薬 468
名歌、名文章 282
明光 289
明従せよ 194
迷信 223
命ぜられて咲いた桜 426
命令をきく木石 188
面会 330
面会のこと 320
面会者はつらい 329

モ

猛犬シーゴー 434
猛獣と愛 153
盲腸は人体の根の国 411
模型を歩む 87
元の生き神 27
物語拝読について 244
物忘れと無我の境地 156
紅葉と歌 429
紅葉に楓 422
紋所 356

ヤ

焼肴の箸のつけ方 375
焼き捨てた紙幣 298
火傷の薬 474
火傷の妙薬 444
八十平甕 33
奴という言葉 347
薮蚊 431
八岐大蛇 54
日本武尊 58

ユ

勇往邁進 226
憂国の志士と愛国の志士 378
悠々自適 291
床の高さ 375
雪の予告 402
弓と蟇目の法 364

ヨ

世の大峠と信仰 78
世の終末と立替え 75
世の中に最も不幸なるもの 165
世は持ち切りにさせぬ 76
与謝の海 348
義経と蒙古 342
四日月を三日月と見る二日酔 323
ヨハネ伝 72

ラ

ラジオは気候を調節する 402

リ

リウマチス 465
理智と感情 222
龍は耳が聞こえぬ 52
竜宮の乙姫様 51
流行性感冒 473
竜神の御職務 51
旅行と入湯、食事 471
輪廻転生 96

レ

霊と食物 109
霊と精霊 94
霊と血 415
霊の姿 92
霊衣のこと 95
霊界での話 87
霊界と神霊界 238
霊界の親 90
霊界の宣伝使 90
霊界物語は最後の審判書なり 237
霊眼 118
霊体不二 205
霊的小説 314
霊的神業 324
霊肉脱離 98
霊媒 111
霊媒は短命 112
霊木 418
歴史談片 337
恋愛と家庭 149
恋愛と恋と愛 148

ロ

老人と若人 158
老人を友達に 227
老年と身だしなみ 372
六百六十六の獣 37
論語読みの論語知らず 238

ワ

和歌と調べ 278
和歌について 288
若返りと言霊 66
わが子の死 199
わが子の病気は癒りにくい 319
稚姫岐美命の御神体 45
ワキガの根治法 452
忘れるということ 216
わたしと仕事 317
わたしは大人になった 319
わたしは眼が悪い 323
我はキリストの再来にあらず 42

[事項索引]

ア

ア(――行) 51, 52, 68, 69, 71-**74**, 250
アイウエオ；アオウエイ 70-74, 284
愛 42, 93, 98-100, **148-154**, 175, 177, 184, 192, 221, 274, 298, 347, 367, 504
――と善 98, ――にまします神；――の神；無限――なる神 274, 465, 504, ――の象徴 121, ――の本体 274, ――悪慾 171, ――慾 153, ――国の志士 378, 神の―― 466, 自己―― 58, 153, 274, 319, 至善至―― 98, 真の―― 152, 仁―― 154, 人類―― 170, 絶対――を注ぎうる人 153, 独占―― 149, 博――衆に… 26, 万有―― 154
愛嬌〔女は〕 204
愛人 152-153, 276
愛善 93, 152, 211
――の心 77, 153, 200, 273, 438, ――の精神に背反するもの 383, ――の徳 90, 98, 108, 192, ――の誠 184, 382, ――運動 54, ――新聞 266, 人類――（会） 261, 387
アイヌ語 481
青 100, 138, 290
――水晶のような体 460
あおきの葉；青木葉 447, 456
青砥藤綱 215
青人草；蒼人草 420, 428
赤 64, 81, 138, 272
――き心 416, ――毛布 314,――熊 332
赤倉；赤倉山 484, 502
赤子岩 126
証(あかし) 46, 237
暁 38, 70
ミロク(弥勒)三会の―― 38, 477
赤山〔島根別院の〕 429
秋 36, 338, **408**, 421, 444-445, 476
――の扇 373, ――風を送る 377
秋葉神社 354, 385
悪 54, 75, 148, 166, 179, 187, 329, 382
――因悪果 209, ――因縁 209, ――化 58, 67, 102, ――思想 361, ――相 410, ――法 270, ――病 53, 444, 極――地獄 329, 心が――に作用したもの 99, 十――の仏説 366, 絶対(の) ―― 149, 191, 非行旧――〔他人の〕 178　→罪悪，善，善悪
悪人；悪漢 67, 98, 101, 294, 331, 332, 416
――あつかい 331
悪魔 43, 53, 75, 77, 78, **103-104**, 110, 160-161, 170, 215, 242, 266, 318, 319, 324, 393, 411, 428, 429, 434, 502, 504
――あつかい 44, 318, ――のさやる世の中 44, 161, ――の胤 59, ――よけ 53
悪霊 43, 78, 98, 99, 100, 102, 106, 112, 241, 259, 321, 411, 444, 453　→邪霊
――の本拠 106, 兇党界の―― 102
明智光秀 221, 289, 310, 311, 334, 335
明智戻 315
赤穂四十七士 212
阿含部 192
朝顔 426, 461
朝寝坊閑楽 279
足 98, 106, 181, 364, 499
――の裏 442, 472, ――の指先 364, ――跡〔天人の〕 126
アジア；亜細亜 **35-36**, 43, 397, 419
足利時代；足利尊氏 339, 368
阿遅鉏高日子根の神 59
足名椎 362
芦の湖 362, 480
葦原 35, 36
阿字本義 74
阿闍世 341
芦別の山；芦別山 30-31
小豆沢 482
『東の光』 265-266
安曇野〔信州の〕 353
汗；汗疣 461, 467

暖か味 112
頭 32, 60, 62, 81, 87, 98, 252, 409, 498
　――がよい人 106, ――の悪い人 22, お釈迦様の―― 346, 空気のぬけた―― 198, 計算的の―― 224, 常識的の―― 379, 旧いこびりついた―― 238, 丸い―― 452
アダム 180, 273
阿知和安彦 304-305
暑さ寒さもやわ(和)らかに 402, 407
アテナの神 51
穴 168, 439, 446
　欅の老木の腐った―― 145, 自然に――ができた石 357, 星を生みだした―― 62
穴太(穴生；穴尾) **68**, 127, **144-145**, 284, 310, 312, 314, 315, 328, 437
　――寺 145, あな霊(ほ)；穴穂 68, 145
三五(あなない)教 51, **122**, 206, 395
　→三五(さんご)
阿難尊者 504
阿野の局 325
アフガニスタン 343
油 231, 395, 456
　――の王(きみ) 231, ――虫 355
アブラハム 231
アフリカ 397, 401, 405
安倍晴明 72
阿片〔宗教は〕47
アポロの神 52
天城山 83
天草四郎 218
天津金木；天津菅曽 272
天津神 52, 70, 246, 349
天津教 397
天津祝詞 68, **74**, 136, 180, **251**, 331　→祝詞
天照大神 **32-33**, 35, 51, 141, 370
　――様の御領分 134, ――様の御霊 382
　天照大御神 52, 天照皇大神 359
天(の)岩戸；天の磐戸 52, 353　→岩戸
　――開き 350, 354, 二度目の――開き 82
天の川原 508
天の橋立 394
糖部 488, 490
阿弥陀 24, 38, 40, **41**　→弥陀
天鈿女命 354　→鈿女姫
天之児屋根命 251, 350
天之登美命 251
天菩比命 53
天の真奈井 134, 480　→真奈井
天の目一の神 356
綾の聖地 242　→聖地
綾小路関白 488, 490
綾部 31, 44, 46, 47, 49, 88, 114, 117, **120-122**, 130-133, 138, 252, 294, 302, 307-310, 318, 321, 335, 394, 446
　――の産土神 131, ――の本宮坪の内 142, ――の教祖様のご住宅 302
荒沢八幡宮 509
嵐山 284, 309
アラビヤ；アラビヤ海 405
新霊 257-258
荒魂 93, 257
アララギ 360
阿羅々仙人 497
有明山 353-354
アルコール 436　→酒
暗黒 91, 104
――時代 339, ――世界 38
安心(――立命) 41, 47, 164, **174**, **194**
安生館 121, 145, 437
安珍 337
按摩(ピアノ式――) 454, 472
安楽(――国) 174, 184, 213

イ

イ(――列) 68-69, 72, 74, 397
胃 447, 464　→胃腸
　――潰瘍 456, ――癌 447, 456
イースター島 248

家 106, **110-111**, 205, 220, 239, 356, 360, 364, 376, 429, **433**, 434 →人家
山上の――110, 猫は――につく 433
イエス 47, 274
――没後三百年 344
五百津御須麻琉(御統丸)の珠 107, **242**
医学 23, 345, 466
怒り；怒る **150**, 445, 465,
何鹿；斑鳩 46, 122
息；呼吸(いき) 68, 235, 444 →呼吸
夫婦アウンの―― 348
水火(いき) 62 →水火(すいか)
さまざまの声の―― 107
生神 **27**, 64, 247 →大神, 真神
元の――〔肉体そのままの〕27
生き通し 28, 246
生身天満宮 345
いきもの(生き物；生物) 64, 81, 210, 280 →生物(せいぶつ)
戦(いくさ) 81 →戦, 戦争
――の神 54
生魂(いくみたま) 94 →精霊
生魂(いくむすび) 87, 417
池 44, 51, 131, 344, 362
実家の西南隅にある―― 312
池田伊丹 68
イケニエ 25 →犠牲
イザナキ；イザナギ；伊邪那岐 56, 69, 398
イザナミ；伊邪那美 36, 56, 69, 354, 398
石 110, 114, 125, **127**, 188, **294**, **404**, 419
――の塔〔十三段の〕322, 自然に穴ができた(天然の) ―― 107, 357, 砥―― 196, 涙―― 311, 庭―― 294, ミカゲ―― 401
意志；意思 25, 111, 181, 222, 233, 368, 379
――想念 149, **180**, 191, 211, 233, 237, 251, ――想念の世界 194, 神の――; 神様の御―― 78, 159, 233, 268, 自由―― 237, 326, 不思議なる―― 25
石井常右衛門 377
意識 73, 156
――してやること 194, 無―― 73, 257
石槌 351-352
移写 **120**, 125
天国の―― 184, 429
衣食住 239, 388
伊豆 83
厳 43 →厳霊
――の御魂；――御魂 49, 479
伊都能売 40, 49, 367, 478
――の神 263, 478, ――観音 126
出雲 35, 57, 134, 248, 362, 404
――言葉 248, 249, ――朝廷 35
出雲八重垣 32
イスラエル 247, 397
伊勢 34, 145, 247. 397, 405
――海老 442, ――物語 288, 元―― 102
イソの館 247
鼬 97, 350, 355
一絃琴 33, 34
無花果(いちじく) 157, 443, 468
一厘 230 →九分九厘
一霊四魂 99 →五情, 魂, 霊
胃腸 126, 450, 465, 468, 469, 472 →胃
――病 447, 456, 460, 469
銀杏 **420**, 462, 463
斎宮(いつきのみや) 358
一休和尚 336
一切経 192, 269
井戸 312, 339, 360, 448
――水 170, 401
稲羽；因幡 57, 404
犬 91, 150, 395, 396, 433, 434
――喰い 375, ――と狼の混血児 434, 狛―― 348
犬飼；犬甘野 314, 315
イネ；稲 24, 145, 338, 425, 426, 437
荒――の種子 145, 瑞穂の―― 144
井上主理 236

命 67, 97, 109, 161, 194, 409, 458　→生命
——の糧 116, 現実界の—— 91
生命(いのち) 169, 173
——の親 177, 女の—— 289
祈り 114, 184, **250**, 317, 320, 329
——の言霊 72, ——の言葉〔神様に対する〕 259, ——は天帝にのみ 250
違反〔規則——；天則——〕 56, 254, 452
イブ 180, 273
今籠森 506
戒め；戒 103, 108, 191, 195, 271, 276
神の—— 265, 本当の—— 178
忌詞(いみことば) 358
イミゾノ(斎苑) 247
芋名月 346-347
煎り豆；煎り豆 157, 359
イル 247
慰霊祭 444
容器(いれもの；ようき) 76
兇霊の—— 108, けものの—— 342
色 98, **279**, 290, 400, 416, **467**
——の王 279, 290, 心の—— 416
いろは 212, 384, 451
岩 126, 280, 439
——の神 478, ——の脂肪 400
磐木山 480, 482
岩手山 480
岩戸；磐戸 251, 252　→天の岩戸
——開き 38, 251
因蘊化醇；氤 1 醇化 24, 27
インカ 248
因果；因果応報 109, 209
飲食店 108, 110
インスピレーション 289
陰性 376, 438　→陽
インド(——人) 36, 55, 101, 131, 157, 202, 248, 275, 276, 340, 393, 397, 398, 439
隠忍；隠忍自重 104, 154, 197, 198
因縁 122, 130, **192**, **194**, 209, 220, 221, 229, 325, 345
——の地(土地) 140, 192, 194, ——の御魂 229, ——因果 109, 悪—— 209, 太古の—— 35, 霊の—— 476, 霊的——の深い地 325
陰部 90, 368
伊部(いんべ) 134
陰陽 26, 56, 294, 376　→陰性 , 陽

ウ

ウ(——冠；——列) 72, 268
有 70, 220, 390　→無
ウーピー 466
上田 145, 301, 302, **307**
——喜三郎 328, ——主水 301
上田三平博士 139
上谷の修行場 146
魚(うお) **316**, 375, 376, **434**, 438, 439, 462, 467, 469, 486
——にあたりたるとき 447, ——の中毒 462, ——のつれる時 434, ——は智的食物 439, ——は智を養う 438, 海——, 海——類 375, 376
鵜茅葺不合尊 349
誓約(うけい) 134
兎 57, 125, 126, 436, 438 , 稲羽の白—— 57
牛 32, 97, 128, 150, 436　→牛馬
——さん 128, ——と午との違い 32
——(もう)の尻 265, ——や馬が物言う；馬や——がものを言い… 76, 342
丑 384
——の刻参り 53, 土曜の——の日 456, 461
艮 28, 30, 31, 223, **376**, 407
艮の金神 **28-31**, 54, 64, 77, 79-80, 236, 228, 442　→国常立尊
——国常立尊様の御経綸 80, ——国常立尊の世界的進出 29, ——を呪って… 322
碓井峠 30
鈿女姫；鈿女屋敷 353-354

嘘 159, 212, 334, 386
——の絵 278, ——のつきくらべ会 392
歌 30, 59, **278**, **279**, **282**, **288**, 289, **292-295**, 314, 316, 328, 337, 338, 352, 361, **429**, 408, 427 →神歌
——は「出雲八重垣」32, ——日記 139, 391, 開祖様のお—— 231, 神様は——を奉るのが… 294, 艮坤のお——30, 太平柿の—— 245, 元—— 282
宇知麿 128, 308, 393
宇宙 23-26, 62-65, **71-74**, 91, 167, 168, 171, 175, 214 273, 274, 413, **414**
——の声 72, 73, ——の真理 25, 177, ——の真相 23, ——の謎 23, ——大本教 40, ——章 261, ——万有 71, 282, 心を——大に張りきっておれば… 201, 大—— 64, 65, 71, 413, 小——〔人間の身体は〕414
宇宙一切 23, 166, 268
——の完成の時期 25, ——の花 23
団扇(深草——) 372, 377
宇都宮筑波野 222
器 244, 290
大きな—— 210, 342
腕 82, 287
優曇華 157
鰻 208, 447, 448, 456, **459-460**, 470
——の耳の生えたもの 208, ——の姿の竜神 460, 大なる—— 477
ウパニシャッド哲学 339
産土の神；産土神 58, 99, 100, 489
綾部の—— 131
産湯；初産湯の井 312, 339
午 32, 384
馬 97, **109**, 128, 296, 462, 494 →牛馬
——に魅いられる 109, ——や牛がものを言い…；牛や——が物言うとき 76, 342, 神様に——はつきもの 296
馬淵川 491
生れ変り；生れ替り 93, 100, 101, 393
海 83, 283, 408
——魚 375, ——のもの 376
海河山野；海川山野 294, 376
梅 **229**, **231**, 382, 420, 422, 423, 428, 443, 456
——で開いて松で治める 229, 231, ——は教え 229, 231, 359, ——酢 447, ——干 170, 466, 474
梅迫駅 339
運 161, **209** →運命 , 天運
家—— 111, 205, 355, 国—— 387
運命 174, **206-207**, **209**, 347

エ

絵；画 46, 206, 278, **280-285**, **289-293**, 295, 301-302, 343, 387
——が生きている 278, ——は女の芸術 293, ——を描くとき 280, 282, 291, ——具 293, 315, ——馬 494-495, 活きた—— 283, 風を描かねば——にはならぬ 291, 兜の—— 387, 本当の—— 290
永遠 99, 170, 171, 184
——に生きんとする 180, ——の生命 42, 94, 165, 172, 184, ——の生命を楽しむ 165, 神代を——に建設す 26
永遠無窮 25, 167, 170, 172, 173, 176, 180
——の安楽国 174, ——の生命 170, 180
——の世界 213, ——不老不死の生命 173
永福寺 494, 501
易；易者 54, 268, 272
エクトプラズム 112 →精力素
エジプト 248
慧春尼 368
エスペラント 261
胞衣；胞胎(えな) 349, 404
エネルギー 328
恵比須(エベス；蛭子) 56-57, 60
襟首 288
エルサレム 31
エルバンド式 239-240

エンゼル 91, 93, 250 →天使
豌豆 96, 424
円能斎〔第十三代〕335
閻魔大王 237
円満 204, 213, 373, 381, 410, 413
——具足 68, 250, 364, 常識—— 373

オ

オ(——列) 40, 68, 72
オイッケン 379
老の坂 299
王 25, **40**, 271, 342, 348, 351, 398
——ミロク 40, ——位 200, 341, ——道 200, 359, 382, **398**, 油の—— 231, 色の—— 279, 290, 唐の—— 348, 魔の—— 434
扇 372-373, 377
黄金の玉 127, 242
黄金閣 79, 145, 350
黄金時代 23, 93
黄色(おうしよく) 272
——の玉 242
応身聖者〔自由豁達進退無碍の〕38
近江 134, 480
御占場 506
大井 68
大石凝真寿美 73, 130
大石友治郎 312
大出口(おおいつき) 253, 255
大海原 36, 246
大江山 **102**, 106
大枝山 299
狼 315, 332, 430, 431, 434
——などに襲われた時 53, ——の孫にあたる犬 434
大神 32, 96, 109, 146, 234, **253-254**, 258, 259, 285, 414, 501-504, 507 →生神, 真神
——のお姿；——の御容姿 29, 64, 大本——；大本皇大御神 26, 255, 国祖—— 51, 御三体の—— 142, 主の—— 58, 皇——；皇神 246, 359, 496, 天祖—— 397, ミロクの—— 82, 老祖の—— 234
大国常立尊 29, 64 →国常立尊
大国主；大国主命 35, 55, 57, 59, 60
大黒主 **51**, 60, 106
——の鬼雲別 481
大溝池 131
大阪 158, 162, 201, 202, 301, 337, 408
——人 347, ——毎日新聞 248,——湾 405, 冠句は——が初め 279
大塩平八郎 218
大島〔鹿児島県の〕337, 405
オーストラリア大湾 405
太田栄子夫人 335
大槻鹿造 307
大峠〔世の——〕**78**, **79**, 139, 174
大麻；大幣(おおぬさ) 107, 136 →幣(へい)
大日孁尊 34
大晦日 374
大本 44, 46, 49, 54, 77, 101, 115, 123, 139, 146, 155, 157, 160, 172, 187, 196, **197**, 199, 213, 214, 229, 232, 233, 236, 240, 252, 254, 255, 257, 258, 261, 262, **271**, 275, 294, 310, 329, 338, 344, 370, 373, 384, 396, 402, 446, 466, 476
——が潰れたとて… 298, ——に在りたことは… 197, ——の教え 48, 232, 263, 373, ——の歌人 294, ——の神；——神 77, 115, 255, 261, ——の教理 263, ——の経綸 43, ——のことは九月八日の仕組み 155, ——の修業場 122, ——の神業 80, 192, ——の信仰 199, 275, ——の生命は… 77, ——の宝 191, ——の庭園 294, ——の礼拝 255, ——の歴史 145, ——は男の子は育たぬ 101, ——大神の賚 26, ——格言 **191**, ——式の教育 226, ——(十年)事件 37, 197, 203, 308, ——人 47, 77, 175, 262, 271, **275**, 380, ——神苑 45, 126, ——(の)信徒 233, 266, 373, ——(の)信者

78, 102, 175, 265, 266, 275, 327, ——皇大御神 255, ——農園 425, 宇宙——教 40
大門 46
大湯 509
おかげ(お陰；お蔭) 110, 126, 162, 178, 208, 370, 409, 453 →神徳
月日の—— 192, 西洋の—— 380
岡山 135-137, 244, 335
お烏神社 34
淤岐の島 57
奥入瀬 484
奥津城〔教祖様の〕 122-123 →天王平
小国支部〔熊本県〕 136
小国ヶ岳；小国山 484, 509
オクラハマ砂原 393
長船 404
教え 29, 42, 75, 131, 177, 179, 194, 195, 244, 261, 263, 272, 276, 367 →教理，神教
——なるもの 269, 梅は—— 229, 231, 359, 大本の—— 48, 232, 261, 263, 373, 鏡は—— 382, 偏った—— 192, 神の—— 257, 261, 265, 神の——をする道場 194, 真の—— 42, 日本の—— 262, 祖先崇拝の—— 176, 人間生活の—— 359, ミロクの—— 395
男嶋女嶋 31
白粉花(おしろいばな) 461
お末 314-315
小角〔大峰葛城の〕 497
お供え；お供え物 137, 145, 251, 255, 257, 259, 371
神様に——したもの 110, 448
畏(おそる)；畏る 96, 99
恐ろしいもの；恐ろしさ 97, 211, 213, 430
織田信長 325, 348, 381
お多福 205, 376
——桜 184, 426
夫 104, 148, 149, 153, 239 →夫婦
音；緒止 70-73, 250, 284
男 48, 56, 69, 102, 152, 153, 204, 207, 238, 282, 296, 410, 464 →男子，男女，男性
——が惚れるような男 152, ——の芸術 293, ——の子 101, 394, 411, ——の心 153, ——の肉体 296, ——は三十歳にして… 207, ——は度胸 204, ——親 394
弟橘姫 30
お取次 256
お腹(なか) 162, 163, 446 →腹
——が痛む時 442, ——が膨れる病 245
おに；鬼 55, 104, 266, 273, 319
——の醜草 460, ——も大蛇も… 318, 319, 心の—— 118 →鬼神，邪鬼
王仁文庫 265
鬼雲別〔大黒主の〕 481
小野某 190
自転倒島 34
おばこ；オバコ 447, 472
帯 53, 89, 315, 465
岩田—— 349, 絎け—— 53
お人よし；お人好し 261, 458
オヒラ 33
お筆先 29, 49, 64, 74, 76, 194, 216, 229, 230, 344, 363, 407 →神諭
——の真の光明 216
お守り〔神様の〕 28, 161
おみきさん〔天理教祖の〕 154
女郎花 461
万年青(おもと) 472
祖；親 **90**, 92, 104, 148, 177, 226, 228, 251, **280**, 309, 364, 366, 394, 452 →子，子供
——さま 192, ——たる芸術；——の芸術 284, 295, ——の干渉 226, ——国〔世界の〕 405, ——子 177, 374, 381 ——作子作 **380**, 生命の—— 177, 415, 宗教の—— 280, 未生以前の—— 177, 霊界の—— 90
尾由；尾由村 498, 500
お蘭さん 127
オリオン；オリオン星座 62, **120**

お柳〔三十三間堂の柳の〕336
大蛇（おろち）**51**, **54-55**, 246, 362-363, 427, 477, 481-484, 487-488, 502, 505, 508
——の比礼 364, ——退治 51, 134, 鬼も——も… 318, 319, 北沼——の胤 483, 八頭八尾の—— 78, 134, 八岐—— **51**, **54-55**, 80, 362, 477, 481　→大蛇（だいじゃ）
恩；恩恵；恩寵 26, 175, 218, 227
お水の御—— 374, 自然界の殊—— 215, 天地の大—— 215　→謝恩，神恩，恵み
音楽；音響 71-73, 392
温室 116, 120, 121, 365, 429
神様は世界を——としようと… 22
温泉 118, 191, 446
音頭 **67-68**, 284
温度 402, 417, 431　→気温
女 56, 69, 70, **109**, 152, 204, 238-239, 282, 289, **296**, 325, 356-357, **365-370**, 376, 409, 410, 452, 459, 464, 472　→女子，男女，婦人
——が惚れるような女 152, ——の生命 289, ——の芸術 293, ——の子 101, 394, 411, ——の十悪 366, ——の肉体 296, ——の美 289, ——の病気 452, ——は愛嬌 204, ——は二十歳にして… 207,「新しい——」；覚醒めた—— 367, 369, 一度でも交渉のあった——（ひと）309, 嫉妬深い—— 153
音律 68, 74
怨霊 98, 315

カ

カ 68-70, 73
カキクケコ；カコクケキ 70, 72
蚊 241, 377, **431**, 460
カール・ブレース 393
快感 26, 102, 158, 171, 432
海岸線 403
階級 187, 276
角帽——打破 305, 宣伝使の—— 91, 知識—— 262, 380
会計 385, 390
外国 74, 113, 142, 227, 389, 398, 405
——の悪霊 43, ——の飛行機 427, 468, ——のもの 408, ——人 329, 389, 415, ——の守護〔竹は〕229, 231
改心 83, 99, **231-232**, 318, 332, 458
疥癬 461
開祖 28, 46, 49, 50, 64, 71, 74, 101, 111, 199, 230, **231**, 233, 236, 240, 253, 305-**308**, 339, 344, 479　→教祖，出口直
——御昇天 307, ——の生れ変り 100, ——のお歌 231, ——のご実家の祖 338, ——の御像 256, 大本——の葬儀 344
戒壇〔熊山の〕134, 137-140, 244
海潮 308　→出口王仁三郎
害毒（宗教の——）167, 275
外分 148
改暦案 394-395
楓 422
省；省る 96, 99, 228
蛙 350, 422
花苑；花園 120, 157, 280, 417　→花壇，庭
顔 33, **101**, 111, 252, 282, 288, 291, **410**, **413**, 416, 440, 465
作者の—— 290, 寝—— 101
画家 282, 293, 296, 302
——の描く絵 282, ——の苦心 290
科学；科学者 **22-24**, 62, 169, 244, 274, 353
鏡 53, 356, 357, **359**, **382**, 397
水——〔十和田湖の〕506, 三つの御魂の—— 478, 餅の—— 359
鏡の池 121
柿 245-246, 428, **444-445**, 448, **471**
——の夢 471, 太平——の歌 **245**
鍵（言霊学の——；天国の——）273, 389
餓鬼 98, 110, 444
——大将 304, 名誉—— 82
嗅ぎ直し 32, 206
画 74

学(——の世；——力) 46 →学問
学者 23, 62, 63, 65, 125, 165, 170, 186, 204, 221, 224, 379, 392, 413
——の不用意〔明治初年頃の〕380, ある—— 47, 紙虫—— 211, 経済—— 384, 385, 390, 考古—— 134, 後日の—— 62, 社会—— 176, 智者——〔幾百年後の〕65, 天文—— 25, 62, 鼻高—— 23
学説 379, 413, 418
諸種の——がみなひっくりかえる時 83
角帽 304-305
学問 181, **221-222**, 417, 493 →学
香具の果実 426
香具山 356
幽身(かくりみ)；隠身(かくれみ) 27
筧宣伝使 451
架橋〔神への；神界との〕289, 409
過去 171-173, **213**
——の罪悪 178, ——の失敗 213, ——数十年の自分の幻影 105, 美しき—— 172
鹿児島 337, 405
籠草 472
火災 215, 225, 307 →火事
大—— 42, 169, 東京､横浜の震—— 170
笠置の山 338
黴毒気(かさけ) 187
かささぎ；鵲 348, 349
火山 125, 406
花山院 338
火事 82, 104, 301, 422 →火災
鍛冶；鍛冶屋 185-186, 356, 363
果実 24, 26, 423 →果実(このみ)
菓子 **363**
歌集 50, 265, 266
回顧——〔真如の光誌の〕328
頭(かしら) 60, 121 →頭(あたま)
兇党界の——〔日本における〕103, 八王八—— 53, 八——八尾 78, 134
カシワ；柏 436, 438
拍手 **250**, 258
歌人 288, 294, **295**
ガス；瓦斯 170
毒—— 427, 439, **468**
火水(かすい) 69, 463 →火水(すいか)
——(かみ) 250, ——(ほし) 62, 261
春日 350
風 37, 51, 52, 82, **278**, **291**, **406-407**
——の心 278, ——の不平 214, ——のようなもの 71, 秋——を送る 377, 雨——の神 478, 緊縮——；不景気—— 384, 393
風邪 53, **443**, 448, 463, 465 →感冒
家族主義 227 →家庭
型 **31**, 136, **197**, 259, 381
——をするところ 197, 女の—— **365**, 現界で——をすれば… 259, 三段の—— 31
潟 362, 487
八郎—— 510
肩 48, 82, 314, 454, 472
——の骨〔雄鹿の〕350
片尾邸 136, 137
形 94, **201**, 205, 433, 463
——あるもの 167, ——に囚われたる偽善 433, ——の本元 235, 花壇の——〔天恩郷の〕120, 歓喜している—— 256, 相応の—— 405, 大の字の——；人間の—— 64-65, 珍妙(珍妙)な——201, 208, 月の—— 125, 127, 396, 寝る時の—— 443
カタバミ 442
形原神社 311
花壇 **120**, 133 →花苑 , 庭
割(かつ) 93
鰹節 457
神を——とし… 83
脚気 442, 450
学校 43-44, 225, 226
——の教師 186-187
月山；月山神社 509
活字 44, 74, 300

活動 26, 28, 94-95, 172, 175, 180, 210, 239, 292, 386　→働き , 用
——の時期 184, ——力 47, 神素盞嗚大神のご——期 33, 進展的—— 71, 瑞霊の——; 三つの御魂の—— 38, 325, 魂を自由の境地において——する 207, 達磨さんの—— 343, 人間の—— 24, 霊の—— 111
鹿角郡 482, 483, 509
河童(かつぱ) 350
活物(——の心性) 99, 198
活力 ; 活力素 455, 462
糧(かて)〔霊の ; 霊魂の〕116, 156
家庭 **149**, 166, 366　→家族主義
——団欒の楽しみ 164
加藤明子 135　→明月
過渡時代 25, 272
門松 257, **359**, 360
仮名 74, 212
金岐(かなげ) 311
金 163, 204, **210**, 214-215, 299, 372
——貸し 164, 泥—— 388　→金銭
鐘 41, 494
無間の—— **49**
歌碑 30, 231
赤山山上に建てられたる—— 429, 天恩郷に立つ—— 312, 北海別院の—— 30
カボチャ ; 南瓜 394, 456
釜 ; 窯 131, 244- 245, 453
蟇 97, 350, 357, 364
鎌倉時代 218
カミ 37, 69, 198, 289, 398
神 **22-28**, 60, 69, **72**, **73**, 76-84, 86, 90-92, 94-96, 98, 100, 103, 107-111, 114-118, 120, 123, 127, 134-146, 148, **151-152**, 155-157, 159-161, **163-164**, 167-174, **175**-177, 180, **181-184**, 186-189, 191-200, 209, 213, 216, 218-220, 224, **229**, 232-236, 238, 240-244, 250, 252-259, **261**-275, **282**, 284, 285, 288, 289, **294-296**, 303, 307, 310, 314, 317-321, 323, 325-331, 336, 338-339, 346, 349, 350, 367, 369-373, 376, 381, 391, 397, 398, 405, 406, 410, 411, 418-420, 445, 449, 451, 453, 456, 457, 465-466, 469, 476　→生神 , 大神 , 皇神 , 祖神
——あつかい 373, ——生み 58 ——が表に現われて… 46, ——がすべての根元 220, ——厳しく人民穏やかに… 82, ——と倶にある人 **175**, **181**, ——と人 24, 37, ——にお供えしたもの 448, ——に落度は… 267, ——に近づくとき 438, ——に溶け入る 151-152, 168, ——に習って… 159, ——には勝てんぞよ 46, ——には三杓子 250, ——の愛 ; 愛にまします—— 465, 466, ——の生宮 26, 175, 183, 211, 224, 433, ——の意志 78, 233, 268, ——の戒 265, ——の仰せ 45, 188, 326, ——の教えをする道場　194, ——の思召し 159, 188, 233, 266, 267, 373, 381, 432, ——の思召しの天国 263, ——の御衣 259, ——の国 194, 232, 265, 266, 408, 479, ——の経綸 **23**, 44, 120, 268, ——の権威 27, ——の子 26, 180, 211, 224, 459, ——の子神の宮 26, 174, 180, 187, ——の言葉 52, 66, ——の作品 **282**, ——の象徴 395, ——の籍 **45**, ——の大芸術 284, ——の大燈 105, ——の力〔宇宙に遍満充実する〕167, ——の謎 387, ——の光と熱 449, ——の本体 23, 214, ——の枡かけ曳きならし 402, ——の道 29, 156, 191, 195, 232, 264, 327, 395, 459, ——の恵み **163**, 175, 183, 189, 369, 419, 430, ——は万物普遍の霊にして… 187, ——への恋愛 **151**, ——を恋い慕う 148, ——を知る 184, ——を力に誠を柱に… 170, ——を喜んで… 256, ——を忘れ、神に反いたとき 181, 言心行一致の—— 38, 真の—— 177, 他の—— 99, 250, 造り主たる—— 78, 肉体をもった—— 76, 誠の—— 250, 霊の—— 28

火水(かみ) 250 →火水(かすい)
髪 48, 49, 121, **289**, 346, 368, **409** →頭髪
——の多い人 409, 御——(おぐし) 138, 140, かみなが ; かみなし 358
神がかり ; 神懸り 30, **112-113**, 130, 303
神言 180, **251**, 331
神島 31, 140
神代 ; 神世 30, 33, 34, 58, 59, 127, 131, 137, 285, 352, 477-479, 481
——になれば… 82, 161, ——の遺物 272, ——の神座や神名 481, ——の交通機関 387, ——のむかしからの経綸 80, ——のむかしよりの約束事 145, ——を永遠に建設する 26, ——を樹立するの経綸 510, ——言葉 248, 251, ——的生活 170, ——派 285, ——歴史 131
神素盞嗚大神 →素盞嗚大神
——のご活動期 33, ——の御陵 134
神素盞嗚神 500 →素盞嗚神
瑞の御霊—— 492
神素盞嗚尊 138, 253, 393, 481, 492
——の神示 476, 510, ——を心に念ずるとき 285 →素盞嗚尊 , 素尊
神ながら 283
惟神 **168**, 170, 177, 183, **184**, **205**, **207**, 285, 391, 478 →自然 , 天然
——の心 183, 184, ——の定め 181, ——の心性 **168**-169, ——の摂理 167, 171, ——の大道 98, 167, 170, 181, 184, 395, 397, ——の寝方 391, ——霊幸倍坐世 256, **258**, ——的 183, ——真道弥広大出口… 253, 255, 神習霊幸倍坐世 510
神柱 59, 98, 188, 351 →柱
神御産霊神 73
神屋楯姫命 59
亀 133, 394, 430
亀石 127-128, 137-138
亀岡 68, 88, 116, 120, **122**, 130, 132, 135, 140, 223, 231, 302, 310-313, 339, 357
——地方の郷土芸術 67, ——の霊 128
亀ノ瀬 408
亀山 ; 花明山 68, 128, 133, **310-312**, 394
鴨 436, 438
嘉茂 498, 500
かもす ; 醸 27, 439
烏(からす) 34, 70, 107, 430, 431, **434**
体 ; 身体(からだ) 48, 81, 95, 112, 164, 166, 201, 405, **411**, **414**, 417, 441-442, 457, 463, 466-467 →体(たい) , 人体 , 肉体
——で描く 283, ——の榻 360, ——の大部分 414, 顔や——の洗い方 440, 神の御—— 107, 聖上のお—— 87
餓利餓利亡者連 ; 我利坊子 113, 168
火竜 46-47
河 ; 河のもの 375, 376
——魚(かわうお) 375, 469
カワラケ 33
癌 443, 447, 456
冠句 120, **279**, 284
菅家 ; 菅公配流 338, 345
干支 223
漢字 43-44, 74, 300 →字 , 文字
ガンジー 384
感謝 82, 175, 214, 262, 273 →謝恩
——報恩の念慮 214
甘粛 343
感情 **222**, 340
完成 25, 184, 207, 379, 433
——の時期 25, 神業—— 43, 229
雁瘡 456
堪忍 178-179 →忍耐
感応 99-100, 150, 241, 434
——作用〔霊と霊との〕 415, ——性 414
観音 **121**, 126, 141, 370, 489, 491, 494-496
——寺〔九州の〕 139, ——像 294, 323, ——堂 489, 491, 492, 495, ——通り 121, ——菩薩 234, 月宮殿の境内にある—— 141, 聖—— 121, 観世音菩薩 331

眼病 114, 447　→目；眼(め)
寒風山 510
官幣社；官国幣社 216, 258
感冒 **443**, 461, 465　→風邪
流行性—— 473
関門〔死の；霊肉脱離の〕172, 173
関門海峡 405
橄欖山 419

キ

キ 69, 70, 347, 398, 436, **438**
——のつく動物；獣類 436, 438
木；樹 **87**, 91, 92, 180, 188, 336, 359, **403**, 404, **416-429**, 436, 438　→草木，樹木，植物
——が腐って人間が… 87, ——から人を造られた 92, ——から蒸し生かされた 417, ——扁 359, 植—— 44, 420, **429**, 最高位の—— 359, 不思議な—— 420, 427, 霊の宿っている—— 418
気 70　→邪気
——が小さいうちは… 205,——が変になる 241, ——の持ちよう 466, 活—— 261
霊—— 364
飢；飢饉 81, 166, 178
紀伊；紀州 35, 405, 494-496, 498, 500
——の地名 121
気温 406-407　→温度
喜界ヶ島；喜界ヶ嶋 30, 31
気管支カタル 460
記紀 354　→古事記，神典，日本書紀
桔梗 461
菊 460
掬水荘 230
喜劇 156
気候 65, 357, **402**, 407, **408**, 417, **419** →天気
——が変わる 65, 最近の——の変化 65
鬼神 209, 261, 483
傷(創；瘡) 411, **443**, 448, 451
犠牲 25, 58, 152, 153, **176**, 222
——を喜ぶような神 26, 自分の幸福を——にする心 152, 死にゆく大なる—— 171
奇跡；奇蹟 268, 344, 500
偽善 **176**, 433
——のマスク 177, ——者 176, 328
北 310, 419, 451
——がよくなるぞよ 402
北沼 481-483
北野〔京都〕345
来満峠；来満山 484, 509
北村隆光 135-136
北山〔八木の〕46
狐 102, 275, 361, 430, 436, 438, 458
——の生活 459, ——の変化 361, ——や狸が憑って守る 99
儀狄〔夏の〕439
喜藤 484
吉備；吉備神社 134, 244
キミ 69, 351, 398
王；公；君；岐美 231, 346, 352, 359, **398**
救済 38, 42, 327, 331　→救い
——の神業 327, 蒙古——の聖雄 342, 霊的に——する〔人間を〕42, 237
九州 135, 136, 139, 241, 247, 405, 499
吸収 156, 217, 228
血液中に——されたるもの 156
穹天閣 242, 256
久内(——夫婦) 482-484
牛乳 150, 299
牛馬 76, 97, 430, 436　→牛，馬
——がものを言う 76, 342, ——の肉 436
久兵衛池 312
行 52, 138, 163, 211, **276**, 506　→修行，苦行
——者 108, 223, 359, 498, 難—— 273
教育 **225-226**, 268, 309, 357, 367, 378, 386
——学 83,——制度の罪 226, ——勅語 26, 胎内—— 465
脅嚇；脅喝(——的教理) 47, 273, 274
澆季(——末法の世) 213, 231

教祖 44-45, 49, 95, 154, 179, 216, 229, 270, 302, 303, 307, 344 →開祖 , 宗祖
——は五十七歳にして… 298, ——の奥津城 ; ——のお墓 45, 123, ——のご住宅 302, ——殿 307
強壮剤 464, 469
境地 148, 167
自由の—— 207, 神人一如の—— 168, 無我の—— 156
京都 117, 122, 218, 299, 301, 310, 337, 345, 351, 377, 428, 458
——綾小路関白 488,——街道 299, ——監獄 298, ——人 347, ——分所 450
兜党界 103, **106-108**
——の悪霊妖幻坊 102, ——の頭 ; ——の大将 103, 106
経の森 138
教理 38, 40, 274, 269, 274, 341 →教え
大本の—— 263, 脅嚇的—— ; 脅喝的—— 47, 273, 小乗部の—— 274
曲線美 171, 282, 296
玉耶経 366
嘘談会協会 392
清姫 336-337
魚類 376, 438, 469 →魚(うお)
ギリシア神話 51
キリスト 38-43, **47**, 75, 175, 237, 274, 339, 395, 466 →耶蘇教
——の荊の冠 346, ——の再来 42, 47
——教 40, 232, 271, 344, 370, 395
桐 449, 450, 456
桐の庄 ; 桐村 338
桐野利秋 337
金 27, 28, 113-114, **400-401**, 457
——の玉 242, ——解禁 384
——銀為本 389, ——狐 78
金勝要之神 ; 金闕要神 253, 370
金銭 168, 256, 385, 431 →金(かね)
近代(——の恋愛) 153, 217
金竜海 ; 金竜殿 79, 131

ク

ク 40, 247
苦 **166-168**, **176**, 178, 269, 348
人間—— 169, 四—— 176
→苦痛 , 苦しみ , 苦労
空気 26, 63, **198**, 355, 423, 426
——のぬけた頭 198
空虚 100, 211
空相 219-220
空中 167, 426
——飛行 103, ——肥料 426
深湯の神事 244-245
九月八日の仕組 155
苦行 ; 苦業 163, 273, 503 →行
公家 ; 公卿 **398**, 488-490, 494
草木村 482-484
臭味 271
櫛岩窓の神 141
櫛名田比女 362
櫛稲田姫 34, 134, 138, 141, 393
奇魂 93, 257, 337
——と荒魂 257, ——と幸魂 93
苦集滅道 **166-168**
くず(国主 ; 国栖) 229
葛 461
——の葉の子別れ 361
薬 114, **318**, 427, 444, **446**, 456, 465, **469**, 472-474,
——になるもの 114, 446, 万病に利く—— ; 万病の—— 449, 448
果物 444, 448 →果実(このみ)
百済 35, 342
口 168, 410, 360
——と筆の世の中 33, ——の達者な人間 211, 五つの—— 66, 168, わに—— 319
唇 111, 394, 410
苦痛 153, 164, 171, **176**, 181-183, 241, 329,

330, 452 →苦 , 苦しみ , 苦労
生まれるときの—— 23, 176, 452
国 **58**, **232**, 381-382, 403, 408 →国家 , 国土
——生み 58,——替え 95, 199, **251**, 318, ——におった神 53, ——の木 419, ——の興亡 212, ——のため 78, ——の宝物 356, ——の御柱 133,——譲り 35, 55 ——を憂れうる 378, ——を害する 230, 神の—— 194, 232, 265, 266, 408, 479, 山岳の多い—— 403, 不思議な尊い—— 405
国魂 ; 国魂の神 58-60, 229
国津神 **52-53**, 246, 349
国常立尊 29, 38, 54, 80, 234, 236, 253
大—— 29, 64, 日本の——に相当する神 54 →艮の金神
六合大(くにひろ) 101, 308
国見峠 121
国依別 245-247
櫟 ; 椢(くぬぎ) 87, 97, **419**
九分九厘 230, 289
頭槌(くぶつつい) 351-352
熊襲族 398
熊野 494-497, 499-501
—— 大神 496, 500-502, —— 神社 121, 496, 三—— 476, 502-504, 507, 510
熊野出速雄の神 131
熊野久須毘命 54
熊本県 136, 141, 337
熊山 134-135, 138, 140, 244
——神社 137
雲右衛門 279
供物(くもつ) 251 →供物(そなえもの)
海河山野の種々の—— 294
悔(くゆる) , 悔る 96, 99
供養(追善——) 223, **251**, 444
倉 376
位山 360
栗原さん 257
苦しみ 78, 98, 156, **166**, **176**, 189, 310, 327
現界に生まるる刹那の—— 23, 176, 452, 三寒三熱の—— 52, 年とってゆく—— 176, 病の—— 176 →苦 , 苦痛 , 苦労
呉 ; 呉の海 240, 241
クレオソート 450
黒 64, **279**, 290, 465
——胡麻 468, ——砂糖 467, ——蛇 76
苦労 183, 409 →苦 , 苦痛 , 苦しみ
過越し—— 178, 取越し—— 178, 384, 391
細矛千足の国 359, **381**, 404
軍艦 381
——榛名に搭乗して… 142
君子 328, **358**, 379
——国 308, 四—— 230
軍備撤廃 382

ケ

毛 289, 306, 414
神の—— 289, 尻の—— 420, 428
経験 150, 184, 188, 225, 227, 270
——知識〔百年間の〕 228
警告 115, 116, 217, 408, 427 →予言
経済 44, 83, 262, 267, 268, **385**, 390, 402
——学者 384, 385, 390, ——上の飢饉 81, ——戦 240, ——的 472, 不—— 425
傾斜 65, 76, 83
——運動 63, 65, 83, 402, 大々々—— 76
芸術 32, 262, 268, 279, 280, 283, **284**, **287**-289, 295, 386
——の神 60, ——の祖神 285, ——は宗教の母 284, 288, 294, ——は宗教を生む 280
——家 282, ——道徳 290, 亀岡地方の郷土—— 67, 造化の——〔日月を師とする〕 288, 大——〔神の〕 284, 大衆—— 284
鶏頭 460
慶能君 345
刑法(——改正 ; 現行——) 274, 383
経綸 **23-26**, 29, 40, 43, 44, 46, **79-80**, 120, 130, 155, 166, 180, 183, 187, 199, 211, 228,

262, 269, 326, 390, 479, 510 →天地経綸
——者〔地上のみの〕24, ——地〔神界の〕130, 神の—— 23, 44, 120, 268, 310, 323, 一年中の——142, 144, 神様の大なる——213, 神代のむかしからの—— 80, 神代を樹立するの—— 510, 種々の——辰の年 384, 神界の—— 476, 480, 510, 組織——40, 無——な小さい賢い人 390
化身 477, 504, 506
男装坊の神の—— 477
気仙の岡 488, 490
解脱 27, 325, 478
気多之前 57
獣 91, 154, 187-188, 319, 430, 436, 438
六百六十六の—— **37** →猛獣
血液 156, **291**, 349, 415-**416**, 436, 450, 472
——が粘る , ——の粘ること 349, 436, ——の循環 436, 454, 465, 474, ——凝結 436, ——中に吸収されたるもの 156, 霊は——を機関として… 415 →血
月宮殿 120, **123-125**, **141**-142, 423
——の御神体 128
月経 239, 455
結婚 ; 婚姻 149, **207**, 307, 309, **349**, 381, 452
——する男女の年齢 207, ——式 374, 血族—— 349
月志法印 494-495
月樵 285
月照観音 ; 月照山 121, 133 →月の輪台
月明館 128
外道(屈従——) 82, 170
毛馬内 509
欅 145, 228
下痢 **447**, **460**, 461
剣 137, 196, 347, 380 →剣(つるぎ) , 神剣
璽鏡—— 397, 砥師が——を研ぐ様 196
元 ; 源 343
権威 47, 269, 287
絶対(の) —— 151, 274, 神の—— 27, 最高——者 363
検温器 466
現界 56, 82, 89-92. 95, 117, 151, 179, 180, **189**, 196, 199, 259, 264, 319
——一日の修行 91, ——で型をすれば… 259, ——に生まるる刹那の苦しみ 23, ——における人の意志想念 251, ——人の腹を藉りて… 476, 510, ——的地位 319
玄海 ; 玄海灘 34, 342
元亀天正時代 334
顕現 ; 顕現界 64, 68, 236, 238
言語 **66**, 72, 152, **263**
健康(——者) 81, 305, 327, 445, 467-469
建国 36
——二千五百年の災変史 217
現在 171, 177
——までの肉体 98, ——も未来も神と合体 176, ——的 42, ——的生活 173
原始時代 170, 356
現実 40, 171-172, 176
——界 173-174, 191, 269, ——界の命 91, ——界における善悪 174, ——観 171
言心行(——一致の神) 38, 99
現世 151-152, **179-180**, 272, 510
建設 44, 120, 170, 280
大本神の仕事は——にある 77, 神代を永遠に——す 26, 真の文明が世界的に——せらるる時 125
現　代 22, 76, 82, **212**-214, 274, 332, 342, 380, **388**-390
——の一切 169, ——が化する〔極楽浄土に〕167, ——は破壊の… 212, ——を征服 287, ——思潮 186, ——人 23, 172, 212, 269, 288, 379, 380, 386
げんのしょうこ 447, 461
権謀術数 240, 389
玄米(——パン) 170, **437**
顕幽 ; 顕、幽、神 38, 191, 238
厳霊 40, 42 →厳(いず)

言霊学 32, 40, 54, 68-69, **73-74**, 168, 230, 236, 347, 405, 480 →言霊(ことたま), 言葉
——の鍵 389, ——の中興の祖 73
権力〔無限の〕187

コ

コ 69, 70, 438
子(御子；神子) 38, 40, 52, 58, 126, 161, 177, **199**, 251, 280, 284, 291, **319**, 380, 394, 411, 452, 459, 479, 492　→親, 神の子, 子供
——生み 55-56, 59, ——たる宗教, ——の宗教 284, 295, ——のない人 126, 459, ——は未生以前の親 177, 神の—— 176, 183, 神の——の世話 459, 神より与えられたる—— 493, 素尊の—— 60, 火の—— 354, 王仁の—— 476,
碁(——盤) 260, 316, 325-326
恋 30, 34, **147**, 172, 222, 230-231, 314, 367, 368, 503 →恋愛
——慕う〔神様を〕148, ——心〔淡い〕288, ——人 149, 171, 309, 初—— 222
孝；孝行 177, 309, 364
皇；皇位；皇統 359, 397, 398　→皇道
行為 258, 270
汚れたる—— 245, 最高の道義的—— 25, 性—— 454
皇円阿闍梨 344
幸運；幸(さいわい) 209, 357
航空船〔第十二巻〕248
考古学(——者) 134, 351
鉱山 400, 419
孔子 272, 339, 347
甲子章 261
豪洲 405
光照殿 116, 121, 343, 431
洪水(大——) 69, 169, 214, 420
更生；甦生 118, 270, 312, 343
更生館 64
降誕 47, 96
交通〔神界との；霊の〕409, 412
交通機関〔神代の；今日の〕385, 387
高天閣 242, 323　→神集殿
皇典講究所 303-305
後天的 206, 466
公道(正義——) 208, 263
皇道 81, 200, 387, 397, **398**　→皇(こう)
幸福 41, 60, 151-153, 163, 175, 183, 213, 214, 366, 371, 388
——な人生の温情 214, 相手の—— 152, 153, 社会の人の—— 215, 真の平和と—— 382, 人類の—— 47, 至幸至福 183
鉱物 94, **400**
神戸 234, 337
弘法大師 73, 138, 212, 344
紅卍字会 36, 233-234　→道院
光明 38, 125, 177, 195
お筆先の真の—— 216, 日本の—— 125
肛門 53
高野；高野山 138, 141, 496, 498, 500
降臨；降臨地 131, 245
皇霊祭 252
声 **70-73**, 137, **168**, 250, 283, 320, 329, 432
——の水火(いき) 107, ——の澄んだ人 72, 宇宙の——, 宇宙万有の微妙な—— 71, 72, 大きな—— 445, 神なる—— 250, 隻手の—— 73, 本当の—— 284
コーカス；高加索 35, 249, 394, 397
五感(天人の——) 26, 86
呼吸 280-282, 291, **441**, 443-444, 446
——を合わせる〔鼠が〕444, 水火の——(いき)〔実相真如の〕235
古今集 288
国際連盟 394
国祖 38, 218, 234　→国常立尊
——大神 51, ——御隠退 78
国体 60, 262, 346, 397
万世一系の大家族主義の—— 227
黒鉄時代 93

黒点 63-64
国土 58, 59, 76, 402　→国
——を天柱に繋ぐ 133, ——経営 58
御供米 250　→米
国民 36, 217, 218, 270, 380, 383, 390
——性〔祖先崇拝の〕276
極楽 48, 167, 276, 357
——浄土 41, 280, ——浄土に現代が化す 167, 地獄——の釜 244, 釈迦の——の 276
極楽通り 121
五剣山〔四国の〕138
心 40, 49, 70, **99**, 142, 150-154, 181-184, 194, **201**, 205, 219, 224, 232, 241, 242, 255, 278, 289, 292, 416, 449　→人心 , 魂 , 霊魂
——がせまく気が… 205, ——の色 416, ——の柄 70, ——の索引 413, ——の修養 393, ——の罪 167, ——の変化 416, ——の目があく世の中 33, ——を痛めず笑って… 467, ——を宇宙大に… 201, ——を大きくもつと… 21, ——を晴らす 156, ——配り 467, 愛善の—— 77, 200, 273, 438, 赤き—— 416, 淡い恋—— 288, 大御——；御——〔神の〕98, 145, 240, 258, 367, 神による—— 194, 惟神の—— 183, **184**, 敬愛の—— 219, 三宝に帰依し奉る—— 42, 神仏の—— 270, 273, 囚わるる—— 241, 本当の慈悲の—— 438, 真—— 151, 255, 恋愛(恋慕)の—— 148, 151
古事記 57, 59, 347, 354, 362, 372, 437, 444
——の解釈 385,——の八岐大蛇の項 80,——は十二段の… 53, ——は予言書 389, ——中巻 352, 389
こしけ；白帯下 461, 449
古史成文 421, 428
故実(有職——) 290, 377, 438
児島高徳 345
五十音(——図) 69, 284
五十六億七千万年 25, 38
五情 96, 99
御神水 443
御神体 34, 45, 359, 397
秋葉神社の—— 354, 385, 月宮殿の—— 128, 山は元来、—— 422
牛頭天王 32
五大父音 71-**74**
五男三女の神 53
湖水 140, **362**, 505, 480
大きな—— 80, 神秘の—— 479
個性 195-196
五臓六腑 166, 405
後醍醐の帝 338
国家 166, 232, 263, 380, 387　→国
——の前途 380, ——混乱すれば… 218, ——的一大事 386, ——的思想 232, 新—— 388, 戦闘的—— 270
黒海 405
琴 **33-34**
言代主；事代主命 57, 59
言霊 52, **66-74**, 117 180, 248, 250, 268, 283, 331, 355, 357, 396-397, 428, 498
——で宣り直す 418, ——に相応さして… 294, ——の天照る国 71, ——の幸はう国 71, 72, 294, ——の大道 71, ——将軍 67, 生—— 67, 478, スの—— 107, 397, 素盞嗚という—— 36 病人にお取次する場合の—— 256　→言霊学 , 言葉
言葉 52, 66, 72-73, 151, 212, 219, 248, 249, 251, 279, 283, 324, 328　→言霊
——はすなわち… ; ——は『道』であり… 72, 73, 出雲—— 248-249, 祈りの—— 259〔神様に対する〕, 神という—— 27, 神の—— 52, 66, 神代——；神世—— 248, 251, 日本人の—— 380, 道は道といい——といい… 167, 道(ことば) 72
「言向け和せ」203
子供 158, 199-200, 212, 226, 324, 326, 400, 452, 458, 459, 462　→子
——になって寝る 324, ——の教育 226, —

—の言葉 324, ——の時 83, 156, 227, 301, 人間は——を造り得ない 212, 二人の—— 459, 分身たる—— 177
言依別命 127
言分山 502
木花咲耶姫 370
五戸 494
果実(このみ) 161, 426 →果実(かじつ)
香具の—— 426, 智慧の—— 273
小林佐平 158
小判 457
瘤 443
御幣 364 →幣(へい)
高麗 34-35, 342, 348
小麦山 345
米 23, 68, 96, 144, 214, 250, 255, 362, 363, 378, 384, **425**, **436-439**, 471 →御供米
——と野菜と魚類 438, ——は勇 438, 439
御用 40, 76, 94-95, 103-104, 111, 183, 199, 241-242 →活動 , 仕事 , 働き , 用
神の—— 103, 180, 183, 184, 188, 200, 241, 321, 結構な—— 200, 329, このたびの—— 76, 重大なる—— 459, 神政成就の玉の—— 242, 本当の—— 241
狐狸(——牛馬などの容器) 76, 117
御陵 123, 134, 138-141,
五倫五常 189, 269
コレラ 447
混血 397, 415
——児〔犬と狼の〕 434
金光 ; 金光教祖 179, 271
金剛力 28, 235
金神 28, 54, 275
根本 ; 根元 181, 220, 236, 413
——の真理 268, 人類愛善の——義 387, 現、幽、神の三界を——的に救済する 38

サ

さの字 443-444
サール 247
裁 93
罪悪 ; 罪障 60, 167, 178, 196, 235, 273
——の血〔祖先の〕 274 →罪
西行法師 338
西郷隆盛 218, 300, 336, 337
最後 80, 197, 237, 263, 267 →世の終わり
——の勝 154, ——の審判書 237, ——の真理 263
菜食 ; 菜食主義 349, 411, 439, **468**, 469
再生 96, 101, 274, 476, 503
古の八岐大蛇の—— 477, 十和田の龍神の—— 476, 男装坊現世に——し… 510
再誕 ; 再来 ; 再臨 237
キリストの—— 42, 47, 成吉斯汗が—— 76, 義経の—— 343
斎藤与四郎 127, 128
罪人(大——) 101, 180, 181, 274
災変史〔建国二千五百年の〕 217
細胞 166, **413-414**, 439
——の美しさ〔縮図せられたる〕 414
裁判官〔無言の〕 173
佐伯村 312
境港〔夜見が浜なる〕 51
佐賀伊佐男 308 →宇知麿
相模の国 83
作品 186, **282**, 287, 291
——ができる〔血液の動きから〕 291, 真神の—— 282, 真の作物 212
桜 184, 422, 423, **426**, **428**
——花 159, 264, 490
桜ヶ池〔遠州〕 344
柘榴 427, 470
酒 70, 121, 191, 275, 359, **362-363**, **436**, 437, **439**, 472 →大酒
——の起源 439, ——の原料〔池田伊丹の〕 68, ——甕〔大蛇退治に使用された〕 134, ——飲み 275, 八塩折りの—— 362
定九郎 156

幸魂 93, 257
奇魂と―― 93, 和魂と―― 257
殺人 118, 187, 389
――器 466
雑草 58, **421**
雑念 **92**, 196
覚 ; 覚る 96, 99
差別思想 361
坐浴 449
山河草木 ; 山川草木 24, 26, 166
三韓 29, 35, 342 →朝鮮
残虐(――戦) 269, 379
懺悔 177-178
三元(――八力) 99, 261
三五 122, 395 →三五(あなない)
――十五夜の姿 396, ――の魂 49
産後 471-472 →出産 , 妊娠
三治 484
三種の神器 ; 三種の神宝 382, **397**
三十三間堂 336, 420
三十六 38, 68, 218, 395
――相 48, 明治二十五年から――年 229
山椒 **427**, 469
山上の垂訓 131
三女神 53-54
三神(――世の元) 253, 476, 510
三千年 **29**, 80, **157**, 202
――あまりての御経綸 , ――の経綸 79, 228, ――に一度実る桃の実 ; ――に初めて実る桃 29, 157, 三千六百年 76, 83
三大学則 198
三代 230, 253 →直日
三徳 53, 315
三ノ戸 ; 三戸 488, 490-491, 509
三摩地 189
三位一体 38, 40
山脈十字形 130
山本五郎衛門 103, 106
三りんぼう 106

シ

死 41, 90, 93, 100, 171-**174**-176, 180, 189, **199**, 212, 221, **239**, **259**, 343-**344**, 348, 357, 371, 412, 430, 457, 466 →死刑 , 霊肉脱離
――が一番苦痛が小さい 176, ――にゆく大なる犠牲 171, ――の関門 ; ――の境 172, 174, ――骸 ; ――体 97, 122, 318, 428, 430, 466, ――者 251, 252, 415, 473, ――線 102, ――霊 98, 性に生き、性に――する 273, ニコヤカに――につく 175, 人の――ぬとき 100, 不老不―― 171, 173, 191, わが子の―― 199
師 **265**, 288, **308**-309
詩(無作の――) 278, **283**, 285
字 205-206, 212, 221, **279-280**, 282, 293, 316 →漢字 , 書 , 文字
艮という―― 28, 角な―― 43, 神という―― 27, 完全な―― 271, 秀吉の書いた―― 221, 本当の―― 293
痔 445-446, 450, 456, 460
シーゴー 434
塩 260, 355, 420, 460
――小鯛 447, ――水 449, ――のニガリ 447, 450, 八――折りの酒 362
シオン運動 396
鹿 57, 350
自我〔真の〕 111 →自己
持戒(――忍辱) 178, 339-340 →戒め
滋賀県 35
四方春蔵 54
時間 159, 181, 205, 316, 326
睡眠の―― 455
四季 26, 159 →春夏秋冬
――の月 296
敷島の道 292 →歌(うた)
子宮病 ; 子宮癌 447 449
事業 155, 159, 196, 222, 378, 379 →仕事
慈善―― 114, 大――（家） 210, 379
色慾 ; 色慾界 90, 191

仕組；経綸（しぐみ） 80, 120, 155, 381, 479
一度あって二度ない—— 80, 九月八日の—— 155, マッソンの—— 381, 水も漏らさぬ—— 29, 80　→経綸（けいりん）
尸解 430
死刑 173, 383　→死
——場 213, ——廃止 383
重野博士 345
事件 29, 203, 207, 211, 408　→事変
大本（十年） —— 37, 197, 203, 308, 上海——；満州、上海の—— 53, 473, 盗難—— 188
自己 58, 60, 78, 153, 176, 212, 214, 224
——の意志 233, ——の肉体 168, ——を没却する 176, ——愛 58, 153, 274, 319, ——暴露 314, **328**　→自我
自業自得 98
死後 165, 189, 195, 250, 273, 276, 415, 433
——の極楽地獄 276, ——の生活 165, 189, 191, ——の世界 189
四国 128, 138, 405, 425
地獄 52, 122, 123, 153, 169, 181, 184, 187, 212, 237, 250, 273, 274, 276, 283, 329, 342
——におちたもの 113, ——の劫火 177, ——極楽の釜 244, ——状態；——相 263, 389, ——的人間 184, ——魂 170, 292, ——耳 83, 阿鼻（叫喚） —— 169, 342, 極悪—— 329, 天国——の開設者 273　→天国
仕事 **22**, 43, 49, 77, 95, 111, 127, 152, 155, **157**, 159-162, 184, 189, 196, 204, **210**, 221-223, 227, 228, 261, 275, **317**, 321, 329, 375
偉大なる—— 80, 大いなる（大きい；大きな） —— 22, 49, 201, 210, 284, 神様の—— 22, 80, 兇党界と交渉をもつような—— 106, 苦痛な—— 330, 修理固成の—— 77, 天界の—— 259, 天地の運行に逆らってやった—— 206, どんな——にも霊を籠めて… 157, 善い—— 161, わたしの—— 43, 49, 209, 319, 324, 373, わたしのなすべき—— 323, わたしの命じた—— 160　→活動，御用，事業，働き
司宰者 26, 40, 180, 187, 211〔天地経綸の〕
自殺 67, 189, 325, 334
志士〔愛国の；憂国の〕 378
獅子 150, **198**, 211, **331**, 431
死んだ—— 198
支笏湖 480
四十八宝座 125
四書五経 222
地震 82, 104, 132, 169, 214, 218, 225, **400**, **401**, 476, 510　→震災
——から咲き出した花 218, ——の神 478, 大—— 115, 190, 218, 275
至清至粋；至粋至純 28, 38
至聖先天老祖 236　→老祖
時節 29, 53, 384, 425
——進展 120, 破壊の多い—— 212
自然 24, 26, 155, 160, 177, 181, 183, 206, 218, 278, 291, 357, 441, 449, 452　→惟神，天然
——にかなう言霊 68, ———にかなう言葉 66, ——と人生の一体 218, ——の規定 183, ——の美 356, 506, ——のまま 183, 291, ——界の殊恩 215, ——主義者〔脱線した〕 187, ——発酵 439, 大—— 24, 169-171, 173, 205, 優和い大——の懐 183
思想 81, 102, 174, 222, 227, 303, 339, 379
悪—— 361, 外来—— 227, 国家的—— 232, 西洋—— 380, 幼稚な—— 176
地蔵 336
関の——さま 336, 万屋—— 509
子孫 58, 60, 259, 273-274, 342, 343, 356
——永久の繁殖 81, ——を守護する力 259, 神様の御—— 60
七五三 **278**, 291
七十五声 69, 71, 272
七福神 60, 339　→福の神
実意、丁寧、誠、親切 257
日月 56, 192

——を師とする造化の芸術 288, ——夫婦 359, ——模様の浴衣 192
日月星；日月星辰 145, 166
実行 38, **155**, 199, 235, 244, 441
——の黙鳥 212, ——力 262
実相 **219-220**
——真如 235, 中道——主義 339
悉多太子 398
実地 46-47, 133, 225, 343
——経験；——見聞 113, 118, 225
嫉妬 153
支那 36, 54, 233, **236**, 237, 240, 247, 272, 308, 313, 339, 357, **383**, 428, 439
——の祖先神 54, ——を統治するもの 383, ——紅卍字会 233, ——瀟湘八景 480, ——人 112, 272, 397
信濃 **130**, 359, 428 →信州
信田の森 361
篠原国幹 337
篠村八幡宮 339
芝居 156, 260, 365
ジフテリヤ 469
ジブラルタル 405
私憤 208
シベリア 402
脂肪；脂肪線 400, 440-441
島根 **130**, 134
——別院 429, 大和—— 130
清水〔静岡県〕 312
しめ 55
使命 24, 58, 114, 217, 267, 269, 331, 382, **409**
神の大なる—— 327, 重大なる—— 222, 天の—— 60, 409, 王仁の—— 49, 266
耆那教 339, 341
謝恩；謝恩心 **176, 214-215** →恩 , 感謝 ,
釈迦 25, 38, 48, 121, 137, 191, 192, 269, 276, **339-341**, **346**-347, 363-364, 398
——の極楽 276, ——の誠の教 75, ——没後五百年 344, ——牟尼如来 497
社会 60, 155, 176, 215, 226, 279, 380, 387
——の人の幸福 215, ——学；——の距離説 176, 392, ——主義者 276, ——的目標 270, 今日の——状態 107, 自己愛のみの—— 274, 六根清浄の—— 235
邪気 102, 473
——の凝固 201, ——線 **102**
邪鬼；邪神悪鬼 78, 105, 236, 273
笏 360
癪 464
寂滅為楽 167, 180
邪宗 273
写真 64, 118, 317, 331
——館 132
蛇身；蛇体 337, 344, 487, 488
八頭十六腕の—— 508
舎身活躍 131, **239**, 387
三味線 71, 283
——をいれて拝読しておれば… 244
邪魔 44, 104, 161 →妨害
舎利 358
舎利弗 340, 341
邪霊 94, 112, 252 →悪霊
上海(の)事件 53, 473
主一無適 174, 441
集 166-168
自由 172, 183, 195, 227, 270, 367, 395
——の境地 207, ——の天地に苦しむもの 273, ——意志 237, 326, ——豁達な心 241, ——豁達進退無碍の応身聖者 38, ——楽天的世界 47, ——自在 201, 290, 387, ——主義者〔脱線した〕 187, ——律のお歌 231, 意志の—— 181, 言論——の日 395, 信教の—— 181, **270**, 善悪——になるもの 99, 不—— 306
獣医学 345
臭気 448-450 452
宗教 25, 32, 37, 77, 116, 180, 181, 260-263, 265, **268-275**, **280**, **284**, **287**, **288**, 339, 344

――の親；――の母〔芸術は〕280 284, **288**, 294, ――の害毒 275, ――の主体 272, ――は阿片なり 47, ――を生む 280, ――家 24, 25, 169, 175, 220, 270, 271, 328, ――心 215, 272, **275**, ――宣伝 295, ――団体法案 270, ――的生活者 270, ――博；――博覧会 325, 351, ――連盟 155, 生きた誠の―― 77, ウーピーの―― 466, 既成―― 25, 40, 77, 116, 175, 177, 192, 232, 263, 268, 269, 271, **273**-275, 370, 残虐なる――戦 269, 真の―― 252, **268**, 287
十五夜花 460
十三 395- 396
――か月案 394, ――段の石の塔 322
十字 51, 395
世界――に踏みならす 131
十字架 180, 274, 395
十字軍 47
十字形 130, 395
――の神殿 125, 山脈―― 130
宗祖 265, 287, **344**
重炭酸曹達 449
執着 113, 174, 241, 430
――心 235, 430, 生の―― 189
十二指腸虫 448
十二所扇田 510
十八丁坂 67
秋分 401
修理固成 40, 77, 91
大地の――〔国祖大神の〕51
宿命 206, 207, 209
修行；修業 **90-91**, 108, 187, 196, 319, 364, 433, 494 →行
――の仕直し 178, 433, ――場 122, 138, 146, 現界一日の―― 91, 高熊山―― 87, 130, 312, 断食の―― 100, 再―― 82
縮図 413, 414
日本の―― 405
守護 56, 75, **99**, 259, 275, 359
――霊 106, 大本人の―― 275, 竹は外国の―― 229, 231, 他神の―― 99,
守護神 **93**, 101, 118, 120, **257-258**, 360, 509
種子 145, 428, 461 →種
主人 58, 104, 157, 210, 223, **372**, **425**
種族(――繁栄) 167, 398, 432
十戒(五戒――) 191, 269
モーゼの裏―― 396
十か月暦 394-396
出産 367, 447, 452, 482 →産後, 妊娠
――日 411, ――率 82
ジュナタブトラ 339-341
授乳 447, 470
寿命(平均――) 430, 453, 457
樹木 91, 378, 416, 419 →木, 草木
寿老人 60
春夏秋冬 171, 213 →四季
春秋時代；春秋戦国 339
順序 69, **72**, 91, **159-160**
声の(五十音の) ―― 72, 284, 神的―― 159-160, 霊界物語にある通りの――127
準備 **228**, 242, 403
春分 401
書；書画 211, 222, 233, 273, **282**, **293** →字
――は言を竭す能わず… 27, 天―― 142
小安石 126, 188
浄化 156
正月；元旦 359, 395
――七日の行事 468, 昭和六年の―― 55
将棋 260, **316**, 351
邵康節 212
小三災 81
常識(――円満) 373, 379
正直 154, 379, 389
小乗(――教；――部) **48**, **272**-274, 373
小人；小人物 218, 272, 273, 342, 366
上帝 24
――一霊四魂ヲ以テ… 99
上天；昇天 253, 308, 318, 344, 476, 479

開祖様御——；変性男子の—— 46, 307
浄土 24, 40, 213, 252
安養—— 183, 極楽—— 41, 167, 280
上棟式 106, 376
浄飯王(——の太子) 363, 398
聖武天皇 251
祥明館 133
将来のこと 194
浄瑠璃 67, **283-284**, 391
昭和；『昭和』36, 265
——青年 266, 386, ——元年 320, ——九年 473, ——五年五月二十日(旧暦四月二十二日) 134, 138, ——三・九・二三 479, ——三年三月三日 284, ——三年辰年 38, ——三年の秋 476, 510, ——六年の春ごろ 387, ——二年 319, ——二年旧八月十五日 123, ——二年九月十一日 127, ——四年九月二日 133, ——六年の九月十八日 144, 今年(——七年)の暖いの 63, 昨年(——六年)の正月 55
食あたり 447 →中毒
職業 162, 207, **224**-225
食事 162, **455**, **471** →食物
食道癌 447
植物 32, 58, 94, 167, 400, 403, 418-**419**, 422, 436, 462 →木，草木，樹木
前世期に属する—— 420, 463, 天恩郷の—— 157, 有毒—— 460
植民 378
食物(食料；食糧) **109**-110, 116, 162, **384**, 411, 436, **438-439**, 446, 456, 468-**469**
——の欠乏 81, ——の用意；——を植えよ 45, 384, 468, 空中の—— 426, 産後の—— 472, 智、仁、勇の—— 438, 439
女子；女性 40, 177, 273, **365-370**, 383, 455, 492-493, 504 →女，女人，婦人
——の功徳 370, 仏教の——観 366
諸子百家 222
処世法 160, 228
初発のこと 32
新羅 35, 342
白出柳助 351-352
不知火 352-353
調べ 278
試練 172
白兎神社 57
真 42 →信真
信 181-183, 189 →信真
——心 25, 41
親 93, 99, 100, 347
仁 26, 154, 169, 352, 413, **438** →仁慈
——の仏の化身 504, ——愛 154, ——義 262, ——的食物 439, 神の大——大慈 26
人為 212 →人工的
新池 137, 138
神恩 27, 82, 163 →恩
神歌 219, 463, **477**
人家 110, 420, 422 →家
神界 52, 55, 131, 136, 179, 180, 245, 387, 409, 436 →霊界
——との交通 409, ——に通ずる言霊の持主 52, ——に復活する 259, ——の一経綸地 130, ——の家屋建築 259, ——の経綸 476, 480, 510, ——の秘庫 481
神格；神格化 242, 271, 336
進化論 100
神器 **397**, 498
成吉斯汗 76, 342-343
神教 273, 455 →教え
信教(——の自由) 181, **270**
神業 **35-36**, 43, 56, **58-59**, 80, **103**, 166, 179, 188, 192, 199, 229, 234, 295, 312, 318, **324-325**, 327, 478, 483
——の妨害 199, ——完成 43, 229, ——参加 330, 悪魔の——妨害 103, 国生み神生みの—— 58, このたびの御(大) —— 28, 144, 瑞泉苑の—— 144, 素尊—— 35-36, 世界統一の—— 263, 大——；大なる——

28, 36, 79, 184, 222, 御子生みの神業 56, 459, 弥勒(神政)の—— 176, 476, 510, 霊界に関する—— 325, 霊的—— 324
新宮 121
神経 156, 166, 224, 474
——衰弱 366, 464, ——痛 464, 474
神功皇后 **29**, 348
仁恵 169, 175　→恩 , 天恵 , 恵み
神剣(——の発動) 136, 139
信仰 25, 41, **78**-80, 102, 116-118, 152, **154-200**, 251, 265, 270, 272, 275, 292, 319, 321, 329, 339, 358, 379, 453, **465-467**
——と熱心と忍耐 ; ——、忍耐、正直 170, 379, ——に苔が… 178, ——による智恵 195, ——の極致 152,——の力 ; ——力 167, 180, 466, 509, ——のもっとも必要な所以 174, ——は恋愛(恋慕)の心 148, 151, ——心 262, 319, ——生活 116, 178, 浅い——や間違った—— 194, 主一無適の—— 174, 真の——にあるもの 78, 徹底したる—— 152, 取違いの—— 195, 本当の—— 257
人口 220, 360, 414, 425
世界——の激増する所以 82
人工的 ; 人工美技 26, 27, 454　→人為
神国 ; 神州 217, 218, 263, 348, 380, 358, 382
——たる所以 218,——の八景の一 482, 真の文明を教うべき—— 262, 日本—— 170, 217, 263, 276, 397
真言 73, 339, 498
震災 170, 218　→地震
大—— 115, 169, 218, 東京の—— 170
神使 87-88
神示 236, 245, 236, 263, 395, 407, 413, 476, 493, 510
——されたる最後の真理 263,——そのもの 237,『——の宇宙』62, 65, ——の若返り法 440, 雑念の盛んなる人への—— 92, 弥勒出現の—— 476, 510
神事 27, 135, 137, 144, 244
深湯の—— 244, 245, 神剣御発動の—— 136, もっとも大切なる—— 142, 144
仁慈 216　→仁 , 仁恵
——無限の神 98, 神様の最後に示さるる御—— 267
信者 43, 93, 117, 144, 145, 160, 178, 191, 199, 264, 265, 268, 271, **312**, 320, 330, 340, 373, 387　→信徒
——が神を愛する 148, 大本—— 78, 102, 175, 265, 266, 275, 327, 最初の—— 312-313, マホメット—— 265, 未—— 120, 320, 330
神社 357, **371**, 397, 509
——参拝をする時 371
人種 379, 386, 394, 396
——の大移動 379
信州 33, 88, 302, 307, 353　→信濃
——遷都論 130
神集殿 121, 125　→高天閣
神 l (しゅう)別院 130
神書 238, 266, 508, 509
——霊界物語 238
真象〔天地の〕 198, 205
信真 ; 真信 93, 108, 212　→真 , 信
真神 198
——の作品〔宇宙万有を造られた〕 282
神人 245, 262, 492
——一如 168, ——合一 187, 弥勒三会の—— 501
人心 268, 269, 339　→心
——の改造 77, ——のゆるまないよう… 389, ——小智 ; ——凡智 476, 480, 510
人震 218
尋仁 236　→聖師 , 瑞月 , 出口王仁三郎
心性 168, 198, 347
惟神の—— 168-169
神政 236
——成就の御用の玉 242, ——復古 236,

三六——の先駆 332, 弥勒——の神業 476, 510
神聖 148, 187, 422, 455
——なる恋愛 148, ——呼ばわり 148
神声碑〔昨年の〕 144
人生 42, 156, 160, 165, 166, **173-174**, 176, 180-189, 214, 365, 452
——で一番苦しいもの 176, ——の真価 180, ——の努め 184, ——の花 166, ——の本義 166, ——の目的 189, ——永遠の生命 172, ——問題 189, 自然と——の一体 218
親切 **208**, 257
神饌所 ; 神饌物 ; 神饌料 257, 258, 260, 371
心臓(——病) 335, 450, 457, 472
腎臓(——病) 447, 450
身体の中府 196 →身体(からだ)
人体 40, 64, 166, 413, **414**, 441, 445, 474
——から出る動物 462,——の根の国 411, ——電気 158 →体(からだ) , 肉体
神代派 285 →神代(かみよ)
神勅 144, 421, 496
新陳代謝 26
心痛 467
心的衛生 178
神典 35 →記紀
進展 80, 169-170, 199, 205, 323
——主義 156, 295, 御神業—— 43, 時節—— 120, 天地——の響き 71
神殿 115, 125-126, 256, 397
十字形の—— 125
信徒 43, 175, 216, 233, **265-266**, 322, 373, 377 →信者
宣—— 240, 265-266, 480
神道 176, 186, 268, 276, 370
——の教義 177
人道(——主義) 78, 340
神徳 **26**, 245, 247, 275, 294, 441, 459
——は努力の上に加わる 295, お——(かげ)は取りどく 208, 御——を頂く 96, 372, 御——を三つ一緒に… 471, 若返りの御—— 463 →おかげ , 徳
真如 220, 235, 271
『——の光』 265, 328, ——聖師 301, 実相—— 220, 235
心配 ; 心配事 194, **221**, 367, 416, **453**, 467
審判 ; 審判書(最後の——) 82, 237, 244
神秘 50, 117, 131, 132, 477-482, 510
——の開く神の代 477, ——境〔前人未到の〕 88, ——力〔ある特定の〕 271, 十和田湖の—— 476, 481
神仏 25, 220, 223, 269, 270, 273
——の力 508, ——弥勒の本体 175, 我つねに——を恐れず… 273
新聞 89, 135, 301, 306, 328, 365, 389
——売る人 267, 愛善—— 266, 朝日—— 222, 大阪毎日—— 248, 瑞祥—— 300 大正日日—— 128, 202-203, 213
人物 141, 191, 204, 261, 390
一等星の—— 336, 非常時の—— 390
神木 420, 422 →霊木
蕁麻疹 449
人民 82, 142, 156
その日暮しの—— 231
神武天皇 131, 251, 352, 354
神名 36, 253, 481
神明の力 26 →天地神明
神命 60, **155**, 199, 330, 501
神紋 120, 405
神諭 27, 28, 45, 46, 76, 79, 80, 82, 83, 94, 120, 131, 157, 161, 197, **230**-233, 236, 267, 342, 384, 389, 390, 402, 455, 459 →お筆先
——の九分九厘 230, 世界十字に踏みならすの御—— 131
瀋陽(しんよう) 236
森羅万象 71, 166, 192, 220, 284, 414
——一切の総数 413
親鸞 339

真理 25, 27, 176, 217, 222, 238, **262-263**, 268-269, 380, 423
——のまま 205, 宇宙の—— 25, 177, 最後の—— 263, 世界唯一無二の——教 262, 霊体一致が—— 90
神力 **46**, 236, 494
人力 78, 82, 161, 167
森林を伐る 418
人類 47, 78, 91, 137, 148, 169, 184, 262, 266, 273, 380
——の赦すべからざる敵 274, ——の幸福 47, ——の祖先 273, ——愛 170, ——愛善 261, 387, ——共通のもの 224, ——文明の発祥地 248, 全——が廻れ右 78
神霊 144-145, **252**, 336, 478
——界 **238**, 266, 瑞穂—— 144
心霊現象 106

ス

ス 69, 70, 74, 239, 247, 396
——の言霊 107, 397
主の大神（主の神；主の大御神） 58, 137, 253 →主神
素；素の神 33, 493 →神素盞嗚大神，素尊
水火（すいか） 235 →水火（いき；かすい）
西瓜 445, 456
瑞月（わたし） 340 →尋仁，聖師
瑞祥会 160
瑞祥閣；瑞祥通り 121
瑞祥新聞 300
瑞西（スイス） 480
瑞泉苑；瑞泉郷 144-145
水脈腺 474
睡眠（——病） 92, 455
瑞霊 38, 40, **42**, 46, 66 →瑞（みず），三つ
——の活動 38, ——の働き 168
スエズ運河 35
寿賀の宮 134, 393
寿賀麿 141, 393
スカンジナビヤ 405
杉 79, 81, 420, 423, 428
七本—— 299
救い **82**, 175, 275, 346 →救済
——の綱 267
素盞嗚（——の神） 36, 59, 478, 483
素盞嗚大神 **32-33**, **134**-138, 285, 420
——様の御霊 382, 神——様の御陵 134
素盞嗚神 59, 493
神—— 492, 500
素盞嗚命 32, 51, 130, 348
——の御神勅 421
素盞嗚尊 **32-36**, 55, 112, 131, 134-138, 140-141, 206, 362, 394, 428 →素尊
——様の御陵 140, ——様の神業 35-36, 神—— 138, 253, 393, 476, 481, 492, 510, 神——を心に念ずるとき 285
主神 38, 174 →主の大神；主の神
鈴木主水 301
スズメ；雀 70, 97, 430, 431, 439
須勢理姫 59
素尊 33, **34-35**, 37, 60, **134**, 138, **140**
——斬蛇の十握の剣 404 →素，素盞嗚
スダルマン 239
スバール 239
墨 **290**, 293
澄子 51, 307 →二代
皇大神；皇神 246, 496 →大神
素焼 33
駿河湾 405
寿留女（するめ） 374
諏訪神社 55, 303, 305

セ

生 97, 174, 176, 187, 220, 223 →生死
——の執着 189, ——の苦悶時代 25, ——を現代に享けたるも 82
性 48, 49, 100, **452**, 454, 455 →性慾
——に生き、——に死する 273, ——的関

係 452, ——的行為 454, ——的生活 452, 459, ——的満足 90
制 93
正淫 452
精液 112, **454-455**, 462
声音〔宇宙の〕71-72
性格 149, 290, 413, **439**
臍下丹田 106
生 活 47, 78, 160, 163-164, 172-173, 177, 186, 189, **214-218**, 226, 231, 269, 292, 455
——難 226, 神代的—— 170, 狐の—— 459, 死後の—— 165, 189, 191, 謝恩の—— 214, 信仰—— 116, 178, 性的—— 452, 459, 人間——の教え 359, 夫婦—— 102
生気 ; 精気 110, 112, 158, 448 →精力
正義 168, 172, 197, 208, 263
性交 452, 458
天人の—— 87
生死 161, 466 →死 , 生
——一如の真諦 199
聖師 88, 120, 123, 128, 131-137, 162, 202, 217, 234, 236, 251, 254, 304, 318, 323, 335, 352, 417, 441, 476 →尋仁 , 出口王仁三郎
——お吸い残りの巻煙草 453, ——お寝みの時 324, ——さん 328, ——の祖先 145, ——の長男 308, ——御自作の楽焼 453
政治(——家) 25, 32, 82, 83, 181, 220, 262, 268, 287, 293, 366, 378, 379, 384-386
——の先棒 47, ——的歴史 379, 衆愚—— 390, 蟹は—— 382, 松は—— 229, 231
勢至菩薩 211, 331
聖者 38, 273, 335
応身——〔自由豁達進退無碍の〕38
生殖 454, 455
正神 107, 112
精神 164, 175, 205, 339, **358**, 378, 383, 465
——の凝結したもの 358, ——作用 465, ——統一 196, ——力 466, 子供の—— 212, 自主的—— **378**, 文化的—— 217
聖人(——君子) 25, 177, 328, 379, 392
生存(——難) **169**, 175, 180, 186, 214
聖代(みろく出現の——) 38, 344
生誕 96
聖壇 242
聖地 ; 聖場 132, 145, 242
綾の—— 242, 天国の移写たる—— 429, 天霊の—— 67
精虫 420, 462, 463
西南戦争 300
生蕃 394
生物 96, 171, 181 →いきもの
生命 **94**, 112, **169-174**, 176, 186, 189, 276, **414**, 454, **473** →命 , 生命(いのち) , 寿命
——の祖 415, ——慾 170, 永遠(無窮)の—— 42, 94, 165, 170-173, 180, 184, 大本の—— 77, 真の—— 191, 精霊の—— 94, 日本人の—— 217
姓名 374
西洋(——人) 176, 262, 372, 379, 380, 392, 411, 412, 480
——かぶれ 380, 412, ——のおかげ 380, ——の真似 412, ——心酔者 262, ——(文明)崇拝 170, 262, ——文明 125, 170
性慾 168, 187, 368, 369, **452**, 454 →性
——の鎖 177, ——の奴隷 149, 変態—— 394, 情慾 60, 368, 410, 415, 438, 459
精力 316, **454** →精気
——の素 455, ——素 102-103, 112, ——増進剤 441
生霊(せいれい) 170 →霊
——(いきりょう) 98
聖霊 23, 40
精霊 52, **94**, 99, 100, 269, 336, **419-420**
——の和魂と幸魂 257, 天賦の—— 269, 肉体的——(界) 52, 103, 霊と—— 94
世界 22-24, 31, 36, 43, 59, 78-80, 87, **104-106**, 125, 130, 139, 197, 217, 220, 224, 237, 239, 240, 261, 262, 269, 273, 336, 342, 381,

382, 395, 396, **404**-408, 414, 480
——一度に動くぞよ 29, ——中を枡かけ曳きならす 402, ——人口の激増 82, ——の胞胎 404, ——の驚異 217, ——の経綸 142, ——の時候 406, ——の大魔神 274, ——の平和 47, ——の両極 177, ——十字に踏みならす 131, ——戦(戦争) 47, 269, ——中心遷都論 130, ——統一 263, 381, 405, 悪魔の—— 104, 暗黒——の光明 38, 意志想念の—— 194, いまの—— 169, 艮の金神国常立尊の——的進出 29, 大きな—— 64, 国祖御隠退以後の—— 78, 三千大千—— 235, 死後の—— 189, 自由楽天的—— 47, 第二の自分の—— 180, 目に見えず､耳に聞こえぬ—— 219, 霊眼で見る—— 92, 霊妙な—— 238
咳 **456**, 460, 467, 469
百日—— 453, 467
関ヶ原の戦い 455
隻手の声 73
関の地蔵 336
赤痢 447
積極主義 156
設計(——図) 120, 220
月宮殿の—— 123
赤血球 412-413
——は霊そのもの 416
絶対 24, 41, **149**, 191, 200
——愛 153, ——境 42, 148, ——権威 151, 274, ——他力 41, ——服従(信) 189, 233, 絶対——の生命 172, —— (不変)無始無終 23, 171, ——無限；無限—— 23, 25, 171, 220, 465
刹那 178, 213
現界に生まるる—— 23
節分 395
——祭〔大正十三年の〕 160
説明 23, 27
——図〔人の性格と経歴の〕 413
瀬戸の海；瀬戸内海 241, 405
ゼネバ 394
セム族 396, 397, 415
世話 22, 100
神の子の—— 459
戦 81　→戦(いくさ)，戦争
経済—— 240, 残虐なる宗教—— 269, 政—— 81, 240, 全滅—— 379,
善 98, 148, **149**, 152, 174, 187, 416
——に働くもの 99, ——をいい、——を思い… 174, ——因善果 209, ——言美詞；——美辞 219, 283, ——霊 98, 106, 愛と—— 98, 絶対—— 149, 191, 改過遷——；遷——改悟 383 501, 偽—— **176**, 177, 328, 433, 至——至愛 98　→愛善，悪，善人
善悪 99, 226　→悪
——の総決算期 82, ——の応報 174, ——混合 93, ——自由になるもの 99, ——正邪 148, 269
疝気 464, 474
千家 335
千家尊愛 342
線香 322
戦国時代 339
千秋苑 121
戦術 468
自己暴露の—— 314
前生；前世 **93**, 176, 503
潜水艦：潜水艇 23, 76
先祖 252, 302　→祖先，祖霊
上田家の—— 307
戦争 54, 55, 82, 230, 300, 387, 382, 390, 473
——と流行性感冒 473, すぐ武器に訴うる—— 240, 世界—— 47　→戦(いくさ)
喘息 446, 453, 474
宣伝 96, 162, 163, 170, **261**, 264, 295
——歌〔三五教の〕 206, ——帽子 373, 怪—— 251, 東北地方——の旅 480
宣伝使 51, **90**, **91**, 93, 178, 238, 262, 264,

265, 267, 270, 313, 329, 352, 450, 451
――あつかい 330, ――のよい人 96, ――帽 265, 大―― 90, 第一霊国の―― 329
先天的 206, 466
宣統帝 388
遷都論〔世界中心〕130
善人 67, 101, 118, 318　→善
深い深い信仰をもった―― 190
千の利休 334, 335
千本 145, 280
専門(――家) 225, 379
洗礼 42-43, 237
宣霊社 313

ソ

宋 212
象 64-65, 211, 331, 430
憎 149
相応 30, 111, 123, 158, 220, 256, 295, 400, 401, 405, 438, 441
――の天国 195, ――の理 111, 416, 季節――のもの 445, 言霊に――さして… 256, 身分―― 256
造化 284, 288
相似；相似形 166, 404, 405
宗善(蒼前) 490-495　→藤原是行
創造 **91**, 296
想像 23, 79, 144
――に絶したもの 65, 人智の――の範囲を絶している 84
草木 111, 380, 403　→木, 山河草木, 樹木
――と見做したもの 438
早漏 464
曽我部村 68, 126
ソシモリ 32, 35
組織；組織経綸 40, 166
祖神 **32-33**, 179
芸術の―― 285, 人文の―― 33
祖先 157, 163, 176, **259**, 263, 276, 302, 356, 374　→先祖, 祖霊
――の神々 176, ――の罪悪の血；――の罪 180, 274, ――の命日 259, ――崇拝 176, 276, ――を祭り弔う 276, 上田家の――；聖師の―― 145, 307, 支那の――神 54, 人類の――；人間の―― 180, 273
蘇鉄 427
供物(そなえもの) 109　→供物(くもつ)
園部 306, 345
蕎麦(そば)；蕎麦粉 424, 443
祖父；祖父母；祖母 99, 158, 301
そめがみ 358
空 76, 142, 336, 350, 401
――の雲行き 407, ――の星 336, ――の枕言葉 350, 寝ながら通る―― 76
徂徠(そらい) 212
祖霊 99, 112, 113, 252-253, 258-259, 356
――に化けている 113, ――を拝む場合 258, ――大祭 252　→先祖, 祖先

タ

タ 73
田；田圃 157, **348**
大の字 40, 64-65, 253, 261
体 42, 87, 96, 99, 167-168, 236, 261, 414
――が後 220, ――の養 412, ――ヲ守ル者 99, ――的 42, 49, 167, 473, ――的夫婦関係 102, ――的若返り法 441, 真神の―― 198, 大地の―― 253, 天地の妙―― 273
→体(からだ), 人体, 霊体
鯛 60, 437, 447, **467**, 469
大安石 126, 188
大学 202, 352, 457
――生 304, ――目薬の広告 29
大極殿 349
太古 24, 37, 51, 198, 351, 363, 396, 415, 428
――の因縁 35, ――の神々 107, ――の人たち 86, ――神政 236
太閤 221, 293, 334, 336　→豊臣秀吉

——記十段目 71
大国；大黒 56, 60
大黒天〔仏の〕 60 →大黒主(おおくろぬし)
大根 44, 304, 469
——役者 394
大三災 82
大自在天〔あらゆる武器をもった〕 384
大蛇(だいじゃ) **445** →大蛇(おろち)
大酒 191, 275 →酒
体主霊従 125
大衆芸術；大衆文芸 279, 284
大正 218
——九年 335, ——七年 308, ——十五年 320, ——十三年 160, ——十七年 229, ——十二年 127, 237, ——十二年九月一日 115, ——十年 83, 197, ——十年十月 237, ——十年二月 203, 298, ——十四年の春 311, ——八年以来 67
大正日日(——新聞) 128, 202-203, 213
大将 29, 106
兇党界の—— 106, 八人の——株 54
大祥花壇 133
大祥殿 121, 178, 224, 244
——の拝読 240
大乗(——部) **48**, **272**, 274, 373
——の教え 42, 48, ——戒壇 139, ——教 48, 272, ——非仏論 192
大山(だいせん) 51, 55, 138, 481
橙 426
大地 63-65, 81-83, 104-105, 253, 342, 460
——が元 63, ——の修理固成 51, ——の力 253, ——の中心 83, ——の熱 63, 406, ——は生き物 81, ——火を噴く地震 82
→地，地上
提婆達多 339-342
太平柿の歌 245-247
大平洋 36, 80, 248
大望 28, 76, 79, 84
ダイヤモンド 107, 401
太陽 26, **62-65**, 169, 175, 183, **205-206**, 401-402, **421**-423, 434
——の熱 25, ——の昇る尊い方角；——の上るところ 223, 376, ——を招び返した罪 206, ——系に属する星 63
平の清盛 205-206
平の重盛 121
平太郎 106
第六感、第七感 142
台湾 405, 425
唾液；ツバキ 363, 432
タカ 73, 250
タカアマハラ 69
高天原 34, 36, 72, 131, 246, 252
——なる天教山 130, 地の—— 142, 144
滝；大飛瀑 100, 105, 121 280
瀧本春海 108
高熊山 **127**, 130, 138
——修行(修業) 87, 312, ——に現われたる霊石 127
高野円太 136
高姫 **102**, 128
高姫の命 59
高御産霊神 73
宝 128, 215
子—— 126, 大本の—— 191
多紀理媛 59
托鉢 275, 305
竹 169, 229-231, 359, 377, 382, 422, **424**, 439
——は外国の守護 229, 231, ——は武 229, 231, 359, ——藪 424, 428, 429
竹造さん 302
武内家 397-398
筍 **424**, 445
武部源蔵 345
武甕槌の神 339
たけみなかた神 55
蛸；章魚 258, 443
他神在ツテ之ヲ守ルニ非ズ 99

祟り **223**, 311
手力男命 353
辰の年 ; 辰年 38, 384
脱腸 465
経 ; 縦(——糸) 43, 217, 271, 351
立替え **75**, 77, 161, 398, 407
——立直し 77, 84, 309
棚野支部〔徳島県〕128
七夕祭 144
棚機姫 508
田辺 121
田螺 443
狸 253, 275, **305-306**, 332, 430, 436, 438
——の霊の作用 443, 狐や——が憑って守る 99, ドブ——の作用 446
たね ; 種 ; 種子 22, 58, 145, 228, **230-231**, 348, 362, 385, 417, 425, 459
——が虫になる 417, 蒼人草の—— 420, さし添え到す—— ; 差し添えいたす—— 230, 231, ひと粒の—— 479, 瑞穂の—— 145 →種子(しゅし)
胤 59
北沼大蛇の—— 483
莨 ; 煙草 101, 196, 300, 453
朝日—— 118, 吸い残りの巻—— 453
タヒチ島 248
玉 ; 珠 **127-128**, 138, **201-203**, **242**, **351**, 357 →宝玉
五百津御須麻琉の—— ; 五百津御統丸の—— 107, **242**, 黄金の—— 127, 242, 神政成就の御用の—— 242, 鎮魂の—— 302, 火の—— 100, 二つ—— 22
璽(たま) 382, 397
たまがえし ; 霊がえし ; 魂返し 70, **247**, 398, 436, 438
玉鏡 377
玉串 ; 御玉串 **256**, **259**
玉子の君 492
魂 72, 97, **99**, 105, 189, **207**, **211**, 273, 289, 290, 357 →心 , 鎮魂 , 魂(みたま) , 霊魂
——の入れ替え 99, ——のはたらき 97, ——は遠心的のもの 207, ——は霊主体従 99, ——を汚さんように 189, ——を揺るがすような衝動 264, 現れる—— 87, 信じたところに——が行く 194
玉津島明神 35
玉留魂 417
玉の井 144, **312**
玉の緒 ; 魂の緒 70, 161
タムシ ; 田虫 450, 457
他力(絶対——) 41
達磨 212, 287, **343**
隻履の—— 343, 大—— 287
ダルマン 239
足魂 87, 417
俵藤太秀郷 362
断 93, 209
痰 461
団熊 158
壇訓 **233-234**
壇山 35
男子 ; 男性 40, 177, 262-263, 273, 367, 474, 476, 478, 510 →男 , 男女
断食 100, **162-163**, 273
男女 **56**, 66, 204, **207**, 357, 383, **411**, 497
——相逢う 276, ——の抱擁 ; ——の交わり 151, 458, ——の道 56, ——同権 238, 結婚する——の年齢 207, 相愛の—— 151, 夫婦となった—— 239
胆石病 464
丹毒 448, 459-460
丹波(——地方) 106, 335, 338, 406
蒲公英(たんぽぽ) 298

チ

地 26, 38, 40, 56, 67, 68, **86**, 120, 133, 248, 261, 268, 375, 400, 402, 408, 421
——の恩恵 175, ——の傾斜運動 402, ——

の声 71, ――の高天原 142, 144, ――の中を通る 76, ――の不平 214, ――のミロク 38, 40, ――気 375, 408, ――主 99, オリオン星座を――にうつす 120, 言霊の―― 68, 山脈十字形をなせる―― 130, 不毛の―― 403, 霊的因縁の深い―― 325
→大地 , 地上 , 土 , 天地 , 土地
血 23, 55, 105, 235, 350, 397, **412**, **415-416**, 431, **451**, 471　→血液
――の色 55, 416, ――の道 464, 474, ――の歴史 47, ――染焼尽の神 53, ――止めの法 451, 切っても――の出ない野菜食 439, 祖先の罪悪の―― 274, 鼻―― 461
智 93, 99, 100, 222, 347, **438**
――の光明 175, ――者 65, 165, 169, ――的食物 439, 真―― 156, 人―― 84, 356, 人――未開 274, 全――全能 24, 25, 274
小さいこと 241, **372**
智慧 98, 158, 195, 261, 337, 415, 438
――の歯 415, 神様の禁制の――の果実 273, 信仰による―― 195
智慧証覚 91, 131, 195, 211, 329
――の相似せるもの 166, 神に対する――の程度 195
力 24, **46**, 82, 97, 99, 167, 181, 198, 227, 236, 261, 273, 294, 466　→霊力体
――競べ〔学力と神力との〕46, ある―― 24, 神に依れる―― 180, 愛の―― 150, 科学の―― **22**, 神の―― 167, 信仰の―― 180, 466, 真神の―― 198, 神明の―― 26, 絶対無限の―― 171, 220, 465, 造化の偉大なる―― 284, 大地の―― 253, 人間の―― 24, 78, 火の―― 385, 風雨を叱咤する―― 52, 誠と人の――77, 霊と―― 24, 神を――に誠を柱に… 170
地球 63, 65, 76
地教山〔霊界物語にある〕130-131
畜生道 98, 433
千座の置戸 112
知識(――階級) 176, 188, 228, 262, 269, 380
地質 ; 地文(――学) 83, 130, 268, 401, 408
地上 23-25, 38, 91, 98, **120**, 123, 161, 171, 175, 236, 269, 407, 414, 473
→大地 , 地 , 土地
――が本(もと) 91, ――に天国をひらく 189, ――にミロクが… 25, ――の気候 **402**, ――の規則 142, ――の熱 63, ――の花 24, ――のみの経綸 24, ――一切の経綸 269, ――三尺 86, 375, ――七十五尺の高地より… 67, ――天国 , 霊国 170, 280, 大神様が――に… 96, 現今の―― 160
智照館 132-133
地租委譲問題 381
チチ ; 父 38, 40, 62, 69
地中海 405
地平説 62, 65
道俣神 53
地名 131, 145, 312, 405
紀州の―― 121, 神代歴史にある―― 131, 十和田の―― 481
茶の花 402-403
チャーチ・ワード 248
チヤール 245-247
茶室 293, 334
仲哀天皇 389
中有界 82, 96
中耳炎 456, 470
中心 235, 261
――地点〔世界の〕130, 大地の―― 83, 本能の―― 106, 自己―― 58
中禅寺湖 480
中道実相主義 339
中毒 462　→食あたり
堪忍の二字の―― 179
中府〔身体の〕196
中風(ちゆうぶ) 453
鳥海山 30, 480
長寿 60, 398, 453　→長生き

長生殿 460
朝鮮 32, 237, 334, 342, 348, 397, 428
——半島 34, 35 →三韓
鳥林寺 499
鳥(獣)類 25, 157, 430-431, 436, 484 →鳥
直腸癌 443
ゝ（ちょぼ）37, 351
千別きに千別きて… 151, 327
鎮魂 126, 196, 319, 364
——の玉 302
珍妙さん 306

ツ

ツ 69-70, 347
追善供養 **251** →供養
通信報道 389
痛風 465 →リウマチス
杖 60, **265**, 501
「師匠を——につくな」265
津軽；津軽海峡 351, 405
月 25, **46**, 56, **62-63**, 65, 115, 116, 123-125, 145, 175, 192, 261, **296**, 303, 308, **323**, 338, **346-347**, 350, 394-396, 400, 402, 476, 492
——から下ったもの 127, ——の大神；——の神 56, 414, ——の形 125, 127, 396, ——の総領 62, ——見の宴 346, ——欲しい 46, 四季の—— 296, 十二夜の—— 128, 三日—— 323, 347, 411
→日月(じつげつ；つきひ)
月鏡 476
月次祭 244
月の国 51, 381
月の輪台 121 →月照山
月日 **192**, 359, 423 →日月，日
——のお蔭 192, ——の光 295
津久子森 484
筑紫(——の国；——の嶋) 136, 499, 500
筑波山 103, 106
土 92, 122, 141, 175, 180, 183, 375, 394, 417, 446, **448**, **471** →大地，地
お—— 423, 446, 448, 452, 457, お——の有難いこと 471, お——からあがるもの 384, お——、お水、お火 471, 神が——をもって… 92, 皆神山の—— 33, 粘り気のある—— 446, 松と——と水 448
土蜘蛛 352, 394, 415
土田勝弘 117
常見氏〔亀岡天恩郷温室係〕116
妻 59, 95, 104, 149, **153**, 452
罪 93, 98, 118, 177, 180, 213, 216, 274, 383, 459 →罪悪
——の子 180, 274, 天津—— 34, 教育制度の—— 226, 心の—— 167, 祖先の—— 180, 274, 太陽を招び返した—— 206
爪 112, 141
鶴 133, 224, 394, 430, 鶴山 133
剣；劔(つるぎ) 134, 347, 356, **362-363**, 382, **404** →剣(けん)，神剣

テ

手 73, 175, 230, 233, 250, **360**, 362, **364**
——相 223, 神様の御—— 161, 233, 救済の——；御救いの—— 82, 331, 白魚の—— 184, 328, 変性女子の——で… 46, 三つの空—— 323, 八平—— 258 →掌
抵抗 37, **154**, 179
毒ガスに対する——力 468, 三六様に——する 37, 無——主義 154
帝国憲法第二十八条 270
敵 150, 177, 220, 384
人類の赦すべからざる—— 274, ——意；——愾心 150, 219, 仇——（かたき）177
出口王仁三郎 304, 373 →尋仁，瑞月，聖師
出口清吉 393
出口直 79, 240 →開祖
艮の金神は——でなくては… 236
鉄 355, 356, 400, 404, 501
——剤 464, ——瓶 371, 天降—— 127

哲学 25, 169, 339
鉄道(地下——) 76, 342
手名椎 362
掌 440-441 →手
寺 41, 251, **357**
出羽の国 30
天 26, 38, 40, 51-52, 56, 67-71, **86**, 133, **158**, 160, 168, 180, 235, 266, 268, 271-272, 408-409, 410 →天地
——ということ 168, ——に聞く耳 410, ——の恩恵 175, ——の区域 375, ——の声 70-71, ——の使命 60, 409, ——の時 40, ——の不平 214, ——のミロク 38, 40, ——位 68, 72, ——運 35, 174, 476, 510, ——恵 27, 175, 393, ——産自給 408, ——書 **142**, ——職 **224**, 318, ——祖 200, 218, 397, ——造力 72, ——則違反 56, ——孫 131, ——帯 **89**, ——罰 37, ——父 99, ——霊の聖地 67
天恩郷 116, **121**, 126, 132-133, 141, 146, 157, 160, 192, 213, 231, 242, 294, 305, 309, **310-312**, 393, 394, 431
——に立つ歌碑 312, ——の花壇 120, ——の建設 160, ——洗心亭 446
天界 86, 259, 328
——の美 151, ——の基礎 187
天気 **404**, 408 →気候
電気 170, 385
——竈 441, 人体—— 158
天教山 34, 88, 130-131 →富士山
天狗 **52**, 255, 404, 420
——が入る 419, ——桜 184
天国 22-24, 29, 52, 82, **120**, 137, 166, 167, 172, 174, 180-184, 189, 194, 195, 200, 213, 237, **250**, 251, 259, 262, 263, 273, 274, 329, **388-389**, 441, 452 →地獄, 霊国
——に入りうるもの 237, ——の移写 184, 429, ——の鍵 273, ——は昇りやすく… 187, ——地獄の開設者 273, ——魂 292, 第一—— 29, 90, 250, 第二, 第三—— 29-30, 250, 地上—— 170, 280, 地上に——をひらく 189, 三杓子は—— 250
天災地変 ; 天災地妖 164, 217, 218
——は平等的 169
天子 200, 371
天使 91, 116 →エンゼル
天祥地瑞 74 →霊界物語
天職 **224**, 318
電信電話 ; 無線電信 23, 407
転生 96-97 →輪廻転生
天声社 121
天体 65, 402
天地 23-26, 56, 66, 71-72, 96, 166, 167, 175, **180**-184, 205, 211, 223, 250, 268, 273, 284, 291, **327-328**, 478 →地, 天
——の神 168, 183, 369, ——の御内流 40, ——の大恩 215, ——の真象(に倣う) 198, 205, ——の真理 238, ——の妙体 273, ——惟神 167, 170, 184, 395, ——経綸 166, 187, 211, 166, ——経綸の司宰(者) ; ——の使用者 26, 40, 180, 183, 187, 211, ——経綸の用 24, ——結水火 68,
——自然 206, 278, 452, 506, ——進展の響き 71, ——神明 26, 506, 508 →神明, ——転倒の神業 56, 小—— 414
天地人 38, 69, 71, 268
——三才 25, 40
天智天皇 338
天柱 132-133
天帝 24, **250**, 274
祈りは——にのみ 250
天道坊 141-142
天女 89, 151
天人 23, 52, **86-87**, 89, **90**, 151, 152
——の足跡 126, ——の五感 86, ——の霊子 96, 第一天国に住む—— 90
天然 214, 440 →惟神, 自然
——と労働者 214, ——の石 107, ——現象

51-52, 82, ——笛 302
天王山 334
天王平 45　→奥津城
天真坊 141-142
天満宮〔我が国最初の〕345
天文(——学；——学者) 25, 62, 83, 268
天理；天理教祖 154, 271

ト

ドイツ 380, 404
道(どう) **166-168**, 220　→道(みち)
——義 25, 42, ——法礼節 168, 501
銅 356, 400
——像 322, 赤—— 93
統一 25, 168, 261, 381, 398, 413
——指導者 25, 精神—— 196, 世界—— 263, 381, 405
道院 235-236　→紅卍字会
陶器 32, 131, 285
——の初め 131
陶宮 178
東京 130, 170, 312, 351
——の震災 170, ——の新聞 89, ——上野公園 88, ——人 347
道元 339
唐招提寺 139
燈台下(——暗し) 186, 233
同殿同床 **256**, 260
道徳 148, 175, 179, 262, 410
旧来の—— 238, 芸術—— 290
糖尿病 463
頭髪；毛髪 141, **289**, 369, **409**, 498　→髪
素盞嗚大神様の—— 420
動物 81, 94, **96**, 100, 113, 150, 176, 296, 420, **430**, **433**, **436**, **438**, 462
——愛護 433, ——化 100, ——の霊 94, ——霊 113, 253, 生——の恩沢 26
東北 351, 376, 478
——地方宣伝の旅，——旅行 366, 480
『東北日記』481
動脈硬化症 469
洞爺湖 480
頭山翁；頭山満翁 67, 309
道楽 260
燈籠 125, 257
トオミ(遠見)の山 30
トーワタラ 481
砥師 196-197
非時(ときじく)の果実 426
度胸 190, **204**, 290
常盤(ときわ)の大連 251
徳 95, 111, 192, 214, 262, 268, 313, 358, 371, 400, 401　→神徳
——のある人；——高い人 268, 358, 400, ——を植える 378, 愛善の—— 90, 98, 108, 192, 有——の人 95 498, 忍の—— 178, 霊—— 203, 364,
毒 **150**, 194, **318**, 365, **444-445**, 448, **453**
——ガス 427, 439, **468**, ——消し 444, ——素 150, 445, ——虫 470, ——薬 341, 胎—— 447, 丹—— 448, 459, 460
徳川 58, 155-156, 381
——家康 325, 348
十種の神宝 364
徳さん 314-315
徳島県棚野支部 128
独創 285, **289-290**
土佐；土佐湾 405, 425
年 66, 221, **473**　→年齢，よわい
——とってゆく苦しみ 176, ——廻り 223
土地 22, 58, 68, 111, **192**-194, 375, 380, 384, 403, 405, 421-422, 428　→地，地上，土
——の養分 384, ——開発 60, 神様の因縁の—— 194, 亀岡の—— 122, 素盞嗚大神様のうしはぎ給うた—— 134
十拳の剣；十握の剣 134, 363, 404
赤吉(とつこ) 481
鳥取県 57, 130

ドテラ 347
トドメ(艮，艮め) 28, 287
鳥羽 284
土瓶 103, 371
燈し火のき(消)ゆる世の中 230-231
豊岩窓の神 141
十曜の神紋 120
豊受大神 145, 339
豊臣秀吉 221, 293, 334, 336, 348, 363, 381
——の書いた字 221, ——の別荘 280, ——の身魂 325 →太閤
虎 150, 211, 331, 332, 430, 431
——狼の慾 430, ——の尾 417
鳥 70, 91, **431**, 437, 438, 498, 499 →鳥類
唐土の—— 427, 468, 水—— 431
取越し苦労；酉こし苦労 178, 384, 391
取越日記 391
取(り)違い 31, **195**, 230, 384
鳥鳴海の神 59
鳥耳の神 59
努力 206-207
神徳は——の上に加わる 295
弗〔人偏に〕 27
トルキスタン 36
トルマン国 247
泥海時代 93, 460
十和田(——湖) 324, **476**-488, 506-510

ナ

ナ 51, 68-69, 248
内流 38, 92, 410
神からの—— 289, 天地の御—— 40
直日 100-101, 253 →三代
直美 100-101
長生き 67, 179, 223, 318, 410 →長寿
長崎 303, 305
長沢雄楯 305, 309, 312, 351
長門(ながと) 381
長野県埴郡豊栄村 131
中村孝道 73
中村宣伝使 450
名倉某氏 335
ナザレ 47
梨 456
茄子 423
なずな(——七草) **427**, 468
那須野 338
謎 310, 387, 396, 462
宇宙の—— 23, 神様(から)の—— 46, 127, 387, 388, 神秘の—— 477
灘の生一本；灘酒 144, 437
那智の滝 121
夏 159, **184**, 414, 452 467
「——の病人…」456, ——蜜柑 393
ナヒモフ号 113
ナポレオン 185-186
なまこ 447
鯰 310
波；浪 **278**, 291, 308, **386**
並川村 68
滑川(なめりがわ) 215
鳴門 83
南画 285
南祖(——坊；——丸) 478, 481, 492-495
南桑の原野 127, 431
男装坊 324, **476**, 477, 479, 481-483, 488, 492, 496-510
南天 421
南天坊 369

ニ

ニイチェ 222
仁王〔月宮殿の〕 141-142
仁賀村 491, 492
苦塩(にがり) 355
和魂(——と幸魂) 93, 257
肉 349, 436-439, 458, 469 →霊体，霊肉
獣—— 349, 438

肉食 411, **436**, **438**, 439, 464, 468, 469
肉体 38, 49, 94, 95, 98, 100, 106, 168, **205**, 282, 296, 339, 349, **411**, 414, 468 →体
——そのままの元の生神 27, ——として御用に… 94, ——の曲線美 202, 282, 296, ——の弊害 349, ——を害する 99, ——をもった神 76, ——組織 412, 414, ——的産物 233, ——生活 196, ——的精霊(界) 52, 103, 現在までの—— 98, 日本人の—— 411-412, 日の出の神の—— 46
二絃琴 33
錦 28, 338
——の機を織る 229
錦木 472
西川那華秀 236
西の宮〔兵庫県〕56-57
西村さん 402
二代 44-45, 49, 101, 253, 256, 316, 318, 327
——澄子 51 →澄子
日蓮 271, 339
日露戦争 55
日記(歌——) 139, 391, 481
日清戦争 55
邇邇芸之命 131
日本 31, 35-36, 51, 71, 74, 102, **113**, **122**, 125, 133, 176, 197, **217**, 227, 232, 233, 240, 262, 267, 270, 276, 308, 342, **346**, 356-358, 361, 380-382, 389, 390, 394, 397, **400**, 403-405, 408, 420, 428, 439, 468, 477, 480-482
——にあることは… 131, ——における兇党界の頭(大将) 103, 106, ——の悪霊 102, ——の教え 262, ——の神 26, ——の神がかり 113, ——の佳良な米 68, ——の君 398, ——の国常立尊に相当する神 54, ——の現状〔西洋崇拝の〕262, ——の山脈十字形 130, ——の政治家 378, ——は世界の胞胎 **404**, ——五戒壇 138-139, ——固有の真の文明 380, ——最初の天満宮 345, ——神国；——神州 170, 217, 263, 276, 397, ——神道 176, ——刀 404, 非常時—— 390
→大和(やまと)
日本書紀 134, 354 →記紀
日本人 170, **217**, **262**, 361, **379**, **386**, **389**, **391**, 394, 397, **411**, 439, **457**, 468
——の抱擁性 217, 現代の—— 262, 378, 泥金の—— 386, 野菜を常食する—— 386
入蒙 155, 213, 342 →蒙古
入浴(——の愉快) 48, 239, 471 →湯 , 風呂
如意；如意宝珠 127, 201-203, 360
女人 48, 369, 478, 497 →女 , 女子
——の不利 366, ——禁制 276, 496
煮る；煮たもの 260, 437, 471
庭 126, **294**, 429 →花苑 , 神苑
鶏 **70**, 72, 205, **361**, 432, **433**, 436, 437, 438
人魚 462-463
人間 23-25, 38-42, 52, 58, 66, 76, 78-81, 86, **87**, **91-93**, **96**-100, 102, **108**, 132, 144, 150, 156, 159-161, 163, 165-175, **179**-191, 194, 196, 204-208, **211**-215, 218, 224, 227, 241, 257, 258, 269, 275, **282**, **288**, 305-306, **336**, 339-342, 366, 375, 392, 403, **409**, **413-415**, 417, 430-433, 437, 444-446, 452-455, 459, 465, 467 →霊止(ひと)
——が意識してやること 212, ——そのもの 167, ——として生を有するもの 187, ——にとっていちばん大切なこと 189, ——にとって最も大切なる大峠 174, ——の怨霊 98, ——の形 64, ——の体 166, 411, 445, 457, ——の知らぬ火 353, ——の真の生命 191, ——の身体は小宇宙 414, ——の力 24, 78, ——の聴覚力 71-72, ——の哲学 169, ——の天職 224, ——の肉体生活 196, ——の道 309, ——の慾 430, ——の欲求するもの 170, ——の礼儀 372, ——の霊魂 **93**, 97, ——はお土から… 446, ——は木から生れ…；大きな木が腐って——が…；神が土をもって——… 87, 91-92, 417, 446, ——は子供… 212,

——は心配が… 467, ——は造られたるもの 78, ——は天地経綸の… 211, ——を霊的に救済する 42, 237, ——界 25, 52, 144, 188, 229, 268, 361, ——苦 169, ——自然惟神の慣性 177, 269, ——生活 269, 359, ——的生存 186, ——美 288, ——味 328, 悪魔に近い—— 78, 生きた—— 198-199, 黄金時代の—— 23, この世を呪うような—— 213, 地獄的—— 184, 真の—— 211, 動物が——に… 100, ふたたび——界に生まるるもの 52, 93, 96
人情 148, 218, 221, 262
本当の—— 309
人神 111
忍術 116, 354-355
妊娠 452, **465**, **470**, 471 →出産 , 産後
——の苦 367, ——の限度 413
忍耐 170, 179, **207**, 354, 379
にんにく 258

ヌ

糠(ぬか) 437, 440, 441
沼 362, 481
沼田頼輔 139

ネ

ネーブル 405
寝方〔惟神の〕; 寝るとき 391, 443
葱 427, **441**, 443, 445, 458
猫 93, 97, 280, 358, **433-434**
——は魔の王 434, ——の額ほどの所にも… 45, 384, ——知らず 437
鼠 **113**, **198**, 355, 443, 444
——が呼吸… 444, 生きた—— 198
熱 25, 63, 192, **264**, 401, **442**, 447, 448, **461**, 465, 466, 472
——のある病気 461, ——病 206, 448, ——気 402, ——する 264, 神の光と—— 449, 下——剤 450, 大地の—— 63, 406
熱心 170, 264
根の堅洲国 ; 根の国〔人間の体の〕 35, 411
年齢 66, 67, 148, **207**, 473 →年 , よわい
結婚する男女の—— 207

ノ

ノ 49, 69, 253
野のもの 376
ノア(——の洪水) 69
農業 ; 農事 207, 425, 426
——のはじまり 32, 農家 472
脳髄 282
能善葛 460
能登半島 405
祝詞 41, 52, 58, 72, 137, 196, **257**, **331**, 376
天津—— 68, 74, 136, 180, **251**, 331, 大本—— 137, 402, 407, 古い—— 258, 本当の——奏上 **257**
宣り直し : 詔り直し 32, **206**, 418, 428, 436

ハ

ハー 250
歯 319, 327, **414**, **415**, 439, 451, 457
智慧の—— 415
バール 239
肺炎 ; 肺臓 450, 472 →肺病
黴菌 27, 258, 442, 447, 452, 466
拝読 240, 241, **244**, 245
三味線をいれて——しておれば… 244
梅毒 447, 461
肺病 441, 454, 457-460, 465, 466, 472
——患者 442 →肺炎
バイブル 37, 42, 136, 179, 231, 237, 268, 269
墓 **110**, 114, 141, 252, 343, 357 →墳墓
——石 252, ——場跡 110, ——参り 309, 教祖様のお—— 45
破壊 25, 77, 212, 214 →滅亡
——の別名〔人為とは〕 212
白隠禅師 216

迫害 37, 191, 197　→妨害
バケツ(馬尻) 265
箱根 388
恥(はじ)；恥(はじる；はずる) 96, 99 177, 416, 465, 恥しい〔神様に対して〕69
太初(はじめ) 24, 28, 32
　——に道(ことば)あり 72
芭蕉 427
柱 55, 132-133, 479　→神柱
　——の御柱；——の御柱 133, 貴の——〔神の世の〕479, 神を力に誠を——に… 170, しめの——〔四本の〕55, 一——〔誠の神様は〕250, 弥勒の—— 479, 三——の神；三——神 500-501
蓮；蓮花(はちすばな) 125, 421
機 33, 229
　錦の——を織る 229
機織姫〔古川錦木の〕509
裸；裸体 180, 290, 384
　真——〔第一天国に住む天人たちは〕90
畑中 306
はたらき；働き 48, 53, 93, 126, 194, 197-198, 230, 266, 302, 318, 366, 432
　王ミロクの—— 40, 兇党界に属する霊の—— 106, 小乗の—— 48, 手の—— 360, 多くの人を救う—— 318, 神様でなければ——はできぬ 261, 三女神の—— 54, 瑞霊の—— 168, 魂の—— 97, 本当のお—— 82, 勇親愛智の—— 99, 霊妙不可思議な—— 404 →活動，用
八の太郎；八太郎 481, 507, 508　→八郎
八月十五日 123, 346
八幡宮〔荒沢；篠村〕339, 509
八面大王 353
八郎 477, 481-488, 506-510
　——の化身 477, 506, ——潟 510
罰 98, 218
　極—— 218, 天—— 37, 仏—— 342, 有婦姦処—— 383
発狂；発狂者 94, 146, 190
白血球 412, 413
八甲田山 480, 482, 502, 505
発動 145-146
　神剣の——；神剣御—— 136, 139
馬頭観音〔蒼前〕494, 495
覇道 359, 382
花 **22**, 32, **120**, 159, 165, 180-184, 205, 264, **298**, 394, 403, 417, **421**-423, 426, 429, 479
　——が咲く〔煎り豆にも〕157, ——は花明山お月は… 394, ——を作る人 22, ——見 391, 生——〔万古末代しおれぬ〕120, 宇宙一切の—— 23, 九つ——が… 120, 地震から咲き出した—— 218, 人生の—— 166, 地上の—— 24, 蓮華の—— 125
花園 120　→花園(かえん)，花壇
鼻 **32-33**, 195, **206**, 409, 411, 415
　——にな(成)りませる神 32, 33, ——の穴 168, 446, ——は素盞嗚尊 206, ——を描く〔すぐ一番に〕280, ——血 461
花井博士 270
鼻高(——学者) 23, 33, 211
母 38-40, 69, 171, **294**, 394, 415, 452
　——の遺言 495, ——神 63, 130, 開祖様の—— 339, 自然なる—— 218, 宗教の—— 284, 288, **294**, 星の—— 62, わたしの——(生母；慈母；老母) 302, 305, 313, 314, 452, 471-472
バプテスマ 42　→洗礼
ハム(——族) 231, 396-397
速秋津姫神 246
隼人 398
はら；腹 48, 106, 126, 244-246, 375, 419
　——が膨れる病 245, ——に水がたまる病 449, ——を立てては… 207, ——帯 390, 打ち明かす—— 178, 現界人の——を藉りて… 476, 510　→お腹(なか)，腹痛
祓戸の神；祓戸行事 136
婆羅門 339

針(——をのみたるとき) 239, 448
春 22, 60, 157, 184, 228, 384, **408**, 445, 488
——の気分〔ゆったりとした〕 181, ——の女神 184, 人生の—— 452
春子姫 245
ハルナ 51, **248**
榛名〔軍艦〕 142
治總神社 121
腫物(はれもの) ; 腫病 115, 411, 443, 447, 448, 461
——に効く石 114, ——の痕跡 451
ハワイ島 248
盤古 54
万世一系 227, 359, 397
半僧坊 254-255

ヒ

日 46, 145, 261, 295, 476 →日月(じつげつ)
——出ずる国 382, ——足る 364, ——の大神 414, ——の出 38, 231, 天津——嗣 397, 天津——の神 52, お——様 192, 350
火 **42**-43, 69, 82, 247, 250, 342, 354, **385**, 422, **437**, 463 →火水 , 水火
——幸はう 348, ——と水 437, ——の神の活躍時代 385, ——の洗礼 **42**-43, 237, ——の木 422, ——の玉 100, ——の御子 354, ——の山 247, ——渡り **355**, お—— 471, 人間の知らぬ—— 353
美 26, 107, 148, 151-152, 158, 289, 369, 393
——の権化 356, ——醜 148, 288, ——徳〔神の〕 60, 女の—— 289, 曲線—— 171, 282, 296, 至純至—— 151, 自然の—— ; 天地自然の—— 356, 506, 処女の—— 369, 天界の—— 151, 天恵—— 27, 人間——〔神の作りたまいたる〕 288
比叡山 139, 344, **357**
光 104, 107-108, 125, 142, 192, 239, 336
——は日本から 125, ——と熱〔神の〕 449, 神様の—— ; 神のお—— 411, 449, 信真の—— 108, 月日の—— 295
彼岸 167, 252, 421
——に渡す 272, ——の中日 252
ひき(蟇 ; 雄蟇) 350, 357, 364 →蟇(がま)
蟇目の法 132-133, 364
ビクトリヤ 247
悲劇 156, 158, 391
飛行機 ; 飛行船 23, 76, 104, 130, **387**
——の神 54, 外国の—— 427, 468
尚江(ひさえ) 101, 324
瓢(ひさご) 354, 385 →瓢箪
——形 350, 354
菱 456
毘沙門 ; 毘沙門天 60, 339
非常時(——日本) **390**, 468
美人 151, 158, 205-207, 288
——の女神 370
翡翠 242
ひぜん 450
備前国和気 134
飛騨 88
額 48, 86, 111-112, 364, 410
——の目 86
日高川 336-337
坤(——の金神) 29-31, 54
日出暦 199, 393
一、二、三、四、五… 256
ヒト ; 霊止 37 188, **211** →人間
人魂(ひとたま) 98, 100
比沼の真奈井 339
日野川 ; 日の川上 ; 肥の河上 55, 362, 481
桧 420, 422, 423, 428, 463
檜山三の宮 117
日の出の神 68, 393
——の生まれるところ 68, ——の肉体 46
一二三(ひふみ) 101
ヒマラヤ山 131
秘密 **240**, 248, 335, 404
ヒメ金神 54

神籬 420
病 81, 176 →病(やまい) , 病気 , 病人
——者 327, ——難 471, ——魔 112, 奇—— 498, 500
憑依 ; 憑(依)霊 106, 109-111, **145**, 459
病気 81, **109**, 114, 126, 141, 255, **319**, 327, 352, 411, **442**, **443**, **446**-450, 452, 453, **456**-458, 460-467, 470-473 →病人
——が癒る〔信仰の力によって〕466,——と体 442, 女の——; 男性に起こる——452, 474, 子供がかかる—— 458, 思想的の—— 81, たいがいの—— 448, 霊よりくる—— 473 →病(びょう ; やまい)
標準 **28**, 151, **237**, 238, **261**
善悪に対する—— 226
平等 276
——的〔天災地変は〕169
病人 81, 109, 165, 208, **239**, 256, 327, 444, 448, 456, 478 →病気
——にお取次する… 256, ——の食物 456
瓢箪 **145**, 350 →瓢(ひさご)
豹変 358
比良加(ひらか) 131
平塚雷鳥 369
肥料 44, 58, 301, 384, 421, 424, **426**
空中—— 426, 人糞—— 44
蛭ケ小島 83
蛭子の神 56-57
比礼 364
広島 241
枇杷 427
琵琶湖 134, 362, 405, 480
近江——以西の総称 134
毘牟婆舎羅 341

フ

武 36, 58, 229-231, 359, 382
——の神 55, 竹は—— 229-231, 359
風、水、火 82
扶乩(フーチ) 233
夫婦 69, 90, 102, **149**, 273, 348, 374, 381, 417, 452, 458
——となった男女 239, ——の情愛 95, ——の性格 149, ——の代償 459, —— (めおと)の道 455, ——関係〔体的〕102, 日月—— 359
風流 169, 279, 292 →風雅(みやび)
父音(五大——) 71-**74**
溥儀 387
武器 231, 351, 356, 359, 363, 381, 384, **386**
——の徹底的撤廃 359, ——を取って戦う戦争 240, あらゆる——をもった大自在天 384
ふく ; 雌蟇(ふく) 350, 357 →蟇(がま)
福の神 56, 376 →七福神
福音 43, 80, 237, 262
ヨハネ伝——書 72
福岡 135-136
福知山 305
腹痛 126, 245, 461, 447 →腹(はら)
福禄寿 60
不景気(——風) 384, 393
武家人 ; 武士 362, 412
普賢菩薩 211, 331
不幸 158, **165**, 172, 213, 366, 428
最大——者 163
富士 ; 富士山 63, 88, 130-131, 247, 392, 394
——の爆発 83 →天教山
不思議 103, 122, 405, 476
——なる意志 25, 不思議な木(樹) 420, 427, ——な現象 218, ——の病 498
伏見 108, 299, 446
藤原 301-302, **307**, 489, 492
——式部 489-493, —— (の)姓 307, 489, ——男装坊 481, 483, ——是実公 488, ——是行公 488-491 →宗善 , ——佐富治部卿 489
婦人 413, 461, 474

——共通の疾患 **449**, ——病 449, 472, 474
不戦条約 381
二名(の)嶋 499, 500
復活 139, 180, 259
仏教 40, 48, 167, 178, 191, 196, 214, 232, 252, 258, **268**, 271, 274-**276**, 303-304, 360, **366**, 395 →仏(ほとけ), 仏法
——の経文 358, 日本に渡来した—— 276
物質 70, 125, 164, 169, 219-220
——的意味 220, ——文明 76, ——満足 187, ——慾 169
仏足(——頂礼) 340, **363**
仏陀 175, 214, 271, 273
仏典 168, **191**
仏法 75, 138, 344, 370
筆先 →お筆先
葡萄 121, 346, 427
忽必烈(ふびらい) 343
不平 179, 214
——の塊 178, 天の—— 214
古川市兵衛氏 204
古川錦木 509
フルベユラ… 256
風呂 48, 447, 449 →入浴, 湯
首陀羅(プロレタリア) 340
文化 169-170, 217-218, 274, 386
——的精神〔天賦固有の〕 217
噴火 104, 248
——口 62, **140**, 362, ——山の跡 125
文章(——軌範) 159, 206, 222, **282**
分所(——長) 117, 160, 244, 254, 324, 450
褌 53, 336
墳墓 81, 122, **354** →墓
文明 23-24, **76**, 125, 248, 262, 380, 386
真の——(国) 125, 262, 380, 西洋—— 125, 170, 物質—— 76
分霊 **151**, 180, 336 →霊
——分身(分魂)〔神の〕 24, 171, 177, 愛の—— 151, 瑞の御霊の—— 58

へ

幣 ; 御幣 364, **376**, 499
平安観音 121
平安石 **114**, 121, 126, 188, 323
平安朝 339
米国 202, 203, 361, 328, 392, 405 →欧米
平和 47, 60, 153, 156
——のための神軍 387, 真の—— 382
ヘース ; ベース 245-247
ベーリング海峡 405
糸瓜 424
別院 30, 31, 130, 137, 160, 429
別府〔九州の〕 241
蛇 55, 97, 102, **109**, 134, 447
黒(黒鉄の) —— 76, 342 →大蛇(だいじゃ)
ベルジスタン 343
変化 76, 181, 221, 402, 439
心の—— 416, 気候の——〔最近の〕 65, 大々々——の大変化 76
ベンガル湾 405
便所 109, 223, **376**, **450**
変性男子 40, 46, **48-49**, 493
——の男装坊 479
変性女子 46, 48-49, 74, 479
弁天 ; 弁財天 60, 89
便秘 474

ホ

ホ 40, 52, 68,
吠陀(ぼいだ) 339
法 168, **198**, 239, 383 →法律
——燈 231, 真の——三章 198, 悪—— 270, 天地惟神の—— 170
報恩(——謝徳) 176, 214 →恩, 感謝
妨害 43-44, **103-104**, 120, 170, 199, 319
神業の—— 103, 199 →邪魔, 破壊
伯耆 55, 138, 404, 481
宝玉 107-108, 127 →玉, 珠
宝庫 ; 宝物(——庫) 125-126, 244, 356

宝座(四十八——) 123-126 →蓮華台
奉仕 40, 176, 179, 180, 199, **200**, 363, 397
全身の—— 200, 天地経綸の神業に—— 166, 弥勒神政の神業に—— 476, 510
法身；報身 38
宝石 107-108, 357
放任(——主義) **226**, 466
棒振 431
包容 204-205
——帰一〔日満の〕 388, ——力 **204**
抱擁(——性) 151, 205, **217**, 388
奉天道院 236
法然上人 344
蓬莱嶋〔東海の〕 480
法律 198, 270, 274 →法
現行—— 187, 388
卜(ぼく) 350
法華経 216
菩薩 **211**, 231, 235
外面如——内心如夜叉 393
星 25, 46, 62-63, 105, 120, 142, 145, 175, 261, **336**, 402, 407
——と人 142, ——の母 62, 三つ—— 62
火水(ほし) 62, 261 →火水(かすい)
菩提心 189
ぼた餅(ボタ餅；牡丹餅) 27, 209, 363
北海別院 30
北海道 30-31, 35, 342, 351, 405
法貴谷 126, 311, 315
布袋 60, 245
仏；佛(ほとけ) 27, 41, 175, 186, 220, 232, **268**, 271, 340, 369, 497 →神仏
——の像(仏像) 86, 103, 175, ——の大黒天 60, ——様のような人 261, 仁の——の化身 504
ホトトギス；杜鵑 70, 212, 347-348
ぼれい；ボレー 464, 448
本宮(——坪の内) 121, 142
本宮山 **121**, 133, 140, 256, 257, 338
梵語 239
凡人 27, 274, 392, 479
——主義〔釈迦の〕 340
本体 64, 167, 173
愛の—— 274, 神の—— 23, 214, 神仏弥勒の—— 175
本調子 69, 284
ボンベー；ボンベイ 55 248
本能 106, 432
本能寺 325

マ

マ；マー 68-69, 250
魔の王 434
舞鶴 121, 339, 394
マインガイア島 248
真心彦(まうらひこ)命 245
曲神(まがかみ) **107**, 167
曲津神；邪津見 107, 332
勾玉；曲玉 242, 357
槙 420, **428**
誠 77, 141, 163, 184-186, 255, 257
——の神様はただ一柱 250, ——の道 98, 愛善の—— 184, 382, 生きた——の宗教 77, 神を力に——を柱に… 170, 本当の—— 200, 真心；誠心 151, 255
正勝吾勝勝速日天忍穂耳 54
枡かけ曳きならし〔神様の〕 402
松 44-45, 125, 155, 157, **229**, 242, **257**, **259**, 338, **359**, 382, **418**, 420, **422**, 428, 447, **448**
——で治める〔梅で開いて〕 229, 231, ——と土と水 448, ——の木の精霊 420, ——の代〔万代不易の〕 130, ——は政治 229, 231, ——茸 418, **426**, ——葉 427, 463, ——虫 432, 赤い—— 418, 門—— 257, **359**, 360, 鉢植えの生—— 257
松岡全権 197
松川村 353
松代町 67, 130

マッソン 32, 381
松平侯 311
末法(——の世) 81, 213, 231, 389
真名井〔天の；比沼の〕 134, 339, 480
真名井通り 121
マニ；マニマニ 398
マホメット(——教；——信者) 40, 265
蝮 447, 470
マヤ 248
マリヤ 370
——観音 141
マルクス 379
丸山 121 →本宮山
円山応挙 285, 301
馬来(マレイ)人種 394
満州 155, 342, 387, **388**, 397
——、上海の事件 53, ——事変 55, 144, 386, 473
饅頭(土——) 122, **363**
万寿苑 121 →天恩郷
慢心 99, **231-232**, 265
取違いと—— 195
万葉集 288

ミ

ミ 40, 49, 69
三五(みいつ) 49 →三五(さんご)
御稜威為本政策 389
ミカエル 136
三上山〔江州〕 362
御倉山 481-482
眉間 106
操 100-101
三朝温泉 191
三島明神 377
水 **42**, 76, **79**-80, 82, 160, 175, 192, 197, 214, 250, 260, 278, 288, 362, **374**, **385**, 386, **414**, 423, 424, **437**, **448**, 449, 463, 471
——かさ 450, ——幸はう 348, ——腫れ 450, お—— 471, ——の洗礼 42-43, ——は万病の薬 448, ——も漏らさぬ仕組(経綸) 29, **79**, ——をかけて… 197, ——極り 364, 井戸—— 170, 401, 448, 体の大部分は—— 414, 玉の井の—— 144, 鳴門の—— 83, 火と—— 437, 松と土と—— 448, ミは—— 40, 49, 69
→火水, 水火(いき, すいか)
瑞 **43** →瑞霊, 三つの御魂
——の海 477, ——の霊(魂) 42, 43, 496, 510, ——の御魂 49, 414, 476, 477, 479, ——の御霊 58, 492, ——御魂(御霊) 46, 477, 483, 493, 501, ——御霊神素盞嗚尊(神) 492, 月の大神——の御魂 414
瑞穂 24, 144-145
——神霊 **144**
味噌 271, 442-443, 445
——の味噌臭き 271
禊；御禊；御穢(みそぎ) 136, 473
三十一文字 393 →歌, 和歌
弥陀 41, 175, 212, 496 →阿弥陀
——の利剣 382
御嶽教 190
身だしなみ 372
魂；霊；御魂；御霊(みたま) 48, 93 229, 246, 258, 382
伊豆能売の——；三五の—— 49, 素盞嗚大神様の—— 382
身魂(みたま) 94-95, 111, 196-197, **325**
——みがき(磨き) 82, **196**, 神に引きとる—— 94-95, 深い因縁をもつ—— 221
道 59, **72-73**, 90-91, 98, 153, **157**, 161, **167-168**, 207, 208, **220**, 221, 265, 269, 287, 292
——を求むる人 330, 神の—— 29, 156, 191, 195, 232, 264, 309, 327, 395, 459, 神を背にした—— 183, 言葉は『——』であり… 73, 敷島の—— 292, 真に——を求める人 260, 真の—— 260, 男女(夫婦)の—— 59, 455, 人間の——309, 誠の—— 98, 邪

(よこさ)の—— 361, 霊界への—— 91 →道(どう)
道の大本；道の栞 265
道の長千羽の神 53
みちみつ；充ち満つる 72-73, 167
三つの御魂(御霊) 140, 325, 478, 496 →瑞
三つ葉躑躅 138
三星 62
御手代 188, **251**, 320, 352, 463
見直し(——聞き直し) 32, 82, **206**
皆神山 67, 88, **130-131**, 140
——の土 33, ——の八甕 32
御中山 481-482
蓑笠 36-37
美保の関〔出雲の〕 57
三保神社〔静岡県〕 305
美馬邦次 128
ミマナ；任那 35, 342
耳 52, 64, 72, 168, 200, 219, 410
——がしきりに動く 305, ——の生えたもの〔鰻の〕 208, 言霊の大道に通じた人の—— 71, 地獄—— 83, 龍の—— 52
蚯蚓(みみず) 447, 470
宮垣内(みやがいち)；宮垣の里 144-145
風雅(みやび) 292, 483 →風流
脈 48, **109**
茗荷 469
明礬 449
みろく(ミロク；弥勒) **37-38**, **40**, **41**, 63, **82**, 121, 175, **255**, 322, 478, 494
——が出現するまで；——出現の聖代；——出現のとき 25, 242, 344, ——の大神 82, ——の拝み方 **255**, ——の教え 395, ——の御用に奉る玉 242, ——の出現；——神出現 476, 477, 510, —— (の)出世 492-496, 500, 501, ——の神業 176, 510, ——の神代(御代) 477, 478, ——の柱 479, ——の世 33, **75**, **76**, 382, 493, 495, ——の世がきたら… 407, ——下生 168, ——三会 **38**, 40, ——三会の暁 38, 477, ——三会の神人 501, ——神政の神業 476, 510, ——殿 79, 87, 132, 308, ——仏 **41**, 王—— **40**, 神仏——の本体 175
三六 37, 256
——に抵抗… 37, ——神政の先駆 332
民族 57, 249, 340, 396-397, 398
——性〔固有の〕 217, 三大—— 396
スの言霊に該当する—— 397

ム

「ム」；ム大陸 36, **248**
無 40, 70, 168, 174, 220, 276
——から(より)有を… 220, 390, ——為 198, ——作の詩 **283**, ——量寿 235
無我 41, **156**, **168**, **196**
——の境 156, 168, 196, ——心 189
蜈蚣 362, 432
麦(——飯) 96, 164, 417, 425, 438, 472
向山 137-138, 140
武蔵 83
虫 87, 91, 96, 116, 161, 258, **417**, **432**, 450
——になる〔種が〕 417, ——の触覚 452, 悪い——がつく 161, ——の聞き 391
無神論；無神無霊魂 78, 276
むすび；産霊 27, 235
結び昆布 374
陸奥 381, 488, 502
無抵抗主義 154
宗像 59
胸 106, 181, 204, 207
無筆 233, 283
村上専精博士 192

メ

メ 49, 70
目；眼 33, 86, 154, 195, 219, 291, 323, 365, 410, 437, 457 →眼病
——に効く石 114, ——の薬 468, ——をあ

けて眠る人 101, 神の—— 195, 誰の——にも見えぬもの 198, 額の—— 86, 王仁の——119, 410
明月 217 →加藤明子
明光 265, **289**, 292, 295, 328
——社 46, 284, 289, 393, 453
明治 310, 380
——維新 388-389, ——大帝 381, 389, ——三十一年 87, 130, 394, ——三十九年 303, ——三十六､七年 126, ——二十五年 229
明従 194
迷信 195, **223**, 238, 360, 380, 427
——的習慣 348, ——､妄信 25
鳴動釜 244-245
女神 53, 184, 370
メキシコ 269
恵み **163-164**, 175 →恩 , 仁恵 , 天恵
神の——**163**, 175, 183, 189, 369, 419, 430, 自然天地の—— 183
滅 166-168
苦､集､—— 167, 天消地—— 148, 151
滅亡 25, 75, 78, 173 →破壊
面貌〔人の〕 413 →容貌

モ

藻〔水の〕 385
蒙古 35-37, 76, 122, **342-343**, 378, 397, 398 →入蒙
——入り 35, ——救済の聖雄 342
孟子 339, **346**
猛獣 98, 150, **153-154**, 332 →獣
盲腸(——炎) **411**, 447
モーゼ 396
モールバンド式 239-240
木魂(もくこん) 419
目蓮 340-341
模型(宝座の——) 87-88, 126
文字 211, 234, 251, 381 →字 , 書
——無用論 212
餅 65, 125, **359**
——(もちい)の鏡 359, お供えの小——137, ぼた(ボタ；牡丹) —— 27, 209, 363
以仁王(もちひとおう) 121
もと(モト；元；本) 33, 63, 93, 161
——の生神 27, ——の天国 189, ——の昔 27, 28, 三神世の—— 253, 大地が——；地上が—— 63, 91
元伊勢 102
物語 74, 241 →霊界物語
物の怪 364
紅葉 338, 391, **422**, **429**
桃 **29**, 152, **157**, 184
——の実 29, 157
桃山御陵 123
モリブデン 404
文珠菩薩 211, **331**
紋所 356

ヤ

ヤ行 69, 71, **74**
矢(——じり) 34, 235, 359
八重野 476
八木(——の北山) 46, 68, 284
焼物 373, 375
厄神〔六面八臂の〕 359-360
薬師観音 496
薬師寺 139
火傷 245, 355, **444**, 448, 449, **474**
野菜 303, 436, 438, 439, 469
——は仁的食物 439, 米と——と魚類 438
屋島〔四国の〕 138
八島牟遅能神 59
和明 476
安来港 51
耶蘇教 75, 170, **268**, 271, 276 →キリスト教
八十神 57
八十平甕 33

八人乙女 59
八千矛の神 59　→大国主
八衢(やちまた) 90, 194-195, 250, 329
奴 347
八王八頭 53
八頭八尾の大蛇 78, 134
柳 336, 427
　三十三間堂の―― 336, 420
ヤヘット族 396-397
山 53, 55, 81, 83, 110, 130, 154, 166, 184, 283, 294, **403**
　――のもの 376, ――ぜり 447, ――は元来､御神体 422, 築―― 294, 火の―― 247, 二つの――〔鶴と亀との〕394
病(やまい) 445, 449　→病 , 病気
　――の苦しみ 176, 先天的の―― 466, 不治の―― 454, 465-466
山陰中納言 338
山崎の一戦 334
八岐(の)大蛇 **51**, **54-55**, 481
　――の項〔古事記の〕80, ――の再生〔古の〕477, 高志の―― 362
大和 48, 139, 302, 307, 408
　――島根 130, ――民族 398
大和魂 ; 日本魂 189, 262, 292, 361, 263, 386
日本武尊 30, **58**
山本次郎 128

ユ

湯 238, 401, 447, 471　→入浴 , 風呂
　天恩郷洗心亭の―― 446, 産―― ; 初産―― 312, 339
勇 93, 99, 347, **438**
　――往邁進 226, ――的食物〔米は〕439
幽界 179, 251
勇気 161, 183, 262, 438
　――凛々 261
憂国の志士 378
遊女高尾 377
勇親愛智 **99**, 100, 347　→心 , 魂
　心は――の働き 99
ユーゼニックスの法則 58
有職故実 377, 438
有婦姦処罰 383
雄略天皇 145
床 86, 375
湯ケ島 83, 118
浴衣〔日月模様の〕192
雪 37, 394, **402**, 406, 408
　――道の薬 359
ゆずり葉 448
猶太国 ; ユダヤ(猶太)人 47, 397, 409
指 112, 382
　――先 364〔四肢の〕
由比民部之介 218
弓 34, 231, 359, **364**, 365
　――手(ゆみて) 365
夢 92, **115**-116, 145, 492, 493, 501
　――の絵巻物 105, ――のお告げ 492, 柿の―― 471, 正―― 115

ヨ

ヨ 397
世に一番強いもの 154
世の終わり ; 世の切り替え 75, 81
世の乱れ 455
世は持ち切りには… 76
与市兵衛 156
よう 447
用(天地経綸の――) 24, 94, 168　→御用
陽 371
　――性のもの 376, 438, ――木 423
陽気 391-392, 407, 408, 438
　御――までも変わる 407
妖幻坊〔兇党界の悪霊〕102
揚子 ; 楊墨 222, 339
容貌 206, 393, 394　→面貌
慾 90, 114, 153, 169-171, 191, 269, 410,

430, 456　→色慾 , 欲求 , 情慾 , 性慾
愛悪—— 171, 愛—— 153, 私利私——；利—— 78, 98, 114, 168, 401, 食—— 456, 生命—— 170, 物質—— 169
慾望 108, 214, 430
予言；預言 42, 76, 115, 310, 342, 395, 427
——書〔古事記は〕389, ——的 391, 真の——者 211　→警告 , 予知
横；緯 43, 217, 271
邪なるもの 202
横須賀 142
横浜 170
与謝の海 348
義経 342-343
吉野 326, 497
吉野花明 203
吉野川 140
予知 169, 404　→予言
欲求 170-174　→慾
米子さん 307
ヨハネ 42
——伝福音書 **72**
夜見が浜 51
夜見の邪神悪鬼 236
蓬 456
黄泉国 36
黄泉島 248
万屋地蔵 509
よわい；齢 173, 414, 415　→年 , 年齢
——の短いもの 91

ラ

ラー 250
楽；楽天(——主義) 47, 166, 466
楽焼 46, 206, 251, 280, 284, 290, 317, 441
聚楽焼 280, 初窯の—— 453
ラジオ 23, 65, 92, **402**, 407, 432
羅什(らじゆう) 212
螺旋 250
らっきょう 258, 449, 450
ラドロン島 248
ラマ教〔支那の〕272

リ

リウマチス 456, 465　→痛風
裏海 405
利己主義；利己心 215, 204
理性 339-340
理想 151, 175, 366
神の御—— 406
理智〔聡明なる；冷静なる〕222
利尿剤 450, 472
竜；龍 **52**, 93, 208, 224, 337
——女 336-337, ——体 27, 460, 火—— 46, 海—— 80, 白—— 138, 蟠—— 208
竜宮 125
——界 152, ——城 248, ——館 51
竜宮の乙姫 **51**, 151
竜樹菩薩 219
竜神；龍神 **51**, 52, 117, 246, 275, 331, 479
——の柿 245, 鰻の姿の—— 460, 十和田湖の—— 476, 八郎の——；八郎の化身の—— 506-509
流星；流星弾 326, 402, 508
離遊の運魂 196
了観 481-483
領分 86, 431
神様の—— 86, 天照大神様の御—— 134
悋気(りんき) 90
リンゴ；林檎 448, 474
輪廻転生 **96-97**, 100, 433
輪王姫 141
淋巴管；淋巴腺 474
痳病 456, 472

レ

霊 40, 42, 49, 68, 91, **92**, **94**, 95, 99, 108, **109**, 110, 111, 113, 115, 121, 128, 146, 151, **157**,

189, 219, 259, 280, 321, 324, 325, 327, 330, 336, 364, 393, 412, **414-416**, 418, 419, 450
——（そのれい）ヲ守ル者 99, ——が先 220, ——そのもの〔赤血球は〕416, ——と精霊 94, ——と力 24, ——の因縁 476, ——の糧(かて) 156, ——の活動 111, ——の神 28, ——の交通運輸 412, ——の姿 92, ——の宿っている木 418, ——（ひ)の山 247, ——のゆくべき道 91, ——は血液を… 415, ——は万物に普遍 94, ——よりくる病気 473, ——より物質が… 219, ——を入れる 126, 283, 350, 357, ——を籠めて… 157, 251, ——気 364, ——子〔天人の〕87, 96, ——石〔高熊山に現われたる〕127, ——線 89, 102,——鳥 434, ——統 459, ——徳 203, 364, 神は万物普遍の——にして… 187, 兜党界の—— 106-108, 兜—— 108, 生—— 170, 聖—— 23, 40, 善—— 98, 106, 大元—— 38, 大地の—— 253, 畜生道に堕ちた—— 433, 中有界以下の諸—— 82, 天国にいる—— 259, 背後からくる—— 112, ひっぱりに来るような—— 259, 憑——；憑依—— 109, 111, **145**, もとの美しい—— 93
→精霊，分霊，霊魂，魂(みたま)，霊性
霊衣 95-96
霊界 23, 52, **86-92**, 95, 100, 104, 117, 130, 131, 151, 173, 189, 194, 196, 199, 221, **238**, 259, 264, 269, 325, 401, 430, 473
——に生まるるもの 199, ——における事象 259, ——の意味 238, ——の親 90, ——の百年 91, 八衢以下の—— 90
霊界物語 46, 47, 65, 80, 86, 90, 100, 127, 130, 149, 151, 195, **237-249**, 265, 292, 324, 329, 340, 352, 354, 395, 402, 473
——のつづき 266, ——舎身活躍子の巻 131, ——第三巻四十六章 245, ——第四巻 62, 248, ——第二十七巻 245, ——中の高姫 102, ——二段目の水獄 122
霊覚 111, 137, 324, 335, 336
——を妨げる 438
霊学 312
霊感 244-245
霊眼 47, 88, 92, **115**, **117**, 202, 326, 352
礼儀(——作法) 226, 372, 377
霊験観音堂 489-492
霊国 91, **120**, 122　→天国
第一——の宣伝使 329, 地上—— 170
霊魂 38, 90, **93**, 97, 99, 274, 310, 327, 330
——として働かすもの 94, ——の糧 116, ——不滅論 196, 大蛇の—— 481, 484, 真神の—— 198, 死んだ—— 357, 天賦の——〔自分の〕99, 無神無——者 78, 276
→魂(たましい；みたま)
霊主体従 99
霊性 58, 241, 433
——の一部が塞がっている人 241
霊体 40, 88, 98, 113-114, **205**, 327, 449
——一致 90, 107, 449, ——不二 199, 205, 393, 自身の—— 174
霊的 49, 114, 167, 237, 446
——に救済する 42, 237, ——にみた自分 168, ——因縁の深い地 325, ——現象 106, ——小説 314, ——神業 324
霊肉 47, 58, 207, 262
——脱離 **98**, 173, ——分離 174
礼拝 250, **255**, 258, 363
霊媒 **111-112**, 324
——などになる人 111
霊木 418, 420　→神木
霊妙 282
——な世界 238, ——不可思議な働き 404
霊夢 92, **115-116**, 496
霊力体 24, 167, 214, 236, 261
——の三大元質 167
歴史 47, 172, 173, 192, 336, 379, 380
——上の人物 336, 大本の—— 145, 神代—— 131, 太古の—— 35

恋愛 32, 56, **148-149**, 151, 153, 272
——の心〔信仰は〕148, ——心 187, 神への—— 151, 真の—— 148, 153
蓮華台 125, 130, 138, **140**
恋月氏 417-418
連名 256-257

ロ

ロ 40, 52
老 176, 191, 308
——少不定 473, ——衰 372, 471
老人 97, **158**, **227-228**, 409, 473
老祖(至聖先天——) 234-236
六 37
六十年 65, 76, 83, 228
六百六十六年〔成吉斯起兵平後〕342, 343
六百六十六の獣 37
六面八臂 78, 359
肋膜炎 441, 448
鹿谷(ろくや) 311

ワ

ワ行 71
和歌 **278**, **288**, 292 →歌, 三十一文字
和歌の浦〔紀州の〕35
若返り **66**, 158, **440-441**, 463, 473
——の御手代 463
稚桜姫 245
稚姫岐美命 34-35, 45
和合 178, 273, 466
和光同塵政策 36
和豆良比能宇斯之神 53
和知川 126
ワックス 247
藁 447, 462
「笑いの座」395
笑わらわしむる 273
悪口 191, 241
吾；我 66, 168

出口王仁三郎略年譜

天保７年(1837)旧12月16日(８年１月22日)　福知山にて出口直、生誕

明治４年(1871)旧７月12日(８月27日)　現京都府亀岡市曽我部町穴太に上田吉松・よねの長男として生誕。幼名上田喜三郎

明治10年(1877)６歳　この頃から神童と評判になる

明治16年(1883)12歳　小学校の代用教員として教鞭をとる

２月３日(旧15年12月26日)　出口澄、直の五女として生誕

明治25年(1892)旧正月元旦(１月30日)　出口直、自宅綾部にて霊夢が始まり、旧10日(２月８日)、激しい帰神状態に

明治26年(1893)22歳　園部にて獣医学と国学の研究

明治29年(1896)25歳　郷里穴太に牛乳搾取場を経営

明治31年(1898)27歳

旧２月８日　暴漢の襲撃で半殺しにあい、人事不省の状態に。翌旧２月９日から15日(３月１日～７日)の一週間、霊魂は富士山の神霊の神使に誘われ、身体は高熊山入山修行に。霊界探訪の結果、神人合一の境地を体験し救世の使命の自覚を得る。４月28日、静岡に長沢雄楯を訪問

旧８月23日(10月８日)　綾部にて出口直と初会

明治32年(1899)28歳　７月３日　出口直の招きで再度、綾部へ

明治33年(1900)29歳

旧正月元旦(１月31日)　神示により出口澄と結婚、養子となる

旧６月８日(７月４日)　冠島開き。旧７月８日(８月２日)、沓島開き

明治34年(1901)30歳

旧３月８日(４月26日)元伊勢、水の御用。旧５月16日(７月１日)、火の御用のため出雲へ。この頃から直と王仁三郎の「火水の戦い」がはじまる

明治35年(1902)31歳　３月７日(旧１月28日)長女朝野(直日)誕生

明治39年(1906)35歳　綾部を出奔、京都皇典講究所に入学

明治40年(1907)36歳　皇典講究所卒業後、神職試験に合格。５月、京都の建勲神社に奉職。12月、建勲神社を辞し、御嶽教の招きに応じる

明治41年(1908)37歳

旧２月15月　高熊山入山修行から十年、「十年目の弟子」湯浅仁斎を得る

大正２年(1913)　42歳　７月12月　正式に「大本教」という名称を採用

大正５年(1916)　45歳

４月22日　大本教を「皇道大本」に改称

旧５月25日(６月25日)神島開き。神島の神霊を綾部に奉迎

旧９月９日(10月５日)出口直、神島参拝後、大阪にてみずからの筆先で王仁三郎が「天のみろくの大神」であるという顕真実に至る

大正６年(1917)　46歳

１月１日　機関誌『神霊界』刊行、出版活動による大々的全国宣教開始

４月23日(旧３月３日)鶴殿親子(昭憲皇太后の姪)初参綾で入信

大正７年(1918)　47歳

８月18日(旧７月12日)神界から75日間の床縛りの行を命ぜられる。23日、佐賀伊佐夫(宇知麿)、初参綾。26日、次男相生、帰幽

11月６日(旧10月３日)出口直、昇天(数え年83才)

12月２日　国祖の神霊が懸かり「伊都能売神諭」がはじまる

大正８年(1919)　48歳

９月16日　本宮山開き(２月25日に購入)

11月18日　郷里亀岡の明智光秀の旧城趾の買収契約成立

大正９年(1920)　49歳　大正日々新聞社を買収、経営に着手し全国的な話題をよぶ

大正10年(1921)　50歳

旧２月９日　中国山東省にて道院(世界紅卍字会)設立さる

２月12日(旧１月５日)第一次大本弾圧事件勃発。大阪梅田の大正日日社社長室から京都監獄に収容さる。６月17日、126日の獄中生活をへて責付出獄し帰綾。25日、天王平奥津城の改築を命ぜられる

８月10日『神の国』創刊。15日(旧７月12日)、50歳記念の生誕祭

10月８日(旧９月８日)「高熊山で開示された霊界の消息を発表せよ」との開祖の神霊の神命がくだる。11日、本宮山神殿の破壊を命ぜられる。14日、皇道大本を「大本」へ

10月18日(旧９月18日)開祖の神霊の督促により『霊界物語』口述開始

10月20日(旧９月20日)『霊界物語』口述中、本宮山神殿取毀始まる

大正12年(1923)　52歳

５月１日　大本史実編纂部設置。翌年５月５日、大本史実編纂会に発展

６月５日　高見元男(日出麿)京都帝国大学中退、大本へ

６月28日　大本エスペラント研究会発足

9月1日　関東大震災おこる。9日、熊本県小国の杖立温泉土産の竹の杓子に歌と拇印をそえ、神教伝達使(大正14年5月29日から宣伝使と改称)に配布。「お杓子」とよばれ、大正15年4月16日から「御手代」と奉称

11月4日　関東大震災の慰問で訪日した世界紅卍字会と提携

大正13年(1924) 53歳

2月13日　未明、綾部を出奔。「東亜の天地を精神的に統一し、次に世界を統一」する大理想のため、密出国で入蒙。随行は、松村真澄、植芝盛平等。6月21日、張作霖に謀られ銃殺寸前の身に(パインタラの法難)。7月25日帰国、大観衆に迎えられつつ護送され、大坂の未決監に再収容さる

大正14年(1925) 54歳

1月29日　大国以都雄(恋月)をともない亀岡の旧城趾の開拓を開始。2月24日、亀岡城を天恩郷、瑞祥閣一帯の丘陵地を万寿苑と命名。3月22日、天恩郷の月の輪台竣工

5月20日　世界宗教連盟を北京にて発会

6月9日　人類愛善会発足。10月1日から『人類愛善新聞』創刊

6月11日　欧州宣教と万国エスペラント大会出席のため西村光月を派遣

6月30日　聖師を「瑞霊真如聖師」と奉称する

7月10日　大審院にて大本事件有罪の控訴院判決を棄却

大正15年(1926) 55歳

2月6日　天恩郷にて楽焼をはじめる。3月6日、宣伝使帽できる

3月31日　月宮殿、神集殿(のちの高天閣)の敷地工事に着手

7月1日(旧5月22日)『霊界物語』口述終了

昭和2年(1927) 56歳

1月15日　亀岡中矢田農園を買収

1月18日『霊界物語』65巻総説の実現のため、芸術の府、明光社設立

5月17日　2月7日の大赦令を受け第一次事件は原審破棄され、解決

昭和3年(1928) 57歳

3月3日(旧2月12日)みろく大祭(満56歳7か月)、弥勒下生宣言。松村真澄、帰幽

5月6日　四国へ宣教の旅に立つ。全国巡業の開始

9月23日　東北・北海道巡業中、十和田湖の龍神を解脱させる

10月30日　月宮殿竣成

11月12日　御神体を綾部から月宮殿へ遷座。16日に月宮殿完成式典を挙行

昭和4年(1929) 58歳

4月3日　金沢市にて最初の王仁三郎作品展開催。各地に巡回

6月3日(旧4月26日)信州の皆神山に登山

7月20日　天恩郷に楽焼の窯を開く、亀楽窯と命名

10月12日　二代とともに朝鮮、満州巡教に出発。現地の民衆に歓迎される

昭和5年(1930) 59歳

2月21日　東京上野美術館にて作品展開催

3月8日　京都岡崎公園で開幕された宗教博覧会に参加、大本館を特設

4月2日　綾部にて本宮山上の穹天閣竣成式

5月20日(旧4月22日)岡山の熊山に登山

5月25日『昭和青年』創刊。9月、『人類愛善新聞』拡張のため東京進出。百万部刊行を目指す

昭和6年(1931) 60歳

8月25日(旧7月12日)還暦を迎え、五六七殿にて更生祭を挙行。更生浴衣による「みろく踊り」でみずから音頭をとる

9月8日　本宮山に三基の歌碑を建立。「これから十日後に大きな事件が起き、それが世界的に発展する」と発言、18日に満州事変勃発

昭和7年(1932) 61歳

3月1日　満州国樹立さる。世相が「非常時」に傾くなか、昭和青年会運動の先鋭化が進む(挙国更生運動、防空運動、対国際連盟国民大会、満蒙博覧会参加等)。8月13日、大日本武道宣揚会発足、会長に植芝盛平

昭和8年(1933) 62歳

1月26日(旧正月元旦)大本を「皇道大本」の名称に復活

3月26日　国体闡明運動開始

6月20日　生母よね帰幽(85才)

10月4日(旧8月15日)天恩郷千歳庵にて霊界物語『天祥地瑞』口述開始

10月22日　国常之尊、神素盞嗚尊等扮装の写真撮影

10月　瑞泉苑の神業として穴太米「朝陽」を全国の支部に頒布

11月25日(旧10月8日)天恩郷東光苑に教碑・追懐歌碑の建立

昭和9年(1934) 63歳

2月3日　節分祭にて大家族精神運動の趣旨発表。この前後から横浜の関東別院をたびたび訪問、長期滞在を重ねる

3月8日『人類愛善新聞』三月三日号をもって百万部発行の実現なる

7月6日　東京銀座交詢社ビルに昭和神聖会創立事務所設置。四方平蔵帰幽(76才)

7月8日　東京築地の料亭にて昭和神聖会創立委員会をひらく。横浜に随行の加藤明子帰幽(59才)

7月22日　昭和神聖会発足式を東京九段軍人会館にて開催、統管に就任。その運動は全国に急進的拡大をみせる

8月15日『天祥地瑞』口述終了

昭和10年(1935) 64歳

2月7日　大吹雪のなか、瑞泉苑にて神聖神社鎮座祭挙行

2月27日　昭和神聖会、天皇機関説排撃声明発表

7月22日　昭和神聖会一周年の所信表明で人類愛善の大理想としての神政復古を説き、また当局に対する「お出直し」の最終警告を発す

8月11日　生誕祭にて第一回神聖歌劇を大祥殿で公演。『天祥地瑞』第一巻を脚色したもので、天之峰火夫の神を演ずる

8月22日　映画『昭和の七福神』撮影開始

10月31日　秋の大祭、明光社において念願の「歌まつり」を復興

12月8日　第二次大本弾圧事件勃発。松江の島根別院から未決拘留へ

昭和11年(1936) 65歳

3月13日　不敬罪および治安維持法容疑で起訴される。聖地をはじめとする教団建造物の破壊、土地の不法処分はじまる

昭和13年(1938) 67歳

2月18日　獄中の王仁三郎に「数運は天運と相合す、尋仁は化生の大責を負う者、必ず数運と天運の輪転に循《したが》い、以て世間諸却の障《さわり》を受くなり」の壇訓がくだる

昭和15年(1940) 69歳

2月29日　京都地裁の無期懲役判決を受け、控訴

6月15日　聖地返還訴訟を起こす

昭和17年(1942) 71歳

7月31日　控訴院判決で治安維持法違反は無罪、不敬罪は懲役五年の判決。検察、被告とも大審院に上告

8月7日　六年八ヶ月の勾留をへて保釈出所。澄、宇知麿ともに亀岡の中矢田農園に帰宅

昭和19年(1944) 73歳

12月29日　後期楽焼の制作開始、獄中で夢見た天国の理想のすがたを楽茶碗に表現(翌々年の３月まで)、約三千個の神器を残す。昭和23年、批評家に発見され「ようわん」と名称されて美術界に紹介、反響をよぶ

昭和20年(1945) 74歳

８月15日　日本敗戦

９月８日、大審院は検察の上告を棄却、治安維持法違反の無罪確定。10月から11月にかけて聖地の返還の手続き終了

12月８日　綾部にて事件解決報告祭挙行。「愛善苑」新発足を発表、世界平和実現を目標とした人類愛善の運動を起こす旨を宇知麿に表明させる

12月30日　大阪朝日新聞に終戦にあたっての所感が掲載さる。これからの神道のあり方と世界平和への先駆者としての決意を表明(吉岡発言)

昭和21年(1946) 75歳

２月７日　中矢田農園を本部とし、愛善苑初代苑主に就任

３月３日　破壊された両聖地の整備に着手

６月４日(旧５月５日)本宮山に月山冨士完成

５月８日　山陰巡教へ　５月23日、鉢伏山開き

７月16日　紀州巡教へ

８月26日　月の輪台築造。同日発病、脳出血と診断され、絶対安静に

９月８日　天恩郷に瑞祥館完成

12月５日　中谷田農園より特製の幌付寝台で瑞祥館に移る

昭和22年(1947) 76歳

８月27日(旧7月12日)瑞生祭挙行、約4000人の参拝者にとって最後の面会となる

昭和23年(1948) 77歳

１月17日　側近が拝読していた『霊界物語』天祥地瑞の巻を片手にとり、しみじみ見つめたのち、「もう休む」といつのまにか眠りにつく

１月18日(旧12月８日)容態急変

１月19日　昇天。29日まで通夜が行われる

１月30日　午前１時、信徒が人力で曳く桧造りの霊柩車が天恩郷を出発、雪の丹波路60キロを踏破し、同日午後５時、綾部彰徳殿に到着。この遷柩の模様は、熱烈な信仰による類のないものとして各マスコミで報道され、世人に深い感銘を与える

２月１日　天王平に埋葬